国家古籍整理出版专项经费资助项目

广西古籍工作规划项目

——

中国历代登科总录

龚延明 主编

隋唐五代登科总录

龚延明 金滢坤 许友根 编著

3

GUANGXI NORMAL UNIVERSITY PRESS

广西师范大学出版社

·桂林·

卷九

唐顺宗（李诵）朝（805）

唐宪宗（李纯）朝（805—820）

贞元二十一年乙酉（805）

贞元二十一年正月癸巳，德宗崩。丙子，太子即皇帝位。《资治通鉴》。

八月庚子，制令太子即皇帝位，朕称太上皇。辛丑，太上皇诰改元永贞。乙巳，宪宗即位。《资治通鉴》。

知贡举：礼部侍郎权德舆

进士科

【韦珩】字群玉，韦正卿之子，京兆人。贞元二十一年（805）登进士科。历河阳节度参议兼监察御史、美原令。

《全唐文》卷六四九元稹《授韦珩等京兆府美原等县令制》："敕：河阳节度参议兼监察御史韦珩、前怀州武德令李鄂等：昔先王眚灾肆赦，则殊死已降，无不宥免，而受贿枉法者，独不在数，常罪罪之。以此防吏，吏犹有豪夺于人者，朕甚悯焉。日者覃怀有过籍之赋，使吾百姓无聊生于下，非珩等为吾发觉，则吾终不得闻东人之疾苦矣。今美原蓝田，皆吾甸内之邑，尔其为吾养理生息，以惠困穷，使天下长人之吏，知朕明用廉激贪之意焉。珩可守美原令，鄂可蓝田令。"

《柳宗元集》卷三四《答韦珩示韩愈相推以文墨事书》，韩注曰："韦珩，夏卿之侄，正卿之子，夏卿，史有传。"孙注曰："贞元二十一年，珩中进士第。"

（宋）魏仲举《五百家注昌黎文集》卷十七《与祠部陆㟃员外荐士书》："有韦群玉者，京兆之从子。补注：贞元十七年十月吏部侍郎韦夏卿为京兆尹。"

（明）董斯张《吴兴备志》卷四《官师征第四之三·郡守·唐》："韦珩，大和五年，自江州刺史授，未视事，卒。"

《登科记考》卷一五贞元二十一年（805）进士科云韦珩及第。

【牛僧孺】字思黯，郡望陇西，贯长安，祖绍、父幼简，官卑。贞元二十一年（805）进士科擢第，元和三年（808）登贤良方正制科，释褐伊阙尉。历监察御史、殿中侍御史、礼部员外郎、集贤直学士、御史中丞、赐金紫、户部侍郎，四次拜相（历穆宗、敬宗、文宗、武宗），爵封奇章子、封郡公，阶太子太师赠太尉，谥曰文贞，又曰文简。

《全唐文》卷五五九韩愈《迓杜兼题名》："河南尹水陆运使杜兼、尚书都官员外郎韩愈、水陆运判官洛阳县尉李宗闵、水陆运判官伊阙县尉牛僧孺、前同州韩城县尉郑伯义，元和四年九月二十二日，大尹给事奉诏祠济渎回，愈与二判官于此迎候，遂陪游宿。愈题。"

《全唐文》卷七五五杜牧《唐故太子少师奇章郡开国公赠太尉牛公墓志铭并序》："公孤始七岁，长安南下杜樊乡东……大中二年十月二十七日薨……册赠太尉。"参考《全唐文》卷七二〇李珏《故丞相太子少师赠太尉牛公神道碑铭并序》。按：僧孺郡望陇西，贯长安，阶太子少师，赠太尉，谥文贞。

《旧唐书》卷一七二《牛僧孺传》:"牛僧孺字思黯,隋仆射奇章公弘之后。祖绍。父幼简,官卑。僧孺进士擢第,登贤良方正制科,释褐伊阙尉,迁监察御史,转殿中,历礼部员外郎。元和中,改都官,知台杂,寻换考功员外郎,充集贤直学士。穆宗即位,以库部郎中知制诰。其年十一月,改御史中丞……面赐金紫。(长庆)二年正月,拜户部侍郎。三年三月,以本官同平章事……敬宗即位,加中书侍郎、银青光禄大夫,封奇章子,邑五百户。十二月,加金紫阶,进封郡公、集贤殿大学士、监修国史……以僧孺检校礼部尚书、同中书门下平章事、鄂州刺史、武昌军节度、鄂岳蕲黄观察等使……凡镇江夏五年……(大和)四年正月,召还,守兵部尚书、同平章事……(六年)十二月,检校左仆射、兼平章事、扬州大都督府长史、淮南节度副大使、知节度事……开成二年五月,加检校司空,食邑二千户,判东都尚书省事、东都留守、东畿汝都防御使……四年八月,复检校司空、兼平章事、襄州刺史、山南东道节度使,加食邑至三千户……武宗即位,就加检校司徒。会昌二年,李德裕用事,罢僧孺兵权,征为太子少保,累加太子少师。大中初卒,赠太子太师,谥曰文贞。"

《新唐书》卷一七四《牛僧孺传》:"牛僧孺字思黯,隋仆射奇章公弘之裔。幼孤,下杜樊乡有赐田数顷,依以为生。工属文,第进士。元和初,以贤良方正对策,与李宗闵、皇甫湜俱第一……还为太子少师。卒,赠太尉,年六十九。谥曰文简。"

《登科记考》卷一五贞元二十一年(805)进士科云牛僧孺及第。

【刘述古】贞元二十一年(805)登进士科。

(五代)王定保《唐摭言》卷八《通榜》:"贞元十八年,权德舆主文,陆傪员外通榜帖,韩文公荐十人于傪,其上四人曰侯喜、侯云长、刘述古、韦纾,其次六人:张苰、尉迟汾、李绅、张俊余,而权公凡三榜共放六人,而苰、绅、俊余不出五年内,皆捷矣。"

(宋)洪迈《容斋四笔》卷五《韩文公荐士》:"永贞元年,放二十九人,刘述古登第。"

(宋)魏仲举《五百家注释韩昌黎全集》卷一七《与祠部陆傪员外荐士书》:"刘述古者。"补注:"贞元二十一年,述古中进士第。"

《登科记考》卷一五贞元二十一年(805)进士科云刘述古及第。

【李宗闵】字损之,京兆人,祖自仙楚州别驾,父宗正卿。贞元二十一年(805)登进士科,调华州参军事,元和三年登贤良方正科,补洛阳尉。历礼部员外郎、中书舍人、兵部侍郎,又山南西道节度使,文宗朝拜为宰相,封襄武侯。

《旧唐书》卷一七六《李宗闵传》:"李宗闵字损之,宗室郑王元懿之后。祖自仙,楚州别驾。父,宗正卿……兄夷简,元和中宰相。宗闵,贞元二十一年进士擢第,元和四年,复登制举贤良方正科。初,宗闵与牛僧孺同年登进士第,又与僧孺同年登制科……七年,吉甫卒,方入朝为监察御史,累迁礼部员外郎……复入为中书舍人。三年冬,权知礼部侍郎。四年,贡举事毕,权知兵部侍郎。宝历元年,正拜兵部侍郎,父忧免。大和二年,起为吏部侍郎,赐金紫之服。三年八月,以本官同平章事……累转中书侍郎、集贤大学士。七年,德裕作相。六月,罢宗闵知政事,检校礼部尚书、同平章事、兴元尹、山南西道节度使……文宗乃复召宗闵于兴元,为中书侍郎、平章事,命德裕代宗闵为兴元尹……进封襄武侯,食邑千户……贬郴州司马,卒于贬所。"

《新唐书》卷一七四《李宗闵传》："李宗闵字损之，郑王元懿四世孙。擢进士，调华州参军事。举贤良方正，与牛僧孺诋切时政，触宰相，李吉甫恶之，补洛阳尉。久流落不偶，去从藩府辟署。入授监察御史、礼部员外郎……宣宗即位，徙柳州司马，卒。"

《登科记考》卷一五贞元二十一年（805）进士科云李宗闵及第。

【沈传师】字子言，苏州吴人，父既济位终礼部员外郎。贞元二十一年（805）登进士科，元和元年登制科，授太子校书郎。历鄠县尉、直史馆、左拾遗、司门员外郎、翰林学士、兵部郎中、中书舍人、御史中丞、湖南观察使、尚书右丞、江南西道观察使、宣歙池观察使，官至吏部侍郎，赠吏部尚书。

《全唐文》卷七五六杜牧《唐故尚书吏部侍郎赠吏部尚书沈公行状》："公曾祖某，皇任泉州司户参军。祖某，皇任婺州武义县主簿，赠屯田员外郎。父某，皇任尚书礼部员外郎，赠太子少保。公讳某，字某。明《春秋》，能文攻书，未冠知名。我烈祖司徒岐公与公先少保友善，一见公喜曰：'沈氏有子，吾无恨矣。'因以冯氏表甥女妻之。贞元末举进士。时许公孟容为给事中，权文公为礼部侍郎，时称权、许。进士中否，二公未尝不相闻于其间者。其年礼部毕事，文公诣许曰：'亦有遗恨。'曰：'为谁？'曰：'沈某一人耳。'许曰：'谁家子？某不之知。'文公因具言先少保名字，许曰：'若如此，我故人子。'后数日径诣公，且责不相见。公谢曰：'闻于丈人，或援致中第，是累丈人公举矣。某孤进，故不敢自达。'许曰：'如公者，可使我急贤诣公，不可使公因旧造我。'明年中第。文公门生七十人，时人比公为颜子。联中制策科，授太子校书鄠县尉直史馆左拾遗左补阙史馆修撰翰林学士。历尚书司门员外郎司勋兵部郎中中书舍人。"按：此中第者即沈传师，传师之父即官尚书礼部员外郎之既济。

《旧唐书》卷一四九《沈传师传》："沈传师字子言，吴人。父既济……位终礼部员外郎。传师擢进士，登制科乙第，授太子校书郎、鄠县尉，直史馆，转左拾遗、左补阙，并兼史职。迁司门员外郎、知制诰，召充翰林学士。历司勋、兵部郎中，迁中书舍人……俄兼御史中丞，出为潭州刺史、湖南观察使。入为尚书右丞。出为洪州刺史、江南西道观察使，转宣州刺史、宣歙池观察使。入为吏部侍郎。大和元年卒，年五十九，赠吏部尚书……有子枢、询，皆登进士第。"

《新唐书》卷一三二《沈既济传》："沈既济，苏州吴人……子传师。传师字子言。材行有余，能治《春秋》，工书，有楷法。少为杜佑所器。贞元末，举进士。时给事中许孟容、礼部侍郎权德舆乐挽毂士，号'权、许'。德舆称之于孟容，孟容曰：'我故人子，盍不过我？'传师往见，谢曰：'闻之丈人，脱中第，则累公举矣，故不敢进。'孟容曰：'如子，可使我急贤诣子，不可使子因旧见我。'遂擢第。德舆门生七十人，推为颜子。复登制科，授太子校书郎，以鄠尉直史馆，转右拾遗、左补阙、史馆修撰，迁司门员外郎，知制诰。"

《登科记考》卷一五贞元二十一年（805）进士科录载沈传师。

【陈鸿】字大亮。贞元二十一年（805）登进士科。历朝议郎行太常博士、虞部员外郎、主客郎中。

《全唐文》卷六一二陈鸿《大统纪序》："贞元丁酉岁登太常第，始闲居遂志，乃修《大记》三十卷……七年书始就,绝笔于元和六年辛卯。"

《全唐文》卷六四八元稹《授邱纾陈鸿员外郎等制》:"敕:朝议郎行左补阙上柱国邱纾:谏诤之臣,人言于密勿之际,群下莫得而知。然而政有污崇,由尔之得失也。朝议郎行太常博士上柱国陈鸿:礼秩之官,草仪于朝廷之内,四方之所观听,是以察其事,为见尔之能否矣。以尔纾久于侍从,可以序迁;以尔鸿坚于讨论,可以事举。并命省闼,足谓恩荣,慎乃攸司,无违夙夜。纾可膳部员外郎,鸿可虞部员外郎。"

《全唐文补遗》第七辑,《唐故朝议郎行大理司直临濮县开国男吴君(士平)墓志铭并序》署:"前乡贡进士陈鸿撰。元和四年五月甲戌,大理司直吴君终于长安□兴理私第,享年卅八。"

《新唐书》卷五九《艺文三》:"陈鸿《开元升平源》一卷。字大亮,贞元主客郎中。"

《登科记考》卷一五贞元二十一年(805)将其列入进士科。白居易元和元年十二月作《长恨歌》,有"前进士陈鸿撰《长恨歌传》"(《白居易集》卷一二)。

【张公儒】常山人。贞元二十一年(805)登进士科。官至秘书少监。

《唐代墓志汇编》咸通〇二八李瓌撰咸通四年(863)四月二十三日《唐故扬州海陵县丞张府君(观)墓志铭并序》:"君讳观,字礼宾,常山人也……亲伯公儒,皇秘书少监,行冠人伦,德推朝野,才高岳峻,聚学泉深,贞元廿一年擢上第于进士科,扬历中外。"

【罗立言】宣州人,父名欢。贞元二十一年(805)登进士科。历检校主客员外郎、盐铁河阴院官、司农少卿,官至京兆少尹。

《旧唐书》卷一六九《罗立言传》:"罗立言者,父名欢。贞元末,登进士第。宝历初,检校主客员外郎,为盐铁河阴院官……大和中,为司农少卿……立言为京兆少尹,知府事。训败日,族诛。"

《新唐书》卷一七九《罗立言传》:"罗立言者,宣州人。贞元末擢进士,魏博田弘正表佐其府。"

《登科记考》卷一五贞元二十一年(805)进士科罗立言及第。

【周瑀】道州延唐县人。贞元二十一年(805)登进士第。历吏部常选。

《新唐书》卷六〇《艺文四》:"融与储光羲皆延陵人;曲阿有余杭尉丁仙芝、缑氏主簿蔡隐丘、监察御史蔡希周、渭南尉蔡希寂、处士张彦雄张潮、校书郎张晕、吏部常选周瑀、长洲尉谈戭,句容有忠王府仓曹参军殷遥、硖石主簿樊光、横阳主簿沈如筠,江宁有右拾遗孙处玄、处士徐延寿,丹徒有江都主簿马挺、武进尉申堂构,十八人皆有诗名。殷璠汇次其诗,为《丹杨集》者。"

胡可先《〈登科记考〉匡补三编》补入,作永贞元年。

同治《湖南通志》卷一三四《选举志·进士》:"延唐人,永贞元年及第。"光绪《湖南通志》卷一三三《选举志一·进士》:顺宗朝"周瑀,延唐人,永贞元年及第"。按:贞元二十一年榜,在改元永贞之前。《旧唐书》卷四〇《地理志三》:道州有延唐县。

【萧籍】贞元二十一年(805)登进士科。历义武军行军司马、御史中丞、文林郎、检校尚书户部员外郎、骁骑尉、朝散大夫。

《全唐文》卷四九八权德舆《唐故成德军节度营田副使正议大夫赵州别驾赠寿州都督河间尹府君神道碑铭并序》:"夫人岚州刺史道之孙,密云令昌嗣之女,能以仁顺,洽于宗姻,昼哭既除,丧十四岁,以贞元四年冬十月,殁于道州,以十一年冬十二月祔焉,从鲁礼也。有子三人:长曰浑,唐县尉。次曰涛,赵州司功参军。皆不幸短命。澄即其幼子也,尚学理文,敏信诚厚,雅有悃愊,不随波流,山东士大夫多称其名义。由北平尉为定州功曹掾,辟司徒府,主其谋猷……德舆门人兰陵萧籍,与澄为寮,同在公府,状其往行,兼列命书。"

《全唐文》卷六六三白居易《兵部郎中知制诰冯宿侍御史裴注义武军行军司马御史中丞萧籍饶州刺史齐照邓州刺史浑鐬并可朝散大夫同制》:"敕:某官冯宿等:凡品秩之制有九,自五而上,谓之贵阶。而宿司吾言,注持吾宪,籍照以降皆著勤,由朝议郎一进而及此。此之所以为贵者,荫及子,命及妻,岂惟腰白金,服赤韍,从大夫之后而已。宠数既重,思有以称之。并可朝散大夫。"

《全唐文》卷六九五萧籍《祭权少监文》:"维年月日,门生义武军节度使行军司马文林郎检校尚书户部员外郎骁骑尉赐紫金鱼袋萧籍,谨以清酌之奠,敬祭于前相国故山南西道节度使检校吏部尚书兼兴元尹御史大夫赠尚书左仆射之灵:伏惟明灵禀天地绸缪之和,为唐虞文武之臣,宜乎寿登期颐,福如崇山,安危所注意,致大君于三五之日。如何昊天,坏我梁木。承讣之日,搢绅失望,岂侨终蹇谢兴谣辍相之足云乎?信无等级以寄言也。呜呼哀哉! 公昔在贞元,实司文衡,第甲者七十有二人。惟籍鲰生,名不闻于将命者,公以至公,俾居选中,数仞之墙,得门而入,荷此知己,与嵩华为轻。矧乎侍立班墀,常趋后尘,退食台庭,亟承嘉言。昔之少别,今成永诀,哭寝之恸,百身何赎。呜呼哀哉! 伏以天子有命,司戎使车,三请金葬,元侯不许。既不得见曳杖之日,又不得见如斧之封,思欲如赤为志,如赐筑室,邈乎其不可及已。身寄于燕赵之交,神驰于泾渭之表,瞻望遐路,心凄目眩,其可及乎?"

《登科记考》卷一五贞元二十一年(805)进士科附载萧籍。

【窦傪】贞元二十一年(805)登进士科。历淮南节度使从事。

(五代)刘崇远《金华子杂编》卷上:"李赵公绅,再镇广陵,宁傪犹幕江淮。傪永贞二年相公权德舆门生,洎武宗朝,逾四十载。赵国虽事威严,亦以傪宿老敬之。傪列筵以迎府公,公不拒焉。既而出家乐侑之,伶人赵万金前献口号以讥之曰:'相公经文复经武,常侍好今又好古。昔日曾闻阿舞婆,如今亲见阿婆舞。'赵公辗然久之。"按:文中"宁傪",当为"窦傪"之误,见四库本《金华子杂编》卷上。

《登科记考》卷一五贞元二十一年(805)进士科窦傪条云,按:永贞无二年,当为永贞元年,即贞元二十一年及第。

明经科

【浑侣】一作"浑侃",字富贵,贯定州。明经科(童子科)及第,释褐同州参军事。历义武军从事、少府监、左金吾卫大将,官至义昌军节度使。

《全唐文》卷七九二陆岩《义昌军节度使浑公神道碑》:"公讳偘,字复贵,其先姜姓之后,汉郡浑邪王之裔,始居于崤北,后迁于河南,今为代人,为山西右族……大父讳瑊,朔方副元帅河中节度检校司空中书令咸宁王,赠太师……父讳镐,义武军节度易定观察使检校工部尚书,赠太子少保……(公)九岁由宏文生擢孝廉第,释褐参同州军事。既冠,益以通敏密静称于人,因从先少师于藩方,不忍去庭闱,诸侯有以币以马取者,一无所就。元和十二年,先少师奉诏以中山兵伐叛,而卒与寇遇,以数千当数万,力战而归,坐黜循州……宣宗即位,改少府监,以缮理称。又拜左金吾卫大将军,肃环卫。明年迁司农卿……咸通二年遂授义昌军节度使。"按偘咸通五年六十九岁,其九岁登第年为贞元二十一年。中晚唐孝廉科多指明经科,但按其九岁登第,当为童子科。

《旧唐书》卷一三四《浑瑊传》:"浑瑊,皋兰州人也。"

《登科记考》卷一五贞元二十一年(805)明经科条云浑偘及第。按:浑偘从先少师于藩方,其贯盖在定州。又:四库本《文苑英华》卷九一六录有陆岩《义昌军节度使浑公神道碑》,浑偘,作"浑侃"。

【殷侑】陈州人。贞元二十一年(805)五经及第。历天德军都防御判官、太常博士、虞部员外郎,卒陈许蔡观察使,赠司空。

《全唐文》卷五四九韩愈《冬荐官殷侑状》:"前天德军都防御判官承奉郎试大理评事兼监察御史殷侑。右,伏准贞元五年六月十一日敕:停使郎官御史在城者,委常参官每年冬季闻荐者。前件官兼通三传,傍习诸经,注疏之外,自有所得。久从使幕,亮直著名,朴厚端方,少见伦比。以臣所见,堪任御史太常博士。臣所谙知,不敢不举。谨录奏闻,伏听敕旨。"

《旧唐书》卷一六五《殷侑传》:"殷侑,陈郡人。父怿。侑为儿童时,励志力学,不问家人资产。及长,通经,以讲习自娱。贞元末,以《五经》登第,精于历代沿革礼。元和中,累为太常博士……宝历元年,检校右散骑常侍、洪州刺史,转江西观察使。所至以洁廉著称。入为卫尉卿……大和四年,加检校工部尚书、沧齐德观察使……六年,入为刑部尚书,寻复检校吏部尚书、郓州刺史、兼御史大夫,充天平军节度、郓曹濮观察等使……开成元年,复召为刑部尚书……其年七月,检校左仆射,出为襄州刺史、山南东道节度使。二年三月,以病求代,以太子宾客分司东都。十一月,复检校右仆射,出为忠武节度、陈许蔡观察等使。三年七月,卒于镇,时年七十二,赠司空。"

(宋)李昉等《太平御览》卷七七八《奉使部二》:"殷侑,为童儿力学,不念家产。长能通经,以讲习自娱。五经登第,通历代沿革,擢为太常博士,转虞部员外郎。为入回纥副使。回纥骄倨,见汉使,盛陈兵甲,与其相不拜,欲受汉使礼。侑坚立不动,宣命既毕,虏使责之,云欲留使者。行人皆惶怖,独侑谓虏曰:'今可汗是汉家子婿,坐受使臣礼,是可汗无礼,非使臣无礼也!'虏惮其严正,卒不敢逼。"

《新唐书》卷一六四《殷侑传》:"殷侑,陈州人……贞元末,及五经第,其学长于《礼》,擢太常博士。"

《登科记考》卷一五贞元二十一年(805)明经科条云殷侑及第。

【滕遂】苏州人。贞元二十一年（805）登明经科，又书判登科。历大理评事、长洲令、摄吴县。

《登科记考》卷一五贞元二十一年（805）明经科滕遂条云：《永乐大典》引《苏州府志》："滕遂，明经及第，又书判登科。"

（明）王鏊《姑苏志》卷四一《宦迹五》："遂贞元二十一年举明经及第，又书判登科，历大理评事、长洲令、摄吴县。时人歌曰：'朝判长洲，暮判吴，道不拾遗，人不孤。'"

制科

【杨嗣复】字继之，京兆人。贞元十八年（802）登进士科，贞元二十一年（805）登宏词科。小传见贞元十八年进士科杨嗣复条。

《刘宾客外集》卷五《寄唐州扬八归厚》："何况迁乔旧同伴，一双先入凤凰池。"自注："时徐晦、杨嗣复二舍人与唐州俱同年及第。"按：《登科记考》卷一五贞元二十一年进士科条："按嗣复卒大中二年，年六十六，则二十擢第，当在贞元十八年。惟本传又云年二十一登博学宏词科，考二十一岁为贞元十九年，其年宏词二人，见元微之诗注，无嗣复之名，疑本传所载年误。今据传言与牛、李同门之语，载入此年。"

《旧唐书》卷一七六《杨嗣复传》："杨嗣复字继之，仆射於陵子也……嗣复七八岁时已能秉笔为文。年二十，进士擢第。二十一，又登博学宏词科，释褐秘书省校书郎……大中二年……卒，时年六十六。赠左仆射。"

科目未详

【穆寂】穆宁之孙，穆质之子，怀州河内人，士族。贞元九年登进士科，贞元末应科目及第。

《登科记考补正》卷一五贞元二十一年"应科目及第"录载穆寂，考云：《刘宾客嘉话录》载穆寂于贞元末"应科目及第"。按穆寂于贞元九年（793）登进士第，已见本书卷十三。其于贞元末"应科目及第"，则科目未详，录此俟考。

元和元年丙戌（806）

知贡举：中书舍人崔邠

进士科

【武翊黄】字坤舆，河南缑氏人，父元衡官至宰相。元和元年（806）进士科状元及第。官至大理卿。

《全唐诗》第十五册卷五〇六章孝标《钱塘赠武翊黄》："曾将心剑作戈矛，一战名场造化愁。花锦文章开四面，天人科第上三头。鸳鸿待侣飞清禁，山水缘情住外州。时伴庾公看海月，好吟诗断望潮楼。"

《旧唐书》卷一五八《武元衡传》:"武元衡字伯苍,河南缑氏人。"

《新唐书》卷七四上《宰相世系表》四上云"翊黄字坤舆,大理卿",元衡之子。

(宋)钱易《南部新书·己》:"武翊皇以三头冠绝一代……解头、状头、宏词敕头,是谓'三头'。"

(宋)王谠撰,周勋初校证《唐语林校证》卷六《补遗·起德宗至文宗》:"武翊黄,府送为解头,及第为状头,宏词为敕头,时为'武三头',冠于一时。后惑于媵嬖薛荔,苦其家妇卢氏,虽新昌李相绅以同年蔽之,而众论不容,终至流窜。"

《登科记考》卷一六元和元年(806)进士科条云武翊黄状元及第。

【王正雅】字光谦,并州晋阳人。元和元年(806)登进士科,累辟使府。历监察御史、万年县令、户部郎中、太常少卿、汝州刺史,官至大理卿,赠左散骑常侍。

《全唐文》卷六六二白居易《柳公绰父子温赠尚书右仆射窦牟父叔向赠工部尚书薛伯高父恽赠尚书司封郎中元宗简父琚赠尚书刑部侍郎皇甫镛父愉赠尚书右仆射韦文恪父渐赠太子少保王正雅父翊赠太子太师范季睦父彦赠礼部郎中八人亡父同制》:"敕:古人有云,'树欲静而风不止,子欲养而亲不待',向无显扬褒赠之事,则何以旌先臣德,慰后嗣心乎?故朕每施大恩,行大庆,而哀荣之命,未尝阙焉。银青光禄大夫行尚书吏部侍郎上护军河东县开国子柳公绰父温等,咸有令子,集于中朝。资父事君,移忠自孝,本于严训,酬以宠名,赐命追荣,各高其等。呜呼!存者不匮,往者有知,斯可以旌扬兰陔之光,辍风树之叹耳。可依前件。"

《旧唐书》卷一六五《王正雅传》:"王正雅字光谦,其先太原人。东都留守翊之子。伯父翊,代宗朝御史大夫,以贞亮鲠直名于当代,卒谥曰忠惠。正雅少时,以孝行修谨闻。元和初,举进士,登甲科,礼部侍郎崔邠其知之,累从职使府。元和十一年,拜监察御史,三迁为万年县令……迁户部郎中,寻加知台杂事,再迁太常少卿,出为汝州刺史,充本州防御使……入为大理卿……大和五年十一月卒,赠左散骑常侍。"

《新唐书》卷一四三《王翊传附王正雅传》:"王翊字宏肱,并州晋阳人……拜太子詹事……子正雅,字光谦……元和初,擢进士,迁累监察御史……就赐绯鱼,擢累汝州刺史……入为大理卿……大和中卒,赠左散骑常侍。"

《登科记考》卷一六元和元年(806)进士科条云王正雅及第。

【韦表微】字子明。元和元年(806)登进士科。历义成节度使从事、监察御史、翰林学士、左补阙、库部员外郎、中书舍人,官至户部侍郎,赠礼部尚书。

《全唐文》卷六三三韦表微《翰林学士院新楼记》:"长庆二年春,翰林院学士缺,穆宗皇帝顾谓左右曰:'孰可充是任者?'……备历规度之谟,详观新旧之制,承命为记,实惭菲词。时大和元年某月日记。"

《全唐文》卷六九三李虞仲《授学士路隋等中书舍人制》:"敕:夫秩高纶闱,职赞书命,禁署之内,用才尤难,盖以讨论而功垂无穷,润色而言流有截,非嘉绩日著,雄文风翔,则何以茂于转迁,副此金属?朝议郎守谏议大夫充翰林学士上轻车都尉赐紫金鱼袋路隋,澄澄天倪,落落风韵,气含古道,行为人师。朝议郎行尚书库部员外郎充翰林学士上柱国赐紫金鱼袋韦表微,符彩外朗,诚明中虚,言皆本仁,动必循矩……隋可守中书舍人,依前翰林学士,散官勋赐如故;表微可守本官知制诰,依前翰林学士,散官勋赐如故。"

《全唐文补遗》第八辑,长庆四年(824)二月甲寅《唐故沔州刺史庐江何公(抚)墓志铭并序》,署名"朝议郎、行尚书库部员外郎、翰林学士、上柱国、赐绯鱼袋韦表微撰"。

《旧唐书》卷一八九下《儒学下·韦表微传》:"韦表微,始举进士登第,累佐藩府。元和十五年,拜监察御史。逾年,以本官充翰林学士。迁左补阙、库部员外郎、知制诰。满岁,擢迁中书舍人,俄拜户部侍郎,职并如故。时自长庆、宝历,国家比有变故,凡在翰林,迁擢例无满岁,由是表微自监察六七年间,秩正贰卿,命服金紫,承遇恩渥,盛于一时。卒年六十。表微少时,剋苦自立。著《九经师授谱》一卷、《春秋三传总例》二十卷。"按其元和十五年为监察御史,登第年当在元和中。

(宋)乐史《广卓异记》卷一三《同年五人同为翰林学士》:"同年五人同为翰林学士:庾敬休、柳公权、李绅、韦表微、高钺。右按《唐书》,元和元年,礼部侍郎崔邠下一榜,放进士十三人,其后庾敬休等五人,长庆中为翰林学士。"

《新唐书》卷一七七《韦表微传》:"韦表微字子明,隋郿城公元礼七世孙……擢进士第,数辟诸使府……年六十,赠礼部尚书。"

《登科记考》卷二七《附考·进士科》录载韦表微,《登科记考补正》卷一六元和元年(806)进士科,据《广卓异记》改为是年及第。

【韦处厚】本名"淳",一作"惇",避宪宗讳,改名处厚,字德载,京兆府人,父万监察御史。元和元年(806)登进士科,同年又应贤良方正科,授秘书省校书郎。历咸阳县尉、右拾遗、左补阙、礼部考功员外郎、户部郎中、翰林侍讲学士、谏议大夫、中书舍人,文宗拜为宰相,爵灵昌郡公,赠司空。

《刘禹锡集》卷一九《唐故中书侍郎平章事韦公集纪》:"公本名淳,举进士,登第贤良。既仕,方更名处厚,字德载。"按:《登科记考》卷一六元和元年(806)进士科作"韦惇"。

《旧唐书》卷一五九《韦处厚传》:"韦处厚字德载,京兆人。父万,监察御史,为荆南节度参谋。处厚本名淳,避宪宗讳,改名处厚……元和初,登士第,应贤良方正,擢居异等,授秘书省校书郎……改咸阳县尉,迁右拾遗……转左补阙、礼部考功二员外……入拜户部郎中,俄以本官知制诰。穆宗以其学有师法,召入翰林,为侍讲学士、谏议大夫,改中书舍人……文宗……旋拜中书侍郎、同中书门下平章事、监修国史,加银青光禄大夫,进爵灵昌郡公……大和二年十二月……卒,年五十六,赠司空。"

【李绅】字公垂,郡望赵郡,贯常州无锡,祖守一成都郫县令,父晤官至晋陵县令。元和元年(806)登进士科,释褐国子助教。历观察使从事、户部侍郎,会昌元年拜相,官至右仆射,勋上柱国,爵赵国公,卒淮南节度使。

《旧唐书》卷一七三《李绅传》:"李绅字公垂,润州无锡人。本山东著姓。高祖敬玄,则天朝中书令,封赵国文宪公,自有传。祖守一,成都郫县令。父晤,历金坛、乌程、晋陵三县令,因家无锡。绅……元和初,登进士第,释褐国子助教……观察使李锜爱其才,辟为从事……召拜右拾遗。岁余,穆宗召为翰林学士……改授户部侍郎……开成元年……绅为河南尹……宣武节度、宋亳汴颍观察等使……会昌元年,入为兵部侍郎、同平章事,改中书侍郎,累迁守右仆射、门下侍郎、监修国史、上柱国、赵国公,食邑二千户。四年……守仆射、平章事,出为淮南节度使。六年,卒。"

(宋)乐史《广卓异记》卷一三《同年五人同为翰林学士》:"同年五人同为翰林学士:庾敬休、柳公权、李绅、韦表微、高钺。右按《唐书》,元和元年,礼部侍郎崔邠下一榜,放进士十三人,其后庾敬休等五人,长庆中为翰林学士。"

《新唐书》卷一八一《李绅传》:"李绅字公垂,中书令敬玄曾孙。世宦南方,客润州……元和初,擢进士第,补国子助教……"

(宋)晁公武《郡斋读书志校证》卷一八《别集类中》录《李绅追昔游》三卷,注云:"右唐李绅公垂也。元和元年进士,补国子助教。"按:《旧唐书》云李绅为润州无锡人,按《元和郡县图志》卷二五《江南道》,润州辖六县,无无锡县,无锡县属常州,李绅的籍贯当为常州无锡。

《登科记考》卷一六元和元年(806)进士科条云李绅及第。

【李顾言】元和元年(806)登进士科。历监察御史。

(宋)李昉等《太平广记》卷一五四《定数九·李顾言》引《续定命录》:"唐监察御史李顾言,贞元末,应进士举,甚有名称……贞元二十一年春,德宗皇帝晏驾,果三月下旬放进士榜,顾言元和元年及第。"

(宋)李昉等《太平广记》卷二七八《梦三·韦词》引《续定命录》:"元和六年,京兆韦词为宛陵廉使房式从事。秋七月,微雨,词于公署,因昼寝。忽梦一人投刺,视之了然,见题其字曰:'李故言。'俄于恍惚间,空中有人言:'明年及第状头。'是时元和初,有李顾言及第,意甚讶其事。为名中少有此故字者,焉得复有李故言哉?秋八月,果有取解举人具名投刺,一如梦中,但'故'为'固'耳,即今西帅李公也。词阅梦中之事不泄,乃曰:'足下明年必擢第,仍居众君之首。'是冬,兵部侍郎许孟容知举,果擢为榜首。初固言尝梦著宋景衣。元和十年已后,景甚著,时望籍甚,有拜大宪之耗。及景自司刑郎中知杂,出为泽州刺史,寻又物故。固言心疑其梦。长庆初,穆宗有事于圆丘,时固言居左拾遗。旧例:谏官从驾行礼者,太常各颁礼衣一袭。固言所服,因褰衣观其下,乃见书云:'左补阙宋景衣。'固言自说于班行。"

《登科记考》卷一六元和元年(806)进士科条云李顾言及第。

【李虞仲】字见之,赵郡人,祖震官至大理丞,父端官至杭州司马。元和元年(806)登进士科,后登制科,授弘文校书。历荆南从事、太常博士、兵部员外、司勋郎中、兵部郎中、中书舍人、华州刺史,卒吏部侍郎,赠吏部尚书。

《旧唐书》卷一六三《李虞仲传》:"李虞仲字见之,赵郡人。祖震,大理丞。父端,登进士第,工诗……虞仲亦工诗。元和初,登进士第,又以制策登科,授弘文校书。从事荆南,入为太常博士,迁兵部员外、司勋郎中……转兵部郎中,知制诰,拜中书舍人。大和四年,出为华州刺史、兼御史大夫。入拜左散骑常侍,兼秘书监。八年,转尚书右丞。九年,为兵部侍郎,寻改吏部。开成元年四月卒,时年六十五。"

《新唐书》卷一七七《李虞仲传》:"李虞仲字见之。父端,附见《文艺传》。虞仲第进士、宏辞,累迁太常博士……赠吏部尚书。"

《登科记考》卷一六元和元年(806)进士科、卷二七《附考·制科》条云李虞仲及第。

【陆畅】字达夫,苏州人。元和元年(806)登进士科。历佐东宫军、凤翔行军司马、秘书中丞,官至观察使。

《全唐文》卷五六四韩愈《朝散大夫商州刺史除名徙封州董府君(溪)墓志铭》:"公讳溪,字惟深……长女嫁吴郡陆畅。"

《全唐文》卷七六〇张次宗《荐观察判官陆畅请章服状》:"右件官植性谨和,涖事周敏。词赋中第,篇什成名。应物而精力有余,处烦而变通靡滞。所委公事,案牍虽多。巨细无遗,剖断尤速。领刑狱之重,人自不冤;颁廉察之条,法皆可久。准敕文,使下检校官凡至五品,便得赐绯。今陆畅前任秘书丞,已是登朝五品,即颇与格文相当。又职事修举,合当甄奖。臣先已有状,未蒙允许。今辄敢再具论奏。伏望天恩,特赐章服。"

《全唐诗》第十册卷三四〇韩愈《送陆畅归江南》(畅娶董溪女)云:"举举江南子,名以能诗闻。一来取高第,官佐东宫军。迎妇丞相府,夸映秀士群。鸾鸣桂树间,观者何缤纷。人事喜颠倒,旦夕异所云。萧萧青云干,遂逐荆棘焚。岁晚鸿雁过,乡思见新文。践此秦关雪,家彼吴洲云。悲啼上车女,骨肉不可分。感慨都门别,丈夫酒方醺。我实门下士,力薄蚋与蚊。受恩不即报,永负湘中坟。"《考异》引洪注:"畅字达夫。"

《全唐诗》第十二册卷三八六张籍《送陆畅》:"共踏长安街里尘,吴州独作未归身。昔年旧宅今谁住,君过西塘与问人。"

(唐)林宝《元和姓纂》卷一〇《嘉兴陆氏》:"元和初进士陆畅。"

(唐)段成式《酉阳杂俎续集》卷四《贬误》:"予门吏陆畅,江东人,语多差误,轻薄者多加诸以为剧语。予为儿时,常听人说陆畅初娶童溪女,每旦,群婢捧匜,以银奁盛藻豆,陆不识,辄沃水服之。其友生问:'君为贵门女婿,几多乐事?'"

《新唐书》卷一七九《郑注传》:"擢仲清内常侍,辽咸阳令,叔和检校太子宾客,赐钱千万,(陆)畅凤翔行军司马。"

《永乐大典》卷二三六八引《苏州府志》:"元和元年,中书舍人崔邠。陆畅。"

《登科记考》卷一六元和元年(806)进士科云陆畅及第。

崇祯《吴县志》卷四七《人物·风雅》:"陆畅,元和元年举进士,以秘书中丞为观察使。"

【张胜之】元和元年(806)登进士科。历宣武军节度判官、尚书比部员外郎。

此年省试诗为《山出云诗》。《文苑英华》一八二《诗三十二·省试三》之《山出云诗》下有张胜之。《登科记考》卷一六元和元年(806)进士科条云张胜之及第,"见《文苑英华》"。

《全唐文》卷六九三李虞仲《授张胜之比部员外郎制》:"敕:宣武军节度判官朝议郎检校尚书户部郎中兼侍御史赐绯鱼袋张胜之,卑以自牧,文而有礼,既践宪台,遂参相府,事人见必尽之操,在丑有不争之美。尚书列属,分曹莅职,听其会计,以考岁成,擢用为郎,是称清选。勉尔从政,以休舆议。可行尚书比部员外郎,散官赐如故。"

【张复】元和元年(806)登进士科。历鄂岳观察使从事、汴宋从事。

(唐)张固《幽闲鼓吹》:"元相在鄂州,周复为从事。相国常赋诗,命院中属和,周正郎乃簪笏见相公曰:'某偶以大人往还高门,谬获一第,其实诗赋皆不能也。'相国嘉之曰:'遽以实告,贤于能诗者也。'"按:周复,当为张复。

(宋)魏仲举《五百家注释韩昌黎全集》卷三四《张彻墓志铭》:"君弟复,亦进士,佐汴宋。"孙注:"元和元年,复中进士。"

《登科记考》卷一六元和元年(806)进士科条云张复及第。

【柳公权】字诚悬,京兆华原人,父子温官至丹州刺史,兄公绰官至兵部尚书。元和元年(806)擢进士第,释褐秘书省校书郎。历翰林学士,累封河东郡公,位至太子少师,以太子太保致仕,赠太子太师。

《旧唐书》卷一六五《柳公绰传附柳公权传》:"柳公绰字起之,京兆华原人也。祖正礼,邠州士曹参军。父子温,丹州刺史……弟公权、公谅……公权字诚悬。幼嗜学,十二能为词赋。元和初,进士擢第,释褐秘书省校书郎。李听镇夏州,辟为掌书记。穆宗即位,入奏事,帝召见……即日拜右拾遗,充翰林侍书学士。迁右补阙、司封员外郎……乃迁右司郎中,累换司封、兵部二郎中、弘文馆学士……迁谏议大夫。俄改中书舍人,充翰林书诏学士……开成三年,转工部侍郎……累迁金紫光禄大夫、上柱国、河东郡开国公、食邑二千户。复为左常侍、国子祭酒。历工部尚书。咸通初,改太子少傅,改少师,居三品、二品班三十年。六年卒,赠太子太师,时年八十八。"

(宋)李昉等《太平御览》卷四五四《人事部九十五·谏诤四》:"柳公权,字诚悬,幼嗜学,十二能为词赋。元和初,进士擢第,释褐秘书省校书郎。李听镇夏州,辟为掌书记。穆宗即位,入奏事,帝召见,谓公权曰:'我于佛寺见卿笔迹,思之久矣。'即日拜右拾遗,翰林侍书学士,迁左补阙、司封员外郎。穆宗政僻,尝问公权笔何尽善,对曰:'用在心,心正则笔正。'上改容,知其笔谏也。"按:《登科记考》卷一七元和三年(808)进士科条云:"元和二年状元已见,则公权当是此年状元。"兹从两《唐书》,将柳宗元进士及第、宏词科及第时间放在元和元年。

(宋)乐史《广卓异记》卷一三《同年五人同为翰林学士》:"同年五人同为翰林学士:庾敬休、柳公权、李绅、韦表微、高钺。右按《唐书》,元和元年,礼部侍郎崔邠下一榜,放进士十三人,其后庾敬休等五人,长庆中为翰林学士。"

《新唐书》卷一六三《柳公绰传附柳公权传》:"柳公绰字宽,京兆华原人……公权,字诚悬,公绰弟也。年十二,工辞赋。元和初,擢进士第。李听镇夏州,表为掌书记……累封河东郡公,复为常侍,进至太子少师……咸通初,乃以太子太保致仕。卒,年八十八。赠太子太师。"

【皇甫湜】字持正,睦州新安人。元和元年(806)登进士科。历陆浑尉,仕至工部郎中。

《全唐文》卷七一五韦处厚《上宰相荐皇甫湜书》:"窃见前进士皇甫湜,年三十二,学究古训,词秀人文。"

《新唐书》卷一七六《皇甫湜传》：“皇甫湜字持正，睦州新安人。擢进士第，为陆浑尉，仕至工部郎中。”

（宋）魏仲举《五百家注释韩昌黎全集》卷五《寄皇甫湜》，孙注：“皇甫湜字持正，睦州新安人。元和元年擢进士第，为陆浑尉。”

《登科记考》卷一六元和元年（806）进士科条云皇甫湜及第。

【高铢】字翘之。元和元年（806）登进士科，后判入等，补秘书省校书郎。历右补阙、起居郎、翰林学士、兵部员外郎、户部郎中、中书舍人、刑部侍郎，官至吏部侍郎，卒同州刺史，赠兵部尚书。

《全唐文》卷六四九元稹《授高铢守起居郎依前充史馆修撰何士乂尚书水部员外郎制》：“敕：行而不息者时也，久而不可泯者书也，微史氏，吾其面墙于尧舜禹汤之事矣。尚书郎亦有会计奏议之重，非博达精究之才，其可以充备兹选乎？高铢、何士乂等，富有文章，优于行实，捃拾匡益，殆无阙遗。前以东观择才，因而命铢，视其所以，足见书词。俾伺朕之起居，遂编之于简牍，不亦详且实耶。而士乂亦以久次当迁，移补郎位，允膺清秩，无忘慎终。铢可守起居郎，依前充史馆修撰。士乂可尚书水部员外郎。余如故。”

《旧唐书》卷一六八《孝友·高铢传》：“高铢字翘之。祖郑宾，宋州宁陵令。父去疾，摄监察御史。铢，元和初进士及第，判入等，补秘书省校书郎，累迁至右补阙，充史馆修撰……十五年，转起居郎……长庆元年……以本官充翰林学士。二年，迁兵部员外郎……转户部郎中、知制诰。十二月，正拜中书舍人……宝历二年三月，罢学士，守本官。大和三年七月，授刑部侍郎。四年冬，迁吏部侍郎。铨综之司，官业振举。七年，出为同州刺史、兼御史中丞。八年六月卒，赠兵部尚书。”

（宋）乐史《广卓异记》卷一三《同年五人同为翰林学士》：“同年五人同为翰林学士：庾敬休、柳公权、李绅、韦表微、高铢。右按《唐书》，元和元年，礼部侍郎崔邠下一榜，放进士十三人，其后庾敬休等五人，长庆中为翰林学士。”

《新唐书》卷一七七《高铢传》：“高铢字翘之，史失其何所人。与弟铼、锴俱擢进士第。”

《登科记考》卷一六元和元年（806）进士科条云高铢及第。

【崔公信】元和元年（806）登进士科。历河东观察使判官，河东节度使掌书记。

（唐）李冗《独异志》卷上《江都事》：“又有崔巡官者，居郑圃也，与李丞相同年之旧。”按：李丞相当为李绅，《登科记考》卷一六元和元年（806）进士科条云崔巡官可能是崔公信，待考。

（宋）计有功《唐诗纪事》卷五九《崔公信》：“公信，登元和元年进士第，弘靖帅太原，辟为掌记。后为德裕代之，以公信为观察判官。”

【庾敬休】字顺之，邓州南阳人，祖光烈大理少卿，父河兵部郎中。元和元年（806）登进士科，后登宏词科。历秘书省校书郎、渭南尉、集贤校理、起居舍人、礼部员外郎、翰林学士、礼部郎中、工部侍郎、吏部侍郎，官至尚书左丞，赠吏部尚书。

《秦晋豫新出墓志蒐佚续编》八二七，庾简休撰大和九年（835）七月三十日《唐故银青光禄大夫行尚书左丞上柱国南阳郡开国公食邑二千户庾府君之墓》:"公讳敬休,字顺之,新野人也……府君年廿六进士及第,廿八登宏词科,释褐秘书省校书郎,试太常寺协律郎、渭南县尉、右拾遗、右补阙、内供奉起居舍人、尚书礼部员外郎、礼部郎中充翰林学士、兵部郎中知制诰、中书舍人、工部吏部户部侍郎兼鲁王傅,迁尚书左丞,疾免再授……有子三人:长曰道蔚,进士及第。次曰道符,年尚幼少。"据墓志,敬休二十六岁进士及第,以大和九年(835)卒,享年五十五推之,其进士及第年在是年。

《旧唐书》卷一八七下《忠义下·庾敬休传》:"庾敬休,字顺之,其先南阳新野人……(祖)光烈为大理少卿……(父河)终兵部郎中。敬休举进士,以宏词登科,授秘书省校书郎,从事宣州。旋授渭南尉、集贤校理。迁右拾遗、集贤学士。历右补阙,称职,转起居舍人,俄迁礼部员外郎。入为翰林学士,迁礼部郎中,罢职归官。又迁兵部郎中、知制诰。丁忧,服阕,改工部侍郎,权知吏部选事,迁吏部侍郎……改工部侍郎,兼鲁王傅……再为尚书左丞。大和九年三月,卒于家……赠吏部尚书。"

(宋)乐史《广卓异记》卷一三《同年五人同为翰林学士》:"同年五人同为翰林学士:庾敬休、柳公权、李绅、韦表微、高铢。右按《唐书》,元和元年,礼部侍郎崔邠下一榜,放进士十三人,其后庾敬休等五人,长庆中为翰林学士。"

《新唐书》卷一六一《庾敬休传》:"庾敬休字顺之,邓州新野人。祖光烈,与弟光先不受安禄山伪官,遁去。光烈终大理少卿,光先吏部侍郎。父何,当朱泚反,又与弟倬逃山谷,不臣贼。官兵部郎中。敬休擢进士第,又中宏辞,辟宣州幕府。入拜右补阙、起居舍人……召为翰林学士。文宗将立鲁王为太子,慎选师傅,敬休以户部侍郎兼鲁王傅……再为尚书左丞。卒,赠吏部尚书。"

《登科记考》卷二七《附考·进士科》录载庾敬休,《登科记考补正》卷一六元和元年(806)进士科,据《广卓异记》改系是年及第。

【韩伙】字相之,京兆长安人,曾祖思复官至御史大夫,祖朝宗官至京兆尹。元和元年(806)登进士科。累辟藩方,历襄州从事、殿中侍御史、鄂越从事、浙东判官,官至给事中,出为桂州观察使,赠工部侍郎。

《全唐文》卷六五九白居易《京兆府司录参军孙简可检校礼部员外郎荆南节度判官浙东判官试大理评事韩伙可殿中侍御史巡官试正字晁朴可试协律郎充推官同制》:"敕。某官孙简等:凡使府之制,量职之轻重以命官,揆时之远近以进秩,俾等杀有常序,迁次有常程,劳逸均而名分定矣。简自登宪司,佐相幕府,暨纠天府,皆有可称。而伙等亦以文学发身,谋画效用。荆扬浙右,实籍宾僚,况今之公卿大夫,皆由此途出,慎尔职事,尔无自轻。可依前件。"

《旧唐书》卷一○一《韩思复传》:"韩思复,京兆长安人也……为御史大夫……子朝宗,天宝初为京兆尹。曾孙伙,字相之……举进士,累辟藩方。自襄州从事征拜殿中侍御史,迁刑部员外。求为澧州刺史。岁满受代,宰相牛僧孺镇鄂渚,辟为从事,征拜刑部郎中,转京兆少尹,迁给事中。出为桂州观察使……开成二年,卒于官,赠工部侍郎。"按:《登科记考》卷一六元和元年(806)进士科条云韩伙及第。

制科

【元修】元和元年（806）登才识兼茂明于体用科。

（宋）王溥《唐会要》卷七六《贡举中·制科举》："元和元年四月，才识兼茂明于体用科，元稹……元修……及第。"

（宋）王钦若等《册府元龟》卷六四五《贡举部（七）·科目》："宪宗元和元年四月，才识兼茂明于体用科（元稹、韦惇、独孤郁、白居易、曹景伯、韦庆复、崔瑨、罗让、崔护、薛存庆、韦珩、李珙、元修、萧俛、傅归、柴宿及第），达于吏理可使从政科（陈岵及第）。"

（宋）宋敏求《唐大诏令集》卷一〇六《制举·放制举人敕》："才识兼茂明于体用科……第四次等崔韶、罗让、崔护、元修、薛存庆、韦珩。"

《登科记考》卷一六元和元年（806）才识兼茂明于体用科条云元修及第。

【元稹】元和元年（806）才识兼茂明于体用科及第。小传见贞元九年（793）明经科元稹条。

（宋）王溥《唐会要》卷七六《贡举中·制科举》："元和元年四月，才识兼茂明于体用科，元稹……独孤郁……及第。"

（宋）王钦若等《册府元龟》卷六四五《贡举部（七）·科目》："宪宗元和元年四月，才识兼茂明于体用科（元稹、韦惇、独孤郁、白居易、曹景伯、韦庆复、崔瑨、罗让、崔护、薛存庆、韦珩、李珙、元修、萧俛、傅归、柴宿及第），达于吏理可使从政科（陈岵及第）。"

《登科记考》卷一六元和元年（806）才识兼茂明于体用科条云元稹及第。

【韦庆复】元和元年（806）登才识兼茂明于体用科。

（宋）王溥《唐会要》卷七六《贡举中·制科举》："元和元年四月，才识兼茂明于体用科，元稹……韦庆复……及第。"

（宋）王钦若等《册府元龟》卷六四五《贡举部（七）·科目》："宪宗元和元年四月，才识兼茂明于体用科（元稹、韦惇、独孤郁、白居易、曹景伯、韦庆复、崔瑨、罗让、崔护、薛存庆、韦珩、李珙、元修、萧俛、傅归、柴宿及第），达于吏理可使从政科（陈岵及第）。"

《登科记考》卷一六元和元年（806）才识兼茂明于体用科条云韦庆复及第。

【韦珩】元和元年（806）登才识兼茂明于体用科。

（宋）王溥《唐会要》卷七六《贡举中·制科举》："元和元年四月，才识兼茂明于体用科，元稹……韦珩……及第。"

（宋）王钦若等《册府元龟》卷六四五《贡举部（七）·科目》："宪宗元和元年四月，才识兼茂明于体用科（元稹、韦惇、独孤郁、白居易、曹景伯、韦庆复、崔瑨、罗让、崔护、薛存庆、韦珩、李珙、元修、萧俛、傅归、柴宿及第），达于吏理可使从政科（陈岵及第）。"

（宋）宋敏求《唐大诏令集》卷一〇六《制举·放制举人敕》："才识兼茂明于体用科……第四次等崔韶、罗让、崔护、元修、薛存庆、韦珩。"

《登科记考》卷一六元和元年（806）才识兼茂明于体用科条云韦珩及第。

【韦淳】即韦处厚，本名淳，一作"惇"，京兆人，元和元年（806）才识兼茂明于体用科及第。小传见元和元年进士科韦处厚条。

《刘禹锡集》卷一九《唐故中书侍郎平章事韦公集纪》:"宪宗朝,河南元公稹、京兆韦公淳以才识兼茂征。"

(宋)王溥《唐会要》卷七六《贡举中·制科举》:"元和元年四月,才识兼茂明于体用科,元稹……韦惇……及第。"

(宋)王钦若等《册府元龟》卷六四五《贡举部(七)·科目》:"宪宗元和元年四月,才识兼茂明于体用科(元稹、韦惇、独孤郁、白居易、曹景伯、韦庆复、崔琯、罗让、崔护、薛存庆、韦珩、李珏、元修、萧俛、傅归、柴宿及第),达于吏理可使从政科(陈岵及第)。"

《登科记考》卷一六元和元年(806)才识兼茂明于体用科条云韦惇及第。

【白居易】元和元年(806)登才识兼茂明于体用科。小传见贞元十七年(801)进士科白居易条。

(宋)王溥《唐会要》卷七六《贡举中·制科举》:"元和元年四月,才识兼茂明于体用科,元稹……白居易……及第。"

(宋)王钦若等《册府元龟》卷六四五《贡举部(七)·科目》:"宪宗元和元年四月,才识兼茂明于体用科(元稹、韦惇、独孤郁、白居易、曹景伯、韦庆复、崔琯、罗让、崔护、薛存庆、韦珩、李珏、元修、萧俛、傅归、柴宿及第),达于吏理可使从政科(陈岵及第)。"

(宋)宋敏求《唐大诏令集》卷一〇六《制举·放制举人敕》:"才识兼茂明于体用科……第四次等独孤郁、白居易、曹景伯、韦庆复。"

《登科记考》卷一六元和元年(806)才识兼茂明于体用科条云白居易及第。

【李蟠】一作"李珏",贞元十七年(801)登进士科,元和元年(806)登才识兼茂明于体用科。

(宋)王溥《唐会要》卷七六《贡举中·制科举》:"元和元年四月,才识兼茂明于体用科,元稹……李珏、元修、沈传师、萧俛、柴宿及第。"

(宋)王钦若等《册府元龟》卷六四五《贡举部(七)·科目》:"宪宗元和元年四月,才识兼茂明于体用科(元稹、韦惇、独孤郁、白居易、曹景伯、韦庆复、崔琯、罗让、崔护、薛存庆、韦珩、李珏、元修、萧俛、傅归、柴宿及第),达于吏理可使从政科(陈岵及第)。"按《登科记考》卷一六元和元年(806)条作"李蟠"。

(宋)宋敏求《唐大诏令集》卷一〇六《制举·放制举人敕》:"才识兼茂明于体用科……第五上等次等萧俛、李蟠、沈传师、柴宿。"

【沈传师】元和元年(806)登制科。小传见贞元二十一年(805)进士科沈传师条。

(宋)王溥《唐会要》卷七六《贡举中·制科举》:"元和元年四月,才识兼茂明于体用科,元稹……李珏、元修、沈传师、萧俛、柴宿及第。"按:《登科记考》卷一六元和元年(806)才识兼茂明于体用科条云及第,并言见《册府元龟》,查《册府元龟》卷六四五《贡举部·科目》元和元年才识兼茂明于体用科条无沈传师,而作"傅归"。

(宋)宋敏求《唐大诏令集》卷一〇六《制举·放制举人敕》:"才识兼茂明于体用科……第五上等次等萧俛、李蟠、沈传师、柴宿。"按:《册府元龟》误。

【陈岵】元和元年(806)登达于吏理可使从政科。历右司郎中、处州刺史、濠州刺史、太常寺卿。

《全唐文》卷六五四元稹《永福寺石壁法华经记》:"御史大夫越州刺史元稹、右司郎中处州刺史陈岵。"

(宋)王溥《唐会要》卷五六《左右补阙拾遗》:"(宝历)二年九月,以新授濠州刺史陈岵为太常少卿。"

(宋)王溥《唐会要》卷七六《贡举中·制科举》:"元和元年四月……达于吏理可使从政科,陈岵及第。"

(宋)王钦若等《册府元龟》卷六四五《贡举部(七)·科目》:"宪宗元和元年四月,才识兼茂明于体用科(元稹、韦惇、独孤郁、白居易、曹景伯、韦庆复、崔瑶、罗让、崔护、薛存庆、韦珩、李瑀、元修、萧俛、傅归、柴宿及第),达于吏理可使从政科(陈岵及第)。"

(宋)宋敏求《唐大诏令集》卷一〇六《制举·放制举人敕》:"(元和元年)达于吏理可使从政科第五上等陈岵。"

《登科记考》卷一六元和元年(806)云陈岵登达于吏理可使从政科。

【罗让】贞元十七年(801)登进士科,元和元年(806)登才识兼茂明于体用科。小传见贞元十七年进士科罗让条。

(宋)王溥《唐会要》卷七六《贡举中·制科举》:"元和元年四月,才识兼茂明于体用科,元稹……罗让……及第。"

(宋)王钦若等《册府元龟》卷六四五《贡举部(七)·科目》:"宪宗元和元年四月,才识兼茂明于体用科(元稹、韦惇、独孤郁、白居易、曹景伯、韦庆复、崔瑶、罗让、崔护、薛存庆、韦珩、李瑀、元修、萧俛、傅归、柴宿及第),达于吏理可使从政科(陈岵及第)。"

《登科记考》卷一六元和元年(806)元和元年才识兼茂明于体用科条云罗让及第。

【独孤郁】元和元年(806)登才识兼茂明于体用科。小传见贞元十四年(798)进士科条独孤郁小传。

(宋)王溥《唐会要》卷七六《贡举中·制科举》:"元和元年四月,才识兼茂明于体用科,元稹……独孤郁……及第。"

(宋)王钦若等《册府元龟》卷六四五《贡举部(七)·科目》:"宪宗元和元年四月,才识兼茂明于体用科(元稹、韦惇、独孤郁、白居易、曹景伯、韦庆复、崔瑶、罗让、崔护、薛存庆、韦珩、李瑀、元修、萧俛、傅归、柴宿及第),达于吏理可使从政科(陈岵及第)。"

《登科记考》卷一六元和元年(806)才识兼茂明于体用科条云独孤郁及第。

【曹景伯】元和元年(806)登才识兼茂明于体用科。小传见贞元十九年(803)进士科曹景伯条。

《全唐文》卷五九宪宗《处分及第举人诏》作"曹京伯",疑"京"误。

(宋)王溥《唐会要》卷七六《贡举中·制科举》:"元和元年四月,才识兼茂明于体用科,元稹……曹景伯……及第。"

(宋)王钦若等《册府元龟》卷六四五《贡举部(七)·科目》:"宪宗元和元年四月,才识兼茂明于体用科(元稹、韦惇、独孤郁、白居易、曹景伯、韦庆复、崔瑶、罗让、崔护、薛存庆、韦珩、李瑀、元修、萧俛、傅归、柴宿及第），达于吏理可使从政科（陈岵及第）。"

《登科记考》卷一六元和元年（806）才识兼茂明于体用科条云曹景伯及第。

【萧俛】元和元年（806）四月才识兼茂明于体用科。小传见贞元七年（791）进士科萧俛条。

（宋）王溥《唐会要》卷七六《贡举中·制科举》："元和元年四月，才识兼茂明于体用科，元稹……李瑀、元修、沈传师、萧俛、柴宿及第。"

（宋）王钦若等《册府元龟》卷六四五《贡举部（七）·科目》："宪宗元和元年四月，才识兼茂明于体用科（元稹、韦惇、独孤郁、白居易、曹景伯、韦庆复、崔琯、罗让、崔护、薛存庆、韦珩、李瑀、元修、萧俛、傅归、柴宿及第），达于吏理可使从政科（陈岵及第）。"

（宋）宋敏求《唐大诏令集》卷一〇六《制举·放制举人敕》："才识兼茂明于体用科……第五上等萧俛、李蟠、沈传师、柴宿。"

《登科记考》卷一六元和元年（806）才识兼茂明于体用科条云萧俛及第。

【萧睦】元和元年（806）登达于吏治可使从政科。历剑南三川榷盐判官殿中侍御史内供奉、凤州刺史、朝散大夫、袁州刺史、上柱国、尚书祠部员外郎。

《全唐文》卷六四八元稹《授萧睦凤州周载渝州刺史制》："敕：前剑南三川榷盐判官殿中侍御史内供奉萧睦、前知盐铁转运山南东道院事殿中侍御史周载等，由文学古，施于有政，三验所至，莫非良能。河池近藩，南平东险，绥戎阜俗，必藉长才，副我虚求（一作怀），牧兹凋瘵。事时农劝，用节人安，三年有成，惟乃之效。睦可凤州刺史，载可渝州刺史。"

《全唐文》卷六九三李虞仲《授萧睦祠部员外郎制》："敕：朝散大夫使持节袁州诸军事守袁州刺史上柱国萧睦：中台总天下之务，分以郎吏，各有司存，前代用人，率为慎选。以尔克茂才实，尝擢科名，操尚端贞，职业修举，累登使局，顷绾郡章，去常见思，居不自伐，是宜陟以郎署，俾其弥纶。能稽旧章，则无败事。可行尚书祠部员外郎，散官勋如故。"

（宋）王溥《唐会要》卷七六《贡举中·制科举》："元和元年四月……达于吏理可使从政科萧睦及第。"

（宋）王钦若等《册府元龟》卷六四五《贡举部（七）·科目》：宪宗元和二年四月，"达于吏理可使从政科（萧睦及第）。"按：据《唐会要》，萧睦元和元年及第。

《登科记考》卷一六元和元年（806）云萧睦登达于吏理可使从政科。

【柴宿】元和元年（806）登才识兼茂明于体用科。

（宋）王溥《唐会要》卷七六《贡举中·制科举》："元和元年四月，才识兼茂明于体用科，元稹……李瑀、元修、沈传师、萧俛、柴宿及第。"

（宋）王钦若等《册府元龟》卷六四五《贡举部（七）·科目》："宪宗元和元年四月，才识兼茂明于体用科（元稹、韦惇、独孤郁、白居易、曹景伯、韦庆复、崔琯、罗让、崔护、薛存庆、韦珩、李瑀、元修、萧俛、傅归、柴宿及第），达于吏理可使从政科（陈岵及第）。"

（宋）宋敏求《唐大诏令集》卷一〇六《制举·放制举人敕》："才识兼茂明于体用科……第五上等萧俛、李蟠、沈传师、柴宿。"

《登科记考》卷一六元和元年（806）才识兼茂明于体用科条云柴宿及第。

【**崔护**】元和元年（806）登才识兼茂明于体用科。小传见贞元十二年（796）崔护条。

（宋）王溥《唐会要》卷七六《贡举中·制科举》："元和元年四月，才识兼茂明于体用科，元稹……崔护……及第。"

（宋）王钦若等《册府元龟》卷六四五《贡举部（七）·科目》："宪宗元和元年四月，才识兼茂明于体用科（元稹、韦惇、独孤郁、白居易、曹景伯、韦庆复、崔琯、罗让、崔护、薛存庆、韦珩、李珝、元修、萧俛、傅归、柴宿及第），达于吏理可使从政科（陈岵及第）。"

（宋）宋敏求《唐大诏令集》卷一○六《制举·放制举人敕》："才识兼茂明于体用科……第四次等崔韶、罗让、崔护、元修、薛存庆、韦珩。"

《登科记考》卷一六元和元年（806）才识兼茂明于体用科条云崔护及第。

【**崔琯**】元和元年（806）登才识兼茂明于体用科。小传见贞元十八年（802）进士科崔琯条。

《旧唐书》卷一七七《崔珙传附崔琯传》："崔珙，博陵安平人……长曰琯，贞元十八年进士擢第。又制策登科，释褐诸侯府，入为尚书郎。"

（宋）王钦若等《册府元龟》卷六四五《贡举部（七）·科目》："宪宗元和元年四月，才识兼茂明于体用科（元稹、韦惇、独孤郁、白居易、曹景伯、韦庆复、崔琯、罗让、崔护、薛存庆、韦珩、李珝、元修、萧俛、傅归、柴宿及第），达于吏理可使从政科（陈岵及第）。"

《登科记考》卷一六元和元年（806）才识兼茂明于体用科条云崔琯及第。

【**薛存庆**】元和元年（806）登才识兼茂明于体用科。小传见德宗朝附考进士科薛存庆条。

（宋）王溥《唐会要》卷七六《贡举中·制科举》："元和元年四月，才识兼茂明于体用科，元稹……薛存庆……及第。"

（宋）王钦若等《册府元龟》卷六四五《贡举部（七）·科目》："宪宗元和元年四月，才识兼茂明于体用科（元稹、韦惇、独孤郁、白居易、曹景伯、韦庆复、崔琯、罗让、崔护、薛存庆、韦珩、李珝、元修、萧俛、傅归、柴宿及第），达于吏理可使从政科。（陈岵及第）。"

（宋）宋敏求《唐大诏令集》卷一○六《制举·放制举人敕》："才识兼茂明于体用科……第四次等崔韶、罗让、崔护、元修、薛存庆、韦珩。"

《登科记考》卷一六元和元年（806）才识兼茂明于体用科条云薛存庆及第。

上书拜官

【**李正卿**】字肱生，士族，江夏人。元和元年（806）上书拜官，制授松滋令。历泾原从事，绵州刺史。

《唐代墓志汇编》会昌○四○《唐故绵州刺史江夏李公（正卿）墓志铭并序》："有唐会昌四年四月十一日，作绵守李公殁于位……曾祖善，贯通坟史，注《文选》六十卷，用经籍引证，研精而该，博学者开卷自得，如授师说，官至秘书郎、弘文馆学士、沛王侍读。祖邕，文学优宏，如风飙然诺自任，落落有大节，为一时伟人，官至北海太守赠秘书监。考翘，履道葆光，绰有余裕，皇任大理评事赠太常少卿。公讳正卿，字肱生……始以文行举进士，未

第,为泾原节度使段祐强置□府,试左武卫兵曹掾,转大理评事兼监察御史,赐章绂。酬知用直,暂画有闻。元和初,天雨嘉谷,公因献赋,既美且讽,制授松滋令。"

《唐代墓志汇编》元和〇七二《唐故大理评事赠左赞善大夫江夏李府君(翘)墓志铭》署"嗣子承奉郎前守江陵府松滋县令赐绯鱼袋正卿撰"。

《登科记考补正》卷一六元和元年(806)上书拜官录载李正卿。

科目选

【杜元颖】贞元十六年(800)登进士科,元和元年(806)登宏词科,元和十一年(816)登茂才异等科。小传见贞元十六年进士科杜元颖条。

(唐)赵璘《因话录》卷二《商部上》:"族祖天水昭公,以旧相为吏部侍郎。考前进士杜元颖宏词登科,镇南又奏为从事。"

《登科记考》卷一六元和元年博学宏词科条云:"考《宪宗纪》及《宗儒传》,宗儒于贞元二十年迁吏部侍郎,元和元年十一月自吏部侍郎为东都留守。贞元二十年停贡举,元颖盖以贞元二十一年登第,元和元年擢宏词也。"

【柳公权】元和元年(806)擢进士第,同年登宏词科。小传见元和元年进士科柳公权条。

《旧唐书》卷一六五《柳公绰传附柳公权传》:"柳公绰字起之,京兆华原人也。祖正礼,邠州士曹参军。父子温,丹州刺史……弟公权、公谅……公权字诚悬。幼嗜学,十二能为词赋。元和初,进士擢第,释褐秘书省校书郎。李听镇夏州,辟为掌书记。穆宗即位,入奏事,帝召见……即日拜右拾遗,充翰林侍书学士。迁右补阙、司封员外郎……乃迁右司郎中,累换司封、兵部二郎中、弘文馆学士……迁谏议大夫。俄改中书舍人,充翰林书诏学士……开成三年,转工部侍郎……累迁金紫光禄大夫、上柱国、河东郡开国公、食邑二千户。复为左常侍、国子祭酒。历工部尚书。咸通初,改太子少傅,改少师,居三品、二品班三十年。六年卒,赠太子太师,时年八十八。"

(宋)乐史《广卓异记》卷一三《同年五人同为翰林学士》:"同年五人同为翰林学士:庾敬休、柳公权、李绅、韦表微、高钺。右按《唐书》,元和元年,礼部侍郎崔邠下一榜,放进士十三人,其后庾敬休等五人,长庆中为翰林学士。"

《新唐书》卷一六三《柳公绰传附柳公权传》:"柳公绰字宽,京兆华原人……公权,字诚悬,公绰弟也。年十二,工辞赋。元和初,擢进士第。李听镇夏州,表为掌书记……累封河东郡公,复为常侍,进至太子少师……咸通初,乃以太子太保致仕。卒,年八十八。赠太子太师。"

(宋)王谠撰,周勋初校证《唐语林校证》卷四《企羡》:"(柳公权)及擢第,首冠诸生。当年宏词高科,十余年便掌纶诰,侍翰苑。"按:《登科记考》卷一七元和三年进士科条云:"元二年状元已见,则公权当是此年状元。"兹从《广卓异记》及两《唐书》,将柳宗元进士及第、宏词科及第时间放在元和元年。

【滕遂】苏州人。贞元二十一年(805)登明经科,元和元年(806)书判登科。历大理评事、长洲令、摄吴县。

（明）凌迪知《万姓统谱》卷五七《下平声·滕》："遂，贞元中举明经及第，历大理评事、长洲令、摄吴县。时人歌曰：'朝判长洲，暮判吴；道不拾遗，人不孤。'"

《登科记考》卷一五贞元二十一年（805）明经科滕遂条云：《永乐大典》引《苏州府志》："滕遂，明经及第，又书判登科。"

（明）王鏊《姑苏志》卷四一《宦迹五》："遂，贞元二十一年举明经及第，又书判登科，历大理评事、长洲令、摄吴县。时人歌曰：'朝判长洲，暮判吴；道不拾遗，人不孤。'"

元和二年丁亥（807）

知贡举：礼部侍郎崔邠

进士科

【王源中】字正蒙。元和二年（807）进士科状元及第，又登宏辞科。历左补阙、户部郎中、户部侍郎、翰林学士，官至刑部侍郎，卒天平节度使，赠尚书右仆射。

《全唐文》卷六六二白居易《李彤授检校工部郎中充郑滑节度副使王源中授检校刑部员外郎充观察判官各兼侍御史赐绯紫制》："敕：万年令李彤侍御史王源中等：舜以五长绥四国，若今之节制也；周以十联率诸侯，若今之廉察也。国家合为一柄，付有功诸侯，故其陪臣，选任益重，或辍朝籍授简书者，往往而有。况承元有大忠于国，受重任于外，使其承上莅下，敬始善终，实在庶寮，叶力以济。今以彤宰京邑，有理剧之用，如水在器，挠之不浊；以源中立宪府有纠正之能。如刃发硎，割之无滞。一可以倅戎事，一可以佐辎车，二职交修，在此一举。台郎宪吏，金印银章，加乎尔身，无忝我命。可依前件。"

（唐）褚藏言《窦氏联珠集》卷五："府君（窦巩）元和二年，与今东都留守、右仆射孙公简、故吏部侍郎、兴元节度使王公源中，中书舍人崔公咸、制诰李公正封同年上第。"按：《全唐文》卷七六一褚藏言《窦巩传》同。

《旧唐书》卷一七下《文宗下》："（大和八年四月）乙巳，乾林学士、兵部侍郎王源中辞内职，乃以源中为礼部尚书。"

《新唐书》卷一六四《卢景亮传》："宪宗时，以直谏知名者，又有王源中。源中，字正蒙。擢进士、宏辞，累迁左补阙……累转户部郎中、侍郎，擢翰林学士，进承旨学士。源中嗜酒，帝召之，醉不能见。及寤，忧其慢，不悔不得进也。他日，又如之，遂失帝意。以疾自言，出为山南西道节度使，入拜刑部侍郎。未几，领天平节度使。开成三年卒，赠尚书右仆射。"

《登科记考》卷一七元和二年（807）进士科录载王源中为是年状元。

【王参元】开州人。元和二年登进士科。

（清）陈景云《柳集点勘》："参元，濮阳人，鄜坊节度使栖曜少子。"参见《柳宗元集》卷三三《校勘记（一）》。

《登科记考》卷一七元和二年（807）进士科条云王参元及第，见柳宗元《贺进士王参元失火书》注。按：《柳宗元集》卷三三《贺进士王参元失火书》："仆自贞元十五年见足下之文章，蓄之者盖六七年未尝言，是仆私一身而负公道久矣，非特负足下也……吴二十一武陵来，言足下为《醉赋》及《对问》，大善，可寄一本。"

光绪《畿辅通志》卷三四《选举·唐·进士》附录："王参元，开州人，见《州志》。"

【韦楚材】京兆人，父屺宋州刺史。元和二年（807）登进士科。

《全唐文》卷五八宪宗《贬韦楚材澧州司法参军制》："顷因按事，兼举宪章，阅实绳违，有乖详审。既薄其责，仍掾大藩，载令研究其端，颇见异同之状。况诚途祗命，淹驻近郊，苟于造次之间，靡怀敬慎之义。既兹速戾，岂谓周防，更移远藩，俾自惩省。"

（宋）魏仲举《五百家注释韩昌黎全集》卷二六《唐故赠朝散大夫司勋员外郎孔君墓志铭》："君始娶宏农杨氏女，卒，又娶其舅宋州刺史京兆韦屺女：皆有妇道。凡生一男四女，皆幼。前夫人从葬舅姑兆次。卜人曰：'今兹岁未可以祔。'从卜人言不祔。君母兄戣，尚书兵部员外郎；母弟戬，殿中侍御史，以文行称朝廷。将葬，以韦夫人之弟前进士楚材之状授愈，曰：'请为铭。'"樊注："楚材元和二年登第。"

《登科记考》卷一七元和二年（807）进士科条云韦楚材及第。

【孙简】字枢中，河南府河南县人，祖宿桂管观察使，父公器邕管经略使。元和二年（807）登进士科，又登书判科，授秘书正字。历河中观察推官，官至兵部尚书，赠太师。

《全唐文补遗》第四辑，令狐绹撰大中十一年（857）十一月二十六日《唐故银青光禄大夫检校司空□□□□□司□□上柱国乐安县开国侯食邑一千户赐□□孙公（简）墓志铭并序》："公讳简，字枢中……举进士，元和二年，故太常崔公邠掌春闱，昇居上第。后赴调集判入高等，授秘书省正字。所试出人，人皆传讽。"

《隋唐五代墓志汇编》洛阳卷第十三册《孙简墓志》："（简）举进士，元和二年故太常崔公邠掌春闱，升居上第，后赴调集，判入高等，授秘书正字……赵宗儒河中辟公为观察推官。"

《唐代墓志汇编》残志〇一五孙徽《唐故朝议郎前守蓬州刺史乐安孙府君墓志铭并序》："烈考府君讳简，擢进士第，判入殊等，授秘书省正字……历刑、吏侍郎，尚书左丞，两拜吏部尚书……后除检校司空、太子少师，薨于位，累赠太师……（公）讳谠……迁窆于河南县北邙山杜原村祔大茔礼也。"

《旧唐书》卷一九〇中《文苑中·孙逖传》："孙逖，潞州涉县人……太子詹事……子宿……改桂州刺史、桂管观察使。五年卒。宿子公器，官至信州刺史、邕管经略使。公器子简、范，并举进士。会昌后，兄弟继居显秩，历诸道观察使。简，兵部尚书。"

《新唐书》卷二〇二《文艺中·孙逖传》："（孙简）元和初，登进士第，辟镇国、荆南幕府。"

【白行简】字知退，兄白居易。元和二年（807）登进士科，授秘书省校书郎。历东川节度使掌书记，官至主客郎中。

《旧唐书》卷一六六《白行简传》："行简字知退。贞元末，登进士第，授秘书省校书郎。

元和中,卢坦镇东蜀,辟为掌书记。府罢,归浔阳。居易授江州司马,从兄之郡。十五年,居易入朝为尚书郎,行简亦授左拾遗。累迁司门员外郎、主客郎中……自刺死。"

《新唐书》卷一一九《白居易传附白行简传》:"行简字知退,擢进士,辟卢坦剑南东川府。罢,与居易自忠州入朝,授左拾遗。累迁主客员外郎,代韦词判度支桉,进郎中……宝历二年卒。"

(宋)计有功《唐诗纪事》卷四一《白行简》:"行简,字知退,敏而有词。元和二年登第,为度支郎中。宝历二年卒。"

《登科记考》卷一七元和二年(807)进士科条云白行简及第。

【齐煦】元和二年(807)登进士科。历横海军节度判官、监察御史里行、华州郑县令。

《全唐文》卷六四九元稹《授齐煦等县令制》:"敕:齐煦等:今一邑之长,古一国之君也。刑罚纲纪,约略受制于朝廷,大抵休戚与夺之间,盖一专于令长矣。然而天下至大,百吏至众,吾安能以一耳一目,观听其短长?煦等皆奉诏条,为人求瘼,慰荐于尔,岂某等皆欺予?各勉厥诚,以臻于理。煦可郑县令,讽可越州剡县令。"

(宋)李昉等《文苑英华》卷四一五《中书制诰三十六·宰邑》录载《授齐煦崔讽等郑县剡县令制》:"敕:前横海军节度判官、监察御史里行齐煦……可华州郑县令讽可越州剡县令。"

(宋)魏仲举《五百家注释韩昌黎全集》卷一九《送齐暤下第序》,樊注:《登科记》,煦元和二年登进士第。"

《登科记考》卷一七元和二年(807)进士科条云齐煦及第。

【权璩】一作"权琚",字大圭,父权德舆官至宰相。元和二年(807)登进士科。历监察御史、中书舍人、郑州刺史。

《新唐书》卷一六五《权德舆传附权璩传》:"权德舆字载之……子璩,字大圭,元和初,擢进士。历监察御史,有美称。宰相李宗闵乃父门生,故荐为中书舍人。时李训挟宠,以《周易》博士在翰林,璩与舍人高元裕、给事中郑肃、韩佽等连章劾训倾覆阴巧,且乱国,不宜出入禁中。不听。及宗闵贬,璩屡表辨解,贬阆州刺史。文宗怜其母病,徙郑州。训诛,时人多璩明祸福大体,能世其家。"

《登科记考》卷一七元和二年(807)进士科条云权璩及第。

嘉定《镇江志》卷一八:"琚,字大圭,元和二年登进士第,历监察御史,中书舍人。"

【李正封】元和二年(807)登进士科,元和三年(808)登贤良方正科。历淮西宣慰处置使判官、知制诰、判官、司勋员外郎、兼侍御史、中书舍人。

《全唐文》卷五五九韩愈《华岳题名》:"淮西宣慰处置使门下侍郎平章事裴度、副使刑部侍郎兼御史大夫马总、行军司马太子右庶子兼御史中丞韩愈、判官司勋员外郎兼侍御史李正封、都官员外郎兼侍御史冯宿、掌书记礼部员外郎兼侍御史李宗闵、都知兵马使左骁卫将军威远军使兼御史大夫李文悦、左厢都押衙兼都虞候左卫将军兼御史中丞密国公高承简,元和十一年八月,丞相奉诏平淮右,八日,东过华阴,礼于岳庙,总等八人,实备将佐以从。"

《全唐文》卷七六一褚藏言《窦巩传》："府君元和二年举进士,与……知制诰李公正封同年上第。"

(唐)褚藏言《窦氏联珠集》卷五:"府君(窦巩)元和二年,与今东都留守、右仆射孙公简、故吏部侍郎、兴元节度使王公源中,中书舍人崔公咸、制诰李公正封同年上第。"

《登科记考》卷一七元和二年(807)进士科条云李正封及第,见《文苑英华》。同卷同年进士科条云是年省试诗赋为《舞中八卦赋》和《贡院楼北新栽小松诗》。(宋)李昉等《文苑英华》卷七九《赋七十九·乐九》之《舞中成八卦赋》下有李正封。

【杨敬之】字茂孝,虢州弘农人,父凌,官至京兆尹。元和二年(807)登进士科,又登平判科。历右卫胄曹参军、大理卿、国子监祭酒。

《柳宗元集》卷三〇《与杨京兆凭书》,孙注:"敬之,凌子,元和二年中进士。敬之,字茂孝,尝为《华山赋》示韩愈,愈称之。"

《新唐书》卷一六〇《杨凭传附杨敬之传》:"杨凭字虚受,一字嗣仁,虢州弘农人……长善文辞,与弟凝、凌皆有名,大历中,踵擢进士第,时号'三杨'……入为……京兆尹……凌字恭履,最善文,终侍御史。子敬之。敬之,字茂孝。元和初,擢进士第,平判入等,迁右卫胄曹参军。累迁屯田、户部二郎中。坐李宗闵党,贬连州刺史。文宗尚儒术,以宰相郑覃兼国子祭酒,俄以敬之代。未几,兼太常少卿……转大理卿,检校工部尚书,兼祭酒,卒。"

《登科记考》卷一七元和二年(807)进士科条云杨敬之及第。

【吴武陵】原名吴侃,信州贵溪人。元和二年(807)登进士科。官至韶州刺史。

《柳宗元集》载有《濮阳吴君文集序》:"会其子侃更名武陵,升进士。"韩注:"元和二年,武陵登第。"

(唐)李冗《独异志》卷下《因嫌进》:"安邑李相公吉甫,初自省郎为信州刺史。时吴武陵郎中,贵溪人也,将欲赴举……元和二年,崔侍郎邠重知举……吴君不附国庠,名第在于榜末。"

《旧唐书》卷一七三《吴汝纳传》:"吴汝纳者,澧州人,故韶州刺史武陵兄之子。武陵进士登第……自尚书员外郎出为忠州刺史,改韶州。坐赃贬潘州司户卒。"

《新唐书》卷二〇三《文艺下·吴武陵传》:"吴武陵,信州人,元和初,擢进士第……入太学博士……后出为韶州刺史,以赃贬潘州司户参军,卒。"

《登科记考》卷一七元和二年(807)进士科云吴武陵及第。

【张存则】元和二年(807)登进士科。

《登科记考》卷一七元和二年(807)进士科条云张存则及第,见《文苑英华》。同卷同年进士科条云是年省试诗赋为《舞中成八卦赋》和《贡院楼北新栽小松诗》。(宋)李昉等《文苑英华》卷七九《赋七十九·乐九》之《舞中成八卦赋》下有张存则。

【张后余】一作"俊余",常山人。元和二年(807)登进士科,次年卒。

《柳宗元集》卷四〇《哭张后余辞》:"后余常山张氏,孝其家,忠其友,为经术甚邃而文。少余七年,颇弟畜之……既得进士,明年疽发髀卒。"孙注:"元和二年,中进士第。"

（五代）王定保《唐摭言》卷八《通榜》："贞元十八年，权德舆主文，陆傪员外通榜帖，韩文公荐十人于傪，其上四人曰侯喜、侯云长、刘述古、韦纾，其次六人：张弘、尉迟汾、李绅、张俊余，而权公凡三榜共放六人，而弘、绅、俊余不出五年内，皆捷矣。"

（宋）洪迈《容斋四笔》卷五《韩文公荐士》："（元和）二年又放张后余、张弘。"

（宋）魏仲举《五百家注释韩昌黎全集》卷一七《与祠部陆傪员外荐士书》："元和一年后余中进士第。"

《登科记考》卷一七元和二年（807）进士科条云张后余及第。

【张弘】元和二年（807）登进士科。

（五代）王定保《唐摭言》卷八《通榜》："贞元十八年，权德舆主文，陆傪员外通榜帖，韩文公荐十人于傪，其上四人曰侯喜、侯云长、刘述古、韦纾，其次六人：张弘、尉迟汾、李绅、张俊余，而权公凡三榜共放六人，而弘、绅、俊余不出五年内，皆捷矣。"

（宋）洪迈《容斋四笔》卷五《韩文公荐士》："（元和）二年又放张后余、张弘。"

（宋）魏仲举《五百家注释韩昌黎全集》卷一七《与祠部陆傪员外荐士书》："元和二年弘中进士第。"

《登科记考》卷一七元和二年（807）进士科条云张弘及第。

【费冠卿】字子军，池州人。元和二年（807）登进士科，归隐九华山，征拜右拾遗，不应。

《全唐文》卷六四穆宗《授费冠卿右拾遗制》："前进士费冠卿，常预计偕，以文中第。禄不及于荣养，恨每积于永怀，遂乃屏身邱园，绝迹仕进。守其至性，十有五年，峻节无亏，清飙自远。夫旌孝行，举逸人，所以厚风俗而敦名教也。宜承高奖，以儆薄夫，擢参近侍之荣，载伫移忠之效。可右拾遗。"

（五代）王定保《唐摭言》卷八《及第后隐居》："费冠卿，元和二年及第，以禄不及亲，永怀罔极之念，遂隐于九华。"

（宋）计有功《唐诗纪事》卷六〇《费冠卿》："冠卿，字子军，池州人……登元和二年第……遂隐池州九华山。长庆中，殿院李行修举其孝节，拜右拾遗……冠卿竟不应命。"

《登科记考》卷一七元和二年（807）进士科条云费冠卿及第。

乾隆《江南通志》卷一六一《人物志·孝义五·池州府》："唐费冠卿，字子军，青阳人，登元和二年进士第。闻母病，革驰归，而母已卒，庐墓终丧哭不辍声。御史李行修荐其孝行，征为右拾遗，冠卿叹曰：'得禄养亲耳，得禄亲丧，何以禄为？'遂隐九华，再召不起。"

【钱众仲】元和二年（807）登进士科。

《登科记考》卷一七元和二年（807）进士科条云钱众仲及第，见《文苑英华》。同卷同年进士科条云是年省试诗赋为《舞中八卦赋》和《贡院楼北新栽小松诗》。（宋）李昉等《文苑英华》卷七九《赋七十九·乐九》之《舞中成八卦赋》下有钱众仲。

【崔咸】字重易，郡望博陵崔氏，贯博州博平，祖安石，父锐官至给事中。元和二年（807）登进士科，又登宏辞科。

（唐）褚藏言《窦氏联珠集》卷五："府君（窦巩）元和二年，与今东都留守、右仆射孙公简、故吏部侍郎、兴元节度使王公源中，中书舍人崔公咸、制诰李公正封同年上第。"《全唐文》卷七六一褚藏言《窦巩传》同。

《旧唐书》卷一九〇下《文苑下·崔咸传》："崔咸字重易,博陵人。祖安石。父锐,位终给事中。咸元和二年进士擢第,又登博学宏词科。郑余庆、李夷简辟为宾佐,待如师友……累迁陕州大都督府长史、陕虢观察等使……入为右散骑常侍、秘书监。大和八年十月卒。"

《新唐书》卷一七七《崔咸传》："崔咸字重易,博州博平人。元和初,擢进士第,又中宏辞。郑余庆、李夷简皆表在幕府,与均礼。入朝为侍御史,处正特立,风采动一时。敬宗将幸东都,裴度在兴元忧之,自表求觐,与章偕来。于是李逢吉当国,畏度复相,使京兆尹刘栖楚等十余人悉力掁却之,虽度门下宾客,皆有去就意。它日,度置酒延客,栖楚曲意自解,附耳语。咸嫉其矫,举酒让度曰:'丞相乃许所由官嗫嚅耳语,愿上罚爵。'度笑受而饮。栖楚不自安,趋出,坐上莫不壮之。累迁陕虢观察使,日与宾客僚属痛饮,未尝醒;夜分辄决……入拜右散骑常侍、秘书监。大和八年卒。"

【窦巩】字友封,扶风平陵人,祖宣同昌郡司马,父叔向官至左拾遗。元和二年(807)登进士科。历滑州从事,荆、襄掌书记,平卢副使、浙东观察使副使,官至御史中丞,散阶金紫大夫。

《全唐文》卷七六一褚藏言《窦巩传》："府君讳巩,字友封。家世所传,载于首序。府君元和二年举进士,与今东都留守左仆射孙公简、故吏部侍郎兴元节度使王公源中、中书舍人崔公咸、制诰李公正封同年上第。府君世传五言诗,颇得其妙。故相淮阳公镇滑台,辟为从事,释褐授秘校。淮阳移镇渚宫,迁岘首,改协律郎。二府专掌奏记。淮阳下世,司空薛公平镇青社,辟公为掌书记,又改节度判官副使,累迁至大理评事监察御史里行殿中侍御史检校祠部员外郎,加章服。后薛公入为民籍,府君除侍御史,转司勋员外郎,迁刑部郎中。文昌故事文酒之为,由公复振也。故相左辖元积观察浙东,固请公副戎,分实旧交,辞不能免,遂除秘书少监兼中丞,加金紫。无何,元公下世,公亦北归,道途遘疾,迨至辇下,告终于崇德里之私第,享年六十。"

(唐)褚藏言《窦氏联珠集》卷五:"府君(窦巩)元和二年,与今东都留守、右仆射孙公简、故吏部侍郎、兴元节度使王公源中,中书舍人崔公咸、制诰李公正封同年上第。"

《旧唐书》卷一五五《窦群传》："窦群字丹列,扶风平陵人。祖宣,同昌郡司马。父叔向,以工诗称,代宗朝,官至左拾遗。群兄常、牟。弟巩,皆登进士第……巩,字友封,元和二年登进士第。袁滋镇滑州,辟为从事。滋改荆、襄二镇,皆从之,掌管记之任。平卢薛平又辟为副使。入朝,拜侍御史,历司勋员外、刑部郎中。元积观察浙东,奉为副使、检校秘书少监,兼御史中丞,赐金紫。积移镇武昌,巩又从之。"

《新唐书》卷一七五《窦群传》："窦群字丹列,京兆金城人。父叔向,以诗自名,代宗时,位左拾遗。群兄弟皆擢进士第……兄常、牟,弟庠、巩,皆为郎,工词章,为《联珠集》行于时,义取昆弟若五星然。常,字中行,大历中及进士第,不肯调,客广陵,多所论著,隐居二十年。镇州王武俊闻其才,奏辟不应。杜佑镇淮南,署为参谋。历朗、襄、江、抚四州刺史,国子祭酒,致仕。卒,赠越州都督。牟字贻周,累佐节度府。晚从昭义卢从史,从史寖骄，牟度不可谏，即移疾归东都。从史败，不以觉微避去自贤。位国子司业。庠字胄卿，终婺州刺史。巩字友封，雅裕，有名于时。平居与人言若不出口，世号'嗫嚅翁'。元稹节度武昌，奏巩自副，卒。"

（宋）魏仲举《五百家注释韩昌黎全集》卷三三《窦牟墓志铭》，韩注："巩，字友封，元和二年登第。"

明经科

【刘茂贞】字子松，郡望彭城，贯河南府河南县，祖琪官至右金吾卫翊府中郎将，父泳官至睦州司马。元和二年（807）登明经科，释褐洪州建昌尉。历盐铁使巡官，官至河阴院巡官。

《唐代墓志汇编》大和〇三一《唐故泗州司仓参军诸道盐铁转运等使巡覆官刘府君墓志》："公讳茂贞，字子松，彭城人。祖讳琪，右金吾卫翊府中郎将……皇考讳泳，睦州司马……（公）年廿一，明经登第……廿九，释褐补洪州建昌尉……再调泗州司仓参军事，使司勾留……后转河阴转巡官都……大和四年（卒）……享年四十有四……窆于河南府河南县金谷乡……祔先人之茔礼也。"按其大和四年四十四岁，其廿一岁登第的时间当在元和二年。

制科

【陆亘】元和二年（807）策制科中第。小传见建中四年（783）明经科陆亘条。

《洛阳新出土墓志释录》，归融撰大和八年（834）十二月二十七日《唐故宣歙池等州都团练观察处置等使通议大夫宣州刺史兼御史大夫上柱国赐紫金鱼袋赠礼部尚书陆府君（亘）墓志铭并序》："公讳亘，字景山，吴郡人也……元和二年，应博通坟典，先帝临轩亲试，公待问明廷，对策中问。拜万年丞，转京兆兵曹掾。"按：徐松《登科记考》元和三年诸科之博通坟典，达于教化科录有陆亘，考云："见《册府元龟》《唐会要》。《旧书》本传：'亘字景山，吴郡人。祖元朗，父持诠。亘以书判授集贤殿正字、华原县尉。应制举，授万年县丞。'《永乐大典》引《苏州府志》：'陆亘制科中第，又书判高等。'按《苏州府志》于贞元二年及此年两载陆亘登科，亘于是年及第，则贞元误也。今削之。"孟二冬《登科记考补正》卷一七博通坟典达于教化科录有陆亘，按语云："《新唐书》本传亦载：'陆亘字景山，苏州吴人。元和三年，策制科中第。'又徐氏原于卷十二贞元元年（785）著录陆亘，考云：'《旧书》本传："亘字景山，吴郡人。应制举，授万年县丞。"《永乐大典》引《苏州府志》："博通坟典达于教化科，陆亘及第。"'则与本年重复且抵牾，今删却。"由墓志可知：陆亘元和二年（807）应博通坟典及第。

《旧唐书》卷一六二《陆亘传》："陆亘字景山，吴郡人。祖元明，睦州司马。父持诠，惠陵台令。亘以书判，授集贤殿正字、华原县尉。应制举，授万年县丞。自京兆府兵曹参军拜太常博士……其后入为户部郎中、秘书少监、太常少卿，历刺充、蔡、虢、苏四郡。迁越州刺史、浙东团练观察等使。移宣歙观察使，加御史大夫。大和八年九月卒，年七十一，赠礼部尚书。"

《旧唐书》卷一七上《敬宗 文宗上》:"大和三年九月戊戌,以前睦州刺史陆亘为越州刺史、浙东观察使,代元稹。"

《旧唐书》卷一七下《文宗下》:"大和七年闰七月癸未,以太子宾客李绅检校左散骑常侍,兼越州刺史,充浙东观察使,代陆亘;以亘为宣歙观察使。"

《新唐书》卷一五九《陆亘传》:"陆亘字景山,苏州吴人。元和三年,策制科中第,补万年丞。再迁太常博士……迁累户部郎中、太常少卿……赠礼部尚书。"

科目选

【王衮】字景山,本名高。元和二年(807)登拔萃科,释褐秘书省校书郎。历河南尹许孟容裴次元从事,官至吏部郎中。

《唐代墓志汇编》大和〇五四李珏撰大和六年(832)十月二十六日《唐故朝散大夫守尚书吏部郎中兼侍御史知杂事上柱国临沂县开国男食邑三百户琅琊王府君(衮)墓志铭并序》:"惟大和六年夏六月哉生明,吏部郎中兼侍御史知杂事王公年五十二年卒……(祖)冯翊……赠吏部郎中……(父)汶……工部侍郎……公讳衮,字景山,本名高……元和初,以拔萃登科,授秘书省正字,调补伊阙主簿。许孟容尚书、裴次元常侍尹河南,皆署为部从事……转吏部郎中……葬于河南县平乐乡杜翟原。"又《全唐文补遗》第四辑,王衮撰大和元年□月二十八日《唐故太中大夫殿中少监致仕骑都尉琅琊王公(汶)故夫人乐安郡太君蒋氏玄堂志》:"孤子衮撰曰……钟慈训一十八岁,方登名拔萃,刊正秘书。"

王其祎、周晓薇《〈登科记考〉补续》录入元和二年。

元和三年戊子(808)

知贡举：中书舍人卫次公

进士科

【郑肃】字乂敬,荥阳人,祖烈,父阅,世儒家。元和三年(808)进士科状元及第,又以书判拔萃,补兴平尉。累擢太常少卿,文宗朝以检校尚书右仆射同中书门下平章事,阶至尚书右仆射,赠司空,谥曰文简。

《洛阳流散唐代墓志汇编三集》三五四,乾符六年(879)十一月五日《唐故郓州刺史姑臧李府君(珪)荥阳郑夫人墓志铭并序》:"仁表无诸父,逌从父之父、之姑第中称犹子,独李氏姑。仁表始生,大父相国太尉文简公子鞠之,故如视仁表不与他昆仲等。以是前日外弟李巨川致书曰:'伏念堂上之爱,请以文志石。'仁表泫然不应者再。……姑㓟以容德,称于乡党中。文简公奇之,不妄以许人。姑夫,吾门之敌者。而少年以声华人物自负。谓所亲曰:'吾将求之,其有不许者?'既而归之。后二年,姑夫以文随贡,策等居第一。始,文简公以状头升第,而门户家未尝有。姑夫能继之。时,姑始生女。文简公字之曰:'元元',里中为美谭。迨姑夫从军为郎,姑始蝥居焉。姑唯生元一女,许嫁而蝥,竟不能□,先姑若干年即世。无男子,以侄孙巨川为之后。初,姑夫与故许昌帅尚书郑公鲁以品流价誉定交终始。许昌公为三川时,生巨川,孩而名之曰'川'。将成人,我先考侍郎以'巨'配而字之。有出人文学,举进士,其誉甚高。姑享年六十六,以乾符五年十一月廿八日终于华州敷水别业。……恭惟我高祖讳烈,皇朝主簿太仆寺,累赠尚书右仆射。曾祖讳阅,宦止浙西团练判官、殿中侍御史,累赠太尉。文简公讳业肃,武宣二朝,典国大柄。以左仆射、中书侍郎平章事出镇于荆南,赠太尉。姑夫有前志焉,故不叙。"按:墓志署:"侄将仕郎殿中侍御内供奉赐绯鱼袋仁表撰。"据志,郑夫人(郑肃之女,郑仁表之姑)"既而归之。后二年,姑夫以文随贡,策等居第一。始,文简公以状头昇第,而门户家未尝有。姑夫能继之。"是知郑肃(谥文简)乃元和三年进士科状元,是大和六年状元李珪的岳父。

《旧唐书》卷一七六《郑肃传》:"郑肃,荥阳人。祖烈,父阅,世儒家。肃苦心力学。元和三年,擢进士第,又以书判拔萃,历佐使府。大和初,入朝为尚书郎。六年,转太常少卿……九年,改刑部侍郎,寻改尚书右丞,权判吏部西铨事。开成初,出为陕虢都防御观察使、兼御史大夫。二年九月,召拜吏部侍郎……累迁户部、兵部尚书。五年,以本官同平章事,加中书、门下二侍郎,监修国史,兼尚书右仆射……以疾辞,拜太子太保,卒。"

《新唐书》卷一八二《郑肃传》:"郑肃字乂敬,其先荥阳人,以儒世家。肃力于学,有根柢。第进士、书判拔萃,补兴平尉。累擢太常少卿……五年,以检校尚书右仆射同中书门下平章事,与李德裕叶心辅政。宣宗即位,迁中书侍郎,罢为荆南节度使。卒,赠司空,谥曰文简。"

《登科记考》卷一七元和三年(808)进士科条云郑肃及第。

【周况】祖晦,常州参军;父良甫,左骁卫兵曹参军。元和三年(808)登进士科。官至四门博士。

(宋)魏仲举《五百家注释韩昌黎全集》卷二三《祭周氏侄女文》,孙注:"元和三年,周况登第。公以好好妻之,生一男一女。"

(宋)魏仲举《五百家注释韩昌黎全集》卷三五《韩好好墓志铭》:"况进士家世儒者,曾祖讳延潭州长沙令,祖讳晦常州参军,父讳良甫左骁卫兵曹参军,况立名行,人士誉之……七以疾卒蘷长安城南凤栖原。"樊注:"元和元年况中进士第,是岁公以好好适况。"

《登科记考》卷一七元和三年(808)进士科条云:"按好好为昌黎兄俞之长女,适四门博士周况。"

制科

【王起】贞元十四年(798)登进士科,贞元十九年(803)登宏辞科,元和三年(808)登制策直言极谏科。小传见贞元十四年进士科王起条。

《全唐文》卷六七九白居易《唐扬州仓曹参军王府君墓志铭》:"公讳某,字士宽……有子曰播、曰炎、曰起,咸以进士举及第。播应制举对直言极谏策,授集贤殿校书郎,累迁监察、殿中侍御史、三原令;炎既第未仕;起应博学宏词科,选授集贤殿校书郎。昆弟三人,不十年而五登甲第,时论者荣之。"

（宋）王溥《唐会要》卷七六《贡举中·制科举》:"（元和）二年四月,贤良方正能直言极谏科……王起……及第。"

（宋）王钦若等《册府元龟》卷六四五《贡举部（七）·科目》:"（元和）二年四月,贤良方正能直言极谏科（牛僧孺、皇甫湜、李宗闵、李正封、吉弘宗、徐晦、贾𫗧、王起、郭球、姚裒、庾威及第）,博通坟典达于教化科（冯苞、陆亘）,军谋宏远材任将帅科（樊宗师及第）,达于吏理可使从政科（萧睦及第）。"按:《登科记考》卷一七元和三年（808）贤良方正能直言极谏科条云王起及第。

【牛僧孺】元和三年（808）登贤良方正能直言极谏科。小传见贞元二十一年（805）进士科牛僧孺条。

《旧唐书》卷一七二《牛僧孺传》:"僧孺进士擢第,登贤良方正制科,释褐伊阙尉,迁监察御史,转殿中,历礼部员外郎。"

（宋）王溥《唐会要》卷七六《贡举中·制科举》:"（元和）二年四月,贤良方正能直言极谏科,牛僧孺……及第。"

《新唐书》卷一七四《牛僧孺传》:"牛僧孺……第进士。元和初,以贤良方正对。"

（宋）王钦若等《册府元龟》卷六四五《贡举部（七）·科目》:"（元和）二年四月,贤良方正能直言极谏科（牛僧孺、皇甫湜、李宗闵、李正封、吉弘宗、徐晦、贾𫗧、王起、郭球、姚裒、庾威及第）,博通坟典达于教化科（冯苞、陆亘）,军谋宏远材任将帅科（樊宗师及第）,达于吏理可使从政科（萧睦及第）。"按:《登科记考》卷一七元和三年（808）贤良方正能直言极谏科条云牛僧孺及第。

【冯苞】元和三年（808）博通坟典达于教化科及第。

（宋）王溥《唐会要》卷七六《贡举中·制科举》:"（元和）二年四月,博通坟典达于教化科,冯苞、陆亘及第。"

（宋）王钦若等《册府元龟》卷六四五《贡举部（七）·科目》:"（元和）二年四月,贤良方正能直言极谏科（牛僧孺、皇甫湜、李宗闵、李正封、吉弘宗、徐晦、贾𫗧、王起、郭球、姚裒、庾威及第）,博通坟典达于教化科（冯苞、陆亘）,军谋宏远材任将帅科（樊宗师及第）,达于吏理可使从政科（萧睦及第）。"按:《登科记考》卷一七元和三年（808）博通坟典达于教化科条云冯苞及第。

（宋）王应麟《玉海》卷一一五《选举·唐制举》:"以博通坟典达于教化登第者……元和三年冯苞等二人。"

【吉宏宗】一作"吉弘宗"。大和三年（808）登贤良方正能直言极谏科及第。

（宋）王溥《唐会要》卷七六《贡举中·制科举》:"（元和）二年四月,贤良方正能直言极谏科……吉宏宗……及第。"

（宋）王钦若等《册府元龟》卷六四五《贡举部（七）·科目》:"（元和）二年四月,贤良方正能直言极谏科（牛僧孺、皇甫湜、李宗闵、李正封、吉弘宗、徐晦、贾𫗧、王起、郭球、姚裒、庾威及第）,博通坟典达于教化科（冯苞、陆亘）,军谋宏远材任将帅科（樊宗师及第）,

达于吏理可使从政科(萧睦及第)。"按:《登科记考》卷一七元和三年(808)贤良方正能直言极谏科条云吉宏宗及第。

【李正封】元和二年(807)登进士及第,元和三年(808)登贤良方正能直言极谏科及第。小传见元和二年进士科李正封条。

(宋)王溥《唐会要》卷七六《贡举中·制科举》:"(元和)二年四月,贤良方正能直言极谏科……李正封……及第。"

(宋)王钦若等《册府元龟》卷六四五《贡举部(七)·科目》:"(元和)二年四月,贤良方正能直言极谏科(牛僧孺、皇甫湜、李宗闵、李正封、吉弘宗、徐晦、贾𫗧、王起、郭球、姚袞、庾威及第),博通坟典达于教化科(冯苞、陆亘),军谋宏远材任将帅科(樊宗师及第),达于吏理可使从政科(萧睦及第)。"按:《登科记考》卷一七元和三年(808)贤良方正能直言极谏科条云李正封及第。

【李宗闵】贞元二十一年(805)登进士及第,元和三年(808)登贤良方正能直言极谏科及第。小传见贞元二十一年进士科李宗闵条。

(宋)王溥《唐会要》卷七六《贡举中·制科举》:"(元和)二年四月,贤良方正能直言极谏科……李宗闵……及第。"

(宋)王钦若等《册府元龟》卷六四五《贡举部(七)·科目》:"(元和)二年四月,贤良方正能直言极谏科(牛僧孺、皇甫湜、李宗闵、李正封、吉弘宗、徐晦、贾𫗧、王起、郭球、姚袞、庾威及第),博通坟典达于教化科(冯苞、陆亘),军谋宏远材任将帅科(樊宗师及第),达于吏理可使从政科(萧睦及第)。"按:《登科记考》卷一七元和三年(808)贤良方正能直言极谏科条云李宗闵及第。

【皇甫湜】元和元年(806)登进士科,元和三年(808)登贤良方正科。小传见元和元年进士科皇甫湜条。

(宋)王溥《唐会要》卷七六《贡举中·制科举》:"(元和)二年四月,贤良方正能直言极谏科……皇甫湜……及第。"

(宋)王钦若等《册府元龟》卷六四五《贡举部(七)·科目》:"(元和)二年四月,贤良方正能直言极谏科(牛僧孺、皇甫湜、李宗闵、李正封、吉弘宗、徐晦、贾𫗧、王起、郭球、姚袞、庾威及第),博通坟典达于教化科(冯苞、陆亘),军谋宏远材任将帅科(樊宗师及第),达于吏理可使从政科(萧睦及第)。"按:《登科记考》卷一七元和三年(808)贤良方正能直言极谏科条云皇甫湜及第。

【姚袞】元和三年(808)登贤良方正能直言极谏科及第。

(宋)王溥《唐会要》卷七六《贡举中·制科举》:"(元和)二年四月,贤良方正能直言极谏科……姚袞……及第。"

(宋)王钦若等《册府元龟》卷六四五《贡举部(七)·科目》:"(元和)二年四月,贤良方正能直言极谏科(牛僧孺、皇甫湜、李宗闵、李正封、吉弘宗、徐晦、贾𫗧、王起、郭球、姚袞、庾威及第),博通坟典达于教化科(冯苞、陆亘),军谋宏远材任将帅科(樊宗师及第),达于吏理可使从政科(萧睦及第)。"按:《登科记考》卷一七元和三年(808)贤良方正能直言极谏科条云姚奰及第。

【贾𫗧】元和三年(808)登贤良方正能直言极谏科及第。小传见贞元十九年(803)进士科贾𫗧条。

(宋)王溥《唐会要》卷七六《贡举中·制科举》:"(元和)二年四月,贤良方正能直言极谏科……贾𫗧……及第。"

(宋)王钦若等《册府元龟》卷六四五《贡举部(七)·科目》:"(元和)二年四月,贤良方正能直言极谏科(牛僧孺、皇甫湜、李宗闵、李正封、吉弘宗、徐晦、贾𫗧、王起、郭球、姚奰、庾威及第),博通坟典达于教化科(冯苞、陆亘),军谋宏远材任将帅科(樊宗师及第),达于吏理可使从政科(萧睦及第)。"按:《登科记考》卷一七元和三年(808)贤良方正能直言极谏科条云贾𫗧及第。

【徐晦】贞元十八年(802)进士及第,元和三年(808)登贤良方正能直言极谏科及第。小传见贞元十八年进士科徐晦条。

《旧唐书》卷一六五《徐晦传》:"徐晦,进士擢第,登直言极谏制科,授栎阳尉,皆自杨凭所荐……大和四年,征拜兵部侍郎。五年,为太子宾客,分司东都……以礼部尚书致仕。开成三年三月卒,赠兵部尚书。"

(宋)王溥《唐会要》卷七六《贡举中·制科举》:"(元和)二年四月,贤良方正能直言极谏科……徐晦……及第。"

(宋)王钦若等《册府元龟》卷六四五《贡举部(七)·科目》:"(元和)二年四月,贤良方正能直言极谏科(牛僧孺、皇甫湜、李宗闵、李正封、吉弘宗、徐晦、贾𫗧、王起、郭球、姚奰、庾威及第),博通坟典达于教化科(冯苞、陆亘),军谋宏远材任将帅科(樊宗师及第),达于吏理可使从政科(萧睦及第)。"按:《登科记考》卷一七元和三年(808)贤良方正能直言极谏科条云徐晦及第。

【郭球】元和三年(808)登贤良方正能直言极谏科及第。

(宋)王溥《唐会要》卷七六《贡举中·制科举》:"(元和)二年四月,贤良方正能直言极谏科……郭球……及第。"

(宋)王钦若等《册府元龟》卷六四五《贡举部(七)·科目》:"(元和)二年四月,贤良方正能直言极谏科(牛僧孺、皇甫湜、李宗闵、李正封、吉弘宗、徐晦、贾𫗧、王起、郭球、姚奰、庾威及第),博通坟典达于教化科(冯苞、陆亘),军谋宏远材任将帅科(樊宗师及第),达于吏理可使从政科(萧睦及第)。"按:《登科记考》卷一七元和三年(808)贤良方正能直言极谏科条云郭球及第,考云"球疑即元年府元落之郭求"。

乾隆《山西通志》卷六五《科目·唐》:"郭球,太原人,元和三年贤良方正科。"

【庾威】元和三年(808)登贤良方正能直言极谏科及第。历郎中、越州刺史。

《全唐文》卷九七五阙名《请复庾威等官议(大和元年三月都省)》:"定罪者必原其情,议事者必究其本。庾威均税之法,情实扰人,顾其施为,必有工拙。"

(宋)王溥《唐会要》卷七六《贡举中·制科举》:"(元和)二年四月,贤良方正能直言极谏科……庾威及第。"

（宋）王钦若等《册府元龟》卷六四五《贡举部（七）·科目》："（元和）二年四月，贤良方正能直言极谏科（牛僧孺、皇甫湜、李宗闵、李正封、吉弘宗、徐晦、贾𫗧、王起、郭球、姚袞、庾威及第），博通坟典达于教化科（冯苞、陆亘），军谋宏远材任将帅科（樊宗师及第），达于吏理可使从政科（萧睦及第）。"按：《登科记考》卷一七元和三年（808）贤良方正能直言极谏科条云庾威及第。

（宋）朱胜非《绀珠集》卷十二《摭遗》："裴晋公有遗以槐瘿者郎中庾威在坐。"

四库本《浙江通志》卷一一三《职官·唐》越州刺史下有庾威。

【萧睦】元和三年（808）达于吏理可使从政科及第。

（宋）王溥《唐会要》卷七六《贡举中·制科举》："（元和二年）达于吏治可使从政科，萧睦及第。"

（宋）王钦若等《册府元龟》卷六四五《贡举部（七）·科目》："（元和）二年四月，贤良方正能直言极谏科（牛僧孺、皇甫湜、李宗闵、李正封、吉弘宗、徐晦、贾𫗧、王起、郭球、姚袞、庾威及第），博通坟典达于教化科（冯苞、陆亘），军谋宏远材任将帅科（樊宗师及第），达于吏理可使从政科（萧睦及第）。"

《登科记考》卷一七元和三年（808）达于吏理可使从政科条云萧睦及第。

【樊宗师】字绍述，河中人，父泽官至山南东道节度使。元和三年（808）登军谋宏远科，授著作郎。官至绛州刺史。

《旧唐书》卷一二二《樊泽传》："樊泽字安时，河中人也。父诲，开元中举草泽，授试大理评事，累赠兵部尚书。泽长于河朔，相卫节度薛嵩奏为磁州司仓、尧山县令。建中元年，举贤良对策，礼部侍郎于邵厚遇之。与杨炎善，荐为补阙，历都官员外郎。泽好读兵书，朝廷以其有将帅材，寻兼御史中丞，充通和蕃使，蕃中用事宰相尚结赞深礼之。寻从凤翔节度张镒与吐蕃会盟于清水，迁金部郎中、御史中丞、山南节度行军司马。时李希烈背叛，诏以普王为行军元帅，征泽为谏议大夫、元帅行军右司马。"

（宋）王溥《唐会要》卷七六《贡举中·制科举》："（元和二年四月）军谋远略、堪任将帅科，樊宗师及第。"（宋）王钦若等《册府元龟》卷六四五《贡举部（七）·科目》："（元和）二年四月，贤良方正能直言极谏科（牛僧孺、皇甫湜、李宗闵、李正封、吉弘宗、徐晦、贾𫗧、王起、郭球、姚袞、庾威及第），博通坟典达于教化科（冯苞、陆亘），军谋宏远材任将帅科（樊宗师及第），达于吏理可使从政科（萧睦及第）。"按：《登科记考》卷一七元和三年（808）军谋宏远材任将帅科条云樊宗师及第。

《新唐书》卷一五九《樊泽传附樊宗师传》："樊泽字安时，河中人。少孤，依外家客河朔……累迁山南东道司马，就拜节度使……子宗师，字绍述。始为国子主簿，元和三年，擢军谋宏远科，授著作佐郎。历金部郎中、绵州刺史。徙绛州，治有迹。进谏议大夫，未拜卒。"

（宋）魏仲举《五百家注释韩昌黎全集》卷三四《樊绍述墓志铭》，孙注："元和三年四月宗师举军谋远略堪任将帅科。"

元和四年己丑（809）

知贡举：中书舍人张弘靖

进士科

【韦瓘】字茂弘，京兆人，父正卿。元和四年（809）进士科状元及第，除左拾遗。终桂管观察使。

《全唐文》卷六四九元稹《授独孤朗尚书都官员外郎韦瓘守右补阙同充史馆修撰制》："敕：殿中侍御史充史馆修撰独孤朗左拾遗韦瓘：汝等，皆冠圆冠，曳方屦，以儒服事朕，朕甚伟之。朗能彰善瘅恶，属词可观；瓘尝旅进廷争，极言无隐。求所以补朕过失，从而记之，而又书丞相已下百执事举措，以为来代法，非尔而谁？是用命尔递迁谏列，次补外郎，宙定阙文，裁成义类，此仲尼《春秋》之职业也。尔等自谓何如哉？其可上下心手于爱恶是非乎？朗可尚书都官员外郎，依前史馆修撰，瓘可守右补阙，充史馆修撰。余如故。"

（唐）莫休符《桂林风土记》"碧浔亭"："韦舍人年十九入阙，选进士举，二十一进士状头，榜下除左拾遗。"

《新唐书》卷一六二《韦夏卿传》："韦夏卿字云客，京兆万年人……太子宾客……（弟）正卿子瓘，字茂弘，及进士第，仕累中书舍人……贬为明州长史。会昌末，累迁楚州刺史，终桂管观察使。"

（元）辛文房撰，傅璇琮主编《唐才子传校笺》（册三）卷六《鲍溶》条云："溶字德源，元和四年韦瓘榜第进士。"

《登科记考》卷一七元和四年（809）云韦瓘进士科状元及第。

【王陟】元和四年（809）进士及第。

《唐宋科场异闻录》卷一引《续定命录》："太原王陟，贞元初应进士举，时京师有善筮者，号垣下生。陟从筮焉。卦成，久不言，又大嗟异，谓陟曰：'据此，郎君后二十三年及第，是岁状头后两年而生，郎君待此人同年及第。某故讶之。'后及第，谒主司，各通姓名，韦瓘直立，陟忽忆垣下生言，问之，韦答曰：'某年一十九岁。'陟遽谓曰：'先辈贞元四年生，所隐只二年，何不诚若是？'乃取垣下生所记示众，众大惊，瓘由此以实告。"按：韦瓘为本年状元。

《登科记考补正》卷一七元和四年（809）进士科增补王陟。

【卢商】字为臣，郡望范阳，贯幽州，祖昂澧州刺史，父广河南县尉。元和四年（809）擢进士第，又书判拔萃登科，释褐秘书省校书郎。历宣歙观察使从事，宣宗即位，以兵部侍郎同平章事（宰相），爵范阳郡开国公，阶至拜户部尚书。

《旧唐书》卷一七六《卢商传》："卢商字为臣，范阳人。祖昂，澧州刺史。父广，河南县尉。商，元和四年擢进士第，又书判拔萃登科。少孤贫力学，释褐秘书省校书郎。范传式廉察宣歙，辟为从事。王播、段文昌相继镇西蜀，商皆佐职为记室，累改礼部员外郎……宣宗即位，入为兵部侍郎。寻以本官同平章事、范阳郡开国公，食邑二千户，加兼工部尚书……征拜户部尚书。其年八月,卒于汉阴驿,时年七十一。"

《新唐书》卷一八二《郑肃传附卢商传》:"商字为臣……举进士、拔萃,皆中。由校书郎佐宣歙、西川幕府。入朝,累十余迁,至大理卿。为苏州刺史……擢中书侍郎、同中书门下平章事,范阳郡公……拜户部尚书,卒。"

《登科记考》卷一七元和四年(809)进士科条云卢商及第。

【卢钧】字子和,郡望范阳,贯京兆府蓝田县,祖炅,父继。元和四年(809)登进士第,又登拔萃,补秘书正字。历山南节度使推官、太原观察使支使,官至太子少师,封爵范阳郡公,以太保致仕,赠太傅,谥曰元。

《旧唐书》卷一七七《卢钧传》:"卢钧字子和,本范阳人。祖炅,父继。钧,元和四年进士擢第,又书判拔萃,调补校书郎,累佐诸侯府。大和五年,迁左补阙……迁户部尚书……入为太子少师,进位上柱国、范阳郡开国公、食邑二千户……守太子太师……为太子太师,卒。"

《新唐书》卷一八二《卢钧传》:"卢钧字子和,系出范阳,徙京兆蓝田。举进士中第,以拔萃补秘书正字。从李绛为山南府推官,调长安尉。又从裴度为太原观察支使,迁监察御史……即拜检校尚书左仆射。宣宗即位,改吏部尚书……迁检校司空、太子少师,封范阳郡公,节度河东。大中九年,召为左仆射……以太保致仕。卒,年八十七,赠太傅,谥曰元。"

《登科记考》卷一七元和四年(809)进士科条云卢钧及第。

【李行修】元和四年(809)登进士科。历殿中侍御史、刑部员外郎、刑部郎中、谏议大夫。

(宋)王钦若等《册府元龟》卷一五三《帝王部(一百五十三)·明罚第二》:"(敬宗宝历元年)九月丁丑,卫尉卿刘遵古役人安再荣告前袁王府长史武昭谋害右仆射平章事李逢吉。庚辰,诏侍御史温造、刑部郎中李行修、大理正元从质充三司按武昭狱。"

(宋)李昉等《太平广记》卷一六〇《定数十五·李行修》引《续定命录》:"故谏议大夫李行修娶江西廉使王仲舒女。"

(宋)宋敏求《唐大诏令集》卷一一七《政事·遣使宣抚诸道诏》:"殿中侍御史李行修往江南宣歙等道安抚。"

(宋)计有功《唐诗纪事》卷六〇《费冠卿》:"冠卿……长庆中,殿院李行修举其孝节,拜右拾遗。"

(宋)魏仲举《五百家注昌黎文集》卷三三《王仲舒墓志铭》:"次女婿李行修,尚书刑部员外郎。"百家注引孙注:"元和四年行修登第。"

《登科记考》卷一七元和四年(809)进士科条云李行修及第。

【杨汝士】字慕巢,虢州弘农人,从弟虞卿。杨汝士元和四年(809)登进士科,又登宏辞科。历西川节度使参谋,终刑部尚书。

《全唐文》卷六六三白居易《奉议郎殿中侍御史内供奉飞骑尉赐绯鱼袋卢商可剑南西川云南安抚判官朝散大夫行开州开江县令杨汝士可殿中侍御史内供奉充剑南西川节度参

谋二人同制》："敕:剑南西川云南安抚判官奉议郎殿中侍御史内供奉飞骑尉赐绯鱼袋卢商等:士之束发立身,为知己用也,无远近,无劳逸,但问所务者何,所从者谁耳。今蜀之帅,潞之长,皆勤于述职,妙于拣贤,多得其俊材,乐告以善道。故以参其选焉或从事有劳,或即戎奔命,辍元黄之著述,振铜墨之滞淹,以良士而赞贤侯,宜乎多成功而鲜败事矣。勉思所立,各服乃官。"

《旧唐书》卷一七六《杨虞卿传附杨汝士传》:"杨虞卿字师皋,虢州弘农人。祖燕客。父宁,贞元中为长安尉⋯⋯迁司封郎中⋯⋯虞卿从兄汝士。汝士,字慕巢,元和四年进士擢第,又登博学宏词科,累辟使府。长庆元年为右补阙。坐弟殷士贡举覆落,贬开江令。入为户部员外,再迁职方郎中。大和三年七月,以本官知制诰。时李宗闵、牛僧孺辅政,待汝士厚。寻正拜中书舍人,改工部侍郎。八年,出为同州刺史。九年九月,入为户部侍郎。开成元年七月,转兵部侍郎。其年十二月,检校礼部尚书、梓州刺史、剑南东川节度使。时宗人嗣复镇西川,兄弟对居节制,时人荣之。四年九月,入为吏部侍郎,位至尚书,卒。"

《新唐书》卷一七五《杨虞卿传附杨汝士传》云:"杨虞卿字师皋,虢州弘农人。父宁⋯⋯终国子祭酒⋯⋯(从兄)汝士,字慕巢。中进士第,又擢宏辞⋯⋯终刑部尚书。"

《登科记考》卷一七元和四年(809)进士科条云杨汝士及第。

【陈至】元和四年(809)登进士科。

(宋)李昉等《文苑英华》卷一八二《诗三十二·省试三》录载《荐冰诗》下有陈至。

《登科记考》卷一七元和四年(809)进士科条云陈至及第,见《文苑英华》。

《登科记考》卷一七元和四年(809)进士科条云是年《文苑英华》有"《荐冰诗》,当是此年试题"。

【张徹】郡望清河张氏。元和四年(809)登进士科。历幽州节度使判官,监察御史,赠给事中。

《全唐文》卷五六四韩愈《幽州节度判官赠给事中清河张君(徹)墓志铭》:"张君名徹,字某,以进士累官至范阳府监察御史。长庆元年,今牛宰相为御史中丞,奏君名迹中御史选,诏即以为御史。其府惜不敢留,遣之,而密奏幽州将父子继续,不廷选且久,今新收,臣又始至,孤怯,须强佐乃济。发半道,有诏以君还之,仍迁殿中侍御史,加赐朱衣银鱼。至数日,军乱,怨其府从事,尽杀之,而囚其帅。且相约:张御史长者,毋侮辱轹蹙我事,毋庸杀。置之帅所。居月余,闻有中贵人自京师至,君谓其帅,公无负此土人。上使至,可因请见自辨,幸得脱免归。即推门求出。守者以告其魁,魁与其徒皆骇曰:必张御史。张御史忠义,必为其帅告此余人,不如迁之别馆。即与众出君。君出门,骂众曰:汝何敢反!前日吴元济斩东市,昨日李师道斩于军中,同恶者父母妻子皆屠死,肉喂狗鼠鸥鸦。汝何敢反!汝何敢反!行且骂。众畏恶其言,不忍闻,且虞生变,即击君以死。君抵死口不绝骂,众皆曰:义士义士!或收瘗之以俟⋯⋯君弟复,亦进士。佐汴宋,得疾,变易丧心,惊惑不常。君得间,即自视衣裤薄厚,节时其饮食,而匕箸进养之,禁其家无敢高语出声。医饵之药,其物多空青雄黄诸奇怪物,剂钱至数十万。营治勤剧,皆自君手,不假之人。家贫,妻子常有饥色。祖某,某官。父某,某官。妻韩氏,礼部郎中某之孙,汴州开封尉某之女,于余为叔父孙女。君尝从余学,选于诸生而嫁与之。孝顺祇修,群女效其所为。"《五百家注释韩愈全集》卷三四《故幽州张彻墓志铭》祝注:"彻中进士第在元和四年。"

(宋)魏仲举《五百家注释韩昌黎全集》卷二三《祭张给事》,樊注曰:"张给事,彻也,元和四年登第。"

《登科记考》卷一七元和四年(809)进士科条云张彻及第。

【范传质】元和四年登进士科。

(宋)李昉等《文苑英华》卷一八二《诗三十二·省试三》录载《荐冰诗》下有范传质。

《登科记考》卷一七元和四年(809)进士科条云范传质及第,见《文苑英华》。

《登科记考》卷一七元和四年(809)进士科条云是年《文苑英华》有"《荐冰诗》,当是此年试题"。

【赵蕃】元和四年(809)登进士科。历侍御史,官至太仆卿。

《全唐文》卷七二二赵蕃小传云:"蕃,元和中进士,官侍御史,出为袁州刺史。历尚书郎,武宗时为太仆卿,持节黠戛斯。"

(五代)王定保《唐摭言》卷二《为等第后久方及第》:"韦力仁、赵蕃并三年。"

(宋)李昉等《文苑英华》卷一八二《诗三十二·省试三》录载《荐冰诗》下有赵蕃。

《登科记考》卷一七元和四年(809)进士科条云赵蕃及第,见《文苑英华》。

《登科记考》卷一七元和四年(809)进士科条云是年《文苑英华》有"《荐冰诗》,当是此年试题"。

【郭承嘏】字复卿,京兆人,曾祖尚父汾阳王郭子仪,祖晞诸卫将军,父钧。元和四年(809)擢升进士第,累辟使幕。历渭南尉、监察御史、起居舍人,官至刑部侍郎,赠吏部尚书。

《旧唐书》卷一六五《郭承嘏传》:"郭承嘏字复卿。曾祖尚父汾阳王。祖晞,诸卫将军。父钧。承嘏生而秀异,乳保之年,即好笔砚。比及成童,能通《五经》。元和四年,礼部侍郎张弘靖知其才,擢升进士第,累辟使幕。历渭南尉。入朝为监察御史,迁起居舍人。丁内艰,以孝闻,终丧为侍御史,职方、兵部二员外,兵部郎中。大和六年,拜谏议大夫……九年转给事中。开成元年,出为华州刺史、兼御史中丞……迁刑部侍郎……以二年二月卒……赠吏部尚书。"

《新唐书》卷一三七《郭子仪传附郭承嘏传》:"郭子仪……孙承嘏。承嘏,字复卿……元和中,及进士第,累迁起居舍人……进给事中。俄出为华州刺史……迁刑部侍郎……赠吏部尚书。"

《登科记考》卷一七元和四年(809)进士科条云郭承嘏及第。

【鲍溶】字德源。元和四年(809)进士及第。薄宦。

(宋)计有功《唐诗纪事》卷四一《鲍溶》:"溶,登元和进士第,与韩愈、李正封、孟郊友善。"

(宋)晁公武《郡斋读书志校证》卷一八《别集类中》录《鲍溶诗》五卷,注云:"右唐鲍溶字德源。元和四年中进士第。"

（宋）陈振孙《直斋书录解题》卷一九录载《鲍溶集》五卷，注云："唐鲍溶撰。元和四年进士。"

（元）辛文房撰，傅璇琮主编《唐才子传校笺》（册三）卷六《鲍溶》条云："溶字德源，元和四年韦瓘榜第进士……初隐江南山中，避地。家苦贫……卒飘蓬薄宦，客死三川。"

《登科记考》卷一七元和四年（809）进士科条云鲍溶及第。

元和五年庚寅（810）

知贡举：礼部侍郎崔枢

进士科

【李顾行】元和五年（810）进士科状元及第。

（唐）钟辂《前定录·陈彦博》云："陈彦博与谢楚同为太学广文馆生……彦博以元和五年崔枢下及第，上二人李顾行、李仍叔。谢楚明年于尹躬下擢第。"

（宋）李昉等《太平广记》卷一五四《定数九·陈彦博》引《前定录》："陈彦博与谢楚同为太学广文馆生……彦博以元和五年崔枢侍郎及第，上二人李顾行、李仍叔。谢楚明年于尹躬下擢第。"

（宋）王钦若等《册府元龟》卷一五三《帝王部（一百五十三）·明罚第二》："敬宗宝历元年六月，鄂州长寿县尉马洪沼告刺史冯定夺人妻及将阙官职、田禄、粟粜贷收钱入已等事。诏监察御史李顾行推鞫，狱具上闻。"

（宋）柳开《河东集》卷九《与韩洎秀才书》："近洪州李顾行秀才，自许州来相访。"

（明）徐应秋《玉芝堂谈荟》卷二《历代状元》："（元和）五年，进士三十二人，状元李顾行。"

《登科记考》卷一八元和五年（810）进士科条云李顾行状元及第。

淳熙《三山志》卷二六《人物类一·科名》："元和五年，李顾行榜。"

【王播】字鲁玉，父础。元和五年（810）擢进士第，后登宏辞科，累辟诸侯府。入朝为监察御史，官至户部尚书，封祁县男。

《唐代墓志汇编》大和〇三九《唐故东都留守检校尚书左仆射司空崔公墓志》："公讳弘礼，字从周，博陵人……公始以进士擢第，洎愚登秀才科，相远十五载。"按此碑为王播撰写，王播元和五年进士登科。

《旧唐书》卷一六九《王播传》："王播字鲁玉。父础，进士，文辞知名。元和五年，擢进士第，登宏辞科……累辟诸侯府。元和中，入朝为监察御史，再迁起居舍人，副郑覃宣慰于镇州。长庆中，累历员外郎。十四年，以职方郎中知制诰。宝历元年二月，转御史中丞……九年五月，迁户部尚书、判度支……训败之日……斩播于独柳树。"

《新唐书》卷一七九《王播传》："王播字鲁玉。元和初举进士、宏辞，皆中，迁累监察御史……拜户部尚书，判度支，封祁县男。"

《登科记考》卷一八元和五年(810)进士科条云王璠及第。

【孔敏行】字至之,旧贯越州人,贯京兆人,父述睿太子宾客。元和五年(810)登进士第。历鄂岳观察使、东都留守、河中节度使从事,官至谏议大夫,赠尚书工部侍郎。

《旧唐书》卷一九二《隐逸·孔述睿传》:"孔述睿,越州人也。曾祖昌寓,膳部郎中。祖舜,监察御史。父齐参,宝鼎令。述睿……兼为皇太子侍读……子敏行。敏行字至之,举进士,元和五年礼部侍郎崔枢下擢第。吕元膺廉问岳鄂,辟为宾佐。丁母忧而罢。后元膺为东都留守,移镇河中。敏行皆从之。十四年,入为右拾遗,迁左补阙……俄拜谏议大夫……大和九年正月卒,年四十九,赠尚书工部侍郎。"

(宋)王钦若等《册府元龟》卷七二九《幕府部(十四)·辟署第四》:"孔敏行,字至之,元和五年进士擢第。"

《新唐书》卷一九六《孔述睿附孔敏行传》:"孙述睿,越州山阴人……德宗立,拜谏议大夫……既至,对别殿,赐第宅,给厩马,兼皇太子侍读……年七十一,赠工部尚书。子敏行,字至之。元和初,擢进士第。岳鄂吕元膺表在节度府,元膺徙东都、河中,辄随府迁。入拜右拾遗,四迁司勋郎中、集贤殿学士、谏议大夫……卒……赠工部侍郎。"按:其旧贯史书记载不一,但其父已在京城有赐宅,其父又在京师长期为官,其贯当在京兆府。

《登科记考》卷一八元和五年(810)进士科条云孔敏行及第。

【李仍叔】元和五年(810)登进士科。历右补阙,官至宗正卿。

《全唐文》卷六六二白居易《辛邱度可工部员外郎李石可左补阙李仍叔可右补阙三人同制》:"敕:朝散大夫右补阙内供奉飞骑尉辛邱度等:朕诏丞相求方略忠谠之士,置于左右,而播等以石暨仍叔应诏,言其为人,厚实謇直,尝以文行谋画,从容于幕府之间,临事敢言,当官能守,可使束带,同升诸朝。又言邱度介洁静专,不交势利,宜加推奖,以劝其徒。况久次者转迁,后来者登进,皆适所用,平章可之。可依前件。"

《全唐文补遗》第八辑,元和六年(811)四月九日《唐故秘书省校书郎博陵崔公(遂)墓志铭并序》,署名"前乡贡进士李仍叔纂"。

《全唐文补遗》千唐志斋新藏专辑,大和六年(832)五月四日《唐故河南县丞安定皇甫君(弘)墓志铭并序》,署"朝议郎、守太子左庶子、武骑尉、赐绯鱼袋李仍叔撰"。

(唐)钟辂《前定录·陈彦博》:"陈彦博与谢楚同为太学广文馆生……彦博以元和五年崔枢下及第,上二人李顾行、李仍叔。谢楚明年于尹躬下擢第。"

(宋)李昉等《太平广记》卷一五四《定数九·陈彦博》引《前定录》:"陈彦博与谢楚同为太学广文馆生……彦博以元和五年崔枢侍郎及第,上二人李顾行、李仍叔。谢楚明年于尹躬下擢第。"

《新唐书》卷八三《诸帝公主》:"定安公主,始封太和。下嫁回鹘崇德可汗。会昌三年来归,诏宗正卿李仍叔、秘书监李践方等告景陵。"

《登科记考》卷一八元和五年(810)进士科条云李仍叔及第。

【杨虞卿】字师皋,虢州弘农人,父宁终国子祭酒。元和五年(810)登进士科,后登宏辞科,为校书郎。官至京兆尹,贬虔州司户,卒。

（五代）王定保《唐摭言》卷四《气义》："杨虞卿及第后，举三篇，为校书郎。"

《旧唐书》卷一七六《杨虞卿传》："杨虞卿字师皋，虢州弘农人。祖燕客。父宁，贞元中为长安尉……虞卿，元和五年进士擢第，又应博学宏辞科。元和末，累官至监察御史……迁侍御史，再转礼部员外郎、史馆修撰。长庆四年八月，改吏部员外郎……起为左司郎中。五年六月，拜谏议大夫，充弘文馆学士，判院事。六年，转给事中……出为常州刺史……寻召为工部侍郎。九年四月，拜京兆尹。其年……贬虔州司马，再贬虔州司户，卒于贬所。"

《新唐书》卷一七五《杨虞卿传》云："杨虞卿字师皋，虢州弘农人。父宁……终国子祭酒。虞卿第进士、博学宏辞，为校书郎……擢累监察御史……以工部侍郎召，迁京兆尹……贬虔州司户参军。"

《登科记考》卷一八元和五年（810）进士科条云杨虞卿及第。

【陈彦博】福州闽县人。元和五年（810）登进士科。辟府，终信州贵溪县令。

（唐）钟辂《前定录·陈彦博》云："陈彦博与谢楚同为太学广文馆生……彦博以元和五年崔枢下及第，上二人李顾行、李仍叔。谢楚明年于尹躬下擢第。"

（宋）李昉等《太平广记》卷一五四《定数九·陈彦博》引《前定录》："陈彦博与谢楚同为太学广文馆生……彦博以元和五年崔枢侍郎下及第，上二人李顾行、李仍叔。谢楚明年于尹躬下擢第。"

（明）何乔远《闽书》卷七二《英旧志·福州府闽县》："元和五年庚寅陈彦博。"

《登科记考》卷一八元和五年（810）进士科条云陈彦博及第，考云：《永乐大典》引《闽中记》："陈彦博，字朝英，闽县人，元和五年及第。"

淳熙《三山志》卷二六《人物类一·科名》元和五年李顾行榜下云："陈彦博，字朝英，闽县人，终贵溪令。"

【孟琯】平昌安丘人，弟璪、珏、球等皆进士及第。元和五年（810）登进士科。官度支、职方二员外，朗、随二州刺史。

《全唐文补遗》第八辑，孟球撰大中十四年（860）四月十四日《唐故朝请大夫守京兆少尹上柱国孟公（璪）墓志铭》："公讳璪，字虞颂，平昌安丘人……公长兄琯，有重名于时，元和五年进士擢第。"

《洛阳新获七朝墓志》孟球撰咸通七年（866）十一月二十九日《唐故朝散大夫使持节都督寿州诸军事守寿州刺史充本州团练使兼御史中丞柱国赐紫金鱼袋孟公墓志铭》："公讳珏，字廷硕，德州平昌人……公昆弟九人，四人登进士科，由台阁清选皆再领郡符，伯琯，度支、职方二员外，朗、随二州刺史。仲兄璪，司门员外，工部职方郎中，唐、邓二州刺史、京兆少尹。弟瑊，见任襄州参军。球，见为右谏议大夫。四人皆以文学由进士科。"

（宋）魏仲举《五百家注释韩昌黎全集》卷二○《送孟琯秀才序》，严注曰："孟琯，元和五年进士。"

《登科记考》卷一八元和五年（810）进士科条云孟琯及第。

万历《彬州志》卷一六《人物志》："孟琯，彬人，元和五年进士。"

【钱识】袁州宜春人。元和五年(810)登进士科。

《登科记考》卷一八元和五年(810)进士科录载钱识,考云:《永乐大典》引《宜春志》:"识登元和五年进士第。"

四库本《江西通志》卷四九《选举·唐》元和中进士条云:"钱识,袁州人。"

【唐扶】字云翔,并州晋阳人,小姓,父唐次中书舍人。元和五年(810)进士登第,累佐使府。历监察御史、屯田郎中、中书舍人,官至御史中丞,卒福建团练观察使。

《旧唐书》卷一九〇下《文苑下·唐次传》:"唐次,并州晋阳人也,国初功臣礼部尚书俭之后。建中初进士擢第,累辟使府。贞元初,历侍御史。窦参深重之,转礼部员外郎……正拜中书舍人,卒……次子扶、持。扶,字云翔,元和五年进士登第,累佐使府。入朝为监察御史,出为刺史。大和初,入朝为屯田郎中。五年,充山南道宣抚使……俄转司勋郎中。八年,充弘文馆学士,判院事。九年,转职方郎中,权知中书舍人事。开成初,正拜舍人,逾月,授福州刺史、御史中丞、福建团练观察使。四年十一月,卒于镇。"

《新唐书》卷八九《唐俭传》:"唐俭,字茂约,并州晋阳人……为民部尚书……俭弟宪……(唐次)子扶,字云翔,仕历屯田郎中。大和五年,为山南宣抚使……进中书舍人,出为福州观察使。"

《登科记考》卷一八元和五年(810)进士科条云唐扶及第。

【崔元儒】郡望博陵,祖浑之,父儆官至尚书左丞,兄元略官至户部尚书。元和五年(810)登进士科。

《旧唐书》卷一六三《崔元略传附崔元儒传》:"崔元略,博陵人。祖浑之。父儆,贞元中官至尚书左丞。元略举进士……转户部尚书……子铉……累迁户部侍郎承旨。会昌末,以本官同平章事……元略弟元受、元式、元儒……元儒,元和五年登进士第。"

《新唐书》卷一六〇《崔元略传附崔元儒传》:"崔元略,博州人。父敬,贞元时终尚书左丞。元略第进士……大和三年,以户部尚书判度支……元略弟元受、元式、元儒,皆举进士第。"

《登科记考》卷一八元和五年(810)进士科条云崔元儒及第。

【崔蠡】字越卿,卫州人。元和五年(810)登进士科。辟使府,终镇国军使。

《大唐西市博物馆藏墓志》三六五,元和十年(815)十一月景申《唐右补阙陇西李公之妻京兆韦氏墓志铭并序》,署"前乡贡进士崔蠡撰"。

《旧唐书》卷一一七《崔宁传》:"崔宁,卫州人,本名旰……大历十四年入朝,迁司空、平章事,兼山陵使……宁季弟密,密子绘,父子皆以文雅称,历使府从事。绘生四子:蠡、黯、确、颜,皆以进士擢第……蠡,字越卿,元和五年擢第,累辟使府。宝历中,入朝监察御史。大和初,为侍御史,三迁户部郎中,出为汝州刺史。开成初,以司勋郎中征,寻以本官知制诰。明年,正拜舍人。三年,权知礼部贡举。四年,拜礼部侍郎,转户部……蠡寻为华州刺史、镇国军等使,再历方镇。子荛。"

《登科记考》卷一八元和五年(810)进士科条云崔蠡及第。

【裴大章】元和五年(810)登进士科。

《登科记考》卷一八元和五年(810)进士科条云:"是年试《洪钟待撞赋》见韩文五百家注。"

《登科记考》卷一八元和五年(810)进士科条云裴大章及第,见《文苑英华》。按:(宋)李昉等《文苑英华》卷一八〇《诗三十·省试一》下有裴大章《恩赐魏文贞公诸孙旧第以道直臣》。

元和六年辛卯(811)

知贡举:中书舍人于尹躬

进士科

【王质】字华卿,郡望太原,贯寿州寿春县,祖怡渝州司户,父潜扬州天长丞。元和六年(811)登进士甲科,释褐秘书省正字、岭南管记。历佐淮蔡、许昌、梓潼、兴元四府,累奏兼监察御史,官至河南尹,卒宣歙团练观察使,赠左散骑常侍,谥曰定。

《刘禹锡集》卷三《唐故宣歙池等州都团练观察处置使宣州刺史兼御史中丞赠左散骑常侍王公(质)神道碑》云:"常侍讳质,字华卿……(公)既登第,东诸侯交辟之,从主者书记于岭南,授正字。参谋于淮右,进协律郎。其后佐许下暨梓潼、南梁,率为上介,官至兼监察御史。司宪闻其贤,征入南台,转殿内,历侍御史,改尚书户部员外郎。复为知己所荐,迁检校司封郎中摄御史中丞,紫衣金章,充山南西道节度副使,入为尚书户部郎中。以方雅特立,除谏议大夫。会宋丞相坐狷直为飞语所陷,抱不测之罪。大僚进言无益,公率谏官数辈,日晏伏阁,上为不时开便殿。公于旅进中独感激雪涕居多。由是上怒稍解,得从轻比。公终以言责为忧,求为虢州刺史。宰相惜去,又重围诚请,增之以兼御史中丞,用示异于人也。"

《旧唐书》卷一六三《王质传》:"王质字华卿,太原祁人……勉生怡,终渝州司户。怡生潜,扬州天长丞。质则潜之第五子……寓居寿春,躬耕以养母,专以讲学为事……元和六年,登进士甲科。释褐岭南管记,历佐淮蔡、许昌、梓潼、兴元四府,累奏兼监察御史。入朝为殿中,迁侍御史、户部员外郎……寻召为给事中、河南尹。八年,为宣州刺史、兼御史中丞、宣歙团练观察使……开成元年十二月,无疾暴卒,时年六十八,赠左散骑常侍,谥曰定。"

《新唐书》卷一六四《王质传》:"王质字华卿。五世祖通为隋大儒。质少孤,客寿春,力耕以养母……乃举进士,中甲科。繇秘书省正字,累佐帅府……擢给事中、河南尹,徙宣歙观察使。卒,年六十八,赠左散骑常侍,谥曰定。"

《登科记考》卷一八元和六年(811)进士科条云王质及第。

【卢简辞】字子策,郡望范阳,贯蒲州,祖翰,父纶官至户部郎中。元和六年(811)登第。三辟诸侯府,入朝为监察,官至刑部侍郎,卒山南东道节度使。

《旧唐书》卷一六三《卢简辞传》:"卢简辞字子策,范阳人,后徙家于蒲。祖翰。父纶,天宝末举进士,遇乱不第,奉亲避地于鄱阳……大历初,还京师……超拜户部郎中……简辞,元和六年登第,三辟诸侯府。长庆末,入朝为监察,转侍御史……寻转考功员外郎,转郎中……会昌中,入为刑部侍郎,转户部。大中初,转兵部侍郎、检校工部尚书、许州刺史、御史大夫、忠武军节度使,迁检校刑部尚书、襄州刺史、山南东道节度使,卒。"

《新唐书》卷一七七《卢简辞传》:"卢简辞字子策。父纶,别传。与兄简能、弟弘止、简求皆有文,并第进士。历佐帅府,入迁侍御史……入授考功员外郎,累擢湖南、浙西观察使,以检校工部尚书为忠武节度使,徙山南东道。坐事贬衢州刺史,卒。"

《登科记考》卷一八元和六年(811)进士科条云卢简辞及第。

【李蟾】字冠山,宗室,郡望陇西,贯河南府河南县,祖房京兆府渭南县令,父千钧赞善大夫。元和六年(811)登进士科,释褐试秘校书郎。官至比部郎中。

《唐代墓志汇编》大和〇五八《唐故朝议郎守尚书比部郎中上柱国赐绯鱼袋陇西李府君墓志铭并序》:"公讳蟾,字冠山……祖房,皇任京兆府渭南县令,父千钧,皇任赞善大夫。公即赞善之第二子……元和六年登太常第,方以词赋擅美,就科选于天官,无何故尚书孟公自给事中抚俗制东,开幕序贤,首应辟命,授试秘书省正字,充观察推官……府罢从调,判入等,补京兆府咸阳县尉……俄归中书,拜比部正郎……归葬河南府河南县金谷乡张村祔先茔礼也。"按:太常第即进士科,比部正郎即比部郎中。岑仲勉《〈登科记考〉订补》已补入,但误作"元和元年",应作"元和六年"。

【杨茂卿】字士蕤,弘农华阴人,祖河南府福昌令,父稷。元和六年(811)登进士科,官至监察御史。

《唐代墓志汇编》大中一三七李纫《唐故河南府河南县令赐绯鱼袋弘农杨公墓志铭并序》:"考茂卿,皇进士及第,监察里行。"

《唐代墓志汇编》大中〇五九杨牢撰大中五年(651)十一月二日《唐故文林郎国子助教杨君(宇)墓志铭》:"君讳宇,字子麻,弘农华阴人。曾祖,讳犯德宗讳,官至河南府福昌令;王父讳稷……考茂卿,字士蕤,元和六年登进士科……止于监察御史。"

【张公义】元和六年(811)进士及第。

陈尚君《〈登科记考〉正补》:"《文苑英华》卷一八八《省试诗》收王质、张公义及阙名《金谷园花发怀古》诗,当是本年进士科诗赋。"《全唐诗》第十五册卷四八八收有侯冽《金谷园花发怀古》,侯冽为元和六年进士。

【侯冽】元和六年(811)登进士科。

《全唐诗》第十五册卷四八八收有侯冽《金谷园花发怀古》,作者小传云:"侯冽,元和六年进士第。诗二首。"

(宋)计有功《唐诗纪事》卷五〇《侯冽》:"冽,登元和六年进士第。"

陈尚君《〈登科记考〉正补》:"《文苑英华》卷一八八《省试诗》收王质、张公义及阙名《金谷园花发怀古》诗,当是本年进士科诗赋。"

《登科记考》卷一八元和六年(811)进士科条云侯冽及第。

【高铢】字权仲,祖郑宾宋州宁陵令,父去疾摄监察御史,兄钺吏部侍郎。元和六年

（811）登进士科。历河东节度使从事，官至吏部侍郎。

《旧唐书》卷一六八《高钅于传附高铢传》："高钅于字翘之。祖郑宾，宋州宁陵令。父去疾，摄监察御史。钅于……迁吏部侍郎……铢，元和六年登进士第。穆宗即位，入朝为监察御史，累迁员外郎、吏部郎中。大和五年，拜给事中……开成三年，就加检校左散骑常侍，寻入为刑部侍郎。四年七月，出为河南尹。会昌末，为吏部侍郎。"

《新唐书》卷一七七《高钅于传附高铢传》："高钅于字翘之，史失其何所人。与弟铢、锴俱擢进士第……累进吏部侍郎……铢，字权仲，既擢第，署太原张弘靖幕府，入迁监察御史……大中初，迁礼部尚书判户部，徙太常卿。"

（宋）计有功《唐诗纪事》卷五九《高铢》："高铢，字权仲。既擢第，为弘靖幕府，后为太常卿。"

《登科记考》卷一八元和六年（811）进士科条云高铢及第。

【郭周藩】河东人。元和六年（811）登进士科。

（宋）计有功《唐诗纪事》卷四九《郭周藩》："周藩，河东人，登元和六年进士第。"

《登科记考》卷一八元和六年（811）进士科条云郭周藩及第。

乾隆《山西通志》卷一三八《人物》："郭周藩，河东人，元和六年进士，能诗。"

【谢楚】元和六年（811）登进士科。

（唐）钟辂《前定录·陈彦博》云："陈彦博与谢楚同为太学广文馆生……彦博以元和五年崔枢下及第，上二人李顾行、李仍叔。谢楚明年于尹躬下擢第。"

（宋）李昉等《太平广记》卷一五四《定数九·陈彦博》引《前定录》："陈彦博与谢楚同为太学广文馆生……彦博以元和五年崔枢侍郎及第，上二人李顾行、李仍叔。谢楚明年于尹躬下擢第。"

（宋）计有功《唐诗纪事》卷五〇《陈彦博》："《前定录》云：'彦博元和中与谢楚同为广文生……明年果如梦，二李即李顾行、李仍叔也。时元和五年。明年，楚于尹躬下擢第。'"按："元和五年"当作"元和六年"。

《登科记考》卷一八元和六年（811）进士科条云谢楚及第。

明经科

【韦埙】字道和，郡望京兆，贯河南府河南县，祖交晏，昇州司户参军，父著，试右内率府胄曹参军。元和六年（811）登明经科，释褐金州录事参军。官至明州刺史，勋上柱国。

《唐代墓志汇编》会昌〇〇八《唐故朝议郎使持节明州诸军事守明州刺史上柱国赐绯鱼袋韦府君墓志铭并序》："府君讳埙，字道和，京兆人……祖交晏，皇昇州司户参军，赠给事中，父著，皇试右内率府胄曹参军……（埙）繇是年十九以明经擢第……释褐金州录事参军……拜仓部员外郎，复为长安令……会昌元年五月五日卒于明州郡署，享年四十九……会昌元年十月廿四日将葬河南府河南县平乐乡杜翟里祔于先茔礼也。"按：京兆为其郡望，河南府河南县为籍贯。按其会昌元年四十九岁，其十九岁为元和六年，其登第当在是年。罗继祖《登科记考补》、刘汉忠《〈登科记考〉摭遗》补入。

【李归厚】字德元,陇西成纪人。元和六年(811)明经及第。官至亳州鹿邑县主簿。

《全唐文补遗》第八辑,卢钢撰大和八年(834)四月一日《唐故亳州鹿邑县主簿陇西李君(归厚)墓志铭并序》:"君姓李氏,讳归厚,字德元,陇西成纪人也……以大和七年十月廿七日,强殒于秋浦郡官舍,享年卅二……弱冠,以通经贡春官,考试中程,擢上第。"按:李归厚"以通经贡春官,考试中程,擢上第",当指明经及第一事。以大和七年(833)卒,年四十二推之,归厚明经及第时在元和六年(811)。

科目选

【冯芜】元和六年(811)平判入等,授兴平县尉。历越州刺史。

(宋)李昉等《太平广记》卷一五五《定数十·韩皋》引《续定命录》:"昌黎韩皋,故晋公滉之支孙,博通经史。太和五年,自大理丞调选,平判入等……时太常丞冯芜除越州刺史……宪宗六年,芜判入等,授兴平县尉。"

元和七年壬辰(812)

知贡举:兵部侍郎许孟容

进士科

【李固言】字仲枢,郡望赵郡,祖并,父现。元和七年(812)进士科状元及第。江西裴堪、剑南王播皆表署幕府、户部郎中,文宗朝历户部郎中、工部侍郎、尚书左丞、御史大夫。大和九年(835)以门下侍郎、同中书门下平章事,阶至右仆射,致仕官太子太傅,赠太尉。

(五代)王定保《唐摭言》卷二《登第末为状元》:"李固言,元和七年。"

《旧唐书》卷一七三《李固言传》:"李固言,赵郡人。祖并,父现。固言,元和七年登进士甲科。大和初,累官至户部郎中、知台杂……六年,迁工部侍郎。七年四月,转尚书左丞……九年五月,迁御史大夫。六月,宗闵得罪,固言代为门下侍郎、平章事,寻加崇文馆大学士……开成元年四月,复召为平章事,判户部事……宣宗即位,累授检校司徒、东都留守、东畿汝都防御使。大中末,以太常卿孙简代之,拜太子太傅,分司东都,卒。"

《新唐书》卷一八二《李固言传》:"李固言字仲枢,其先赵人。擢进士甲科,江西裴堪、剑南王播皆表署幕府。累官户部郎中……大和九年……乃先以固言为门下侍郎、同中书门下平章事……武宗立,召授右仆射……还右仆射。后以太子太傅分司东都。卒,年七十八,赠太尉。"

《登科记考》卷一八元和七年(812)进士科条云李固言状元及第。

【归融】字章之,苏州吴郡人,祖崇敬官至太子侍读,父登官至工部尚书。元和七年(812)及进士第。累迁左拾遗,官至兵部尚书,累封晋陵郡公,致仕太子少傅,赠尚书左仆射。

《旧唐书》卷一四九《归崇敬传附归融传》:"归崇敬字正礼,苏州吴郡人也。曾祖奥,以崇敬故,追赠秘书监。祖乐,赠房州刺史。父待聘,亦赠秘书监。崇敬少勤学,以经业擢第……充皇太子侍读……子登嗣。登,字冲之……迁工部尚书……子融嗣。融,进士擢第,自监察拾遗入省……以融权知兵部侍郎。一年内拜吏部。三年检校礼部尚书、兴元尹、兼御史大夫,充山南西道节度使。"

《新唐书》卷一六四《归崇敬传》:"归崇敬字正礼,苏州吴人……迁工部尚书……子登。登……进工部尚书,累封长洲县男。卒……子融。融,字章之,元和中及进士第,累迁左拾遗……历兵部尚书,累封晋陵郡公……辞疾,以太子少傅分司东都。大中七年,卒,赠尚书左仆射。"

《登科记考》卷一八元和七年(812)进士科条云归融及第。

【李汉】字南纪,京兆府人,祖岌蜀州晋原尉,父荆陕州司马。元和七年(812)登进士科,累辟使府。历左拾遗、兴元从事,官至吏部侍郎。

《旧唐书》卷一七一《李汉传》:"李汉字南纪,宗室淮阳王道明之后。道明生景融,景融生务该,务该生思,思生岌。岌以上无名位,至岌为蜀州晋原尉。岌生荆,荆为陕州司马。荆生汉。汉,元和七年登进士第,累辟使府。长庆末,为左拾遗……(宝历中)出为兴元从事。文宗即位,召为屯田员外郎、史馆修撰……(元和)七年,转礼部侍郎。八年,改户部侍郎。九年四月,转吏部侍郎。六月,李宗闵得罪罢相,汉坐其党,出为汾州刺史。宗闵再贬,汉亦改汾州司马,仍三二十年不得录用。会昌中,李德裕用事,汉竟沦踬而卒。"

《新唐书》卷七八《宗室·李汉传》:"汉字南纪……擢进士第,迁累左拾遗……大中时,召拜宗正少卿,卒。"

(宋)魏仲举《五百家注释韩昌黎全集》卷三四《李邢墓志铭》,樊注:"汉字南纪,元和七年进士。"

《登科记考》卷一八元和七年(812)进士科条云李汉及第。

【李珏】字待价,郡望赵郡,贯淮南,父仲朝。元和七年(812)登进士科,释褐河阳节度使推官,又登拔萃科,授渭南尉。文宗朝官至宰相,勋官上柱国,封爵赞皇郡开国公,赠司空,谥曰贞穆。

(唐)裴庭裕《东观奏记》卷下:"珏字待价,赵郡赞皇人。早孤,居淮南,养母以孝闻。举明经……一举不第,应进士第,许孟容为礼部,擢上第。"

《旧唐书》卷一七三《李珏传》:"李珏字待价,赵郡人。父仲朝。珏进士擢弟,又登书判拔萃科,累官至右拾遗……开成……三年,杨嗣复辅政,荐珏以本官同平章事……寻封赞皇男,食邑三百户……上柱国、赞皇郡开国公,食邑一千五百户。大中七年卒,赠司空。"

《新唐书》卷一八二《李珏传》:"李珏字待价,其先出赵郡,客居淮阴。幼孤,事母以孝闻。甫冠,举明经……乃更举进士高第。河阳乌重胤表置幕府。以拔萃补渭南尉,擢右拾遗……开成中,杨嗣复得君,引珏同中书门下平章事……卒,年六十九,赠司空,谥曰贞穆。"

《登科记考》卷一八元和七年(812)进士科条云李珏及第。

【陈夷行】字周道,郡望江左陈氏,贯颍川。元和七年(812)登进士第。擢累起居郎,文宗朝以工部侍郎同中书门下平章事,武宗朝以门下侍郎平章事,阶至太子太保,卒河中节度使,赠司徒。

《旧唐书》卷一七三《陈夷行传》:"陈夷行字周道,颍川人。祖忠,父邑。夷行,元和七年登进士第,累辟使府……(大和)九年八月,改太常少卿,知制诰、学士侍讲如故。开成二年四月,以本官同平章事……四年九月,检校礼部尚书,出为华州刺史。五年,武宗即位,李德裕秉政。七月自华召入,复为中书侍郎、平章事。会昌三年十一月,检校司空、平章事、河中尹、河中晋绛节度使。卒,赠司徒。"

《新唐书》卷一八一《陈夷行传》:"陈夷行字周道,其先江左诸陈也,世客颍川。由进士第,擢累起居郎、史馆修撰……数迁至工部侍郎。开成二年,进同中书门下平章事……武宗即位,召为御史大夫,俄还门下侍郎平章事,进位尚书左仆……罢为太子太保,以检校司空为河中节度使,卒。"

《登科记考》卷一八元和七年(812)进士科条云陈夷行及第。

【郑鲂】字嘉鱼,荥阳人。元和七年(812)进士及第。官至江州刺史。

《全唐文补遗》第八辑,李景庄撰咸通十五年(874)九月三十日《唐常州无锡裴长官(谣)陇西李夫人墓志铭并序》:"唐常州无锡裴长官夫人陇西李氏,景庄之第二女,第卅七女……先妣荥阳郑氏,北祖第二房。外祖讳鲂,进士第,补阙累至江州刺史,赐绯鱼袋。"

《洛阳新获七朝墓志》陈商撰大和九年(835)四月二十二日《唐故尚书仓部郎中荥阳郑府君墓志铭并序》:"府君讳鲂,字嘉鱼,荥阳人……礼部侍郎许公遽登君名科。"

《河洛墓刻拾零》,李景庄撰咸通九年(868)十二月七日《唐故仓部郎中郑公卢夫人合祔墓志铭并序》:"仓部郎中郑公府君讳鲂,字嘉鱼,北祖第二房,为天下鼎族……元和七季兵部侍郎许公孟容下升进士第,其首故相国李公固言。得人之盛,至今称之。"

【姚嗣卿】元和七年(812)登进士科。

(宋)王谠撰,周勋初校证《唐语林校证》卷六《补遗·起德宗至文宗》:"许尚书孟容与宋济为布衣交。及许知举,宋不中第。放榜后,许自愧,累请人致意,兼令门生就见,宋乃谒许。深谢之。因置酒,酣,乃曰:'某今年为国家取卿相。'时有姚嗣及第,数日卒。乃起慰许曰:'邦国不幸,姚令公薨谢。'"《登科记考》卷一八元和七年(812)条云姚嗣即"姚嗣卿"。

(宋)李昉等《太平广记》卷二五五《嘲诮三·宋济》引《卢氏杂说》:"唐许孟容……曰:'虽然,某今年为国家取卿相,时有姚嗣卿及第后,翌日而卒。'"《登科记考》卷一八元和七年(812)条云兵部侍郎许孟容知贡举。

【贾謩】元和七年(812)登进士科。

《登科记考》卷一八元和七年(812)进士科录载贾謩,考云:《永乐大典》引《宜春志》:"謩登元和七年进士第。"

元和八年癸巳(813)

知贡举: 中书舍人韦贯之

进士科

【尹极】元和八年(813)进士科状元及第。

(明)徐应秋《玉芝堂谈荟》卷二《父子兄弟状头》: "兄弟状元者,唐贞元七年阆州尹枢,元和八年尹极。"同书卷二《历代状元》: "(元和)八年,状元尹极(阆州人,枢弟)。"

《登科记考》卷一八元和八年(813)进士科条云尹极状元及第。

【王含】元和八年(813)登进士科。

(宋)魏仲举《五百家注释韩昌黎全集》卷二〇《送王含秀才序》,樊注: "含元和八年进士。"

《登科记考》卷一八元和八年(813)进士科条云王含及第。

【杨汉公】字用乂,虢州弘农人,父宁官至国子祭酒,兄虞卿官至吏部员外郎。元和八年(813)登进士科,后登书判科,释褐兴元从事。官至工部尚书。

《全唐文补遗》第六辑,郑熏撰咸通二年(861)十一月二十七日《唐故银青光禄大夫检校户部尚书使持节郓州诸军事守郓州刺史充天平军节度郓曹濮等州观察处置等使御史大夫上柱国弘农郡开国公食邑二千户弘农杨公(汉公)墓志铭并序》: "公讳汉公,字用乂,弘农华阴人也……曾祖隐朝,皇同州邰阳县令,夫人京兆杜氏。祖燕客,皇汝州临汝县令,赠工部尚书。皆以贞遁养志,自肥其家,故位不称德。夫人南阳张氏,即大儒硕德司业张公参之妹也。烈考讳宁,皇国子祭酒,赠太尉,始用经学入仕,尝游阳谏议城之门,执弟子礼,洁白端介,为诸儒所称。其舅司业公尤所嗟赏。夫人长孙氏,长安令缜之女也。闺范庄整,为士林之表。公出于长孙夫人,即太尉府君第三子也。幼禀和粹,生知孝友,十余岁,丁长孙夫人忧,号慕泣血,有老成之致。既长,顺两兄,抚爱弟,得古人之操焉。廿九,登进士第,时故相国韦公贯之主贡士,以鲠直公正称。谓人曰: '杨生之清规懿行,又有梦鲁赋之瑰丽,宜其首选,屈居三人之下,非至公也。'其秋,辟鄜坊装大夫武府,得试秘书省校书郎。罢归,就吏部选判,考入第四等,与故相国郑公肃同送名而郑公居其首。阁下众覆,以为公之书判精甚,改就首选,而郑公次之,授秘书省校书郎。裴大夫守华州,以试协律署镇国军判官。裴大夫移镇荆南,以节度掌书记请之……迁宣武军节度使,检校户部尚书……以咸通二年七月十日,薨于宣教坊之私第。讣及阙下。皇帝罢朝一日,赠右仆射。"

《旧唐书》卷一七六《杨虞卿传附杨汝士传》: "杨虞卿字师皋,虢州弘农人。祖燕客。父宁,贞元中为长安尉……(虞卿)子知进、知退、堪,弟汉公,皆登进士第。知退历都官、户部二郎中;堪库部、吏部二员外郎。汉公,大和八年擢进士第,又书判拔萃,释褐为李绛兴元从事。绛遇害,汉公遁而获免。累迁户部郎中、史馆修撰。"按《旧唐书》误,据《唐摭言》卷八《已落重收》: "元和九年韦贯之榜,殷尧潘杂文落矣。杨汉公尚书,乃贯之前榜门生,盛言尧潘之屈,贯之重收。"又据《唐会要》卷六三《史馆上·修史官》: "大和六年二月,以谏议大夫王彦威、户部郎中杨汉公、祠部员外郎苏涤,右补阙裴休,并充史馆修撰。"

《新唐书》卷一七五《杨虞卿传》云:"杨虞卿字师皋,虢州弘农人。父宁……终国子祭酒。虞卿第进士……迁京兆尹……子知退、知权、壇、堪、汉公,皆擢进士第,汉公最显。汉公,字用乂。始辟兴元李绛幕府……召为工部尚书……汉公自同州更宣武、天平两节度使,卒。"

《登科记考》卷一八元和八年(813)进士科条云杨汉公及第。

【张萧远】元和八年(813)登进士科。

《登科记考》卷一八元和八年(813)据《文苑英华》录张萧远,注引(宋)计有功《唐诗纪事》卷四一《张萧远》:"萧远元和进士登第。"《张司业诗集》卷六有《送萧远弟》及《张萧远雪夜同宿》。

《登科记考》卷二七《附考·进士科》条又引(宋)计有功《唐诗纪事》卷四一《张萧远》:"张萧远元和进士登第。"按:此二张萧远为同一人,《附考》中张萧远当删除。

【舒元舆】婺州东阳人,一作江州人。元和八年(813)登进士第,释褐诸府从事,监察。文宗朝以御史中丞同平章事(宰相)。

《旧唐书》卷一六九《舒元舆传》:"舒元舆者,江州人。元和八年登进士第,释褐诸府从事。大和初,入朝为监察,转侍御史……九年,拜御史中丞,兼判刑部侍郎。是月,以本官同平章事……送左军族诛之。"

《新唐书》卷一七九《舒元舆传》:"舒元舆,婺州东阳人……元和中,举进士……俄擢高第,调鄠尉,有能名。裴度表掌兴元书记……拜监察御史……兼刑部侍郎……月中,以本官同中书门下平章事……弟元褒、元肱、元迥,皆第进士。元褒又擢贤良方正,终司封员外郎。余及诛。"

《登科记考》卷一八元和八年(813)进士科条云舒元舆及第。

元和九年甲午(814)

知贡举:礼部侍郎韦贯之

进士科

【张又新】字孔昭,深州陆泽人,曾祖鷟为司门员外郎,父荐官至御史大夫。元和九年(814)进士科状元及第,元和十二年(817)登宏辞科。历山南东道节度使行军司马、淮南节度使从事,官至申州刺史,终左司郎中。

《旧唐书》卷一四九《张荐传》:"张荐字孝举,深州陆泽人。祖鷟,字文成,聪警绝伦,书无不览。为儿童时,梦紫色大鸟,五彩成文,降于家庭。其祖谓之曰:'五色赤文,凤也;紫文,鸑鷟也,为凤之佐,吾儿当以文章瑞于明廷。'因以为名字。初登进士第,对策尤工,考功员外郎骞味道赏之曰:'如此生,天下无双矣!'调授岐王府参军。又应下笔成章及才高位下、词标文苑等科。鷟凡应八举,皆登甲科。再授长安尉,迁鸿胪丞。凡四参选,判策为铨府之最……开元中,入为司门员外郎卒……以荐为工部侍郎、兼御史大夫……子又新、希复,皆登进士第。又新……宝历三年,逢吉出为山南东道节度使,请又新为副……复召二子为尚书郎。训贬,复贬而卒。"

(宋)乐史《广卓异记》卷一九《进士状元却为宏词头》:"右按《登科记》:张又新元和九年进士状元及第,十二年宏词头登科。"(宋)计有功《唐诗纪事》卷四〇《张又新》同。

《新唐书》卷一七五《张又新传》:"张又新字孔昭,工部侍郎荐之子。元和中,及进士高第,历左右补阙……及逢吉罢,领山南东道节度,表又新为行军司马。坐田伾事,贬汀州刺史。李训有宠,又新复见用,迁刑部郎中,为申州刺史。训死,复坐贬。终左司郎中。"

(元)辛文房撰,傅璇琮主编《唐才子传校笺》(册三)卷六《张又新》条云:"又新,字孔昭,深州人也。初应宏辞第一,又为京兆解头。元和九年,礼部侍郎韦贯之下状元及第,时号为'张三头'。应辟为广陵从事,历补阙。"

《登科记考》卷一八元和九年(814)进士科条云张又新状元及第。

【卢载】元和九年(814)登进士第。历协律郎天平军巡官、给事中。

《全唐文》卷四九〇权德舆《送安南裴中丞序》:"士君子循道致用,感恩宣力,则万里如咫步,溟波犹康庄。况金印照路,熊车伏轼,提封甚阔,命赐甚厚,此裴侯所以抃笑就道,视交州如衡轭之前,则天时之瘴热,地里之迥远,皆细故也……因君是行,聊复起予,追思往岁,携手相乐,与兰陵萧元植范阳卢载初宦游出处,多在江介,索然物故,何可胜言?"

《全唐文》卷六六三白居易《杨景复可检校膳部员外郎郓州观察判官李绶可监察御史天平军判官卢载可协律郎天平军巡官独孤泾可监察御史寿州团练副使马植可试校书郎泾原掌书记程昔范可试正字泾原判官六人同制》:"敕:某官杨景复等:士子不患无位,患己不立;苟有所立,人必知之。惟尔等六人,蕴才业文,咸士之秀者,果为贤侯交辟,俾朕得闻其姓名。是用各进其秩,分授以职,若修饰不已,筹谋有闻,则鸿渐之资,当从此始。而景复禀训祗命,颇著令称,故因满岁,特假台郎。古者功臣之良,入补王职,朝奖非远,尔其勉之。可依前件。"

《全唐文补遗》千唐志斋新藏专辑,《唐朝议郎守太子宾客分司东都上柱国赐紫金鱼袋卢载墓志铭并序自撰》,署:"自撰墓志,时官朝议郎、守太子宾客分司东都。"撰志时间为开成五年(840)。按:《千唐志斋藏志》一〇〇二元和九年(814)五月三日《唐故朝散大夫绛州曲沃县令郑府君故夫人天水赵氏墓志铭并序》,署:"前乡贡进士卢载撰。"依此则卢载当在元和九年或之前进士及第。然据卢载自撰墓志,云其"为旧相今宾客李公所知,引拔成就,自使府至谏议大夫",可知其座主为中书舍人李宗闵。卢载卒于大中二年(848),享年七十五,则其生年为大历八年(773),以此上溯至开成五年(840)其自撰墓志时,先后有李逢吉(元和十二年,817)、李程(元和十三年,818)、李建(元和十五年,820)和李宗闵(长庆四年,824)知贡举。其中前三人均在开成五年(840)前去世,惟李宗闵卒于会昌三年(843)。据《旧书》本传,宗闵大和二年起为吏部侍郎,三年八月以本官同平章事。开成四年冬,迁太子宾客,分司东都。李宗闵本传记载之任职情况与《卢载墓志》楔合。卢载究为元和九年,还是长庆四年进士及第,尚待史料证实。暂以元和九年录载,俟考。

《旧唐书》卷一六五《郭承暇传》:"开成元年……给事中卢载封还诏书。"

《登科记考补正》卷二七《附考·进士科》录载卢载。

【李德垂】元和九年(814)登进士科。

《全唐文》卷七二一张又新《煎茶水记》:"元和九年春,予初成名,与同年生期于荐福寺,余与李德垂先至。"

(元)陶宗仪《说郛》卷九三下张又新《煎茶水记》:"元和九年春,予初成名,与同年生期于荐福寺,余与李德垂先至。"

《登科记考》卷一八元和九年(814)进士科李德垂条云:"《旧书·李绅传》:'李逢吉问计于门人张又新、李续之。'疑续之即德垂。"

【陈商】字述圣,宣州人。元和九年(814)登进士科。官至礼部侍郎、秘书监。

(五代)王定保《唐摭言》卷四《气义》:"杨虞卿及第后,举三篇,为校书郎,来淮南就李邻亲情。遇前进士陈商启护穷窘。公未相识,问之,倒囊以济。"

《新唐书》卷五八《艺文二》:"《敬宗实录》十卷。陈商、郑亚撰,李让夷监修。商,字述圣,礼部侍郎、秘书监。"

(宋)魏仲举《五百家注释韩昌黎全集》卷一八《答陈商书》,集注曰:"商,元和九年进士。"

《登科记考》卷一八元和九年(814)进士科条云陈商及第。

【殷尧藩】秀州人。元和九年(814)登进士科。官至侍御史。

《全唐诗》第十五册卷四九六姚合《送殷尧藩侍御赴同州》:"吟诗掷酒船,仙掌白楼前。从事关中贵,主人天下贤。此生无了日,终岁踏离筵。何计因归去,深山恣意眠。"按:其为同州防御长春宫使从事。

(五代)王定保《唐摭言》卷八《已落重收》:"元和九年韦贯之榜,殷尧藩杂文落矣。杨汉公尚书及贯之前榜门生,盛言尧藩之屈,贯之为之重收。"

《新唐书》卷六〇《艺文四》:"《殷尧藩诗》一卷,元和进士第。"

(宋)计有功《唐诗纪事》卷五一《殷尧藩》:"元和九年,韦贯之掌文衡,尧藩杂文黜矣。尚书杨汉公,乃贯之前榜门生,盛言尧藩屈,贯之为之重收,是年登第。《摭言》谓之既落复收……尧藩以李翱长沙幕府,后以侍御官江南。"

(宋)陈振孙《直斋书录解题》卷一九录载《殷尧藩集》一卷,注云:"唐侍御史殷尧藩撰。元和元年进士。"按:"元和元年"当作"元和九年"。

(元)辛文房撰,傅璇琮主编《唐才子传校笺》(册三)卷六《殷尧藩》条云:"尧藩,秀州人……元和九年韦贯之放榜,尧藩……因擢进士……后仕终侍御史。"按:欧阳忞《舆地广记》卷二三《两浙路》:"秀州,隋唐属苏州,后属杭州。"

《登科记考》卷一八元和九年(814)进士科条云殷尧藩及第。

【高锴】字弱金,祖郑宾宋州宁陵令,兄钺官至吏部侍郎。元和九年(814)登进士科,后登宏辞科。历河东节度使参谋、吏部员外郎、迁中书舍人,官至吏部侍郎,卒鄂岳观察使,赠礼部尚书。

《旧唐书》卷一六八《高钑传附高锴传》："高钑字翘之。祖郑宾,宋州宁陵令。父去疾,摄监察御史。钑,元和初进士及第……四年冬,迁吏部侍郎……与弟铢、锴皆以检静自立……锴,元和九年登进士第,升宏辞科,累迁吏部员外……乃以锴为礼部侍郎。凡掌贡部三年……寻转吏部侍郎。其年九月,出为鄂州刺史、御史大夫、鄂岳观察使,卒。"

《新唐书》卷一七七《高钑传附高锴传》："高钑字翘之,史失其何所人。与弟铢、锴俱擢进士第……累进吏部侍郎……锴字弱金,连中进士、宏辞科,辟河东府参谋,历吏部员外郎,迁中书舍人……迁吏部侍郎,出为鄂岳观察使。卒,赠礼部尚书。"

《登科记考》卷一八元和九年(814)进士科条云高锴及第。

上书拜官

【李渤】字澹之,洛阳人。元和九年(814)上书拜官,授秘书省校书郎。历右补阙、库部员外郎、考功员外郎、谏议大夫,卒太子宾客,赠礼部尚书。

《登科记考》卷一八元和九年(814)上书拜官条云:"《册府元龟》:'李渤为左拾遗,罢官闲居东洛,撰《御戎新录》二十卷以献。元和九年……诏:……可授秘书省著作郎。'"

《新唐书》卷一一八《李渤传》:"李渤字澹之……父钧,殿中侍御史……隐庐山……元和九年讨淮西,上平贼三术:……又上《御戎新录》,乃以著作郎召,渤遂起。岁余,迁右补阙……擢为库部员外郎……穆宗立,召拜考功员外郎……入为职方郎中,进谏议大夫……以病归洛。大和中,召拜太子宾客。卒,年五十九,赠礼部尚书。"

元和十年乙未(815)

知贡举:礼部侍郎崔群

进士科

【卢宗回】字望渊,广州南海人。元和十年(815)进士及第。历京兆府功曹参军,官集贤校理。

《全唐诗》第十五册卷四九〇作者小传:"卢宗回,字望渊,南海人,登元和十年进士第。终集贤校理。诗一首。"

(五代)王定保《唐摭言》卷二《废等第》:"开成二年,大尹崔琪判云:选文求士,自有主司。州司送名,岂合差第?今年不定高下,不锁试官;既绝猜嫌,暂息浮竞。差功曹卢宗回主试。"

(宋)计有功《唐诗纪事》卷四八《卢宗回》:"宗回,登元和进士第。"

乾隆《广东通志》卷三一《选举志·进士》:"元和中,卢宗回,南海人。"

同治《广东通志》卷二六八引《黄志》:"卢宗回,字望渊,南海人……举元和十年进士,官集贤校理。"按:《登科记考》卷二七《附考·进士科》录载卢宗回,《登科记考补正》卷一八改系元和十年(815)进士科及第。

【吕让】字逊叔,郡望东平,贯洛阳,祖延之越州刺史,父渭礼部侍郎。元和十年(815)登进士科,解褐秘书省校书郎。历邠宁节度使从事鄂岳观察使支使、河中节度使从事,官至右庶子,勋上柱国,致仕秘书监,赠左散骑常侍。

《唐代墓志汇编》大中一〇七吕焕撰大中十年(856)四月十三日《唐故中散大夫秘书监致仕上柱国赐紫金鱼袋赠左散骑常侍东平吕府君(让)墓志铭并序》:"先府君讳让,字逊叔……皇考讳渭,礼部侍郎湖南观察使……(君)二十三,进士上第,解褐秘书省校书郎,以支使佐故相国彭原李公程于鄂岳。邠率高公霞寓以勋业临边,欲重府幕,强公为书记……以留守判官佐相国彭原公于北都……除膳部郎中……右庶子……改秘书监致仕,大中九年……享年六十三,辍朝一日,赠左散骑常侍……归祔于洛阳芒山清风原大茔礼也。"按其归祔地点,其贯当为洛阳。

《旧唐书》卷一三七《吕渭传》:"吕渭字君载,河中人。父延之,越州刺史、浙江东道节度使……礼部侍郎……赠陕州大都督。子温、恭、俭、让……让至太子右庶子,皆有美才。"

《登科记考》卷一八元和十年(815)进士科条云吕让及第。

【任晼】阆州新井县人。元和十年(810)登进士科。历沂海观察使从事、河中留后。

《全唐文》卷七三五沈亚之《送同年任晼归蜀序》:"十年,新及第进士将去都,乃大宴朝贤卿士,与来会乐。而都中乐工倡优女子,皆坐优人前,赞舞者奋袖出席,于是堂上下匏吹弦篁大奏。即暮既罢,生揖语亚之曰:吾家世居蜀,尝以进士得第。吾少能嗣其业,幸子之文得称甚光,愿为我序还家之荣。亚之辞谢不敏,曰:愿无让。曰:始生与兄之来举进士,得绌。及缀字为便口之句,历赞其文于公卿之门,由是一岁而名。八年,成都贡士,生名在贡首。九年,生与其兄试贡京兆,京兆籍贡名,生名为亚首,生之兄亦在列下。十年,礼部第士,生名在甲乙。如是而后归。亚之以为相如还蜀之荣,而生未后也。"

《全唐文》卷七〇三李德裕《任晼李丕与臣状共三道》:"右,臣缘小寇未殄,前月末与河中留后任晼委曲,令转问李丕,有何方略,一一条疏报。今得任晼书,并封送李丕状两道,并谨封进。"

《全唐诗》第十五册卷四九六姚合《送任晼及第归蜀中觐亲》:"子规啼欲死,君听固无愁。阙下声名出,乡中意气游。东川横剑阁,南斗近刀州。神圣题前字,千人看不休。"

《全唐诗》第十五册卷四九六姚合《送任晼评事赴沂海》:"掷笔不作尉,戎衣从嫖姚。严冬入都门,仆马气益豪。沂州右镇雄,士勇旌旗高。洛东无忧虞,半夜开虎牢。丈夫贵功勋,不贵爵禄饶。仰眠作书生,衣食何由销。任生非常才,临事胆不摇。必当展长画,逆波斩鲸鳌。九陌尘土黑,话别立远郊。孟坚勒燕然,岂独在汉朝。"

《全唐诗》第二十一册卷七四六陈陶《闽中送任晼端公还京》:"燕台下榻玉为人,月桂曾输次第春。几日酬恩坐炎瘴,九秋高驾拂星辰。汉庭凤进鹓行喜,隋国珠还水府贫。多少嘉谟奏风俗,斗牛孤剑在平津。"按:端公为侍御史。

(宋)文同《丹渊集》卷三七《咸阳县主簿任君墓志铭》(引自《全宋文》册二六):"君讳某,字某……十二代祖壁,自江州移阆州刺史,卒以乱世不归,乃家新井县。八代祖晼,与其兄酬,唐元和中继登进士……"

《登科记考》卷一八元和十年(815)进士科条云任畹及第。

【纥干泉】元和十年(815)登进士科甲科。历刑部员外郎,官至岭南节度使。

《全唐文》卷七二六崔碬《授纥干泉江西观察使制》:"敕。钟陵奥区,楚泽全壤,控带七郡,襟连五湖。人推征赋之饶,俗擅鱼盐之利。静则易理,动则难安。思得良能,以臻富庶。选求之下,是举金谐。中书舍人纥干泉,气惟雅茂,才实变通……仍加中宪,式峻外台。可江西观察使。"

《全唐文》卷七六三沈珣《授纥干泉岭南节度使制》:"惟尔元和中,以文学德行,升为甲科。"

(唐)赵璘《因话录》卷三《商部下》:"开成三年,余忝列第。考官刑部员外郎纥干公,崔相国群门生也。公及第日,于相国新昌宅小厅中,集见座主。"

(宋)王谠撰,周勋初校证《唐语林校证》卷四《企羡》:"开成三年,书判考官刑部员外郎纥干公,崔相群门生也。纥干及第时,于崔相新昌宅小厅中集见座主;及为考官之前,假居崔相故第,亦于此厅见门生焉。是年科目八人,敕头孙河南谷,先于雁门公为丞。纥干封雁门公。"

《登科记考》卷一八元和十年(815)进士科云纥干泉及第。

【刘岩夫】字子耕。元和十年(815)登进士科。

《大唐西市博物馆藏墓志》三六八,元和十二年(817)四月十七日《通议大夫尚书刑部侍郎赐紫金鱼袋赠工部尚书广平刘公自撰志文并序》:"□□□□者,广平刘伯刍之志。广平刘氏出汉景帝,其世德爵位,史谍详焉,略而不叙,病故也。六岁识字,十岁耽书。□□□□涵之间,未尝释手,于今一百九十八甲子矣。盖所阅书,殆逾万卷,其意在通性命,乐黄尧而已。初不务记问,□□□□,好属辞而不敢苟,短章小述,必稽义正。所著文二百廿三篇,编成十三卷。州举进士,一上登丙科……生子三人,长曰宽夫,次曰端夫,幼曰岩夫,咸早奉严训,弱冠皆举进士登第。自贞惠公洎公,下及宽夫等,三叶五升名于太常,时人龇之,以为两重卓绝。"

(宋)魏仲举《五百家注释韩昌黎全集》卷一八《答刘正夫书》,樊注:"岩夫,字子耕,登元和十年进士第。"

《登科记考》卷一八元和十年(815)进士科条云刘岩夫及第。

【李干】澶州顿邱人。元和十年(815)登进士科。历鄂岳从事,官至太学博士。

《全唐文》卷五六四韩愈《太学博士李君墓志铭》:"太学博士顿邱李干,余兄孙女婿也。年四十八,长庆三年正月五日卒。其月二十六日,穿其妻墓而合葬之,在某县某地。子三人,皆幼。初干以进士为鄂岳从事,遇方士柳泌,从授药法,服之,往往下血,比四年,病益急,乃死。其法以铅满一鼎,桉中为孔,实以水银,盖封四际,烧为丹砂云。余不知服食说自何世起,杀人不可计,而世慕尚之益至,此其惑也!在文书所记及耳闻相传者不说,今直取目见。"

(宋)魏仲举《五百家注释韩昌黎全集》卷三四《太学博士李干墓志铭》:"太学博士顿邱李干,余兄孙女婿也……初干以进士为鄂岳从事。"樊注曰:"元和十年干中进士第,年四十。"按:其为澶州顿邱人。

《登科记考》卷一八元和十年(815)进士科条云李干及第。

【李景让】字后己,郡望太原,贯东都洛阳。元和十年(815)登进士第。历江西观察使副使,官至吏部尚书,封酒泉县男,赠太子太保,谥曰孝。

《全唐文补遗》第八辑,李景庄撰咸通十五年(874)九月三十日《唐常州无锡裴长官(谣)陇西李夫人墓志铭并序》:"唐常州无锡裴长官夫人陇西李氏,景庄之第二女,第卅七女……亲伯讳景让,进士第博举科。自秘省校书,四相国、一名卿从事,由拾遗、御史累至中书舍人、礼部侍郎、吏部尚书、大夫。"按:墓志署名"父、朝散大夫、守左谏议大夫、柱国、赐紫金鱼袋景庄撰"。

《全唐文补遗》千唐志斋新藏专辑,李景让撰大中十三年(859)十月十二日《唐故朝散大夫守左散骑常侍赠工部尚书裴公(夷直)墓铭并叙》:"大中之十有三岁,岁在己卯秋七月二十日癸酉,唐社稷端臣,骑省裴公薨于安邑里故友之室,享年七十有三……公讳夷直,字礼卿,河东人……公少孤,抱志业,名闻江左,随计长安。文学之誉,振于远迩。故相国崔公讳群掌贡院,授公高第。公年始二十九,使相李公愬以平淮右,辟公为山东从事。"按:墓志撰者李景让,《登科记考补正》卷二七《附考·进士科》录为及第时间无考之进士。景让《裴夷直墓志》:"景让辱公之相知,分逾骨肉,忘形久矣,又陪出相国崔公门下。今老且病,无以哭公。为文叙德,千古不尽。"既云"陪出相国崔公门下",则景让亦当为崔群知贡举所录之进士,检《登科记考》《登科记考补正》,崔群惟元和十年(815)以礼部侍郎知贡举,则景让进士及第亦当在是年。

(五代)刘崇远《金华子杂编》卷上:"李景让尚书,少孤贫。夫人某氏,性严重明断,近代贵族母氏之贤,无及之也。孀居东洛,诸子尚幼……其后诸子景让、景温、景庄皆进士擢第,并有重名,位至方岳。"

《旧唐书》卷一八七下《忠义下·李憕传》:"李憕,太原文水人……子宏,仕官愈卑。生三子:景让、景庄、景温,自元和后,相继以进士登第。景让,大和中为尚书郎,出为商州刺史。开成二年,入朝为中书舍人……四年,入为礼部侍郎。五年,选贡士李蔚,后至宰相;杨知退为尚书。大中朝,为襄州刺史、山南道节度使,入为吏部尚书。十一年,转御史大夫……景让复为吏部尚书,卒,谥曰孝。"

《新唐书》卷一三二《沈传师传》:"宝历二年,入拜尚书右丞。复出江西观察使,徙宣州。传师于吏治明,吏不敢罔……传师性夷粹无竞,更二镇十年,无书贿入权家。初拜官,宰相欲以姻私托幕府者,传师固拒曰:'诚尔,愿罢所授。'故其僚佐如李景让、萧寘、杜牧,极当时选云。"按:其籍贯当为东都洛阳。

《新唐书》卷一七七《李景让传》:"李景让字后己,赠太尉憕孙也。性方毅有守。宝历初,迁右拾遗……沈传师观察江西,表以自副。历中书舍人、礼部侍郎、商华虢三州刺史……入为尚书左丞,拜天平节度使,徙山南东道,封酒泉县男。大中中,进御史大夫……以太子少保分司。卒,年七十二,赠太子太保,谥曰孝。"

【沈亚之】字下贤,湖州吴兴人。元和十年(815)登进士科,长庆元年制科及第。历秘书省正字、沧德宣慰使判官、福建团练使副使，官至殿中丞御史内供奉。

《全唐文》卷七一文宗《贬柏耆等诏》："顷以德州未下，俾宣朝旨，慰勉勤瘁，询谋事机，计日指程，候其速达，而所至留滞，请兵自随。假势张皇，乘险纵恣，奏报蔑闻，擅入沧州。专杀大将，捕置逆校，潜送凶渠，物议纷然，远近骇听。沧德宣慰使谏议大夫柏耆，可贬循州司户，参军判官殿中侍御史沈亚之，可虔州南康县尉。"按：此事发生在大和三年，则沈亚之在此前为沧德宣慰使判官。

《全唐文》卷七三五沈亚之《与福州使主徐中丞第一书》："九月十日，都团练副使沈亚之谨再拜，状所愿陈于阁下。"

《全唐文》卷七三八沈亚之《祭胡同年文》："维长庆元年十一月二十六日，同年韩复张正谟庞严沈亚之，馔庶羞清酌之奠，祭于故安定胡君之灵。惟温毅之龙颜兮，含朴谦而苞野。工时言之便诗兮，斗风识于远雅。同遭恩于昔年，蒙擢身于长者。念嘉欢之平生，君何先而捐舍。痛雕华之谁疾兮，闻号号之稚寡。省余奠之不遒兮，促将征于前马。何决迈而无顾兮，岂乐居乎壤厦。既启全而无尤，君子美其终也。哀哉尚飨！"

《全唐诗》第十二册卷三九〇李贺《送沈亚之歌》："吴兴才人怨春风，桃花满陌千里红。紫丝竹断骢马小，家住钱塘东复东。白藤交穿织书笈，短策齐裁如梵夹。雄光宝矿献春卿，烟底蓦波乘一叶。春卿拾材白日下，掷置黄金解龙马。携笈归江重入门，劳劳谁是怜君者。吾闻壮夫重心骨，古人三走无摧捽。请君待旦事长鞭，他日还辕及秋律。"

（宋）陈振孙《直斋书录解题》卷一六录载《沈下贤集》十二卷，注云："唐福建团练副使吴兴沈亚之下贤撰。元和十年进士，仕不出藩府，长庆中为栎阳尉。太和中谪掾郢州，皆集中可见者也。吴兴者著郡望，其实长安人。"

（元）辛文房撰，傅璇琮主编《唐才子传校笺》（册三）卷六《沈亚之》条云："亚之，字下贤，吴兴人……元和十年，侍郎崔群下进士。泾原李彙辟为掌书记。为秘书省正字……（长庆）四年迁福建团练副使，事徐晦，后累迁殿中丞御史内供奉。"按：《沈下贤文集》卷九《别权武序》："余吴兴人也，生于汧陇之阳。"又《李贺歌诗编》卷一《送沈亚之歌》："吴兴才子怨春风""家住钱塘东复东"。《元和郡县图志》卷二五《江南道》："湖州，吴兴。隋平陈……仁寿二年，于此置湖州。"《旧唐书》卷四〇《地理志》：江南东道，湖州上，"天宝元年，改为吴兴郡。乾元元年，复为湖州"。元和年间当作湖州。

《登科记考》卷一八元和十年（815）进士科条云沈亚之及第。

【张正谟】一作"张正謩"。元和十年（815）登进士科。

《全唐文》卷七三八沈亚之《祭胡同年文》："维长庆元年十一月二十六日，同年韩复张正谟庞严沈亚之，馔庶羞清酌之奠，祭于故安定胡君之灵。惟温毅之龙颜兮，含朴谦而苞野。工时言之便诗兮，斗风识于远雅。同遭恩于昔年，蒙擢身于长者。念嘉欢之平生，君何先而捐舍。痛雕华之谁疾兮，闻号号之稚寡。省余奠之不遒兮，促将征于前马。何决迈而无顾兮，岂乐居乎壤厦。既启全而无尤，君子美其终也。哀哉尚飨！"

（宋）李昉等《太平广记》卷一五六《定数十一·张正矩》引《续定命录》："秘书监刘禹锡，其子咸允，久在举场无成。禹锡愤惋宦途，又爱咸允甚切，比归阙，以情诉于朝贤。太和四年,故吏部崔群与禹锡深于素分,见禹锡蹭蹬如此,尤欲推挽咸允。其秋,群门生张正甫充京兆府试官。群特为禹锡召正甫,面以咸允托之,觊首选焉。及榜出,咸允名甚居下。群怒之,戒门人曰:'张正甫来,更不要通。'"

《登科记考》卷一八元和十年(815)进士科条云张正谟及第。

【张嗣初】元和十年(815)登进士科。

《全唐文》卷五四六张嗣初小传云:"嗣初,贞元八年进士。"

(宋)李昉等《文苑英华》卷一八一《诗三十一·省试二》之《春色满皇州》下有张嗣初。

《登科记考》卷一八元和十年(815)进士科条云张嗣初及第,见《文苑英华》。

【胡□】安定人,元和十年(815)登进士科。

《全唐文》卷七三八沈亚之《祭胡同年文》:"维长庆元年十一月二十六日,同年韩复张正谟庞严沈亚之,馈庶羞清酌之奠,祭于故安定胡君之灵。惟温毅之龙颜兮,含朴谦而苞野。工时言之便诗兮,斗风识于远雅。同遭恩于昔年,蒙擢身于长者。念嘉欢之平生,君何先而捐舍。痛雕华之谁疾兮,闻号号之稚寡。省余奠之不遒兮,促将征于前马。何决迈而无顾兮,岂乐居乎壤厦。既启全而无尤,君子美其终也。哀哉尚飨!"

《登科记考》卷一八元和十年(815)进士科条云胡某及第。

【庞严】一作"裴严",字子肃,寿州寿春人,父景昭。元和十年(815)登进士科,长庆元年登贤良方正科。历左拾遗,官至太常少卿,卒权知京兆尹。

《全唐文》卷七三八沈亚之《祭胡同年文》:"维长庆元年十一月二十六日,同年韩复张正谟庞严沈亚之,馈庶羞清酌之奠,祭于故安定胡君之灵。惟温毅之龙颜兮,含朴谦而苞野。工时言之便诗兮,斗风识于远雅。同遭恩于昔年,蒙擢身于长者。念嘉欢之平生,君何先而捐舍。痛雕华之谁疾兮,闻号号之稚寡。省余奠之不遒兮,促将征于前马。何决迈而无顾兮,岂乐居乎壤厦。既启全而无尤,君子美其终也。哀哉尚飨!"

《旧唐书》卷一六六《庞严传》:"庞严者,寿春人。父景昭。严元和中登进士第,长庆元年应制举贤良方正能直言极谏科,策入三等,冠制科之首。是月,拜左拾遗……严复入为库部郎中……严再迁太常少卿。五年,权知京兆尹……卒。"

《新唐书》卷一〇四《庞严传》:"庞严者,字子肃,寿州寿春人。第进士,举贤良方正,策第一,拜拾遗。辞章峭丽,累迁驾部郎中,知制诰。坐累出。复入,稍迁太常少卿。大和五年,权京兆尹,强干不阿贵势,然贪利,溺声色。卒于官。"

《登科记考》卷一八元和十年(815)录作庞严,张忱石《徐松〈登科记考〉续补(下)》作"裴严",《登科记考补正》卷二七《附考·进士科》、《附考·制科》录有裴严。

成化《中都志》卷五《人才》:"(裴严)第进士,举贤良方正策第一,拜拾遗。"

嘉靖《寿州志》卷七《人物卷·名贤》:"裴严,进士,举贤良方正策第一,拜拾遗以太常少卿权京兆尹。"

【封敖】字硕夫,冀州蓨人,祖希奭,父谅官卑。元和十年(815)登进士科。历江西观察使从事,官至户部尚书,封渤海男。

《旧唐书》卷一六八《封敖传》:"封敖字硕夫,其先渤海蓨人。祖希奭。父谅,官卑。

敫,元和十年登进士第,累辟诸侯府。大和中,入朝为右拾遗……宣宗即位,迁礼部侍郎。大中二年,典贡部,多擢文士。转吏部侍郎、渤海男、食邑七百户……历左散骑常侍……入为户部尚书,卒。子彦卿、望卿,从子特卿,皆进士及第,咸通后,历位清显。"

《新唐书》卷一七七《封敫传》:"封敫字硕夫,其先盖冀州蓚人。元和中,署进士第,江西裴堪辟置其府,转右拾遗……复为工部侍郎……复拜太常,进尚书右仆射……卒。子彦卿、望卿,从子特卿,皆第进士。"

《登科记考》卷一八元和十年(815)进士科条云封敫及第。

【韩复】元和十年(815)登进士科。

《全唐文》卷七三八沈亚之《祭胡同年文》:"维长庆元年十一月二十六日,同年韩复张正谟庞严沈亚之,馔庶羞清酌之奠,祭于故安定胡君之灵。惟温毅之龙颜兮,含朴谦而苞野。工时言之便诗兮,斗风识于远雅。同遭恩于昔年,蒙擢身于长者。念嘉欢之平生,君何先而捐舍。痛雕华之谁疾兮,闻号号之稚寡。省余奠之不遒兮,促将征于前马。何决迈而无顾兮,岂乐居乎壤厦。既启全而无尤,君子美其终也。哀哉尚飨!"

《登科记考》卷一八元和十年(815)进士科条云韩复及第。

【裴夷直】字礼卿,郡望河东,吴人。元和十年(815)登进士科。官至散骑常侍。

《全唐文补遗》千唐志斋新藏专辑,李景让撰大中十三年(859)十月十二日《唐故朝散大夫守左散骑常侍赠工部尚书裴公(夷直)墓铭并叙》:"大中之十有三岁,岁在己卯秋七月二十日癸酉,唐社稷端臣、骑省裴公薨于安邑里故友之室,享年七十有三……公讳夷直,字礼卿,河东人……公少孤,抱志业,名闻江左,随计长安。文学之誉,振于远迩。故相国崔公讳群掌贡院,授公高第。公年始二十九,使相李公愬以平淮右,辟公为山东从事。"

《新唐书》卷一四八《张孝忠传附裴夷直传》:"夷直字礼卿,亦婞亮,第进士,历右拾遗,累进中书舍人。武宗立,夷直视册牒,不肯署,乃出为杭州刺史,斥驩州司户参军。宣宗初内徙,复拜江、华等州刺史。终散骑常侍。"

(宋)计有功《唐诗纪事》卷五一《裴夷直》:"《王质传》:'李德裕擢为河南尹、宣歙观察使,幕府若河东裴夷直、天水赵晰、陇西李行方、梁国刘贲,皆一时选云。'……夷直,字礼卿。文宗时,为右拾遗。张克勤以五品官推与其甥,夷直时为礼部外郎,劾曰:'是开后日卖爵之端。'诏听,遂著于令。为中书舍人,武宗立,视册牒不肯署,出刺杭州,斥驩州司户参军。宣宗初,复拜江华等州刺史,终散骑常侍。"按:河东为其郡望,吴人为其贯,《全唐诗》第十五册卷五一三裴夷直《秦中卧病思归》:"病身归处吴江上,一寸心中万里愁。"

(元)辛文房撰,傅璇琮主编《唐才子传校笺》(册三)卷六《裴夷直》条云:"夷直,字礼卿,吴人。元和十年礼部侍郎崔群下进士,仕为中书舍人。"

《登科记考》卷一八元和十年(815)进士科条云裴夷直及第。

【滕迈】常州人,祖盖礼部侍郎,父珦户部尚书。元和十年(815)登进士科。历郎中、台州刺史、睦州刺史。

(宋)计有功《唐诗纪事》卷四九《滕迈》:"滕迈郎中一首云……迈,登元和进士第。"

《登科记考》卷一八元和十年(815)进士科条云滕迈及第。

四库本《无锡县志》卷三下《唐》:"唐刺史滕迈墓,在新桥门外半里,荒莽间有二石兽刻云,唐尚书刑部郎官睦州刺史滕公之墓。按:苏文忠公志:滕达道墓云:十一代祖令琛为唐国子司业,生太博翼,翼生赠户部侍郎抗,抗生礼部侍郎盖,盖生户部尚书珦,珦生大中大夫、睦州刺史,即达道六世祖也。"按:唐常州下有无锡县,按照唐人死后归葬习惯,滕迈应该为常州人。

四库本《浙江通志》卷一一三《职官二·唐》台州、睦州刺史下有滕迈。

明经科

【尚弘简】字长卿,卫州汲郡人。元和十年(815)登经明科。

《全唐文补遗》第四辑,施谊撰咸通八年(867)二月三日《大唐故道州长史汲郡尚府君(弘简)墓志铭并序》:"公讳弘简,字长卿,卫州汲郡人也……髫年学教,弱冠经明。"按:其咸通三年(862)六十有七岁,弱冠是元和十年。"经明科"当为"明经科"。

胡可先《〈登科记考〉匡补续编》补入。

元和十一年丙申(816)

知贡举:中书舍人李逢吉

进士科

【郑澥】一作"郑獬""郑解",洺州清漳人。元和十一年(816)进士科状元及第。历侍御史兼殿中、金部郎中。

《新唐书》卷五八《艺文二》:"郑澥《凉国公平蔡录》一卷。字蕴士,李愬山南东道掌书记,开州刺史。"

(宋)计有功《唐诗纪事》卷五二《皇甫曙》:"曙,元和十一年,中书舍人李逢吉下登第……是岁,郑澥第一人,刘端夫、李行方、周匡物、廖有方辈皆预选。"

(元)辛文房撰,傅璇琮主编《唐才子传校笺》(册三)卷六《姚合》条云:"合,陕州人,宰相崇之曾孙也。以诗闻。元和十一年,李逢吉知贡举,有夙好,因拔泥涂,郑解榜及第,历武功主簿,富平、万年尉。"

(明)徐应秋《玉芝堂谈荟》卷二《历代状元》:"(元和)十一年,进士三十二人,状元郑獬。"

《登科记考》卷一八元和十一年(816)进士科条云:"郑澥,状元,见《永乐大典》引《清漳志》。"按:《元和郡县图志》卷一五《河东道四》洺州有清漳县。

《唐御史台精舍题名考》卷三《碑右侧题名》:"侍御史兼殿中:郑澥,见郎官金中。"按:郎官金中为金部郎中。

【卢谏卿】元和十一年(816)进士及第。官至殿中侍御史。

《秦晋豫新出墓志蒐佚续编》七九七,卢谏卿撰长庆四年(824)二月二十九日《唐故唐州团练推官卢府君夫人京兆韦氏墓志铭并叙》：“夫人京兆韦氏，谏卿从母也。曾祖崇先，皇庐州巢县令。祖讳洽，先天中擢进士，仕至尚书左司员外考功郎中。谏卿外祖讳牧，开元间擅名文场，玄宗廿三年擢第，累官至殿中侍御史。□干蛊忠勇之称，永泰中，主上器之，特授剑南西川检察使，夫人即第三女……（谏卿）元和十一年幸举进士。”墓志署“外孙前河南观察推官前试太常寺协律郎卢谏卿撰”。

【令狐定】字履常，郡望敦煌，贯太原，兄令狐楚官至宰相。元和十一年（816）登进士科，累辟使府。历西川节度副使，官至桂管都防御观察等使，赠礼部尚书。

《全唐文》卷七二六崔碣《授令狐定右散骑常侍制》：“敕。前西川节度副使令狐定：夫言语侍从之臣，朝夕论思献纳，必求明诚端厚，文而不佻者，以备吾之顾问。今以定业茂儒素，道光缙绅。”

《全唐文》卷七四八杜牧《令狐定赠礼部尚书制》：“敕。朕有表臣，作镇南服，天不助我，遽此歼夺，用崇饰终之典，以舒痛悼之诚。故桂州本管都防御观察处置等使银青光禄大夫检校左散骑常侍持节都督桂州诸军事兼桂州刺史御史大夫上柱国令狐定，始自结发，至于寿考，直道而行，靡有悔德。初以友爱，蔼闺门之风；中以文学，膺乡里之选；终以德业，为名实之臣。”

《旧唐书》卷一七二《令狐楚传》：“令狐楚，字殻士，自言国初十八学士德棻之裔。祖崇亮，绵州昌明县令。父承简，太原府功曹。家世儒素。楚儿童时已学属文，弱冠应进士，贞元七年登第……（元和十四年七月）自朝议郎授朝议大夫、中书侍郎、同平章事……（开成元年）二年十一月，卒于镇，年七十二，册赠司空，谥曰文……楚弟定，字履常。元和十一年进士及第，累辟使府。大和九年，累迁至职方员外郎、弘文馆直学士、检校右散骑常侍、桂州刺史、桂管都防御观察等使。卒，赠礼部尚书。”

《新唐书》卷一六六《令狐楚传》：“令狐楚字殻士，德棻之裔也……定字履常，楚弟。及进士第。大和末，以驾部郎中为弘文馆直学士。李训乱，王踔休方以是日就职，定往贺，为神策军并收，欲杀者屡矣，已而免。终桂管观察使。”按：令狐楚乞归太原，太原当为其家所在地，即令狐定之籍贯。

《登科记考》卷一八元和十一年（816）进士科条云令狐定及第。

【刘端夫】洺州广平县人，贯京兆，祖乃赠礼部尚书，父伯刍刑部侍郎。元和十一年（816）登进士科。历太常博士。

《大唐西市博物馆藏墓志》三六八，元和十二年（817）四月十七日《通议大夫尚书刑部侍郎赐紫金鱼袋赠工部尚书广平刘公自撰志文并序》：“□□□□者，广平刘伯刍之志。广平刘氏出汉景帝，其世德爵位，史谍详焉，略而不叙，病故也。六岁识字，十岁耽书。□□□□溷之间，未尝释手，于今一百九十八甲子矣。盖所阅书，殆逾万卷，其意在通性命，乐黄尧而已。初不务记问，□□□□，好属辞而不敢苟，短章小述，必稽义正。所著文二百廿三篇，编成十三卷。州举进士，一上登丙科……生子三人，长曰宽夫，次曰端夫，幼曰岩夫，咸早奉严训，弱冠皆举进士登第。自贞惠公泊公，下及宽夫等，三叶五升名于太常，时人韪之，以为两重卓绝。”

《旧唐书》卷一五三《刘乃传》：“刘乃字永夷，洺州广平人……寻迁权知兵部侍郎……建中四年夏，但真拜而已……其冬，泾师作乱，驾幸奉天。乃卧疾在私第，贼泚遣使以甘言诱之，乃称疾笃。又令其伪宰相蒋镇自来招诱，乃托暗疾，炙灼遍身……时年六十。德宗还京，闻乃之忠烈，追赠礼部尚书。子伯刍。伯刍……擢为刑部侍郎，俄知吏部选事。元和十年，以左常侍致仕，卒，年六十一，赠工部尚书……子宽夫……宽夫弟端夫，为太常博士，驳韦绶谥议知名。”按其祖乃已第长安，则其贯京兆。

《旧唐书》卷一六二《韦绶传》：韦绶长庆“二年八月卒，赠尚书右仆射。博士刘端夫请谥为‘通’”。

（宋）计有功《唐诗纪事》卷五二《皇甫曙》：“元和十一年，中书舍人李逢吉下登第……是岁，郑澥第一人，刘端夫、李行方、周匡物、廖有方辈皆预选。”

《登科记考》卷一八元和十一年（816）进士科条云刘端夫及第。

【李行方】一作“李方玄”，郡望陇西，贯荆州。元和十一年（816）登进士科。官至处州刺史。

《新唐书》卷一六四《王质传》：“质清白畏慎，为政必先究风俗，所至有惠爱。虽与德裕厚善，而中立自将，不为党。奏署幕府者，若河东裴夷直、天水赵皙、陇西李行方、梁国刘蕡，皆一时选云。”李行方见《郎官石柱题名考》。

《新唐书》卷一六二《李逊传》：“李逊字友道，魏申公发之后，赵郡所谓申公房者，客居荆州。始署山南东道掌书记，累迁濠州刺史。初，濠州兵谋杀其将杨腾，腾走扬州，因灭腾家，曹亡剽劫……子方玄，字景业，第进士。裴谊奏署江西府判官。有大狱，论死者十余囚，方玄刺审其冤，悉平贷之。累为池州刺史。钩检户籍，所以差量徭赋者，皆有科品程章，吏不得私……终处州刺史。”按：《新唐书》与隆庆《赵州志》记载李逊之子的名字不一致，似乎李逊有两个儿子。

（宋）计有功《唐诗纪事》卷五二《皇甫曙》：“曙，元和十一年，中书舍人李逢吉下登第……是岁，郑澥第一人，刘端夫、李行方、周匡物、廖有方辈皆预选。”

隆庆《赵州志》卷八《人物》：“李行方，李逊子，第进士，大中时处州刺史。”

《登科记考》卷一八元和十一年（816）进士科条作“李方”。

【杨之罘】元和十一年（816）登进士科。

（宋）方崧卿《韩集举正》卷二第《招杨之罘》：‘之罘，元和十一年进士。’

（宋）魏仲举《五百家注韩昌黎集》卷五《招杨之罘诗》补注：“之罘，行第八，元和十一年进士。”

（宋）王伯大《别本韩文考异》卷五《古诗 招杨之罘》方云：“之罘，元和十一年进士。”

《登科记考》卷一八元和十一年（816）进士科条云杨之罘是年及第。

【陈传】元和十一年（816）进士科及第。

（宋）祝穆《古今事文类聚前集》卷二七《仕进部·止压一人》：“周师厚在郑獬榜及第，只压得陈传。自赋云：‘有眼不堪看郑獬，回头犹喜得陈传。’”（宋）谢维新《古今合璧事类备要前集》卷三七《科举门·止压一人》略同。

【周师厚】元和十一年(816)进士科及第。

(宋)祝穆《古今事文类聚前集》卷二七《仕进部·止压一人》:"周师厚在郑獬榜及第,只压得陈传。自赋云:'有眼不堪看郑獬,回头犹喜得陈传。'"(宋)谢维新《古今合璧事类备要前集》卷三七《科举门·止压一人》略同。

【周匡物】字几本,漳州人。元和十一年(816)登进士科。官至高州刺史。

《全唐诗》第十五册卷四九〇有周匡物《及第后谢座主》。

(宋)李昉等《太平广记》卷一九九《文章二·周匡物》引《闽川名士传》:"周匡物字几本,漳州人。唐元和十二年,王播榜下进士及第。"按:匡物当为元和十一年进士。

(宋)计有功《唐诗纪事》卷四五《周匡物》:"匡物,字几本,潭州人。元和十一年李逢吉下进士及第,时以歌诗著名。家贫,徒步应举,至钱塘,乏傔船之资,久不得济,乃题诗公馆云:'万里茫茫天堑遥,秦皇底事不安桥。钱塘江口无钱过,又阻西陵两信潮。'郡牧见之,乃罪津吏。《及第后谢座主》:'一从东越入西秦,十度闻莺不见春。试向昆山投瓦砾,便容灵沼洗埃尘。悲欢暗负风云力,感激潜生木植身。中夜自将形影语,古来吞炭是何人?'"按周匡物自己在诗中称从东越入西秦,则以漳州为确,潭州古为楚地。

(宋)计有功《唐诗纪事》卷五二《皇甫曙》:"曙,元和十一年,中书舍人李逢吉下登第……是岁,郑獬第一人,刘端夫、李行方、周匡物、廖有方辈皆预选。"

(明)李贤等《明一统志》卷七八《邵武府·人物》:"唐周匡物,漳州龙溪人,初州人未有业儒者。匡物兄匡著,擢贞元进士,而匡物复擢进士,官至高州刺史。唐世郡人,登科者始于匡物兄弟。"

《登科记考》卷一八元和十一年(816)进士科条云周匡物及第。

乾隆《福建通志》卷三三《选举·唐科目》:"元和十一年丙申郑獬榜,龙溪县周匡物匡业,弟传见文苑。"

【皇甫曙】元和十一年(816)登进士科。历行军司马。

(唐)李冗《独异志·补佚》:"宝历二年,崔从镇淮南。五月三日,瓜步镇申浙右试竞渡船十艘,其三船平没于金山下,一百五十人俱溺死。从见申纸叹愤。时军司马皇甫曙入启事,与从同异之。"

(宋)计有功《唐诗纪事》卷五二《皇甫曙》:"曙,元和十一年,中书舍人李逢吉下登第……是岁,郑獬第一人,刘端夫、李行方、周匡物、廖有方辈皆预选。宝历间,崔从镇淮南,曙为行军司马。"

《登科记考》卷一八元和十一年(816)进士科条云皇甫曙及第。

【姚合】湖州乌程县人。元和十一年(816)登进士科,调武功尉。历监察御史、给事中,终秘书监。

《全唐诗》第十五册卷四九六姚合有《送喻凫校书归毗陵》:"山春烟树众,江远晚帆疏。吾亦家吴者,无因到弊庐。"

《秦晋豫新出墓志蒐佚》七六三,姚勖撰会昌三年(843)八月二十八日《唐故朝请大夫守秘书监赠礼部尚书吴兴姚府君墓铭并序》:"公讳合,字大凝……元和中,以进士随贡来京师,就春闱试卷而能诗,声振辇下。为诗脱俗韵,如洗尘滓,旨意必辅教化。学诗者望门而趋,若奔洙泗然。数岁登第,田令公镇魏,辟为节度巡官。"

(唐)沈亚之《异梦录》(《沈下贤文集》卷四):"吴兴姚合泊严之,复集于明玉泉,因出所著以示之。"

《旧唐书》卷九六《姚崇传》:"姚崇,本名元崇,陕州硖石人也……玄孙合,登进士第,授武功尉,迁监察御史,位终给事中。"

《新唐书》卷一二四《姚崇传》:"姚崇字元之,陕州硖石人……圣历三年,进同凤阁鸾台平章事。迁凤阁侍郎……曾孙合、勖。合,元和中进士及第,调武功尉……迁监察御史,累转给事中……历陕虢观察使,终秘书监。"

(宋)晁公武《郡斋读书志校证》卷一八《别集类中》录《姚合诗》十卷,注云:"右唐姚合也。崇曾孙。以诗闻。元和十一年,李逢吉知举进士,历武功主簿,富平、万年尉……开成末,终秘书监。"

(宋)陈振孙《直斋书录解题》卷一九录载《姚少监集》十卷,注云:"唐秘书少监姚合撰。崇之曾孙也。元和十一年进士。尝为杭州刺史,开成末终秘书监。"

(元)辛文房撰,傅璇琮主编《唐才子传校笺》(册三)卷六《姚合》条云:"合,陕州人,宰相崇之曾孙也。以诗闻。元和十一年,李逢吉知贡举,有夙好,因拔泥涂,郑澥榜及第,历武功主簿,富平、万年尉。"《校笺》作者考证其籍贯为吴兴,即唐乌程县,见《元和郡县图志》卷二五《江南道一·湖州》条。

《登科记考》卷一八元和十一年(816)进士科条云姚合及第。

【廖有方】改名游卿,交州人。元和十一年(816)登进士科。

《全唐文》卷五七九柳宗元《送诗人廖有方序》:"交州多南金珠玑瑇瑁象犀,其产皆奇怪,至于草木亦殊异。吾尝怪阳德之炳耀,独发于纷葩瑰丽,而罕钟乎人。今廖生刚健重厚,孝悌信让,以质乎中而文乎外。为唐诗有大雅之道,夫固钟于阳德者耶? 是世之所罕也。今之世恒人,其于纷葩瑰丽,则凡知贵之矣,其亦有贵廖生者耶? 果能是,则吾不谓之恒人也,实亦世之所罕也。"

《柳宗元集》卷三四《答贡士廖有方论文书》,孙注曰:"元和十一年,有方中进士第,改名游卿。"

(唐)李冗《独异志》卷下《名义士》:"明年李侍郎逢吉知举,放有方及第,改名游卿。"

(唐)范摅《云溪友议》卷下《名义士》:"廖有方校书,元和十年失意后游蜀。至宝鸡西界馆,空于旅逝之人,天下誉为君子之道也。"

(宋)计有功《唐诗纪事》卷四九《廖有方》:"有方元和十年失意游蜀……明年,李逢吉擢有方及第,改名游卿,唐之义士也。有方,交州人,柳子厚以序送之。"

(宋)计有功《唐诗纪事》卷五二《皇甫曙》:"曙,元和十一年,中书舍人李逢吉下登第……是岁,郑澥第一人,刘端夫、李行方、周匡物、廖有方辈皆预选。"

《登科记考》卷一八元和十一年(816)进士科条云廖有方及第。

制科

【杜元颖】贞元十六年（800）登进士科，元和元年（806）登宏词科，元和十一年（816）登茂才异等科。小传见贞元十六年进士科杜元颖条。

（宋）李昉等《文苑英华》卷四九一《策十五·直谏》录载有杜元颖之茂才异等科之对策。

《登科记考》卷一八元和十一年（816）茂才异等科条考证杜元颖及第。

元和十二年丁酉（817）

知贡举：中书舍人李程

进士科

【狄兼谟】字汝谐，并州太原人。元和十二年（817）登进士科，释褐山南东道推官。历兵部侍郎、河东节度使，迁东都留守。

《全唐文补遗》第九辑，令狐峘《唐故银青光禄大夫检校尚书右仆射判东都尚书省事兼御史大夫□东都留守东都畿汝州都防御史上柱国汝南县开国侯食邑一千户赠司空□□狄公（兼谟）墓志铭并序》："公讳兼谟，字汝谐，其先周之后也……李宰相程，司取士柄，选公于众，擢登上第。"按：《登科记考补正》附考·进士科录载狄兼谟，考云："《旧书·狄仁杰传》：'兼谟登进士第，祖郊，父迈。'《新书》：'兼谟字汝谐。'按《旧书》言兼谟元和末解褐襄阳推官，又云宪宗召为左拾遗，则元和末似有误。"据墓志，兼谟为李程知贡举时进士擢第，《旧唐书》卷一六七《李程传》：元和十一年，拜中书舍人，权知京兆尹事；十二年，权知礼部贡举；十三年四月，拜礼部侍郎。由是可知，兼谟为元和十二年（817）进士。

《旧唐书》卷八九《狄仁杰传附狄兼谟传》："狄仁杰字怀英，并州太原人也……仁杰族曾孙兼谟。兼谟，登进士第。祖郊、父迈，仕官皆微。兼谟，元和末解褐襄阳推官，试校书郎，言行刚正，使府知名。宪宗召为左拾遗，累上书言事，历尚书郎。长庆、大和中，历郑州刺史，以治行称，入为给事中……迁御史中丞……兼谟寻转兵部侍郎。明年，检校工部尚书、太原尹，充河东节度使。会昌中，累历方镇，卒。"

《新唐书》卷一一五《狄仁杰传附狄兼谟传》："狄仁杰字怀英，并州太原人……族孙兼谟。兼谟字汝谐，及进士第。辟襄阳使府，刚正有祖风。令狐楚执政，荐授左拾遗，数上书言事。历刑部郎中、蕲邓郑三州刺史……历兵部侍郎、河东节度使。还为尚书左丞。武宗子岐封益王，命兼谟为傅。俄领天平节度使，辞疾，以秘书监归洛阳，迁东都留守，卒。"

【郑涯】元和十二年（817）登进士科。历山南西道节度使，官至尚书左丞。

《全唐文》卷七九李忱《授郑涯义武军节度使制》："门下：鲜虞旧国，上谷雄藩，总中山之甲兵，接蓟门之封壤，眷求良帅，允属硕臣。银青光禄大夫守太子宾客分司东都上柱国荥阳县开国男食邑三百户郑涯，洪廓宏才，易简正性，雅量溟广，贞标岳孤。通钤匮之奇书，负珪璋之雅器。自发扬术业，历践清途，懿闻淑声，推为茂德……可检校礼部尚书使持节定州诸军事兼定州刺史御史大夫充义武军节度易定等州观察处置北平军等使,散官勋封如故。主者施行。"

《唐代墓志汇编》大中——五李庾撰大中十年(856)夏六月《唐故万年县尉直弘文馆李君(贞曜)墓志铭》:"……才年十二三,通两经书,就试春官,帖义如格,遂擢第焉……年廿九,登上第。其明年冬,以博学宏词科为敕头,又明年春,授秘书省校书郎,今中山郑公涯为山南西道节度,时以君座主孙熟闻其理行愿,置于宾筵,奏章请试本官充职……三年服除,大梁率刘公八座为掌书记,改试协律郎,每成奏记,公曰愈我头风。宰相崔公器之。大中八年,擢授万年尉直弘文馆……(九年冬)竟殒芳年……皇考廓,徐州节度使……君字贞曜,享年卅八。"按:郑涯之座主为李程,则郑涯在元和十二进士登第。另见《匋斋藏石记》卷三四李庾《唐故万年县尉直弘文馆李君墓志铭》。

《旧唐书》卷二五《礼仪五》:"敕曰:'宗庙事重,实资参详。宜令尚书省、两省、御史台四品以上官、大理卿、京兆尹等集议以闻。'尚书左丞郑涯等奏议曰:'夫礼经垂则,莫重于严配,必参损益之道,则合典礼之文。况有明征,是资折衷。伏自敬宗、文宗、武宗三朝嗣位,皆以兄弟,考之前代,理有显据。今谨详礼院所奏,并上稽古文,旁摭史氏,协于通变,允谓得宜。臣等商议,请依礼官所议。'从之。"

罗继祖《登科记考补》补入。

【萧杰】字豪士,洛阳人,父恒,赠吏部尚书,兄俛官至宰相。元和十二年(817)登进士科。历凤翔观察判官,主客员外郎。

《旧唐书》卷一七二《萧俛传》:"萧俛字思谦。曾祖太师徐国公嵩,开元中宰相。祖华,袭徐国公,肃宗朝宰相。父恒,赠吏部尚书。皆自有传。俛……拜中书侍郎、平章事……俛令弟杰……杰字豪士。元和十二年登进士第。累官侍御史,迁主客员外郎。大和九年十月,郑注为凤翔节度使,慎选参佐。李训以杰检校工部郎中,充凤翔陇观察判官。其年十一月,郑注诛,杰为凤翔监军使所害。"

《登科记考》卷一八贞元十二年(817)进士科条云萧杰及第。

【崔龟从】字玄告,贝州人,祖璜,父诚,官微。元和十二年(817)登进士科,长庆元年登制科,后登书判科,拜右拾遗。官至中书侍郎同平章事。

《旧唐书》卷一七六《崔龟从传》:"崔龟从字玄告,清河人。祖璜,父诚,官微。龟从,元和十二年擢进士第,又登贤良方正制科,及书判拔萃二科,释褐拜右拾遗。大和二年,改太常博士……大中四年,为中书侍郎、同平章事,兼吏部尚书。"

《宣和书谱》卷九:"崔龟从,字元吉,不载其何许人也。相文宗,官至宣武军节度使。初以进士登第,复以贤良方正、拔萃三中其第。"

《新唐书》卷一六〇《崔元略传》:"大中时,又有宰相崔龟从,字玄告。初举进士,复以贤良方正、拔萃,三中其科,拜右拾遗。大和初,迁太常博士……再迁至司勋郎中,知制诰,真拜中书舍人,历户部侍郎。大中四年,以中书侍郎同中书门下平章事。再岁,罢为宣武军节度使,数徙镇,卒。"

《登科记考》卷一八贞元十二年(817)进士科条云崔龟从及第。

【张又新】元和九年(814)登进士科,元和十二年(817)登博学宏词科。小传见元和九年进士科张又新条。

(宋)乐史《广卓异记》卷一九《进士状元却为宏词头》:"按《登科记》,张又新元和九年进士状元及第,十二年宏词头登科。"

元和十三年戊戌(818)

知贡举：中书舍人庾承宣

进士科

【独孤樟】洺州清漳人。元和十三年(818)进士科状元及第。

(元)辛文房撰,傅璇琮主编《唐才子传校笺》(册三)卷六《李廓》条云:"廓,宰相李程之子也……元和十三年独孤樟榜进士,调司经局正字,出为鄠县令。"

(明)徐应秋《玉芝堂谈荟》卷二《历代状元》:"(元和)十三年,进士三十二人,状元独孤梓。"《登科记考》卷一八元和十三年(818)独孤樟条云:"《玉芝堂谈荟》作独孤梓,误。见《永乐大典》引《清漳志》。"

【王洙】字学源,郡望琅琊。元和十三年(818)登进士科。

(宋)李昉等《太平广记》卷四九〇《杂传记七·东阳夜怪录》:"前进士王洙字学源,其先琅琊人,元和十三年春擢第,尝居邹鲁间名山习业。洙自云,前四年时,因随籍入贡,暮次荥阳逆旅。"

《登科记考》卷一八元和十三年(818)条云王洙进士科及第。

【乐坤】本名冲。元和十三年(818)登进士科。官至郓州刺史。

(唐)李冗《独异志》卷下《讯岳灵》:"乐坤员外,素名冲,出入文场多蹇。元和十二年,而起归耕之思。乃辞知己东迈,夜祷华岳庙……中夜忽寐,一青绶人检簿书报云:'来年有乐坤及第,坤名已到冥簿,不见乐冲也。'冲遂改为坤。果如其说。春闱后,经岳祈谢,又祝官职,曰:'主簿梦中称官历四资,郡守而已。'乃终于郓州,神甚灵也。"

(唐)范摅《云溪友议》卷下《讯岳灵》:"乐坤员外,素名冲,出入文场多蹇。元和十二年,而起归耕之思。乃辞知己东迈,夜祷华岳庙,虔心启祝:'愿知升黜之分,止此一宵。如可求名者,则重适关城;如不可,则无由再窥仙掌矣。'中夜忽寐,一青绶人检簿书报云:'来年有乐坤及第,坤名已到冥簿,不见乐冲也。'冲遂改为坤。果如其说。春闱后,经岳祈谢,又祝官职,曰:'主簿梦中称官历四资,郡守而已。'乃终于郓州,神甚灵也。"

(宋)李昉等《太平广记》卷三〇七《神十七·乐坤》引《云溪友议》:"乐坤,旧名冲,累举不第,元和十二年,乃罢举东归,至华阴,夜祷岳庙,以卜进退之计。中夜,忽梦一青绶人,检簿书来报云:'来年有乐坤名已到,冥簿不见乐坤也。'冲遂改为坤,来年如其说。春闱后,经岳祈谢,又祝官位所至。梦中称官历四资,郡守而已,乃终于郓州。"

《登科记考》卷一八元和十三年(818)条云乐坤登进士科。

【刘轲】字希仁,郡望彭城,本沛上人,贯南方。元和十三年(818)登进士科。官至洺州刺史。

(五代)王定保《唐摭言》卷一一《反初及第》:"刘轲,慕孟轲为文,故以名焉。少为僧,止于豫章高安县南果园,复求黄老之术,隐于庐山,既而进士登第。文章与韩、柳齐名。"

《新唐书》卷四八《艺文二》:"刘轲《帝王历数歌》一卷。字希仁,元和末进士第,洺州刺史。"

(宋)计有功《唐诗纪事》卷四六《刘轲》:"轲本沛上耕人,代业儒,为农人家。天宝末,流离于边,徙贯南,鄙边之人……轲,字希仁,元和末,登进士第,卒于洺州刺史。"

《登科记考》卷一八元和十三年(818)条云刘轲登进士科。

【李石】字中玉,郡望陇西,贯京兆府,祖坚,父明。元和十三年(818)登进士科。历夏绥、灵盐、河东、义成四镇从事,位至宰相,爵陇西郡开国伯,卒太子少保分司,赠尚书右仆射。

(五代)王定保《唐摭言》卷一五《杂记》:"庾承宣主文,后六七年方衣金紫,时门生李石,先于内庭恩赐矣。承宣拜命之初,石以所服紫袍金鱼拜献座主。"

《旧唐书》卷一七二《李石传》:"李石字中玉,陇西人。祖坚,父明。石,元和十三年进士擢第,从凉国公李听历四镇从事……大和三年,为郑滑行军司马。时听握兵河北……入为工部郎中……改刑部郎中……拜给事中。九年七月,权知京兆尹事。十月,迁户部侍郎,判度支事……开成三年,石拜章辞者三,乃加金紫光禄大夫、中书侍郎、同平章事、江陵尹、荆南节度使……武宗即位,就加检校尚书右仆射。会昌三年十月,加检校司空、平章事、陇西郡开国伯、食邑七百户、太原尹、北都留守、河东节度观察等使……五年,检校司徒、东都留守、判东都尚书省事、畿汝都防御使。以太子少保分司卒。"按:李听历夏绥、灵盐、河东、义成、魏博、邠宁、武宁等府节度使,按李石本传记载情况来看,李石当历夏绥、灵盐、河东、义成四府从事。

《新唐书》卷一三一《宗室宰相·李石传》:"李石字中玉,襄邑恭王神符五世孙。元和中,擢进士第,辟李听幕府,从历四镇……大和中,为行军司马……训诛死,乃擢石以本官同中书门下平章事……俄进中书侍郎……卒,年六十二,赠尚书右仆射。"按:其为宗室,当贯京兆府。

《登科记考》卷一八元和十三年(818)条云李石登进士科。

【李廓】郡望陇西,贯京兆府,父程位至宰相。元和十三年(818)登进士科。累官至刑部侍郎。

《旧唐书》卷一六七《李程传附李廓传》:"李程字表臣,陇西人。父鹔伯。程……敬宗即位之五月,以本官同平章事……子廓。廓进士登第,以诗名闻于时。大中末,累官至颍州刺史,再为观察使。"

《新唐书》卷一三一《宗室宰相·李程传》:"李程字表臣,襄邑恭王神符五世孙也。擢进士宏辞……敬宗初,以本官同中书门下平章事……子廓,第进士,累迁刑部侍郎。大中中,拜武宁节度使,不能治军。补阙郑鲁奏言:'新麦未登,徐必乱。'既而果逐廓,乃擢鲁起居舍人。"按:其为宗室,当居京兆府。

(元)辛文房撰,傅璇琮主编《唐才子传校笺》(册三)卷六《李廓》条云:"廓,宰相李程之子也……元和十三年独孤樟榜进士,调司经局正字,出为鄠县令。"

《登科记考》卷一八元和十三年(818)条云李廓登进士科。

【陈彤】颍川人,附贯江陵。元和十三年(818)登进士科。

(宋)魏仲举《五百家注昌黎文集》卷二〇《送陈彤秀才序》韩注:"公贞元十九年冬,自御史出为阳山令,过潭州,见陈彤于杨湖南门下。永贞元年,徙掾江陵,送彤举进士。彤后以元和十三年登第。"注:"谓潭州刺史湖南观察使杨凭也。"

《登科记考》卷一八元和十三年(818)条云陈彤进士科及第。

【周汉杰】漳州人。元和十三年(818)进士及第。

(明)何乔远《闽书》卷一一七《漳州府龙溪县》唐选举下元和十三年戊戌进士记有戴归德、戴添应(归德弟)、周汉杰(匡物子)三人名。

【柳仲郢】字谕蒙,京兆府华原人,祖子温官至丹州刺史,父公绰官至刑部尚书。元和十三年(818)进士科及第,释褐秘书省校书郎。历鄂岳观察使从事,官至刑部尚书,爵河东县男。

《旧唐书》卷一六五《柳公绰传附刘仲郢传》:"柳公绰字起之,京兆华原人也。祖正礼,邠州士曹参军。父子温,丹州刺史。公绰……子仲郢,弟公权、公谅。仲郢字谕蒙,元和十三年进士擢第,释褐秘书省校书郎。牛僧孺镇江夏,辟为从事……会昌中,三迁吏部郎中……大中年转梓州刺史、剑南东川节度使……大中十二年,罢使,守刑部尚书。咸通初,转兵部,加金紫光禄大夫、河东男、食邑三百户。俄出为兴元尹、山南西道节度使……除华州刺史,不拜。数月,以本官为郓州刺史、天平军节度观察等使,授节钺于华原别墅,卒于镇。"

《新唐书》卷一六三《刘公绰传附柳仲郢传》:"柳公绰字宽,京兆华原人……子仲郢,字谕蒙……元和末,及进士第,为校书郎。牛僧孺辟武昌幕府……居五年,召为吏部侍郎,俄改兵部,领盐铁转运使……大中十二年,辞疾,以刑部尚书罢使,转户部,封河东县男,为山南西道节度使……咸通五年,为天平节度使……卒于镇。"

《登科记考》卷一八元和十三年(818)条云柳仲郢登进士科。

【程昔范】恭州广平人。元和十三年(818)登进士科。历试正字、泾原节度使从事、拾遗。

《全唐文》卷六六三白居易《杨景复可检校膳部员外郎郓州观察判官李绶可监察御史天平军判官卢载可协律郎天平军巡官独孤泾可监察御史寿州团练副使马植可试校书郎泾原掌书记程昔范可试正字泾原判官六人同制》:"敕:某官杨景复等:士子不患无位,患己不立;苟有所立,人必知之。惟尔等六人,蕴才业文,咸士之秀者,果为贤侯交辟,俾朕得闻其姓名。是用各进其秩,分授以职,若修饰不已,筹谋有闻,则鸿渐之资,当从此始。而景复禀训祗命,颇著令称,故因满岁,特假台郎。古者功臣之良,入补王职,朝奖非远,尔其勉之。可依前件。"

（唐）赵璘《因话录》卷三《商部下》："广平程子齐昔范……庾尚书承宣知贡举,程始登第。"

《旧唐书》卷一七三《李绅传》："（穆宗朝）逢吉乃用李虞、程昔范、刘栖楚,皆擢为拾遗,以伺绅隙。"陈尚君《〈登科记考〉正补》作"元和十四年",证据不足,兹从《登科记考》卷一八元和十三年（818）条。

（宋）王谠撰,周勋初校证《唐语林校证》卷三《赏誉》："广平程子齐昔范……庾尚书承宣知贡举,程始登第,以试正字从事泾原军。"

【潘存实】字镇之,漳州清漳人。元和十三年（818）登进士科。历官户部侍郎。

（明）凌迪知《万姓统谱》卷二五："潘存实,字镇之,漳浦人。登元和进士,试《修礼耕情田（疑作"籍田赋"）》《玉声如磬诗》。官历户部郎中、左庶子。"《登科记考》卷一八元和十三年进士科条云是年省试诗为《玉声如磬诗》,无赋题。陈尚君《〈登科记考〉正补》考订是年赋题当为《修礼耕田籍田赋》。

《登科记考》卷一八元和十三年（818）进士科录载潘存实,考云:《永乐大典》引《清漳志》："潘存实,元和十三年进士及第。"

《大清一统志》卷三二九《漳州府・人物》："唐潘存实,字镇之,漳浦人,与龙溪周匡物齐名,时称'潘周'。元和十三年试'修礼耕情田赋'、'玉声如乐诗'及第,历官户部侍郎。"

【薛廷老】一和"薛庭老"。元和十三年（818）进士及第。

《登科记考》卷二七《附考・进士科》录载薛廷老,徐松考云:《新书・薛存诚传》："廷老字商叟,及进士第。"赵守俨校云:《新表》作'庭老'。按表,其兄弟有庭范、庭章、庭望,以作'庭'为是。"

岑仲勉《登科记考订补》:《卓异记》:"惟（薛）廷老翰林时座主庾公拜兖海节度,廷老为门生,得为麻制,时代荣之。据《重修壁记》,廷老以大和四年入,五年九月出,又据《旧记》一七下,座主庾公即庾承宣也。今《登科记》一八元和十三四年承宣两知举,不列廷老,惟于卷二十七附记之,是徐氏未考及《卓异记》也。"

【戴归德】漳州人。元和十三年（818）进士及第。

（明）何乔远《闽书》卷一一七《漳州府龙溪县》唐选举下元和十三年戊戌进士记有戴归德、戴添应（归德弟）、周汉杰（匡物子）三人名。

【戴添应】漳州人。元和十三年（818）进士及第。

（明）何乔远《闽书》卷一一七《漳州府龙溪县》唐选举下元和十三年戊戌进士记有戴归德、戴添应（归德弟）、周汉杰（匡物子）三人名。

明经科

【韦识】字不惑,京兆人。元和十三年（818）明经及第。官至兴元府城固县丞。

《全唐文补遗》第八辑,韦沼撰大中九年（855）闰四月二十二日《唐故兴元府城固县丞京兆韦府君（识）墓志铭并序》："府君讳识,字不惑……君自幼强,弱冠能取明经第。解褐授河中府文学,复调录金州事……大中七年七月六日,殁于城固县,享年五十有五。"按:韦识大中七年(853)卒,享年五十五,则其弱冠明经及第时在元和十三年(818)。

【吴全素】苏州人。元和十三年(818)明经科及第。

(唐)牛僧孺《玄怪录》卷三《吴全素》:"吴全素,苏州人,举孝廉,五上不第……元和十三年明经出身,其后三年衣食,亦无官禄。"

(唐)李复言《续玄怪录》卷三:"(判官)乃命取吴郡户籍,则检得吴全素,元和十三年明经出身,其后三年衣食,亦无官禄……俄而成名,笑别长安而去。"

元和十四年己亥(819)

知贡举:中书舍人庾承宣

进士科

【韦谌】元和十四年(819)进士科状元及第。

(明)徐应秋《玉芝堂谈荟》卷二《历代状元》:"(元和)十四年,进士三十一人,状元韦谌。"

《登科记考》卷一八元和十四年(819)进士科状元及第。

淳熙《三山志》卷二六《人物类一·科名》进士科条云:"(元和)十四年韦谌榜。"

乾隆《福建通志》卷三三《选举》:"元和十四年韦谌榜。"

【马植】字存之,扶风人,父曛(勋)。元和十四年(819)登进士科,大和二年登制科,释褐寿州团练副使,补校书郎。历饶州刺史、光禄卿,位至宰相。

《旧唐书》卷一七六《马植传》:"马植,扶风人。父曛。植,元和十四年进士擢第,又登制策科,释褐寿州团练副使。得秘书省校书郎,三迁饶州刺史……会昌中,入为大理卿……宣宗即位……转户部侍郎,领使如故。俄以本官同平章事,迁中书侍郎,兼礼部尚书……大中末,迁汴州刺史、宣武军节度观察等使。卒于镇。"

《新唐书》卷一八四《马植传》:"马植字存之,凤州刺史勋子也。第进士,又擢制策科,补校书郎。由寿州团练副使三迁饶州刺史。开成初,为安南都护……以政最,检校左散骑常侍,徙黔中观察使。会昌中,召拜光禄卿,迁大理……迁户部,俄同中书门下平章事,进中书侍郎……以太子宾客分司东都。起为忠武、宣武节度使,卒。"

《登科记考》卷一八元和十四年(819)条云马植登进士科。

【韦中立】京兆人,子辂弱冠进士及第,官至平卢军节度副使、侍御史、内供奉。元和十四年(819)登进士科。历官长安县令、洋州刺史。

《大唐西市博物馆藏墓志》四四二,韦慎枢撰大中十三年(859)十二月十九日《唐故平卢军节度副使侍御史内供奉赐绯鱼袋韦府君墓铭并叙》:"府君讳辂,字德舆,大中十三年九月廿四日,终于青州官舍……皇考讳中立,皇洋州刺史。元和中进士擢第,周历柏台,一转兰省,自长安令出守洋牧。贵显未臻,遽弃养于洋地。府君弱冠登太常第。"

《柳宗元集》卷二三有《送韦七秀才下第求益友序》:"所谓先声后实者,岂唯兵用之,虽士亦然。若今由州郡抵有司求进士者,岁数百人,咸多为文辞,道今语古,角夸丽,务富厚……京兆韦中立,其文懿且高,其行愿以恒,试其艺益工,久与居,益见其贤。然而进三年连不胜,是岂拙于为声者欤?或以韦生之不胜,为有司罪……既以迁其人,又以移其友,且使惑者知释有司也。"

《登科记考》卷一八元和十四年(819)进士科条云:"中立于元和十四年中第,见柳宗元《答中立论师道书》注。"按《柳宗元集》卷三四《答韦中立论师道书》,韩注:"中立,史无传。《新表·年表》:唐州刺史彪之孙。不书爵位。观其求师好学之志,公答以数千言,尽以平生为文真诀告之,必当时佳士也。中立后于元和十四年中第。"

【李让夷】字达心,陇西人,祖悦,父应规。元和十四年(819)登进士科,释褐河中晋张慈隰观察使从事。位至宰相,阶至司空,赠司徒。

《旧唐书》卷一七六《李让夷传》:"李让夷字达心,陇西人。祖悦,父应规。让夷,元和十四年擢进士第,释褐诸侯府。大和初入朝,为右拾遗,召充翰林学士……历工、户二侍郎,转左丞。累迁检校尚书右仆射,俄拜中书侍郎,同平章事。宣宗即位罢相,以太子宾客分司卒。"又据《旧唐书》卷一五《宪宗下》:"(元和十四年六月)以前兵部尚书李绛检校吏部尚书、河中尹,充河中晋张慈隰观察使。"则李让夷的释褐官为河中晋张慈隰观察使从事。

《新唐书》卷一八一《李让夷传》:"李让夷字达心,系本陇西。擢进士第,辟镇国李绛府判官。又从西川杜元颖幕府。与宋申锡善,申锡为翰林学士,荐让夷右拾遗,俄召拜学士……累进谏议大夫……武宗初,李德裕复入,三迁至尚书右丞,拜中书侍郎、同中书门下平章事。潞州平,检校尚书右仆射。宣宗立,进司空、门下侍郎,为大行山陵使。未复土,拜淮南节度使。以疾愿还,卒于道,赠司徒。"按《登科记考》卷一八元和十四年(819)进士科下有李让夷,据《旧唐书·李让夷传》;但同书卷二七《附考·进士科》又有李让夷,依据《旧唐书·李让夷传》,则《附考》中李让夷当删除。

【杨牢】字松年,河南府洛阳人。登元和十四年(819)进士科。官至河南府河南县令。

《新唐书》卷一一八《李甘传》:"李甘……始,河南人杨牢,字松年,有至行。甘方未显,以书荐于尹曰:'执事之部孝童杨牢,父茂卿,从田氏府,赵军反,杀田氏,茂卿死。牢之兄蜀,三往索父丧,虑死不果至。牢自洛阳走常山二千里,号伏叛垒,委发赢骸,有可怜状,雠意感解,以尸还之。'其激印自任类此。牢后亦擢进士第。"参考《千唐志斋藏志》一一四一《唐故河南府河南县令赐绯鱼袋弘农杨公(松年)墓志铭》。

(宋)计有功《唐诗纪事》卷五三《杨牢》:"牢,弘农人,少孤。年六岁,母俾入杂学,误入人家,乃父友也……牢,登大中二年进士第,最有诗名。"《登科记考》卷二二大中二年(848)录有杨牢。兹改在元和十四年,详见孟二冬《登科记考补正》。参考《汇编》大中137号《唐故杨牢墓志铭》。

(宋)王谠撰,周勋初校证《唐语林校证》卷三《夙慧》:"华阴杨牢,幼孤……年十八,一上中进士第,有诗集六十卷。"

【张庾】京兆府长安县人。元和十四年（819）登进士科。

（唐）李复言《续玄怪录》卷三："张庾举进士，元和十三年居长安升道里南街……庾明年春进士上第焉。"

（宋）李昉等《太平广记》卷三四五《鬼三十·张庾》引《续玄怪录》："张庾举进士，元和十三年，居长安升道里南街。十一月八日夜，仆夫他宿，独庾在月下，忽闻异香满院，方惊之，俄闻履声渐近。庾屣履听之，数青衣年十八九，艳美无敌，推门而入，曰：'步月逐胜，不必乐游原，只此院小台藤架可矣。'遂引少女七八人，容色皆艳绝，服饰华丽，宛若豪贵家人。庾走避堂中，垂帘望之。诸女徐行，直诣藤下。须臾，陈设床榻，雕盘玉尊杯杓，皆奇物。八人环坐，青衣执乐者十人，执拍板立者二人，左右侍立者十人。丝管方动，坐上一人曰：'不告主人，遽欲张乐，得无慢乎？既是衣冠，邀来同欢可也。'因命一青衣传语曰：'娣妹步月，偶入贵院。酒食丝竹，辄以自乐，秀才能暂出为主否？夜深，计已脱冠，纱巾而来，可称疏野。'庾闻青衣受命，畏其来也，乃闭门拒之。青衣扣门，庾不应，推不可开，遽走复命。一女曰：'吾辈同欢，人不敢预。既入其门，不召亦合来谒。闭门塞户，羞见吾徒，呼既不来，何须更召。'于是一人执樽，一人纠司。酒既巡行，丝竹合奏。殽馔芳珍，音曲清亮。庾度此坊南街，尽是墟墓，绝无人住；谓从坊中出，则坊门已闭。若非妖狐，乃是鬼物。今吾尚未惑，可以逐之。少顷见迷，何能自悟。于是潜取搘床石，徐开门突出，望席而击，正中台盘，纷然而散。庾逐之，夺得一盏，以衣系之。及明视之，乃一白角盏，奇不可名。院中香气，数日不歇。盏锁于柜中，亲朋来者，莫不传视，竟不能辨其所自。后十余日。转观数次，忽堕地，遂不复见。庾明年，进士上第。"

四库本《陕西通志》卷一〇〇《拾遗三》："张庾元和十三年，居长安升道里南街。"《登科记考》卷一八元和十四年（819）条云张庾登进士科。

【陈去疾】字文医，福州侯官人。元和十四年（819）登进士科。历江州司户参军、终邕府副使。

（宋）陈思《宝刻丛编》卷一五《江南东路·唐宝称大律师塔碑》："唐秘书丞史馆修撰刘轲撰、江州司户参军陈去疾书……碑以开成四年立"

《登科记考》卷一八元和十四年（819）云陈去疾登进士科，考云：《永乐大典》引《闽中记》：'陈去疾字文医，侯官人。元和十四年及第。'

淳熙《三山志》卷二六《人物类一·科名》："（元和）十四年己亥韦谌榜：陈去疾，字文医，侯官人，终邕府副使。"

乾隆《福建通志》卷三三《选举》："元和十四年韦谌榜：侯官县陈去疾。"

乾隆《福建通志》卷五一《文苑·唐》："陈去疾，字文医，侯官人，元和间及第，得告还家，观察使裴义礼异之，改名其乡曰桂枝。后为邕府副使卒。"

【章孝标】字道正，桐庐人，又云钱塘人。元和十四年（819）登进士科，初授正字。历山南东道从事、试大理评事。

（五代）王定保《唐摭言》卷一三《矛盾》："章孝标及第，后寄淮南李相曰（或曰寄白乐天）：'及第全胜十改官，金鞍镀了出长安。马头渐入扬州郭，为报时人洗眼看。'"

　　(宋)李昉等《太平广记》卷一八一《贡举四·章孝标》引《云溪友议》:"章孝标元和十三年下第。时辈多为诗以刺主司,独章为归燕诗,留献侍郎庾承宣。承宣得时,展转吟讽,诚恨遗才,仍候秋期,必当荐引。庾果重典礼曹,孝标来年擢第。群议以为二十八字而致大科,则名路可遵,递相砻砺也。诗曰:'旧累危巢泥已落,今年故向社前归。连云大厦无棲处,更望谁家门户飞。'"

　　(宋)李昉等《太平广记》卷二五一《诙谐七·章孝标》引《摭言》:"唐章孝标及第后,寄淮南李绅诗曰:'及第全胜十政官,金汤镀了出长安。马头渐入扬州郭,为报时人洗眼看。'绅亟以一绝答之曰:'假金只用真金镀,若是真金不镀金。十载长安得一第,何须空腹用高心。'"

　　(宋)计有功《唐诗纪事》卷四一《章孝标》:"孝标元和十三年下第,时辈多为诗以刺主司,独孝标为《归燕》诗留献,侍郎庾承宣得诗展吟讽;庾果重典礼曹,孝标来年登第……孝标及第除正字……或曰:前有八元,后有孝标,皆桐庐人……孝标,大和中,山南东道从事,试大理评事。"

　　(宋)尤袤《全唐诗话》卷三《章孝标》:"孝标,元和十三年下第,时辈多为诗以刺主司,独孝标为《归燕诗》留献。侍郎庾承宣得诗,展转吟讽。庾重典礼曹,孝标来年登第。诗云:'旧垒危巢泥已落,今年故向社前归。连云大厦无栖处,更向谁家门户飞?'孝标及第,除正字,东归《题杭州樟亭驿》:'樟亭驿上题诗客,一半寻为山下尘。世事日随流水去,红花还似白头人。'初成落句云'红花直笑白头人',改为'还似',且曰:'我将老成名,,似我芳艳,讵能久乎?'及还乡而逝。或曰:前有八元,后有孝标,皆桐庐人,复同姓而皆不达。"

　　(元)辛文房撰,傅璇琮主编《唐才子传校笺》(册三)卷六《章孝标》条云:"孝标字道正,钱塘人。"笺云:"《唐才子传》谓孝标为钱塘人,或乃迁居钱塘。"

　　《登科记考》卷一八元和十四年(819)章孝标登进士科。

明经科

　　【崔铱】博陵安平人。元和十四年(819)明经及第。

　　《全唐文补遗》第八辑,崔铢撰大和五年(831)四月十七日《唐故前明经博陵崔府君(铱)墓志》:"孝廉讳铱,其先博陵安平人也……聪秀明敏,孝友通达。年十九,明经擢第……弱冠岁,以元和十五年四月十六日,终于通义里之私第。"按崔铱十九岁明经及第,元和十五年(820)二十岁去世,则其明经及第时在元和十四年(819)。《登科记考补正》卷二七《附考·明经科》录有崔铱,考云:"《千唐》[1195]崔阅撰乾符三年(876)二月十八日《唐故通议大夫检校国子祭酒行蔚州司马兼侍御史上柱国博陵崔府君(璘)墓志铭并序》(参见《汇编》[乾符006])云:'公讳璘,字温之……有子三人……次曰铱,通经上第,调授左监门卫录事参军。'亦见罗补。"崔璘卒于乾符二年(875),享年五十六,则其子崔铱与《全唐文补遗》第八辑所载之元和十四年(819)明经及第之崔铱并非同一人。

　　【裴鼎】字子重。元和十四年(819)明经及第。官至河南府颍阳县尉。

　　《全唐文补遗》千唐志斋新藏专辑,冯颛撰会昌四年(844)七月二十八日《唐故河南府颍阳县尉裴君（鼎）墓方石文》："河东裴君讳鼎,字子重……元和十四年,擢明经第。"

元和十五年庚子(820)

知贡举：太常少卿李建

进士科

【卢储】元和十五年(820)进士科状元及第。

(宋)祝穆《古今事文类聚前集》卷二六《仕进部·士子科目·未第选婿》："李翱尚书牧江淮郡日,进士卢储持卷来谒,李礼待之置文卷几案……李公闻之深异其语,乃慕为婿。来年果状元及第。"按:《旧唐书》卷一六〇《李翱传》："翱与李景俭友善。初,景俭拜谏议大夫,举翱自代。至是,景俭贬黜,七月,出翱为朗州刺史。俄而景俭复为谏议大夫,翱亦入为礼部郎中。"则卢储应以朗州解应考。

(元)辛文房撰,傅璇琮主编《唐才子传校笺》(册三)卷六《施肩吾》条云："肩吾字希圣,睦州人。元和十五年卢储榜进士第。"

(明)徐应秋《玉芝堂谈荟》卷二《历代状元》："文宗太和元年,状元卢储。"按:误。(宋)计有功《唐诗纪事》卷五二《卢储》："李翱江淮典郡,储以进士投卷,翱礼待之……选以为婿。储谦辞久之,终不却其意,越月随计。来年果状头及第。"

《登科记考》卷一八元和十五年(820)进士科条云卢储是年及第。

【卢弘正】字子强,一作"弘止",郡望范阳,贯蒲州,祖翰,父纶官至户部郎中。元和末登进士第。历昭义节度使掌书记、江西团练副使,官至户部侍郎。

《旧唐书》卷一六三《卢简辞传》："卢简辞字子策,范阳人,后徙家于蒲。祖翰。父纶……超拜户部郎中……文宗好文,尤重纶诗,尝问侍臣曰:'《卢纶集》几卷? 有子弟否?'李德裕对曰:'纶有四男,皆登进士第,今员外郎简能、侍御史简辞是也。'……弘正,字子强,元和末登进士第,累辟使府掌书记。入朝为监察御史、侍御史。大和中,华州刺史宇文鼎、户部员外卢允中坐赃,弘正按之……三迁兵部郎中、给事中……转户部侍郎,充盐铁转运使……镇徐四年,迁检校兵部尚书、汴州刺史、宣武军节度、宋亳颍观察等使,卒于镇……制以太子太师致仕,还于东都……赠尚书左仆射。"

《新唐书》卷一七七《卢简辞传》："卢简辞字子策。父纶,别传。与兄简能、弟弘止、简求皆有文,并第进士……弘止,字子强,佐刘悟府,累擢监察御史。沈传师表为江西团练副使。入拜侍御史。华州刺史宇文鼎、户部员外卢允中坐赃,诏弘止按讯。文宗将杀鼎,弘止执据罪由允中,鼎乃连坐,不应死,帝释之。累迁给事中。会昌中,诏河北三节度讨刘稹。何弘敬、王元逵先取邢、洺、磁三州,宰相李德裕畏诸帅有请地者,乃以弘止为三州团练观察留后。制未下,稹平,即诏为三州及河北两镇宣慰使。还,拜工部侍郎,以户部领度支。初,两池盐法弊,得费不相偿,弘止使判官司空舆检钩厘正,条上新法,即表舆两池使,自是课入岁倍,用度赖之。逾年,出为武宁节度使。徐自王智兴后,吏卒骄沓,银刀军尤不法,弘止戮其尤无状者,终弘止治,不敢哗。优诏褒劳。弘止羸病,丐身还东都,不许。徙宣武,卒于镇,赠尚书右仆射。子虔灌,有美才,终秘书监。"按:《旧唐书》卷一七上《敬宗文宗上》:"(宝历元年秋九月)壬午,昭义节度使刘悟卒……(大和二年冬十月癸酉)以右丞沈传师为江西观察使。"

《旧唐书》卷一六《穆宗》:"(元和十五年冬十月乙酉)以义成军节度使刘悟依前检校右仆射、兼潞州大都督府长史,充昭义节度、泽潞邢洺磁等州观察等使。"则卢弘正曾佐昭义节度使。

《登科记考》卷一八元和十五年(820)进士科云卢弘正及第。

【卢戢】元和十五年(820)登进士科。历江陵县令、桂管观察使副使。

《全唐文》卷七二六崔嘏《授卢戢桂州副使制》:"敕。前江陵县令卢戢等:藩方之命采寮,虽得以上朝廷,亦择其可者而授之。至于升副车,首宾席,自非贤才,孰充佳选。戢尚义有闻,积学多识,去于荣进,乐在闲放。以是为请,宜乎得人。由山立而下,或以吏能发为官业,或以词藻蔚彼隽髦,各从所适之宜,以广用人之路。银章赤绂,耀彼华筵。可依前件。"

《全唐诗》第十二册卷四二二元稹《和乐天示杨琼》:"江陵王令骨为灰,车来嫁作尚书妇。卢戢及第严涧在,其余死者十八九。"

《樊南文集》卷二有《为荥阳公谢除卢副使等官状》:"新授某官卢戢新授某官任缮。右,臣得进奏官某状报,臣所奏卢某等二人,奉某月日敕旨,赐授前件官充职者。臣谬当廉印,合启幕庭,抚鱼罩以兴怀,惧羖皮之废礼。卢戢与臣同年登第,少日论交,学富文雄,气孤志逸,玉清越而为乐,女舒脱以求媒,实怀难进之规,不起后时之叹。任缮幼学孝悌,洁静精微,得君子之时中,友乡人之善者,匪因请托,实自谙知。皇帝陛下俯照远藩,咸加命秩,南台贴职,延阁分班,使戢有纡朱之荣,缮无衣白之见。已经圣鉴,可谓国华。冀收规画之功,共奉澄清之寄。不胜感恩荷圣之至。"按:郑亚为桂管观察使,则卢戢为桂管副使。《登科记考》卷一八元和十五年(820)进士科郑亚条按:"是戢与同年登第。"

【吕述】字修业。元和十五年(820)登进士科,长庆元年贤良方正、能直言谏科及第。官至秘书少监、商州刺史。

《全唐文》卷七八二李商隐《祭吕商州文》:"昔也风尘投分,平生少年。雕龙竞巧,倚马争妍。开襟随岸,促膝伊川。月中乃共夸科桂,池里亦相矜幕莲。刘樗屡掷,毕瓮多眠。中以世务纷纭,物情推斥。抚事伤年,减欢加戚。路泣杨朱,丝悲墨翟。纵风至而音来,竟月同而地隔。"

《新唐书》卷五八《艺文二》:"吕述《黠戛斯朝贡图传》一卷。字修业,会昌秘书少监,商州刺史。"

《登科记考》卷一八元和十五年(820)进士科条云:"吕述,《樊南文集》有《祭吕商州文》:'既步京国,亦荐乡里……'又云:'月中乃共夸科桂,池里亦相矜幕莲。'冯氏注云:'此代郑亚作,吕盖与郑同年。'"此条记载另见《登科记考》卷二七《附考·进士科》条。胡可先《续编》认为《附考》条吕述当删除。

陈冠明《〈登科记考〉补名摭遗》考订《登科记考》卷二七《附考·进士科》条中吕□当删除。

【李中敏】字藏之,陇西人,父婴。元和十五年(820)登进士科。历江西观察使判官、给事中,终杭州刺史。

《旧唐书》卷一七一《李中敏传》:"李中敏,陇西人。父婴。中敏元和末登进士第……中敏累从府辟,入为监察,历侍御史。大和中,为司门员外郎……召中敏为司勋员外郎。寻迁刑部郎中,知台杂。其年,拜谏议大夫,充理匦使……寻拜给事中。"

《新唐书》卷一一八《李中敏传》:"李中敏字藏之,系出陇西。元和中,擢进士第。性刚峭,与杜牧、李甘善,其文辞气节大抵相上下。沈传师观察江西,辟为判官。入拜侍御史……以司勋员外郎召。累迁谏议大夫,为理匦使……迁给事中……开成末,为婺、杭二州刺史,卒于官。"

《登科记考》卷一八元和十五年(820)进士科条云李中敏登第。

【陈越石】颍川人。元和十五年(820)登进士科。终蓝田令。

(唐)张读《宣室志》卷三:"颍州陈越石,初名黄石,郊居于王屋山中……因改名越石。元和十五年,登第进士,至会昌二年,卒于蓝田令。"

(宋)李昉等《太平广记》卷三五七《夜叉二·陈越石》引《宣室志》:"颍州陈越石,初名黄石,郊居于王屋山中,有妾张氏者。元和中,越石与张氏俱夜食,忽闻烛影后,有呼吸之声甚异……越石度不可禁,且恶其见呼,于是迁居以避之,因改名为越石。元和十五年,登第进士,至会昌二年,卒于蓝田令。"

《登科记考》卷一八元和十五年(820)云陈越石进士科及第。

【陈曾】元和十五年(820)登进士第。历桂管从事、天平军从事。

《全唐文》卷五五六韩愈《郓州谿堂诗序》:"宪宗之十四年,始定东平,三分其地,以华州刺史礼部尚书兼御史大夫扶风马公为郓曹濮节度观察等使,镇其地……于是天子以公为尚书右仆射,封扶风县开国伯,以褒嘉之。公亦乐众之和,知人之悦,而侈上之赐也。于是为堂于其居之西北隅,号曰谿堂,以飨士大夫、通上下之志。既飨,其从事陈曾谓其众。"

《全唐文补遗》第八辑,陈子文撰会昌三年(843)二月二十日《唐故试太常寺协律郎陈公(署)墓志铭并序》:"公讳署,其原颍川人……长兄曾,元和十五年登进士上第。历官兰台,累从使府。"

(宋)魏仲举《五百家注昌黎文集》卷一四《郓州溪堂诗》:"其从事陈曾。"孙注曰:"曾,元和十五年登进士第。"

(清)陈景云《韩集点勘》卷四《南海神庙碑》题注:"《书记同公郓州溪堂诗序》作于此碑后,中有从事陈曾当即是人,盖旋去桂幕而从事于郓也。"

【郑亚】字子佐,荥阳人。元和十五年(820)登进士科,大和二年(828)又登制科、拔萃科。历浙西观察使从事,官至监察御史,终循州刺史。

《旧唐书》卷一七八《郑畋传》:"郑畋字台文,荥阳人也。曾祖邻、祖穆、父亚,并登进士第。亚字子佐,元和十五年擢进士第,又应贤良方正、直言极谏制科。吏部调选,又以书判拔萃,数岁之内,连中三科。聪悟绝伦,文章秀发。李德裕在翰林,亚以文干谒,深知之,出镇浙西,辟为从事……会昌初,始入朝为监察御史,累迁刑部郎中。中丞李回奏知杂,迁谏议大夫、给事中。五年,德裕罢相镇渚宫,授亚正议大夫,出为桂州刺史、御史中丞、桂管都防御经略使。大中二年,吴汝纳诉冤,德裕再贬潮州,亚亦贬循州刺史,卒。"

《新唐书》卷一八五《郑畋传》:"郑畋字台文,系出荥阳。父亚,字子佐。爽迈有文,举进士、贤良方正、书判拔萃,三中其科……辟署幕府。擢监察御史,李回任中丞,荐为刑部郎中知杂事,拜给事中。德裕罢宰相,出为桂管观察使,坐吴湘狱不能直冤,贬循州刺史,死于官。"

《登科记考》卷一八元和十五年(820)进士科条云郑亚登第。

【施肩吾】字希圣。元和十五年(820)登进士科。归隐。

《新唐书》卷五九《艺文三》:"施肩吾《辨疑论》一卷。睦州人,元和进士第,隐洪州西山。"按《唐才子传》本此,(宋)计有功《唐诗纪事》卷四一以归隐地洪州为籍贯。《唐才子传校笺》考证施肩吾为湖州乌程县人。

(宋)王谠撰,周勋初校证《唐语林校证》卷六《补遗·起德宗至文宗》:"元和十五年,太常少卿李建知举,放进士二十九人,时崔嘏舍人与施肩吾同榜。"

(宋)晁公武《郡斋读书志校证》卷一八《别集类中》录《施肩吾西山集》五卷,注云:"右唐施肩吾,吴兴人。元和十五年进士。"(宋)陈振孙《直斋书录解题》卷一九同。

(宋)计有功《唐诗纪事》卷四一《施肩吾》:"肩吾,洪州人,元和十年登第。"(五代)王定保《唐摭言》卷八《及第后隐居》:"施肩吾,元和十年及第。"均误。

(元)辛文房撰,傅璇琮主编《唐才子传校笺》(册三)卷六《施肩吾》条云:"肩吾字希圣,睦州人。元和十五年卢储榜进士第后……不待除授,即东归。"

《登科记考》卷一八元和十五年(820)条云是年施肩吾进士及第。

【姚康】字汝谐,祖南仲。元和十五年(820)登进士科。历左司员外郎判户部案,官至太子詹事。

《新唐书》卷五八《艺文二》:"姚康复《统史》三百卷。大中太子詹事。"

《新唐书》卷一六四《归融传》:"初,户部员外郎卢元中、左司员外郎判户部案姚康受平籴官秦季元绢六千匹,贷乾没钱八千万,俱贬岭南尉。"

(宋)计有功《唐诗纪事》卷五〇《姚康》:"康,字汝谐,南仲孙也。登元和十五年进士第。大中时,为太子詹事。"按《全唐文》卷五〇〇权德舆《故中散大夫守尚书右仆射上柱国赐紫金鱼袋赠太子太保姚公(南仲)神道碑铭并序》:"公讳南仲,字某,吴兴武康人也……公抗行厉操,清方谦俭,以规为瑱,以礼为舆,以多文为富,以不贪为宝。洁如大圭,铿若黄钟,宏毅以任重,温良而能断。自射策筮仕至于绥吉禄、启手足,繇是道也。其初应制,条对理道,授太子校书内史。"又:《旧唐书》卷一五三《姚南仲传》:"姚南仲,华州下邽人……授尚书右仆射。贞元十九年七月,终于位。"

(宋)陈振孙《直斋书录解题》卷七录载《唐登科记》十五卷,按语云:"《唐·艺文志》有崔氏《显庆登科记》五卷,姚康《科第录》十六卷,李奕《登科记》二卷。""姚字汝谐,(姚)

南仲孙也,元和十五年进士。"

《登科记考》卷一九元和十五年(820)进士科条云姚康登第。

【唐持】字德守,并州晋阳人,小姓,父唐次中书舍人。元和十五年(820)登进士科,累辟使府。官至泽潞邢洺磁观察处置使。

《旧唐书》卷一九〇下《文苑下·唐次传》:"唐次,并州晋阳人也,国初功臣礼部尚书俭之后。建中初进士擢第,累辟使府。贞元初,历侍御史。窦参深重之,转礼部员外郎……正拜中书舍人,卒……次子扶、持……持字德守,元和十五年擢进士第,累辟诸侯府。入朝为侍御史、尚书郎。大中末,自工部郎中出为容州刺史、御史中丞、容管经略招讨使。入为给事中。大中末,检校左散骑常侍、灵州大都督府长史、朔方节度、灵武六城转运等使。进位检校户部尚书、潞州大都督府长史、昭义节度、泽潞邢洺磁观察处置等使,卒。"

《新唐书》卷八九《唐俭传》:"唐俭字茂约,并州晋阳人……裔孙次……扶弟持,字德守,中进士第。大和中,为渭南尉,试京兆府进士。时尹杜惊欲以亲故托之,持辄趋降阶伏,惊语塞,乃止。累迁工部郎中,出为容州刺史。迁给事中,历朔方、昭义节度使,卒。"

《登科记考》卷一八元和十五年(820)云唐持登进士科。

【崔嘏】字乾锡。元和十五年(820)登进士科。历邢州刺史。

《新唐书》卷六〇《艺文四》:"崔嘏《制诰集》十卷。字乾锡,邢州刺史。会刘稹反,归朝,授考功郎中、中书舍人。李德裕之谪,嘏草制不尽书其过,贬端州刺史。"

《新唐书》卷一八〇《李德裕传》:"中书舍人崔嘏,字乾锡,谊士也……嘏举进士,复以制策,历邢州刺史。"

(宋)钱易《南部新书·甲》:"施肩吾与赵嘏同年,不睦。嘏旧失一目,以假珠代其精(睛),故施嘲之曰:'二十九人同及第,五十七只眼看花。'元和十五年也。"

(宋)王谠撰,周勋初校证《唐语林校证》卷六《补遗·起德宗至文宗》:"元和十五年,太常少卿李建知举,放进士二十九人,时崔嘏舍人与施肩吾同榜。"

(宋)计有功《唐诗纪事》卷五〇《崔嘏》:"嘏,字乾锡,邢州刺史。会刘稹反,归朝授考功郎中、中书舍人。李德裕之谪,嘏草制不尽书其过,贬端州刺史。施肩吾与之同年,不睦。嘏旧失一目,以珠代之。施嘲之曰:'二十九人及第,五十七眼看花。'元和十五年也。"

《登科记考》卷一八元和十五年(820)进士科云崔嘏及第。

【裴虔余】一作"裴乾余",河东人,父夷直官朝散大夫守左散骑常侍。元和十五年(820)登进士科。历山南东道推官、兵部郎中、太常少卿,官至宣歙观察使。

《全唐文》卷七四九杜牧《郑碣除江西判官李仁范除东川推官裴虔余除山南东道推官处士陈威除西川安抚巡官等制》:"敕。浙江西道都团练判官将仕郎监察御史里行郑碣李仁范暨虔余等:咸以文行,策名清时,诸侯知之,命为幕吏。少微四星,处士毗辅之宿也。天之布列,在轩辕前,此乃意亲近贤良,先于妃后。威者吾能言之,耕延陵之皋,荷石门之篠,沉如鱼潜,冥若鸿翔,非吾贤相,尔不肯起。勉酬知己,以壮在野。并可依前件。"

《全唐文补遗》千唐志斋新藏专辑,李景让撰大中十三年(859)十月十二日《唐故朝散大夫守左散骑常侍赠工部尚书裴公(夷直)墓铭并叙》:"公讳夷直,字礼卿,河东人……长子虔余,进士及第,方为孟怀等道观察判官、试大理评事,积朝望。"《登科记考》卷一八元和十五年(820)进士科条作"裴乾余"。(唐)孙棨《北里志》、(五代)王定保《唐摭言》卷一三、(宋)计有功《唐诗纪事》卷六〇、《全唐诗》卷五九七皆作"裴虔余"。陈尚君《〈登科记考〉正补》亦作"裴虔余"。

《旧唐书》卷一九下《僖宗》:"(乾符二年五月)兵部郎中裴虔余为太常少卿。"

《资治通鉴》卷二五五条云:"孙端为宣歙观察使。诏宝与宣歙观察使。裴虔余发兵拒之。"

明经科

【林瓃】莆田人。元和十五年(820)登明经第。

乾隆《福建通志》卷三三《选举》:"元和十五年庚子,明经林瓃,莆田人,披孙。"陈尚君《〈登科记考〉正补》补入。

光绪《莆田县志》卷十二《选举志·唐·明经》:"元和十五年庚子:林瓃,披孙。"

附考(宪宗朝)

附考进士(宪宗朝进士)

【卫璇】河东安邑人。进士登第,累赠太子率更令。

《全唐文补遗》第八辑,卫增撰大中十年(856)二月二十二日《唐故征事郎前守同州澄城县尉卫府君(景弘)墓志铭并序》:"君讳景弘,字汉臣,周封河东安邑人也。曾皇祖府君讳璇,进士登第,累赠太子率更令。"

【马文则】字卢符,河南府人,祖少府监恬,父秘书少监史馆修撰。元和中登进士科,补钱塘尉。

《全唐文》卷六三九李翱《秘书少监史馆修撰马君墓志》:"公讳某,字卢符,宣州刺史元庆之曾孙,著作郎赠少府监恬之子……元和十三年十一月己酉,寝疾卒……有子七人:曰文则,由进士补钱塘尉……(公)葬于堰师,从先茔。"按元和十三年马文则官钱塘尉,则其登第当不久。

《登科记考》卷二七《附考·进士科》云马文则及第。

【王众仲】并州人,祖翊,父重位止河东令。约在元和中登进士科。官至衡州刺史。

《全唐文》卷六五九白居易《王众仲可衡州刺史制》:"敕:前虔州刺史王众仲,聚学修身,由文饰吏,累经任使,颇著良能,前牧南康,亦闻有政,宜新印绶,载领藩条。而衡湘之间,蛮越杂处,无以俗陋,不慎乃事,无以地远,而怠厥心,副吾陟明,俟汝奏课。可依前件。"按:白居易元和十五年十二月二十八日授主客郎中、知制诰,长庆元年十月十九日转中书舍人,二年出为杭州刺史。可见此制写于此间,则众仲及第当在元和中。

《旧唐书》卷一六五《王正雅传》:"王正雅字光谦,其先太原人。东都留守翊之子。伯父翊,代宗朝御史大夫,以贞亮鲠直名于当代,卒谥曰忠惠。正雅少时,以孝行修谨闻。元和初,举进士,登甲科,礼部侍郎崔邠甚知之,累从职使府。元和十一年,拜监察御史,三迁为万年县令……迁户部郎中,寻加知台杂事,再迁太常少卿,出为汝州刺史,充本州防御使……入为大理卿……大和五年十一月卒,赠左散骑常侍。正雅从弟重,翊之子也,位止河东令。重子众仲,登进士第,累官衡州刺史。众仲子凝。"按:其从父卒于大和五年,其登第年当在大和前后。

《登科记考》卷二七《附考·进士科》录载王众仲。

【王季则】元和中登进士科。

(宋)计有功《唐诗纪事》卷四〇《王季则》:"季则,登元和进士第。"

《登科记考》卷二七《附考·进士科》录载王季则。

【王高】进士及第。官将仕郎、守尚书都官员外郎。

《全唐文补遗》第八辑,王高撰长庆二年(822)五月十二日《唐故乐安蒋夫人(倩)墓志铭并序》:"唐人将仕郎、守尚书都官员外郎王高,于长庆二年孟月维夏四日甲子,丧其孺人于东都永丰里之私室……夫人讳倩,其姓蒋,传所谓周公之胤也……逾贽鹰之年,余以文科入仕。又明年,有子曰绍子,间岁复有子曰豕郎。矧余自释褐于今七命,四忝朝序,连连于十五年间。"按:王高"以文科入仕",当是指进士出身入仕。又云其释褐至撰志时间已达十五年,则其应在元和初年进士及第。

【王嗣之】元和初进士及第。

《全唐文补遗》第六辑,元和四年(809)正月《唐故殿中侍御史淄州长史知军州事崔府君(澹)墓志铭并序》,署曰:"外甥前广文馆进士王嗣之撰。"按:嗣之当为元和初进士及第。

《登科记考补正》卷二七《附考·进士科》录载王嗣之。

【王源植】元和三年(808)前乡贡进士及第。

《全唐文补遗》千唐志斋新藏专辑,元和三年(808)十一月十八日《唐故右武卫长史萧府君(恖)南阳张夫人合祔志铭并序》,署"前乡贡进士琅琊王源植撰"。

【韦力仁】元和初登进士科。历谏议大夫。

(五代)王定保《唐摭言》卷二《为等第后久方及第》:"韦力仁、赵蕃并三年。"按:同书同卷《元和元年登科记京兆等第榜序》:"今所传者始于元和景戌岁,次叙名氏,目曰:'神州等第录'。"可见韦力仁登进士科当不早于元和间,赵蕃在元和四年登第,则韦力仁登第当在元和初。

(宋)王钦若等《册府元龟》卷四一《帝王部(四十一)·宽恕》:"开成四年五月,谏议大夫韦力仁伏内奏曰……"

《登科记考》卷二七《附考·进士科》条云韦力仁登第。

【韦齐休】元和末登进士科。官至员外郎,卒浙西团练副使。

(宋)李昉等《太平广记》卷三四八《鬼三十三·韦齐休》引《河东记》:"韦齐休,擢进士第,累官至员外郎,为王璠浙西团练副使,大和八年,卒于润州之官舍。"宋赵希弁《郡斋读书后志》卷一《经类》:"《云南行纪》二卷。右唐韦齐休撰,齐休长庆三年从韦审规使云南,纪其往来道里及其见闻。"

《登科记考》卷二七《附考·进士科》条云韦齐休及第。按:韦齐休长庆三年已出使云南,则其登第当在元和末。

【韦琮】字礼玉,万年人。元和中登进士及第。历殿中侍御史、太常博士,武宗朝以中书侍郎同中书门下平章事,阶至礼部尚书。

《新唐书》卷一八二《韦琮传》:"韦琮字礼玉,世显仕。琮进士及第,稍进殿中侍御史。坐讯狱不得实,改太常博士。擢累户部侍郎、翰林学士承旨。以中书侍郎同中书门下平章事,迁门下侍郎兼礼部尚书,无功。罢为太子宾客分司,卒。"按:《旧唐书》卷一八下《宣宗》云大中元年秋七月韦琮拜相,则其登第约在元和中。

《登科记考》卷二七《附考·进士科》录载韦琮。

四库本《浙江通志》卷四二《古迹·湖州府四》:"五花亭:《吴兴志》在岘山,为韦氏建,唐选士用五花判事,韦琮、韦南金、韦景先三世为郡守因名。"

四库本《陕西通志》卷三〇《选举一》:"韦琮,万年人。"

【韦锻】元和十年前后登进士科。

《雁塔题名残卷拓本》:"前进士韦锻、前进士李景、前进士韦磻,元和十年五月十四日。"

《登科记考补正》卷二七《附考·进士科》录载韦锻。

【韦磻】元和十年前后登进士科。

《雁塔题名残卷拓本》:"前进士韦锻、前进士李景、前进士韦磻,元和十年五月十四日。"

《登科记考补正》卷二七《附考·进士科》录载韦磻。

【邓鲂】元和间进士及第。

《白氏长庆集》卷十《读邓鲂诗》:"诗人多蹇厄,近日诚有之。京兆杜子美,犹得一拾遗。襄阳孟浩然,亦闻鬓成丝。嗟君两不如,三十在布衣。擢第禄不及,新婚妻未归。少年无疾患,溘死于路歧。天不与爵寿,唯与好文词。"

《登科记考补正》卷二七《附考·进士科》录载邓鲂,考云:"是已擢第而未及授官,故云'布衣'。按白居易于元和三年(808)有《邓鲂张彻落第》诗,又于元和十年(815)作《与元九书》:'有邓鲂者,见仆诗而喜,无何而鲂死。'则其擢第当在此数年间。"

【卢弘宣】字子章。元和中登进士科。历东都留守判官,官至工部尚书,以太子少傅致仕,赠尚书右仆射。

《新唐书》卷一九七《循吏·卢弘宣传》:"卢弘宣字子章。元和中,擢进士第。郑权帅襄阳,辟署幕府……裴度留守东都,表为判官,迁累给事中……还,迁京兆尹、刑部侍郎……历工部尚书、秘书监,以太子少傅致仕。卒,年七十七,赠尚书右仆射……子告,字子有,及进士第,终给事中。"

《登科记考》卷二七《附考·进士科》条云卢弘宣及第。

【卢简能】字子拙,郡望范阳,贯蒲州。约在元和六年前后登进士,再辟藩府。历监察御史,官至驾部员外、检校司封郎中。

《旧唐书》卷一六三《卢简辞传》:"卢简辞字子策,范阳人,后徙家于蒲。祖翰。父纶,天宝末举进士,遇乱不第,奉亲避地于鄱阳……李德裕对曰:'纶有四男,皆登进士第,今员外郎简能、侍御史简辞是也。'……简能,字子拙,登第后再辟藩府,入为监察御史。大和九年,由驾部员外检校司封郎中,充凤翔节度判官。时郑注得幸,李训与之谋诛宦官,俾注镇凤翔,仍妙选当时才俊以为宾佐。简能……为监军使所害。"

《新唐书》卷一七七《卢简辞传》:"卢简辞字子策。父纶,别传。与兄简能,弟弘止、简求皆有文,并第进士……简能,见《郑注传》。"

《登科记考》卷二七《附考·进士科》云卢简能及第。按:其弟简辞元和六年及第,则简能及第在此前后,参考卢弘正小传。

【卢蕃】卢氏北祖第二房,父广道举出身,越州剡县尉。进士及第。官扬州司马。

《全唐文补遗》千唐志斋新藏专辑,卢蕃撰元和十五年(820)三月二十八日《唐故越州剡县尉卢府君(广)夫人陇西李氏合袝墓志铭并序》:"先君讳广,字符表……子蕃,进士及第,自秘书省正字调授左金吾卫骑曹参军。"

《全唐文补遗》第八辑,卢膺撰会昌四年(844)二月二十日《唐乡贡进士卢府君(厚德)墓志文并叙》:"卢氏北祖第二房,自秦至今,累世有人,门阀如旧。君第二房,名厚德。祖广,道举出身,剡县尉。皇先考蕃,进士登第,扬州司马。"

【卢盥】范阳人,父士巩官至朝散大夫守郑州长史。进士及第。

《全唐文补遗》第八辑,张文规撰长庆二年(822)二月二十二日《唐故朝散大夫守郑州长史范阳卢府君(士巩)墓志铭并序》:"公讳士巩,字从真,姓卢氏,其先燕人也……崔夫人有二男二女:长子盥,始举进士。修词立诚,称于亲友。必大之望,其庶几乎。"按墓志作于长庆二年(822),则卢盥进士及第当在此之前。

【权南仲】汝州人。元和间登进士科。

《全唐文》卷四九三权德舆《送从兄南仲登科后归汝州旧居序》:"去岁临汝守首贤能之书,贡于仪曹,瞻言正鹄,审固则获,前此亦尝失之矣。退实无愠,赢而不器,盖能反诸己而已,且用廉贾之道故也。今将抵洛郊,历平阳,与贤诸侯交欢假道。然后自洛之汝,燕居中林,磅礴古昔,务诸远大。莺出幽谷,鹏击南溟,将与群从叔季,复修异日之贺,岂止于今耶? 南宫郎有雅知兄者,且与德舆为僚,徵诗觊别,以附其志。"按:《新唐书》卷七五下《宰相世系表》五下有其名。

《登科记考补正》卷二七《附考·进士科》录载权南仲。

【朱昼】元和间进士。

《唐诗纪事》卷四一《朱昼》:"昼,元和间进士。"

《登科记考补正》卷二七《附考·进士科》录载朱昼。

【任畴】阆州新井县人。元和中登进士科。历协律郎。

《全唐诗》第十五册卷四九八姚合《酬任畴协律夏中苦雨见寄》。

《旧唐书》卷二五《礼仪五》:"会昌六年十一月,太常博士任畴上言。"

（宋）文同《丹渊集》卷三七《咸阳县主簿任君墓志铭》（引自《全宋文》册二六）："君讳某,字某……十二代祖壁,自江州移阆州刺史,卒以乱世不归,乃家新井县。八代祖皖,与其兄畴,唐元和中继登进士。"

【刘□】元和八年前后登进士第。

《雁塔题名残卷拓本》："前进士舒元舆、前进士裴廙、前进士刘□、陇西李易简、琅耶王玄明、范阳卢定□元和十年三月十四日同游。"按:舒元舆元和八年登进士第,则裴廙、刘□当在元和八年前后登进士第。

《登科记考补正》卷二七《附考·进士科》录载刘□。

【刘宽夫】洺州广平县人,祖乃赠礼部尚书,父伯刍刑部侍郎。约在元和中登进士科,累辟使府。历左补阙、濠州刺史。

《大唐西市博物馆藏墓志》三六八,元和十二年（817）四月十七日《通议大夫尚书刑部侍郎赐紫金鱼袋赠工部尚书广平刘公自撰志文并序》："□□□□者,广平刘伯刍之志。广平刘氏出汉景帝,其世德爵位,史谍详焉,略而不叙,病故也。六岁识字,十岁耽书。□□□□溷之间,未尝释手,于今一百九十八甲子矣。盖所阅书,殆逾万卷,其意在通性命,乐黄尧而已。初不务记问,□□□□,好属辞而不敢苟,短章小述,必稽义正。所著文二百廿三篇,编成十三卷。州举进士,一上登丙科……生子三人,长曰宽夫,次曰端夫,幼曰岩夫,咸早奉严训,弱冠皆举进士登第。自贞惠公洎公,下及宽夫等,三叶五升名于太常,时人韪之,以为两重卓绝。"

《旧唐书》卷一五三《刘乃传》："刘乃字永夷,洺州广平人……寻迁权知兵部侍郎……建中四年夏,但真拜而已……其冬,泾师作乱,驾幸奉天。乃卧疾在私第,贼泚遣使以甘言诱之,乃称疾笃。又令其伪宰相蒋镇自来招诱,乃托喑疾,灸灼遍身……时年六十。德宗还京,闻乃之忠烈,追赠礼部尚书。子伯刍。伯刍……擢为刑部侍郎,俄知吏部选事。元和十年,以左常侍致仕,卒,年六十一,赠工部尚书……子宽夫,登进士第,历诸府从事。宝历中,入为监察御史……俄转左补阙……得濠州刺史。"

《新唐书》卷一六〇《刘伯刍传》："刘伯刍字素芝,兵部侍郎乃之子。行修谨。淮南杜佑奏署节度府判官。府罢,召拜右补阙,迁主客员外郎。数过友家饮噱,为韦执谊阴劾,贬虔州参军。久乃除考功员外郎。裴垍待之善,擢累给事中。李吉甫当国而垍卒,不加赠,伯刍为申理,乃赠太子少傅。或言其妻垍从母也,吉甫欲按之,求补虢州刺史。稍迁刑部侍郎、左散骑常侍。卒,赠工部尚书……子宽夫,宝历中为监察御史。奏言:'以王府官摄祠,位轻,非严恭意,请以尚书省、东宫三品若左右丞、侍郎通摄。'俄转左补阙。陈岵注浮屠书,因供奉僧以闻,除濠州刺史。宽夫劾状,敬宗怒……释之。"按其祖刘乃已经第长安,则宽夫贯京兆。

【刘景】连州人。元和间登进士科。

《全唐诗》第十一册卷三六五刘禹锡《赠刘景擢第》："湘中才子是刘郎,望在长沙住桂阳。昨日鸿都新上第,五陵年少让清光。"

《旧唐书》卷一七七《刘瞻传》："刘瞻字几之,彭城人。祖升,父景。瞻,大和初进士擢第。"

（宋）李昉等《太平广记》卷一七〇《知人二·郑细》引《芝田录》："刘景他日有奇才,文学必超异。"

（宋）王谠撰,周勋初校证《唐语林校证》卷三《赏誉》："相国刘公赡,其先人讳景,本连州人……后解荐,擢进士第,历台省。"

《登科记考》卷二七《附考·进士科》录载刘景,考云："《湖南通志》:'桂阳人,元和间及第。'"

【刘景长】郡望彭城,籍太原阳曲,父昌裔官至检校尚书左仆射右龙武军统军。元和九年前举进士。

《全唐文》卷五六五韩愈《检校尚书左仆射右龙武军统军刘公墓志铭》："公讳昌裔,字光后,本彭城人。曾大父讳承庆,朔州刺史;大父巨敖,好读老子庄周书,为太原晋阳令。再世官北方,乐其土俗,遂著籍太原之阳曲,曰:'自吾为此邑人可也,何必彭城?'父讼,赠右散骑常侍。公少好学问……（建中中）累迁检校兵部郎中御史中丞营田副使……封彭城郡开国公,就拜尚书右仆射……次子景阳、景长,皆举进士。"按:此碑写于元和九年。

【刘景阳】郡望彭城,籍太原阳曲,父昌裔官至检校尚书左仆射右龙武军统军。元和九年前举进士。

《全唐文》卷五六五韩愈《检校尚书左仆射右龙武军统军刘公墓志铭》："公讳昌裔,字光后,本彭城人。曾大父讳承庆,朔州刺史;大父巨敖,好读老子庄周书,为太原晋阳令。再世官北方,乐其土俗,遂著籍太原之阳曲,曰:'自吾为此邑人可也,何必彭城?'父讼,赠右散骑常侍。公少好学问……（建中中）累迁检校兵部郎中御史中丞营田副使……封彭城郡开国公,就拜尚书右仆射……次子景阳、景长,皆举进士。"按:此碑写于元和九年。

【孙范】潞州涉县人,贯河南,祖宿官至桂管观察使,父公器官至信州刺史。元和中登进士科。历诸道观察使、青州节度使。

《全唐文》卷七八八蒋伸《授孙范青州节度使制》："门下。作朝廷之巨屏,实利建侯;委兵旅之大权,必先谋帅。况地雄北海,境接东莱。任贡盐絺,俗尚经传。所付至重,擢才惟难。守太府卿孙范,文学传家,清贞励己。以词律振迹,用吏理扬名。周旋台阁之间,浃洽休嘉之称。连分符竹,出抚蒸黎。所至皆号为循良,秉心不爽于诚信。洎徵还朝籍,服在大僚。物情与能,公论弥畅。俾列象河之位,仍司长府之殷。出纳有程,帑藏无耗。念此勤效,爰议酬劳。乃眷全齐,名高中域。州实分于伯禹,化则起于太公。具五方之人,成一都之会。其所抚制,必俟通明。夫务稼劝分之谓勤,秣马训兵之谓备。保大定功之谓德,救患睦邻之谓仁。率彼三军,行兹四美。藩垣东夏,羽卫中邦。勤修武经,静致俗阜。先副朝奖,用答予知。既超郑默之官,又进周昌之秩。皆谓殊宠,伫闻休声。可检校左散骑常侍、青州节度使。"按:孙简元和二年进士及第,见前文,则孙范及第当在元和中。

《旧唐书》卷一九〇中《文苑中·孙逖传》："孙逖,潞州涉县人……太子詹事……子宿……改桂州刺史、桂管观察使。五年卒。宿子公器,官至信州刺史、邕管经略使。公器子简、范,并举进士。会昌后,兄弟继居显秩,历诸道观察使。"

【苏京】元和十四年（819）前登进士第。

《全唐文》卷六五五元稹《唐故朝议郎侍御史内供奉盐铁转运河阴留后河南元君墓志铭》："有魏昭成皇帝十一代而生我隋朝兵部尚书府君讳某，后五代而生我比部郎中舒王府长史府君讳某，君即府君之第二子也，讳某，字元度，娶清河崔邻女，生四子：长曰易简，荥阳尉；次从简，曲沃尉；次行简，太乐丞；幼宏简。长女适刘中孚，早卒；次婴疾室居；次适苏京，举进士；次适李殊，殊妻早夭。"按：墓主死于元和十四年，则苏京登第当在元和十四年前。

【苏景凤】约在宪宗朝登进士科。

《全唐文》卷六〇九刘禹锡《高陵令刘君遗爱碑》："（宝历二年春）君诣京兆索言之，府命从事苏特至水滨，尽撤不当拥者。"按：苏特宝历二年已为京兆府从事，则其登第当在元和中，其堂弟登第时间应当大致相符。

（宋）王谠撰，周勋初校证《唐语林校证》卷二《文学》："藏书最多者，苏少常景凤、堂弟尚书涤，诸家无比，而皆以清望为后来所重。景凤登第，与堂兄特并时，世以为美。"

《登科记考》卷二七《附考·进士科》录载苏景凤。

【杜恂】字子迁，京兆杜陵人。约元和中进士及第，累佐诸府，授太常博士，转水部员外郎。历山南东道节度副使、汉州刺史、祠部郎中、荆州节度副使、刑部郎中、杭州刺史、亳州刺史、商州刺史、充本州防御使。

《唐故朝请大夫□□□州诸军事守商州刺史兼御史中丞充本州防御使上柱国赐紫金鱼袋□□尚书礼部侍郎杜府君墓志》："□□子迁，京兆杜陵人，太保岐公第六孙，进士出身，□佐诸府幕□□，授太常博士，转水部员外郎，为山南东道节度副使、检校礼部郎中、赐绯鱼袋。府□除汉州刺史，入拜祠部郎中，改万年县令。复为荆州节度副使，兼御史中丞、赐紫金鱼袋。陟征为刑部郎中，出典杭州，改亳州。未及，除黔中经略观察使，受代归汉上，除授商州刺史、充本州防御使。以咸通四年二月上旬寝疾，至于闰六月廿日终于城□□庄，享年七十一……归藏于万年县洪原乡司马村先茔，礼也。"按：以其咸通四年（863）七十岁推算，其登第时间大概在元和中。杜子迁与杜恂为同一人，子迁为字，恂为名。

【豆卢策】元和四年前登进士科。

《全唐诗》第十五册卷四八五鲍溶有《悼豆卢策先辈》诗。

（元）辛文房撰，傅璇琮主编《唐才子传校笺》（册三）卷六《鲍溶》条云："溶字德源，元和四年韦瓘榜第进士。"按：豆卢策当在鲍溶及第前及第。施子愉《登科记考补正》补入。

【李□】元和初登进士第。历大理评事。

《旧唐书》卷一七四《李德裕传》："李德裕……元和初，以父再秉国钧，避嫌不仕台省，累辟诸府从事。"按：李某登第当在元和初。

（宋）王谠撰，周勋初校证《唐语林校证》卷七《补遗·起武宗至昭宗》："德裕初为某处从事时，同院有李评事者，进士也，与德裕同官。有举子投卷，误与德裕，举子即悟，复请之曰：'文轴与及第李评事，非公也。'"

（宋）李昉等《太平广记》卷一八二《贡举五·李德裕》引《玉泉子》："同院李评事以词

科进,适与德裕官同。"按:评事即大理评事。

【李师直】元和中举进士。

《唐文续拾》卷五《李师直小传》:"师直,第进士,元和中人。"

《登科记考补正》卷二七《附考·进士科》录载李师直。

【李讷】一作"李纳",字敦止,郡望赵郡申公房,客居荆州,祖震官至雅州别驾,父建官至刑部侍郎。约宪宗至文宗朝登进士第。历浙东观察使,官至兵部尚书,以太子太傅卒,赠谥。

《全唐文》卷七二六崔龟《授李讷中书舍人李言大理少卿制》:"敕。礼部郎中知制诰李讷等:彰施帝载,润色王猷,朝出乎九重,夕驰于四表。必资其金相玉立之器,怀其腾蛟吐凤之才,以发挥人文,流布天泽。而皋繇作士,谟明以赞至理;定国持刑,公平而昌后嗣。使匹妇无賈霜之叹,退旰离束湿之冤。阴阳气和,手足可措。必在乎理狱之官,明慎用刑,哀矜守法。今讷言等皆以器能犀利,文彩光华。演纶推倚马之工,剖竹著悬鱼之化。以兹迁擢,谁曰不然。勉吾右文恤刑之意也。讷可守中书舍人,言可大理少卿。"

《旧唐书》卷一五五《李逊传》:"李逊字友道,后魏申公发之后,于赵郡谓之申公房……祖珍玉,昌明令。父震,雅州别驾。世寓于荆州之石首……逊幼孤,寓居江陵。与其弟建,皆安贫苦,易衣并食,讲习不倦……建,字杓直,家素清贫,无旧业。与兄造、逊于荆南躬耕致养,嗜学力文。举进士,选授秘书省校书郎。德宗闻其名,用为右拾遗、翰林学士……改京兆尹……征拜太常少卿,寻以本官知礼部贡举……明年,除礼部侍郎……改为刑部……赠工部尚书。"

《新唐书》卷一六二《李逊传》:"李逊字友道,魏申公发之后,赵郡所谓申公房者,客居荆州……逊弟建,字杓直,与兄俱客荆州……建子讷,字敦止,及进士第。迁累中书舍人,为浙东观察使……召为河南尹……凡三为华州刺史,历兵部尚书,以太子太傅卒……赠谥。"

《登科记考》卷二七《附考·进士科》录载李讷。

隆庆《赵州志》卷八《人物》作"李纳,建子,进士,大中时累迁官兵部尚书"。

【李孝本】宗室,京兆人。元和中登进士科。官至刑部郎中。

《旧唐书》卷一六九《李孝本传》:"李孝本者,宗室之子也。累官至刑部郎中……族诛之。"

《新唐书》卷一七九《李孝本传》:"李孝本,宗室子。元和时第进士,累迁刑部郎中……擢权知中丞事。"

《登科记考》卷二七《附考·进士科》录载李孝本。

【李浐】一作"李涯",宗室,京兆府人,父邢。约在元和间进士科及第,宝历元年(825)登制科。小传见宝历元年制科李浐条。

《旧唐书》卷一七一《李汉传》:"李汉字南纪,宗室淮阳王道明之后……及发为蜀州晋原尉。发生荆,荆为陕州司马。荆生汉。汉,元和七年登进士第……转吏部侍郎……汉弟浐、洗、潘,皆登进士第。潘,大中初为礼部侍郎。汉子觊,亦登进士第。"

（宋）魏仲举《五百家注释韩昌黎全集》卷三四《中大夫陕府左司马李公墓志铭》："公讳邘，字某，雍王绘之后……七男三女……浐、浞、潘皆进士。"

《登科记考》卷二七《附考·进士科》云李浐及第。

【李隐】宪宗、穆宗朝登进士科。历校书郎、集贤校理。

（宋）王钦若等《册府元龟》卷三二四《宰辅部（十七）·荐贤》："令狐楚为相时，李隐进士擢第，为秘书省校书郎，楚奏为进贤校理。"按："进贤校理"当为"集贤校理"。

《新唐书》卷五九《艺文三》："李隐《大唐奇事记》十卷。咸通中人。"按：令狐楚为宰相是在宪宗、穆宗朝，见《唐会要》卷一。则李隐及第当在宪宗、穆宗朝。朱玉麒《〈登科记考〉补遗、订正》补入。

【李景】元和十年前后登进士科。

《雁塔题名残卷拓本》："前进士韦碬、前进士李景、前进士韦磻，元和十年五月十四日。"

《登科记考补正》卷二七《附考·进士科》录载李景。

【李景温】字德己，郡望太原，贯东都洛阳，祖彭官至县令，父宏官卑。宪穆间登进士第。官至华州刺史、潼关防御、镇国军使。

《全唐文补遗》第八辑，李景庄撰咸通十五年（874）九月三十日《唐常州无锡裴长官（谣）陇西李夫人墓志铭并序》："唐常州无锡裴长官夫人陇西李氏，景庄之第二女，第卅七女……亲伯景温，进士第，三府名卿，自监察柏台兰省，一郡守、一廉察、谏议给事中、今工部侍郎。"按：墓志署名"父、朝散大夫、守左谏议大夫、柱国、赐紫金鱼袋景庄撰"。

（五代）刘崇远《金华子杂编》卷上："李景让尚书，少孤贫。夫人某氏，性严重明断，近代贵族母氏之贤，无及之也。孀居东洛，诸子尚幼……其后诸子景让、景温、景庄皆进士擢第，并有重名，位至方岳。"

《旧唐书》卷一八七下《忠义下·李憕传》："李憕，太原文水人。父希倩，中宗神龙初，右台监察御史。憕……二子彭、源，存焉……彭以一子官累历州县令长。子宏，仕官愈卑，生三子：景让、景庄、景温，自元和后，相继以进士登第……景温，登第后践历台阁。咸通中，自工部侍郎出为华州刺史、潼关防御、镇国军使。景庄，亦至达官。"

《新唐书》卷一七七《李景让传》："李景让……元和后，大臣有德望者，以居里显，景让宅东都乐和里，世称清德者，号'乐和李公'云。弟景温，字德己，历谏议大夫、福建观察使，徙华州刺史，以美政闻。累迁尚书右丞……弟景庄，亦至显官。"按：其籍贯见李景让小传。字德己，郡望太原，贯东都洛阳，元和后登进士第，至达官。

《登科记考》卷二七《附考·进士科》条云李景温及第。按：景温大概在宪穆之间进士及第。

【李道敏】父素明经及第，官至河南少尹。道敏元和七年（812）前举进士。

《全唐文》卷五六五韩愈《河南少尹李公墓志铭》："元和七年二月一日，河南少尹李公卒，年五十八……公之子男四人：长曰道敏，举进士；其次曰道枢；其次曰道本、道易，皆好学而文。"

【李滉】又作"李洗",宗室,京兆府人,父邢(荆)陕州司马。元和间进士科及第。

《旧唐书》卷一七一《李汉传》:"李汉字南纪,宗室淮阳王道明之后……及炭为蜀州晋原尉。炭生荆,荆为陕州司马。荆生汉。汉,元和七年登进士第……转吏部侍郎……汉弟浐、洗、潘,皆登进士第。潘,大中初为礼部侍郎。汉子贶,亦登进士第。"

(宋)魏仲举《五百家注释韩昌黎全集》卷三四《中大夫陕府左司马李公墓志铭》:"公讳邢,字某,雍王绘之后……七男三女……浐、滉、潘皆进士。"按:滉,《旧唐书》作"洗"。

《登科记考》卷二七《附考·进士科》云李洗及第。

【李播】赵郡人。元和中登进士第。历福建观察使。

《全唐文》卷八八僖宗《停福建观察使李播等任敕》:"福建观察使李播荆州刺史杨权古蔚州刺史王龟范璧州刺史张贽濮州刺史韦浦施州刺史娄傅会邢州刺史王回抚州刺史崔理黄州刺史计信卿等:刺史亲人之官,苟不谙详,岂宜除授。比为朕养百姓,非独荣尔一身,每念疲赢,实所伤叹。李播等九人授官之时,众词不可;王回等三人到郡无政,惟务贪求。实污方州,并宜停任。"

《全唐文》卷七五五杜牧《唐故进士龚轺墓志》:"会昌五年十二月,某自秋浦守桐庐路田,钱塘龚轺袖诗以进士名来谒,时刺史赵郡李播曰:龚秀才诗人,善鼓琴。"

(宋)计有功《唐诗纪事》卷四七《李播》:"播,登元和进士第。"

《登科记考》卷二七《附考·进士科》录载李播。

【李潘】宗室,京兆府人,父邢(荆)陕州司马。元和年间登进士科。官至礼部侍郎。

《千唐志斋藏志》一〇七四《李潘墓志铭》:"承元以公有诚……为巡官转掌书记,及王公移镇于歧……"

《旧唐书》卷一七一《李汉传》:"李汉字南纪,宗室淮阳王道明之后……及炭为蜀州晋原尉。炭生荆,荆为陕州司马。荆生汉。汉,元和七年登进士第……转吏部侍郎……汉弟浐、洗、潘,皆登进士第。潘,大中初为礼部侍郎。汉子贶,亦登进士第。"

(宋)魏仲举《五百家注释韩昌黎全集》卷三四《中大夫陕府左司马李公墓志铭》:"公讳邢,字某,雍王绘之后……七男三女……浐、滉、潘皆进士。"按:滉,《旧唐书》作"洗"。

《登科记考》卷二七《附考·进士科》云李潘及第。

【余再兴】饶州余干人。元和中进士科登第。

四库本《江西通志》卷四九《选举·唐》元和中进士条云:"余再兴,余干人。"

【余祯】饶州余干人。元和中进士登第。

四库本《江西通志》卷四九《选举·唐》元和中进士条云:"余祯,余干人。"

【宋申锡】字庆臣,祖素,父叔夜。元和中登进士科,释褐秘书省校书郎。历湖南观察使从事、西川节度使从事,文宗朝拜相,卒开州司马,勋上柱国,散紫金大夫,赠兵部尚书,谥贞。

(唐)赵璘《因话录》卷二《商部上》:"至杜出镇西川,奏宋相申锡为从事。"按:据《唐方镇年表》卷六《湖南》云韦贯之为湖南观察使在元和十一年至十二年,则宋申锡进士及第当在元和初。

《旧唐书》卷一六七《宋申锡传》："宋申锡字庆臣。祖素，父叔夜……登进士第，释褐秘书省校书郎。韦贯之罢相，出湖南，辟为从事。其后累佐使府。长庆初，拜监察御史。二年，迁起居舍人。宝历二年，转礼部员外郎，寻充翰林侍讲学士……文宗即位，拜户部郎中、知制诰。大和二年，正拜中书舍人，复为翰林学士……拜左丞。逾月，加平章事……再贬申锡为开州司马……七年七月，卒于开州。诏曰：'……上柱国，赐紫，兼赠兵部尚书。'"

《新唐书》卷一五二《宋申锡传》："宋申锡字庆臣，史失其何所人。少而孤，擢进士第，累辟节度府……'因追复右丞、同中书门下平章事，赠兵部尚书……会昌二年，赐谥曰贞。'"

《登科记考》卷二七《附考·进士科》条云宋申锡及第。

【宋仕唐】字世卿，睦州遂安人。元和中进士。历建阳丞。

（明）何乔远《闽书》卷五六《建宁府》建阳县县丞下记："宋仕唐，字世卿，遂安人。元和中进士，丞本邑。公廉自守，遇事通解。爱邑山川风俗之美，病革，嘱内人曰：'我有遗爱在民，即不讳，可立族于此。'子孙遂世居焉。"乾隆《福建通志》卷二五《职官六》云建阳县："唐县丞，宋仕唐，有传，元和中任。"乾隆《福建通志》卷三十一《名宦三》："宋仕唐，字世卿，遂安人，元和中进士，任建阳丞……可立族于此，子孙遂世居焉。"

【张□】约在元和前后登进士科。历节度从事、协律郎。

《全唐文》卷七三五沈亚之《送张从事侍中东征序》："张生从焉，生举进士得第，因东客于侍中门，以协律银绶而居。"

【张元夫】南阳人，祖泚官至苏州司马，父式，从父正甫官至工部尚书。约在元和末登进士科。历兵部郎中、知制诰，迁中书舍人，官至汝州刺史。

《全唐文》卷六六二白居易《张元夫可礼部员外郎制》："敕：殿中侍御史张元夫：官有秩清而选妙者，其仪曹员外郎之谓乎？凡殿内御史，虽文才秀出功课高等者，满岁而授，犹曰美迁。有如元夫，连膺二迁，历彼践此，金以为宜。况怒飞青冥，翔集禁陛，由兹去者，十八九焉。汝知之乎，思有以称。可尚书礼部员外郎。"

《旧唐书》卷一七下《文宗下》："（大和七年三月）庚戌，出给事中杨虞卿为常州刺史，中书舍人张元夫汝州刺史。"

《旧唐书》卷一六二《张正甫传》："张正甫字践方，南阳人……父泚，苏州司马。正甫登进士第……转工部尚书……大和八年九月卒，年八十三，累赠太师。子毅夫。毅夫，登进士第。初正甫兄式，大历中进士登第，继之以正甫，式子元夫、杰夫、征夫又相次登科。大和中，文章之盛，世共称之。元夫，大和初兵部郎中、知制诰，迁中书舍人，出为汝州刺史。"

《资治通鉴》卷二四四大和七年三月条："丙戌，以兵部尚书李德裕同平章事。德裕入谢，上与之论朋党事，对曰：'方今朝士三分之一为朋党。'时给事中杨虞卿与从兄中书舍人汝士、弟户部郎中汉公、中书舍人张元夫、给事中萧澣等善交结，依附权要，上干执政，下挠有司，为士人求官及科第，无不如志，上闻而恶之，故与德裕言首及之。德裕因得以排其所不悦者。初，左散骑常侍张仲方尝驳李吉甫谥，及德裕为相，仲方称疾不出。三月，壬辰，以仲方为宾客分司。"按:以大和七年张元夫已经为中书舍人,其登第年大概在元和末。

《登科记考》卷二七《附考·进士科》录载张元夫。

【张元度】进士出身。元和十一年(811)前后进士及第。历官监察御史、凤翔节度营田判官。

《洛阳新出土墓志释录》,敬安撰元和六年(811)八月二十日《唐故扬州大都督府士曹参军张府君(林)合祔墓志铭并序》:"公讳林,字林……长子元度,进士出身,监察御史、凤翔节度营田判官。"

【张希复】深州陆泽人,父荐工部侍郎。元和中登进士科。历南府户曹、集贤校理、员外。

《全唐文》卷七五五杜牧《唐故太子少师奇章郡开国公赠太尉牛公墓志铭并序》:"唐佐四帝十九年,宰相牛公讳某字某。八代祖宏,以德行儒学相隋氏,封奇章郡公,赠文安侯。文安后四世讳凤……五男六女……次女嫁河南府户曹集贤校理常山张希复,次女嫁前进士邓叔,次女未笄,一人始数岁。"

(唐)段成式《酉阳杂俎》卷四《喜兆》:"集贤张希复学士尝言……"

(唐)高彦休《唐阙史》卷上《许道敏同年》:"贡士许道敏,随乡荐之初,获知于时相。是冬主文者将莅事于贡院,谒于相门。丞相大称其文学精臻,宜在公选。主文加简揖额而去。许潜知其旨,则磨厉以须,屈指试期,大挂人口。俄有张希复员外结婚于丞相奇章公之门。亲迎之夕,辟道敏为傧赞。"

《旧唐书》卷一四九《张荐传》:"张荐字孝举,深州陆泽人……御史大夫……诏赠礼部尚书……子又新、希复,皆登进士第。"

《新唐书》卷一七五《张又新传》:"张又新字孔昭,工部侍郎荐之子。元和中,及进士高第,历左右补阙……终左司郎中。"

光绪《畿辅通志》卷三四《选举唐进士》:误作"新弟"。按:张希复登第当在元和中。

【张君卿】河间人。元和中登进士科。官至刺史。

《旧唐书》卷一七八《张裼传》:"张裼字公表,河间人。父君卿,元和中举进士,词学知名,累历郡守。"

《登科记考》卷二七《附考·进士科》录载张君卿。

光绪《畿辅通志》卷三四《选举唐进士》:"宪宗年,张君卿,河间人。"

【张征夫】南阳人,祖洊官至苏州司马,父式,从父正甫官至工部尚书。约在元和末登进士科。

《旧唐书》卷一六二《张正甫传》:"张正甫字践方,南阳人……父洊,苏州司马。正甫登进士第……转工部尚书……大和八年九月卒,年八十三,累赠太师。子毅夫。毅夫,登进士第。初正甫兄式,大历中进士登第,继之以正甫,式子元夫、杰夫、征夫又相次登科。大和中,文章之盛,世共称之。"

《旧唐书》卷一六二《张正甫传》:"初正甫兄式,大历中进士登第,继之以正甫,式子元夫、杰夫、征夫,又相次登科。"

《登科记考》卷二七《附考·进士科》条云张征夫及第。按：张征夫约元和末登第。

【张爽】常州义兴县人，祖怀瑰翰林集贤两院侍书读学士，父涉官至池州长史。约在元和中登进士科。官至普州刺史。

《唐代墓志汇编》乾符〇三一《唐故宣义郎侍御史内供奉知盐铁嘉兴监事张府君（中立）墓志铭并序》："府君以乾符六年二月卅日终于常州义兴县之私第……君讳中立，字□□，其先范阳人……高祖绍宗，皇邵州五冈令，赠宜春郡太守……宜春生盛王府司马翰林集贤两院侍书读学士讳怀瑰，学士生池州长史赠金州刺史讳涉，尝以文学登制策科。金州生普州刺史讳爽，进士及第，登朝为殿中侍御史……君亦普州第二子也……（君兄）大中初，再调授武进尉……（中立）享年五十有五……及罢归阳羡，葺旧居，植花木，与亲朋骨肉聚会，贫□□□□之女嫁之，男娶之，雍睦怡愉，无一日不得其所……季弟仁颖，登进士第，有时名，从知广南幕下。"按：以中立大中初享年五十五岁，则其父爽登第应在元和中。常州有阳羡县。

《登科记考》卷二七《附考·进士科》录载张爽。

【张液】涿人。元和间登进士科。官至大司徒，封燕国公。

光绪《畿辅通志》卷三四《选举·唐进士》："宪宗年，张液，涿人，大司徒，封燕国公。"

【张毅夫】南阳人，祖泚官至苏州司马，父正甫官至工部尚书。约在宪宗朝登进士科。官至户部侍郎。

《旧唐书》卷一八下《宣宗》："（大中十一年四月）以江西观察使、洪州刺史、御史中丞、上柱国、赐紫金鱼袋张毅夫为京兆尹。"按：其父大和八年卒时已经八十三岁，而毅夫官至户部尚书，则毅夫登第年龄不应太小，其登第时间大概在宪宗朝。

《旧唐书》卷一六二《张正甫传》："张正甫字践方，南阳人……父泚，苏州司马。正甫登进士第……转工部尚书……大和八年九月卒，年八十三，累赠太师。子毅夫。毅夫，登进士第……毅夫位至户部侍郎、弘文馆学士判院事。诸群从登第者数人，而毅夫子袆最知名。"

《登科记考》卷二七《附考·进士科》录载张毅夫。

【陈玄锡】颍川人，祖忠，父邑，兄夷行官至宰相。约在元和中登进士科，后登制科。参考制科陈玄锡条小传。

《旧唐书》卷一七三《陈夷行传》："陈夷行字周道，颍川人。祖忠，父邑。夷行，元和七年登进士第，累辟使府……（大和）九年八月，改太常少卿，知制诰、学士侍讲如故。开成二年四月，以本官同平章事……四年九月，检校礼部尚书，出为华州刺史。五年，武宗即位，李德裕秉政。七月自华召入，复为中书侍郎、平章事。会昌三年十一月，检校司空、平章事、河中尹、河中晋绛节度使。卒，赠司徒。弟玄锡、夷实，皆进士擢第。玄锡又制策登科。"

《登科记考》卷二七《附考·进士科》条云李玄锡及第。

【陈夷实】颍川人，祖忠，父邑，兄夷行官至宰相。约在元和中登进士科。

《旧唐书》卷一七三《陈夷行传》："陈夷行字周道，颍川人。祖忠，父邑。夷行，元和七年登进士第,累辟使府……(大和)九年八月,改太常少卿,知制诰、学士侍讲如故。开成二年四月,以本官同平章事……四年九月,检校礼部尚书,出为华州刺史。五年,武宗即位,李德裕秉政。七月自华召入,复为中书侍郎、平章事。会昌三年十一月,检校司空、平章事、河中尹、河中晋绛节度使。卒,赠司徒。弟玄锡、夷实,皆进士擢第。玄锡又制策登科。"

《登科记考》卷二七《附考·进士科》条云李夷实及第。

【金貔】约元和间登进士科。历桂管观察使、浙东观察使。

(唐)莫休符《桂林风土记·越亭》:"金貔从此府除浙东……副车路单与金貔同年及第,和诗一首。"按:路单约元和间登科。

【郑还古】洛阳人。元和间登进士科。官至国子博士。

(唐)赵璘《因话录》卷三《商部下》:"荥阳郑还古,少有俊才,嗜学,而天性孝友。初家青、齐间,遇李师道渐阻王命,扶侍老亲归洛。"

(宋)李昉等《太平广记》卷一五九《定数十四·婚姻·郑还古》引《逸史》:"太学博士郑还古,婚刑部尚书刘公之女。纳吉礼后,与道士寇璋宿昭应县。夜梦乘车过小三桥,至一寺后人家,就与婚姻,主人姓房。惊觉,与寇君细言,以纸笔记其事。寇君曰:'新婚偶为此梦,不足怪也。'刘氏寻卒。后数年,向东洛,再娶李氏。于昭城寺后假宅拜席日,正三桥,宅主姓韩。时房直温为东洛少尹,是妻家旧,筵馔之类,皆房公所主。还古乃悟昔年之梦,话于宾客,无不叹焉。"

(宋)李昉等《太平广记》卷一六八《气义三·郑还古》引《卢氏杂说》:"郑还古,东都闲居,与柳当将军者甚熟。柳宅在履信东街,有楼台水木之盛。家甚富,妓乐极多。郑往来宴饮,与诸妓笑语既熟,因调谑之。妓以告柳,怜郑文学,又贫,亦不之怪。郑将入京求官,柳开筵钱之。酒酣,与妓一章曰:'冶艳出神仙,歌声胜管弦。眼看白苎曲,欲上碧云天。未拟生裴秀,如何乞郑玄。莫教金谷水,横过坠楼前。'柳见诗甚喜。曰:'某不惜此妓,然吾子方求官,事力空困,将去固不易支持。专待见荣命,便发遣入京,充贺礼。'及郑入京,不半年,除国子博士。柳见除目,乃津置入京。妓行及嘉祥驿,郑已亡殁,旅衬寻到府界。柳闻之悲叹不已,遂放妓他适。"

(宋)计有功《唐诗纪事》卷四八《郑还古》:"还古,登元和进士第……还古闲居东都,将入京赴选……未几,还古除国子博士。"

《登科记考》卷二七《附考·进士科》录载郑还古。

【郑鲲】荥阳人。进士及第。

《洛阳新获七朝墓志》陈商撰大和九年(835)四月二十二日《唐故尚书仓部郎中荥阳郑府君墓志铭并序》:"府君讳鲂,字嘉鱼,荥阳人……府君有四昆弟……季曰鲲,举秀才。"

【皇甫铉】大和年间举进士。

《大唐西市博物馆藏墓志》三九九,张□撰大和九年(835)十月二十二日《检校太子詹事兼殿中侍御史张公故夫人苏氏墓志铭并序》:"夫人讳礼文,武功人也……女四人,女婿□□□充留守职,女婿皇甫铉举进士。又二人归释,曰雅□、□初。"

【独孤铉】陇右人。元和中登进士科。

《全唐文》卷七二二独孤铉小传云："铉,陇右人,元和中登进士第。"施子愉《登科记考补正》补入。

《全唐文》卷七三七沈亚之《异梦录》："是日,监军使与宾府郡佐及宴客陇西独孤铉范阳卢简辞常山张又新武功苏涤皆叹息曰'可记'。故亚之退而著录。"

《全唐诗》第十五册卷四九一作者小传："独孤铉,陇右人,登元和进士第。诗一首。"

(宋)李昉等《文苑英华》卷二九《赋二十九》录载有独孤铉《聚米为山赋》,与蒋防同作,乃省试诗试题。蒋防见(宋)计有功《唐诗纪事》卷四一,疑与蒋防同年进士及第。

(宋)计有功《唐诗纪事》卷四六《独孤铉》："铉,登元和进士第。"

【贾𫗧】进士及第。官著作郎。

《全唐诗》第十三册卷四三五白居易《醉后走笔酬刘五主簿长句之赠兼简张大贾二十四先辈昆季》："二贾二张与余弟,驱车迤逦来相继。操词握赋为干戈,锋锐森然胜气多。齐入文场同苦战,五人十载九登科。"按:"二贾",贾𫗧、贾𫗧。"二张",张彻、张复。"余弟",指白行简。

《新唐书》卷七五下《宰相世系表》五下河南贾氏："𫗧,著作郎。"

《登科记考补正》卷二七《附考·进士科》录载贾𫗧。

【贾誉】袁州人。元和中进士及第。

四库本《江西通志》卷四九《选举·唐》元和中进士条云："贾誉,袁州人。"

【郭行馀】元和间登进士科。历河阳节度使掌书记,累官至楚州刺史、邠宁节度使。

《全唐文》卷六四九元稹《授刘师老尚书右司郎中郭行馀守秘书省著作郎制》："敕:侍御史内供奉刘师老郭行馀等:曩者刘悟以全齐之地,斩叛来献,惟帝念功,始以鈇钺棨戟、元纛青旗,命悟建行台于郑滑,得置军司马以下官属,妙选贤彦,以司谟猷,师老行馀皆以天子命为悟僚介。会悟迁领他镇,尔等实来,握兰怀芸,皆授清秩,出入甄异,又何加焉。师老可尚书右司郎中,行馀可守秘书省著作郎。馀如故。"

《旧唐书》卷一六九《郭行馀传》："郭行馀者,亦登进士第。大和初,累官至楚州刺史。五年,移刺汝州,兼御史中丞。九月,入为大理卿……乃授邠宁节度使。训败,族诛。"

《新唐书》卷一七九《郭行馀传》："郭行馀者,元和时擢进士。河阳乌重胤表掌书记……擢累京兆少尹……迁楚、汝二州刺史、大理卿,擢邠宁节度使……"

《登科记考》卷二七《附考·进士科》录载郭行馀。

【郭承台】进士及第。

《洛阳新获七朝墓志》郭承皢撰大和九年(835)正月六日《唐故京兆府富平县太原郭公夫人河南长孙氏墓志铭并序》："次子承台,雅有词学,再举进士,系从宅之教也。"按:墓志为"侄谏议大夫郭承皢撰",郭承皢见载于《登科记考补正》卷一七元和四年(809)进士科,所据史料为《旧唐书》本传。

【黄文】兴州人。元和中登进士第。官至侍郎。

嘉靖《略阳县志》卷四《科贡·唐》："黄文,元和中举进士,官至侍郎。"按:《全唐诗》第二十二册卷七七二"无世次爵里可考"者录有黄文《湘江》诗一首。

《登科记考补正》卷二七《附考·进士科》录载黄文。

【萧建】元和初前后登进士科。终礼部侍郎。

(宋)计有功《唐诗纪事》卷六〇《萧建》:"建,登进士第,终礼部侍郎。"按:《唐诗纪事》又云"建与费冠卿同时",费冠卿元和二年登进士第。施子愉《登科记考补正》补入。

【崔元式】博州人,父敬终尚书左丞。约在元和中登进士科。历使府僚佐,累官湖南观察使,官至宰相,赠司空,谥曰庄。

《旧唐书》卷一六三《崔元略传》:"崔元略,博陵人……元式,会昌三年检校左散骑常侍、河中尹、河中晋绛观察使。四年,检校礼部尚书、太原尹、北都留守、河东节度使。六年,入为刑部尚书。宣宗朝领度支,以本官同平章事。"

《新唐书》卷一六〇《崔元略传》:"崔元略,博州人。父敬,贞元时终尚书左丞。元略第进士……以户部尚书判度支……元略弟元受、元式、元儒,皆举进士第……元式始署帅府僚佐,累官湖南观察使。会昌中,泽潞用兵,迁河中,拜河东、义成节度使。宣宗初,以刑部尚书判度支,拜门下侍郎、同中书门下平章事,进兼户部尚书。以疾罢。卒,赠司空,谥曰庄。"

【崔元受】郡望博陵,父敬终尚书左丞,兄元略官至户部尚书。元和中登进士科。历高陵尉、河北行营粮料使判官,官至直史馆。

《旧唐书》卷一六三《崔元略传》:"崔元略,博陵人……元受登进士第,高陵尉,直史馆。元和初,于皋谟为河北行营粮料使。元受与韦岵、薛巽、王湘等皆为皋谟判官,分督供馈……元受从坐,皆逐岭表,竟坎壈不达而卒。"

《新唐书》卷一六〇《崔元略传》:"崔元略,博州人。父敬,贞元时终尚书左丞。元略第进士……以户部尚书判度支……元略弟元受、元式、元儒,皆举进士第。元受以高陵尉直史馆。"

《登科记考》卷二七《附考·进士科》录载崔元受。

【崔元略】郡望博陵,贯长安,祖浑之,父敬官至尚书左丞。约在元和初登进士科。历佐使府,官至户部尚书,赠尚书左仆射。

《旧唐书》卷一六三《崔元略传》:"崔元略,博陵人。祖浑之。父敬,贞元中官至尚书左丞。元略举进士,历佐使府。元和八年,拜殿中侍御史。十二年,迁刑部郎中、知台杂事,擢拜御史中丞。元和十三年,以李夷简自西川征拜御史大夫,乃命元略留司东台。寻除京兆少尹,知府事,仍加金紫。数月,真拜京兆尹。明年,改左散骑常侍。穆宗即位……出为黔南观察使、兼御史中丞……元略……转鄂州刺史、鄂岳都团练观察使。长庆四年,入为大理卿。敬宗即位,复为京兆尹,寻兼御史大夫……宝历元年,迁户部侍郎………大和三年,转户部尚书。四年,判度支。五年,检校吏部尚书。出为东都留守、畿汝等防御使。是岁,又迁滑州刺史、义成军节度使。十二月卒,废朝三日,赠尚书左仆射。"

《新唐书》卷一六〇《崔元略传》:"崔元略,博州人。父敬,贞元时终尚书左丞。元略第进士,更辟诸府,迁累殿中侍御史,以刑部郎中知御史杂事,进拜中丞。时李夷简召为大夫,故诏元略留司东台。改京兆少尹,行府事,数月,迁为尹。徙左散骑常侍……敬宗初,还京兆尹,兼御史大夫……大和三年,以户部尚书判度支,出为东都留守,改义成节度使。卒,赠尚书左仆射。"《长安志》:"荆南节度使同中书门下平章事魏国公崔铉宅。"按:崔元略贯当在京兆长安。

【崔岩】京兆人,祖仪甫终大理丞,父佞官至河南尹。元和中登进士科。历山南东道掌书记,官至监察御史。

《旧唐书》卷一一九《崔祐甫传》:"崔祐甫字贻孙……以祐甫为门下侍郎、平章事……遗命犹子植为嗣……植字公修……长庆初,拜中书侍郎、同中书门下平章事……佞,字德长。祖涛,大理卿孝公沔之弟也。涛生仪甫,终大理丞,即佞之父……入为户部侍郎、判度支。时佞再从弟植为宰相……穆宗失德,佞党方盛,人不敢纠其罪。罢领度支,检校礼部尚书,出为凤翔节度等使。不期岁,召为河南尹,时年七十,抗疏致仕,诏以户部尚书归第。明年暴卒,辍朝一日,赠太子少保,谥曰肃……子岩,登进士第,辟襄阳掌书记、监察御史,方雅有父风。"按:崔佞长庆末卒时已经七十,其子登第当在长庆之前,约在元和中。又从"诏以户部尚书归第"一句来看,崔佞已经宅长安。

【崔复本】元和十二年(817)前进士及第,初官授秘书省校书郎。

《大唐西市博物馆藏墓志》三六八,元和十二年(817)四月十七日《通议大夫尚书刑部侍郎赐紫金鱼袋赠工部尚书广平刘公自撰志文并序》:"□□□□者,广平刘伯刍之志……女子子三人,长适侍御史京兆韦正武;次适前进士、秘书省校书郎博陵崔复本。"

【崔绚】博陵人。元和初登进士科。历中牟县尉、易定节度使推官。

《唐代墓志汇编》元和○七三《亡妻清河崔氏墓志铭并序》:"父绚,皇进士擢第,中牟县尉,充易定节度推官,夫人则中牟府君之季女也。"参考《千唐志斋藏志》一○○四,《清河崔氏墓志》)。按崔氏卒于元和九年,年二十六,其父崔绚进士及第,当在元和初。

《登科记考补正》卷二七《附考·进士科》录载崔绚。

【崔容】字安成,齐州人。进士及第。官崇文馆学士、凤阁舍人。

《新唐书》卷七二下《宰相世系表》二下有崔容,父昕,兄审,弟邃。

(元)洪景《新编古今姓氏遥华韵》乙集卷九:"崔容字安成,齐州进士,举八科。崇文馆学士、凤阁舍人,朝廷大诏令勅委之。著《洛出宝图颂》。"

【蒋防】字子微,淮南人。进士及第。历官尚书司封郎中、知制诰、翰林学士。

日本藏[万历]《粤大记》卷十一:"蒋防,字子微,淮南人,登进士上第,以文章擅名。元和中为尚书司封郎中、知制诰、翰林学士。"

《登科记考补正》卷二七《附考·进士科》录载蒋防。

同治《连州志》卷五《名宦》:"蒋防,字子微,兴州人,年十八时父令作《秋河赋》,援笔即成。登进士第。"按:《文苑英华》《唐诗纪事》录有蒋防应试诗多首。

【舒元肱】江州人。约在元和中登进士第。

《新唐书》卷一七九《舒元舆传》:"舒元舆,婺州东阳人……元和中,举进士……俄擢高第,调鄠尉,有能名。裴度表掌兴元书记……拜监察御史……兼刑部侍郎……月中,以本官同中书门下平章事……弟元褒、元肱、元迥,皆第进士。元褒又擢贤良方正,终司封员外郎。余及诛。"

《旧唐书》卷一六九《舒元舆传》:"舒元舆者,江州人。元和八年登进士第,释褐诸府从事。大和初,入朝为监察,转侍御史……九年,拜御史中丞,兼判刑部侍郎。是月,以本官同平章事……送左军族诛之。"

《登科记考》卷二七《附考·进士科》录载舒元肱。

四库本《浙江通志》卷一二三《选举一》进士科条宪宗元和间:"舒元肱,东阳人。"

【舒元迥】江州人。约在元和中。登进士第。

《旧唐书》卷一六九《舒元舆传》:"舒元舆者,江州人。元和八年登进士第,释褐诸府从事。大和初,入朝为监察,转侍御史……九年,拜御史中丞,兼判刑部侍郎。是月,以本官同平章事……送左军族诛之。"

《新唐书》卷一七九《舒元舆传》:"舒元舆,婺州东阳人……元和中,举进士……俄擢高第,调鄠尉,有能名。裴度表掌兴元书记……拜监察御史……兼刑部侍郎……月中,以本官同中书门下平章事……弟元褒、元肱、元迥,皆第进士。元褒又擢贤良方正,终司封员外郎。余及诛。"

《登科记考》卷二七《附考·进士科》录载舒元迥。

四库本《浙江通志》卷一二三《选举一》:进士科条宪宗元和间:"舒元迥,东阳人。"

【路单】魏州阳平寇氏人,父季登迁左谏议大夫。元和间登进士科。

《旧唐书》卷一七七《路岩传》:"路岩者,字鲁瞻,阳平寇氏人也。祖季登,大历六年登进士第,累辟诸侯府。升朝为尚书郎,迁左谏议大夫,卒。生三子,群、庠、单,皆登进士第。群,字正夫,既擢进士,又书判拔萃,累佐使府。入朝为监察御史。穆宗初即位,遣使西北边犒宴军士,称旨,累加兵部郎中。大和二年,迁谏议大夫,以本官充侍讲学士。四年,罢侍讲为翰林学士。五年,正拜中书舍人,学士如故。"《桂林风土·越亭》:"金貂从此府除浙东……副车路单与金貂同年及第,和诗一首。"按:穆宗登基,单累加兵部郎中,则其登第应在元和间。

【路庠】魏州阳平寇氏人,父季登迁左谏议大夫。元和间登进士科。

《旧唐书》卷一七七《路岩传》:"路岩者,字鲁瞻,阳平寇氏人也。祖季登,大历六年登进士第,累辟诸侯府。升朝为尚书郎,迁左谏议大夫,卒。生三子,群、庠、单,皆登进士第。群,字正夫,既擢进士,又书判拔萃,累佐使府。入朝为监察御史。穆宗初即位,遣使西北边犒宴军士,称旨,累加兵部郎中。大和二年,迁谏议大夫,以本官充侍讲学士。四年,罢侍讲为翰林学士。五年,正拜中书舍人,学士如故。"按:穆宗登基,庠累加兵部郎中,则其登第应在元和间。

【路群】魏州阳平寇氏人,父季登迁左谏议大夫。元和间登进士科,又擢拔萃科,累辟使府。官至中书舍人。

《旧唐书》卷一七七《路岩传》:"路岩者,字鲁瞻,阳平寇氏人也。祖季登,大历六年登进士第,累辟诸侯府。升朝为尚书郎,迁左谏议大夫,卒。生三子,群、庠、单,皆登进士第。

群,字正夫,既擢进士,又书判拔萃,累佐使府。入朝为监察御史。穆宗初即位,遣使西北边犒宴军士,称旨,累加兵部郎中。大和二年,迁谏议大夫,以本官充侍讲学士。四年,罢侍讲为翰林学士。五年,正拜中书舍人,学士如故。……(群)二子岳、岩,大中中相次进士登第。"按:穆宗登基,群累加兵部郎中,则其登第应在元和间。

【裴寅】绛州闻喜人,祖遵庆官至宰相,父向历陕虢观察使。宪宣朝登进士科。官至御史大夫。

《旧唐书》卷一九上《懿宗》:"(咸通四年十一月)以兵部侍郎高璩本官同平章事,以户部侍郎裴寅判本司事。"

《旧唐书》卷一一三《裴遵庆传》:"裴遵庆,绛州闻喜人也。代袭冠冕,为河东著族……迁黄门侍郎、同中书门下平章事……子向,字俣仁,少以门荫历官至太子司议郎……出迁陕虢都防御、观察使……乃以吏部尚书致仕……子寅,登进士第,累官至御史大夫卒。子枢,字纪圣,咸通十二年登进士第。"

《登科记考》卷二七《附考·进士科》录载裴寅。

乾隆《山西通志》卷六五《科目.唐进士》:"裴寅,闻喜人,遵庆子,御史大夫。"按:"子"当作"孙"。

【裴虞】元和八年前后登进士第。历殿中侍御史。

《全唐文》卷六六三白居易《裴虞授殿中侍御史制》:"敕:某官裴虞:贞观初,张行成为殿中侍御史,纠劾巡察,时以为能。朕思宏贞观之风,故选御史府官,亦先其精敏刚正者。以尔虞动循道理,语必信直,励其志节,有类行成,因授厥官,无忝吾举。可殿中侍御史。"

《雁塔题名残卷拓本》:"前进士舒元舆、前进士裴虞、前进士刘□、陇西李易简、琅耶王玄明、范阳卢定□元和十年三月十四日同游。"按:舒元舆元和八年登进士第,则裴虞、刘□当在元和八年前后登进士第。

《登科记考补正》卷二七《附考·进士科》录载裴虞。

【熊孺登】洪州钟陵县人。约在元和初登进士科。历西川节度使从事、湖南观察使判官。

《全唐诗》第十一册卷三五四刘禹锡《送湘阳熊判官孺登府罢归钟陵因寄呈江西裴中丞二十三兄》,参考《唐才子传校笺》。

(宋)计有功《唐诗纪事》卷四三《熊孺登》:"孺登,钟陵人。登上第,终于藩镇从事。"

(元)辛文房撰,傅璇琮主编《唐才子传校笺》(册三)卷六《熊孺登》条云:"孺登,钟陵人。有诗名。元和中,为西川从事,与白舍人、刘宾客善。"

(明)郭子章《豫章书》:"熊孺登,钟陵人,元和进士,官藩镇从事。"

《登科记考》卷二七《附考·进士科》条云熊孺登及第。

【薛廷老】字商叟,河中宝鼎人,祖胜,父存诚官至御史中丞。元和末登进士科。官至给事中,赠刑部侍郎。

《旧唐书》卷一五三《薛存诚传》:"薛存诚字资明,河东人。父胜,能文……存诚进士擢第……擢拜御史中丞……子廷老……宝历中为右拾遗……逢吉乃出廷老为临晋县令。

文宗即位,入为殿中侍御史。大和四年,以本官充翰林学士,与同职李让夷相善……廷老寻拜刑部员外郎,转郎中,迁给事中。开成三年卒……赠刑部侍郎。"

(宋)乐史《广卓异记》卷一三《门生为翰林学士撰座主白麻》:"右按《唐书》:凡及第人入为翰林学士者,甚众,或座主先逝,或座主官位不及于内制者,唯薛廷老在翰林,座主庾承宣拜充海节度使,廷老为其词,时人荣之。"

《新唐书》卷一六二《薛存诚传》:"薛存诚字资明,河中宝鼎人……赠刑部侍郎……子廷老。廷老,字商叟,及进士第,谠正有父风。宝历中,为右拾遗……开成三年,迁给事中……卒,赠刑部侍郎。"

【薛淙】元和中登进士科。历邓州刺史。

《全唐文》卷七四九杜牧《薛淙除邓州任如愚除信州虞藏玘除邛州刺史等制》:"敕。朝议郎前使持节坊州诸军事守坊州刺史薛淙等:仲尼对鲁哀公曰:'人道之大,莫先为政。'汉宣帝曰:'与我共治者,其唯良二千石乎。'念先师贤帝之言,思疲人良吏之选,夙兴夜寐,不忘于此。淙以文科入仕,命守边郡,属当伐叛,兵于其郊,处剧不繁,事丛皆办。如愚进以门子,屡为长吏,其为政化,可差古人。藏玘与逢,阅官簿而颇多,言理名而亦著。绍元尝闻谨慎,可宰百里。己所不欲,勿施于人,无忘格言,副我优寄。可依前件。"

(宋)李昉等《太平广记》卷三五七《夜叉二·薛淙》引《博异传》:"前进士薛淙,元和中,游河北卫州界村中古精舍。"

(明)徐应秋《玉芝堂谈荟》卷十四《夜叉食人八十万》:"前进士薛淙,元和中,游河北卫州界村中古精舍。"

《登科记考》卷二七《附考·进士科》录载薛淙。

附考明经（宪宗朝明经）

【王杲】幽州蓟县人。约元和中五经科及第,获瀛州河间县主簿。终幽府功曹参军。

《唐代墓志汇编续集》会昌〇三〇贾暄撰会昌六年(846)三月朔日《唐故幽州节度押衙银青光禄大夫检校太子宾客兼监察御史太原王公(时邕)墓志铭并序》:"公讳时邕,字子泰,其先太原人也。昔因之宦,徙家于燕,乃为燕人也……祖讳解公,错综五经,深秘奥义,礼闱对策,而取十全,条奏精辩,才冠等列。首选涿郡范阳县丞……皇考讳杲,蹑其先迹,以五经及第,获瀛州河间县主簿,终幽府功曹参军……公享年卅有七,会昌五年十一月遘之疾矣,医卜无验,乙丑岁月次大吕廿有四日终于燕都坊之私第。"按:据志文,王解公、王杲父子二人均明经及第,王杲及第时间约在元和中。

【王彦威】字子美,郡望太原,贯河南偃师县毫邑乡。元和中举明经甲科,未得调,求为太常散吏,补检讨官。官至户部侍郎,封北海县子,赠仆射,谥曰靖。

《全唐文》卷六〇九刘禹锡《唐故监察御史赠尚书右仆射王公(俊)神道碑》:"公讳俊,字真长,其先叶黄帝……烈考皭,宣州宣城县令,赠工部郎中。娶河东裴氏,乃生仆射。季睦余力,工为文。始以崇文生应深谋秘策,考入上第,拜监察御史。天之赋予,莫能两大,既扬令名,而不以景福,享龄五十五。葬于河南府偃师县毫邑乡。后以子贵,累赠礼部尚书至右仆射。夫人江夏李氏祔焉。李门多奇才:父暄,起居舍人;暄子郦,门下侍郎平章事;高叔祖善,兰台郎崇文馆学士,注《文选》行于时;善子邕,北海郡太守,有重名,四方之士求为碑志者倾天下……季子彦威,字子美,始以五经登甲科。历太常博士祠部员外郎,迁屯田郎中,转户部司封,并充礼仪使判官、宏文馆学士、京兆少尹、谏议大夫、史馆修撰。以直谏出为河南少尹,入为少府监司农卿,改淄青节度使,征拜户部侍郎判度支。势逼生患,出为卫尉,分司东都。寻起为陈许节度使检校礼部尚书,充汴、宋、亳等州节度观察处置等使,北海县开国子,食邑五百户。”

《旧唐书》卷一五七《王彦威传》:“王彦威,太原人。世儒家,少孤贫,苦学,尤通《三礼》。无由自达,元和中游京师,求为太常散吏。卿知其书生,补充检讨官……累转司封员外郎中……开成元年,召拜户部侍郎,寻判度支……会昌中,入为兵部侍郎,历方镇,检校兵部尚书。卒,赠仆射,谥曰靖。”

《新唐书》卷一六四《王彦威传》:“王彦威,其先出太原……举明经甲科……未得调,求为太常散吏,卿知其经生,补检讨官……有诏拜博士。宪宗以正月崩,有司议葬用十二月下宿,彦威建言……制可……后累擢司封郎中、弘文馆学士、谏议大夫……开成初,召为户部侍郎,判度支……徙节宣武,封北海县子……卒,赠尚书右仆射,谥曰靖。”

《登科记考》卷二七《附考·明经科》云王彦威及第。按:王彦威元和中为太常散吏,登第后补检讨官。

【韦实】京兆府万年县人,祖政雒县丞,父丹官至江西观察使。元和五年(810)八月前明经登第。

《全唐文》卷五六六韩愈《江西观察使韦公(丹)墓志铭》:“公讳丹,字某,姓韦氏,六世祖孝宽,仕周有功,以公开号于郿。郿公之子孙,世为大官,惟公之父政,卒雒县丞,赠虢州刺史。公既孤,以甥孙从太师鲁公真卿学,太师爱之。举明经第,选授峡州远安令……拜洪州刺史江南西道观察使,以晋慈隰属河东……春秋五十八,薨于元和五年八月六日。公好施与,家无剩财。自校书郎至为观察使,拥吏卒前走七州刺史,与宾客处如布衣时,自持卑一不易。娶清河崔氏,故支江令讽之女,某官某之孙。有子曰实,年十五,明经及第,嗣其家业。”

《登科记考》卷二七《附考·明经科》录载韦实。

【卢大炎】涿郡范阳人,父坦官至梓州刺史、剑南东川节度使。元和年间明经及第。

《全唐文》卷四九七权德舆《唐故剑南东川节度副大使知节度事管内支度营田观察处置等使正议大夫持节梓州诸军事守梓州刺史兼御史大夫护军赐紫金鱼袋赠礼部尚书卢公(坦)神道碑铭并序》:“惟卢公讳坦,字保衡,涿郡范阳人也……冢子大炎,前明经调拔萃,以地势嫌抑。”按:卢坦卒于元和十二年(817)秋九月,则其子明经及第当在元和年间。

【卢士琼】字德卿,范阳人,父融,官祠部郎中。约在元和中登明经科。历宁陵、华阴二县尉,除河南户曹,官至河南府司录参军。

《唐代墓志汇编》大和〇〇六欧阳溪撰大和元年(827)九月《唐故河南府司录事参军卢君墓志铭并序》:“君讳士琼,字德卿,范阳人。家世为甲姓,祠部郎中融之长子,明经及第。历宁陵、华阴二县主簿,知泗州院事,得协律郎。郑少师之留守东都,奏为推官,得大理评事。韩尚书代为留守,请君如初。尚书节将陈许奏充观察判官,得监察御史。府罢岁余,除河南府户曹,以疾免。河南尹重其能,奏为司录参军。大和元年岁次丁未九月庚寅,发疾而卒,年六十九。"(参见《全唐文》卷六三七李翱《故河南府司录参军卢君墓志铭》)

(唐)薛鱼思《河东记·郑驯》:"一县人吏皆曰不虚,李愕然,犹未之信。即策马疾驰,往郑庄,中路逢县吏崔频、县丞裴悬、主簿卢士琼、县尉庄儒及其弟庄古、邑客韦纳、郭存中,并自郑庄回。"

【卢公及】范阳人,父士巩官朝散大夫守郑州长史。约在元和年间明经及第。官汴州参军。

《全唐文补遗》第八辑,张文规撰长庆二年(822)二月二十二日《唐故朝散大夫守郑州长史范阳卢府君(士巩)墓志铭并序》:"公讳士巩,字从真,姓卢氏,其先燕人也……次子公及,以明经补汴州参军。"按:墓志作于长庆二年,则卢公明经及第当在元和年间。

【卢宗和】字子让,范阳涿人。明经及第。官至郑州中牟县尉。

《河洛墓刻拾零》,郑睿撰大和六年(832)十一月十四日《唐故文林郎前郑州中牟县尉范阳卢君(宗和)墓志铭》:"君讳宗和,字子让。世为范阳涿人……寻登明经上第。宝历初授中牟尉。"按宗和卒于大和六年(832),享年四十四,则其明经及第约在宪宗至穆宗年间。。

【卢岘】范阳人。元和六年(811)前明经及第。

《邙洛碑志三百种》,常次儒撰元和元年(806)七月十八日《唐故华州司法参军范阳卢府君夫人河东裴氏墓志铭并序》:"嗣子岘,前弘文馆明经,禀舅氏之慈训,承令母之义方,孺慕衔恤,克遵先志。"按:裴氏卒于元和六年(811)六月。

【卢直】字本愚。约元和末登明经科。

《千唐志斋藏志》一〇二二长庆三年《卢直墓志》:"公名直,字本愚。经学精通,乡赋两应,叙录之次,爰授一官。"按:其登第年当在元和末。

【卢崿】约元和间明经及第。大和五年官宜春令。

《全唐文》卷七六八卢肇《阅城君庙记》:"元和中,故宜春县令卢府君尝游宦南越,乞灵于龙,契乎其旨,尝梦龙伯谓之曰:'君将宰邑江西,其致我焉。'许之。及大和五年,岁在壬子,府君来宜春,遂立祠于邑东昌山津右。府君讳崿,举孝廉,三迁为宜春令。"按大和五年(831),岁在辛亥。

【卢辊】约在宪宗元和年间明经及第。官至舒州怀宁县主簿。

《全唐文补遗》第八辑,卢敏事撰大中二年(848)八月十五日《唐故登仕郎守舒州怀宁县主簿卢府君(辊)夫人荥阳郑氏(彬)志文》:"先夫人讳彬,字全文……先府君讳辊,孝廉登第。壤并宦途,止于上县簿尉……(夫人)以会昌六年十月十九日,弃养于丰邑乡刘贺管外王父之舍,享年五十二。"按:墓志撰者卢敏事为志主第二子。

【白缓】元和六年(811)八月前登明经第。

《唐代墓志汇编》元和〇四五元和六年(811)八月二十八日《唐故李□太原王夫人墓

志铭并序》，署："前弘文馆明经白缓撰。"按：白缓当在元和六年八月前登第。

【乐元素】南阳人。元和九年(814)前明经及第。官汝州龙兴县尉。

《全唐文补遗》千唐志斋新藏专辑，乐元素撰元和九年(814)三月十八日《唐故朝散大夫太子左赞善大夫试汝州司马上柱国南阳乐府君(庭芬)夫人陇西郡歧氏(珪)合祔志》："府君讳庭芬，祖讳法。父讳敬宾。自宋之后，家谍传焉。其先，即南阳人也……嗣子四人：长曰元系，次曰元素，次曰元操，次曰元洁。修蕴事业，应召礼闱。元素以明经擢第，调补汝州龙兴县尉。"按：元素明经擢第当在元和九年前。

【冯□】吴人。元和初登明经科。

(唐)张读《宣室志》卷九："元和初，长乐县有冯生者，家于吴，以明经调选于天官氏。是岁见黜于有司，因侨居长安中。"

胡可先《〈登科记考〉匡补续编》补入。

【权项】天水人，贯洛阳，祖隼华州司士参军，父少成官至登封令。约在元和初登明经科。历凤州两当县令。

《全唐文》卷五〇六权德舆《唐故河南府登封县令权君(少成)墓志铭并序》："噫嘻！吾之从祖弟曰少成，字某，仕至河南府登封令而殁，其年五十七。曾王父益州成都县尉府君讳无侍，王父许州临颍县令府君讳仅，父华州司士参军府君讳隼……(君)以经明调选为睦州桐庐尉，凡七徙官，皆以功次得调……元和十一年调补登封，春二月，病风痹，逮秋寖剧，九月二十七，启手足于官次……娶博陵崔氏，某官某之女，雅有妇行。长男项，以经明为凤州两当令。"按：此碑立于元和十二年，权项登第当在元和初前后。

《登科记考》卷二七《附考·明经科》云权项及第。

【达奚逢】寿州安丰县人，父恪官至济源县主簿。约在元和中登明经科。历陈留县尉、试大理评事，赠许州司马。

《唐代墓志汇编》咸通〇六三裴端辞撰咸通八年(867)八月十八日《唐故乡贡进士达奚公(革)墓志铭并序》："公讳革，字日新，其先轩辕氏之垂裔……三代祖讳恪，举进士高第，河南府济源县主簿。大父讳逢，明经及第，本州陈留县尉、试大理评事，赠许州司马。"

【刘谅】字简章，贯郓州乐亭。约在宪文朝三传及第，选得沧州平原县令。

《全唐文补遗》第四辑，史陪撰光启二年(886)三月二十九日《大唐故河问(当作"间")郡刘公(仲)合祔墓志铭并序》："公讳仲，字孟英，伯伦公之苗裔……祖讳谅，字简章，家唯一身，业攻三传，精研道义，十赴礼闱，果遂前心，选得沧州平原县令……享年六十有三，以中和元年正月六日谢于乐亭东南故园之私第。"按：墓主中和元年春秋六十三卒，其祖约在宪宗朝及第。又据《全唐文》卷七三六沈亚之《旌故平卢军节士文》："元和九年，蔡帅少阳死，其子元济欲以其父之地请于天子。天子怒，发兵围之……将行执航手曰：'努力慎勿泄。书不吾名，盖假齐人刘谅耳。非见帅，无得言吾书者。'航至彭城，航宗人运为武宁虞候都使，始航欲舍之，会运将兵出定丰未还。航直诣宾府见郭行余，因曰：'母之姊子刘谅，有帛书奏记，陈叛兵者山川曲折之状，愿见将军。'行余得之喜悦，起告其帅。航见帅，独谓帅曰：'书，郭垆为之。畏泄故假刘谅。刘谅者，师道所信之吏也。'遂发书……"按：元和九年刘谅为李师道从事,则其登第当在元和初。

【宇文玎】元和十一年(816)前登明经第。

《全唐文补遗》第六辑,宇文鐬撰元和十一年(816)二月一日《南浦郡报善寺主(宇文)德曜公道行碑铭并序》,末题:"元和十一年二月一日建。乡贡明经、文林郎、试襄州宜城县尉宇文玎。"按:宇文玎当在元和十一年前登第。

【许□】约在元和中登明经科。

《全唐文》卷五九六欧阳詹《送常熟许少府之任序》:"始入仕,一有县尉,或中或上或紧,铨衡评才,若地称而命之。至于紧,无得幸而处;而紧中之美者,尤难其人。今年孝廉郎高阳许君授常熟尉者,实紧中之美。君十三举明经,十六登第。后三举进士,皆屈于命。去冬以前明经从常调,荫资贵中之乙,判居等外之甲。既才且地,擢以是官。夏四月,随牒之官。玉貌青春,芬芳有蒨。望棠阴而委质,郁兰陔以辞亲。征车辚辚,所往在目。异时九仞,由兹一篑。在邦犹家,不出于忠信,许君常以为己任。"按:欧阳詹贞元八年进士及第,卒年四十余,则许□登第年大致在元和中。

《登科记考》卷二七《附考·明经科》云许□及第。

【杜义符】元和初前后弘文馆明经登第。

《全唐文》卷六三一吕温《故河中节度使检校司空平章事杜公夫人李氏墓志铭》:"粤元和三年岁在八月某朔某日,河中晋绛等州节度使检校司空平章事邠国公夫人赵郡李氏薨于公宫之正寝,享年若干。有子五人:长曰载,河南府功曹参军;次曰翁归,前太常寺奉礼郎,次曰宝符,前河南府参军;次曰义符,宏文馆明经。"按:此碑立于元和三年,则杜义符登第约在元和初前后。

《登科记考》卷二七《附考·明经科》云杜义符及第。

【李讷】约在宪宗时明经及第。官至潭州醴陵县令。

《邙洛碑志三百种》,李贻孙撰宝历元年(825)十一月二十一日《故文林郎前潭州醴陵县令陇西李君(讷)墓志铭并序》:"唐宝历元年乙巳十月庚子八日,前潭州醴陵县令李讷不禄于河阳……自求诸己,因忘寝食,搜扬文义,数年之间,以戴氏礼明经第一,命而令于县,罢令三岁,年册迫于命而哀可极耶。"按:李讷宝历元年卒,春秋四十,则其明经及第约在宪宗时期。又,唐有同名之进士李讷,别是一人。

【李杼】字成章。约在元和至长庆间明经及第。官至怀州录事参军。

《全唐文补遗》第八辑,崔福撰大中四年(850)十月十七日《唐故怀州录事参军姑臧李公(杼)墓志铭》:"公讳杼,字成章,实后魏太尉封姑臧公冑也……未弱冠,能通经。与元昆拜母卢夫人入长安。公于诸昆弟中,首擢上第,用明经补太子卫佐,再补陕县丞……遂以大中四年七月十六日,无疾暴终于许昌馆舍,享年四十有九。"按:以"未弱冠"时间推算,李杼明经及第约在元和至长庆间。

【李游道】元和十五年(820)十一月前明经及第。

《全唐文补遗》第三辑,裴俭撰元和十五年(820)十一月二十二日《唐故太原府太谷县尉元府君(重华)亡夫人河东裴氏墓志铭并序》,文末署:"外生、前乡贡明经李游道书。"

【李敬彝】陇西人,祖并皇太府少卿,父宣吉州刺史。约在元和中登明经科。官至衢州刺史。

《唐代墓志汇编》大中〇七九高璩撰大中七年(853)七月二十日《唐故郓州寿张县尉李君(珪)墓志铭并序》:"公讳珪,字三复……迨今为陇西人也……曾祖并,皇太府少卿;祖宣,皇吉州刺史,烈考敬彝,皇随州刺史,宪皇朝,鼓经笥,挥笔阵,掇取第一,易如反掌。其后佐侯府,登王庭。"

《新唐书》卷一七九《郑注传》:"敬彝为路隋所辟,隋卒,客江淮,以未赴免,因擢兵部员外郎,终衢州刺史。"

《登科记考补正》卷二七《附考·科目未详》录载李敬彝。按:敬彝当为明经出身。

【李澣】字濯缨,宗室,姑臧人。元和初登明经科,释褐永兴尉,守湖南盐铁转运院。官至监察御史。

《柳宗元集》卷一〇《故岭南盐铁院李侍御墓志》:"天宝中,诏李氏由凉武昭王以下,皆得籍宗正。故沂州刺史福,以姑臧人附属于宁、歧为族。曾祖生乐寿令昱,昱生虢州司马叶,世为儒闻。叶生监察御史澣,字濯缨,明两经,仕历永兴、临晋尉……又守湖南盐铁转运院,以能迁官……年五十三,元和十三年月日卒。"按澣任临晋尉后五年多为元和十三年,则其登第年当为元和初。

《登科记考》卷二七《附考·明经科》条云李澣及第。

【沈□】元和十年前登明经第。

《全唐文》卷七三五沈亚之《送叔父归觐序》:"古之取仕,得明经为清选,近世即为进士。亚之叔父独谓古道可恃,乃曰:'我儒世家也,当勤经策义,取高第耳。'业之三贡,果得中。"按:沈亚之元和十年登进士第,则其叔父登第当在此之前。

【陈广】元和中登明经科。历武陵官,官至巴州掾。

(唐)张读《宣室志》卷九:"元和中,武陵郡开元寺有僧惠照……后有陈广者,由孝廉科为武陵官。"

(宋)李昉等《太平广记》卷九二《异僧六·惠照》引《宣室志》:"唐元和中,武陵郡开元寺有僧惠照……后有陈广者,由孝廉科为武陵官。广好浮屠氏。一日,因谒寺,尽访群僧,至惠照室……广受教而还。明日,至其居,而照已遁去,莫知其适。时元和十一年。至大和初,广为巴州掾,于蜀道忽逢照。惊喜再拜曰:'愿弃官从吾师,为物外之游。'照许之。"

按胡可先《〈登科记考〉匡补续编》补入,孝廉科即明经科。

【林慈】元和中举明经及第。历官余杭令。

《八闽通志》卷五七《选举兴化府下》:记有林慈,谓"(林)著之从子。元和中举明经及弟,余杭令"。

【周□】吴郡昆山县人。元和中以明经上第调选。历官昆山县尉。

(唐)张读《宣室志》卷四:"汝南周氏子,吴郡人也,忘其名,家于昆山县。元和中以明经上第,调选,得尉昆山。"

《登科记考》卷二七《附考·明经科》录载周□。

【郑抱素】荥阳人。宪宗元和年间及明经第。历官越州参军、润州丹徒主簿、汴州司士参军。

《全唐文补遗》千唐志斋新藏专辑,卢传撰大中七年(853)七月八日《唐故汴州司士参军荥阳郑君(抱素)墓志铭并序》:"君讳抱素,早岁擢孝廉科,调补越州参军,次命润州丹徒主簿,季命汴州司士参军。"按:抱素大中七年卒,享年六十三,则其早岁孝廉科擢第当在宪宗元和年间。

【郑憬】郑州荥阳人。登明经第。官至儒林郎守陈州司兵参军。

《唐代墓志汇编》元和一四〇元和十五年(820)四月十九日《大唐故儒林郎守陈州司兵参军郑府君(憬)墓志铭并序》:"公讳憬,郑州荥阳人也……高祖讳览,皇辰州卢溪县令;曾祖讳训,皇赵州平棘县丞;祖讳锡,皇登州蓬莱县尉;父讳憬,皇陈州司兵参军。身明经及第……第三任陈州司兵参军。"按:该志拓片可参见《千唐志斋藏志》一〇一六,志文云志主与其父均名"憬",疑误。

罗继祖《登科记考补》补入。

【赵君旨】字正卿,郡望天水,贯河南府河南县。元和初前后登三礼科,授右监门卫录事参军。官至国子监礼记博士。

《唐代墓志汇编》大和〇八七《唐故国子监礼记博士赵君墓志铭》:"公讳君旨,字正卿,天水人也……(公)应三礼科,果得高第,因授右监门卫录事参军……拜国子监礼记博士……大和八年……享年五十九……返……葬于河南府河南县。"按其元和八年五十九岁,其登第约在元和初。

【秦宗畅】明经及第。

《全唐文补遗》第三辑,秦宗衡撰元和三年(808)十一月十二日《左神武军将军秦公故夫人弘农杨氏墓志铭并序》:"哀子五人:……次曰儒衡,以两馆明经调成都府参军。幼曰宗畅,前崇文馆明经。"按:杨氏卒于元和二年(807)十一月三日,享年六十七。

【秦儒衡】明经及第,曾官成都府参军。

《全唐文补遗》第三辑,秦宗衡撰元和三年(808)十一月十二日《左神武军将军秦公故夫人弘农杨氏墓志铭并序》:"哀子五人:……次曰儒衡,以两馆明经调成都府参军。幼曰宗畅,前崇文馆明经。"按:杨氏卒于元和二年(807)十一月三日,享年六十七。

【钱朗】洪州人。以五经登科。唐累官光禄卿,文宗朝归隐庐山。

(清)吴任臣《十国春秋》卷八九《吴越十三·钱朗传》:"钱朗,洪州人。少以五经登科,仕唐累官光禄卿。文宗朝,归隐庐山,得补脑还化之术。武肃王延至西府,以师礼事之。时朗曾玄孙数辈,皆以明经官邑令,皤然皓首,拜于阶下,而朗貌若童子,人咸异之。"按:其登第应在元和中。

《登科记考》卷二七《附考·明经科》云钱朗及第。

【顾谦】字自修,苏州人。约在元和中登明经科。官至宗城县令。

《登科记考》卷二七《附考·明经科》顾谦条引《宗城县令顾府君墓志》:"谦字自修,其先吴郡人……早岁举明经,三礼二科。"

弘治《上海志》卷八《人品志·文学》:"(顾谦)其先吴郡人……早岁举明经三礼二科。"

正德《松江府志》卷二八《人物二·名宦》:"(顾谦)举明经三礼二科,润达贯穿。"

《云间志》卷中《进士题名》有载。乾隆《江南通志》卷三九《舆地志·松江府》:"唐朝散郎顾谦墓在北亭乡崧子里。"

乾隆《江南通志》卷一三五《选举志·唐》:"顾谦,华亭人,举明经。"按:谦为唐苏州华亭人。

【高重】字文明,蓚人。元和二年前后登明经科。历盐铁使判官,拜太子宾客,分司东都,赠太子少保。

《新唐书》卷九五《高俭传》:"高俭字士廉,以字显。士廉五世孙重,字文明,以明经中第,李巽表盐铁转运巡官,善职,凡十年,进累司门郎中。敬宗慎置侍讲学士,重以简厚惇正,与崔郾偕选,再擢国子祭酒。文宗好《左氏春秋》,命分列国各为书,成四十篇。与郑覃刊定《九经》于石。出为鄂岳观察使,以美政被褒。久之,拜太子宾客,分司东都。卒,赠太子少保。"按:李巽元和二年三月癸卯以兵部尚书判度支盐铁转运使,则高重及第应在元和二年前后。

《登科记考》卷二七《附考·明经科》条云高重及第。

嘉靖《河间府志》卷二〇《人物志》:"高重……以明经中第。"

光绪《畿辅通志》卷三四《选举·唐进士·附录》:"高重,蓚人,官侍讲学士。"

【崔戎】字可大,祖婴,郧州刺史,父贞固,太原榆次尉。元和中登明经科,补太子校书,又登平判科,授蓝田主簿。历淮南节度使从事、太原节度使裴度参谋,官至给事中,赠礼部尚书。

《旧唐书》卷一六二《崔戎传》:"崔戎字可大……祖婴,郧州刺史。父贞固,太原榆次尉。戎举两经登科,授太子校书,调判入等,授蓝田主簿,为藩镇名公交辟。裴度领太原,署为参谋。时王承宗据镇州叛……入为殿中侍御史,累拜吏部郎中,迁谏议大夫。寻为剑南东、西两川宣慰使……拜给事中……改华州刺史,迁兖海沂密都团练观察等使……大和八年五月卒,赠礼部尚书。"

《新唐书》卷一五九《崔戎传》:"崔戎,字可大,玄暐从孙也。举明经,补太子校书郎。判入等,调蓝田主簿。辟淮南李鄘府。卫次公代鄘,宪宗称戎才,故次公倚成于职。裴度节度太原,署参谋。时王承宗以镇叛,度请戎往谕,承宗至泣下,乃听命。入为殿中侍御史,擢累谏议大夫……岁余卒,年五十五,赠礼部尚书。"按大和八年崔戎五十五岁推算,其登第时间约为元和中。

《登科记考》卷二七《附考·明经科》云崔戎及第。

【崔植】字公修。元和年明经及第,授河南府参军。长庆间官至中书侍郎平章事。

（元）洪景修《新编古今姓氏遥华韵》乙集卷九："崔植字公修，元和年明经进士。时皇甫镈议减百官俸，植封还诏书。长庆年拜中书侍郎平章事。"

《登科记考补正》卷二七《附考·明经科》增补，考云："此言'明经进士'不确。考《册府元龟》卷七六八：'崔植潜心经史，尤精《易》象，后为中书侍郎平章事。'又同书卷八六三：'崔植字公修……用弘文生授河南府参军。'是当以弘文生明经及第。"

【崔景裕】清河人，父崔备，官谏议大夫。约在元和初明经及第。

《全唐文补遗》千唐志斋新藏专辑，张惟素撰元和十一年（816）八月二十七日《唐故谏议大夫清河崔府君（备）墓志铭并序》："元和十一年春三月，谏议大夫崔公，寝疾终于长安安邑里之私第，春秋七十。公讳备，字顺之，其先清河人也……有子五人：长曰景裕，明经及第。"按：墓志未署景裕官职，则其当在元和初及第。

【崔罳】字遐举，河南府洛阳县人，祖□怀州刺史检校左庶子，父税官至大理评事。约在元和间登明经科，释褐河中府参军。历殿中侍御史知西川院事，官至曹州刺史。

《唐代墓志汇编》大中〇九〇《□□□□□使持节曹州诸军事守曹州刺史赐紫金鱼袋清河崔府君墓志铭并序》："府君讳罳，字遐举，清河东武城人……祖府君讳□，皇怀州刺史检校左庶子……；烈考府君讳税，皇大理评事……（公）乃以明经随贡，一举上第，释褐河中府参军事……除曹州刺史……大中八年……享龄六十有八……附葬于洛阳县……先府君茔之东次礼也。"按其大中八年享年六十八岁，登第约在元和前后。王其祎、周晓薇《〈登科记考〉补续》补入。

【董齐】父楹官苏州长史。元和二年前登明经科。

《唐代墓志汇编》元和〇一三朱谠言撰元和二年（807）四月十六日《唐故银青光禄大夫行苏州长史上柱国陇西郡董府君（楹）墓志铭并序》："公讳楹，起家至苏州长史……有子四人：……仲曰齐，应乡里之选，举孝廉登第。"按墓志立于元和二年，则其登第当在此前。王其祎、周晓薇《〈登科记考〉补续》补入。

【韩特】元和十一年（816）七月前登明经科。

《全唐文补遗》第二辑，韩特撰元和十一年（816）七月四日《唐故法云寺寺主尼大德昙简（韩氏）墓志铭并序》："大师俗姓韩氏，其先昌黎人也。"按墓志撰者为韩氏之侄、前乡贡明经特，则韩特当在元和十一年七月前及第。王其祎、周晓薇《〈登科记考〉补续》补入。

附考诸科（宪宗朝诸科）

【张弘宗】元和初童子科及第。

《张弘宗墓志铭》："公童卯入仕，端贞奉公，自解褐至下席前后历十三任……咸通三年三月二十七日薨于汾州别驾之位，享年六十八。"按：其以童子科及第，当不大于十五岁，一般以十二岁为限，则张弘宗童子科及第当在元和初。

附考制科（宪宗朝制科）

【李虞仲】元和元年（806）登进士科，后登制科。小传见进士科李虞仲条。

《旧唐书》卷一六三《李虞仲传》："李虞仲字见之，赵郡人。祖震，大理丞。父端，登进士第……虞仲亦工诗。元和初，登进士第，又以制策登科，授弘文校书。从事荆南，入为太常博士，迁兵部员外、司勋郎中……转兵部郎中，知制诰，拜中书舍人。大和四年，出为华州刺史、兼御史大夫。入拜左散骑常侍，兼秘书监。八年，转尚书右丞。九年，为兵部侍郎，寻改吏部。开成元年四月卒，时年六十五。"

《新唐书》卷一七七《李虞仲传》："李虞仲字见之。父端，附见《文艺传》。虞仲第进士、宏辞，累迁太常博士……赠吏部尚书。"

《登科记考》卷一六元和元年（806）进士科、卷二七《附考·制科》条云李虞仲及第。

【崔芸卿】名未详，字芸卿，清河东武城人。元和中制举经明行修科及第，解褐授韩城尉，后调补卫佐。秩满，以书判拔萃登名殊等，授太学博士，官至澧州刺史。

《全唐文补遗》第六辑，崔晔撰咸通十五年（874）十月二十九日《唐故朝散大夫前使持节澧州诸军事守澧州刺史柱国清河崔公（芸卿）墓志铭并序》："公讳□，字芸卿，清河东武城人也……元和中以经明行修科，解褐授韩城尉，后调补卫佐。秩满，就书判拔萃，登名殊等，授太学博士。"按：墓志载曾王父忠公讳隐甫，开元末官刑部侍郎兼河南尹。王父潜，官至处州刺史，赠左散骑常侍。显考胜，终于陕州大都督府右司马，赠太子右庶子。

附考科目选（宪宗朝科目选）

【杨敬之】字茂孝。元和二年（807）登进士科，又登平判科。历右卫胄曹参军、大理卿、国子监祭酒。小传见元和二年进士科杨敬之条。

《新唐书》卷一六○《杨凭传附杨敬之传》："杨凭字虚受，一字嗣仁。虢州弘农人……长善文辞，与弟凝、凌皆有名，大历中，踵擢进士第，时号'三杨'……入为……京兆尹……凌字恭履，最善文，终侍御史。子敬之。敬之，字茂孝。元和初，擢进士第，平判入等，迁右卫胄曹参军。累迁屯田、户部二郎中。坐李宗闵党，贬连州刺史。文宗尚儒术，以宰相郑覃兼国子祭酒，俄以敬之代。未几，兼太常少卿……转大理卿，检校工部尚书，兼祭酒，卒。"

《柳宗元集》卷三○《与杨京兆凭书》，孙注："敬之，凌子，元和二年中进士。敬之，字茂孝，尝为《华山赋》示韩愈，愈称之。"

《登科记考》卷一七元和二年进士科条云杨敬之及第。

【郑宽】元和中擢拔萃科。

《新唐书》卷六○《艺文四》："郑宽《百道判》一卷。元和拔萃。"

【孟简】字几道，德州平昌人。贞元中登进士科，元和中登宏词科。小传见德宗朝附考进士科孟简条。

《旧唐书》卷一六三《孟简传》："孟简字几道，平昌人……擢进士第，登宏辞科。"

《新唐书》卷一六〇《孟简传》:"孟简字几道,德州平昌人。曾祖诜,武后时同州刺史。简举进士、宏辞连中,累迁仓部员外郎……仍太子宾客分司,卒。"

(宋)计有功《唐诗纪事》卷四一《孟简》:"元和中,简将试……乃擢上第……简,字几道,德州人。元和中为户部侍郎,以赃贬,后以太子宾客分司卒。"《全唐诗》第十二册卷三七九孟郊《感别送从叔校书简再登科东归》。《登科记考》卷二七《附考·进士科》条著录孟简两次。一云:"郊之叔,见孟郊诗。"一云:"《旧书》本传:'简字几道……擢进士第,登宏词科。'……"岑仲勉《〈登科记考〉订补》云此两孟简实为一人。《登科记考》宏词科条未收孟简。

【高锴】元和九年后登宏辞科。小传见元和九年(814)进士科高锴条。

《旧唐书》卷一六八《高钅元传附高锴传》:"高钅元字翘之。祖郑宾,宋州宁陵令。父去疾,摄监察御史。钅元,元和初进士及第……四年冬,迁吏部侍郎……与弟铢、锴皆以检静自立……锴,元和九年登进士第,升宏辞科,累迁吏部员外……乃以锴为礼部侍郎。凡掌贡部三年……寻转吏部侍郎。其年九月,出为鄂州刺史、御史大夫、鄂岳观察使,卒。"

《新唐书》卷一七七《高钅元传附高锴传》:"高钅元字翘之,史失其何所人。与弟铢、锴俱擢进士第……累进吏部侍郎……锴字弱金,连中进士、宏辞科,辟河东府参谋,历吏部员外郎,迁中书舍人……迁吏部侍郎,出为鄂岳观察使。卒,赠礼部尚书。"

【崔珙】博陵安平县人,祖懿,父颋官至少府监。约在元和中登拔萃科,累辟使府。官至宰相,勋阶上柱国,封安平郡开国公。

《旧唐书》卷一七七《崔珙传》:"崔珙,博陵安平人。祖懿。父颋,贞元初进士登第。元和初累官至少府监。四年,出为同州刺史,卒……珙,……以书判拔萃高等,累佐使府。性威重,尤精吏术。大和初,累官泗州刺史,入为太府卿……授珙兼检校工部尚书、徐州刺史、兼御史大夫,充武宁军节度、徐泗濠观察使。开成初,就加检校兵部尚书。二年,检校吏部尚书,右金吾大将军,充衔使。六月,迁京兆尹……累迁户部侍郎,充诸道盐铁转运等使。寻以本官同中书门下平章事,累兼刑部尚书、门下侍郎,进阶银青光禄大夫,兼尚书左仆射……前凤翔陇州节度观察处置等使、光禄大夫、检校尚书右仆射、兼凤翔尹、御史大夫、上柱国、安平郡开国公、食邑二千户崔珙……可太子少师,分司东都。未几,卒。"

《新唐书》卷一八二《崔珙传》:"崔珙,博陵安平人。父颋,官同州刺史……珙为人有威重,精吏治,以拔萃异等,累擢至泗州刺史。由太府卿为岭南节度使……入为右金吾大将军,迁京兆尹……开成末,累进刑部尚书,诸道盐铁转运使。俄同中书门下平章事,仍领盐铁,即拜中书侍郎。会昌二年,进位尚书左仆射……宣宗立,徙商州刺史,以太子宾客分司东都,起为凤翔节度使……下除太子少师,分司东都,就拜留守。复节度凤翔,卒于官。"按:珙父元和四年卒,珙又在大和初累官泗州刺史,则珙登第应在元和中。

【崔瑨】博陵安平人,祖懿,父颋官至少府监。约在元和中登拔萃科。累迁至刑部郎中、三郡刺史,位终方镇。

《旧唐书》卷一七七《崔珙传》:"崔珙,博陵安平人。祖懿。父颋,贞元初进士登第。

元和初累官至少府监。四年，出为同州刺史，卒……珙弟瑨、璪、玙、球、珣。瑨以书判拔萃，开成中，累迁至刑部郎中。会昌中，历三郡刺史，位终方镇。"按：瑨登第应在元和中，参考进士科崔珙条小传。

【路群】魏州阳平寇氏人，祖季登迁左谏议大夫。元和间登进士科，又擢拔萃科，累辟使府，官至中书舍人。小传见宪宗朝附考进士路群条。

《旧唐书》卷一七七《路岩传》："路岩者，字鲁瞻，阳平寇氏人也。祖季登，大历六年登进士第，累辟诸侯府。升朝为尚书郎，迁左谏议大夫，卒。生三子，群、庠、单，皆登进士第。群，字正夫，既擢进士，又书判拔萃，累佐使府。入朝为监察御史。穆宗初即位，遣使西北边犒宴军士，称旨，累加兵部郎中。大和二年，迁谏议大夫，以本官充侍讲学士。四年，罢侍讲为翰林学士。五年，正拜中书舍人，学士如故。"按：穆宗登基，群累加兵部郎中，则其登第应在元和间。

卷十一

唐穆宗（李恒）朝（821—824）

长庆元年辛丑(821)

正月辛丑,改元。《册府元龟》《唐大诏令集》。

知贡举：礼部侍郎钱徽

进士科

【杜师礼】襄州襄阳人,祖孝辅官大理寺丞,父清官检校员外郎,兄师仁吉州刺史。长庆元年(821)进士科状元及第。

(唐)林宝《元和姓纂》卷六〈杜氏〉条云:"元志,考功郎中、杭州刺史,生逢时、纬、孝辅、参谟、峤……孝辅,大理丞,生虔、信、贤、应、鸾、清……清,检校员外,生师仁、师义、师礼。师仁,吉州刺史。"

《新唐书》卷七二上《宰相世系表》"襄阳杜氏"云:"元志,考功郎中、杭州刺史,(生)逢时、暐(按《元和姓纂》卷六作'纬')、孝辅、参谟、峤。孝辅,大理寺丞,(生)虔、信、贤、应、鸾、清。清,检校员外郎,(生)师古(按此云师古为误载,师古为暐孙。当从《元和姓纂》卷六作师仁)、义符、师礼。师古,吉州刺史。义符,初名师义。师礼,(生)蔪,字文垂。"

《东文选》卷八十四崔瀣〈送奉使李中父还朝序〉云:"进士取人本盛于唐。长庆初,有金云卿者,始以新罗宾贡题名杜师礼榜,由此至天佑终,凡登宾贡科者,五十有八人。"

《登科记考补正》卷一九长庆元年(821)进士科补有金云卿,考云:"《玉海》卷一百十六〈咸平宾贡〉条:'《登科记》:长庆元年辛丑宾贡一人金云卿。'此为《记考》所失载。考《册府元龟》卷九八〇〈外臣部·通好〉:'敬宗初即位,鸡林人前右监门卫率府兵曹参军金云卿进状,请充入本国宣慰副使,从之。'又《旧唐书·新罗国传》(卷一九九上)载:会昌元年七月,敕:'归国新罗官、前入新罗宣慰副使、前充兖州都督府司马、赐绯鱼袋金云卿,可淄州长史。'《唐会要》卷九十五〈新罗〉所记同。其年代与《登科记》所记金云卿长庆元年宾贡进士相吻合。按《三国史记》卷四十六〈薛聪传〉附载:'朴仁范、元杰、巨仁、金云卿、金垂训辈,虽仅有文字传者,而史失行事,不得立传。'据上文可补其阙。"

【孔温业】字逊志。长庆元年(821)登进士科,为吏部侍郎。官至太子宾客。

《旧唐书》卷一五四《孔巢父传》:"孔巢父,冀州人……从子戡、戢、戵……戢……子温业,登进士第。大中后,历位通显。"

《新唐书》卷一六三《孔巢父传》:"孔巢父……从子戡、戢、戵……戢……戢遂以疾归洛阳……戢……子温业,字逊志,擢进士第。大中时,为吏部侍郎……后为太子宾客。"

(宋)王钦若等《册府元龟》卷六四四《贡举部(六)·考试第二》:长庆元年四月丁丑,诏曰:"……孔温业、赵存约、窦洎直所试粗通,与及第。"

《登科记考》卷一九长庆元年(821)云孔温业进士及第。

【卢简求】字子臧,郡望范阳,贯蒲州,祖翰,父纶官至户部郎中。长庆元年(821)登进士科,释褐江西从事。历江西王中舒从事、浙东、鄂岳观察使从事,山南东道节度使从事,河东节度使从事,官至太原尹,太子太师致仕,赠尚书左仆射。

《旧唐书》卷一六三《卢简辞传》:"卢简辞字子策,范阳人,后徙家于蒲。祖翰。父纶,天宝末举进士,遇乱不第,奉亲避地于鄱阳……李德裕对曰:'纶有四男,皆登进士第,今员外郎简能、侍御史简辞是也。'……简辞弟弘正、简求……简求,字子臧,长庆元年登进士第,释褐江西王仲舒从事。又从元稹为浙东、江夏二府掌书记。裴度镇襄阳,保厘洛都,皆辟为宾佐,奏殿中侍御史。入朝,拜监察。裴度镇太原,复奏为记室。入为殿中,赐绯。牛僧孺镇襄汉,辟为观察判官。入为水部、户部二员外郎。会昌末,讨刘稹,诏以许帅李彦佐为招讨使。朝廷以简求累佐使府,达于机略,乃以简求为忠武节度副使知节度事、本道供军使。入为吏部员外,转本司郎中,求为苏州刺史……以简求为四镇北庭行军、泾州刺史、泾原渭武节度押蕃落等使、检校左散骑常侍、上柱国、范阳县男、食邑三百户。十一年,迁检校工部尚书、定州刺史、御史大夫、义武军节度、北平军等使。十三年,检校刑部尚书、凤翔尹、凤翔陇西节度观察等使。十四年八月,代裴休为太原尹、北都留守,充河东节度观察等使……制以太子太师致仕,还于东都……赠尚书左仆射。"

《新唐书》卷一七七《卢简辞传》:"卢简辞字子策。父纶,别传。与兄简能,弟弘止、简求皆有文,并第进士……简求,字子臧,始从江西王仲舒幕府,两为裴度、元稹所辟,又佐牛僧孺镇襄阳,入迁户部员外郎。会昌中,讨刘稹,以忠武节度使李彦佐为招讨使,各选简求副之,俾知后务。历苏、寿二州刺史。大中九年,党项扰边,拜泾原渭武节度使。徙义武、凤翔、河东三镇……以太子少师致仕,还东都……卒,年七十六,赠尚书左仆射。"

《登科记考》卷一九长庆元年(821)云卢简求进士及第。

【卢锴】长庆元年(821)登进士科。官庶子。

(唐)赵璘《因话录》卷六《羽部》:"锴至长庆元年,始擢第。大中十年,终庶子。"

(唐)钟辂《续前定录·卢宾客》云:"族子锴……至长庆元年始擢第,大中十年终庶子。"

《登科记考》卷一九长庆元年(821)云卢锴进士及第。

【李回】字昭度,本名躔,避武宗庙讳改"回",京兆府人,宗室郇王祎之后,父如仙。长庆元年(821)进士及第,同年登贤良方正制科,释褐滑台从事。历淮南节度使掌书记,官至宰相,赠司徒,又赠刑部尚书,谥曰文懿。

(唐)李冗《独异志》卷下《龟长证》:"李公长庆二年及第。"

《旧唐书》卷一七三《李回传》:"李回字昭度,宗室郇王祎之后。父如仙。回本名躔,以避武宗庙讳。长庆初,进士擢第,又登贤良方正制科。释褐滑台从事,扬州掌书记,得监察御史。入为京兆府户曹,转司录参军。合朝为正补阙、起居郎,尤为宰相李德裕所知……授职方员外郎,判户部案,历吏部员外郎,判南曹。以刑部员外郎知台杂,赐绯。开成初,以库部郎中知制诰,拜中书舍人,赐金紫服。武宗即位,拜工部侍郎,转户部侍郎,判本司事。三年,兼御史中丞……以本官同平章事,累加中书侍郎,转门下,历户、吏二尚书……入朝为兵部尚书,复出为成都尹、剑南西川节度使。卒,赠司徒,谥曰文懿。"

《新唐书》卷一三一《宗室宰相·李回传》:"李回字昭度,新兴王德良六世孙,本名躔,字昭回,避武宗讳改焉。长庆中,擢进士第,又策贤良方正异等,辟义成、淮南幕府,稍迁监察御史,累进起居郎……以户部侍郎判户部事。俄进中书侍郎、同中书门下平章事……徙抚州刺史。卒,大中九年,诏复湖南观察使,赠刑部尚书。"

(宋)王谠撰,周勋初校证《唐语林校证》卷七《补遗·起武宗至昭宗》:"李相回,旧名躔,累举未第……长庆二年及第。至武宗登极,与上同名,始改为回。"

《登科记考》卷一九长庆元年(821)进士科云李躔及第。

【李洪】长庆元年(821)七月前登进士科。

《唐代墓志汇编》长庆〇〇三《唐故彭城刘府君墓志铭并序》:"前乡贡进士李洪撰。"按:碑立于长庆元年七月。《补续》补入。

光绪《宿县志》卷一八《人物志·儒林》云李洪及第。

【李商卿】长庆元年(821)登进士科,同年登军谋弘远堪任将帅科,授崇文馆校书郎。

(宋)王钦若等《册府元龟》卷六四四《贡举部(六)·考试二》:"(长庆元年)军谋弘远堪任将帅第三等人吴思。第五等人李商卿……前乡贡进士李商卿为崇文馆校书郎。"

(宋)王钦若等《册府元龟》卷六四五《贡举部(七)·科目》:"穆宗长庆元年正月……是年十二月……军谋宏远材任将帅科(吴思、李商卿)。"

《登科记考补正》卷二七《附考·进士科》录载李商卿。

【李款】字言源。长庆元年(821)登进士科。历侍御史、仓部员外郎,累迁江西观察使,终澧王傅。

《旧唐书》卷一七一《李甘传》:"又有李款者,与中敏同时为侍御史……及注用事,款亦被逐。开成中,累官至谏议大夫,出为苏州刺史,迁洪州刺史、江西观察使。"

《新唐书》卷一一八《李中敏传》:"李中敏……中敏所善李款,字言源。长庆初第进士,为侍御史。注自邠宁入朝……帝不省。后浸用事,款被斥去。注死,由仓部员外郎累迁江西观察使。终澧王傅。"

《登科记考》卷一九长庆元年(821)进士科云李款及第。

【金云卿】新罗籍。宾贡进士,长庆元年(821)登第。历官兖州都督府司马、淄州长史。

(宋)王钦若等《册府元龟》卷九八〇《外臣部(二十五)·通好》:"敬宗初即位,鸡林人前右监门卫率府兵曹参军金云卿进状,请充入本国宣慰副使,从之。"

《旧唐书》卷一九九上《东夷·新罗国》:"会昌元年七月,敕:'归国新罗官、前入新罗宣慰副使、前充兖州都督府司马、赐绯鱼袋金云卿,可淄州长史。'"《唐会要》卷九十五《新罗》记载相同。

《三国史记》卷四十六《薛聪传》附载:"朴仁范、元杰、巨仁、金云卿、金垂训辈,虽仅有文字传者,而史失行事,不得立传。"

(宋)王应麟《玉海》卷一一六《咸平宾贡》:"《登科记》:长庆元年辛丑宾贡一人金云卿。"

《登科记考补正》卷一九长庆元年(821)进士科录载金云卿。

【赵存约】京兆奉天人,父植工部侍郎。长庆元年(821)登进士科。历兴元从事。

《旧唐书》卷一七八《赵隐传》:"赵隐字大隐,京兆奉天人也。祖植……子存约、滂。存约,大和三年为兴元从事。是时军乱,存约与节度使李绛方宴语,吏报:'新军乱,突入府廨,公宜避之。'绛曰:'吾为帅臣,去之安往?'麾存约令遁,存约曰:'荷公厚德,获奉宾阶。背恩苟免,非吾志也。'即欲部分左右拒贼,是日与绛同遇害。"

(宋)王钦若等《册府元龟》卷六四四《贡举部(六)·考试第二》:长庆元年四月丁丑,诏曰:"……孔温业、赵存约、窦洵直所试粗通,与及第。"

《登科记考》卷一九长庆元年(821)云赵存约进士及第。

【皇甫弘】字启之,安定人。长庆元年(821)进士及第。官至河南县丞。

《全唐文补遗》千唐志斋新藏专辑,李仍叔撰大和六年(832)五月四日《唐故河南县丞安定皇甫君(弘)墓志铭并序》:"公讳弘,字启之,安定人也……然学为文,改应进士举。长庆元年,方登上第。二年,掌记丰州,授秘省校书……(大和)六年五月四日,殁于东都崇业坊私第,享年六十一。"按:以其大和六年(832)卒,年六十一计之,皇甫弘长庆元年(821)进士及第时五十岁。

(宋)李昉等《太平广记》卷二七八《梦三·皇甫弘》引《逸史》:"皇甫弘应进士举,华州取解,酒忤于刺史钱徽,被逐出。至陕州求解讫,将越城关,闻钱自华知举,自知必不中第,遂东归。行数程,因寝,梦其亡妻乳母曰:'皇甫郎方应举,今欲何去?'具言主司有隙。乳母曰:'皇甫郎须求石婆神。'乃相与去店北,草间行数里,入一小屋中,见破石人,生拜之。乳母曰:'小娘子婿皇甫郎欲应举,婆与看得否?'石人点头曰:'得。'乳母曰:'石婆言得,即必得矣。他日莫忘报赛。'生即拜谢,乳母却送至店门。遂惊觉曰:'吾梦如此分明,安至无验?'乃却入城应举。钱侍郎意欲挫之。放杂文过,侍郎私心曰:'人皆知我怒弘,今若庭辱之,即不可。但不予及第即得。'又令帖经。及榜成将写,钱心恐惧,欲改一人换一人,皆未决。反复筹度,近至五更不睡,谓子弟曰:'汝试取次,把一帙举人文章来。'既开,乃皇甫文卷。钱公曰:'此定于天也。'遂不改移。及第东归,至陕州,问店人曰:'侧近有石婆神否?'皆笑曰:'郎君安得知?本顽石一片,牧牛小儿,戏为敲琢,似人形状,谓之石婆耳,只在店二三里。'生乃具酒脯,与店人共往,皆梦中经历处。奠拜石妇而归。"

《登科记考》卷一九长庆元年(821)云皇甫弘进士及第。

【姚中立】长庆元年(821)登进士科,同年登贤良方正能直言极谏科,释褐校书郎。历长安令、监察御史。

《全唐文》卷九七四阙名《奏姚中立高锴考试状(大和三年三月御史台)》:"据吏部分察姚中立称:准敕考试别头进士明经等官,考功员外郎高锴考试礼部,关送到进士郑齐之、李景素两人,明经王淑等十八人,并及第,放榜之后,群议沸腾。"

《旧唐书》卷一六八《高钅元传附高锴传》:"大和三年,准敕试别头进士明经郑齐之等十八人。榜出之后,语辞纷竞。监察御史姚中立以闻,诏锴审定。"

《旧唐书》卷一六九《罗立言传》:"长安县令孟琯贬碛州长史,万年县令姚中立朗州长史。以两县捕贼官受立言指使故也。"

（宋）王钦若等《册府元龟》卷六四四《贡举部（六）·考试第二》："（长庆元年十二月）甲申……内供奉前乡贡进士姚中立、李躔、崔嘏，并可秘书省秘书郎。"按：崔嘏、李躔，《登科记考》分别附在元和十五年和长庆元年，姚中立又在长庆元年制科中第，则其登第当在这两年，兹附在长庆元年。朱玉麒《〈登科记考〉补遗、订正》补入。

《登科记考补正》卷二七《附考·进士科》录载姚中立。

【姚勖】一作"姚勗"，郡望陕州硖石，贯河南。长庆初登进士科，累辟使府。官至常州刺史，终夔王傅。

《全唐文》卷七二六崔嘏《授姚勖右谏议大夫等制》："敕。朕高居穆清，端拱思理，尚虑旒纩，蔽吾聪明。故精求谏纳之臣，投我药石之语。而天官正郎，地连藻镜，职佐铨衡，必资明干之才，以副经通之目。以勖端方雅厚，正以操心；以简求和易周旋，敏于临事。而皆富文奥学，早升俊造之科；利用长才，累处重难之任。是用擢于粉署，置在禁垣。升自外郎，膺兹首选。尔其详求五谏，左右三铨。勉思及雷之忠，更致提衡之美。勖可右谏议大夫，简求可吏部郎中。"

《秦晋豫新出墓志蒐佚》七〇三，长庆二年（822）五月十二日《唐故监察御史里行顺阳范府君（传楚）墓铭并序》，署"重表弟前乡贡进士姚勖撰"。

《新唐书》卷一二四《姚崇传》："姚崇字元之，陕州硖石人……曾孙合、勖……勖字斯勤。长庆初擢进士第，数为使府表辟，进监察御史，佐盐铁使务。累迁谏议大夫，更湖、常二州刺史……终夔王傅。自作寿藏于万安山南原崇茔之旁。"按：河南府洛州有万安山。《旧唐书》卷九六《姚崇传》："姚崇，本名元崇，陕州硖石人也。"

《登科记考补正》卷一九长庆元年（821）增补姚勖。

【陶乔】婺州人。长庆元年（821）进士及第。

陈尚君《〈登科记考〉正补》补入。

四库本《浙江通志》卷二四〇《陵墓》："唐进士陶乔墓《泰顺县志》：在西隅陶家埠，乔字迁于，婺州人，长庆辛丑进士。孙史，登咸通庚辰第。"

光绪《金华县志》卷六《进士》："长庆元年，陶乔，有传。"

【崔玙】字朗士，博陵安平县人，祖懿，父颋官至少府监，兄珙官至宰相。长庆元年（821）登进士科，又大和二年（828）制策登科，进封博陵子。官至兵部侍郎。

《全唐文》卷八三懿宗《授徐商崔玙节度使制》："门下：建牙训戎，登车问俗，分山河之委寄，授旄钺之宠荣，非夫试可之才，难膺俞往之命。河中晋绛慈隰等州节度观察处置等使正议大夫检校户部尚书兼河中尹御史大夫上柱国东莞县开国子食邑五百户赐紫金鱼袋徐商，植性忠厚，接物通和，爱日可观，澄波莫测。前宣州都团练观察处置等使正议大夫检校礼部尚书兼宣州刺史御史大夫上柱国博陵县开国子食邑五百户赐紫金鱼袋崔玙，守道坚固，行已端方，良玉齐贞，霜松比操。并以才业优茂，累践清华，或视草于内庭，或司言于右掖，专一时之美价，擅五字之雄词。既彰东里之能，周历南宫之秩。洎筑坛作镇，按部化人，竭尔忠勤，副余倚属。进律当升于重地，酬劳宜处于近关。乃眷汉滨，扼束荆郢，顾兹蒲阪,俯迩郊畿,锡以麾幢,俾之长理。於戏!惟惠可以安百姓,惟威可以整三军,推诚而人必归心,尚廉而吏将自化。谨是四者,以绥一方,服我新恩,勉宏善政。商可检校户部尚书兼襄州刺史御史大夫充山南东道节度管内观察处置等使,珰可检校礼部尚书兼河中尹御史大夫充河中晋降慈隰等州节度观察处置等使,散官勋封如故。主者施行。"

《旧唐书》卷一七七《崔珙传》:"崔珙,博陵安平人。祖懿。父颋,贞元初进士登第。元和初累官至少府监。四年,出为同州刺史,卒。颋有子八人,皆至达官……珙,管之母弟也。以书判拔萃高等,累佐使府。性威重,尤精史术……寻以本官同中书门下平章事……卒。子涓,大中四年进士擢第。珙弟璵、璪、珰、球、玽……珰,字朗士,长庆初进士擢第,又制策登科。开成末,累迁至礼部员外郎。会昌初,以考功郎中知制诰,拜中书舍人。大中五年,迁礼部侍郎。六年,选士,时谓得才。七年,权知户部侍郎,进封博陵子,食邑五百户,转兵部侍郎。"

《新唐书》卷一八二《崔珙传》:"弟璪、珰尤显,璪位刑部尚书,珰河中节度使。"

《登科记考》卷一九长庆元年(821)云崔屿进士及第。

光绪《畿辅通志》卷三四《选举唐进士》:"穆宗年,崔屿,博陵人,见制科。"

【崔知白】长庆元年(821)登进士科,同年贤良方正能直言极谏科及第,释褐秘书正字。

(宋)王钦若等《册府元龟》卷六四四《贡举部(六)·考试第二》:"(长庆元年十二月)甲申……前乡贡进士崔知白为秘书省正字。"按:崔郔、李疁,《登科记考》分别附在元和十五年和长庆元年,崔知白又在长庆元年制科中第,则其登第当在这两年,兹附在长庆元年。朱玉麒《〈登科记考〉补遗、订正》补入。

【崔郔】博陵安平人,祖璩,礼部侍郎,父涣。长庆元年(821)登进士科,同年贤良方正能直言极谏科及第,秘书正字。历商州防御判官兼殿中侍御史、鄜坊节度使判官、监察御史。

《旧唐书》卷九一《崔玄昹传》:"崔玄昹,博陵安平人也……(长安)三年,拜鸾台侍郎、同凤阁鸾台平章事,兼太子左庶子。四年,迁凤阁侍郎,加银青光禄大夫,仍依旧知政事……子璩,颇以文学知名,官历中书舍人、礼部侍郎。璩子涣,自有传。曾孙郔,开成三年,自商州防御判官兼殿中侍御史,入为监察御史。"

(宋)王钦若等《册府元龟》卷五二一《宪官部(十)·不称》:开成四年四月,诏以"……(崔)郔为侍御史,充鄜坊节度使判官"。

(宋)王钦若等《册府元龟》卷六四四《贡举部(六)·考试第二》:"(长庆元年十二月)甲申……前乡贡进士崔郔为太子校书郎。"按:崔郔、李疁,《登科记考》分别附在元和十五年和长庆元年,崔郔又在长庆元年制科中第,则其登第当在这两年,兹附在长庆元年。

朱玉麒《〈登科记考〉补遗、订正》补入。

【窦洵直】长庆元年(821)登进士科。历右拾遗。

《旧唐书》卷一六八《钱徽传》:"国家设文学之科,本求才实,苟容侥幸,则异至公。访闻近日浮薄之徒,扇为朋党,谓之关节,干挠主司。每岁策名,无不先定,永言败俗,深用兴怀……孔温业、赵存约、窦洵直所试粗通,与及第;裴譔特赐及第;郑朗等十人并落下。自今后礼部举人,宜准开元二十五年敕,及第讫,所试杂文并策,送中书门下详覆。"

《旧唐书》卷一七三《陈夷行传》:"(开成三年)仙韶院乐官尉迟璋授王府率,右拾遗窦洵直当衔论曰。"

(宋)王钦若等《册府元龟》卷六四四《贡举部(六)·考试第二》:长庆元年四月丁丑,诏曰:"……孔温业、赵存约、窦洵直所试粗通,与及第。"

《登科记考》卷一九长庆元年(821)云窦洵直进士及第。

【裴譔】河东闻喜人,祖溆河南府渑池丞,父度宰相。长庆元年(821)登进士科。

《全唐文补遗》千唐志斋新藏专辑,张惟素撰元和十一年(816)八月二十七日《唐故谏议大夫清河崔府君(备)墓志铭并序》:"公讳备,字顺之,其先清河人也……有女三人:长适河东裴譔,即今中书之令子,以文学称,应进士举。"

(唐)李冗《独异志》卷下《艳阳词》:"元公既在中书,论与裴晋公度子弟譔及第,议出通州。"

《旧唐书》卷一七〇《裴度传》:"裴度字中立,河东闻喜人。祖有邻,濮州濮阳令。父溆,河南府渑池丞。度,贞元五年进士擢第……有子五人:识、譔、让、谂、议……譔,长庆元年登进士第。"

《资治通鉴》卷二四一长庆元年三月条云:"右补阙杨汝士与礼部侍郎钱徽掌贡举,西川节度使段文昌、翰林学士李绅各以书属所善进士于徽;及榜出,文昌、绅所属皆不预焉,及第者,郑朗,覃之弟;裴譔,度之子;苏巢,宗闵之婿;杨殷士,汝士之弟也。"

《登科记考》卷一九长庆元年(821)进士科云裴譔及第。

明经科

【林凭】泉州莆田人,林荐子。长庆元年(821)登明经第。

乾隆《福建通志》卷三三《选举》:"长庆元年辛丑,明经林凭,莆田人,荐子。"陈尚君《〈登科记考〉正补》补入。

制科

【韦正贯】字公理,旧名臧孙,京兆府万年县人,以门荫入仕。长庆元年(821)贤良方正能直言极谏科及第,除太子校书郎,宝历元年又登详闲吏理达于教化科。官至京兆尹。

《全唐文》卷七六四萧邺《岭南节度使韦公(正贯)神道碑》:"公讳正贯,字公理……既除丧,调补单父尉。太尉有大功于国家,德势甚盛,韦氏子姓可以坐掇朱青。公深自惩刻,遂博极群书,自三代已降,损益制度,无不稽其典要。相国韦公处厚及韦湖南辞皆以学识相高,每与公论推当世之务,咸服其深切事情,虽贾生不能过也。长庆初,遂弃官改名,对贤良极谏策,登乙卯科,授太子校书。敬宗朝又以华原县尉再登详闲吏理科,迁万年主簿。考京兆进士,能第上下,颇得一时之俊。寻授监察御史里行,为北都留守推官,入台为真监察。"

《旧唐书》卷一四〇《韦皋传》:"韦皋字城武,京兆人。"

(宋)王溥《唐会要》卷七六《贡举中·制科举》:"长庆元年十二月,贤良方正能直言极谏科……韦正贯……及第。"

（宋）王钦若等《册府元龟》卷六四五《贡举部（七）·科目》："穆宗长庆元年……是年十二月应贤良方正能直言极谏科……韦正贯……及第。"

（宋）王钦若等《册府元龟》卷六四四《贡举部（六）·考试二》：长庆元年"贤良方正能直言极谏科……第五上等人韦正贯……"。

《新唐书》卷一五八《韦皋传》："韦皋字城武，京兆万年人……兄聿，弟平……平子正贯，字公理，少孤，皋谓能大其门，名曰臧孙。推荫为单父尉……举贤良方正异等，除太子校书郎，调华原尉。后又中详闲吏治科，迁万年主簿，擢累司农卿……宣宗立，以治当最，拜京兆尹、同州刺史。俄擢岭南节度使……卒，年六十八，赠工部尚书。"

（宋）宋敏求《唐大诏令集》一〇六《制举放制举人诏》："贤良方正能直言极谏科……第五上等人韦正贯。"

《登科记考》卷一九长庆元年（821）贤良方正能直言极谏科云韦正贯及第。

【韦曙】一作"韦署"。长庆元年（821）贤良方正能直言极谏科及第。

（宋）王溥《唐会要》卷七六《贡举中·制科举》："长庆元年十二月，贤良方正能直言极谏科……韦曙……及第。"

（宋）王钦若等《册府元龟》卷六四四《贡举部（六）·考试二》：长庆元年"贤良方正能直言极谏科……第四等人韦曙、姚中立"。

（宋）王钦若等《册府元龟》卷六四五《贡举部（七）·科目》："穆宗长庆元年……是年十二月应贤良方正能直言极谏科……韦曙……及第。"

（宋）宋敏求《唐大诏令集》一〇六《制举放制举人诏》："贤良方正能直言极谏科……第四等人韦署、姚中立。"

《登科记考》卷一九长庆元年（821）贤良方正能直言极谏科云韦曙及第。

【任畹】元和十年（815）进士及第，长庆元年（821）贤良方正能直言极谏科及第。历殿中侍御史、水曹郎、河中留后。小传见元和十年（815）进士科任畹条。

（宋）王溥《唐会要》卷七六《贡举中·制科举》："长庆元年十二月，贤良方正能直言极谏科……任畹……及第。"

（宋）王钦若等《册府元龟》卷六四四《贡举部（六）·考试二》：长庆元年"贤良方正能直言极谏科……第四次等人崔碬、崔龟从、任畹"。

（宋）王钦若等《册府元龟》卷六四五《贡举部（七）·科目》："穆宗长庆元年……是年十二月应贤良方正能直言极谏科……任畹……及第。"

（宋）史温《钓矶立谈》："剑浦人陈陶，学通天人……故与水曹郎任畹相善，以诗寄之。"

（宋）宋敏求《唐大诏令集》一〇六《制举放制举人诏》："贤良方正能直言极谏科……第四次等人崔碬、崔龟从、任畹。"

（清）秦蕙田《五礼通考》卷二四八《凶礼三·蕙田案此官俸折米之始》："大和六年二月户部侍郎庾敬休奏……遣殿中侍御史任畹驰往慰劳。"

《登科记考》卷一九长庆元年（821）贤良方正能直言极谏科云任畹及第。

【吕述】又作"吕术""张述"。元和十五年(820)登进士科,长庆元年(821)贤良方正、能直言谏科及第。小传见元和十五年进士科吕述条。

(宋)王钦若等《册府元龟》卷六四四《贡举部(六)·考试二》:"贤良方正能直言极谏科……第三次等人吕术。"

(宋)王钦若等《册府元龟》卷六四五《贡举部(七)·科目》:"穆宗长庆元年……是年十二月应贤良方正能直言极谏科……吕述……及第。"《唐会要》卷七六作"吕述"。

(宋)宋敏求《唐大诏令集》一〇六《制举放制举人诏》:"贤良方正能直言极谏科第三等人庞严,第三次等人吕术。"

《登科记考》卷一九长庆元年(821)贤良方正能直言极谏科条作"吕术"。又作"吕述""张述"。吕术即吕述之误,见岑仲勉《唐史余沈》卷三《吕述与张述》考证。

【李思玄】又作"李思元""李思立"。长庆元年(821)博通坟典达于教化科及第。

(宋)王溥《唐会要》卷七六《贡举中·制科举》:长庆元年十二月,"博通坟典达于教化科李思元及第"。

(宋)王钦若等《册府元龟》卷六四四《贡举部(六)·考试二》:长庆元年"博通坟典达于教化科第四等人李思玄"。

(宋)王钦若等《册府元龟》卷六四五《贡举部(七)·科目》:"穆宗长庆元年……是年十二月……博通坟典达于教化科李思玄及第。"

(宋)宋敏求《唐大诏令集》一〇六《制举放制举人诏》:"(长庆元年)博通坟典、达于教化第四等人李思立。"

(宋)王应麟《玉海》卷一一五《选举·唐制举》:"博通坟典达于教化登第者……长庆元年李思元一人。"

《登科记考》卷一九长庆元年(821)博通坟典达于教化科条云李思立及第。

【李商卿】长庆元年(821)进士科及第,同年登军谋弘远堪任将帅科,授崇文馆校书郎。

(宋)王溥《唐会要》卷七六《贡举中·制科举》:长庆元年十二月,"军谋宏达、堪任将帅科,吴思、李商卿"。

(宋)李昉《太平御览》卷六二九《治道部十·贡举下》:"长庆元年十二月,贤良方正能直言极谏科(庞严、任琬、吕述、姚中、韦曙、李回、崔椵、崔龟从、韦正实、崔知陈、白玄锡及第),详明政术可以理人科(崔郢及第),军谋宏远材任将帅科(吴思、李商卿及第),博通坟典达于教化科(李思玄及第)。"

(宋)王钦若等《册府元龟》卷六四四《贡举部(六)·考试二》:长庆元年"军谋弘远堪任将帅第五等人吴思、李商卿……前乡贡进士李商卿为崇文馆校书郎"。

(宋)王钦若等《册府元龟》卷六四五《贡举部(七)·科目》:"穆宗长庆元年……是年十二月……军谋宏远材任将帅科吴思、李商卿。"

(宋)宋敏求《唐大诏令集》一〇六《制举放制举人诏》:"(长庆元年)军谋宏远堪任将帅第三等人吴思。"

《登科记考》卷一九长庆元年(821)军谋弘远堪任将帅科云李商卿及第。

【李躔】即李回,字昭度。长庆元年(821)进士科登第,同年贤良方正能直言极谏科及第。小传见长庆元年进士科李回条。

(宋)王钦若等《册府元龟》卷六四五《贡举部(七)·科目》:"穆宗长庆元年……是年十二月应贤良方正能直言极谏科……李躔……及第。"

(宋)王溥《唐会要》卷七六《贡举中·制科举》:"长庆元年十二月,贤良方正能直言极谏科……李回……及第。"

(宋)王钦若等《册府元龟》卷六四四《贡举部(六)·考试二》:长庆元年"贤良方正能直言极谏科……第四等人韦曙、姚中立、李躔。"

(宋)宋敏求《唐大诏令集》一〇六《制举放制举人诏》:"贤良方正能直言极谏科……第四等人韦曙、姚中立、李经。"按:李经当为李躔之讹。

《登科记考》卷一九长庆元年(821)贤良方正能直言极谏科录载李躔。

【吴思】长庆元年(821)登军谋弘远堪任将帅科。历右拾遗、殿中侍御史,充入蕃告哀使。

《旧唐书》卷一七上《敬宗 文宗上》:长庆四年二月丙戌"以右拾遗吴思为殿中侍御史,充入蕃告哀使"。

(宋)王溥《唐会要》卷七六《贡举中·制科举》:长庆元年十二月,"军谋宏达堪任将帅科,吴思、李商卿及第"。

(宋)王钦若等《册府元龟》卷六四四《贡举部(六)·考试二》:长庆元年"军谋弘远堪任将帅第三等人吴思。"

(宋)王钦若等《册府元龟》卷六四五《贡举部(七)·科目》:"穆宗长庆元年……是年十二月……军谋宏远材任将帅科吴思、李商卿。"

(宋)宋敏求《唐大诏令集》一〇六《制举放制举人诏》:"(长庆元年)军谋宏达堪任将帅第五等人吴思。"

(宋)王应麟《玉海》卷一一五《选举·唐制举》:"以军谋宏远材任将帅及第者……长庆元年吴思等二人。"

《登科记考》卷一九长庆元年(821)军谋弘远堪任将帅科云吴思及第。

【陈玄锡】一作"陈元锡",颍州人。元和末进士科及第,长庆元年(821)贤良方正能直言极谏科及第。小传见宪宗朝附考进士陈玄锡条。

《旧唐书》卷一七三《陈夷行传》:"陈夷行字周道,颍川人。祖忠,父邑。夷行,元和七年登进士第,累辟使府……(大和)九年八月,改太常少卿,知制诰、学士侍讲如故。开成二年四月,以本官同平章事……四年九月,检校礼部尚书,出为华州刺史。五年,武宗即位,李德裕秉政。七月自华召入,复为中书侍郎、平章事。会昌三年十一月,检校司空、平章事、河中尹、河中晋绛节度使。卒,赠司徒。弟玄锡、夷实,皆进士擢第。玄锡又制策登科。"

(宋)王溥《唐会要》卷七六《贡举中·制科举》:"长庆元年十二月,贤良方正能直言极谏科……陈元锡……及第。"

（宋）王钦若等《册府元龟》卷六四四《贡举部（六）·考试二》：长庆元年"贤良方正能直言极谏科……第四等人韦正贯、崔知白、陈玄锡"。

（宋）王钦若等《册府元龟》卷六四五《贡举部（七）·科目》："穆宗长庆元年……是年十二月应贤良方正能直言极谏科……陈玄锡……及第。"

（宋）宋敏求《唐大诏令集》一〇六《制举放制举人诏》："贤良方正能直言极谏科……第五等人韦正贯、崔知白、陈玄锡。"

《登科记考》卷一九长庆元年（821）贤良方正能直言极谏科云陈玄锡及第。

【沈亚之】元和十年（815）进士科及第，长庆元年（821）贤良方正能直言极谏科及第。小传见元和十年进士科沈亚之条。

（宋）李昉等《文苑英华》卷四九二《策十六·直言》载贤良方正能直言极谏科沈亚之的对策。《登科记考》卷一九长庆元年（821）云沈亚之贤良方正能直言极谏科及第，"见《文苑英华》及本集，盖于是年登科"。

【庞严】寿春人，父景昭。严元和十年（815）进士科及第，长庆元年（821）贤良方正能直言极谏科及第，拜左拾遗。小传见元和十年进士科庞严条。

《旧唐书》卷一六六《庞严传》："庞严者，寿春人。父景昭。严元和中登进士第，长庆元年应制举贤良方正能直言极谏科，策入三等，冠制科之首。是月，拜左拾遗……明年二月，召入翰林为学士……严再迁太常少卿。五年，权知京兆尹……因醉而卒。"

（宋）王溥《唐会要》卷七六《贡举中·制科举》："长庆元年十二月，贤良方正能直言极谏科，庞严……及第。"

（宋）李昉等《文苑英华》卷四九〇《策十四·直言》载长庆元年贤良方正能直言极谏科庞严之对策。

（宋）王钦若等《册府元龟》卷六四四《贡举部（六）·考试二》：长庆元年"贤良方正、能直言极谏第三等人庞严"。

（宋）宋敏求《唐大诏令集》一〇六《制举放制举人诏》："贤良方正能直言极谏科第三等人庞严。"

《登科记考》卷一九长庆元年（821）贤良方正能直言极谏科条云庞严及第。

【姚中立】长庆元年（821）登进士科，同年登贤良方正能直言极谏科及第。小传见进士科姚中立条。

（宋）王溥《唐会要》卷七六《贡举中·制科举》："长庆元年十二月，贤良方正能直言极谏科……姚中立……及第。"

（宋）王钦若等《册府元龟》卷六四四《贡举部（六）·考试二》：长庆元年"贤良方正能直言极谏科……第四等人韦曙、姚中立。"

（宋）王钦若等《册府元龟》卷六四五《贡举部（七）·科目》："穆宗长庆元年……是年十二月应贤良方正能直言极谏科……姚中立……及第。"

（宋）宋敏求《唐大诏令集》一〇六《制举放制举人诏》："贤良方正能直言极谏科……第四等人韦曙、姚中立。"

《登科记考》卷一九长庆元年(821)贤良方正能直言极谏科云姚中立及第。

【崔龟从】元和十二年(817)登进士科,长庆元年(821)贤良方正能直言极谏科及第。小传详见元和十二年(817)进士科崔龟从条。

(宋)王钦若等《册府元龟》卷六四四《贡举部·考试二》:长庆元年"贤良方正能直言极谏科……第四次等人崔碬、崔龟从。"

(宋)王钦若等《册府元龟》卷六四五《贡举部(七)·科目》:"穆宗长庆元年……是年十二月应贤良方正能直言极谏科……崔龟从……及第。"

(宋)宋敏求《唐大诏令集》一○六《制举放制举人诏》:"贤良方正能直言极谏科……第四次等人崔碬、崔龟从。"

《登科记考》卷一九长庆元年(821)贤良方正能直言极谏科云崔龟从及第。

【崔知白】长庆元年(821)登进士科,同年贤良方正能直言极谏科及第,授秘书省正字。

(宋)王溥《唐会要》卷七六《贡举中·制科举》:"长庆元年十二月,贤良方正能直言极谏科……崔知白……及第。"

(宋)王钦若等《册府元龟》卷六四四《贡举部(六)·考试二》:长庆元年"贤良方正能直言极谏科……第五上等人崔知白……前乡贡进士崔知白,为秘书省正字"。

(宋)王钦若等《册府元龟》卷六四五《贡举部(七)·科目》:"穆宗长庆元年……是年十二月应贤良方正能直言极谏科……崔知白……及第。"

(宋)宋敏求《唐大诏令集》一○六《制举放制举人诏》:"贤良方正能直言极谏科……第五上等人韦正贯、崔知白、陈玄锡。"

《登科记考》卷一九长庆元年(821)贤良方正能直言极谏科云崔知白及第。

【崔郢】长庆元年(821)登进士科,同年登制科详明政术可以理人科。小传见进士科崔郢条。

(宋)王溥《唐会要》卷七六《贡举中·制科举》:长庆元年十二月,"详明政术可以理人科,崔郢及第"。

(宋)王钦若等《册府元龟》卷六四四《贡举部(六)·考试二》:长庆元年"详明政术可以理人第四次等崔郢"。

(宋)王钦若等《册府元龟》卷六四五《贡举部(七)·科目》:"穆宗长庆元年……是年十二月……详明政术可以理人科,崔郢及第。"

(宋)宋敏求《唐大诏令集》一○六《制举放制举人诏》:"(长庆元年)详明政术可以理人第四次等崔郢。"

(宋)王应麟《玉海》卷一一五《选举·唐制举》:"以详明政术可以理人及第者……长庆元年崔郢。"

《登科记考》卷一九长庆元年(821)详明政术可以理人科云崔郢及第。

【崔碬】元和十五年(820)登进士科,长庆元年(821)贤良方正能直言极谏科及第。小传见元和十五年进士科崔碬条。

(宋)王溥《唐会要》卷七六《贡举中·制科举》:"长庆元年十二月,贤良方正能直言极谏科……崔嘏……及第。"

（宋）王钦若等《册府元龟》卷六四四《贡举部（六）·考试二》：长庆元年"贤良方正能直言极谏科……第四次等人崔嘏"。

《新唐书》卷六〇《艺文四》："崔嘏《制诰集》十卷。字乾锡，邢州刺史。会刘稹反，归朝，授考功郎中、中书舍人。李德裕之谪，嘏草制不尽书其过，贬端州刺史。"

《新唐书》卷一八〇《李德裕传》："中书舍人崔嘏，字乾锡，谊士也……嘏举进士，复以制策，历邢州刺史。"

（宋）宋敏求《唐大诏令集》一〇六《制举放制举人诏》："贤良方正能直言极谏科……第四次等人崔嘏。"

《登科记考》卷一九长庆元年（821）贤良方正能直言极谏科崔嘏及第。

长庆二年壬寅（822）

知贡举：礼部侍郎王起

进士科

【白敏中】字用晦，华州下邽人，祖鳞位终扬府录事参军，父季康官溧阳令。长庆二年（822）进士及第。历义成军李听从事，邠宁、河东、郑滑三府掌书记，官至司徒、门下侍郎、平章事，封太原郡公，谥曰丑。

《全唐文》卷六八〇白居易《故溧水县令太原白府君（季康）墓志铭并序》："后夫人高阳敬氏，父讳某，某官。生一子二女。女皆早夭，子曰敏中，进士出身，前试大理评事，历河东、郑滑、邠宁三府掌记。"又曰："（夫人）训子为贤母，故敏中遵其教，饬其身，升名甲科。"

《全唐诗》第十三册卷四四二有白居易《喜敏中及第偶示所怀》。

（五代）王定保《唐摭言》卷八《友放》："王相起，长庆中再主文柄，志欲以白敏中为状元，病其人与贺拔惎为交友，惎有文而落拓。因密令亲知申意，俾敏中与惎绝。前人复约敏中，为具以待之。敏中欣然曰：'皆如所教。'既而惎果造门，左右给以敏中他适，惎迟留不言而去。俄顷，敏中跃出，连呼左右召惎，于是悉以实告。乃曰：'一第何门不致，奈轻负至交！'相与欢醉，负阳而寝。前人睹之，大怒而去。愳告于起，且云不可比矣。起曰：'我比只得白敏中，今当更取贺拔惎矣。'"

《旧唐书》卷一六六《白居易传》："白居易字乐天，太原人……初，居易罢杭州，归洛阳。于履道里得故散骑常侍杨凭宅，竹木池馆，有林泉之致……敏中，字用晦，居易从父弟也。祖鳞，位终扬府录事参军。父季康，溧阳令。敏中……长庆初，登进士第，佐李听，历河东、郑滑、邠宁三府节度掌书记，试大理评事。大和七年，丁母忧，退居下邽……召入翰林充学士，迁中书舍人。累至兵部侍郎、学士承旨。会昌末，同平章事，兼刑部尚书、集贤史馆大学士。宣宗即位，加右仆射、金紫光禄大夫、太清宫使、太原郡开国公、食邑二千户。及李德裕再贬岭南，敏中居四辅之首……懿宗即位，征拜司徒、门下侍郎、平章事，复辅政。

寻加侍中。三年罢相,为河中尹、河中晋绛节度使。累迁中书令。太子太师致仕,卒。"

《新唐书》卷一一九《白居易传附白敏中传》:"敏中字用晦,少孤,承学诸兄。长庆初,第进士,辟义成节度使李听府……迁右拾遗,改殿中侍御史,为符澈邠宁副使……为侍御史,再转左司员外郎……召入翰林为学士。进承旨。宣宗立以兵部侍郎同中书门下平章事,迁中书侍郎,兼刑部尚书……封太原郡公……以太傅致仕。诏书未至,卒,册赠太尉……谥曰丑。"

(宋)王谠撰,周勋初校证《唐语林校证》卷三《赏誉》:"贺拔惎员外求官未得,将欲出京,来别。惎与敏中同年。"《剧谈录》卷上略同。

【李训】字子垂,始名仲言,字子训,贯洛阳。长庆二年(822)进士科及第,释褐太学助教。历河阳节度使从事,官至宰相。

《全唐文补遗》第八辑,元和十一年(816)五月十九日《唐故太原府祁县丞李公(士华)墓铭并序》,署名"从侄、乡贡进士仲言撰"。

《旧唐书》卷一六九《李训传》:"李训,肃宗时宰相揆之族孙也。始名仲言。进士擢第……丁母忧,居洛中……大和八年,自流人补四门助教,召入内殿,面赐绯鱼……充翰林侍讲学士……九年七月,改兵部郎中、知制诰,充翰林学士。九月,迁礼部侍郎、同平章事。"

《新唐书》卷一七九《李训传》:"李训字子垂,始名仲言,字子训……擢进士第,补太学助教,辟河阳节度府……以母丧居东都……以礼部侍郎同中书门下平章事,赐金紫服。"

(明)徐应秋《玉芝堂谈荟》卷四《兄弟十龙》:"唐李修子李亮、李训、李叔、李秀,皆状元及第……俱号四龙。"按:此状元及第之李训,是否为揆之族孙、字子垂之李训,尚需史料证实。录此俟考。

《登科记考》卷一九将李训列在长庆三年(823)进士,《登科记考补正》移在长庆二年(822),兹从之。

【丁居晦】长庆二年(822)登进士科。历翰林学士,官至御史中丞。

《旧唐书》卷一七下《文宗下》:开成三年十一月"庚午,以翰林学士丁居晦为御史中丞"。

(宋)李昉等《文苑英华》卷一八六《诗三十六·省试七》之《琢玉》下有丁居晦。

《登科记考》卷一九长庆二年(822)条云丁居晦进士及第,见《文苑英华》。

【李枢】字从纳,赵郡人。长庆二年(822)进士及第。

《秦晋豫新出墓志蒐佚续编》七九五,吕荣撰长庆三年十二月十日《唐故前进士李公墓志铭并序》:"公讳枢,字从纳,其先赵郡人……长庆二年,进士擢第。"李枢卒于长庆三年,享年四十四岁。

【吴降】字下己,新城人。长庆二年(822)进士及第。历衡州刺史。

《全唐文》卷八九五罗隐《东安镇新筑罗城记》:"吾乡则有河间凌准宗一、濮阳吴降下己、汝南袁不约还朴,以文学进。"

咸淳《临安志》卷六四《人物五列传》:"吴降,字下己,长庆二年登进士科,今新城县碧沼禅寺有郎中吴降诗,又尝为衡州刺史。"

乾隆《杭州府志》卷一〇七《选举志一·唐进士》:"长庆二年壬寅贺拔其榜:吴降,新城人,衡州刺史。"《登科记考补正》补入。

【陈标】长庆二年(822)登进士科。终侍御史。

(宋)计有功《唐诗纪事》卷六六《陈标》:"标终侍御史,长庆二年进士也。"

《登科记考》卷一九长庆二年(822)进士科条云陈标及第。

【周墀】字德升,汝南人,祖颋,父需。长庆二年(822)登进士科,辟湖南团练府巡官。官至同平章事(宰相),勋官上柱国,封汝南男。

《全唐文》卷七五五杜牧《唐故东川节度检校右仆射兼御史大夫赠司徒周公墓志铭》:"周平王次子烈,封汝坟侯,秦以汝坟为汝南郡,侯之孙因家焉,遂姓周氏。自烈十八世至西汉周仁,继烈封侯。其后逃西晋乱,南去黄冈,灵起仕梁为桂州刺史,生炅,在陈为车骑将军。炅生法明,年十二,一命为巴州刺史,陈灭臣隋,为赵之真定令。隋乱归黄冈,起兵取蕲安沔黄,武德中,籍四州地请命,授总管蕲安十六州军事光禄大夫,封国于道。祖沛,左拾遗。皇考颋,右骁卫兵曹参军,赠礼部侍郎。公少孤,奉养母夫人以孝闻。举进士登第,始试秘书正字湖南团练巡官。母夫人亡,哭泣无时,里人过公庐,曰:'无惊周孝子。'后自留守府监察真拜御史集贤殿学士。李公宗闵以宰相镇汉中,辟公为殿中侍御史行军司马。后一年,复以殿中书职徵归。时大和末,注训用事。夏六月,始逐丞相宗闵,立朋党语,钩挂名人,凡百日逐朝士三十三辈,天下悼慄,以目受意。附凶者屡以公为言,注训曰:'如去周殿中,恐人益惊。'竟不敢议。注训取公为起居舍人。文宗复二史故事,公濡笔立石螭下,丞相退,必召语,旁侧窥帝每数十顾。迁考功员外郎,帝曰:'周某不可不见,宜兼前官。'数月,以考功掌言事。谢日,帝曰:'就试翰林。'公辞让坚恳,帝正色以手三麾之,遂兼学士。迁职方郎中中书舍人,政事细大,必被顾问,公终身不言,事故不传。武宗即位,以疾辞,出为工部侍郎华州刺史。"

《旧唐书》卷一七六《周墀传》:"周墀字德升,汝南人。祖颋,父需。墀,长庆二年擢进士第,大和末,累迁至起居郎……开成二年冬,以本官知制诰,寻召充翰林学士……大中初,检校礼部尚书、滑州刺史、义成军节度、郑滑观察等使、上柱国、汝南男,食邑三百户。入朝为兵部侍郎、判度支。寻以本官同平章事,累迁银青光禄大夫、中书侍郎、监修国史,兼刑部尚书……追制改检校右仆射,加食邑五百户。历方镇卒。"

(宋)乐史《广卓异记》卷一三《座主与门生同在翰林》:"右按《唐书》长庆二年,王起自中书舍人知贡举,放进士周墀及第,其后同在翰林。"

《新唐书》卷一八二《周墀传》:"周墀字德升,本汝南人。少孤,事母孝。及进士第,辟湖南团练府巡官,入为监察御史、集贤殿学士……李宗闵镇山南,表行军司马,阅岁召还……以兵部侍郎召判度支,进同中书门下平章事、迁中书侍郎……加拜检校尚书右仆射,卒,年五十九,赠司徒。"

(宋)计有功《唐诗纪事》卷五五《周墀》:"武宗会昌三年,王起仆射再主文柄,起自长庆至此,凡三领贡籍。墀时刺华州,以诗寄贺云:'文场三化鲁儒生,三十余年振重名。曾恭木鸡夸羽翼,又陪金马入蓬瀛。(注云:墀初年《木鸡赋》及第,常陪仆射守职内庭。)虽欣月桂居先折,更羡春兰最后荣。欲到龙门看风水,关防不许暂离营。"又云:"墀,字德升,汝南人。长史学,属辞高古。武宗时,刺华州,召为兵部侍郎,遂为宰相。以议河湟事不合旨,罢。郑颢言于帝曰:'世谓墀以直言相,亦以直言免。'帝悟,加拜右仆射。"

【苗愔】郡望上党,洛阳人,苗蕃之孙。长庆二年(822)登进士科。历户部郎中。

《全唐文》卷七一一文宗《委中书门下处分制科及第人诏》云其及第。按:《册府元龟》卷六四五《贡举部·科目》作"苗隋"。《登科记考》卷二〇大和二年贤良方正能直言极谏科条云苗愔及第。

(宋)王溥《唐会要》卷七六《贡举中·制科举》:"大和二年闰三月,贤良方正能直言极谏科……苗愔、韦昶、崔焕、崔谠及第。

(宋)李昉等《文苑英华》卷九三八《志四·宰相三》录载杜牧《丞相太子少师奇章郡开国公赠太尉牛公墓志铭》:"长女嫁户部郎中上党苗愔。"按:其祖苗蕃已定居洛阳,苗愔当贯洛阳,上党为其郡望。

(宋)王钦若等《册府元龟》卷六四四《贡举部(六)·考试第二》:大和二年三月,甲午,诏曰:"贤良方正能直言极谏科举人……第四次等……苗愔……及第。"

(宋)魏仲举《五百家注释韩昌黎全集》卷二五《唐故太原府参军苗君墓志铭》,樊注云:"苗愔长庆二年进士第。愔,蕃之孙也。"

(明)凌迪知《万姓统谱》卷三〇《下平声》:"苗愔,长庆二年登第,次弟恽,登大和五年第,小弟恪,登大和八年第,愔为虞部郎。"

《登科记考》卷一九长庆二年(822)云苗愔进士科及第。

乾隆《山西通志》卷六五《科目·唐》大和二年贤良方正科下云:"苗愔,壶关人。"

【贺拔惎】长庆二年(822)进士科及第。历员外郎。

(五代)王定保《唐摭言》卷八《友放》:"王相起,长庆中再主文柄,志欲以白敏中为状元,病其人与贺拔惎为交友,惎有文而落拓。因密令亲知申意,俾敏中与惎绝。前人复约敏中,为具以待之。敏中欣然曰:'皆如所教。'既而惎果造门,左右绐以敏中他适,惎迟留不言而去。俄顷,敏中跃出,连呼左右召惎,于是悉以实告。乃曰:'一第何门不致,奈轻负至交!'相与欢醉,负阳而寝。前人睹之,大怒而去。惎告于起,且云不可比矣。起曰:'我比只得白敏中,今当更取贺拔惎矣。'"

(宋)李昉等《太平广记》卷一七〇《知人二·李德裕》:"中令白敏中方居郎署,未有知者……时秋暮沉阴,涉旬霖沥。贺拔任(《剧谈录》任作惎)员外府罢,求官未遂,将欲出薄游,与白公同年登第……不旬日,贺拔自使下评事,先授美官。白公以库部郎中入为翰林为学士,未逾三载,便秉钧衡。"

(宋)王谠撰,周勋初校证《唐语林校证》卷三《赏誉》:"贺拔惎员外求官未得,将欲出京,来别。惎与敏中同年。"《剧谈录》卷上略同。

【浩虚舟】永济人。长庆二年(822)登进士科。

(五代)王定保《唐摭言》卷一三《惜名》:"李缪公,贞元中试《日有五色赋》及第,最中的者赋头八字曰：'德动天鉴，祥开日华。'后出镇大梁，闻浩虚舟应宏辞复试此题，颇虑浩赋逾己，专驰一介取本。既至启缄，尚有忧色，及睹浩破题云：'丽日焜煌，中含瑞光。'程喜曰：'李程在里。'"

（五代）孙光宪《北梦琐言》卷七《郑棨相诗》："李程以《日五色赋》擢第，为河南尹日，试举人，有浩虚舟卷中行《日五色赋》。程相大惊，虑掩其美，伸览之次，服其才丽，至末韵'侵晚水以芒动，俯寒山而秀发'，程相大哈曰：'李程赋且在，瑞日何为到夜秀发？'由是浩赋不能陵迈。"

《登科记考》卷一九长庆二年（822）进士科条云浩虚舟及第，见《文苑英华》。

《通典·氏族志》："唐隰州刺史浩聿状云：'本郜氏，因避难改为浩氏。'聿生虚舟。"

乾隆《山西通志》卷六五《科目·唐》："博学宏辞科：浩虚舟，永济人。"

【裴休】字公美，孟州济源人，祖宣，父肃官至浙东团练观察等使。长庆二年（822）登进士科，又登制科甲科。历诸府招辟，位至宰相，勋阶上柱国，封河东县子。

《旧唐书》卷一七七《裴休传》："裴休字公美，河内济源人也。祖宣，父肃。肃，贞元中自常州刺史兼御史中丞、越州刺史、浙东团练观察等使……肃生三子，俦、休、俅，皆登进士第。休……长庆中，从乡赋登第，又应贤良方正，升甲科。大和初，历诸藩辟召，入为监察御史、右补阙、史馆修撰。会昌中，自尚书郎历典数郡。大中初，累官户部侍郎，充诸道盐铁转运使，转兵部侍郎，兼御史大夫，领使如故。六年八月，以本官同平章事，判使如故……进阶金紫光禄大夫、上柱国、河东县子、食邑五百户，守太子少保，分司东都……咸通初，入为户部尚书，累迁吏部尚书、太子少师，卒。"

《新唐书》卷一八二《裴休传》："裴休字公美，孟州济源人。父肃……生三子。休……擢进士第，举贤良方正异等。历诸府辟署，入为监察御史，更内外任。至大中时，以兵部侍郎领诸道盐铁转运使。六年，进同中书门下平章事……罢为宣武军节度使，封河东县子。久之，由太子少保分司东都，复起历昭义、河东、凤翔、荆南四节度。卒，年七十四，赠太尉。"

《宣和书谱》卷九："裴休，字公美，孟州济源人也……擢进士第，举贤良方正异等，历昭义、河东、凤翔、荆南四节度，官止太尉。"

卢肇《宣州新兴寺碑》："裴公休擢进士甲科，登直言制首。"

《登科记考》卷一九长庆二年（822）进士科条云裴休及第。

明经科

【黄季长】字弘远。长庆二年（822）登明经科。官吉州司法参军。

《全唐文补遗》第三辑，王鲁复撰大中元年（847）三月十三日《唐故吉州司法参军黄府君（季长）墓志铭并序》："吉州司法参军黄弘远，讳季长……元和中举明经，由太学，薰风沛然。穆宗二年擢第，光焕庭闱。"按：据墓志，疑其名"弘远"字"季长"。《登科记考补正》录载。

制科

【田夷吾】长庆二年(822)登日试百篇科,授魏州县尉。

《白居易集》卷五二《日试诗百首田夷吾曹璠等授魏州兖州县尉制》:"敕:'乃者魏、兖二帅,以田夷吾曹璠善属文,贡属阙下。有司奏报:明试以诗,五言百篇,终日而毕。藻思甚敏,文理多通。贤侯荐延,宜有生奖。因其所贡郡县,各命以官。'"

《登科记考》卷一九长庆二年(822)日试百篇科条云:"按二人当即此年登第。"

【曹璠】长庆二年(822)登日试百篇科,授兖州县尉。

《白居易集》卷五二《日试诗百首田夷吾曹璠等授魏州兖州县尉制》:"敕:'乃者魏、兖二帅,以田夷吾曹璠善属文,贡属阙下。有司奏报:明试以诗,五言百篇,终日而毕。藻思甚敏,文理多通。贤侯荐延,宜有生奖。因其所贡郡县,各命以官。'"

《登科记考》卷一九长庆二年(822)日试百篇科条云:"按二人当即此年登第。"

长庆三年癸卯(823)

知贡举:礼部侍郎王起

进士科

【郑冠】长庆三年(823)进士科状元及第,大和二年(828)制科及第。官至秘书少监。

《秦晋豫新出墓志蒐佚续编》九三八,崔证撰咸通十五年(874)十二月十六日《唐故阳武县尉荥阳郑府君墓志铭并序》:"府君讳无倦,字知进。其先本姬姓,荥阳人也……祖讳临,进士及第,判入等,皇京兆府周至令。先考讳冠,进士及第,制策登科,皇秘书少监,皆有清名当世。"

(元)辛文房撰,傅璇琮主编《唐才子传校笺》(册三)卷六《袁不约》条云:"不约,字还朴,长庆三年郑冠榜进士。"

(元)辛文房撰,傅璇琮主编《唐才子传校笺》(册三)卷七《李敬方》条云:"敬方,字中虔,长庆三年郑冠榜进士。大和中仕为歙州刺史。后坐事左迁台州刺史。"

《登科记考》卷一九长庆三年(823)进士科云郑冠状元及第。

【李余】蜀人。长庆三年(823)进士及第。

《全唐诗》第十二册卷三八五张籍《送李余及第后归蜀》:"十年人咏好诗章,今日成名出举场。归去唯将新诰牒,后来争取旧衣裳。山桥晓上芭蕉暗,水店晴看芋草黄。乡里亲情相见日,一时携酒贺高堂。"

《全唐诗》第十五册卷四九六有姚合《送李余及第归蜀》:"蜀山高岩峣,蜀客无平才。日饮锦江水,文章盈其怀。十年作贡宾,九年多遭回。春来登高科,升天得梯阶。手持冬集书,还家献庭闱。人生此为荣,得如君者稀。李白蜀道难,羞为无成归。子今称意行,所历安觉危。与子久相从,今朝忽乖离。风飘海中船,会合难自期。长安米价高,伊我常渴饥。临岐歌送子,无声但陈词。义交外不亲,利交内相违。勉子慎其道,急若食与衣。苦爇道路赤,行人念前驰。一杯不可轻,远别方自兹。"

《全唐诗》第十七册卷五七二贾岛《送李余及第归蜀》:"知音伸久屈,觐省去光辉。津渡逢清夜,途程尽翠微。云当绵竹叠,鸟离锦江飞。肯寄书来否,原居出亦稀。"

(宋)计有功《唐诗纪事》卷四六《李余》:"余,登长庆三年进士第,蜀人也。张籍《送余归蜀》诗云:'十年人好诵诗章,今日成名出举场。归去唯将新诰牒,后来争取旧衣裳。山桥晓上蕉花暗,水店晴看芋叶光。乡里亲情相见日,一时携酒上高堂。'"

【李景述】长庆三年(823)进士及第。历舒州司马、虞部郎中。

《全唐文》卷八八〇徐铉《舒州司马李景述可虞部郎中制》:"敕。王者用士,其要惟公。苟得其才,近亲何避。某官李景述,承茂勋之后,秉素士之风。颇有美名,闻于戚里,郡丞之任为久,台郎之位为宜。俾疏庆恩,改授清级。无忘师友之训,以奉朝廷之仪。"

《旧唐书》卷一六《穆宗》:"(长庆二年六月甲子)工部侍郎,平章事元稹为同州刺史。"

胡可先《匡补》认为元稹解送李景述是在长庆二年六月以后,于长庆三年王起知贡举时及第。

《登科记考》卷二二会昌四年进士科条:"李景述,是年景述以同州解头及第,见元微之诗注。"按:《元稹集》卷二一《和王侍郎酬广宣上人观放榜后相贺》诗"珍重刘鏔因首荐"下注:"进士李景述以同判解头及第。""王侍郎"即王起。

【李敬方】字中虔,太原文水县人。长庆三年(823)登进士科。官至歙州刺史。

《新唐书》卷六〇《艺文四》:"《李敬方诗》一卷。字中虔,大和歙州刺史。"

(宋)计有功《唐诗纪事》卷五八《李敬方》:"字中虔,登长庆进士第。大和中,为歙州刺史。"按:此数种记载均有误,傅璇琮《唐代诗人李敬方事迹辨证》(《文学遗产》一九八〇年第一期)一文已有纠正。《唐才子传校笺》考证李敬方实际在大中四至六年为歙州刺史,贬官在为歙州刺史之前,为台州司马,而不是台州刺史。其籍贯据《旧五代史》卷五八《李琪传》载:"李琪,字台秀。五代祖憕,天宝末,礼部尚书、东都留守。安禄山陷东都,遇害,累赠太尉,谥曰忠懿。憕孙寀,元和朝,位至给事中。寀子敬方,文宗朝,谏议大夫。"又《旧唐书》卷一八七下《忠义下·李憕传》:"李憕,太原文水人。"

(元)辛文房撰,傅璇琮主编《唐才子传校笺》(册三)卷七《李敬方》条云:"敬方,字中虔,长庆三年郑冠榜进士。大和中仕为歙州刺史。后坐事左迁台州刺史。"

《登科记考》卷一九长庆三年(823)录载李敬方。

【袁不约】字还朴,郡望汝南,杭州新城人。长庆三年(823)登进士科,大和中又登平判科。官至侍郎。

《全唐文》卷八九五罗隐《东安镇新筑罗城记》:"吾乡则有河间凌准宗一、濮阳吴降下己、汝南袁不约还朴,以文学进。"

(唐)李冗《独异志》卷下云:"(平)曾后游蜀川,谒少师李固言相公,在成都宾馆……袁不约侍郎、来择书记、薛重评事,皆远从公,可谓莲幕之盛矣。"

(唐)范摅《云溪友议》卷中《白马吟》:"曾后游蜀州,谒少师李固言相公。在成都宾馆,则李珪郎中、郭圆员外、陈会端公、袁不约侍郎、来择书记、薛重评事,皆远从公,可谓莲幕之盛矣。曾每与诸公评论,则言笑弥日;侍于相公,则轻佻无所畏怵。遂献《雪山赋》一首,言:'雪山虽兹洁白之状,叠障攒峰,夏日清寒,而无草木华茂,为人采掇。'以李公罕作文章,废其庠序也。相公读赋,命推出曾。曾不逾旬,又献《鮻鲐鱼赋》,言:'此鱼触物而怒,翻身上波,为鹢鸢所获……'"

(宋)陈振孙《直斋书录解题》卷一九录载《袁不约集》一卷,注云:"唐袁不约还朴撰。长庆三年进士。其年试《丽龟赋》。"

(宋)计有功《唐诗纪事》卷六〇《袁不约》:"不约,登长庆三年第。"

(元)辛文房撰,傅璇琮主编《唐才子传校笺》(册三)卷六《袁不约》条云:"不约,字还朴,长庆三年郑冠榜进士。大和中,以平判入等调官。"

《登科记考》卷一九长庆三年(823)进士科录载袁不约。

咸淳《临安志》卷六四《人物五列传》:"袁不约,字还朴,新城人,登长庆三年进士,又试平判入等,仕至职方员外郎。"

成化《杭州府志》:"袁不约,字还朴,新城人。"按:汝南为郡望,杭州新城为籍贯。

【顾师邕】字睦之,苏州吴人,父少连吏部尚书。长庆三年(823)登进士科。官至翰林学士。

《新唐书》卷一七九《顾师邕传》:"顾师邕字睦之,少连子。性恬约,喜书,寡游合。第进士。累迁监察御史。李训荐为水部员外郎、翰林学士……赐死。"

《新唐书》卷一六二《顾少连传》:"顾少连字夷仲,苏州吴人。举进士……擢上第,以拔萃补登封主簿……迁吏部尚书。"

《登科记考》卷一九长庆三年(823)云顾师邕进士及第。

崇祯《吴县志》卷四六《人物·刚正》:"(师邕)长庆三年第进士,累迁监察御史,以李训荐为水部员外郎,翰林学士。"

【徐凝】睦州人。长庆三年(823)进士及第。官至金部郎中。

(唐)范摅《云溪友议》卷中《钱塘论》及(五代)王定保《唐摭言》卷二《争解元》云,徐凝在杭州取解,为白居易所器重,事在长庆二年,其及第当在长庆三年。胡可先《〈登科记考〉匡补三编》附在是年。

(唐)范摅《云溪友议》卷中《钱塘论》:"致仕尚书白舍人,初到钱塘,令访牡丹花。独开元寺僧惠澄,近于京师得此花栽,始植于庭,栏圈甚密,他处未之有也。时春景方深,惠澄设油幕以覆其上。牡丹自此东越分而种之也。会徐凝自富春来……"

(元)辛文房撰,傅璇琮主编《唐才子传校笺》(册三)卷六《徐凝》条云:"凝,睦州人。元和间有诗名。方干师事之。与施肩吾同里闬。日亲声调,无进取之意,交眷悉激勉,始游长安,不忍自衒鬻,竟不成名。将归,以诗辞韩吏部云:'一生所遇惟元白,天下无人重布衣。欲别朱门泪先尽,白头游子白身归。'知者怜之。遂归旧隐,潜心诗酒。人间荣耀,徐山人不复贮齿颊中也。老病且贫,意泊无恼,优悠自终。"

乾隆《杭州府志》卷一〇七《选举志》引《职官分纪》:"长庆三年癸卯郑冠榜:……徐凝,汾水人。由杭州解,金部郎中。

【韩湘】字北渚,又字爽,愈之侄孙。长庆三年(823)登进士科,初授校书郎。历江西从事,官至大理丞。

《全唐诗》第十五册卷四九六姚合《送韩湘赴江西从事》:"年少登科客,从军诏命新。行装有兵器,祖席尽诗人。细雨湘城暮,微风楚水春。浔阳应足雁,梦泽岂无尘。猿叫来山顶,潮痕在树身。从容多暇日,佳句寄须频。"

《新唐书》卷七三上《宰相世系表》三上云:"湘字北渚,大理丞。"韩湘又字爽,(宋)魏仲举《五百家注释韩昌黎全集》卷六《宿曾江口示侄孙湘诗》,韩注:"求之谱系,公诸子侄皆无名爽者,有侄孙湘者,字比渚,老成长子,登长庆三年进士,终大理丞。"《考异》谓爽,湘之字。《唐才子传》云韩湘之字为清夫,实出自刘斧《青琐高议》前集《韩湘子》,为小说家之言,不足为信。韩湘及第后授校书郎,从其友人送其入幕的诗文中均称其为校书,即可证明。如无可《送韩校书赴江西》(《全唐诗》第二十三册卷八一四)、马戴《送韩校书江西从事》(《全唐诗》第十七册卷五五六)等。

(元)辛文房撰,傅璇琮主编《唐才子传校笺》(册三)卷六《韩湘》条云:"湘字清夫,愈之侄孙也。长庆三年礼部侍郎王起下进士。"按:湘字北渚,又字爽。

《登科记考》卷一九长庆三年(823)进士科录载韩湘。

长庆四年甲辰(824)

知贡举:中书舍人李宗闵

进士科

【李群】郡望渤海,庐州合肥县人。长庆四年(824)进士科状元及第。官至濠州刺史。

《秦晋豫新出墓志蒐佚》七七六,李邺撰大中三年(849)《唐故濠州刺史渤海李公墓志铭》:"有唐渤海李公讳群,字处一,少负名节于江淮间,凡江淮游学有道之士,莫不从公与处,于是名誉日籍甚,布流于京师……即随贡士礼部试,中第……当是时,李相国宗闵去相位,公自以为得进士第于相国门下,又居诸生之首。"

(五代)王定保《唐摭言》卷二《争解元》:"合淝李郎中群,始与杨衡、符载等同隐庐山……(李群)比及京师,已锁贡院,乃槌院门请引见……合淝神质瑰秀,主副为之动容。因曰:'不为作状头,便可延于吾庐矣。'"按:唐庐州辖合肥县。

《旧唐书》卷一六七《宋申锡传》:"(大和五年)翌日,开延英,召宰臣及议事官,帝自询问。左常侍崔玄亮,给事中李固言,谏议大夫王质,补阙卢钧、舒元褒、罗泰、蒋系、裴休、窦宗直、韦温,拾遗李群、韦端符、丁居晦、袁都等一十四人,皆伏玉阶下奏以申锡狱付外,请不于禁中讯鞫。"

(元)辛文房撰,傅璇琮主编《唐才子传校笺》(册三)卷六《韩琮》条云:"琮字成封,长庆四年李群榜进士及第。"

【韦昌明】循州龙川人。长庆四年(824)登进士科。历校书郎,官至秘书监丞。

《全唐文》卷八一六韦昌明《越井记》:"南越王赵佗氏,昔令龙川时,建池于鰲湖之东。阻山带河,四面平旷。登山景望,惟此为中。厥土沃壤,草木渐包。垦辟定规制,北距鰲十里,东距五马峰五里,南距河里许,相对即海珠山也。凿井于治之东偏曰越井,取春秋时为南越,战国属楚为百粤,秦首置南海,即以龙川隶焉……乾符五年十月之吉,邑人翰林学士韦昌明记。"

雍正《广东通志》卷四四《人物志·韶州府》:"韦昌明,龙川人,好学,工词赋,长庆中进士及第。尝上书宰相李逢吉,责以协恭和衷之义,逢吉称之,累官校书郎,转秘书清华美职……卒于官。"

乾隆《广州通志》卷三一《选举志》:"长庆四年甲辰,韦昌明,龙川人。"

同治《广东通志》卷六六《选举表四·进士·唐》:"长庆四年,韦昌明,循州陇川人,秘书监丞,有传。"陈尚君《〈登科记考〉正补》云本年试《金用砺赋》《震为苍筤竹诗》,见《韩子年谱》引《讳行录》。

【韦楚老】字楚老,名寿朋,以字行。长庆四年(824)登进士科。官至左拾遗。

(五代)刘崇远《金华子杂编》卷下:"韦楚老少有诗名,相国李公宗闵之门生也。自左拾遗辞官东归,寄居金陵。"

(宋)王谠撰,周勋初校证《唐语林校证》卷七《补遗·起武宗至昭宗》:"韦楚老,李宗闵之门生,自左拾遗辞官东归,居于金陵。"

(宋)计有功《唐诗纪事》卷五六《韦楚老》:"楚老,长庆进士,终于拾遗。"

(元)辛文房撰,傅璇琮主编《唐才子传校笺》(册三)卷六《韦楚老》条云:"楚老,长庆四年中书舍人李宗闵下进士,仕终国子祭酒。"按:韦楚老终国子祭酒别无考,当以左拾遗为确。韦楚老名寿朋,以字行。杜牧有《洛中监察病假满送韦楚老拾遗归朝》(《樊川文集》卷三)、《重到襄阳哭亡友韦寿朋》(《樊川文集》卷四),冯集梧在《洛中监察病假满送韦楚老拾遗归朝》题下注:"盖寿朋其名,而楚老字也。"

【李甘】字和鼎。长庆四年(824)登进士科,又大和二年登制科。历江西观察使判官,官至侍御史。

(唐)赵璘《因话录》卷三《商部下》:"长庆以来,李封州甘为文至精。奖拔公心,亦类数公。甘出于李相国武都公门下,时以为得人。"

(五代)王定保《唐摭言》卷一○《韦庄奏请追赠不及第人近代者》:"李甘,字和鼎,长庆四年及第。《登科记》已注矣。(庄云不及第,误矣。)"

《旧唐书》卷一七一《李甘传》:"李甘字和鼎。长庆末进士擢第,又制策登科。大和中,累官至侍御史……贬甘封州司马。"

《新唐书》卷一一八《李甘传》:"李甘字和鼎。长庆末,第进士,举贤良方正异等。累擢侍御史……贬封州司马。而李训内亦恶注,由是注卒不相。甘终于贬。"

【袁都】长庆四年(824)登进士科。

(唐)赵璘《因话录》卷三《商部下》云:"李相国(宗闵)武都公知贡举,门生清秀俊茂,唐冲、薛庠、袁都辈,时谓之玉笋。"

《新唐书》卷一七四《李宗闵传》:"长庆初,钱徽典贡举,宗闵托所亲于徽,而李德裕、李绅、元稹在翰林,有宠于帝,共白徽纳干丐,取士不以实,宗闵坐贬剑州刺史。由是嫌忌显结,树党相磨轧,凡四十年,搢绅之祸不能解。俄复为中书舍人,典贡举,所取多知名士,若唐冲、薛庠、袁都等,世谓之'玉笋'。"

(宋)王谠撰,周勋初校证《唐语林校证》卷四《企羡》:"李相宗闵知贡举,门生清雅俊茂。唐冲、薛庠、袁都,时谓之'玉笋'。"

【唐冲】长庆四年(824)登进士科。

(唐)赵璘《因话录》卷三《商部下》:"李相国(宗闵)武都公知贡举,门生清秀俊茂,唐冲、薛庠、袁都辈,时谓之玉笋。"

《新唐书》卷一七四《李宗闵传》:"长庆初,钱徽典贡举,宗闵托所亲于徽,而李德裕、李绅、元稹在翰林,有宠于帝,共白徽纳干丐,取士不以实,宗闵坐贬剑州刺史。由是嫌忌显结,树党相磨轧,凡四十年,搢绅之祸不能解。俄复为中书舍人,典贡举,所取多知名士,若唐冲、薛庠、袁都等,世谓之'玉笋'。"

(宋)王谠撰,周勋初校证《唐语林校证》卷四《企羡》:"李相宗闵知贡举,门生多清雅俊茂。唐冲、薛庠、袁都,时谓之'玉笋'。"

【韩琮】字成封。长庆四年(824)登进士科。历忠武判官,官至湖南观察使。

《全唐文》卷七七二李商隐《为濮阳公陈许奏韩琮等四人充判官状》:"韩琮。右件官早中殊科,荣推雅度,弦柔以直,济伏而清。顷佐宪台,且丁家难,当丧而齿未尝见,既祥而琴不成声。逮此变除,未蒙抽擢。臣顷居镇守,琮已列宾僚,谋之既臧,刚亦不吐。愿稽中选,荣借外藩,伏请依资赐授宪官,充臣节度判官……以前件状如前,臣四朝受任,三镇叨荣。慕碣石之筑宫,广延儒雅;效西河之拥篲,乐得贤才。韩琮等并无所因依,不由请托,久谙才地,堪列幕庭。伏希殊私,尽允诚请,谨录奏闻,伏听敕旨。"

《全唐文》卷七七三李商隐《为濮阳公许州请判官上中书状》:"韩琮、段环、裴蘧、夏侯曈,右件官等或断金旧友,或倾盖新知。既有藉于宾荣,敢自轻于主择。辄以具状奏请讫。伏乞相公曲赞殊恩,尽允私恳。使免孤郑驿,不辱燕台。谨录状上。"

《新唐书》卷六〇《艺文四》:"《韩琮诗》一卷。字成封,大中湖南观察使。"

《资治通鉴》卷二四九大中十二年五月辛巳日条:"湖南军乱,都将石载顺等逐观察使韩琮,杀都押牙王桂直。琮待将士不以礼,故及于难。"

(宋)计有功《唐诗纪事》卷五八《韩琮》云"字成封。大中中,为湖南观察使。待将士不以礼,宣宗时,为都将石载顺等所逐"。

(元)辛文房撰,傅璇琮主编《唐才子传校笺》(册三)卷六《韩琮》条云:"琮字成封,长庆四年李群榜进士及第。大中中,仕至湖南观察使。"

【韩昶】字有之,一作"存之",邓州昌黎人,祖仲卿秘书省秘书郎,赠尚书左仆射,父愈吏部侍郎。长庆四年(824)登进士科,释褐弘文馆校书。历郃州从事、窦夷直襄州从事,官至检校礼部郎中。

《全唐文》卷七四一韩昶《自为墓志铭》:"昌黎韩昶,字有之。传在国史。生徐之苻离,小名曰苻。幼而就学,性寡言笑,不为儿戏,不能暗记书。至年长,不能通诵得三五百字,为同学所笑。至六七岁,未解把笔书字,即是性好文字,出言成文,不同他人所为。张籍奇之,为授诗,时年十余岁。日通一卷,籍大奇之。试授诸童,皆不及之。能以所闻,曲问其义,籍往往不能答。受诗未通两三卷,便自为诗。及年十一二,樊宗师大奇之。宗师文学为人之师,文体与常人不同,昶读慕之。一旦为文,宗师大奇。其文中字或出于经史之外,樊读不能通。稍长,爱进士及第,见进士所为之文与樊不同,遂改体就之,欲中其汇。年至二十五,及第释褐。柳公公绰镇邠辟之,试宏文馆校书郎。相国窦公易直辟为襄州从事,校书如前。旋除高陵尉集贤殿校理。又迁度支监察,拜左拾遗。好直言,一日上疏,或过二三,文字之体与同官异。文宗皇帝大用其言。不通人事,气直,不乐者或终年不与之语,因与俗乖,不得官。相国牛公僧孺镇襄阳,以殿中加支使,旋拜秘书省著作郎,迁国子博士。因久寄襄阳,以禄养为便。除别驾,检校礼部郎中。丁艰服除,再授襄阳别驾,检校户部郎中,大中九年六月三日寝疾,八日终于任,年五十七。其年十二月十五日,葬孟州河阳县尹村。娶京兆韦放女,有男五人,曰纬,前复州参军。次曰绾曰缅曰绮曰统,举进士。女四人,曰棻曰谿曰当曰著,在室。曾祖叡素,朝散大夫桂州长史。祖仲卿,秘书省秘书郎,赠尚书左仆射。父愈,吏部侍郎,赠礼部尚书,谥曰文公。"

《唐代墓志汇编》大中一〇二《唐故朝议郎检校尚书户部郎中兼襄州别驾上柱国韩昶自为墓志铭并序》:"昌黎韩昶,字存之……小名曰符……稍长,爱进士及第……年二十五,及第释褐,柳公绰镇邠辟之,试弘文馆校书郎……迁国子博士……检校户部郎中。大中九年……终于任,年五十七……葬孟州河阳县尹村……有男五人:曰纬,前复州参军,次曰绾、曰缅、曰绮、曰统,举进士……祖仲卿,秘书省秘书郎,赠尚书左仆射;父愈,吏部侍郎。"

《旧唐书》卷一六〇《韩愈传》:"韩愈字退之,昌黎人……子昶,亦登进士第。"

(宋)魏仲举《五百家注释韩昌黎全集》卷二三《祭主簿侯喜文》,严注曰:"退之诸子又名昶者,长庆四年进士登第。"

(宋)魏仲举《五百家注释韩昌黎全集》卷六《符读书城南》,樊注曰:"按公墓志及登科记,公子曰昶,登进士第在长庆四年。"

【薛庠】长庆四年(824)登进士科。

(唐)赵璘《因话录》卷三《商部下》云:"李相国(宗闵)武都公知贡举,门生清秀俊茂,唐冲、薛庠、袁都辈,时谓之玉笋。"

《新唐书》卷一七四《李宗闵传》:"长庆初,钱徽典贡举,宗闵托所亲于徽,而李德裕、李绅、元稹在翰林,有宠于帝,共白徽纳干丐,取士不以实,宗闵坐贬剑州刺史。由是嫌忌显结,树党相磨轧,凡四十年,搢绅之祸不能解。俄复为中书舍人,典贡举,所取多知名士,若唐冲、薛庠、袁都等,世谓之'玉笋'。"

(宋)王谠撰,周勋初校证《唐语林校证》卷四《企羡》:"李相宗闵知贡举,门生清雅俊茂。唐冲、薛庠、袁都,时谓之'玉笋'。"

附考(穆宗朝)

附考进士(穆宗朝进士)

【王初】河南人,父仲舒官至御史中丞。长庆中登进士科。历宣武掌书记。

《全唐文》卷五六三韩愈《江南西道观察使赠左散骑常侍太原王公(仲舒)墓志铭》:"公讳仲舒,字宏中,少孤奉母居江南游学有名。贞元十年以贤良方正拜左拾遗……有子男七人,初、哲、贞、宏、泰、复、泂,初进士及第,哲文学具善,其余幼也。"按:太原为其郡望,河南为籍贯。《五百家注释韩昌黎全集》卷三三《王仲舒墓志铭》同。

(宋)李昉等《太平广记》卷二六一《嗤鄙四·王初昆弟》引《独异志》:"唐长庆太和中,王初、王哲,俱中科名。其父仲舒显于时,二子初宦,不为秘书省官……又为宣武军掌书记。"

《登科记考》卷二七《附考·进士科》录载王初。

【冯图】字昌之,贯京兆府,祖子华,父宿官至刑部侍郎。约在长庆、宝历年间登进士科,连中宏词科。

(唐)佚名《大唐传载》:"河南冯宿之三子陶、韬、图,兄弟连年进士及第,连年登宏词科,一时之盛,代无比焉。"按:《全唐文》卷六四三王起《银青光禄大夫检校礼部尚书使持节梓州诸军事兼梓州刺史御史大夫充剑南东川节度副大使知节度事管内观察处置静戎军等使上柱国长乐县开国公食邑一千五百户赠吏部尚书冯公(宿)神道碑铭并序》:惟唐开成元年冯宿卒归葬于"西都……明年五月克葬于京兆万年县崇道乡白鹿原从先人茔礼也……公讳宿字拱之,冀州长乐人……五代祖周乌氏侯讳早惠,隋朝为隰州司户,皇朝为婺州常山令"。可见冯宿旧望为冀州长乐人,五代祖因做官,而定居婺州,其子孙后又迁居京兆。

《旧唐书》卷一六八《冯宿传》:"冯宿,东阳人。卯岁随父子华庐祖墓,有灵芝、白兔之祥。宿昆弟二人,皆幼有文学。宿登进士第……大和四年,入为工部侍郎。六年,迁刑部侍郎,修《格后敕》三十卷,迁兵部侍郎。九年,出为剑南东川节度使,检校礼部尚书。开成元年十二月卒,废朝,赠吏部尚书,谥曰懿。有文集四十卷。子图、陶、韬,三人皆登进士,扬历清显。"

《新唐书》卷一七七《冯宿传》:"冯宿字拱之,婺州东阳人。父子华,庐亲墓,有灵芝、白兔,号'孝冯家'……图,字昌之,连中进士,宏辞科。"

《登科记考》卷二七《附考·进士科》录载冯图。

【冯韬】旧贯婺州东阳,贯京兆府,父宿官至兵部侍郎。约在长庆、宝历年间登进士科。历司封员外郎。

《全唐文》卷六四三王起《银青光禄大夫检校礼部尚书使持节梓州诸军事兼梓州刺史御史大夫充剑南东川节度副大使知节度事管内观察处置静戎军等使上柱国长乐县开国公

食邑一千五百户赠吏部尚书冯公(宿)神道碑铭并序》:惟唐开成元年冯宿卒归葬于"西都……明年五月克葬于京兆万年县崇道乡白鹿原从先人茔礼也……公讳宿字拱之,冀州长乐人……五代祖周乌氏侯讳早惠,隋朝为隰州司户,皇朝为婺州常山令"。可见冯宿旧望为冀州长乐人,五代祖因做官,而定居婺州,其子孙后又迁居京兆。

《全唐文》卷七二六崔郾《授冯韬司封员外郎等制》:"敕。分列宿之位,应覆被之荣。入可以封还诏书,出可以分领符竹。优游于粉署之内,谈笑于锦帐之前。苟非清才,不在斯选。以韬文章炳焕,独步词科。以同靖门胄光华,深通圣典。荆玉韬含章之美,霜钟蓄待扣之音。是用升彼名曹,擢于芸阁。文昌之地,职业非轻。式仵弥纶,更期迁陟。韬可司封员外郎,同靖可金部员外郎。"

(唐)佚名《大唐传载》:"河南冯宿之三子陶、韬、图,兄弟连年进士及第,连年登宏词科,一时之盛,代无比焉。"

《旧唐书》卷一六八《冯宿传》:"冯宿,东阳人……子图、陶、韬,三人皆登进士,扬历清显。"

《登科记考》卷二七《附考·进士科》录载冯韬。

【李秀】贯洛阳,兄训长庆二年(822)进士及第,官至宰相。约长庆至宝历间登进士第。

(明)徐应秋《玉芝堂谈荟》卷四《兄弟十龙》:"唐李修子李亮、李训、李叔、李秀,皆状元及第……俱号四龙。"

《登科记考补正》卷二七《附考·进士科》录载李秀。

【李叔】贯洛阳,兄训长庆二年(822)进士及第,官至宰相。约长庆至宝历间登进士第。

(明)徐应秋《玉芝堂谈荟》卷四《兄弟十龙》:"唐李修子李亮、李训、李叔、李秀,皆状元及第……俱号四龙。"

《登科记考补正》卷二七《附考·进士科》录载李叔。

【李亮】贯洛阳,兄训长庆二年(822)进士及第,官至宰相。约长庆至宝历间登进士第。

(明)徐应秋《玉芝堂谈荟》卷四《兄弟十龙》:"唐李修子李亮、李训、李叔、李秀,皆状元及第……俱号四龙。"

《登科记考补正》卷二七《附考·进士科》录载李亮。

【李景文】京兆万年人。长庆三年(823)四月前登明经科。

《唐代墓志汇编》长庆〇二〇李元占撰长庆三年(823)四月十三日《大唐故陇西郡君卑失氏夫人(李素妻)神道墓志铭》:"……既礼君子,俄深岁年,夫皇朝授开府仪同三司、行司天监兼晋州长史、翰林待诏、上柱国、开国公食邑一千户李素……次男前乡贡明经景文……长庆三年四月十三日,安厝于万年县……祔旧茔矣。"按:景文登第应在长庆三年四月前。

【崔搏】长庆初登进士科。

《全唐文》卷六三九李翱《兵部侍郎赠工部尚书武公(儒衡)墓志铭》:"公讳儒衡,字庭硕……长庆四年四月壬辰,竟薨,年五十六……女二人,长女许嫁卢立,立良士,为兴元节度司空晋公从事;次女嫁前进士崔搏,搏有学行。"

【崔璀】郡望贝州,贯京兆府长安县,祖俍官至吏部侍郎,父邠官至吏部尚书。约在长庆间登进士科。历台阁。

《旧唐书》卷一五五《崔邠传》:"崔邠字处仁,清河武城人。祖结,父俍,官卑。邠少举进士,又登贤良方正科。贞元中授渭南尉。迁拾遗、补阙。常疏论裴延龄,为时所知。以兵部员外郎知制诰至中书舍人,凡七年。又权知吏部选事。明年,为礼部侍郎,转吏部侍郎,赐以金紫。邠温裕沉密,尤敦清俭。上亦器重之。裴垍将引为相,病难于承答,事竟寝。兄弟同时奉朝请者四人,颇以孝敬怡睦闻。后改太常卿,知吏部尚书铨事。故事,太常卿初上,大阅《四部乐》于署,观者纵焉。邠自私第去帽亲导母舆,公卿逢者回骑避之,衢路以为荣。居母忧,岁余卒,元和十年三月也,时年六十二。赠吏部尚书,谥曰文简。弟鄯、郾、郸等六人。子璀、璪,璀子彦融,皆登进士第,历位台阁。"

《新唐书》卷一六四《崔邠传》:"崔邠字处仁,贝州武城人。父俍……位吏部侍郎。邠第进士……知吏部尚书铨……邠自第去帽,亲导母舆,公卿见者皆避道,都人荣之。以母忧解,卒于丧,年六十。赠吏部尚书,谥曰文简。弟鄸、郾、郇、鄯、郸……崔氏四世缌麻同爨,兄弟六人至三品,邠、郾、郸凡为礼部五,吏部再,唐兴无有也。居光德里……后京兆民即其里为'德星社'云。"按其弟璪在宝历元年制科擢第,则其登第应在长庆间。

【崔璪】郡望贝州,贯京兆府长安县,祖俍官至吏部侍郎,父邠官至吏部尚书。长庆前后登进士科,宝历元年制科擢第,历台阁。小传见宝历元年制科崔璪条。

《旧唐书》卷一五五《崔邠传》:"崔邠字处仁,清河武城人。祖结,父俍,官卑。邠少举进士,又登贤良方正科。贞元中授渭南尉。迁拾遗、补阙。常疏论裴延龄,为时所知。以兵部员外郎知制诰至中书舍人,凡七年。又权知吏部选事。明年,为礼部侍郎,转吏部侍郎,赐以金紫。邠温裕沉密,尤敦清俭。上亦器重之。裴垍将引为相,病难于承答,事竟寝。兄弟同时奉朝请者四人,颇以孝敬怡睦闻。后改太常卿,知吏部尚书铨事。故事,太常卿初上,大阅《四部乐》于署,观者纵焉。邠自私第去帽亲导母舆,公卿逢者回骑避之,衢路以为荣。居母忧,岁余卒,元和十年三月也,时年六十二。赠吏部尚书,谥曰文简。弟鄯、郾、郸等六人。子璀、璪,璀子彦融,皆登进士第,历位台阁。"

《新唐书》卷一六四《崔邠传》:"崔邠字处仁,贝州武城人。父俍……位吏部侍郎。邠第进士……知吏部尚书铨……邠自第去帽,亲导母舆,公卿见者皆避道,都人荣之。以母忧解,卒于丧,年六十。赠吏部尚书,谥曰文简。弟鄸、郾、郇、鄯、郸……崔氏四世缌麻同爨,兄弟六人至三品,邠、郾、郸凡为礼部五,吏部再,唐兴无有也。居光德里……后京兆民即其里为'德星社'云。"按其登制科在宝历元年,则进士科应在长庆间。

【舒元褒】婺州东阳人,兄元舆官至宰相。长庆中进士及第,宝历元年(825)登贤良方正能直言极谏科。终司封员外郎。

(宋)王溥《唐会要》卷七六《贡举中·制科举》:"宝历元年四月,贤良方正能直言极谏科……舒元褒……及第。"

（宋）王钦若等《册府元龟》卷六四四《贡举部（六）·考试第二》：敬宗之制："贤良方正能直言极谏科举人第三等唐伸、韦端符、舒元褒。"

（宋）王钦若等《册府元龟》卷六四五《贡举部（七）·科目》："宝历元年四月，贤良方正能直言极谏科（唐伸、杨俭、韦端符、舒元褒、萧敞、杨鲁士、来择、赵柷、裴晖、韦繇、李昌实、严封、李涯、萧夷中、冯球、元晦及第），详明吏理达于教化科（韦正贯及第），军谋宏远材任边将科（裴俦、侯平章及第）。"

《新唐书》卷一七九《舒元舆传》："舒元舆，婺州东阳人……元和中，举进士……以本官同中书门下平章事……弟元褒、元胍、元迥，皆第进士。元褒又擢贤良方正，终司封员外郎。余及诛。"

（宋）宋敏求《唐大诏令集》卷一〇六《制举放制举人诏》："贤良方正能直言极谏科举人第三等唐伸、韦端符、舒元褒。"

《登科记考》卷二〇宝历元年条云舒元褒宝历元年贤良方正能直言极谏科及第。

【敬昕】河中河东人，祖括官至御史大夫。约在穆宗前后登进士科。历中书舍人、江西观察使，官至河阳节度使。

《旧唐书》卷一七下《文宗下》：开成二年夏四月"丙子，以中书舍人敬昕为江西观察使"。按：开成二年昕已经为中书舍人，则其约在穆宗前后登进士科。

（宋）李昉等《太平广记》卷三九四《雷二·东阳郡山》引《宣室志》："唐东阳郡滨于浙江，有山周数百里，江水曲而环焉，迁滞舟揖，人颇病之。常侍敬昕，大和中出守。"

《新唐书》卷一七七《敬晦传》："敬晦字日彰，河中河东人。祖括，字叔弓，进士及第，迁殿中侍御史……拜御史大夫。隐然持重，弗以私害公。大历中卒。晦进士及第，辟山南东道节度府，与马曙联舍……擢累谏议大夫。武宗时，赵归真以诈营罔天子，御史平吴湘狱，得罪宰相。晦上疏极道非是，不少回纵。大中中，历御史中丞、刑部侍郎、诸道盐铁转运使、浙西观察使……徙兖州节度使，以太子宾客分司。卒，赠兵部尚书，谥曰肃。晦兄昕、晔，弟旷、煦，俱第进士籍。昕为河阳节度使，晔右散骑常侍，世宠其家。"

《登科记考》卷二七《附考·进士科》云敬昕及第。

【敬晔】河中河东人，祖括官至御史大夫。约在穆宗前后登进士科。官至右散骑常侍。

《新唐书》卷一七七《敬晦传》："敬晦字日彰，河中河东人。祖括，字叔弓，进士及第，迁殿中侍御史……拜御史大夫。隐然持重，弗以私害公。大历中卒。晦进士及第，辟山南东道节度府，与马曙联舍……擢累谏议大夫。武宗时，赵归真以诈营罔天子，御史平吴湘狱，得罪宰相。晦上疏极道非是，不少回纵。大中中，历御史中丞、刑部侍郎、诸道盐铁转运使、浙西观察使……徙兖州节度使，以太子宾客分司。卒，赠兵部尚书，谥曰肃。晦兄昕、晔，弟旷、煦，俱第进士籍。昕为河阳节度使，晔右散骑常侍，世宠其家。"按：开成二年昕已经为中书舍人，则晔约在穆宗前后登进士科。

《登科记考》卷二七《附考·进士科》云敬晔及第。

【裴俦】孟州济源人，祖宣，父肃官至越州刺史，兄休官至宰相。约在长庆间登进士科，宝历元年（825）制科登军谋弘远材任边将科。历御史中丞。

《旧唐书》卷一七七《裴休传》："裴休字公美，河内济源人也。祖宣，父肃。肃，贞元中自常州刺史兼御史中丞、越州刺史、浙东团练观察等使……肃生三子，俦、休、俅，皆登进士第。休……大中初……六年八月，以本官同平章事……俅，字冠识，亦登进士第。"按：俦登进士科约在长庆间。

（宋）王钦若等《册府元龟》卷六四四《贡举部（六）·考试第二》：敬宗之制："军谋宏远材任边将科第三等裴俦。"参考《册府元龟》卷六四五《贡举部·科目》《唐会要》卷七六、《唐大诏令集》卷一〇六。

《登科记考》卷二七《附考·进士科》录载裴俦。

四库本《江西通志》卷四六《秩官一》："裴俦，御史中丞。"

乾隆《山西通志》卷六五《科目·唐》："宝历元年军谋宏远科：裴俦，闻喜人。"

【魏潜】郡望钜鹿，贯京兆，祖冯官至献陵台令，父暮官至宰相。长庆前后登进士科。历显官。

《旧唐书》卷一七六《魏暮传》："魏暮字申之，钜鹿人……祖明，亦为县令。父冯，献陵台令。暮，大和七年登进士第……（大中二年）寻以本官同平章事，十二年十二月卒，时年六十六，赠司徒。子潜、潗。潜登进士第。潜子敖，韦琮甥。后琮为相，潜历显官。"按其父大中十二年六十六岁，其登第按三十岁左右算，大概在穆宗朝前后。

《新唐书》卷九七《魏徵传附魏暮传》："徵五世孙暮。暮字申之，擢进士第。"

《登科记考》卷二七《附考·进士科》云魏潜及第。

附考明经（穆宗朝明经）

【李琪】字温，赵郡人，祖元善官襄州录事参军，父绛官至宰相。约长庆时明经及第。官至衢州刺史。

《全唐文补遗》第六辑，李暨撰大中三年（849）二月十一日《唐故太中大夫使持节衢州刺史上柱国赞皇县开国子食邑五百户李公（琪）墓志铭》："公讳琪，字温，其先赵郡人也……祖元善，贞元初为襄州录事参军，累赠司空。父讳绛，在宪宗时为宰相……公始以弘文馆明经补京兆府参军事，次以调授渭南县尉。大和二年，天子忧边，换帅理于邠，时有贤帅，即表公为监察御史里行，充观察支使。"按李琪卒于大中二年（848）六月六日，享年四十四，其明经及第约在长庆年间。

【顾师闵】苏州吴人。明经出身，拔萃登科。官至京兆府咸阳县尉摄宣歙池等州观察判官。

《秦晋豫新出墓志蒐佚》六八一。范传正撰元和八年（813）六月二十八日《大唐故京兆府咸阳县尉摄宣歙池等州观察判官吴郡顾君墓志》："君讳师闵，字□□……君始冠能以经明中第，脱褐授同州参军……登拔萃科，为咸阳尉。"按：师闵"以经明中第"，当为明经出身。

《新唐书》卷一六二《顾少连传》:"顾少连字夷仲,苏州吴人。举进士,尤为礼部侍郎薛邕所器,擢上第,以拔萃补登封主簿。邑有虎孽,民患之,少连命塞陷阱,独移文岳神,虎不为害。御史大夫于颀荐为监察御史。德宗幸奉天,徒步诣谒,授水部员外郎、翰林学士。再迁中书舍人,阅十年,以谨密称。尝请徙先兆于洛,帝重远去,诏遣其子往,且命中人护葳葬役。"

《吴郡志》卷二二云:"韦夏卿撰《少连神道碑》又云:'子师闵,以拔萃甲科,次师安等三人,非少子也。'碑见《文苑英华》。"按:今本英华无此碑。今所见英华多非宋刻,故散窜极多,当重新整理,由此可见顾师闵(书判)拔萃甲科。按其兄师邕长庆三年登第,其登第时间应该相当,黄震云《〈登科记考〉甄补》补入。

卷十一

唐敬宗（李湛）朝（825—826）

宝历元年乙巳(825)

正月辛亥,改元。《旧唐书》本纪、《册府元龟》《唐大诏令集》。

知贡举: 礼部侍郎杨嗣复

进士科

【柳璟】字德辉,蒲州河东人。宝历元年(825)进士科状元及第,当年又登宏辞科。官至礼部侍郎。

《旧唐书》卷一四九《柳登传》:"柳登字成伯,河东人……长庆二年卒,时九十余,辍朝一日,赠工部尚书。弟冕。冕……子璟,登进士第,亦以著述知名。璟,宝历初登进士第,三迁监察御史……再迁度支员外郎,转吏部。开成初,换库部员外郎、知制诰,寻以本官充翰林学士……五年,拜中书舍人充职。武宗朝,转礼部侍郎,再司贡籍,时号得人。子韬亦以进士擢第。"

《新唐书》卷一三二《柳芳传》:"柳芳字仲敷,蒲州河东人……子登、冕。登……子璟,字德辉。宝历初,第进士、宏词,三迁监察御史……迁中书舍人。武宗立,转礼部侍郎……会昌二年,再主贡部,坐其子招贿,贬信州司马,终郴州刺史。"

(明)徐应秋《玉芝堂谈荟》卷二《历代状元》:"宝历元年,状元柳璟。"

《登科记考》卷二〇宝历元年(825)条云柳璟进士及第。

【冯陶】旧贯婺州东阳,贯京兆府,父宿官至兵部侍郎。宝历元年(825)进士登第。

(唐)佚名《大唐传载》:"河南冯宿之三子陶、韬、图,兄弟连年进士及第,连年登宏词科,一时之盛,代无比焉。"按:《全唐文》卷六四三王起《银青光禄大夫检校礼部尚书使持节梓州诸军事兼梓州刺史御史大夫充剑南东川节度副大使知节度事管内观察处置静戎军等使上柱国长乐县开国公食邑一千五百户赠吏部尚书冯公(宿)神道碑铭并序》:惟唐开成元年冯宿卒归葬于"西都……明年五月克葬于京兆万年县崇道乡白鹿原从先人莹礼也……公讳宿字拱之,冀州长乐人……五代祖周乌氏侯讳早惠,隋朝为隰州司户,皇朝为婺州常山令"。可见冯宿旧望为冀州长乐人,五代祖因做官,而定居婺州,其子孙后又迁居京兆。

《旧唐书》卷一六八《冯宿传》:"冯宿,东阳人……子图、陶、韬,三人皆登进士,扬历清显。"

《登科记考》卷二七《附考·进士科》录载冯陶。

郭文镐《许浑北游考》:"大和元年(827),浑在京,有《赠柳憬冯陶二校书》五三一,诗云:'霄汉两飞鸣,喧喧动禁城。桂堂同日盛,芸阁间年荣。香掩蕙兰气,韵高鸾鹤声。应怜茂陵客,未有子虚名。'检《登科记考》卷二十:宝历元年,柳憬状元及第,当年宏词高科。宏词为吏部选试,中者即授官,芸阁即秘书省,与弘文、崇文馆并置校书郎,为文士起家之良选,而秘书省为最,故浑大加赞叹。间岁,《汉书·韦贤传》'间岁而夹',注云:'间岁,隔一岁也。'宝历元年(825)间岁即为大和元年(827)。据'桂堂同日盛',知柳、冯同年及第,'间岁'冯陶又登宏词科,得秘书省校书郎,即'芸阁间年荣'。唐吏部选官,始于孟冬,终于季春,冯陶得芸阁之选在春,故浑诗作于大和元年春。《登科记考》未详冯陶及第登科之年份,据浑诗,宝历元年进士科、大和元年诸科下当补其名。"

【杜胜】字斌卿,京兆府杜陵人。宝历元年(825)登进士科。官至户部侍郎。

《全唐文》卷七七一李商隐《代彭阳公遗表》:"臣某言:臣闻达士格言,以生为逆旅;古者垂训,谓死为归人。苟得其终,何怛于化?臣永惟际会,获遇升平,钟鼎之勋莫彰,风露之姿先尽,虽无逃大数,亦有负清朝。今则举纩陈词,对棺忍死,白日无分,元夜何长。泪兼血垂,目与魂断。臣某中谢。臣早缘儒学,得厕人曹,克绍家声,不亏士行。词赋贡名于宗伯,书楯应聘于诸侯。东泛西浮,南登北走,时推倚马,人或荐雄……臣当道兵马,已差监军使窦千乘勾当;其节度留务,差行军司马赵祝;观察留务,差节度判官杜胜讫。"

《旧唐书》卷一四七《杜黄裳传》:"杜黄裳字遵素,京兆杜陵人也……黄裳男载……载弟胜,登进士第,大中朝位给事中。胜子廷坚,亦进士擢第。"

《新唐书》卷一六九《杜黄裳传》:"杜黄裳字遵素,京兆万年人……黄裳子载……载弟胜,字斌卿,宝历初擢进士第……拜给事中,迁户部侍郎判度支,欲倚为宰相。及萧邺罢,为中人沮毁,而更用蒋伸,以胜检校礼部尚书,出为天平节度使,不得意,卒。"

【李从晦】宗室,京兆人,祖模终太子宾客。宝历元年(825)登进士科。历京兆尹、工部侍郎、山南西道节度使,卒银青光禄大夫,赠吏部尚书。

(唐)赵璘《因话录》卷六《羽部》:"大中九年……同年有起居者之会,仓部李郎中蠙时在座,因戏诸进士曰:'今日极盛,蠙与贤座主同年。'时右司李郎中从晦,又在座戏蠙曰:'殊未耳。小生与贤座主同年,如何?'谓邠州柳侍郎也。"

《新唐书》卷七八《宗室·李亮传》:"郑孝王亮,仕隋为海州刺史,追王。生子神通、神符……(神符)五世孙从晦……从晦祖模,仕至德中为猗氏令……稍迁黔中观察使。终太子宾客,赠太子太保,谥曰敬。从晦宝历初及进士第,擢累太常博士。甘露之祸,御史中丞李孝本被诛,从晦以族昆弟贬郎州司户参军。改澧王府谘议,分司东都。忌者重发前坐,下迁亳州司马。久乃转吏部郎中,兼侍御史,知杂事。出为常州刺史,镇海军节度使。李琢表其政,赐金紫。历京兆尹、工部侍郎、山南西道节度使。又以最优进银青光禄大夫。卒,年六十三,赠吏部尚书。"

【杨洵美】宝历元年(825)登进士科。终监察御史。

(宋)计有功《唐诗纪事》卷五一《杨洵美》:"洵美,登宝历元年进士第,终监察御史。"

《登科记考》卷二〇宝历元年(825)条云杨洵美进士及第。

【欧阳衮】字希甫,福州闽县人。宝历元年(825)登进士科。终侍御史。

(宋)王谠撰,周勋初校证《唐语林校证》卷六《补遗·起德宗至文宗》:"欧阳琳父衮,亦中进士。琳与弟玭同在场屋,苦其贫匮。每诣先达,刺辄同幅,时人称之。杜邠公在岐下,以子裔休同年谒之。"

《登科记考》卷二〇宝历元年(825)欧阳衮条《永乐大典》引《闽中记》:"欧阳衮字希甫,闽县人。宝历元年及第。"

淳熙《三山志》卷二六:"宝历元年乙巳柳璟榜:欧阳衮,字希甫,闽县人,终侍御史。"

【易之武】袁州人。宝历元年(825)登进士科。

《登科记考》卷二〇宝历元年(825)进士科易之武条《永乐大典》引《宜春志》:"易之武,宝历元年登进士第。"

四库本《江西通志》卷四九《选举·唐》宝历中进士条:"易之武,袁州人。"

【胡不干】宝历元年(825)登进士科。

罗继祖《登科记考补》:"沈朝墓志撰人宝历元年进士胡不干。"

【裴素】绛州闻喜人。宝历元年(825)登进士科,大和二年(828)贤良方正能直言极谏科及第。历翰林学士制诰书。

《新唐书》卷一七下《文宗下》:开成二年"十二月庚寅朔。丙申,阁内对左右史裴素等"。

《宣和书谱》卷一八:"裴素,失其先系,宝历初登第,善草书。"《登科记考》卷二〇宝历元年条云裴素是年进士科及第,并引《窦真斋法书赞》裴素《明日帖》:"裴素制诰书宝历元年杨嗣复相公下及第。"

(宋)宋敏求《长安志》卷六《宫室四》:"命翰林学士裴素撰记。"

乾隆《山西通志》卷六五《科目·唐》:"大和二年贤良方正科:裴素,闻喜人。"

四库本《陕西通志》卷七三《古迹第二·府第》:"命翰林学士裴素撰记。"

制科

【元晦】宝历元年(825)登贤良方正能直言极谏科。历谏议大夫。

《全唐文》卷六九八李德裕《授元晦谏议大夫制》:"敕。昔汲黯薄淮阳守,愿出入禁闼,补过拾遗。则谏诤之任,实资谅直,我求其比,今得正人。吏部郎中元晦,往在内廷,尝感先顾,奋发忠恳,不私形骸,俯伏青蒲,至于雪涕,数共工之罪,不蔽圣聪,辨垣平之诈,益张文德。近因旌别邪正,宰弼上言,以鲁公藏匿,莫如置革于左右,汉后辑槛,孰若列游于公卿,是用命尔,登于文陛。尔其副我宠擢,不替初心,勿沾小名,以枉大节,勉服官业,期于有终。可谏议大夫。"

(宋)王溥《唐会要》卷七六《贡举中·制科举》:"宝历元年四月,贤良方正能直言极谏科……元晦及第。"

(宋)王钦若等《册府元龟》卷六四五《贡举部(七)·科目》:"宝历元年四月,贤良方正能直言极谏科(唐伸、杨俭、韦端符、舒元褒、萧敞、杨鲁士、来择、赵柷、裴晖、韦繇、李昌实、严封、李涯、萧夷中、冯球、元晦及第),详明吏理达于教化科(韦正贯及第),军谋宏远材任边将科(裴俦、侯平章及第)。"

(宋)王钦若等《册府元龟》卷六四四《贡举部(六)·考试第二》:敬宗之制:"贤良方正能直言极谏科举人……第五上等李浒、萧夷中、冯球、元晦。"

（宋）宋敏求《唐大诏令集》卷一〇六《制举放制举人诏》："贤良方正能直言极谏科举人……第五上等李浐、萧夷中、冯球、元晦。"

《登科记考》卷二〇宝历元年（825）条云元晦贤良方正能直言极谏科及第。

【韦正贯】字公理，旧名臧孙，京兆府万年县人，兄韦皋。以门荫入仕，长庆元年（821）贤良方正能直言极谏科及第，除太子校书郎，宝历元年（825）又登详闲吏理达于教化科，官至京兆尹。小传见长庆元年制科韦正贯条。

《全唐文》卷七六四《岭南节度使韦公（正贯）神道碑》："敬宗朝又以华原县尉再登详闲吏理科。"

《旧唐书》卷一四〇《韦皋传》："韦皋字城武，京兆人。"

（宋）王溥《唐会要》卷七六《贡举中·制科举》："宝历元年四月……详明吏治达于教化科，韦正贯及第。"

（宋）王钦若等《册府元龟》卷六四四《贡举部（六）·考试第二》：敬宗之制："详闲吏理达于教化科第五上等韦正贯。"

（宋）王钦若等《册府元龟》卷六四五《贡举部（七）·科目》："宝历元年四月，贤良方正能直言极谏科（唐伸、杨俭、韦端符、舒元褒、萧敞、杨鲁士、来择、赵柷、裴晖、韦繇、李昌实、严封、李涯、萧夷中、冯球、元晦及第），详明吏理达于教化科（韦正贯及第），军谋宏远材任边将科（裴俦、侯平章及第）。"

《新唐书》卷一五八《韦皋传》："韦皋字城武，京兆万年人……兄聿，弟平……平子正贯，字公理，少孤，皋谓能大其门，名曰臧孙。推荫为单父尉……举贤良方正异等，除太子校书郎，调华原尉。后又中详闲吏治科，迁万年主簿，擢累司农卿……宣宗立，以治当最，拜京兆尹，同州刺史。俄擢岭南节度使……卒，年六十八，赠工部尚书。"

《登科记考》卷二〇宝历元年（825）详闲吏理达于教化科条云韦正贯及第。

【韦端符】宝历元年（825）登贤良方正能直言极谏科及第，授白水尉。历拾遗。

《旧唐书》卷一六七《宋申锡传》：大和五年"左常侍崔玄亮，给事中李固言，谏议大夫王质，补阙卢钧、舒元褒、罗泰、蒋系、裴休、窦宗直、韦温，拾遗李群、韦端符、丁居晦、袁都等一十四人，皆伏玉阶下奏以申锡狱付外，请不于禁中讯鞫"。

《旧唐书》卷一七上《敬宗》：宝历元年夏四月甲戌朔"郑涵等考定制举人。敕下后数日，上谓宰相曰：'韦端符、杨鲁士皆涉物议，宜与外官。'乃授端符白水尉，鲁士城固尉"。

（宋）王溥《唐会要》卷七六《贡举中·制科举》："宝历元年四月，贤良方正能直言极谏科……韦端符……及第。"

（宋）王钦若等《册府元龟》卷六四五《贡举部（七）·科目》："宝历元年四月，贤良方正能直言极谏科（唐伸、杨俭、韦端符、舒元褒、萧敞、杨鲁士、来择、赵柷、裴晖、韦繇、李昌实、严封、李涯、萧夷中、冯球、元晦及第），详明吏理达于教化科（韦正贯及第），军谋宏远材任边将科（裴俦、侯平章及第）。"

（宋）王钦若等《册府元龟》卷六四四《贡举部（六）·考试第二》：敬宗之制："贤良方正能直言极谏科举人第三等唐伸、韦端符、舒元褒。"

（宋）宋敏求《唐大诏令集》卷一〇六《制举放制举人诏》："贤良方正能直言极谏科举人第三等唐伸、韦端符、舒元褒。"

《登科记考》卷二〇宝历元年（825）条云韦端符宝历元年贤良方正能直言极谏科及第。

【韦繇】宝历元年（825）登贤良方正能直言极谏科。历校书郎、浙东从事。

《全唐诗》第十五册卷五一四朱庆余《送韦繇校书赴浙东幕》："丞相辟书新,秋关独去人。官离芸阁早,名占甲科频。水驿迎船火,山城候骑尘。湖边寄家久,到日喜荣亲。"

（宋）王溥《唐会要》卷七六《贡举中·制科举》："宝历元年四月,贤良方正能直言极谏科……韦繇……及第。"

（宋）王钦若等《册府元龟》卷六四四《贡举部（六）·考试第二》：敬宗之制："贤良方正能直言极谏科举人……第四次等韦繇、李昌实、严荆、田皍、崔璜。"

（宋）王钦若等《册府元龟》卷六四五《贡举部（七）·科目》："宝历元年四月,贤良方正能直言极谏科（唐伸、杨俭、韦端符、舒元褒、萧敞、杨鲁士、来择、赵枋、裴晖、韦繇、李昌实、严封、李涯、萧夷中、冯球、元晦及第）,详明吏理达于教化科（韦正贯及第）,军谋宏远材任边将科（裴俦、侯平章及第）。"

（宋）宋敏求《唐大诏令集》卷一〇六《制举放制举人诏》："贤良方正能直言极谏科举人……第四次等韦繇、李昌实、严荆……崔璜……"

《登科记考》卷二〇宝历元年（825）条云韦繇贤良方正能直言极谏科及第。

【田皍】宝历元年（825）登贤良方正能直言极谏科。

（五代）王定保《唐摭言》卷二《等第罢举》："刘隋、田皍,并元和七年。"

（宋）王溥《唐会要》卷七六《贡举中·制科举》："宝历元年四月,贤良方正能直言极谏科……田皍……及第。"

（宋）王钦若等《册府元龟》卷六四四《贡举部（六）·考试第二》：敬宗之制："贤良方正能直言极谏科举人……第四次等韦繇、李昌实、严荆、田皍、崔璜。"

（宋）宋敏求《唐大诏令集》卷一〇六《制举放制举人诏》："贤良方正能直言极谏科举人……第四次等韦繇、李昌实、严荆、田皍……崔璜……"

《登科记考》卷二〇宝历元年（825）条云田皍贤良方正能直言极谏科及第。

【冯球】宝历元年（825）登贤良方正能直言极谏科及第。历员外郎。

《全唐文》卷八一六柳玭《戒子孙》："后钗为冯球外郎妻首饰,涯曰：'为郎吏妻,首饰有七十万钱,其可久乎?'冯为贾相国铼门人,贾有奴颇横,冯爱贾,召奴责之。奴泣谢,未几,冯晨谒贾,贾未出。"

（宋）王溥《唐会要》卷七六《贡举中·制科举》："宝历元年四月,贤良方正能直言极谏科……冯球……及第。"

（宋）王钦若等《册府元龟》卷六四四《贡举部（六）·考试第二》：敬宗之制："贤良方正能直言极谏科举人……第五上等李涯、萧夷中、冯球、元晦。"

（宋）王钦若等《册府元龟》卷六四五《贡举部（七）·科目》："宝历元年四月,贤良方正正能直言极谏科(唐伸、杨俭、韦端符、舒元褒、萧敞、杨鲁士、来择、赵枳、裴晖、韦繇、李昌实、严封、李浒、萧夷中、冯球、元晦及第),详明吏理达于教化科(韦正贯及第),军谋宏远材任边将科(裴俦、侯平章及第)。"

(宋)宋敏求《唐大诏令集》卷一〇六《制举放制举人诏》:"贤良方正能直言极谏科举人……第五上等李浒、萧夷中、冯球、元晦。"

《登科记考》卷二〇宝历元年(825)条云冯球贤良方正能直言极谏科及第。

【李昌实】宝历元年(825)登贤良方正能直言极谏科。

(宋)王溥《唐会要》卷七六《贡举中·制科举》:"宝历元年四月,贤良方正能直言极谏科……李昌实……及第。"

(宋)王钦若等《册府元龟》卷六四四《贡举部(六)·考试第二》:敬宗之制:"贤良方正能直言极谏科举人……第四次等韦繇、李昌实、严荆、田邕、崔璜。"

(宋)王钦若等《册府元龟》卷六四五《贡举部(七)·科目》:"宝历元年四月,贤良方正能直言极谏科(唐伸、杨俭、韦端符、舒元褒、萧敞、杨鲁士、来择、赵枳、裴晖、韦繇、李昌实、严封、李浒、萧夷中、冯球、元晦及第),详明吏理达于教化科(韦正贯及第),军谋宏远材任边将科(裴俦、侯平章及第)。"

(宋)宋敏求《唐大诏令集》卷一〇六《制举放制举人诏》:"贤良方正能直言极谏科举人……第四次等韦繇、李昌实、严荆……崔璜……"

《登科记考》卷二〇宝历元年(825)条云李昌实贤良方正能直言极谏科及第。

【李浒】一作"李涯",宗室,京兆人,祖炱蜀州晋原尉,父邢陕州司马。元和间登进士科,宝历元年(825)登贤良方正能直言极谏科。

《旧唐书》卷一七一《李汉传》:"李汉字南纪,宗室淮阳王道明之后……及炱为蜀州晋原尉。炱生邢,邢为陕州司马。邢生汉。汉,元和七年登进士第……转吏部侍郎……汉弟浒、洗、潘,皆登进士第。潘,大中初为礼部侍郎。汉子觊,亦登进士第。"

(宋)王溥《唐会要》卷七六《贡举中·制科举》:"宝历元年四月,贤良方正能直言极谏科……李涯……及第。"

(宋)王钦若等《册府元龟》卷六四四《贡举部(六)·考试第二》:敬宗之制:"贤良方正能直言极谏科举人……第五上等李浒、萧夷中、冯球、元晦。"

(宋)王钦若等《册府元龟》卷六四五《贡举部(七)·科目》:"宝历元年四月,贤良方正能直言极谏科(唐伸、杨俭、韦端符、舒元褒、萧敞、杨鲁士、来择、赵枳、裴晖、韦繇、李昌实、严封、李涯、萧夷中、冯球、元晦及第),详明吏理达于教化科(韦正贯及第),军谋宏远材任边将科(裴俦、侯平章及第)。"

(宋)宋敏求《唐大诏令集》卷一〇六《制举放制举人诏》:"贤良方正能直言极谏科举人……第五上等李浒、萧夷中、冯球、元晦。"

(宋)魏仲举《五百家注释韩昌黎全集》卷三四《中大夫陕府左司马李公墓志铭》:"公讳邢,字某,雍王绘之后……七男三女……浒、浞、潘皆进士。"按:浞,《旧唐书》作"洗"。

《登科记考》卷二〇宝历元年(825)条云李涯贤良方正能直言极谏科及第。

【杨俭】宝历元年(825)登贤良方正能直言极谏科。历御史。

(宋)王溥《唐会要》卷七六《贡举中·制科举》:"宝历元年四月,贤良方正能直言极谏科……杨俭……及第。"

(宋)王钦若等《册府元龟》卷六四四《贡举部(六)·考试第二》:敬宗之制:"贤良方正能直言极谏科举人……第四等萧敝、杨鲁士、杨俭、来择、赵枳、裴恽。"

(宋)王钦若等《册府元龟》卷六四五《贡举部(七)·科目》:"宝历元年四月,贤良方正能直言极谏科(唐伸、杨俭、韦端符、舒元褒、萧敝、杨鲁士、来择、赵枳、裴晖、韦繇、李昌实、严封、李涯、萧夷中、冯球、元晦及第),详明吏理达于教化科(韦正贯及第),军谋宏远材任边将科(裴俦、侯平章及第)。"

《新唐书》卷一七九《贾𫗧传》:"大和九年上巳,诏百官会曲江。故事,尹自门步入,揖御史。𫗧自矜大,不彻扇盖,骑而入。御史杨俭、苏特固争……"

(宋)宋敏求《唐大诏令集》卷一〇六《制举放制举人诏》:"贤良方正能直言极谏科举人……第四等萧敝、杨鲁士、杨俭、来择、赵枳、裴恽。"

《登科记考》卷二〇宝历元年(825)条云杨俭贤良方正能直言极谏科及第。

【杨鲁士】字宗尹,本名殷士,虢州人,从兄虞卿。宝历元年(825)登贤良方正能直言极谏科,授城固尉。历兵部郎中、长安令。

《全唐文》卷七二六崔嘏《授杨鲁士长安县令等制》:"敕。兵部郎中杨鲁士等:朕方以亲人之任,重其守宰,欲使中外迭处,周旋可观。至今于尚书省御史府以时序迁者,亦皆推于公议。复中念孔门以政事文学列为四科,而鲁士等各擅其能,久而益励,付之剧县,分以名曹。必能展剖繁析滞之才,副题柱含香之美。且有后命,尔其敬哉。"

《旧唐书》卷一七上《敬宗》:宝历元年夏四月甲戌朔"郑涵等考定制举人。敕下后数日,上谓宰相曰:'韦端符、杨鲁士皆涉物议,宜与外官。'乃授端符白水尉,鲁士城固尉"。

《旧唐书》卷一七六《杨虞卿传》:"杨虞卿字师皋,虢州弘农人……汝士弟鲁士。鲁士,字宗尹,本名殷士。长庆元年,进士擢第,其年诏翰林覆试。殷士与郑朗等覆落,因改名鲁士。复登制科,位不达而卒。"

(宋)王溥《唐会要》卷七六《贡举中·制科举》:"宝历元年四月,贤良方正能直言极谏科……杨鲁士……及第。"

(宋)王钦若等《册府元龟》卷六四四《贡举部(六)·考试第二》:敬宗之制:"贤良方正能直言极谏科举人……第四等萧敝、杨鲁士、杨俭、来择、赵枳、裴恽。"

(宋)王钦若等《册府元龟》卷六四五《贡举部(七)·科目》:"宝历元年四月,贤良方正能直言极谏科(唐伸、杨俭、韦端符、舒元褒、萧敝、杨鲁士、来择、赵枳、裴晖、韦繇、李昌实、严封、李涯、萧夷中、冯球、元晦及第),详明吏理达于教化科(韦正贯及第),军谋宏远材任边将科(裴俦、侯平章及第)。"

(宋)宋敏求《唐大诏令集》卷一〇六《制举放制举人诏》:"贤良方正能直言极谏科举人……第四等萧敝、杨鲁士、杨俭、来择、赵枳、裴恽。"

《登科记考》卷二〇宝历元年(825)条云杨鲁士贤良方正能直言极谏科及第。

【严楚封】一作"严荆",又作"严封"。宝历元年(825)登贤良方正能直言极谏科。

(宋)王溥《唐会要》卷七六《贡举中·制科举》:"宝历元年四月,贤良方正能直言极谏科……严楚封……及第。"

(宋)王钦若等《册府元龟》卷六四四《贡举部(六)·考试第二》:敬宗之制:"贤良方正能直言极谏科举人……第四次等韦弲、李昌实、严荆、田邑、崔璜。"

(宋)王钦若等《册府元龟》卷六四五《贡举部(七)·科目》:"宝历元年四月,贤良方正能直言极谏科(唐伸、杨俭、韦端符、舒元褒、萧敞、杨鲁士、来择、赵柷、裴晖、韦弲、李昌实、严封、李涯、萧夷中、冯球、元晦及第),详明吏理达于教化科(韦正贯及第),军谋宏远材任边将科(裴俦、侯平章及第)。"

(宋)宋敏求《唐大诏令集》卷一〇六《制举放制举人诏》:"贤良方正能直言极谏科举人……第四次等韦弲、李昌实、严荆……崔璜……"

《登科记考》卷二〇宝历元年(825)贤良方正能直言极谏科条作"严楚封"。

【来择】字无择。宝历元年(825)登贤良方正能直言极谏科。

(宋)王溥《唐会要》卷七六《贡举中·制科举》:"宝历元年四月,贤良方正能直言极谏科……来择……及第。"

(宋)王钦若等《册府元龟》卷六四四《贡举部(六)·考试第二》:敬宗之制:"贤良方正能直言极谏科举人……第四等萧敞、杨鲁士、杨俭、来择、赵柷、裴恽。"

(宋)王钦若等《册府元龟》卷六四五《贡举部(七)·科目》:"宝历元年四月,贤良方正能直言极谏科(唐伸、杨俭、韦端符、舒元褒、萧敞、杨鲁士、来择、赵柷、裴晖、韦弲、李昌实、严封、李涯、萧夷中、冯球、元晦及第),详明吏理达于教化科(韦正贯及第),军谋宏远材任边将科(裴俦、侯平章及第)。"

《新唐书》卷六〇《艺文四》:"《秣陵子集》一卷。来择,字无择,宝历应贤良科。"

(宋)宋敏求《唐大诏令集》卷一〇六《制举放制举人诏》:"贤良方正能直言极谏科举人……第四等萧敞、杨鲁士、杨俭、来择、赵柷、裴恽。"

《登科记考》卷二〇宝历元年(825)条云来择贤良方正能直言极谏科及第。

【赵柷】一作"赵祝"。宝历元年(825)登贤良方正能直言极谏科。

(宋)王溥《唐会要》卷七六《贡举中·制科举》:"宝历元年四月,贤良方正能直言极谏科……赵祝……及第。"

(宋)王钦若等《册府元龟》卷六四四《贡举部(六)·考试第二》:敬宗之制:"贤良方正能直言极谏科举人……第四等萧敞、杨鲁士、杨俭、来择、赵柷、裴恽。"

(宋)王钦若等《册府元龟》卷六四五《贡举部(七)·科目》:"宝历元年四月,贤良方正能直言极谏科(唐伸、杨俭、韦端符、舒元褒、萧敞、杨鲁士、来择、赵柷、裴晖、韦弲、李昌实、严封、李涯、萧夷中、冯球、元晦及第),详明吏理达于教化科(韦正贯及第),军谋宏远材任边将科(裴俦、侯平章及第)。"

(宋)宋敏求《唐大诏令集》卷一〇六《制举放制举人诏》:"贤良方正能直言极谏科举人……第四等萧敞、杨鲁士、杨俭、来择、赵柷、裴恽。"

《登科记考》卷二〇宝历元年(825)条云赵枻贤良方正能直言极谏科及第。

【柳璟】字德辉,蒲州河东人。宝历元年(825)进士科状元及第,当年又登博学宏词科。官至礼部侍郎。

《旧唐书》卷一四九《柳登传》:"柳登字成伯,河东人……长庆二年卒,时九十余,辍朝一日,赠工部尚书。弟冕。冕……子璟,登进士第,亦以著述知名。璟,宝历初登进士第,三迁监察御史……再迁度支员外郎,转吏部。开成初,换库部员外郎、知制诰,寻以本官充翰林学士……五年,拜中书舍人充职。武宗朝,转礼部侍郎,再司贡籍,时号得人。子韬亦以进士擢第。"

《新唐书》卷一三二《柳芳传》:"柳芳字仲敷,蒲州河东人……子登、冕。登……子璟,字德辉。宝历初,第进士、宏词,三迁监察御史……迁中书舍人。武宗立,转礼部侍郎……会昌二年,再主贡部,坐其子招贿,贬信州司马,终郴州刺史。"

(明)徐应秋《玉芝堂谈荟》卷二《历代状元》:"宝历元年状元柳璟。"

《登科记考》卷二〇宝历元年(825)条云柳璟博学宏词科及第。

【侯云章】一作"侯平章"。宝历元年(825)制科登军谋弘远材任边将科。历京兆司录。

(五代)王定保《唐摭言》卷二《废等第》:"开成二年,大尹崔珙判云:选文求士,自有主司。州司送名,岂合差第?今年不定高下,不锁试官;既绝猜嫌,暂息浮竞。差功曹卢宗回主试。除文书不堪送外,便以所下文状为先后,试杂文后,重差司录侯云章充试官,竟不列等第。"

(宋)王溥《唐会要》卷七六《贡举中·制科举》:"宝历元年四月……军谋宏达材任边将科,裴俦、侯云章及第。"

(宋)王钦若等《册府元龟》卷六四四《贡举部(六)·考试第二》:敬宗之制:"军谋宏远材任边将科……第四次等侯云章。"

(宋)王钦若等《册府元龟》卷六四五《贡举部(七)·科目》:"宝历元年四月,贤良方正能直言极谏科(唐伸、杨俭、韦端符、舒元褒、萧敞、杨鲁士、来择、赵枻、裴晖、韦繇、李昌实、严封、李涯、萧夷中、冯球、元晦及第),详明吏理达于教化科(韦正贯及第),军谋宏远材任边将科(裴俦、侯平章及第)。"

(宋)宋敏求《唐大诏令集》卷一〇六《制举放制举人诏》:宝历元年"军谋宏远材任边将科第三等裴俦、第四次等侯云章"。

《登科记考》卷二〇宝历元年(825)云侯云章军谋弘远材任边将科条及第。

【唐伸】宝历元年(825)登贤良方正能直言极谏科。

(宋)王溥《唐会要》卷七六《贡举中·制科举》:"宝历元年四月,贤良方正能直言极谏科,唐伸……及第。"

(宋)李昉等《太平广记》卷一八一《贡举四·李宗闵》引《因话录》:"李宗闵知贡举,门生多清秀俊茂,唐伸、薛庠、袁都辈,时谓之玉笋班。"

(宋)王钦若等《册府元龟》卷六四四《贡举部(六)·考试第二》:敬宗之制:"贤良方

正能直言极谏科举人第三等唐伸、韦端符、舒元褒。"

（宋）王钦若等《册府元龟》卷六四五《贡举部（七）·科目》："宝历元年四月，贤良方正能直言极谏科（唐伸、杨俭、韦端符、舒元褒、萧敞、杨鲁士、来择、赵枞、裴晖、韦繇、李昌实、严封、李涯、萧夷中、冯球、元晦及第），详明吏理达于教化科（韦正贯及第），军谋宏远材任边将科（裴俦、侯平章及第）。"

（宋）宋敏求《唐大诏令集》卷一〇六《制举放制举人诏》："贤良方正能直言极谏科举人第三等唐伸、韦端符、舒元褒。"

（宋）王应麟《玉海》卷一一五《选举·唐制举》："以贤良方正、能直言极谏及第者……宝历元年唐伸等十六人。"

《登科记考》卷二〇宝历元年（825）条云唐伸宝历元年贤良方正能直言极谏科及第。

【萧夷中】宝历元年（825）登贤良方正能直言极谏科。

（宋）王溥《唐会要》卷七六《贡举中·制科举》："宝历元年四月，贤良方正能直言极谏科……萧夷中……及第。"

（宋）王钦若等《册府元龟》卷六四四《贡举部（六）·考试第二》：敬宗之制："贤良方正能直言极谏科举人……第五上等李涯、萧夷中、冯球、元晦。"

（宋）王钦若等《册府元龟》卷六四五《贡举部（七）·科目》："宝历元年四月，贤良方正能直言极谏科（唐伸、杨俭、韦端符、舒元褒、萧敞、杨鲁士、来择、赵枞、裴晖、韦繇、李昌实、严封、李涯、萧夷中、冯球、元晦及第），详明吏理达于教化科（韦正贯及第），军谋宏远材任边将科（裴俦、侯平章及第）。"

（宋）宋敏求《唐大诏令集》卷一〇六《制举放制举人诏》："贤良方正能直言极谏科举人……第五上等李涯、萧夷中、冯球、元晦。"

《登科记考》卷二〇宝历元年（825）条云萧夷中贤良方正能直言极谏科及第。

【萧敞】宝历元年（825）登贤良方正能直言极谏科。

（宋）王溥《唐会要》卷七六《贡举中·制科举》："宝历元年四月，贤良方正能直言极谏科……萧敞……及第。"

（宋）王钦若等《册府元龟》卷六四四《贡举部（六）·考试第二》：敬宗之制："贤良方正能直言极谏科举人……第四等萧敞、杨鲁士、杨俭、来择、赵枞、裴恽。"

（宋）王钦若等《册府元龟》卷六四五《贡举部（七）·科目》："宝历元年四月，贤良方正能直言极谏科（唐伸、杨俭、韦端符、舒元褒、萧敞、杨鲁士、来择、赵枞、裴晖、韦繇、李昌实、严封、李涯、萧夷中、冯球、元晦及第），详明吏理达于教化科（韦正贯及第），军谋宏远材任边将科（裴俦、侯平章及第）。"

（宋）宋敏求《唐大诏令集》卷一〇六《制举放制举人诏》："贤良方正能直言极谏科举人……第四等萧敞……。"

《登科记考》卷二〇宝历元年（825）条云萧敞贤良方正能直言极谏科及第。

【崔璜】郡望贝州，贯京兆府长安县，祖偁官至吏部侍郎，父邠官至吏部尚书。长庆前后登进士及第，宝历元年（825）登贤良方正能直言极谏科。

《旧唐书》卷一五五《崔郯传》:"崔郯字处仁,清河武城人。祖结,父倕,官卑。郯少举进士,又登贤良方正科。贞元中授渭南尉。迁拾遗、补阙。常疏论裴延龄,为时所知。以兵部员外郎知制诰至中书舍人,凡七年。又权知吏部选事。明年,为礼部侍郎,转吏部侍郎,赐以金紫。郯温裕沉密,尤敦清俭。上亦器重之。裴垍将引为相,病难于承答,事竟寝。兄弟同时奉朝请者四人,颇以孝敬怡睦闻。后改太常卿,知吏部尚书铨事。故事,太常卿初上,大阅《四部乐》于署,观者纵焉。郯自私第去帽亲导母舆,公卿逢者回骑避之,衢路以为荣。居母忧,岁余卒,元和十年三月也,时年六十二。赠吏部尚书,谥曰文简。弟鄯、郾、郸等六人。子璀、璜,璀子彦融,皆登进士第,历位台阁。"

(宋)王溥《唐会要》卷七六《贡举中·制科举》:"宝历元年四月,贤良方正能直言极谏科……崔璜……及第。"

(宋)王钦若等《册府元龟》卷六四四《贡举部(六)·考试第二》:敬宗之制:"贤良方正能直言极谏科举人……第四次等韦繇、李昌实、严荆、田邑、崔璜。"

《新唐书》卷一六四《崔郯传》:"崔郯字处仁,贝州武城人。父倕……位吏部侍郎。郯第进士……知吏部尚书铨……郯自第去帽,亲导母舆,公卿见者皆避道,都人荣之。以母忧解,卒于丧,年六十。赠吏部尚书,谥曰文简。弟鄼、郾、郁、鄯、郸……崔氏四世缌麻同爨,兄弟六人至三品,郯、郾、郸凡为礼部五,吏部再,唐兴无有也。居光德里……后京兆民即其里为'德星社'云。"按:其登进士第当在长庆间。

(宋)宋敏求《唐大诏令集》卷一〇六《制举放制举人诏》:"贤良方正能直言极谏科举人……第四次等韦繇、李昌实、严荆……崔璜……"

《登科记考》卷二〇宝历元年(825)条云崔璜贤良方正能直言极谏科及第。

【舒元褒】婺州东阳人,兄元舆官至宰相。长庆中进士及第,宝历元年(825)登贤良方正能直言极谏科。终司封员外郎。

(宋)王溥《唐会要》卷七六《贡举中·制科举》:"宝历元年四月,贤良方正能直言极谏科……舒元褒……及第。"

(宋)王钦若等《册府元龟》卷六四四《贡举部(六)·考试第二》:敬宗之制:"贤良方正能直言极谏科举人第三等唐伸、韦端符、舒元褒。"

(宋)王钦若等《册府元龟》卷六四五《贡举部(七)·科目》:"宝历元年四月,贤良方正能直言极谏科(唐伸、杨俭、韦端符、舒元褒、萧敞、杨鲁士、来择、赵枇、裴晖、韦繇、李昌实、严封、李涯、萧夷中、冯球、元晦及第),详明吏理达于教化科(韦正贯及第),军谋宏远材任边将科(裴俦、侯平章及第)。"

《新唐书》卷一七九《舒元舆传》:"舒元舆,婺州东阳人……元和中,举进士……以本官同中书门下平章事……弟元褒、元肱、元迥,皆第进士。元褒又擢贤良方正,终司封员外郎。余及诛。"

(宋)宋敏求《唐大诏令集》卷一〇六《制举放制举人诏》:"贤良方正能直言极谏科举人第三等唐伸、韦端符、舒元褒。"

《登科记考》卷二〇宝历元年(825)条云舒元褒宝历元年贤良方正能直言极谏科及

第。同书卷二七《附考·进士科》录载舒元褒。

【路贯】宝历元年(825)登贤良方正能直言极谏科。官桂管观察副使。

《全唐诗》第十六册卷五四七作者小传："路贯，与元晦同登第。官桂管观察副使。诗一首。"按：元晦登第见本年是科，《登科记考补正》补入。

【裴恽】一作"裴晖"。宝历元年(825)登贤良方正能直言极谏科。

(宋)王溥《唐会要》卷七六《贡举中·制科举》："宝历元年四月，贤良方正能直言极谏科……裴晖……及第。"

(宋)王钦若等《册府元龟》卷六四四《贡举部(六)·考试第二》：敬宗之制："贤良方正能直言极谏科举人……第四等萧敞、杨鲁士、杨俭、来择、赵枴、裴恽。"

(宋)王钦若等《册府元龟》卷六四五《贡举部(七)·科目》："宝历元年四月，贤良方正能直言极谏科(唐伸、杨俭、韦端符、舒元褒、萧敞、杨鲁士、来择、赵枴、裴晖、韦瀛、李昌实、严封、李涯、萧夷中、冯球、元晦及第)，详明吏理达于教化科(韦正贯及第)，军谋宏远材任边将科(裴俦、侯平章及第)。"

(宋)宋敏求《唐大诏令集》卷一〇六《制举放制举人诏》："贤良方正能直言极谏科举人……第四等萧敞、杨鲁士、杨俭、来择、赵枴、裴恽……"

《登科记考》卷二〇宝历元年(825)条云裴恽贤良方正能直言极谏科及第。

【裴俦】孟州济源人，祖宣，父肃官至越州刺史，兄休官至宰相。约在长庆间登进士科，宝历元年(825)登军谋弘远材任边将科。历御史中丞。

《旧唐书》卷一七七《裴休传》："裴休字公美，河内济源人也。祖宣，父肃。肃，贞元中自常州刺史兼御史中丞、越州刺史、浙东团练观察等使……肃生三子，俦、休、俅，皆登进士第。休……大中初……六年八月，以本官同平章事……俅，字冠识，亦登进士第。"按：俦登进士科约在长庆间。

(宋)王溥《唐会要》卷七六《贡举中·制科举》："宝历元年四月……军谋宏达，材任边将科，裴俦、侯云章及第。"

(宋)王钦若等《册府元龟》卷六四四《贡举部(六)·考试第二》：敬宗之制："军谋宏远，材任边将科第三等裴俦。"

(宋)王钦若等《册府元龟》卷六四五《贡举部(七)·科目》："宝历元年四月，贤良方正能直言极谏科(唐伸、杨俭、韦端符、舒元褒、萧敞、杨鲁士、来择、赵枴、裴晖、韦瀛、李昌实、严封、李涯、萧夷中、冯球、元晦及第)，详明吏理达于教化科(韦正贯及第)，军谋宏远材任边将科(裴俦、侯平章及第)。"

(宋)宋敏求《唐大诏令集》卷一〇六《制举放制举人诏》："军谋宏远，材任边将科第三等裴俦。"

《登科记考》卷二〇宝历元年(825)军谋弘远材任边将科云裴俦及第。

四库本《江西通志》卷四六《秩官一》："裴俦，御史中丞。"

乾隆《山西通志》卷六五《科目唐》："宝历元年军谋宏远科：裴俦，闻喜人。"

宝历二年丙午（826）

十二月八日，敬宗遇害。《旧唐书》本纪。

乙巳，文宗即位。《资治通鉴》。

知贡举：礼部侍郎杨嗣复

进士科

【裴俅】字冠识，河内济源人，祖宣，父肃官至浙东团练观察使，兄休官至宰相。宝历二年（826）进士科状元及第，授秘书省校书。

（五代）王定保《唐摭言》卷八《阴注阳受》：杨嗣复知贡举第二榜"其年裴俅为状元"。又作"球"。《唐才子传校笺》（册三）卷六《朱庆余》："庆余字可久，以字行，闽中人。宝历二年裴球榜进士及第，授秘省校书。"

《旧唐书》卷一七七《裴休传》："裴休字公美，河内济源人也。祖宣，父肃。肃，贞元中自常州刺史兼御史中丞、越州刺史、浙东团练观察等使……肃生三子，俦、休、俅，皆登进士第。休……大中初……六年八月，以本官同平章事……俅，字冠识，亦登进士第。"

（明）徐应秋《玉芝堂谈荟》卷二《历代状元》："（宝历）二年进士，三十五人，状元裴球。"（宋）计有功《唐诗纪事》卷五三作"求"。按其兄俦、休，其名均从"亻"旁，当以"俅"为确。李商隐《为荥阳公桂州举自代状》："裴俅身先较艺之场，首出观光之籍。"

《登科记考》卷二〇宝历二年（826）进士科条云裴俅进士科状元及第。

【卢求】范阳卢氏，父损。宝历二年（826）登进士科。历诸府从事，官至刺史。

（五代）王定保《唐摭言》卷八《阴注阳受》：杨嗣复司贡举之第二榜，"其年裴俅为状元，黄价居榜末，次则卢求耳"。

《旧唐书》卷一七八《卢携传》："卢携字子升，范阳人。祖损。父求，宝历初登进士第，应诸府辟召，位终郡守。"

《新唐书》卷五八《艺文二》："卢求《成都记》五卷。西川节度使白敏中从事。"

（宋）计有功《唐诗纪事》卷五三《卢求》："裴头黄尾，三求六李。时第一人裴求，榜末黄驾，次则李求、卢求，又李方玄、从毅、道裕、景初、李助、李求共六人。"按：王仲镛《唐诗纪事校笺》卷五三《卢求》条作"次则卢求"，考证过程可参看。

《登科记考》卷二〇宝历二年（826）进士科条云卢求及第。

【朱庆余】字庆余，名可久，以字行，越州人。宝历二年（826）登进士科，授校书郎。

（唐）李冗《独异志》卷下《闺妇歌》："朱庆余校书既遇水部郎中张籍知音……遂登第。"

《新唐书》卷六〇《艺文四》："《朱庆余诗》一卷。名可久，以字行。宝历进士第。"

（宋）计有功《唐诗纪事》卷四六《朱庆余》："庆余，名可久，以字行，登宝历进士第。"

（宋）陈振孙《直斋书录解题》卷一九录载《朱庆余集》一卷，注云："唐朱可久庆余撰。

以字行,受知于张籍,宝历二年进士。"

（元）辛文房撰,傅璇琮主编《唐才子传校笺》(册三)卷六《朱庆余》:"庆余字可久,以字行,闽中人。宝历二年裴球榜进士及第,授秘省校书。"按:朱庆余为越州人,《唐才子传》误。张籍《送朱庆余及第归越》(《全唐诗》第十二册卷三八四)、章孝标《思越州山水寄朱庆余》(同上书第十五册卷五〇六)、姚合《送朱庆余越州归觐》(同上书第十五册卷四九六)都可证明朱庆余为越州人。

《登科记考》卷二〇宝历二年(826)进士科条云朱庆余及第。

【刘符】河南人,祖裴仕至东阿令,父藻终秘书郎。宝历二年(826)登进士科。官至户部侍郎,终蔡州刺史,赠司徒。

《旧唐书》卷一七九《刘崇望传》:"刘崇望字希徒。其先代郡人,随元魏孝文帝徙洛阳,遂为河南人……慎知生裴,仕至东阿令。裴生藻,位终秘书郎。藻生符,进士登第,咸通中位终蔡州刺史。"

《旧五代史》卷六八《刘岳传》:"刘岳,字昭辅。其先辽东襄平人,元魏平定辽东,徙家于代,随孝文迁洛,遂为洛阳人。八代祖民部尚书渝国公政会,武德时功臣。祖符,蔡州刺史。父珪,洪洞县令。符有子八人,皆登进士第。珪之母弟瑰、玕,异母弟崇夷、崇龟、崇望、崇鲁、崇暮。崇龟,乾宁中广南节度使;崇望,乾宁中宰相;崇鲁、崇暮、崇夷,并历朝省。岳少孤,亦进士擢第,历户部巡官、郑县簿、直史馆,转左拾遗、侍御史。梁贞明初,召入翰林为学士。岳为文敏速,尤善谈谐,在职累迁户部侍郎,在翰林十二年。庄宗入汴,随例贬均州司马,寻丁母忧,许自贬所奔丧,服阕,授太子詹事。明宗即位,历兵部吏部侍郎、秘书监、太常卿。卒年五十六。赠吏部尚书。岳文学之外,通于典礼。天成中,奉诏撰《新书仪》一部,文约而理当,今行于世。"

《邵氏闻见录》卷一六:"河南刘氏自名环隽者……方平之子符,宝历二年擢第,至户部侍郎,赠司徒。"按:《登科记考》卷二〇宝历二年(826)进士科条云刘符及第,并云《邵氏闻见录》以刘符为刘方平之子,误。

【刘蕡】字去华,幽州昌平人,父勉。宝历二年(826)登进士科,大和二年(828)登贤良方正科,授校书郎。官至使府御史,卒柳州司户参军,赠左谏议大夫。

《旧唐书》卷一九〇下《文苑下·刘蕡传》:"刘蕡,字去华,昌平人。父勉。蕡宝历二年进士擢第。博学善属文,尤精《左氏春秋》。与朋友交,好谈王霸大略,耿介嫉恶。言及世务,慨然有澄清之志。自元和末,阉寺权盛,握兵宫闱,横制天下。天子废立,由其可否,干挠庶政。当时目为南北司,爱恶相攻,有同水火。蕡草泽中居常愤惋。文宗即位,恭俭求理,大和二年策试贤良曰……。是岁,左散骑常侍冯宿、太常少卿贾𫗧、库部郎中庞严为考策官,三人者,时之文士也,睹蕡条对,叹服嗟悒,以为汉之晁、董,无以过之。言论激切,士林感动。时登科者二十二人,而中官当途,考官不敢留蕡在籍中,物论喧然不平之。守道正人,传读其文,至有相对垂泣者。谏官御史,扼腕愤发,而执政之臣,从而弭之,以避黄门之怨。唯登科人李郃谓人曰:'刘蕡不第,我辈登科,实厚颜矣!'请以所授官让蕡。事虽不行,人士多之。令狐楚在兴元,牛僧孺镇襄阳,辟为从事,待如师友。位终使府御史。"

《新唐书》卷一七八《刘蕡传》:"刘蕡,字去华,幽州昌平人,客梁、汴间……擢进士第……大和二年,举贤良方正能直言极谏,帝引诸儒百余人于廷……蕡对后七年,有甘露之难。令狐楚、牛僧孺节度山南东西道,皆表蕡幕府,授秘书郎……贬柳州司户参军,卒……赠蕡左谏议大夫。"

《登科记考》卷二〇宝历二年(826)进士科条云刘蕡及第。

【李方玄】一作"李方元",字景业,赵郡李氏,贯荆州。宝历二年(826)登进士科,授秘书省校书郎。历江西观察使支使、判官、宣歙观察使团练判官,官至池州刺史。

《全唐文》卷七五五(7831)杜牧《唐故处州刺史李君墓志铭并序》:"君讳方元,字景业,刑部尚书赠司空贞公长子。贞公事宪宗皇帝,兄弟受寄四镇……景业少有文学,年二十四,一贡进士,举以上第,升名解褐,裴晋公奏以秘书省校书集贤殿秘书。聪明才敏,老成人争与之交,后以协律郎为江西观察使裴谊观察判官……裴公移宣城,授大理评事团练判官,后尚书冯公宿自兵部侍郎节镇东川,以监察里行为观察判官……入为朝官出为刺史……会昌五年四月某日,卒于宣城客舍,年四十三。七代祖远,后周柱国大将军都督熊陕十六州阳平郡公。曾王父珍玉,绵州昌明令。昌明生震,雅州别驾赠右仆射。仆射生贞公逊。"按:"玄",《全唐文》避讳作"元"。

《新唐书》卷一六二《李逊传附李方玄传》:"李逊字友道,魏申公发之后,赵郡所谓申公房者,客居荆州……刑部尚书……子方玄,字景业,第进士。裴谊奏署江西府判官……累为池州刺史……终处州刺史。"

《登科记考》卷二〇宝历二年(826)进士科条云李方玄及第。

光绪《畿辅通志》卷三四《选举·唐·进士·附录》作"李方元"。《登科记考》卷二七《附考·进士科》条又有李方玄,实即此条李方玄,《附考》中李方玄当删除。

【李从毅】宝历二年(826)登进士科。

(宋)计有功《唐诗纪事》卷五三《卢求》:"裴头黄尾,三求六李。时第一人裴求,榜末黄驾,次则李求、卢求,又李方玄、从毅、道裕、景初、李助、李求共六人。"

《登科记考》卷二〇宝历二年(826)进士科条云李从毅及第。

【李助】父愆,官洪州高安县令。宝历二年(826)登进士科。

《全唐文补遗》第八辑,李助撰大和三年(829)六月十八日《唐故洪州高安县令李府君(愆)墓志铭并序》云李助在父母、兄长、姐姐皆去世后,"自是蓬梗飘泊,或东或西。至宝历二年,为知己荐引,登进士第"。按:墓主李愆乃墓志撰者李助之父。

《全唐诗》第二十一册卷七四五 陈陶《和西江李助副使早登开元寺阁》:"虚豁登宝阁,三休极层构。独立天地间,烟云满襟袖。"

(宋)计有功《唐诗纪事》卷五三《卢求》:"裴头黄尾,三求六李。时第一人裴求,榜末黄驾,次则李求、卢求,又李方玄、从毅、道裕、景初、李助、李求共六人。"

《登科记考》卷二〇宝历二年(826)进士科条云李助及第。

【李俅】一作"李求"。宝历二年(826)登进士科。

(宋)计有功《唐诗纪事》卷五三《卢求》:"裴头黄尾,三求六李。时第一人裴求,榜末黄驾,次则李求、卢求,又李方玄、从毅、道裕、景初、李助、李求共六人。"按:王仲镛《唐诗纪事校笺》卷五三《卢求》作"次则卢求",考证过程可参看。

《登科记考》卷二〇宝历二年(826)进士科条云李俅及第。

【李道裕】宝历二年(826)登进士科。

(宋)计有功《唐诗纪事》卷五三《卢求》:"裴头黄尾,三求六李。时第一人裴求,榜末黄驾,次则李求、卢求,又李方玄、从毅、道裕、景初、李助、李求共六人。"

《登科记考》卷二〇宝历二年(826)进士科条云李道裕及第。

【李景初】宝历二年(826)登进士科。

(宋)计有功《唐诗纪事》卷五三《卢求》:"裴头黄尾,三求六李。时第一人裴求,榜末黄驾,次则李求、卢求,又李方玄、从毅、道裕、景初、李助、李求共六人。"

《登科记考》卷二〇宝历二年(826)进士科条云李景初及第。

【张知实】字冠仁,陇西敦煌郡人。宝历二年(826)登进士科。终官朝请大夫、金州刺史。

《全唐文补遗》第九辑,周敬复撰大中三年(849)六月二日《唐故朝请大夫使持节金州诸军事守金州刺史上柱国张府君(知实)墓志铭并序》:"府君姓张氏,讳知实,字冠仁,陇西炖(敦)煌郡人也……宝历二年,相国杨公司春闱,以状副登上第,名声籍甚。"

(唐)高彦休《唐阙史》卷下《郑少尹及第》:"长安鼎甲之族,有荥阳郑氏,尝为愚言:其先相故河中少尹,讳复礼,应进士举十,不中所司选,困厄且甚……直至改元宝历之二年……来春遂登第,第二人姓张名知实,同年郭八郎名言扬。"

(唐)杜牧《樊川文集》卷九《唐故平卢军节度巡官陇西李府君(戡)墓志铭》:"居江南,秀人张知实、萧寘、韩乂、崔寿、宋邢、杨发、王广皆趋君交之,后皆得进士第,有名声官职,君尚为布衣,然于君不敢稍息。"

(明)徐应秋《玉芝堂谈荟》卷五《数有前定》:"野史河中少尹郑复礼,始应进士举,十上不第……后至改元宝历二年,新昌杨公再司文柄,果累登第,第二人张知实,同年郭八郎名扬。"

《登科记考》卷二〇宝历二年(826)进士科条云张知实及第。

【郑当】字膺吉,郡望荥阳,贯苏州,祖晙洺州肥乡令,父惟则试大理评事。宝历二年(826)登进士科,后登平判科。历河阳三城怀州节度使巡官、汴州节度使判官、宣武节度使参谋,官至万年尉。

《唐代墓志汇编》开成〇三九《唐故桂州员外司户荥阳郑府君墓志铭并叙》:"府君讳当,字膺吉,世为荥阳人……四代祖皇朝吏部郎中讳元敬,曾王父皇任宋州宋城尉讳慎微,王父皇任洺州肥乡令讳晙,显考试大理评事讳惟则,□皆□德不耀,沦于下位,清范可准,门风□高,庆善积归,是崇令嗣。府君即先评事第二子也。贞元岁,既失所祜,侨寄吴中,与兄鄰孺相依,学无师傅,经史究于专习,文字得于天成,骋翰苑而谁敢争先,探词源而我得其奥。年未弱冠,誉洽公卿,及践名场,道宾流辈。故得送超会府,荐首重藩。宝历二年,于今相国杨公下进士升第。人以为名修词策名则止,我乃异是。业志弥精,所以一选宏词,□徵极谏,尽风雅于藻韵,识经邦之旨归,恃才将致于自媒,人情遂乖于百胜。罢孙宏之再上,有王粲之从军。时故汴州节度使杨公元卿前镇三城,辟署营田巡官,奏试秘省校书,寻转节度巡官职。泊节制大梁,职改参谋,试迁协律。翌岁,杨公薨于镇,府君以趣尚安逸,闲居洛中,安贫自得于单瓢,高价复侔于二陆,虽忘陨获之志,难违藏俟之图。是岁参调有司,判入高第,授万年尉。时以科名者饰身之良具,因循者雅望之高标,率谓借资,耻亲吏事。府君□落俗态,研精簿书,立于颓风,谈者为美。方将班行是步,旦夕人情,不幸为旧亲所累,贬桂州司户……开成四年九月五日,遇暴疾终于任之官舍,享年卅八……外族殷氏,故大理司直讳□即父也,故给事中讳台即亲舅也。胄推江左,名高士林,亲兄一人名广,登进士第,今任虢州弘农尉,胥辅周旋,同升甲乙,棣萼连耀,人称其荣。府君礼室王氏,虽姻华贵,柔明妇道,馨香令问,祸罹先凋,前数岁而殁。有子二人,长字兴工,业肆两经;嫡子翁儿,年甫幼学,体得风之姿,□孝弟之器,知者谓府君其有后乎。长男越自岭隅,扈丧归洛,以明年三月廿一日,权祔于河南府洛阳县平乐乡瀍涧里夫人之茔礼也。"按:郑当宝历二年进士及第后登宏词科,汴州节度使杨元卿辟为营田判官,据《旧唐书》卷一七上《敬宗 文宗上》记载杨元卿在宝历二年五月为河阳三城怀州节度使,则郑当登宏词科当在宝历二年。

《唐代墓志汇编》大和〇六七前宣武军节度参谋试太常寺协律郎郑当撰并书《大唐故太原王氏夫人墓志铭并序》:"大和七年十二月十六日,夫人王氏殁于洛阳县绥福里私第之寝,享年廿七。"

《登科记考补正》据岑仲勉《订补》录载郑当。

【郑复礼】郡望荥阳郑氏,长安人。宝历二年(826)登进士科。历大理丞,官至河中少尹。

(唐)高彦休《唐阙史》卷下《郑少尹及第》:"长安鼎甲之族,有荥阳郑氏,尝为愚言:其先相故河中少尹,讳复礼,应进士举十,不中所司选,困厄且甚……直至改元宝历之二年……来春遂登第,第二人姓张名知实,同年郭八郎名言扬。"

(唐)段成式《酉阳杂俎》卷一六《广动植之一》:"鸽,大理丞郑复礼言:波斯舶上多养鸽。"

(明)徐应秋《玉芝堂谈荟》卷五《数有前定》:"野史河中少尹郑复礼,始应进士举,十上不第……后至改元宝历二年,新昌杨公再司文柄,果累登第,第二人张知实,同年郭八郎名杨。"按:郭名杨,即郭言扬。(宋)李昉等《太平广记》卷一五五《定数十·郭八郎》略同。

《登科记考》卷二〇宝历二年(826)进士科条云郑复礼及第。

【夏侯孜】字好学,谯人。宝历二年(826)登进士科,释褐诸侯府。历河阳节度使推官,官至懿宗朝宰相,勋上柱国,爵谯郡开国公,卒太子少保。

(唐)阙名《玉泉子》:"夏侯相孜与王生同在场屋……孜及第,累官至宰相,王竟无所闻。"

《旧唐书》卷一七七《夏侯孜传》:"夏侯孜字好学,本谯人。父审封。孜,宝历二年登进士第,释褐诸侯府,累迁婺、绛二郡刺史。入为谏议大夫,转给事中。十年,改刑部侍郎。

十一年,兼御史中丞,迁尚书右丞、上柱国,赐紫金鱼袋。十一年二月,迁朝议大夫,守户部侍郎……懿宗即位,以本官同平章事,领使如故。累加左仆射、门下侍郎,封谯郡侯……咸通……九年……河中晋绛磁隰节度使、开府仪同三司、检校司徒、同中书门下平章事、河中尹、上柱国、谯郡开国公、食邑二千户夏侯……可太子少保,分司东都。未几卒。"

(宋)王谠撰,周勋初校证《唐语林校证》卷三《雅量》:"夏侯孜在举场……孜后及第,累官至宰相。"

《登科记考》卷二〇宝历二年(826)进士科条云夏侯孜及第。

【郭言扬】宝历二年(826)登进士科。

(唐)高彦休《唐阙史》卷下《郑少尹及第》:"长安鼎甲之族,有荥阳郑氏,尝为愚言:其先相故河中少尹,韦复礼,应进士举十,不中所司选,困厄且甚……直至改元宝历之二年……来春遂登第,第二人姓张名知实,同年郭八郎名言扬。"

(明)徐应秋《玉芝堂谈荟》卷五《数有前定》:"野史河中少尹郑复礼,始应进士举,十上不第……后至改元宝历二年,新昌杨公再司文柄,果累登第,第二人张知实,同年郭八郎名杨。"按:郭名杨,即郭言扬。(宋)李昉等《太平广记》卷一五五《定数十·郭八郎》略同。

《登科记考》卷二〇宝历二年(826)进士科条云郭言扬及第。

【黄驾】一作"黄价"。宝历二年(826)登进士第。

(五代)王定保《唐摭言》卷八《阴注阳受》谓杨嗣复司贡举之第二榜:"其年裴俅为状元,黄价居榜末,次则卢求耳。"

(宋)计有功《唐诗纪事》卷五三《卢求》:"裴头黄尾,三求六李。时第一人裴求,榜末黄驾,次则李求、卢求,又李方玄、从毅、道裕、景初、李助、李求共六人。"

《登科记考》卷二〇宝历二年(826)进士科条云黄驾及第。

【黄僚】潮州程乡人。宝历二年(826)登进士第。官至大理寺丞。

胡可先《〈登科记考〉匡补三编》补入。

乾隆《广东通志》卷三一《选举志一·唐进士》:"宝历二年丙午,黄僚,程乡人,朝奉郎、大理寺丞知琼州。"

【崔球】字叔休,博陵安平人,祖颋同州刺史,父珙武宗朝宰相,兄珙官至宰相。宝历二年(826)登进士科,历凤翔节度判官,官至尚书郎。

《旧唐书》卷一七七《崔珙传附崔球传》:"崔珙,博陵安平人。祖懿。父颋……出为同州刺史,卒……珙……寻以本官同中书门下平章事……珙弟璪、玙、球、珦……球,字叔休,宝历二年登进士第。会昌中,为凤翔节度判官,入朝为尚书郎。"

《登科记考》卷二〇宝历二年(826)进士科条云崔球及第。

光绪《畿辅通志》卷三四《选举唐进士》:"敬宗年,崔球,博陵人,宝历二年第。"

明经科

【程修己】字景立,冀州人。宝历二年(826)明经科及第。

(唐)朱景元《唐朝名画录》:"'程修己,冀州人,应明经擢第。'"按:《唐朝名画录·妙品·程修己》：“宝历中，修己应明经擢第。”此宝历中当指宝历二年。

（宋）李昉等《太平广记》卷二一三《画四·程修己》引《画断》：“唐程修己，其先冀州人，性好学。时周昉任赵州长史，遂师事焉。二十年，凡画之六十病，一一口授，以传其妙。宝历中，修己应明经举，以昉所授付之。太和中，文宗好古重道，以晋明帝卫协画《毛诗图》，草木鸟兽贤士忠臣之象，不得其真，遂召修己图之。皆据经定名，任土采拾。由是冠冕之制，生植之姿，远无不审，幽无不显矣。”

《登科记考》卷二七《附考·明经科》条程修己云：“《程修己墓志》：‘公讳修己，字景立……祖凤，父仪。公通《左氏春秋》，举孝廉，来京师。’”

制科

【郑当】字膺吉，郡望荥阳，贯苏州，祖晙洺州肥乡令，父惟则试大理评事。宝历二年（826）登进士科，同年登宏词科。小传见进士科郑当条。

《唐代墓志汇编》开成〇三九《唐故桂州员外司户荥阳郑府君墓志铭并叙》：“府君讳当，字膺吉，世为荥阳人……四代祖皇朝吏部郎中讳元敬，曾王父皇任宋州宋城尉讳慎微，王父皇任洺州肥乡令讳晙，显考试大理评事讳惟则，□皆□德不耀，沦于下位，清范可准，门风□高，庆善积归，是崇令嗣。府君即先评事第二子也。贞元岁，既失所祜，侨寄吴中，与兄邻孺相依，学无师傅，经史究于专习，文字得于天成，骋翰苑而谁敢争先，探词源而我得其奥。年未弱冠，誉洽公卿，及践名场，道宾流辈。故得送超会府，荐首重藩。宝历二年，于今相国杨公下进士升第。人以为名修词策名则止，我乃异是。业志弥精，所以一选宏词，□徽极谏，尽风雅于藻韵，识经邦之旨归，恃才将致于自媒，人情遂乖于百胜。罢孙宏之再上，有王粲之从军。时故汴州节度使杨公元卿前镇三城，辟署营田巡官，奏试秘省校书，寻转节度巡官职。洎节制大梁，职改参谋，试迁协律。翌岁，杨公薨于镇，府君以趣尚安逸，闲居洛中，安贫自得于单瓢，高价夐侔于二陆，虽忘陨获之志，难违藏俟之图。是岁参调有司，判入高第，授万年尉。时以科名者饰身之良具，因循者雅望之高标，率谓借资，耻亲吏事。府君□落俗态，研精簿书，立于颓风，谈者为美。方将班行是步，旦夕人情，不幸为旧亲所累，贬桂州司户……开成四年九月五日，遇暴疾终于任之官舍，享年卅八……外族殷氏，故大理司直讳□即父也，故给事中讳台即亲舅也。胄推江左，名高士林，亲兄一人名广，登进士第，今任虢州弘农尉，胥辅周旋，同昇甲乙，棣萼连耀，人称其荣。府君礼室王氏，虽姻华贵，柔明妇道，馨香令问，祸罹先凋，前数岁而殁。有子二人，长字兴工，业肄两经；嫡子翁儿，年甫幼学，体得凤之姿，□孝弟之器，知者谓府君其有后乎。长男越自岭隅，扈丧归洛，以明年三月廿一日，权祔于河南府洛阳县平乐乡瀍涧里夫人之茔礼也。”按：郑当宝历二年进士及第后登宏词科，汴州节度使杨元卿辟为营田判官，据《旧唐书》卷一七上《敬宗　文宗上》记载杨元卿在宝历二年五月为河阳三城怀州节度使，则郑当登宏词科当在宝历二年。

附考（敬宗朝）

附考进士（敬宗朝进士）

【**罗劭京**】字子峻，贯京兆，祖珦官至京兆尹，父让官至御史大夫。约宝历中登进士科，大和二年登制科。历清贯。

《旧唐书》卷一八八《孝友·罗让传》："罗让字景宣。祖怀操。父珦，官至京兆尹。让……除江西都团练观察使、兼御史大夫。年七十一卒。赠礼部尚书。子劭京，字子峻，进士擢第，又登科。让再从弟咏。咏子劭权，字昭衡，进士擢第。劭京、劭权知名于时，并历清贯。"《登科记考》卷二七《附考·进士科》条云其及第。按：罗让已经贯京兆，罗劭京大和二年又登制科，则其登进士科大概在宝历中。

《登科记考》卷二七《附考·进士科》云罗劭京及第。

【**熊望**】字原师。宝历中登进士第，释褐守漳州司户。历东头学士、漳州司马。

《全唐文》卷七〇文宗《贬熊望漳州司户诏》："孔门高悬百行，由至顺者，其身必荣；朝廷广设众官，践正途者，其道必达。前乡贡进士熊望，因缘薄技，偷冀亵幸。营居中之密职，扰惑朝经；鼓偪下之嚣声，因依邪隙。及众议波涌，累月不宁，司门验缯，累月至四。考覆谬妄，乃非坦途。朕大启康庄，以端群望，俾示投荒之典，用正向方之流。可漳州司户。"

《旧唐书》卷一五四《熊望传》："熊望者，登进士第……既由此而得进士第……望出入（刘）栖楚之门……以备曲宴赋诗，令采卑官才堪任学士者为之。栖楚以望名荐送，事未行而昭愍（敬宗）崩。文宗即位，韦处厚辅政，大去奸党。既逐栖楚，又诏曰：'……前乡贡进士熊望，因缘薄伎……考覆谬妄，乃非坦途。朕大启康庄，以端群望，俾示投荒之典，用正向方之流。可漳州司户。'"按：文宗在宝历二年十二月即位，则熊望进士及第当在宝历年间。

（宋）王钦若等《册府元龟》卷一五三《帝王部（一百五十三）·明罚第二》："大和元年三月，敕前乡贡进士熊望：'孔门高悬，百行由至，顺者其身必荣，朝廷广设众官，践正途者，其道必达……可守漳州司户参军员外置同正员。'"

《新唐书》卷一七五《熊望传》："熊望者，字原师，擢进士第。性险躁，以辩说游公卿间。刘栖楚为京兆尹，树权势，望日出入门下，为刺取事机，阴佐计画。敬宗喜为歌诗，议置东头学士，以备燕狎。栖楚荐望，未及用，帝崩。文宗立，韦处厚秉政，诏望因缘险薄，营密职，图亵幸，谨沸众议，贬漳州司户参军。"

（明）凌迪知《万姓统谱》卷一《上平声》："熊望，宝历登科。"

（明）彭大翼《山堂肆考》卷五六《臣职》："唐敬宗喜为歌诗，议置东头学士，以备燕狎，刘栖楚荐熊望为之。"

《登科记考》卷二七《附考·进士科》条云熊望及第。孟二冬《登科记考补正》补在宝历元年条,不妥。

附考明经（敬宗朝明经）

【卢宗冉】一作"卢宗舟",河南府洛阳县人。约敬宗末大和初明经登第。

《千唐志斋藏志》一〇四八大和六年《卢府君妻崔夫人墓志》:"子之存者犹三人,宗舟始成童,由经明上第。"按:"经明"当为明经科,宗舟登第应在大和六年前。王其祎、周晓薇《〈登科记考〉补续》补入制科。《唐代墓志汇编》大和〇四六《唐故试太常寺太祝范阳卢府君妻清河崔夫人墓志铭并序》:"大和辛亥岁十月己巳,故太常寺太祝范阳卢府君妻清河崔夫人寝疾,捐馆于河南康俗里第,享年卅有六。越明年正月,其子宗冉卜兆于洛阳县平阴乡陶村之南原……宗冉始成童,由明经上第,今甫冠岁……夫人其先东武城人也,言门户者为清河小房,世胄轩冕,人得而称之。曾祖谔,左卫长史;祖荐,河南府陆浑县丞;父弈,潞州上党县主簿。卢氏先世官讳,载在太祝墓版,故不书。"按:大和辛亥岁(大和五年)宗冉甫冠,其以童子登科的岁数不超过十五岁,其登科时间大概在敬宗末。

【独孤季膺】陇西成纪人。约在敬宗朝登明经科,释褐郑州中牟县尉。

《洛阳出土历代墓志辑绳》大和二年崔师中《独孤季膺墓志》:"公讳季膺,本姓李,陇西成纪人也。明二经,释褐郑州中牟县尉。"按:以"名二经"释褐,当为登明经科,其墓志作于大和二年,其登第时间约在敬宗朝。王其祎、周晓薇《〈登科记考〉补续》补入。

【崔慎由】字敬止,郡望清河武城,贯齐州全节,祖异位终渠州刺史,父从户部尚书。敬宗朝明经及第,大和元年擢进士第,大和二年又登贤良方正制科,释褐诸侯府。历右拾遗、员外郎、知制诰,阶至吏部尚书,勋官上柱国,致仕太子太保,赠司空,谥曰贞。

《全唐文补遗》第五辑,崔慎由《唐太子太保分司东都赠太尉清河崔府君(慎由)墓志》(自撰):"慎由字敬止,代为清河武城人……慎由始以习《左氏春秋》《尚书》《论语》《孝经》《尔雅》,随明经试,获第于有司。后举进士,对直言极谏,制皆在其选。"

《旧唐书》卷一七七《崔慎由传》:"崔慎由字敬止,清河武城人……曾祖翘,位终礼部尚书、东都留守。祖异,位终渠州刺史。父从……入为户部尚书……慎由,大和初擢进士第,又登贤良方正制科……宇量端厚,有父风。释褐诸侯府。大中初入朝,为右拾遗、员外郎、知制诰,正拜舍人,召充翰林学士、户部侍郎。再历方镇,入朝为工部尚书。十年,以本官同平章事,兼集贤殿大学士,转监修国史、上柱国,加太中大夫、兼礼部尚书……入为吏部尚书。移疾请老,拜太子太保,分司东都,卒。"

《新唐书》卷一一四《崔融传》:"崔融字安成,齐州全节人……孙巨,右补阙,亦有文。曾孙从……复授检校尚书左仆射、淮南节度副大使……从子慎由、安潜。能子彦曾。慎由,字敬止……繇进士第擢贤良方正异等。郑滑高铢辟府判官。入为右拾遗,进翰林学士……入迁户部侍郎,判户部……俄进工部尚书、同中书门下平章事……以吏部尚书请老,授太子太保,分司东都。卒,赠司空,谥曰贞。"

(宋)王谠撰,周勋初校证《唐语林校证》卷三《方正》:"崔慎由以元和元年登第,至开成,已入翰林。"按:《登科记考》卷二十据《旧唐书》崔慎由本传及《唐语林》卷三《方正》,系崔大和元年进士,又依《册府元龟》系崔大和二年贤良方正能直言极谏科及第。据上引墓志,崔慎由进士及第前曾举明经及第,此未见他人补录,其登明经第盖在大和元年(827)进士擢第之前。

卷十二

唐文宗（李昂）朝（827—840）

大和元年丁未（827）

二月乙巳，大赦，改元。《旧唐书》本纪、《册府元龟》《唐大诏令集》。

知贡举：礼部侍郎崔郾

进士科

【李郃】字子玄。大和元年（827）进士科状元及第，大和二年（828）登贤良方正科，调河南府参军。历贺州刺史。

《全唐文》卷七四四李郃小传云："郃字子元，举大和二年贤良方正能直言极谏科，调河南府参军，历贺州刺史。"按：郃字子玄，清人避讳改子元。

《全唐文补遗》第八辑，李鄂撰会昌三年（843）八月二十八日《唐故贺州刺史李府君（郃）墓志铭并序》："府君生五年，能念诗书。九年，有文章，历落沉厚，举止器度，必见远大。十五年，则以生物为己任。廿七年，举进士。文压流辈，敌乞避路。再试京兆府，以殊等荐。会礼部题目有家讳，其日径出。主司留试不得。明年就试，主司考弟，擢居弟一。后应能直言极谏。天子读其策，诏在三等……府君姓李氏，名郃，字子玄。"

（唐）钟辂《前定录·陆宾虞》云："吴郡陆宾虞举进士……后月余放榜，状头李郃，宾虞名在十六。"

（宋）李昉等《太平广记》卷一五四《定数九·陆宾虞》引《前定录》："后月余放榜，状头李郃，宾虞名在十六，即三十人也。"

《登科记考》卷二〇大和元年（827）进士科条云李郃状元及第。

弘治《永州府志》卷四《人物》："李郃，大和初擢进士第一。"

【韦悫】字端士，京兆人。大和元年（827）登进士科，累辟使府。官至礼部侍郎。

《全唐文》卷七二六崔嘏《授韦悫裴识等加阶制》："敕。记曰：爵人于朝，与众共之。盖以阶级既崇，宠荣斯异，疏封锡命，列土承家。尔等或才推粉泽，岂唯五字之工；或任重藩垣，自茂一方之绩；或官居象月，或位应列星；或拥缇骑而分九衢，或奉瑶墀而总六尚。皆聿修官业，克绍家风。爰因庆泽之辰，更举山河之誓。宜思带砺，永保簪裾。可依前件。"

《旧唐书》卷一七七《韦保衡传》："韦保衡者，字蕴用，京兆人。祖元贞，父悫，皆进士登第。悫，字端士，大和初登第，后累佐使府，入朝亟历台阁。大中四年，拜礼部侍郎。五年选士，颇得名人，载领方镇节度，卒。"

《登科记考》卷二〇大和元年（827）进士科条云韦悫及第。

【宇文临】大和元年（827）进士及第。历官礼部员外郎、礼部郎中、中书舍人、复州刺史。

胡可先《〈登科记考〉匡补》:"《旧唐书》卷一六〇《宇文籍传》:'(子)临,大中初登进士第。'按此记载《登科记考》未录。宇文临曾登进士第,盖毋庸置疑。惟《旧唐书》所载年代有疑。考《翰苑群书》(知不足斋丛书本)上丁居晦《重修承旨学士壁记》:'宇文临,大中元年(847)闰三月七日自礼部员外郎充,七年四月守本官出院。''大中元年十二月八日自礼部郎中充,其月二十八日加知制诰,二年正月二日思政殿召对赐绯,其年六月七日特恩迁中书舍人,并依前充,三年九月十四日责授复州刺史。'则大中初绝无登进士第事。考杜牧《樊川文集》卷四有《寄珉笛与宇文舍人》诗,'宇文舍人'即为宇文临。为舍人比杜牧尚早四年。杜牧大和二年(828)登进士第,以此推之,宇文临登进士第似亦为大和初。疑《旧唐书》'大中初'为'大和初'之误。"今从胡说。

【许玫】大和元年(827)登进士科。

(宋)计有功《唐诗纪事》卷四五《许玫》:"玫,大和元年登第。其兄弟瑶、瓘皆高第。"

《登科记考》卷二〇大和元年(827)进士科条云许玫及第。

【陆宾虞】吴郡人。大和元年(827)登进士科。历浙东从事、侍御史。

(唐)钟辂《前定录·陆宾虞》云:"吴郡陆宾虞举进士……后月余放榜,状头李郃,宾虞名在十六。"

(五代)孙光宪《北梦琐言》卷六《陆龟蒙追赠》:"唐吴郡陆龟蒙……其父宾虞,进士甲科,浙东从事侍御史,家于苏台。"

(宋)王谠撰,周勋初校证《唐语林校证》卷四《栖逸》:"吴郡陆龟蒙,字鲁望,旧族也。其父宾虞,进士甲科,浙东从事、侍御史,家于苏台。"

《登科记考》卷二〇大和元年(827)进士科条云陆宾虞及第。

【陈会】成都人。大和元年(827)登进士科。历西川副使、郎中,官至彭州刺史。

(五代)孙光宪《北梦琐言》卷三《陈会螳螂赋》:"蜀之士子,莫不酷酒,慕相如涤器之风也。陈会郎中,家以当垆为业……每岁糇粮纸笔,衣服仆马,皆自成都赍致……大和元年及第……后为白中令子婿,西川副使,连典彭、汉两郡而终。"

《登科记考》卷二〇大和元年(827)进士科条云陈会及第。

【房千里】字鹄举。元和元年(827)登进士科。官至高州刺史。

(唐)李冗《独异志》卷二:"房千里博士《初上第游岭徼诗序云》。"

《新唐书》卷五八《文艺二》:"房千里《投荒杂录》一卷。字鹄举,大和初进士第,高州刺史。"

(宋)计有功《唐诗纪事》卷五一《房千里》:"千里,字鹄举,大和进士也,终于高州刺史。"

《登科记考》卷二〇大和元年(827)进士科条云房千里及第。

【张□□】敦煌人。大和元年(827)登进士科。官至高苑县令。

《曲石精庐藏唐墓志》八八张安节《淄州高苑县令张茂弘墓志》:"公讳茂弘,敦煌人。大和初,令仲以雄才博识,播誉当时,中鹄高科,益大名称,勉公从调,得补裨丞于宋之单父。"《登科记考》未收。张忱石《续补(上)》录名"张茂弘",误。据墓志,此张氏为茂弘之弟、安节之兄。参见《登科记考补正》卷二十大和元年进士科条。

【孟璲】字虞颁,平昌安丘人,兄琯,弟珷、球等皆进士及第。大和初,进士擢第。官终京兆少尹。

《全唐文补遗》第八辑,孟球撰大中十四年(860)四月十四日《唐故朝请大夫守京兆少尹上柱国孟公(璲)墓志铭》:"公讳璲,字虞颁,平昌安丘人……弱冠知名,通九经百家之言,善属文。大和初,进士擢第,累辟藩府,掌奏记……以大中十四年二月九日,终于长安善和里,享年六十七。"

《全唐文补遗》第八辑,孟启撰乾符二年(875)十月十二日《唐故朝请大夫京兆少尹上柱国孟府君(璲)夫人兰陵郡君萧氏(威)墓志铭》:"夫人讳威,字德真,兰陵人也……京兆府君由进士第佐大藩府,再领郡印,三转南宫,自尚书职方郎中迁京兆少尹,未尝忧问家事。"

《洛阳新获七朝墓志》孟球撰咸通七年(866)十一月二十九日《唐故朝散大夫使持节都督寿州诸军事守寿州刺史充本州团练使兼御史中丞柱国赐紫金鱼袋孟公墓志铭》:"公讳珷,字廷硕,德州平昌人……公昆弟九人,四人登进士科,由台阁清选皆再领郡符,伯琯,度支、职方二员外,朗、随二州刺史。仲兄璲,司门员外,工部职方郎中,唐、邓二州刺史、京兆少尹。弟瑊,见任襄州参军。球,见为右谏议大夫。四人皆以文学由进士科。"

【萧做】一作"萧仿",字思道,洛阳人,祖华袭徐国公,父悟仕至大理司直。大和元年(827)登进士科。历谏议大夫、给事中、兵部尚书同平章事,阶至司空,爵兰陵郡开国侯,卒岭南节度使。

《旧唐书》卷一七二《萧俛传》:"萧俛字思谦。曾祖太师徐国公嵩,开元中宰相。祖华,袭徐国公,肃宗朝宰相。父恒,赠吏部尚书。皆自有传。俛……穆宗即位……拜中书侍郎、平章事……做,父悟,恒之弟也。悟,仕至大理司直。做,大和元年登进士第。大中朝,历谏议大夫、给事中。咸通初,迁左散骑常侍……四年,本官权知贡举,迁礼部侍郎,转户部……咸通末,复为兵部尚书、判度支。寻以本官同平章事,累迁中书、门下二侍郎,兼户部、兵部尚书。迁左右仆射,改司空、弘文馆大学士、兰陵郡开国侯……出为广州刺史、岭南节度使……不至京师而卒。"

《新唐书》卷一〇一《萧瑀传附萧仿传》:"仿字思道,悟子。大和中,擢进士第。除累给事中……以兵部尚书再判度支,进中书侍郎、同中书门下平章事。再迁司空、兰陵县侯。时天下盗起,宦人持兵柄,仿以鲠正为权近所忌。卒年八十。"

《登科记考》卷二〇大和元年(827)云萧做进士科及第。

【崔铉】字台硕,郡望博陵,祖儆官至尚书左丞,父元略官至户部尚书。大和元年(827)登进士科,三辟诸侯府。历荆南、西蜀节度使掌书记、左拾遗,武宗朝、宣宗朝两度拜相,阶守左仆射,爵魏国公,卒荆南节度。

《旧唐书》卷一六三《崔元略传附崔铉传》:"崔元略,博陵人。祖浑之。父儆,贞元中官至尚书左丞。元略举进士……转户部尚书……子铉。铉,字台硕,登进士第。三辟诸侯府,荆南、西蜀掌书记。会昌初,入为左拾遗,再迁员外郎,知制诰,召入翰林,充学士。累迁户部侍郎承旨。会昌末,以本官同平章事……博陵县开国子,食邑五百户。大中三年,召拜御中大夫,寻加正议大夫、中书侍郎、同平章事。累迁金紫光禄大夫,守左仆射、门下侍郎、太清宫使、弘文馆大学士、博陵县开国公,食邑至二千户……铉时为荆南节度……卒于江陵。"

《新唐书》卷一六〇《崔元略附崔铉传》:"崔元略,博州人。父敬,贞元时终尚书左丞。元略第进士……徙左散骑常侍……子铉。铉,字台硕,擢进士第,从李石荆南为宾佐,入拜司勋员外郎、翰林学士,迁中书舍人、学士承旨……会昌三年,拜中书侍郎、同中书门下平章事……咸通初,徙山南东道、荆南二镇,封魏国公……卒官下。"

(宋)计有功《唐诗纪事》卷五一《崔铉》:"公铉,元略之子也……宝历三年登第。"按:宝历三年即大和元年。

《登科记考》卷二〇大和元年(827)进士科条云崔铉及第。

【崔慎由】字敬止,郡望清河武城,贯齐州全节,祖异位终渠州刺史,父从户部尚书。大和元年(827)擢进士第,大和二年(828)又登贤良方正制科,释褐诸侯府。历右拾遗、员外郎、知制诰,阶至吏部尚书,勋官上柱国,致仕太子太保,赠司空,谥曰贞。

《旧唐书》卷一七七《崔慎由传》:"崔慎由字敬止,清河武城人……曾祖翘,位终礼部尚书、东都留守。祖异,位终渠州刺史。父从……入为户部尚书……慎由,大和初擢进士第,又登贤良方正制科……宇量端厚,有父风。释褐诸侯府。大中初入朝,为右拾遗、员外郎、知制诰,正拜舍人,召充翰林学士、户部侍郎。再历方镇,入朝为工部尚书。十年,以本官同平章事,兼集贤殿大学士,转监修国史、上柱国,加太中大夫、兼礼部尚书……入为吏部尚书。移疾请老,拜太子太保,分司东都,卒。"

《新唐书》卷一一四《崔融传》:"崔融字安成,齐州全节人……孙巨,右补阙,亦有文。曾孙从……复授检校尚书左仆射、淮南节度副大使……从子慎由、安潜。能子彦曾。慎由,字敬止……繇进士第擢贤良方正异等。郑滑高铢辟府判官。入为右拾遗,进翰林学士……入迁户部侍郎,判户部……俄进工部尚书、同中书门下平章事……以吏部尚书请老,授太子太保,分司东都。卒,赠司空,谥曰贞。"

(宋)王谠撰,周勋初校证《唐语林校证》卷三《方正》:"崔慎由以元和元年登第,至开成,已入翰林。"按:"元和"为"大和"之误。

《登科记考》卷二〇大和元年(827)进士科条云崔慎由及第。

【程尤】父拱终河南尉。大和元年(827)擢进士第。累迁左散骑常侍。

《浯田程氏宗谱》卷二:"拱终于河南尉。生子尤,大和元年崔郾侍郎下擢进士第。龙纪中累迁左散骑常侍。"

明经科

【孙嗣初】字必复,郡望安乐,贯河南府河南县,父通左羽林军兵曹参军。大和元年(827)登明经科,释褐苏州参军。官至昆山令。

《唐代墓志汇编》咸通〇五三孙奭撰咸通七年(866)七月三十日《□□□□□□□□

□□□□州崑山令安乐孙公府君(嗣初)墓志铭并序》:"我大王父遹,皇任左羽林军兵曹参军,赠左散骑□□□□□□□会,皇任中散大夫常州刺史,赠工部侍郎;□□□讳仕竭,皇任苏州长洲县令;先太夫人吴郡张氏……君讳嗣初,字必复。府君夫人之嫡长也。咸通七年四月廿八……享年五十七……(归葬)河南府河南县平康乡……(公)年十八,登名经第,释褐授苏州参军……泗上诸侯历召为州职者数四,秩满,选授吴郡司兵参军,才术益锐。两换郡守,皆致之从容地。后复调河南府洛阳县尉,负豪赖势之类,漠然屏迹。又授苏州昆山县令,天下之剧邑无若昆山者,公苦心为理,常恶庞士元轻易耒阳人民。"按:其咸通七年(866)五十七岁,则其十八岁为大和元年(827)。其归葬河南府河南县,其籍贯当为河南县,郡望为安乐。刘汉忠《〈登科记考〉摭遗》补入。

诸科

【冯陶】大和元年(827)博学宏词科及第。小传见宝历元年(825)进士科冯陶条。

郭文镐《许浑北游考》:"大和元年(827),浑在京,有《赠柳憬冯陶二校书》五三一,诗云:'霄汉两飞鸣,喧喧动禁城。桂堂同日盛,芸阁间年荣。香掩蕙兰气,韵高鸾鹤声。应怜茂陵客,未有子虚名。'检《登科记考》卷二十:宝历元年,柳憬状元及第,当年宏词高科。宏词为吏部选试,中者即授官,芸阁即秘书省,与弘文、崇文馆并置校书郎,为文士起家之良选,而秘书省为最,故浑大加赞叹。间岁,《汉书·韦贤传》'间岁而夹',注云:'间岁,隔一岁也。'宝历元年(825)间岁即为大和元年(827)。据'桂堂同日盛',知柳、冯同年及第,'间岁'冯陶又登宏词科,得秘书省校书郎,即'芸阁间年荣'。唐吏部选官,始于孟冬,终于季春,冯陶得芸阁之选在春,故浑诗作于大和元年春。《登科记考》未详冯陶及第登科之年份,据浑诗,宝历元年进士科、大和元年诸科下当补其名。"

大和二年戊申(828)

知贡举:礼部侍郎崔郾

进士科

【韦筹】大和二年(828)进士科状元及第。历博士。

《全唐诗》第十七册卷五七八温庭筠(一作薛逢诗)《题韦筹博士草堂》:"玄晏先生已白头,不随鹓鹭狎群鸥。元卿谢免开三径,平仲朝归卧一裘。醉后独知殷甲子,病来犹作晋春秋。沧浪未濯尘缨在,野水无情处处流。"

(元)辛文房撰,傅璇琮主编《唐才子传校笺》(册三)卷六《杜牧》:"牧字牧之,京兆人也。善属文。太和二年韦筹榜进士,与厉玄同年。"

《登科记考》卷二〇大和二年(828)进士科条云韦筹及第。

【马倣】大和二年(828)进士科及第。历岭南观察使从事,官至协律郎。

《唐代墓志汇编》大和〇四七《唐故东渭桥给纳判官试太常寺协律郎扶风马君(倣)墓

志铭》："……大和六年正月四日寝疾,终于江陵府……令弟儆,登进士科,佐岭南□□□□协律郎,后君四年卒。"按:罗继祖《登科记考补》将马儆补入大和二年。《登科记考补正》卷二七《附考·进士科》录载马儆。

【厉玄】大和二年(828)登进士科。终侍御史。

《全唐诗》第十六册卷五四四刘得仁《和厉玄侍御题户部相公庐山草堂》："白云居创毕,诏入凤池年。林长双峰树,潭分并寺泉。石溪盘鹤外,岳室闭猿前。柱史题诗后,松前更肃然。"

(宋)李昉等《文苑英华》卷一八四《诗三十四·省试五》之《缑山月夜闻王子晋吹笙二首》下有厉玄。

(宋)计有功《唐诗纪事》卷五一《厉玄》："玄,大和二年进士,终于侍御史。有子自南,登中和进士第。"

《林下诗谈》："唐厉玄度江,见一妇人尸,收葬之……及就试,得《缑山月闻王子晋吹笙》题,用梦中语作第三第四句,竟以是赏,举进士。人以为葬妇之报。"(《瑯嬛记》卷上)

(元)辛文房撰,傅璇琮主编《唐才子传校笺》(册三)卷六《杜牧》："牧字牧之,京兆人也。善属文。太和二年韦筹榜进士,与厉玄同年。"

《登科记考》卷二〇大和二年(828)进士科条云厉玄及第。

【孙景商】字安诗,郡望乐安,贯河南府,祖遵左补阙,父起终滑州白马县令。大和二年(828)登进士甲科。历荆南、西川、浙东从事荆南节度使从事,官至刑部侍郎,卒天平军节度使,赠兵部尚书。

《唐代墓志汇编》大中一二〇蒋伸撰大中十年(856)十月廿七日《唐故天平军节度郓曹濮等州观察处置等使朝请大夫检校礼部尚书使持节郓州诸军事兼郓州刺史御史大夫上柱国赐紫金鱼袋赠兵部尚书孙府君(景商)墓志铭并序》："公讳景商,字安诗,乐安人也……王父讳遵,年未弱冠,两登制策殊等,至左补阙。父讳起,有才不展,终滑州白马县令。大和二年,清河崔公郾下擢进士甲科,赴诸侯之辟于蜀西川、于荆,于越……征拜给事中,半岁,为京兆尹……迁刑部侍郎……出拜天平军节度……大中十年(卒)……赠兵部尚书……祔先茔,葬于河南府也……长嫁南阳张云,云文敏之士,第进士,今为集贤校理。"按:孙景商,刘汉忠《〈登科记考〉摭遗》误作"陈景商"。

【杜牧】字牧之,京兆府万年县人,父从郁,终驾部员外郎。大和二年(828)登进士科,同年登贤良方正科,释褐弘文馆校书郎。历江西观察使、宣州观察使从事、淮南节度使推官、掌书记,官至中书舍人。

(唐)杜牧《樊川文集》卷一〇《自撰墓志铭》："牧字牧之……牧进士及第,制策登科,弘文馆校书郎……转膳部、比部员外郎,皆兼史职。出守黄、池、睦三州……拜中书舍人。"

《旧唐书》卷一四七《杜佑传附杜牧传》："杜佑字君卿,京兆万年人……元和元年,册拜司徒、同平章事,封岐国公……三子,师损嗣,位终司农少卿。式方,字考元……久之,穆宗即位,转兼御史中丞……季弟从郁……从郁……终驾部员外郎。子牧……牧,字牧之,既以进士擢第,又制举登乙第,解褐弘文馆校书郎,试左武卫兵曹参军。沈传师廉察江西宣州,辟牧为从事、试大理评事。又为淮南节度推官、监察御史里行,转掌书记。俄真拜监察御史,分司东都,以弟颛病目弃官。授宣州团练判官、殿中侍御史、内供奉。迁左补阙……岁中迁中书舍人。"

《新唐书》卷一六六《杜佑传附杜牧传》:"牧,字牧之,善属文。第进士,复举贤良方正。沈传师表为江西团练府巡官,又为牛僧孺淮南节度府掌书记。擢监察御史,移疾分司东都,以弟颛病弃官。复为宣州团练判官,拜殿中侍御史内供奉……改吏部,复乞为湖州刺史……迁中书舍人。"

(元)辛文房撰,傅璇琮主编《唐才子传校笺》(册三)卷六《杜牧》:"牧字牧之,京兆人也。善属文。太和二年韦筹榜进士,与厉玄同年。"

《登科记考》卷二〇大和二年(828)进士科条云杜牧及第。

【李当】字子仁,陇西狄道人。大和二年(828)进士及第。官至金紫光禄大夫、刑部尚书,卒赠尚书左仆射。

《秦晋豫新出墓志蒐佚续编》九四六,李昭撰、李藻书乾符四年(877)十月十八日《唐故金紫光禄大夫刑部尚书上柱国陇西县开国子食邑五百户赠尚书左仆射姑臧李公墓志铭并序》:"公讳当,字子仁,世为陇西狄道人……八岁能属文,弱冠嗜学,博扳群书,大和二年擢进士第。"

【郑薰】即郑溥,字子溥。大和二年(828)登进士科。历岭南节度使推官,官至吏部侍郎。

《全唐文》卷七六一郑处诲《授郑薰礼部侍郎制》:"敕。仪曹剧任,中台慎择。总百郡之俊造,考五礼之异同。必求上才,以允金属。中散大夫尚书工部侍郎郑薰,高阳茂族,通德盛门。秉庄氏之遗风,蕴名卿之品业。文谐骚雅,鼓吹前言。誉洽搢绅,领袖时辈。操守必修其谦柄,进退常践于德藩。叠中词科,亟升清贯,持橐列金华之侍,挥毫擅紫闼之工。贰职冬官,克扬休问。是用俾司贡籍,以振儒风。朕以化天下者,莫尚于人文;序多士者,以备乎时选。育材之本,惟善是从。搴拔既尚于幽贞,笃劝勿遗于曹绪。无求冠玉,无采雕虫。当思取实之方,必有酌中之道。尔其尽虑,以率至公。可守礼部侍郎。"

(唐)赵璘《因话录》卷六《羽部》:"进士郑溥……大和元年秋,移举洛中……前宣州观察大夫郑常说此事。大夫,即溥之再从弟也。子溥又自说应举时,曾梦看及第榜,榜上但见大书'凤'字。大中元年冬,求解凤翔……明年,果登第焉。子溥,郑公之子。"此事,《续前定录》略同。按:《登科记考》卷二〇大和二年(828)进士科条云郑溥及第,《因话录》引"大中"当为"大和"之讹。

《新唐书》卷一七七《郑薰传》:"郑薰字子溥,亡乡里世系。擢进士第。历考功郎中、翰林学士。出为宣歙观察使……贬棣王府长史,分司东都。懿宗立,召为太常少卿,擢累吏部侍郎……久之,进左丞。性爱友,纠族百口,禀不充,求外迁。拟华州刺史,辄留中,为幸侍酬沮。后以太子少师致仕。薰端劲,再知礼部,举引寒俊,士类多之。既老,号所居为'隐岩',莳松于廷,号'七松处士'云。"

乾隆《福建通志》卷二四《职官漳州府》:"唐漳浦郡刺史:……郑薰,大中间任。"

【钟辂】大和二年(828)登进士科。历校书郎。

(宋)李昉等《文苑英华》卷一八四《诗三十四·省试五》之《缑山月夜闻王子晋吹笙二首》下有钟辂。

马端临《文献通考》卷二五《经籍考四十二》:"《前定录》一卷,陈氏曰,唐崇文馆校书钟辂撰。"

《前定录·提要》:"唐钟辂撰,辂大和中人,官崇文馆校书郎。"

《登科记考》卷二〇大和二年(828)进士科条云钟辂及第,见《文苑英华》。

【崔黯】字直卿,卫州人。大和二年(828)登进士科。历青州从事、监察御史、员外郎,官至谏议大夫。

《全唐文》卷七五七崔黯《乞敕降东林寺处分住持牒》:"江西观察使崔黯奏:东林寺山秀地灵,实为胜境。而寺中庄田钱物,各自主持,率多欺隐。物力稍充者常无冻馁,资用不足者尽抱饥寒。"

《柳宗元集》卷三四《报崔黯秀才论为文书》,韩注:"崔黯,《新史》有传,宁季弟密之孙也,后擢进士第。"

《旧唐书》卷一一七《崔宁传》:"崔宁,卫州人,本名旰……大历十四年入朝,迁司空、平章事,兼山陵使……宁季弟密,密子绘,父子皆以文雅称,历使府从事。绘生四子:蠡、黯、确、颜,皆以进士擢第……黯,字直卿,大和二年,进士擢第。开成初,为青州从事。入为监察御史……寻迁员外郎。会昌中,为谏议大夫。"

《登科记考》卷二〇大和二年(828)进士科条云崔黯及第。

制科

【马植】扶风人。大和二年(828)贤良方正能直言极谏科。小传见元和十四年(819)进士科马植条。

(宋)王溥《唐会要》卷七六《贡举中·制科举》:"大和二年闰三月,贤良方正能直言极谏科……马植……及第。"按:《册府元龟》卷六四五《贡举部·科目》作"马维"。

(宋)王钦若等《册府元龟》卷六四四《贡举部(六)·考试第二》:大和二年三月,"贤良方正能直言极谏科举人第四等南卓、李甘、杜牧、马植、郑亚、崔玙"。

《登科记考》卷二〇大和二年(828)贤良方正能直言极谏科条云马植及第。

【王式】郡望太原王氏,贯京兆,祖恕扬州仓曹参军事,从父播穆宗朝宰相,父起官至宰相。以门荫入仕,大和二年(828)贤良方正能直言极谏科。累迁殿中侍御史,终左金吾大将军。

(宋)王溥《唐会要》卷七六《贡举中·制科举》:"大和二年闰三月,贤良方正能直言极谏科……王式……及第。"

(宋)王钦若等《册府元龟》卷六四四《贡举部(六)·考试第二》:大和二年三月,"贤良方正能直言极谏科举人第四次等崔谠、王式、罗绍京、崔渠、崔慎由、苗愔、韦昶、崔搏"。

《新唐书》卷一六七《王播传》:"王播字明敿,其先太原人。父恕为扬州仓曹参军……

长庆初,召为刑部尚书,复领盐铁,进中书侍郎、同中书门下平章事……起,字举之……擢山南西道节度使、同中书门下平章事……丧还,命使者吊其家……起子龟、式……式以荫为太子正字,擢贤良方正科,累迁殿中侍御史……咸通三年,徐州银刀军乱,以式检校工部尚书,徙武宁节度使……终左金吾大将军。"

《登科记考》卷二〇大和二年(828)贤良方正能直言极谏科条云王式及第。

【韦昶】大和二年(828)贤良方正能直言极谏科。

(宋)王溥《唐会要》卷七六《贡举中·制科举》:"大和二年闰三月,贤良方正能直言极谏科……韦昶、崔焕、崔谠及第。"

(宋)王钦若等《册府元龟》卷六四四《贡举部(六)·考试第二》:大和二年三月,"贤良方正能直言极谏科举人第四次等崔谠、王式、罗绍京、崔渠、崔慎由、苗愔、韦昶、崔搏"。

《登科记考》卷二〇大和二年(828)贤良方正能直言极谏科条云韦昶及第。

【石仙八】兴国人。大和二年(828)登制科。

民国《湖北通志》卷一二三:"石仙八,兴国人,大和己酉应制科中第。"按:大和己酉年即大和二年。

【杜牧】大和二年(828)贤良方正能直言极谏科。小传见大和二年进士科杜牧条。

(宋)王溥《唐会要》卷七六《贡举中·制科举》:"大和二年闰三月,贤良方正能直言极谏科……杜牧……及第。"

(宋)王钦若等《册府元龟》卷六四四《贡举部(六)·考试第二》:大和二年三月,"贤良方正能直言极谏科举人第四等南卓、李甘、杜牧、马植、郑亚、崔玙"。

《登科记考》卷二〇大和二年(828)贤良方正能直言极谏科条云杜牧及第。

【李甘】大和二年(828)贤良方正能直言极谏科。小传见长庆四年(824)进士科李甘条。

(唐)赵璘《因话录》卷三《商部下》:"长庆以来,李封州甘为文至精。奖拔公心,亦类数公。甘出于李相国武都公门下,时以为得人。"

(五代)王定保《唐摭言》卷一〇《韦庄奏请追赠不及第人近代者》:"李甘,字和鼎,长庆四年及第。登科记已注矣。(庄云不及第,误矣。)"

《旧唐书》卷一七一《李甘传》:"李甘字和鼎。长庆末,进士擢第,又制策登科。大和中,累官至侍御史……贬甘封州司马。"

(宋)王溥《唐会要》卷七六《贡举中·制科举》:"大和二年闰三月,贤良方正能直言极谏科……李甘……及第。"

(宋)王钦若等《册府元龟》卷六四四《贡举部(六)·考试第二》:大和二年三月,"贤良方正能直言极谏科举人第四等南卓、李甘、杜牧、马植、郑亚、崔玙"。

《新唐书》卷一一八《李甘传》:"李甘字和鼎。长庆末,第进士,举贤良方正异等。累擢侍御史……贬封州司马。而李训内亦恶注,由是注卒不相。甘终于贬。"

《登科记考》卷二〇大和二年(828)贤良方正能直言极谏科条云李甘及第。

【李郃】字子玄。大和元年(827)登进士科,大和二年(828)贤良方正能直言极谏科,调河南府参军历贺州刺史。小传见大和元年进士科李郃条。

《全唐文》卷七四四李郃小传云:"郃字子元,举大和二年贤良方正能直言极谏科,调河南府参军,历贺州刺史。"按:郃字子玄,清人避讳改子元。

《全唐文补遗》第八辑,李鄂撰会昌三年(843)八月二十八日《唐故贺州刺史李府君(郃)墓志铭并序》:"府君生五年,能念诗书。九年,有文章,历落沉厚,举止器度,必见远大。十五年,则以生物为己任。廿七年,举进士。文压流辈,敌乞避路。再试京兆府,以殊等荐。会礼部题目有家讳,其日径出。主司留试不得。明年就试,主司考弟,擢居弟一。后应能直言极谏。天子读其策,诏在三等……府君姓李氏,名郃,字子玄。"

(宋)王钦若等《册府元龟》卷六四四《贡举部(六)·考试第二》:大和二年三月,"贤良方正能直言极谏科举人第三次等李郃"。

(宋)王溥《唐会要》卷七六《贡举中·制科举》:"大和二年闰三月,贤良方正能直言极谏科……李郃……及第。"

(宋)宋敏求《唐大诏令集》卷一〇六《制举·放制举人勅》:"贤良方正能直言极谏科及第者……大和二年李郃等十九人。"

《登科记考》卷二〇大和二年(828)贤良方正能直言极谏科条云李郃及第。

【李栻】一作"李式"。大和二年(828)登军谋宏达堪任将帅科,历右散骑常侍、兼御史中丞、持节充册使。

(宋)王溥《唐会要》卷七六《贡举中·制科举》:"(大和二年)军谋宏达堪任将帅科郑冠、李式及第。"

(宋)王溥《唐会要》卷九八《党项羌》:"大中四年,内掠邠宁,诏凤翔李业、河东李栻讨之,羌乃破殄。"

(宋)王溥《唐会要》卷一〇〇《结骨国》:"(会昌五年)命右散骑常侍、兼御史中丞李栻持节充册使,仍命有司择日备礼册命。"

(宋)王钦若等《册府元龟》卷六四五《贡举部(七)·科目》:大和二年闰三月,"军谋宏远堪任将帅科(郑冠、李式及第)"。

(宋)宋敏求《唐大诏令集》卷一〇六《制举·放制举勅人》:"(大和二年)军谋宏达堪任将帅科第四等郑冠、李栻。"

《登科记考》卷二〇大和二年(828)军谋宏达堪任将帅科条云李栻及第。

【宋昆】大和二年(828)登详明吏理达于教化科。

(宋)王溥《唐会要》卷七六《贡举中·制科举》:"(大和二年)详明吏理达于教化科宋昆及第。"

(宋)王钦若等《册府元龟》卷六四五《贡举部(七)·科目》:大和二年闰三月,"详明吏理达于教化科(宋昆及第)"。

(宋)宋敏求《唐大诏令集》卷一〇六《制举·放制举勅人》:"(大和二年)详闲吏理达于教化科举人第四次等宋昆。"

《登科记考》卷二〇大和二年(828)详明吏理达于教化科条云宋昆及第。

【苗愔】郡望上党,洛阳人,祖苗蕃。长庆二年(822)进士科及第,大和二年(828)贤良方正能直言极谏科。小传见长庆二年进士科苗愔条。

《全唐文》卷七一文宗《委中书门下处分制科及第人诏》云其及第。按:《册府元龟》卷六四五《贡举部·科目》作"苗隋"。

(宋)王溥《唐会要》卷七六《贡举中·制科举》:"大和二年闰三月,贤良方正能直言极谏科……苗愔、韦昶、崔焕、崔谠及第。"

(宋)李昉等《文苑英华》卷九三八《志四·宰相三》录载杜牧《丞相太子少师奇章郡开国公赠太尉牛公墓志铭》:"长女嫁户部郎中上党苗愔。"按:其祖苗蕃已定居洛阳,苗愔当贯洛阳,上党为其郡望。

(宋)王钦若等《册府元龟》卷六四四《贡举部(六)·考试第二》:大和二年三月,"贤良方正能直言极谏科举人第四次等崔谠、王式、罗绍京、崔渠、崔慎由、苗愔、韦昶、崔搏"。

(明)凌迪知《万姓统谱》卷三〇《下平声》:"苗愔,长庆二年登第,次弟恽,登大和五年第,小弟恪,登大和八年第,愔为虞部郎。"

《登科记考》卷二〇大和二年(828)贤良方正能直言极谏科条云苗愔及第。

乾隆《山西通志》卷六五《科目·唐》大和二年贤良方正科下云:"苗愔,壶关人。"

【罗劭京】一作"罗绍京",字子峻,贯京兆,祖珦官至京兆尹,父让官至御史大夫。进士登科,大和二年(828)贤良方正能直言极谏科。历清贯。

《旧唐书》卷一八八《孝友·罗让传》:"罗让……父珦,官至京兆尹……兼御史大夫……子劭京,字子峻,进士擢第,又登科……并历清贯。"

(宋)王溥《唐会要》卷七六《贡举中·制科举》:"大和二年闰三月,贤良方正能直言极谏科……罗邵京……及第。"《登科记考》卷二〇大和二年贤良方正科作"罗绍京",今从《登科记考》。

(宋)王钦若等《册府元龟》卷六四四《贡举部(六)·考试第二》:大和二年三月,"贤良方正能直言极谏科举人第四次等崔谠、王式、罗绍京、崔渠、崔慎由、苗愔、韦昶、崔搏"。

《登科记考》卷二〇大和二年(828)贤良方正能直言极谏科条云罗劭京及第。

【郑亚】元和十五年(820)登进士科,大和二年(828)贤良方正能直言极谏科,后又拔萃科登第。小传见元和十五年进士科郑亚条。

(宋)王溥《唐会要》卷七六《贡举中·制科举》:"大和二年闰三月,贤良方正能直言极谏科……郑亚……及第。"

(宋)王钦若等《册府元龟》卷六四四《贡举部(六)·考试第二》:大和二年三月,"贤良方正能直言极谏科举人第四等南卓、李甘、杜牧、马植、郑亚、崔玙"。

(宋)王应麟《玉海》卷一一五《选举·唐制举》:"郑亚举进士、贤良、拔萃三中其科。"

《登科记考》卷二〇大和二年(828)贤良方正能直言极谏科条云郑亚及第。

【郑冠】大和二年(828)登军谋宏达堪任将帅科。

(宋)王溥《唐会要》卷七六《贡举中·制科举》:"(大和二年)军谋宏达堪任将帅科郑冠、李式及第。"

（宋）王钦若等《册府元龟》卷六四五《贡举部（七）·科目》：大和二年闰三月，"军谋宏远堪任将帅科（郑冠、李式及第）"。

（宋）王应麟《玉海》卷一一五《选举·唐制举》："以军谋宏远材任将帅科及第者……太和二年郑冠等二人。"

《登科记考》卷二〇大和二年（828）军谋宏达堪任将帅科条云郑冠及第。

【**南卓**】大和二年（828）贤良方正能直言极谏科及第。

（宋）王溥《唐会要》卷七六《贡举中·制科举》："大和二年闰三月，贤良方正能直言极谏科……南卓……及第。"

（宋）王钦若等《册府元龟》卷六四四《贡举部（六）·考试第二》：大和二年三月，"贤良方正能直言极谏科举人第四等南卓、李甘、杜牧、马植、郑亚、崔玙"。

《登科记考》卷二〇大和二年（828）贤良方正能直言极谏科条云南卓及第。

【**崔玙**】长庆元年（821）登进士科，大和二年（828）贤良方正能直言极谏科。小传见长庆元年进士科崔玙条。

《旧唐书》卷一七七《崔珙传》："崔珙博陵安平人。祖懿。父颋，贞元初进士登第。元和初累官至少府监。四年，出为同州刺史，卒……珙弟瑨、璪、玙、球、珦……玙，字朗士，长庆初进士擢第，又制策登科。开成末，累迁至礼部员外郎。会昌初，以考功郎中知制诰，拜中书舍人。大中五年，迁礼部侍郎。六年，选士，时谓得才。七年，权知户部侍郎，进封博陵子，食邑五百户，转兵部侍郎。"

（宋）王溥《唐会要》卷七六《贡举中·制科举》："大和二年闰三月，贤良方正能直言极谏科……崔兴……及第。"按："崔兴"当为"崔玙"。

（宋）王钦若等《册府元龟》卷六四四《贡举部（六）·考试第二》：大和二年三月，"贤良方正能直言极谏科举人第四等南卓、李甘、杜牧、马植、郑亚、崔玙"。

《登科记考》卷二〇大和二年（828）贤良方正能直言极谏科条云崔玙及第。

【**崔涣**】一作"崔琼""崔焕"。大和二年（828）贤良方正能直言极谏科。

（宋）王溥《唐会要》卷七六《贡举中·制科举》：大和二年闰三月贤良方正能直言极谏科作"崔焕"及第。

（宋）王钦若等《册府元龟》卷六四四《贡举部（六）·考试第二》：大和二年三月，"贤良方正能直言极谏科举人第五上等崔涣、韩宾。"按：《册府元龟》卷六四五《贡举部（七）·科目》作"崔琼"。

《登科记考》卷二〇大和二年（828）贤良方正能直言极谏科条作"崔涣"。

【**崔博**】一作"崔槫""崔搏"。大和二年（828）贤良方正能直言极谏科。

《全唐文》卷七一文宗《委中书门下处分制科及第人诏》作"崔槫"。

（宋）王溥《唐会要》卷七六《贡举中·制科举》："大和二年闰三月，贤良方正能直言极谏科……崔博……及第。"按：《册府元龟》卷六四四《贡举部·考试二》：（大和二年）"贤良方正能直言极谏科"崔槫"及第。

（宋）王钦若等《册府元龟》卷六四四《贡举部（六）·考试第二》：大和二年三月，"贤良方正能直言极谏科举人第四次等崔谠、王式、罗绍京、崔渠、崔慎由、苗愔、韦昶、崔搏"。

《登科记考》卷二○大和二年(828)贤良方正能直言极谏科条云作"崔博"。

【崔谠】一作"崔谦"。大和二年(828)贤良方正能直言极谏科。

(宋)王溥《唐会要》卷七六《贡举中·制科举》:"大和二年闰三月,贤良方正能直言极谏科……崔谠及第。"《册府元龟》卷六四五《贡举部·科目》作"崔谦"。

(宋)王钦若等《册府元龟》卷六四四《贡举部(六)·考试第二》:大和二年三月,"贤良方正能直言极谏科举人第四次等崔谠、王式、罗绍京、崔渠、崔慎由、苗愔、韦昶、崔搏"。

《登科记考》卷二○大和二年(828)贤良方正能直言极谏科条云崔谠及第。

【崔渠】大和二年(828)贤良方正能直言极谏科。

(宋)王溥《唐会要》卷七六《贡举中·制科举》:"大和二年闰三月,贤良方正能直言极谏科……崔渠……及第。"

(宋)王钦若等《册府元龟》卷六四四《贡举部(六)·考试第二》:大和二年三月,"贤良方正能直言极谏科举人第四次等崔谠、王式、罗绍京、崔渠、崔慎由、苗愔、韦昶、崔搏"。

《登科记考》卷二○大和二年(828)贤良方正能直言极谏科条云崔渠及第。

【崔慎由】字敬止,郡望清河武城,贯太原。大和元年(827)登进士科,次年登贤良方正科,释褐诸侯府。历右拾遗、员外郎、知制诰、翰林学士、户部侍郎,宣宗朝以工部尚书,官至宰相。小传见大和元年进士科崔慎由条。

《旧唐书》卷一七七《崔慎由传附崔从传》:"崔慎由字敬止,清河武城人……祖异,位终渠州刺史。父从,少孤贫。寓居太原……四年,入为吏部侍郎,寻改太常卿……慎由,大和初擢进士第,又登贤良方正制科……释褐诸侯府。大中初入朝,为右拾遗、员外郎、知制诰,正拜舍人,召充翰林学士、户部侍郎。再历方镇,入朝为工部尚书。十年,以本官同平章事,兼集贤殿大学士,转监修国史、上柱国,加太中大夫、兼礼部尚书……咸通初,改为华州刺史、潼关防御、镇国军等使,加检校司空、河中尹、河中晋绛节度使。入为吏部尚书。移疾请老,拜太子太保,分司东都,卒。"

(宋)王溥《唐会要》卷七六《贡举中·制科举》:"大和二年闰三月,贤良方正能直言极谏科……崔慎由……及第。"

(宋)王钦若等《册府元龟》卷六四四《贡举部(六)·考试第二》:大和二年三月,"贤良方正能直言极谏科举人第四次等崔谠、王式、罗绍京、崔渠、崔慎由、苗愔、韦昶、崔搏"。

(宋)王谠撰,周勋初校证《唐语林校证》卷三《方正》:"崔慎由以元和元年登第,至开成,已入翰林。"按:此"元和元年"当为"大和元年"之误。

《登科记考》卷二○大和二年(828)贤良方正能直言极谏科条云崔慎由及第。

【韩宾】大和二年(828)登贤良方正科。历朝散大夫、守尚书水部郎中、户部郎中。

《全唐文》卷七四八杜牧《韩宾除户部郎中裴处权除礼部郎中孟璙除工部郎中等制》:"敕。朝散大夫守尚书水部郎中上柱国韩宾等:尚书天下之本,郎官皆为清秩,非科名文学之士,罕与其选。以宾端贞有守,以处权俊乂出群,以璙才能适用,皆茂乡里之称,咸为名实之士,各服休命,勉于官业。可依前件。"

《刘禹锡全集》卷二四,有《闻韩宾擢第归觐以诗美之兼贺韩十五曹长时韩牧永州》。按:《唐大诏令集》卷一〇六《制举·放制举敕人》作"王宾",误。

（宋）王溥《唐会要》卷七六《贡举中·制科举》:"大和二年闰三月,贤良方正能直言极谏科……韩宾……及第。"

（宋）王钦若等《册府元龟》卷六四四《贡举部（六）·考试第二》:大和二年三月,"贤良方正能直言极谏科举人第五上等崔涣、韩宾"。

《登科记考》卷二〇大和二年(828)贤良方正能直言极谏科条云韩宾及第。

【裴休】大和二年(828)贤良方正能直言极谏科。小传见长庆二年(822)进士科裴休条。

（宋）王钦若等《册府元龟》卷六四四《贡举部（六）·考试第二》:大和二年三月,"贤良方正能直言极谏科举人第三等裴休、裴素"。

（宋）洪迈《容斋续笔》卷一六《刘蕡下第》:"唐文宗大和二年三月,亲策制举人贤良方正……既而裴休、李邰等二十二人中第,皆除官。"

【裴素】大和二年(828)贤良方正能直言极谏科。小传见宝历元年(825)进士科裴素条。

（宋）王溥《唐会要》卷七六《贡举中·制科举》:"大和二年闰三月,贤良方正能直言极谏科……裴素……及第。"

（宋）王钦若等《册府元龟》卷六四四《贡举部（六）·考试第二》:大和二年三月,"贤良方正能直言极谏科举人第三等裴休、裴素"。

（宋）宋敏求《唐大诏令集》卷一〇六《制举·放制举人敕》:"贤良方正能直言极谏科第三等裴表。"按:"裴表"当作"裴素"。《杜牧全集·外集》有《陕州醉赠裴四同年》。

《登科记考》卷二〇大和二年(828)贤良方正能直言极谏科条云裴素及第。

大和三年己酉(829)

知贡举:礼部侍郎郑澣

进士科

【邢群】字涣思,河间人,祖奉天令待封,父缑氏丞至和。大和三年(829)登进士科,释褐校书郎。历浙西观察使从事,官至歙州刺史。

（唐）杜牧《樊川文集》卷八《故歙州刺史邢君墓志铭并序》:"亡友邢涣思讳群。牧大和初举进士第,于东都一面涣思,私自约曰:'邢君可友。'后六年,牧于宣州事吏部沈公,涣思于京口事王并州,俱为幕府吏。二府相去三百里,日夕闻涣思佽助并州,钜细合宜。后一年,某奉沈公命,北渡扬州聘丞相牛公,往来留京口。并州峭重,入幕多贤士,京口繁要,游客所聚,易生讥议,并州行事有不合理,言者不入,涣思必能夺之。同舍以为智,不以为颛;并州以为贤,不以为借侵。游客贤不肖,不能私谕议以一辞。公事晏欢,涣思口未言,足未至,缺若不圆。某曰:'往年私约邢君可友,今真可友也。'卢丞相商镇京口,涣思复以大理评事应府命。今吏部侍郎孔温业自中书舍人以重名为御史中丞,某以补阙为贺客,孔吏部曰:'中丞得以御史为重轻,补阙宜以所知相告。'某以涣思言,中丞曰:'我不素知,愿闻其为人。'某具以京口所见对。后旬日,诏下为监察御史。会昌五年,涣思由户部员外郎出为处州。时某守黄州,岁满转池州,与京师人事离阔四五年矣。闻涣思出,大喜曰:'涣思果不容于会昌中,不辱吾御史举矣。'涣思罢处州……君进士及第,历官九,历职八。始太子校书郎,协律郎,大理评事,监察御史,京兆府司录,殿中侍御史,户部员外郎,处州刺史,歙州刺史。职为浙西团练巡官、观察推官、度支巡官,再为浙西观察推官,转支使,为户部员外郎、判度支案;代刘稹,为制使,使镇、魏料军食,赐绯服银章。初副李丞相回,再副高尚书铢,抚安上党三面征师。大和三年六月八日,卒于东都思恭里,年五十。邢氏,周公次子靖渊封为邢侯,国灭因以为氏。西汉宇为太尉,子绥为司空,曾孙世宗光武时为骠骑将军,世宗元孙颙因居河间。颙当曹魏时参太祖丞相事,终于太常。邢有河间、南阳,君实河间人,太常后也。后至晋、魏已降,皆有官禄。唐麟台郎中举于君为曾祖,麟台生奉天令待封,奉天生缑氏丞至和,君即缑氏子。两娶,前夫人陇西李氏,忠州刺史佐次女,今夫人南阳张氏,寿州刺史植女。四男,曰怿、愭、温郎、寿郎。用某年某月某日葬于偃师县某乡里,葬有月日。其孤立使者,哭告于枢,来京师请铭……十五知书,二十有文。三十登进士,五十终刺史。"

《登科记考》卷二〇大和三年(829)进士科条云,按其五十岁终,三十登第,当在大和三年。

【李景素】陇西人,父上公位司农卿。大和三年(829)登进士科。

《全唐文》卷九七四阙名《奏姚中立高锴考试状(大和三年三月御史台)》:"据吏部分察姚中立称:准敕考试别头进士明经等官,考功员外郎高锴考试礼部关送到进士郑齐之、李景素两人,明经王淑等十八人,并及第。放榜之后,群议沸腾。职当分察,不敢缄默。及得高锴状,伏以进士明经,并先无格限,其所送进士二人,文艺并堪与及第。明经比年所送不过三五人,今年礼部关送十一人。及考试帖义,十一人并堪与及第。"

《旧唐书》卷一六八《高钺传》:"锴,元和九年登进士第,升宏辞科,累迁吏部员外。大和三年,准敕试别头进士明经郑齐之等十八人。榜出之后,语辞纷竞。监察御史姚中立以闻,诏锴审定。乃升李景〔素〕、王淑等,人以为公。"

《旧唐书》卷一七八《李蔚传》:"李蔚字茂休,陇西人。祖上公,位司农卿,元和初为陕虢观察使。父景素,大和中进士。"

(宋)王钦若等《册府元龟》卷六四四《贡举部(六)·考试第二》》:"大和三年三月,御史台据吏部分察姚中立称:'准敕考试别头进士、明经等官,考功员外郎高锴,考试礼部关送到进士郑齐之、李景素两人,明经王淑等十八人,并及第。放榜之后,群议沸腾,职当分察,不敢缄默。'及得高锴状:'伏以进士、明经,并先无格限,其所送进士二人,文艺并堪与及第。明经比年所送,不过三五人,今年礼部关送十八人,及考试帖义,十一人并堪与及第。'敕：'郑齐之、李景素，据所试比校常例得者，不甚过差，宜并与及第。明经王淑等五人覆试帖义，通数高，并与及第。余落之。'"

《登科记考》卷二〇大和三年(829)进士科条云李景素及第。

【郑齐之】大和三年(829)登进士科。历灵武节度使副使。

《全唐文》卷七二六崔龈《授郑齐之灵武副使制》："朕以灵武重镇，控制西戎。故选于和门，付以油节，思得干用，以佐参画。如闻齐之自得科名，留心政术。奉沙漠之使，佐榷筦之司。口不告劳，人称奉职。某与思谦临洎思退，皆钻研文学，承袭轩裳，畅彼声光，端其操履。是可以佐樽俎于台席，奉指教于才臣。而八达九冲，晓巡夜警，亦执金吾之重务也。咸允章奏，无忝所从。可依前件。"

《全唐文》卷九七四阙名《奏姚中立高锴考试状(大和三年三月御史台)》："据吏部分察姚中立称：准敕考试别头进士明经等官，考功员外郎高锴考试礼部关送到进士郑齐之、李景素两人，明经王淑等十八人，并及第。放榜之后，群议沸腾。职当分察，不敢缄默。及得高锴状，伏以进士明经，并先无格限，其所送进士二人，文艺并堪与及第。明经比年所送不过三五人，今年礼部关送十一人。及考试帖义，十一人并堪与及第。"

《旧唐书》卷一六八《高锴传》："锴，元和九年登进士第，升宏辞科，累迁吏部员外。大和三年，准敕试别头进士明经郑齐之等十八人。榜出之后，语辞纷竞。监察御史姚中立以闻，诏锴审定。乃升李景〔素〕、王淑等，人以为公。"

(宋)王钦若等《册府元龟》卷六四四《贡举部(六)·考试第二》》："(大和)三年三月，御史台据吏部分察姚中立称：'准敕考试别头进士、明经等官，考功员外郎高锴，考试礼部关送到进士郑齐之、李景素两人，明经王淑等十八人，并及第。放榜之后，群议沸腾，职当分察，不敢缄默。'及得高锴状：'伏以进士、明经，并先无格限，其所送进士二人，文艺并堪与及第。明经比年所送，不过三五人，今年礼部关送十八人，及考试帖义，十一人并堪与及第。'敕：'郑齐之、李景素，据所试比校常例得者，不甚过差，宜并与及第。明经王淑等五人覆试帖义，通数高，并与及第。'余落之。"

《登科记考》卷二〇大和三年(829)条云郑齐之进士科及第。

【崔瑶】郡望清河武城，京兆府，祖偬位吏部侍郎，从父郧官至吏部侍郎，父郾官至礼部侍郎。大和三年(829)登进士科，辟藩府。官至礼部侍郎，卒鄂岳观察使。

《旧唐书》卷一五五《崔郧传》："崔郧字处仁，清河武城人。祖结，父偬，官卑。郧少举进士，又登贤良方正科。贞元中授渭南尉。迁拾遗、补阙。常疏论裴延龄，为时所知。以兵部员外郎知制诰至中书舍人，凡七年。又权知吏部选事。明年，为礼部侍郎，转吏部侍郎，赐以金紫。郧温裕沉密，尤敦清俭。上亦器重之。裴垍将引为相，病难于承答，事竟寝。兄弟同时奉朝请者四人，颇以孝敬怡睦闻。后改太常卿，知吏部尚书铨事。故事，太常卿初上，大阅《四部乐》于署，观者纵焉。郧自私第去帽亲导母舆，公卿逢者回骑避之，衢路以为荣。居母忧，岁余卒，元和十年三月也，时年六十二。赠吏部尚书，谥曰文简。弟鄯、郾、郸等六人。子璀、璜，璀子彦融，皆登进士第，历位台阁……(郾)子瑶、瑰、瑾、珮、璙。瑶大和三年登进士第,出佐藩方,入升朝列,累至中书舍人。大中六年,知贡举,旋拜礼部侍郎。出为浙西观察使,又迁鄂州刺史、鄂岳观察使,终于位。"

《新唐书》卷一六三《崔邠传》:"崔邠字处仁,贝州武城人。父倕……位吏部侍郎。邠第进士……再迁吏部侍郎……弟鄏、郾、郇、鄯、郸。郾……迁礼部侍郎……五子:瑶、瑰、瑾、珮、璙。瑶任礼部侍郎、浙西鄂岳观察使……崔氏四世缌麻同爨,兄弟六人至三品,邠、郾、郸凡为礼部五,吏部再,唐兴无有也。居光德里,构便斋,宣宗闻而叹曰:'郸一门孝友,可为士族法。'因题曰'德星堂'。后京兆民即其里为'德星社'。"

《登科记考》卷二○大和三年(829)进士科条云崔瑶及第。

明经科

【王淑】大和三年(829)登明经科。

《全唐文》卷九七四阙名《奏姚中立高锴考试状(大和三年三月御史台)》:"据吏部分察姚中立称:准敕考试别头进士明经等官,考功员外郎高锴考试礼部关送到进士郑齐之、李景素两人,明经王淑等十八人,并及第。放榜之后,群议沸腾。职当分察,不敢缄默。及得高锴状,伏以进士明经,并先无格限,其所送进士二人,文艺并堪与及第。明经比年所送不过三五人,今年礼部关送十一人。及考试帖义,十一人并堪与及第。"

《旧唐书》卷一六八《高钱传》:"锴,元和九年登进士第,升宏辞科,累迁吏部员外。大和三年,准敕试别头进士、明经郑齐之等十八人。榜出之后,语辞纷竞。监察御史姚中立以闻,诏锴审定。乃升李景〔素〕、王淑等,人以为公。"

(宋)王钦若等《册府元龟》卷六四四《贡举部(六)·考试第二》:大和"三年三月,御史台据吏部分察姚中立称:'准敕考试别头进士、明经等官,考功员外郎高锴,考试礼部关送到进士郑齐之、李景素两人,明经王淑等十八人,并及第。放榜之后,群议沸腾,职当分察,不敢缄默。'及得高锴状:'伏以进士、明经,并先无格限,其所送进士二人,文艺并堪与及第。明经比年所送,不过三五人,今年礼部关送十八人,及考试帖义,十一人并堪与及第。'敕:'郑齐之、李景素,据所试比校常例得者,不甚过差,宜并与及第。明经王淑等五人覆试帖义,通数高,并与及第。余落之。'"

《登科记考》卷二○大和三年(829)明经科条云王淑及第。

大和四年庚戌(830)

知贡举:礼部侍郎郑澣

进士科

【宋祁】一作"宋祁"。大和四年(830)进士科状元登第。历右拾遗。

(宋)王钦若等《册府元龟》卷五四九《谏诤部(二十七)·褒赏》:"宋祁为右拾遗,开成四年四月,宰臣奏事罢退。"

《登科记考》卷二一大和四年(830)进士科条云宋邧状元及第。

淳熙《三山志》卷二六:"大和四年庚戌宋邧榜林简言,字欲纳,富清人,终漳州军判官。"《玉芝堂谈荟》卷二《历代状元》作"状元宋祁。"

【韦周方】大和四年(830)登科士科。

(唐)赵璘《因话录》卷六《羽部》:"进士郑滂,在名场岁久……(大和)四年,周方果同年焉。滂登朝,至殿中侍御史。"

(唐)钟辂《续前定录·郑滂》云:"进士郑滂,在名场岁久。辈流多已荣达,常有后时之叹。一夕忽梦及第,而与韦周方同年。当时韦氏举人无名周方者,益闷之。太和元年秋移举洛中,时韦宏景尚书廉察陕邦,族弟景方赴举,过陕。尚书诘曰:'我名宏景,汝兄宏方,汝弟景方,兄弟各分吾名一字!'诚无意也,遂更名周方。滂闻之,喜曰:'吾及第有望矣!'四年周方升名,而果同年焉。滂子溥又自说:'应举时,曾梦看及第榜上,但见风字。'大中元年求解凤翔,偶看本府乡试首便是风字,至东都,试《猴山月夜闻王子晋吹笙诗》,生侧诸诗悉有风字,明年果登第焉。"

《登科记考》卷二一大和四年(830)进士科条云韦周方及第。

【令狐绹】字子直,贯京兆,父楚官至宰相。大和四年(830)登进士科,释褐弘文馆校书郎。历左拾遗,宣宗朝以兵部侍郎同中书门下平章事(宰相),累官至右仆射,阶司空,爵赵国公,赠太尉。

《旧唐书》卷一七二《令狐楚传》:"令狐楚,字壳士,自言国初十八学士德棻之裔。祖崇亮,绵州昌明县令。父承简,太原府功曹。家世儒素。楚儿童时已学属文,弱冠应进士,贞元七年登第……(元和十四年七月)自朝议郎授朝议大夫、中书侍郎、同平章事……(开成元年)二年十一月,卒于镇,年七十二,册赠司空,谥曰文……(子)绹字子直。大和四年登进士第,释褐弘文馆校书郎。开成初为左拾遗……寻改左补阙、史馆修撰,累迁库部、户部员外郎。会昌五年,出为湖州刺史。大中二年,召拜考功郎中,寻知制诰。其年,召入充翰林学士。三年,拜中书舍人,袭封彭阳男,食邑三百户,寻拜御史中丞。四年,转户部侍郎,判本司事。其年,改兵部侍郎、同中书门下平章事……绹辅政十年,累官至吏部尚书、右仆射、凉国公,食邑二千户……十三年,以本官为凤翔尹、凤翔陇节度使,进封赵国公,食邑三千户,卒。"

《新唐书》卷一六六《令狐楚传》:"令狐楚字壳士,德棻之裔也……子绪、绹,显于时……绹字子直,举进士,擢累左补阙、右司郎中……俄同中书门下平章事,辅政十年。懿宗嗣位,由尚书左仆射、门下侍郎再拜司空。未几,检校司徒平章事,为河中节度使。徙宣武,又徙淮南副大使……僖宗初,拜凤翔节度使。顷之,就加同平章事,徙封赵。卒,年七十八,赠太尉。"

《登科记考》卷二一大和四年(830)进士科条云令狐绹及第。

【杨发】字至之,旧贯同州冯翊,贯苏州,祖藏器邠州三水丞,父遗直位终濠州录事参军,兄收位至宰相。大和四年(830)登进士科,又书判登第,释褐校书郎。历湖南观察推官、西蜀从事,官至岭南节度使,卒婺州刺史。

(唐)杜牧《樊川文集》卷九《唐故平卢军节度巡官陇西李府君(戡)墓志铭》:"居江南,秀人张知实、萧寘、韩乂、崔寿、宋邢、杨发、王广皆趋君交之,后皆得进士第,有名声官职,君尚为布衣,然于君不敢稍息。"按:墓主李戡开成元年卒,诸生进士及第当在此之前。

《旧唐书》卷一七七《杨发传附杨发传》:"杨收字藏之,同州冯翊人……父遗直,位终濠州录事参军。家世为儒,遗直客于苏州,讲学为事,因家于吴。遗直生四子:发、假、收、严。发,字至之,大和四年登进士第,又以书判拔萃,释褐校书郎、湖南观察推官,再辟西蜀从事。入朝为监察,转侍御史,累迁至礼部郎中……改授太常少卿,出为苏州刺史。苏,发之乡里也。恭长慈幼,人士称之。还,改福州刺史、福建观察使。瓯闽之人,美其能政,耆老以善绩闻。朝廷以发长于边事,移授广州刺史、岭南节度使。属前政不率,蛮、夏咸怨;发以严为理,军乱,为军人所囚,致于邮舍。坐贬婺州刺史,卒于治所。"

《新唐书》卷一八四《杨收传》:"杨收字藏之,自言隋越国公素之裔,世居冯翊。父遗直,德宗时,以上书阙下,仕为濠州录事参军,客死姑苏。收七岁而孤,处丧若成人。母长孙亲授经,十三通大义。善属文,所赋辄就,吴人号神童……以中书侍郎同中书门下平章事……收兄发,字至之。登进士,又中拔萃,累官左司郎中……改太常少卿,为苏州刺史……拜岭南节度使……贬婺州刺史。"

(元)辛文房撰,傅璇琮主编《唐才子传校笺》(册三)卷七《杨发》:"发,太和四年礼部侍郎郑澣下第二人及第。"

《登科记考》卷二一大和四年(830)进士科条云杨发及第。

【林简言】字欲纳,贯漳州。大和四年(830)登进士科。官至漳州刺史。

(明)凌迪知《万姓统谱》卷六四《下平声》:"林简言,字欲纳,福清人,大中间及第,时罗让为廉帅,简言奏记,请蠲门户之役,让深器之。曰:'昔盈州徐公以相国免一乡,今福唐林公以上第,免一族,不亦宜乎?'官终漳州刺史。"

《登科记考》卷二一大和四年(830)进士科录林简言云:"《永乐大典》引《闽中记》:'林简言字欲讷,富唐人。大中四年及第。'"按:大中四年林简言当删除,《永乐大典》误。

淳熙《三山志》卷二六:"大和四年庚戌宋邢榜林简言,字欲纳,富清人,终漳州军判官。"日本藏万历《福州府志》卷一六、乾隆《福州府志》卷六〇、四库本《福建通志》卷三三均作"大和四年"。

乾隆《福建通志》卷二四《职官漳州府》:"唐漳浦郡刺史:……林简言,福清人。"

乾隆《福建通志》卷三三《选举》:"大和四年宋邢榜:福清县林简言。"

乾隆《福建通志》卷五一《文苑》:"林简言,字欲讷,福清人,少有文名,举大和进士,官终漳州刺史。"

【郑滂】大和四年(830)登进士科。历河阳、浙西、淮南,累至检校郎中,除比部员外郎。

(唐)赵璘《因话录》卷六《羽部》:"进士郑滂,在名场岁久……(大和)四年,周方果同年焉。滂登朝,至殿中侍御史。"

(唐)钟辂《续前定录·郑滂》云:"进士郑滂,在名场岁久。辈流多已荣达,常有后时之叹。一夕忽梦及第,而与韦周方同年。当时韦氏举人无名周方者,益闷之。太和元年秋移举洛中,时韦宏景尚书廉察陕邦,族弟景方赴举,过陕。尚书诘曰:'我名宏景,汝兄宏方,汝弟景方,兄弟各分吾名一字!'诚无意也,遂更名周方。滂闻之,喜曰:'吾及第有望矣!'四年周方升名,而果同年焉。滂子溥又自说:'应举时,曾梦看及第榜上,但见凤字。'大中元年求解凤翔,偶看本府乡试首便是凤字,至东都,试《猴山月夜闻王子晋吹笙诗》,生侧诸诗悉有凤字,明年果登第焉。"

(宋)佚名《分门古今类事》卷一二《卜兆门下·郑滂朝官》:"滂尝自言为大理司直,常叹淹滞。有僧宝锐知人休咎,因问之,乃曰:'司直朝官终得,但中间合为数政使府官耳!'既而果历河阳、浙西、淮南,累至检校郎中,方除比部员外郎,亦如锐师之说。锐师说事虽不皆中,然此极验者,以阴隲前定之事耳。"

《登科记考》卷二一大和四年(830)进士科条云郑滂及第。

【魏扶】大和四年(830)登进士第。历兵部侍郎、判户部事,官至宰相。

《旧唐书》卷一五八《郑余庆传》:"从谠……故相令狐绹、魏扶,皆父贡举门生,为之延誉,寻迁中书舍人。"按:郑余庆之子郑瀚,孙从谠,《登科记考》卷二一大和四年条云瀚大和四年知贡举。

《新唐书》卷一六五《郑余庆传》:"从谠……令狐绹、魏扶皆瀚门生,数进誉之,迁中书舍人。"

《新唐书》卷一八下《宣宗》:大中三年四月"正议大夫、行兵部侍郎、判户部事、上柱国、钜鹿县开国男、食邑五百户、赐紫金鱼袋魏扶可本官、平章事"。

(宋)计有功《唐诗纪事》卷五一《魏扶》:"扶,登大和四年进士第。大中初,知礼闱。"

《登科记考》卷二一大和四年(830)进士科条云魏扶及第。

诸科

【李昼】字贞曜,郡望陇西,贯京兆府,祖李程位至宰相,父廓官至刺史。大和四年(830)登童子科,会昌六年(846)登进士科,大中元年(847)登博学宏词科,授秘书省校书郎。历山南西道节度从事、大梁节度掌书记,官至万年尉直弘文馆。

《唐代墓志汇编》大中一一五《唐故万年县尉直弘文馆李君墓志铭》:"……昼……才年十二三,通两经疏忽,就试春官,帖义如格,遂擢第焉……年廿九,登上第。其明年冬,以博学宏词科为敕头,又明年春,授秘书省校书郎,今中山郑公涯为山南西道节度,时以君座主孙熟闻其理行愿……奏章请试本官充职……三年服除,大梁率刘公八座为掌书记……大中八年,擢授万年尉直弘文馆……九年冬……竟殒芳年……皇考廓,徐州节度使……君乃长子也……君字贞曜,享年卅八。"按:其大中九年三十八岁,则二十九岁登进士科为会昌六年;若按其十三岁登童子科,及第当在大和四年,登博学宏词科当在大中元年。

《旧唐书》卷一六七《李程传》:"李程字表臣,陇西人。父鹓伯。程,贞元十二年进士擢第,又登宏辞科……敬宗即位之五月,以本官同平章事……子廓。廓进士登第……大中末,累官至颍州刺史,再为观察使。廓子昼,亦登进士第。"

科目选

【张正矩】兄张正甫官至工部尚书。大和四年(830)拔萃科及第。

(宋)李昉等《太平广记》卷一五六《定数十一·张正矩》引《续定命录》:"大和四年,故吏部崔群……其时群总科目人,考官糊名考讫,群读(张)正矩判,心窃推许,又谓是故工部尚书正甫之弟,断意便与奏。及敕下,正矩与科目人谢主司。独正矩启叙,前致词曰:'某杀身无地以报相公深恩,一门之内,兄弟二人,俱受科名拔擢。粉骨碎肉,无以上答。'"

《登科记考》卷二一大和四年(830)拔萃科条云张正矩及第。

大和五年辛亥(831)

知贡举:中书舍人贾𫗧

进士科

【杜陟】大和五年(831)进士科状元及第。历水部员外郎。

(唐)段成式《酉阳杂俎》卷十《物异》:"桃核,水部员外郎杜陟常见江淮市人以桃核扇量米,正容一升,言于九嶷山溪中得。"

(元)辛文房撰,傅璇琮主编《唐才子传校笺》(册三)卷七《李远》:"远,字求古,大和五年杜陟榜进士及第,蜀人也。"

《登科记考》卷二一大和五年(831)进士科条云:"徐应秋《玉芝堂谈荟》以李远为状元,误。"

【卢□】大和五年(831)登进士第。历员外郎。

《全唐诗》第十七册卷五八四段成式《和徐商贺卢员外赐绯》:"云雨轩悬莺语新,一篇佳句占阳春。银黄年少偏欺酒,金紫风流不让人。连璧座中斜日满,贯珠歌里落花频。莫辞倒载吟归去,看欲东山又吐茵。"按:徐商与此卢员外为同年,徐商大和五年登第,陈冠明《〈登科记考〉补名摭遗》考订卢员外当在是年及第。

《全唐诗》第十八册卷五九七徐商《贺襄阳副使节判同加章绶》:"同年坐上联宾榻,宗姓亭中有锦裀。"

【李远】字求古,郡望陇西,贯夔州。大和五年(831)登进士科。官至御史中丞。

《新唐书》卷六〇《艺文四》:"《李远诗集》一卷。字求古,大中建州刺史。"

(元)辛文房撰,傅璇琮主编《唐才子传校笺》(册三)卷七《李远》:"远,字求古,大和五年杜陟榜进士及第,蜀人也……后历忠、建、江三州刺史,仕终御史中丞。"

(明)徐应秋《玉芝堂谈荟》卷二《历代状元》"(大和)五年,状元李远,夔州人。"又《全唐文》卷七六五李远《送贺著作凭出宰永新序》云其为"陇西李远"。按:陇西盖指其郡望。

《登科记考》卷二一大和五年(831)进士科条云李远及第。

【李汶儒】大和五年(831)登进士科。官至翰林学士。

（宋）计有功《唐诗纪事》卷五三《李汶儒》："汶儒，登大和五年进士第，官至翰林学士。汶儒守礼部员外郎，充翰林学士。"

《登科记考》卷二一大和五年（831）进士科条云李汶儒及第。

【苗恽】郡望上党，贯洛阳，祖蕃。大和五年（831）登进士科。历授华州别驾、藩镇判官。

《唐代墓志汇编》咸通一〇〇苗义符撰咸通十二年（871）十二月十三日《唐故上党苗君（景符）墓中哀词并序》："君讳景符，字祯运，上党人也……唐扬州录事参军讳颖，即君曾大父也；太原参军赠礼部尚书讳蕃，即君大父也；先大夫讳恽，与伯季鳞射进士策，著大名于世。先大夫以疾碍步武，优诏授华州别驾……君比无恙，忽病热旬余，竟以咸通辛卯岁九月四日不起于靖安里第。吾与仲弟廷义同经营，粗备窆穸之用，以其年十二月十三日，吾护葬于洛阳县平阴乡陶村北原，从先大夫之右，礼也。"

（宋）王钦若等《册府元龟》卷一五八《帝王部（一百五十八）·诫励第三》："（大和）九年正月戊午，对贺正使于麟德殿，既退，复召诸道判官孔温质、李暨、苗恽等九人，问以出身所由，词学所工，德音诲勉，至于再三，各别赐彩绢十疋。"

（宋）魏仲举《五百家注释韩昌黎全集》卷二五《唐故太原府参军苗君墓志铭》引《登科记》："恽，大和五年进士第，蕃之孙也。"《登科记考》卷二一大和五年（831）进士科条云苗恽及第。按：其贯见长庆二年（822）进士科苗愔小传。

【皇甫钰】字昭文。大和五年（831）进士及第。官至中散大夫守给事中。

《全唐文补遗》千唐志斋新藏专辑，郑熏撰咸通三年（862）十月七日《唐故中散大夫守给事中柱国赐紫金鱼袋赠刑部侍郎皇甫公（钰）墓志铭并序》："公讳钰，字昭文……大和四年秋，就乡里之举考试官，考第等级在二百人之上，名居其三。明年春，礼部试，又出千人之上，名亦居其三，时论美之。"按：皇甫钰礼部试以第三人及第，墓志言其"出千人之上，名亦居其三"，唐代科举考试以进士、明经两科为主，其进士大抵千人，得第者一二；明经倍之，得第者十一二。疑皇甫钰为进士及第，录存俟考。

【徐商】字义声，或字秋卿，新郑人，祖宰，父陶。大和五年（831）擢进士第。累尚书左丞，懿宗朝授同中书门下平章事，爵封东莞县子，阶累进太子太保。

《全唐文》卷七二四李骘《徐襄州碑》："公名商，字秋卿。家世儒门，修源长波，流芳积润。自十五代祖讳钦，十四代祖讳某，两世继为中书侍郎。十三代祖讳湛，十一代祖讳孝嗣，间代继为太尉。南朝之盛，具在《南史》本传。生公七世祖讳文远，隋朝为国子祭酒，皇朝为国子博士，儒学尊显，名冠国史儒学篇。高祖幸国学，召博士讲论《春秋》，诸儒莫能对。本朝司刑卿追谥忠公讳有功，即公五世祖也。自中书至司刑十叶，服冕乘轩，重荣叠庆，光隆赫显，无与为比。司刑当天后时，累为法官，用法平恕……始举进士，文宗五年春，考登上第，升朝为御史。会昌二年，以文学选入禁署。宣宗以北边将帅，懦弱不武。戎狄侵叛，公时为尚书左丞，诏以公往制置安抚之，归奏称旨。寻授河中帅节，又移襄阳。公自初仕以至丞相，华贯清级，践历居多，而未尝履趋竞之迹。含光蕴德，容貌若虚，人皆汲汲，我独委顺。"

《旧唐书》卷一七九《徐彦若传》："徐彦若,天后朝大理卿有功之裔。曾祖宰,祖陶,父商,三世继登进士科。商,字义声,大中十三年及第,释褐秘书省校书郎。累迁侍御史,改礼部员外郎。寻知制诰,转郎中,召充翰林学士,拜中书舍人、户部侍郎判本司事,检校户部尚书、襄州刺史、山南东道节度等使。入为御史大夫。咸通初,加刑部尚书,充诸道盐铁转运使,迁兵部尚书、东莞子、食邑五百户。四年,以本官同平章事。六年罢相,检校右仆射、江陵尹、荆南节度观察等使。入为吏部尚书,累迁太子太保,卒。"按:大中十三年商已为襄州刺史,《旧唐书》误。

《新唐书》卷一一三《徐有功传》："商,字义声,或字秋卿,客新郑再世,因为新郑人。幼隐中条山。擢进士第。大中时,擢累尚书左丞……咸通初,以刑部尚书为诸道盐铁转运使,封东莞县子。四年,进同中书门下平章事,出为荆南节度使。累进太子太保,卒。"

《登科记考》卷二一大和五年(831)进士科条云徐商及第。

【殷羽】陈州人,祖怿,父侑官至刑部尚书。大和五年(831)登进士科。曾历藩府从事。

《旧唐书》卷一六五《殷侑传》："殷侑,陈郡人。父怿。侑为儿童时,励志力学,不问家人资产。及长,通经,以讲习自娱。贞元末,以《五经》登第,精于历代沿革礼。元和中,累为太常博士……宝历元年,检校右散骑常侍、洪州刺史,转江西观察使。所至以洁廉著称。入为卫尉卿……大和四年,加检校工部尚书、沧齐德观察使……六年,入为刑部尚书,寻复检校吏部尚书、郓州刺史、兼御史大夫,充天平军节度、郓曹濮观察等使……开成元年,复召为刑部尚书……其年七月,检校左仆射,出为襄州刺史、山南东道节度使。二年三月,以病求代,以太子宾客分司东都。十一月,复检校右仆射,出为忠武节度、陈许蔡观察等使。三年七月,卒于镇,时年七十二,赠司空……子羽。羽大和五年登进士第,藩府辟召,不至通显。子盈孙。"

《新唐书》卷一六四《殷侑传》："殷侑,陈州人……贞元末,及五经第,其学长于《礼》,擢太常博士。"

《登科记考》卷二一大和五年(831)进士科条云殷羽及第。

制科

【韩皋】邓州昌黎人。大和五年(831)登拔萃科。历大理正。

(宋)李昉等《太平广记》卷一五五《定数十·韩皋》引《续定命录》："昌黎韩皋,故晋公滉之支孙,博通经史。大和五年,自大理丞调选,平判入等……其年授大理正。"

《登科记考》卷二一大和五年(831)拔萃科条云韩皋及第。

大和六年壬子(832)

知贡举：礼部侍郎贾𫗧

进士科

【李珪】大和六年(832)进士科状元及第。历郎中、西川节度使从事，官终郓州刺史。

《洛阳流散唐代墓志汇编三集》三一七，大中十年(856)四月二十二日《唐故郓州刺史李公(珪)墓志铭并序》："公讳珪，字礼玄，陇西成纪人。生而坚特自立。洎青襟之岁，则有老成人风。赋诗属文，扣戛金玉。初以秀才诣春官试，专退自励，不务轻得。由是名声籍甚于公卿间。皆企其为人，恐不得面焉。谓有司不第则已，果第宜处之最上。时辈趋慕，望风景附。然而益自畏慎，未尝苟合。……登进士科，序次果居第一。故相国李公固言刺华州，初得辟士，重难其选。遂表闻请为镇国军判官、试太子校书。府停，参吏部选，判入高等。用前任资未久，复授校书郎秘阁下。及相国李公出镇褒中，又奏试协律郎，充观察支使。他日，李公镇西蜀，又奏试大理评事，充观察支使。李公归朝，旋镇蒲坂，奏转监察御史里行，充观察判官。李公抱疾还京，遂卜居东洛。故相国牛公僧孺保釐东都。以公盛名，奏充留守推官。李公寻代奇章公，又以旧职留请。府罢闲居，俄授秘书省秘书郎，分务洛下。既无事，益以自得。然公论愈属，寻徵拜太常博士。后出为遂州司马。以旧官移洋州，盖无名也。今华州刺史尚书萧公俶始镇兖州，揖其道，特奏改检校水部员外郎，兼侍御史，充观察判官。徊翔者累岁。公前后托迹皆贤侯，物议称之。真拜水曹外郎，分司东都。素乐外任，既刺郓州，大施惠养，人洽风谣。金谓由此渐振羽翮，迥居宠显。一旦被疾，时大中九年九月矣。益甚，至十月廿九日终于郓州之官舍。……曾王父讳宣，给事中。王父讳成休，王府长史。皇考讳韵，越州大都督法曹参军。公娶荥阳郑氏夫人。故相国荆南节度使、赠司空肃女。柔闲孝敬，有耀姻族。生一女曰元儿，别一女适进士郑岩老。无男嗣，以亲侄孙皇摄宣州团练巡官前进士循之子阿川继袭。年三岁，咸有至性。循娶清河崔氏，华州别驾逢女，实生阿川。公享年五十九，即以大中十年四月廿五日窆于河南府偃师县亳邑乡祁村，附先茔也。"铭文曰："冠族承代，名扬德葩。累科叠跃，辉赫于家。"按墓志署："外生朝议郎行起居郎柱国崔用恕撰，郑岩老书，前太仆少卿崔础篆。"

《洛阳流散唐代墓志汇编三集》三五四，乾符六年(879)十一月五日《唐故郓州刺史姑臧李府君(珪)荥阳郑夫人墓志铭并序》："仁表无诸父，追从父之父、之姑第中称犹子，独李氏姑。仁表始生，大父相国太尉文简公子鞠之，故如视仁表不与他昆仲等。以是前日外弟李巨川致书曰：'伏念堂上之爱，请以文志石。'仁表泫然不应者再。……姑彻以容德，称于乡党中。文简公奇之，不妄以许人。姑夫，吾门之敌者。而少年以声华人物自负。谓所亲曰：'吾将求之，其有不许者？'既而归之。后二年，姑夫以文随贡，策等居第一。始，文简公以状头昇第，而门户家未尝有。姑夫能继之。时，姑始生女。文简公字之曰：'元元'，里中为美谭。迨姑夫从军为郎，姑始蓼居焉。姑唯生元一女，许嫁而嫛，竟不能口，先姑若干年即世。无男子，以侄孙巨川为之后。初，姑夫与故许昌帅尚书郑公鲁以品流价誉定交终始。许昌公为三川时,生巨川,孩而名之曰‘川’。将成人,我先考侍郎以‘巨’配而字之。有出人文学,举进士,其誉甚高。姑享年六十六,以乾符五年十一月廿八日终于华州敷水别业。……恭惟我高祖讳冽,皇朝主簿太仆寺,累赠尚书右仆射。曾祖讳阅,宦止浙西团练判官、殿中侍御史,累赠太尉。文简公讳业肃,武宣二朝,典国大柄。以左仆射、中书侍郎平章事出镇于荆南,赠太尉。姑夫有前志焉,故不叙。”按:墓志署:“侄将仕郎殿中侍御内供奉赐绯鱼袋仁表撰。”

(唐)范摅《云溪友议》卷中《白马吟》:“曾后游蜀州,谒少师李固言相公。在成都宾馆,则李珪郎中、郭圆员外、陈会端公、袁不约侍郎、来择书记、薛重评事,皆远从公,可谓莲幕之盛矣。”

(元)辛文房撰,傅璇琮主编《唐才子传校笺》(册三)卷七《许浑》:许浑“大和六年李珪榜进士”。

《登科记考》卷二一大和六年(832)进士科条云李珪是年及第。

【韦澳】字子斐,京兆人,父韦贯之官至宰相。大和六年(832)登进士科,又登宏辞科,释褐郑滑节度使从事。官至户部侍郎,赠户部尚书,谥曰贞。

《旧唐书》卷一五八《韦贯之传》:“韦贯之本名纯,以宪宗庙讳,遂以字称……以本官同中书门下平章事……贯之子澳、潾。澳,字子斐,大和六年擢进士第,又以弘词登科……周墀镇郑滑,辟为从事。墀辅政,以澳为考功员外郎……寻召充翰林学士,累迁户部、兵部侍郎、学士承旨……出为京兆尹……入为户部侍郎,转吏部……求归樊川别业,许之。逾年,复授户部侍郎。以疾不拜而卒。赠户部尚书,谥曰贞。”

《新唐书》卷一六九《韦贯之传》:“韦贯之……改尚书右丞,俄同中书门下平章事……子澳,字子裴,第进士,复擢宏辞……周墀节度郑滑,表署幕府……擢考功员外郎、史馆修撰。岁中知制诰,召为翰林学士。累迁兵部侍郎,进学士承旨……授河阳节度使……懿宗立,徙平卢军,入为吏部侍郎,复出为邠宁节度使……丐归樊川。逾年,以吏部侍郎召,不起。卒,赠户部尚书,谥曰贞。”(宋)计有功《唐诗纪事》卷五〇《韦澳》同。

《登科记考》卷二一大和六年(832)进士科条云韦澳及第。

【卢就】字子业,郡望范阳,贯洛阳府洛阳县,父俚检校户部著作郎。大和六年(832)登进士科,释褐试正字。历佐盐铁使从事、山南东道从事、东川节度使支使、义武节度使判官、鄠县尉,官至刑部郎中。

《唐代墓志汇编》大中〇六四《唐故朝请大夫尚书刑部郎中上柱国范阳卢府君墓志铭并序》:“翰林学士朝散大夫守中书舍人上柱国毕诚撰”,云:“有唐刑部郎中卢君讳就,字子业,范阳人也。今淮南李公有盛名懿德,光耀当代,天下士大夫□无华素皆出其门。公善品人才,无不壹尽其能。君即公之甥也。君自长庆、大和间,尝从李公左右,未尝一日异处。公曰:今朝廷选举虽根本两汉,以廉茂为事,而风俗不甚厚,不如两汉时。夫所谓廉茂者,吾尽阅之矣,贞质而不华,静专而无闷,资之以孝义,饰之以文章,无如吾甥也。君以是日知名,举进士联不中第,穷愁愤发,激成志业。卢氏自北魏著为望姓,从高祖曾祖诸父兄弟,时所谓清名者,相继在朝,因缘表里,二台两掖,卢氏之亲过半。君力行苦学,常与后门诸生道义来往,慷慨有大志,以自致为乐。当是时,势利相联,翕为交友,车舆酒食,日与游戏。以君李氏甥族显朝列,又声名籍甚,皆欲契交,分借其资,以为羽翼。君是非行止灼然,维困于事,不易其操。大和六年进士及第,试正字,佐盐铁。府君……开成初,自襄阳从事拜鄠县尉,校理中秘书,无几,居父丧,去官。开成末,李公任宰相,以卢氏甥有嫌,不得为御史拾遗,旬月,除广文馆学士。会昌初,刑部侍郎弘宣出为东川节度使,即君之从高祖兄也,奏假殿中侍御史,充支使。卢公移镇易、定,改侍御史,充观察判官,又转检校户部员外郎,充节度判官。未周岁,入为侍御史,推吴湘冤事甚直,迁比部员外,由比部为度支外郎……请为刑部郎中……终于上都宣平里,年五十八。卢氏历两汉魏晋,轩冕相袭,至元魏以来,代居山东,号为名家。曾祖缅,终安定郡别驾;祖溥,海州朐山县尉;父倕,检校著作郎,兼同州司马,赠司封郎中。君娶荥阳郑氏,先君而殁。有男一人曰扁,始成童;又别男四人,女三人。长曰乔,贤而有文学,始应进士,已知名;次曰宪,曰重,曰陵。长女嫁赵郡李义挹,寻终;两人皆小。以大中六年二月二十三日归葬洛阳县平阴乡成村。余与君早结交友之分,又同时登第,乔以为尽父之道无如余也,遂请铭其事。"

【许浑】字用晦,一作"仲晦",润州丹阳人。大和六年(832)登进士科。历当涂、太平二县令,官至睦、郢二州刺史。

(元)辛文房撰,傅璇琮主编《唐才子传校笺》(册三)卷七《许浑》:"浑字仲晦,润州丹阳人,圉师之后也。大和六年李珏榜进士,为当涂、太平二县令……大中三年,拜监察御史,历虞部员外郎,睦、郢二州刺史。"按:《新唐书》卷六〇《艺文志四》《郡斋读书志》卷一八、(宋)陈振孙《直斋书录解题》卷一九、(宋)计有功《唐诗纪事》卷五六均言许浑的字为"用晦",似《唐才子传》有误。

许浑有诗《南海府罢归京口经大庾岭赠张明府》(《全唐诗》第十六册卷五三四),又有《送王总下第归丹阳》:"凭寄家书为回报,旧乡还有故人知。"(《全唐诗》第十六册卷五三五)按此则许浑为润州丹阳人不误。

《登科记考》卷二一大和六年(832)进士科条云许浑及第。

【毕諴】字存之,郓州须昌人,祖凌汾州长史,父匀为协律郎。元和六年(832)登进士科,又登拔萃科。历忠武节度使从事、淮南节度使巡官,懿宗朝官至宰相,卒河中节度使。

《旧唐书》卷一七七《毕諴传》:"毕諴者,字存之,郓州须昌人也。伯祖构,高宗时吏部尚书。构弟栩,鄂王府司马,生凌。凌为汾州长史,生匀,为协律郎。匀生諴……大和中,进士擢第,又以书判拔萃,尚书杜悰镇许昌,辟为从事。悰领度支,諴为巡官。悰镇扬州,又从之。悰入相,諴为监察,转侍御史……諴入为户部员外郎,分司东都,历驾部员外郎、仓部郎中……大中……二年……入为户部尚书,领度支。月余,改礼部尚书,同平章事,累迁中书侍郎、兵部尚书、集贤大学士……诏守兵部尚书,以其本官同平章事,出镇河中。十二月二十三日,卒于镇,子绍颜、知颜,登进士第,累历显官。"

《新唐书》卷一八三《毕諴传》:"毕諴字存之,黄门监构从孙。构弟栩,生凌,凌生匀,世失官,为盐估。匀生諴……大和中,举进士、书判拔萃,连中。辟忠武杜悰幕府。悰领度支,表为巡官,又从辟淮南,入拜侍御史……懿宗立,迁宣武节度使,召为户部尚书,判度支。未几,以礼部尚书同中书门下平章事……节度河中。卒,年六十二。"

《永乐大典》卷二三六八引《苏州府志》:"大和六年,侍郎贾𫗧。毕诚。"张宪华《唐代安徽进士考补》考订为舒州人。

《登科记考》卷二一大和六年(832)进士科条云毕诚及第。

【杜颙】字胜之,京兆万年人。大和六年(832)登进士科,释褐秘书省正字。历镇海军节度使巡官、淮南节度使支使。

《全唐文》卷七五三杜牧《上宰相求湖州第一启》:"某弟颙世胄子孙,二十一举进士及第。尝为《上裴相公书》,遒壮温润,词理杰逸,贾生司马迁能为之,非班固刘向辈矗矗之词,流于后辈,人皆藏之。朱崖李太尉迫以世旧,取为浙西团练使巡官,李太尉贵骄多过,凡有毫发,颙必疏而言之。后谪袁州,于仓黄中言于亲曹官居实曰:'如杜巡官爱我之言,若门下人尽能出之,吾无今日。'李太尉在袁州,颙客居淮南,牛公欲辟为吏,颙谢曰:'荀爽为李膺御,以此显名。今受命为幕府下执事,御李膺矣。然李公困谪远地,未愿仕宦。'牛公叹美之。"

《全唐文》卷七五五杜牧《唐故淮南支使试大理评事兼监察御史杜君墓志铭》:"君讳颙,字胜之,曾祖凉州节度使襄阳公赠左仆射希望,大父司徒平章事太保致仕岐国公赠太师佑,皇考驾部员外郎赠礼部尚书从郁……年二十五举进士,二十六一举登上第,时贾相国𫗧为礼部之二年,朝士以进士干贾公不获,有杰强毁嘲者,贾公曰:我只以杜某敌数百辈足矣。始命试秘书正字瓯使判官。李丞相德裕出为镇海军节度使,辟君试协律郎,为巡官……授咸阳尉、直史馆……年四十五,大中五年二月二十五日卒……归葬先茔实万年县洪原乡。"按:贾𫗧第二次知贡举是在大和六年。

《旧唐书》卷一四七《杜佑传》:"杜佑字君卿,京兆万年人……元和元年,册拜司徒、同平章事,封岐国公……三子,师损嗣,位终司农少卿。式方……转兼御史中丞……季弟从郁……从郁……终驾部员外郎。子牧、颙,俱登进士第。颙后病目而卒。"

《登科记考》卷二一大和六年(832)进士科条云杜颙及第。

【皇甫燠】字广煦,安定人,曾祖胤官齐州刺史,祖彻官蜀州刺史,赠右散骑常侍,父曙官汝州刺史,赠吏部尚书。大和六年(832)以文学登进士上第。终官福州刺史。

《全唐文补遗》千唐志斋新藏专辑,刘允章撰咸通四年(863)二月十六日《唐故福建都团练观察处置等使中大夫使持节福州诸军事守福州刺史兼御史中丞柱国安定县开国男食邑三百户赐紫金鱼袋赠左散骑常侍安定皇甫(燠)墓志铭并序》:"公讳燠,字广煦,安定人也……曾大父胤,皇齐州刺史。大父彻,皇蜀州刺史,赠右散骑常侍。父曙,皇汝州刺史,赠吏部尚书……(公)大和六年,以文学登进士上第。"

【侯春时】大和六年(832)登进士科。

《全唐诗》第十六册卷五三一许浑《与侯春时同年南池夜话》诗云:"芦苇暮修修,溪禽上钓舟。露凉花敛夕,风静竹含秋。素志应难契,清言岂易求。相欢一瓢酒,明日醉西楼。"

《登科记考》卷二一大和六年(832)进士科条云侯春时及第。

【崔□】大和六年(832)登进士科。

《全唐诗》第十六册卷五二八许浑《送同年崔先辈》:"西风帆势轻,南浦遍离情。菊艳含秋水,荷花递雨声。扣舷滩鸟没,移棹草虫鸣。更忆前年别,槐花满凤城。"

《登科记考》卷二一大和六年(832)进士科条云崔某登第。

明经科

【宇文立】河南人,字于礼。大和六年(832)明经及第。

《秦晋豫新出墓志蒐佚续编》八四五。章鸣凤撰开成四年(839)八月十一日《唐故河南宇文府君墓志铭并序》:"唐有前乡贡明经宇文府君,享甲子七十春,以开成四年己未夏六月十六日不寝不疚,殂谢于京兆府鄠县长乐乡义兴里之私第……公讳立,字于礼……少习左氏春秋,自贞元初践诺于举曹,砥砺以修蹇驳相次始,至大和六年春贾𬬱侍郎下而登乙科。"

【郑濆】字信士,荥阳开封人,祖勋官至永宁县主簿,父严官至襄城尉。大和六年(832)登明经科,解褐盐城尉。官至盱眙令。

《唐代墓志汇编》咸通一一六张玄晏撰咸通十五年(874)十月十五日《唐故楚州盱眙县荥阳郑府君(濆)墓志铭并序》:"府君讳濆,字信士,荥阳开封人也……大父勋,永宁县主簿,严考由礼,襄城尉……府君……未弱冠,明经高第,解褐盐城尉……再调灵宝尉。推恕己之心,滋及物之惠。稍迁陕县丞。廉使称美干能,多其温克,屡加指顾,殊绩载彰,铨庭阅佐邑之勤,嘉体仁之用,遂擢盱眙令……咸通甲午岁……享年六十有二……葬洛阳之邙山,祔先茔焉。"按:咸通甲午岁即十五年,其六十二岁,则其未弱冠登第在大和六年。罗继祖《登科记考补》补入。王其祎、周晓薇《〈登科记考〉补续》又补入,不妥。

大和七年癸丑(833)

知贡举:礼部侍郎贾𬬱

进士科

【李余】成都人。大和七年(833)进士科状元及第。

(宋)祝穆《古今事文类聚前集》卷二七《仕进部·换却旧衣》:张籍《送李余及第诗》:"归去惟将新诰牒,后来争取旧衣裳,又知新进士以衣与人。"

(明)徐应秋《玉芝堂谈荟》卷二《历代状元》"(大和)八年,进士二十五人,状元李余,成都人。"《登科记考》卷二一大和七年进士科条按:"八年状元为陈宽,则李余当在此年。"按:李余在《登科记考》卷一九长庆三年登进士科,也为成都人,疑徐应秋《玉芝堂谈荟》和《登科记考》卷二一有误,今两存之。

【李福】字能之,京兆府人,兄李石官至宰相。大和七年(833)登进士科。历西川节度使从事,官至户部尚书,阶至太子太傅。

《旧唐书》卷一七二《李石传》:"李石字中玉,陇西人。祖坚,父明。石,元和十三年进士擢第……石弟福,字能之。大和七年登进士第,累辟使府……授监察御史。累迁尚书郎,出为商、郑、汝、颍四州刺史。大中时,检校工部尚书、滑州刺史、兼御史大夫,充义成军节度、郑滑颍观察使。入为刑部侍郎,累迁刑部、户部尚书。乾符初,以检校右仆射、襄州刺史、兼御史大夫充山南东道节度……僖宗嘉之,就加检校司空、同平章事。归朝,终于太子太傅。"

《新唐书》卷一三一《宗室宰相·李石传》:"李石字中玉,襄邑恭王神符五世孙……弟福,字能之。大和中,第进士。杨嗣复领剑南,辟幕府。崔郸辅政,兼集贤殿大学士,引为校理。调蓝田尉。后石当国,荐福可任治人,繇监察御史至户部郎中,累历州刺史,进谏议大夫。大中时……乃授福夏绥银节度使……徙镇郑滑,再迁兵部侍郎,判度支,出为宣武节度使,入迁户部尚书……即拜剑南西川节度使,同中书门下平章事……以劳检校司空、同中书门下平章事。还朝,以太子太傅卒。"

《登科记考》卷二一大和七年(833)进士科条云李福及第。

【胡溵】一作"胡湋",郡望安定,贯京兆,岭南节度使胡证之子。大和七年(833)登进士科。

(唐)张读《宣室志》卷四:"安定胡溵,家于河东郡,以文学知名。大和七年春,登进士第,时贾𫗧为礼部侍郎。后二年,文宗皇帝擢𫗧相国事,是岁冬十一月,京师乱……执诣士良所,士良使戮于辕门之外。"

《旧唐书》卷一六三《胡证传》:"胡证字启中,河东人。父璡,伯父玫,登进士第。证,贞元中继登科,咸宁王浑瑊辟为河中从事。自殿中侍御史拜韶州刺史,以母年高不可适远,改授太子舍人。襄阳节度使于顿请为掌书记,检校祠部员外郎……二年,检校兵部尚书、广州刺史,充岭南节度使。大和二年,以疾上表求还京师。是岁十月卒于岭南,时年七十一,废朝一日,赠左仆射。广州有海之利,货贝狎至。证善蓄积,务华侈,厚自奉养,童奴数百,于京城修行里起第,连亘闾巷。岭表奇货,道途不绝,京邑推为富家。证素与贾𫗧善,及李训事败,禁军利其财,称证子溵匿𫗧,乃破其家。一日之内,家财并尽。军人执溵入左军,仇士良命斩之以徇。时溵弟湘为太原从事,忽白昼见绿衣人无首,血流被地,入于室,湘恶之。翌日,溵凶问至,而湘获免。"

(宋)李昉等《太平广记》卷三四七《鬼三十二·胡溵》引《宣室志》:"安定胡溵,家于河东郡,以文学知名。大和七年春登进士第,时贾𫗧为礼部侍郎。后二年,文宗皇帝擢𫗧相国事。是岁冬十月,京兆乱,𫗧与宰臣涯已下,俱遁去,有诏捕甚急。时中贵人仇士良,护左禁军,命部将执兵以穷其迹。部将谓士良曰:'胡溵受贾𫗧恩。今当匿在溵所。愿骁健士五百,环其居以取之。'士良可其请,于是部将拥兵至溵门,召溵出,厉声道:'贾𫗧在君家,君宜立出,不然,与𫗧同罪。'溵度其势不可以理屈,抗辞拒之。部将怒,执溵诣士良,戮于辕门之外。时溵弟湘在河东郡,是日,湘及家人,见一人无首,衣绿衣,衣有血濡之迹,自门而入,步至庭。湘大怒,命家人逐之,遽不见。后三日,而溵之凶闻至。"按:陈尚君《〈登科记考〉正补》考订作"胡溵"。

《登科记考》卷二一大和七年(833)进士科条云胡潊及第。

【魏謩】字申之,京兆人。大和七年(833)登进士科,释褐同州防御使判官。宣宗朝官至同平章事(宰相),阶至太子少保,赠司徒。

《旧唐书》卷一七六《魏謩传》:"魏謩字申之,钜鹿人……祖明,亦为县令。父冯,献陵台令。謩,大和七年登进士第。杨汝士牧同州,辟为防御判官,得秘书省校书郎。汝士入朝,荐为右拾遗……三年,转起居舍人……四年,拜谏议大夫,仍兼起居舍人,判弘文馆事……宣宗即位,白敏中当国,量移郢州刺史,寻换商州。二年,内征为给事中,迁御史中丞……兼户部侍郎,判本司事……寻以本官同平章事……进阶银青光禄大夫,兼礼部尚书、监修国史……转门下侍郎,兼户部尚书……以疾未瘳,乞授散秩,改检校右仆射,守太子少保。十二年十二月卒,时年六十六,赠司徒。子潜、潒。潜登进士第。潜子敖,韦琮甥。后琮为相,潜历显官。"

《新唐书》卷九七《魏徵传》:"五世孙謩,謩字申之,擢进士第,同州刺史杨汝士辟为长春宫巡官……累迁门下侍郎,兼户部尚书。大中十年,以平章事领剑南西川节度使。上疾求代,召拜吏部尚书,因久疾,检校尚书右仆射、太子少保。卒,年六十六,赠司徒。"

《登科记考》卷二一大和七年(833)进士科条云魏謩及第。

明经科

【杨思立】字立之,郡望河南,贯京兆府,祖宁官至国子祭酒,父虞卿官至京兆尹。大和七年(833)登明经科,释褐鄠县尉。都官郎中,勋至上柱国。

《唐代墓志汇编》乾符〇一一杨知退撰乾符三年(876)九月十日《唐故朝散大夫前凤翔节度副使检校尚书兵部郎中兼御史中丞上柱国赐紫金鱼袋弘农杨府君(思立)墓志铭并序》:"维唐乾符二年,岁在乙未……前凤翔节度副使检校尚书兵部郎中兼御史中丞上柱国赐紫金鱼袋弘农杨府君终于上都靖恭里之私第,享年五十有六……归葬于河南府河南县西尹村,祔先茔,礼也。君讳思立,字立之,其先华阴人……大父讳宁,国子祭酒,赠太尉;先考虞卿,京兆尹……(君)以经明求试于春官氏,十四擢孝廉第……授鄠县尉,秩满授大理评事……授户部员外郎转主客郎中,如故,稍迁都官郎中……"按乾符二年杨思立五十六岁,其十四岁时为大和七年,杨虞卿已著籍京兆府靖恭里。罗继祖《登科记考补》补入。

大和八年甲寅(834)

知贡举:礼部侍郎李汉

进士科

【陈宽】大和八年(834)进士科状元及第。

(元)辛文房撰,傅璇琮主编《唐才子传校笺》(册三)卷七《雍陶》:"陶,字国钧,成都人……大和八年,陈宽榜进士及第。"

《登科记考》卷二一大和八年(834)进士科条云陈宽状元及第。

【李胤之】大和八年(834)登进士科。

《洛阳出土历代墓志辑绳》大中十一年李胤之《李氏十七女墓志》:"余大和八年登春官第。"

王其祎、周晓薇《〈登科记考〉补续》补入进士科。

【李浔】字礼源,宗室道王元庆之后,父实,贞元年间任京兆尹。大和八年(834)进士及第。官终义武军节度副使、检校尚书、户部郎中、兼御史中丞。

《大唐西市博物馆藏墓志》四四三,苗恪撰大中十四年(860)七月二十八日《唐故义武军节度副使检校尚书户部郎中兼御史中丞赐紫金鱼袋李公墓志》:"李系出皇支,道王讳元庆之后。道王,神尧之子,贞观中自陈王改封,其后子孙多显勋力,居要官,或嗣封,或否。至贞元中,尚书大京兆讳实,嗣封道王,用雄强严猛为治,敢言人善恶无避,自丞相已下皆惮焉,德宗深器之。公即王之少子也,讳浔,字礼源……故宗正尚书公为当时文章人物主,方为御史〔中〕丞,时公持一轴文留门下,尚书公省之三过,乃曰:'道王之子有是文,岂烦再试!'不数月,尚书公司贡士,遂擢居上第。近俗尤尚新得第进士,先一日,必窥觊罅隙,刺侦将上之藉(籍)。闻得则夜漏未尽,持炬守省门,仍贷假冠屡车马,以支一春游谒。公是日日至辰,方乘驴至榜下,一谢已,复闭门治笔砚。"又:墓志云"恪在进士场,则与公游,人俱号为折箠郎,言其贫而无鞭策以乘也。后又同日得第,道同也,事同也,因不辞。买石磨而刻之,而又铭之。"是知墓志撰者苗恪乃志主同年。

【杨宇】字子麻,郡望弘农华阴,贯河南府河南县,父茂卿官至监察御史。大和八年(834)进士及第。官至国子助教。

《唐代墓志汇编》大中〇五九杨牢撰大中五年(651)十一月二日《唐故文林郎国子助教杨君(宇)墓志铭》:"君讳宇,字子麻,弘农华阴人。曾祖,讳犯德宗讳,官至河南府福昌令;王父讳稷……考茂卿,字士蒵,元和六年登进士科……止于监察御史……君……及弱冠,好学……时陇西李公名汉称最重,一见所作,遂心许不可破。明年,为礼部主司,果擢居上第,年方廿八,在诸生为少俊……凡入仕一使八年,方至国子助教。大中五年夏五月被疾,终于长安宣平里之旅舍,时年四十有五……归葬于河南县平乐乡之安善里。"又:《唐代墓志汇编》大中一三七李纫《唐故河南府河南县令赐绯鱼袋弘农杨公墓志铭并序》:"考茂卿,皇进士及第,监察里行。"按:李汉大和八年知贡举,据此杨宇在是年进士及第。其郡望为弘农杨氏,贯为河南府河南县。

【苗恪】郡望上党,贯洛阳,祖苗蕃。大和八年(834)进士科及第。

(宋)魏仲举《五百家注释韩昌黎全集》卷二五《唐故太原府参军苗君墓志铭》,樊注:"恪,大和八年进士第,蕃之孙也。"

《登科记考》卷二一大和八年(834)进士科条云苗恪及第。按:其贯详见长庆二年(822)进士科苗愔小传。

【范酂】大和八年(834)进士科及第。

《登科记考》卷二一大和八年(834)进士科条云:《记纂渊海》引《秦中记》:"唐大和八

年，放进士多贫士。无名子作诗曰：‘乞儿还有大通年，六十三人笼仗全。薛庶准前骑瘦马，范鄴依旧盖番毡。’”

【郑处诲】字延美，郡望荥阳，贯京兆，祖余庆德宗朝宰相，父涵户部尚书。大和八年(834)登进士科，释褐秘书省校书郎。官至刑部侍郎，卒宣武军节度观察使。

《旧唐书》卷一五八《郑余庆传》：“郑余庆字居业，荥阳人……父慈，与元德秀友善，官至太子舍人。余庆……(贞元)十四年，拜中书侍郎、平章事……余庆子瀚。瀚本名涵，以文宗藩邸时名同，改名瀚。贞元十年举进士……户部尚书征……瀚四子：允谟、茂谌、处诲、从谠……处诲，字延美，于昆仲间文章拔秀，早为士友所推。大和八年登进士第。释褐秘府，转监察、拾遗、尚书郎、给事中。累迁工部、刑部侍郎，出为越州刺史、浙东观察使、检校刑部尚书、汴州刺史、宣武军节度观察等使，卒于汴……”按：其郡望为荥阳，其祖父已为宰相，当已贯京兆府；释褐秘府，当指秘书省校书郎。

《登科记考》卷二一大和八年(834)进士科条云郑处诲及第。

【赵璘】郡望天水，贯河南府河南县，祖涉官至朝散大夫。大和八年(834)进士科及第，开成三年(838)考判高等，授秘书省校书郎。官至衢州刺史。

《唐代墓志汇编》咸通〇二一《唐故处州刺史赵府君墓志铭》：“君讳璜，字祥牙，其先自秦灭同姓，降居天水，曾王父讳驷，大明帝时制举……王父讳涉，进士擢第，累佐藩府，至朝散大夫检校著作郎兼侍御史；先君讳伉，自建中至元和，伯仲五人，登进士第，时号卓绝……开成三年，礼部侍郎高公锴奖拔孤进，君与再从兄琏同时登进士第，余是时亦以前进士吏部考判高等，士族荣之……以君归葬河南县平乐乡伯乐原。”“兄中大夫守衢州刺史璘撰。”按其归葬之地，其籍贯当为洛阳河南县。

《唐代墓志汇编》开成〇四五《大唐王屋山上清大洞三景女道士柳尊师真官志铭》：“(夫人)有男三人……长曰璘，以前进士赴调，判入高第，为秘书省校书郎。”

(唐)赵璘《因话录》卷三《商部下》：“开成三年，余忝列第。考官刑部员外郎纥干公。”

《登科记考》卷二一大和八年(834)进士科条云赵璘及第。

【雍陶】字国钧，成都人。大和八年(834)登进士科。历国子博士，官至员外郎。

《全唐诗》第十七册卷五七三贾岛《送雍陶及第归成都宁亲》。按：雍陶为成都人。

(唐)李冗《独异志》卷上《冯生佞》：“雍陶员外，蜀川人也，上第后稍薄于亲党。”

(宋)晁公武《郡斋读书志校证》卷一八《别集类中》录《雍陶诗》五卷，注云：“右唐雍陶字国钧。大和八年进士。大中六年，自国子《毛诗》博士出刺简州。”

(元)辛文房撰，傅璇琮主编《唐才子传校笺》(册三)卷七《雍陶》：“陶，字国钧，成都人……大和八年，陈宽榜进士及第。”

《登科记考》卷二一大和八年(834)进士科条云雍陶及第。

【裴坦】字知进，河中人，父乂福建观察使。大和八年(834)登进士第。历宣州观察府从事、左拾遗、礼部侍郎，官至中书侍郎、同中书门下平章事。

(五代)孙光宪《北梦琐言》卷八《裴相国及第后进业》：“唐相国裴公坦，大和八年，李汉侍郎下及第……辞归鄠县别墅，三年肄业不入城。”

《新唐书》卷一八二《裴坦传》:"裴坦字知进,隋营州都督世节裔孙。父义,福建观察使。坦及进士第,沈传师表置宣州观察府,召拜左拾遗、史馆修撰。历楚州刺史。令狐绹当国,荐为职方郎中,知制诰⋯⋯再进礼部侍郎,拜江西观察使、华州刺史。召为中书侍郎、同中书门下平章事,不数月卒。"

《登科记考》卷二一大和八年(834)进士科条云裴坦及第。

【薛庶】荣河人。大和八年进士科及第。曾官秘书省正字、郴州司兵参军。

《全唐诗》第二十五册卷八七二无名氏《放榜诗》(大和八年放榜,进士多贫士):"乞儿还有大通年,三十三人椀杖全。薛庶准前骑瘦马,范鄸依旧盖番毡。"

(宋)王钦若等《册府元龟》卷九二五《总录部(一百七十四)·谴累》:"秘书省正字薛庶回为郴州司兵参军。"

(宋)祝穆《古今事文类聚前集》卷二七《仕进部·瘦马番毡》:"唐大和八年,放进士多贤士。《无名子作诗》曰:'乞儿还有大通年,六十三人笼仗全。薛庶准前骑瘦马,范鄸依旧盖番毡。(秦中记)"

《登科记考》卷二一大和八年(834)进士科条云:《记纂渊海》引《秦中记》:"唐大和八年,放进士多贫土。无名子作诗曰:'乞儿还有大通年,六十三人笼仗全。薛庶准前骑瘦马,范鄸依旧盖番毡。'"

乾隆《山西通志》卷六五《科目·唐》:"大和八年进士:薛庶,荣河人。"

大和九年乙卯(835)

知贡举:工部侍郎崔郸

进士科

【郑确】一作"郑璀"。大和九年(835)进士科状元及第。

(元)辛文房撰,傅璇琮主编《唐才子传校笺》(册三)卷七《贾驰》:"驰,大和九年郑确榜进士。"按:徐应秋《玉芝堂谈荟》卷二《历代状元》作"郑璀"。

《登科记考》卷二一大和九年(835)进士科条云郑确及第。

淳熙《三山志》卷二六:"(大和)九年乙卯郑璀榜。"

【牛蔚】字大章,郡望陇西,京兆府长安县人,第洛阳归仁里,父牛僧孺官至宰相。登明经科,大和九年(835)登进士科。三辟使府,官至刑部尚书,以尚书左仆射致仕,赠太尉。

《全唐文》卷七五五杜牧《唐故太子少师奇章郡开国公赠太尉牛公墓志铭并序》:"五男六女。长曰蔚,监察御史,次曰蔾,浙南府协律郎,皆以文行登进士第,不藉公势。"

《旧唐书》卷一七二《牛僧孺传》:"牛僧孺⋯⋯以本官同平章事⋯⋯洛都筑第于归仁里⋯⋯僧孺二子:蔚、蔾。蔚字大章,十五应两经举。大和九年,复登进士第。三府辟署为从事,入朝为监察御史。大中初,为右补阙⋯⋯寻改司门员外郎,出为金州刺史,入拜礼、吏二郎中⋯⋯左授国子博士,分司东都。逾月,权臣罢免,复征为吏部郎中,兼史馆修撰,迁左谏议大夫。咸通中,为给事中……袭封奇章侯,以公事免。岁中复本官,历工、礼、刑三尚书。咸通末,检校兵部尚书、兴元尹、山南西道节度使……以尚书左仆射致仕。卒,累赠太尉。"

《新唐书》卷一七四《牛僧孺传》:"牛僧孺字思黯,隋仆射奇章公弘之裔。幼孤,下杜樊乡有赐田数顷……以户部侍郎同中书门下平章事……诸子蔚、蒙最显。蔚,字大章,少擢两经,又第进士,繇监察御史为右补阙……咸通中,进至户部侍郎,袭奇章侯……尚书右仆射致仕,卒。子徽。"

《登科记考》卷二一大和九年(835)进士科条云牛蔚及第。

【何扶】大和九年(835)登进士科。

(五代)王定保《唐摭言》卷三《今年及第明年登科》:"何扶,大和九年及第;明年,捷三篇,因以一绝寄旧同年曰:'金榜题名墨尚新,今年依旧去年春。花间每被红妆问,何事重来只一人?'"

(宋)计有功《唐诗纪事》卷四九《何扶》:"扶,大和九年及第,明年捷三篇。"

《登科记考》卷二一大和九年(835)进士科条云何扶及第。

【沈师黄】字希徒,郡望吴兴武康,贯河南府河南县。大和九年(835)登进士科,授太子正字。历岭南五府经略使从事、山南西道从事,官至监察御史。

《唐代墓志汇编》大中〇八四《唐故监察御史河南府登封县令吴兴沈公墓志》:"公讳师黄,字希徒,吴兴武康人也……弱冠而文章知外……始诣京兆府求荐,荐居上等,送入仪曹……擢进士高第,两就宏词,为力者所争,然所试文书,人皆念录,授太子正字。卢司空钧重其名,请为从事,同去南海,宾席三年,事皆决请……王起镇南郑(山南西道),自相府已下,清举名人……首奏吴兴耳。授监察里行判观察事……因告兄中黄曰:'士为知己者死,某于太原公得死所矣。'……出为颍阳、登封二县令……年六十三……以大中八年(卒)……归葬河南府河南县平乐乡。"按:《全唐诗》第十七册卷五六八李群玉有《将离澧浦置酒野屿奉怀沈正字昆弟三人联登高第》诗,其"沈正字"即沈师黄。沈氏昆弟三人,指中黄、师黄、佐黄。考见《全唐诗人名考证》(六五八〇),谓师黄"当此年(开成元年)或大和九年进士"。沈中黄于开成二年登进士第,与李群玉诗云"联登高第"之言相佐,孟二冬《登科记考补正》将其定在开成二年,但保留存疑。此说不妥。按:《旧唐书》卷一七七《卢钧传》:"卢钧……开成元年,出为华州刺史、潼关防御、镇国军等使。其年冬,代李从易为广州刺史、御史大夫、岭南节度使。南海有蛮舶之利,珍货辐凑。"则沈师黄登进士第当在开成元年前。沈师黄登第后两就宏词科,按正常情况,一次在当年、一次在次年,则其登进士第最早也只能在大和九年,若以其弱冠登第,则登第当在元和六年。

【贾驰】大和九年(835)登进士科。

(元)辛文房撰,傅璇琮主编《唐才子传校笺》(册三)卷七《贾驰》:"驰,大和九年郑确榜进士。"

《登科记考》卷二一大和九年(835)进士科条云贾驰及第。

【侯固】字子重,福州闽县人。大和九年(835)登进士科。累官郿坊、灵武、易定节度使。

（明）徐应秋《玉芝堂谈荟》卷二《历代状元》："（大和）九年，进士二十五人，状元郑璀。"

《登科记考》卷二〇大和元年（827）进士科条云："《永乐大典》引《闽中记》：侯固……大和元年及第。"同书卷二一大和九年（835）亦收侯固。按：日本藏万历《福州府志》卷一六《人物志·选举·唐》："大和九年乙卯郑璀榜：侯固。"又乾隆《福州府志》卷三六、卷四九，四库本《福建通志》卷三三、卷四三同，则《永乐大典》误。

淳熙《三山志》卷二六："（大和）九年乙卯郑璀榜，侯固，字子重，闽县人，累官鄜坊、灵武、易定节度使。"

乾隆《福建通志》卷四三《人物》："侯固，一字子重，闽县人，大和九年及第，官至鄜坊、灵武、易定节度使，同平章事。"

明经科

【王凝】字致平，郡望太原，贯京兆府，祖重位止河东令，父众仲累官衡州刺史。大和九年（835）登明经科，大中元年（847）登进士科。历盐铁使巡官、梓潼从事、宣歙观察使从事，官至秘书监，赠吏部尚书，谥曰贞。

《全唐文》卷八一〇司空图《故宣州观察使检校礼部王公（凝）行状》："曾祖翊皇任御史大夫赠户部尚书谥忠惠公，祖重皇任河东县令赠潞州都督，父众仲皇任衡州刺史赠司空。公讳凝，字成庶，太原人。礼法冠昏，著于雅族。国朝忠惠公，克振农烈。而河东衡州，皆德优位下，宜其集祉于当世也。公幼孤，英发有神检。整襟受业，瑞气郁然，群辈莫敢轻狎。相公郑公肃，实公舅也，一见耸异，命子约为师友。孝爱识度，宜其大成。年十五举孝廉上第。其为文根六经，必先劝试，著《都邑六冈铭》，益振时誉。魏相国扶主贡籍，选中甲科。崔公操首辟盭府，周相国墀镇东蜀，裴公休廉问宣城，操币者交于门，视其所知，知其立矣。崔公龟从入相，拜鄠县尉校理集贤。孔公温业镇宣州，辟为上介。韦公有翼初为御史丞，盛选僚属，公首状拜监察。会鄂州盐铁使赃状上闻，有力者持为滞狱，公驰传即讯，涉旬辨决，转殿中侍御史。崔魏公出抚淮甸，奏为节度判官。始以省秩命服，似助准的，著之美谭。崔太保慎由浙西又拜徵左史，而大夸得人之盛，迁礼部员外。宣宗朝尝待制，独被顾问。正色谠言，不附权戚。及内署进拟，竟为所挤。历兵部考功员外。前史称第一流必为第一官，唯公资望，人谓无愧，转司封郎中。相国萧公寘判版籍，请公分佐其务。俄拜长安令，政无私挠，奸猾革心。郑公处诲总宪纲，公以考功郎中知杂事。不示峻厉，僚吏自肃。相国夏侯公用为中书舍人，旋以同列或非清议，遂移疾乞免，拜同州防御使兼御史中丞，赐金紫。励精为治，表率列城，吏民守阙乞留遮道，宰相言状，上降玺书褒允。竟谢疾，葺居华下。中外之议，谓公不司文柄，为朝廷阙政，竟拜礼部侍郎。韦澄迈在内廷，悬入相之势，其弟保殷干进，自谓殊等，不疑党附者。又方据权，亦多请托，攘臂傲视，人为寒心。公显言拒绝，及榜出沸腾，以为近朝难事。噫！仁人之勇，其可力夺哉？久之，时宰竟用抗已。内不能平，遂至商于之命，尚书御史大夫以塞群议。商病属邑颇滨于都，主吏骤更，破产而不给。南鄙山阻，属役尤难。公俾相资赡，得以均济。又治赋羡银，例皆推估以优俸，公命即赍月市驿驷。横扰既绝，谣讼溢境。明年加检校常侍，廉问湖外，理潭如商，罔不慰悦。先是内外使臣自江陵理棹，则缘境数州，皆弊挽舟之役。公举奏条，约结官缗，以僦水工。自是行役不淹，人遂安逸。又支郡牧守，选用素轻，小大之狱，不能专断，系验往复，动涉岁时。公命擢法以降，得自裁决。苟或滞冤，方许诣府陈理。奸绝宿稔，政赖涤烦。此皆勤恤之尤者也。上初即位，讲求名德，征拜兵部侍郎。至京示几，以本官判盐铁。峻望所服，科条自振。征挽之入，岁中兼倍。然赋财制用，不可以私干，当路者多不使，遂以秘书监分务。生徒有言于洛下者，公神意无忤。且曰：'吾岂受其任而怠其事者耶？幸非得罪于君耳，何憾？'既更岁，持权者以公论所归，遂将复用。遂以大河南缀之内园，吏橐奸傲法，人不聊生。公捕伏辜，都下震肃。初汴州黑风之变，帑藏一空。今滑橐中令，虽持军有术，力且不振。时公方领菑务，因诏旨遂使便宜。以漕米二万石立赈悬给，及中令复大柄，推功上前，且行陟劝之典，乃加检校礼部尚书。按察宣歙池三郡，公即治未期，人知化矣。既而贼党济自九江，且将入屠至德。公命偏将樊俦扼险以候，继俦违命轻进，遂斩之以徇。令既必行，人亦自固。淮南环其境皆为盗有，公命强弩据采石，陈舾以为声援。次将马频又以舟师乘夜鼓噪，立解和州之围。明年，凶渠复大入，而都将王涓亦自永阳赴敌。公宴劳加礼，且谕曰：'盗匪诈情，吾尽得之。缓则抵虚以自张，急则始降而脱死，无他谋也。今席胜益骄，谓吾城不劳而可缀，奋臂而可东，前无纤发之碍。若知吾坚壁待之，其势自衄。将军第按甲稔岁，以伺其隙，慎无与之骤战也。'涓意锐，自州日趋四舍，至南陵，未会食而阵，遂死之。明日，中贵人复敛败卒，尚四五千人。伤痛之声，与尘埃相杂而至。江南雅自怯，独幸北军以为援。乃闻涓败，相顾失色。赖公前策涓不足恃，拒守益严。又城下水乏，而泉自跃出，人心不摇，竟免攻围之患。其后日夕抚循，常若盗复至者。先是有星直寝廷而坠，术者谓保境之劳，足以暴列于上。因遂请告，灾变可攘。公曰：'东南国用所资，宜为其屏。吾遽规脱祸，则一方尚何赖哉？誓与此城相存亡矣，勿复为言。'竟寝疾，犹日请监军使亲授规谋，以虞侵轶。其储蓄缮完之利，到今赖焉。乾符五年八月七日，薨于位，享年五十八。上震悼辍朝，发使临吊，赠吏部尚书……图乘迹门下，义服终始。兢命撰德，唯以漏略为愧。易名有典，敢俟至公。"

《洛阳新获七朝墓志》崔彦昭撰乾符四年（877）四月二日《唐故秦国太夫人赠晋国太夫人郑夫人合祔墓志》："太夫人号太素，不字不名，所以厚流俗也……次女嫁太原王凝，凝名士也。擢词科，历清级。入则掌纶绶，司贡籍；出则分符竹，惣藩翰。"

《旧唐书》卷一六五《王正雅传》："王正雅字光谦，其先太原人。东都留守翃之子。伯父翊，代宗朝御史大夫，以贞亮鲠直名于当代，卒谥曰忠惠。正雅少时，以孝行修谨闻。元和初，举进士，登甲科，礼部侍郎崔邠甚知之，累从职使府。元和十一年，拜监察御史，三迁为万年县令……迁户部郎中，寻加知台杂事，再迁太常少卿，出为汝州刺史，充本州防御使……入为大理卿……大和五年十一月卒，赠左散骑常侍……正雅从弟重，翊之子也，位止河东令。重子众仲，登进士第，累官衡州刺史。众仲子凝。凝字致平，少孤，宰相郑肃之甥，少依舅氏。年十五，两经擢第。尝著《京城六岗铭》，为文士所称。再登进士甲科。崔璪领盐铁,辟为巡官。历佐梓潼、宣歙使幕。宰相崔龟从奏为鄠县尉、集贤校理,迁监察御史,转殿中。宰相崔铉出镇扬州,奏为节度副使。入为起居郎,历礼部、兵部、考功三员外。迁司封郎中、长安令。中丞郑处诲奏知台杂,换考功郎中,迁中书舍人。时政不协,出为同州刺史,赐金紫……入为兵部侍郎,领盐铁转运使。又以不奉权幸,改秘书监。出为河南尹、检校礼部尚书、宣州刺史、宣歙观察使……(乾符五年)八月卒于郡,时年五十八。无子,以弟子镰为嗣。镰兄钜,位终兵部侍郎。”

《新唐书》卷一四三《王翃传》:“王翃字宏肱,并州晋阳人……加金紫光禄大夫,赐第京师……入拜京兆尹……子正雅……擢累汝州刺史……翃兄翊,性谦柔,历山南东道节度使……翊曾孙凝,字成庶,少孤,依其舅宰相郑肃。举明经、进士,皆中。历台省,浸知名,擢累礼部侍郎……迁宣歙池观察使……赠吏部尚书,谥曰贞。”按王凝的曾祖已迁居京师,王凝的新贯当为京兆府。

陈尚君《〈登科记考〉正补》认为大中元年王凝是进士及第。施子愉《登科记考补正》已补正。

开成元年丙辰(836)

正月辛丑朔,大赦天下,改元。

知贡举:中书舍人高锴

进士科

【孙□】名字未详。开成元年(836)进士及第。

《秦晋豫新出墓志蒐佚续编》八七二,张允初撰大中六年(852)闰七月十二日《唐故儒林郎守河南府河南县尉颍川陈公墓志铭并叙》:“少公讳烛,字□□,族本颍川……公天挺茂异,卓荦不群,才识生知。敏而好学,笃志经术。九流百氏,洞奥玄微。五经三史,穷之幽赜。年当弱冠,肆名广文馆。经于十纪,鹿鸣上国,拔进士科,至开成元年射策应捷,金榜雕名,玉阶谢诏。今川首刘公、司录朱公、故尹孙公皆同年擢第,于三十人中推为才望,众所仰重。”

【朱□】名字未详。开成元年(836)进士及第。

《秦晋豫新出墓志蒐佚续编》八七二,张允初撰大中六年(852)闰七月十二日《唐故儒林郎守河南府河南县尉颍川陈公墓志铭并叙》:“少公讳烛,字□□,族本颍川……公天挺茂异,卓荦不群,才识生知。敏而好学,笃志经术。九流百氏,洞奥玄微。五经三史,穷之幽赜。年当弱冠,肆名广文馆。经于十纪,鹿鸣上国,拔进士科,至开成元年射策应捷,金榜雕名,玉阶谢诏。今川首刘公、司录朱公、故尹孙公皆同年擢第,于三十人中推为才望,众所仰重。”

【刘□】名字未详。开成元年(836)进士及第。

《秦晋豫新出墓志蒐佚续编》八七二,张允初撰大中六年(852)闰七月十二日《唐故儒林郎守河南府河南县尉颍川陈公墓志铭并叙》:"少公讳烛,字□□,族本颍川……公天挺茂异,卓荦不群,才识生知。敏而好学,笃志经术。九流百氏,洞奥玄微。五经三史,穷之幽赜。年当弱冠,肆名广文馆。经于十纪,鹿鸣上国,拔进士科,至开成元年射策应捷,金榜雕名,玉阶谢诏。今川首刘公、司录朱公、故尹孙公皆同年擢第,于三十人中推于才望,众所仰重。"

【刘瑑】字子全,郡望彭城,贯京兆。开成元年(836)登进士科。镇国陈夷行表为判官,入迁左拾遗,官至中书门下平章事,赠尚书左仆射。

《旧唐书》卷八四《刘仁轨传》:"正授带方州刺史,并赐京城宅一区,厚赉其妻子,遣使降玺书劳勉之。"按:刘瑑贯当在京兆。

《旧唐书》卷一七七《刘瑑传》:"刘瑑者,彭城人。祖璠,父煟。瑑,开成初进士擢第。会昌末,累迁尚书郎、知制诰,正拜中书舍人。大中初,转刑部侍郎……出为河南尹,迁检校工部尚书、汴州刺史、宣武军节度使。十一年五月,加检校礼部尚书、太原尹、北都留守、河东节度观察等使。其年十二月入朝,拜户部侍郎,判度支。寻以本官同平章事,领使如故。十二年,累加集贤殿大学士。罢相,又历方镇,卒。弟顼,亦登进士第。"

《新唐书》卷一八二《刘瑑传》:"刘瑑字子全,高宗宰相仁轨五世孙。第进士,镇国陈夷行表为判官。入迁左拾遗……诏同中书门下平章事……加工部尚书……赠尚书左仆射。"

《登科记考》卷二一开成元年(836)进士科录载刘瑑。

【李朋】字子言。开成元年(836)登进士科。历将仕郎、侍御史、内供奉、刑部员外郎,官终正议大夫守河南尹。

《全唐文》卷七四八杜牧《李朋除刑部员外郎李从海除都官员外郎等制》:"敕。《书》曰:'庶狱庶事,予罔敢知。'此乃周文王之所以理天下也。惟狱惟事,会于南宫,求郎之难,岂敢轻易。将仕郎侍御史内供奉李朋,能积行实,发其词华,劲正端慎,言业克举……朋可守尚书刑部员外郎,散官如故。从海可守尚书都官员外郎,散官如故。"

《全唐文补遗》卷三三郑谷《云台编序》:"谷勤苦于风雅者,自骑竹之年……同年丈人,古(故)川守李公朋,同官丈人马博士戴,尝抚顶叹勉,谓他日必垂名。"郑谷父郑史开成元年进士及第,则《登科记考》中"李□",即李朋。胡可先《续编》考作"李当",误。

《大唐西市博物馆藏墓志》四五一,杨知温撰咸通六年(865)十月二十二日《唐故正议大夫守河南尹柱国赐紫金鱼袋赠礼部尚书武阳李公墓志铭并序》:"公讳朋,字子言……七岁能讽经典,善属文句,有石燕、灯花之什,为时匠之所称咏。后举进士,以退静持声,有辛勤求己之心,无趋驰沽誉之趣,凡所知遇,皆时之重贤。大和末,以就乡荐,来至左冯,贽谒我先公。太尉贞公一见而深器慕之,遂称其人,美其艺,振耀流辈,增价京师。洎故鄂渚高公错典司贡籍,务抑浮华,尚贞实,而公果以素履,遂擢高科。"按开成元年(836)始,高锴典司贡籍,凡三年。

《登科记考》卷二一开成元年(836)进士科李□条:"郑谷诗引云:'谷卯岁受同年丈人

故川守李侍郎教论。'又诗云:'多感京河李丈人,童蒙受教便画书绅。'按谷为郑史之子,李侍郎与史同年,其名俟考。"

【陆瑰】苏州吴县人。开成元年(836)登进士科。

《登科记考》卷二一开成元年(836)进士科条云:"《永乐大典》引《苏州府志》:'开成元年,舍人高锴知举,陆瑰登第。'"

崇祯《吴县志》卷三三《选举·进士》云陆瑰进士科及第。

【陈上美】开成元年(836)登进士科。

(宋)计有功《唐诗纪事》卷五〇《陈上美》:"上美,登开成进士第。"

(金)元好问《唐诗鼓吹》卷七《陈上美》:"开成元年高锴发榜第人登科,有诗集传于世。"

(元)辛文房撰,傅璇琮主编《唐才子传校笺》(册三)卷七《陈上美》:"上美,开成元年礼部侍郎高锴放榜,第二人登科。"

《登科记考》卷二一开成元年(836)进士科条云陈上美是年及第。

【陈烛】颍川人。开成元年(836)进士及第。官至儒林郎守河南府河南县尉。

《秦晋豫新出墓志蒐佚续编》八七二,张允初撰大中六年(852)闰七月十二日《唐故儒林郎守河南府河南县尉颍川陈公墓志铭并叙》:"少公讳烛,字□□,族本颍川……公天挺茂异,卓荦不群,才识生知。敏而好学,笃志经术。九流百氏,洞奥玄微。五经三史,穷之幽赜。年当弱冠,肆名广文馆。经于十纪,鹿鸣上国,拔进士科,至开成元年射策应捷,金榜雕名,玉阶谢诏。今川首刘公、司录朱公、故尹孙公皆同年擢第,于三十人中推于才望,众所仰重。"

【郑史】袁州宜春县人。开成元年(836)登进士科。官至永州刺史。

(唐)李冗《独异志》卷中《买山谶》:"(蔡京)经湘口零陵,郑太守史与京同年。"

(宋)李昉等《太平广记》卷二七三《妇人四·蔡京》引《云溪友议》:"邕南朝度使蔡京过永州,永州刺史郑史与京同年。"

(宋)王谠撰,周勋初校证《唐语林校证》卷七《补遗·起武宗至昭宗》:"邕州蔡大夫京者……后以进士举上第,寻又学究登科,而作尉畿服。既为御史,覆狱淮南,李相绅忧悸而已,颇得绣衣之称。谪居澧州,为厉员外立所辱。稍迁抚州刺史……及假节邕交,道经湖口,零陵郑太守史与京同年,远以酒乐相迟。"

(宋)计有功《唐诗纪事》卷五六《郑史》:"史,开成元年登第……贾岛送史诗曰:'……擢第荣南去,晨昏近九疑。'"

《登科记考》卷二一开成元年(836)进士科条云郑史及第。

《宜春志》卷一八云郑史:"开成元年进士,为《易》学博士,历官永州刺史。"

【郑枢】开成元年(836)进士。

《全唐文补遗》千唐志斋新藏专辑,郑枢撰咸通三年(862)十二月二十一日《大唐郑氏(枢)故赵郡东祖李氏夫人墓志铭并序》:"至开成初年四月九日,吏部李公羲谢于长安永崇里。其年,余亦进士上第。"

【蔡京】邕州人。开成元年（836）登进士科，又登学究科，为畿辅尉。历抚州刺史、检校左散骑常侍兼邕州刺史、御史大夫、岭南西道节度观察处置等使。

《全唐文》卷八三懿宗《授蔡京岭南西道节度使制》："门下：天赋全才，所以登将坛而卫王室；国有令典，所以举能吏而惩慢官。其有术业优长，理行彰著，则宜锡殊常之命，行不次之恩，乃崇德报功之旨也。朝散大夫权知太仆卿充荆襄巴南宣慰安抚使上柱国赐紫金鱼袋蔡京，学富缣缃，文含组绣，识略甚远，智能出群。本于孤贞，济以勤恪。骍骝蹀躞，向天路以无疑；雕鹗腾凌，入云程而不返。早以丰艺，陟于高科，周旋宦途，振举官业……勉于奉公，勿以为喜。可检校左散骑常侍兼邕州刺史御史大夫充岭南西道节度观察处置等使，散官勋封如故。"

《全唐诗》第十一册卷三五九刘禹锡有《送前进士蔡京赴学究科》。

（唐）李冗《独异志》卷中《买山谶》：蔡京"后以进士举上第……寻又学究登科，而作尉畿服"。

（五代）王定保《唐摭言》卷九《好及第恶登科》："许孟容进士及第、学究登科，时号锦袄子上着莎衣。蔡京与孟容同。"

（宋）李昉等《太平广记》卷二七三《妇人四·蔡京》引《云溪友议》："邕南朝度使蔡京过永州，永州刺史郑史与京同年。"

（宋）王谠撰，周勋初校证《唐语林校证》卷七《补遗·起武宗至昭宗》："邕州蔡大夫京者……后以进士举上第，寻又学究登科，而作尉畿服。既为御史，覆狱淮南，李相绅忧悸而已，颇得绣衣之称。谪居澧州，为厉员外立所辱。稍迁抚州刺史……及假节邕交，道经湖□，零陵郑太守史与京同年，远以酒乐相迟。"

（宋）计有功《唐诗纪事》卷四九《蔡京》："邕州蔡大夫京者，故令狐文公楚镇滑台日，于僧中见……后以进士举上第，寻又学究登科，作尉畿服。既为御史，覆狱淮南……稍迁抚州刺史，以辞气自负……既而殂于邕南……咸通中为广西节度。"

《登科记考》卷二一开成元年（836）进士科条云蔡京及第。

【裴德融】开成元年（836）登进士科。历殿中侍御史、屯田员外郎。

《全唐文》卷七四八杜牧《韦退之除户部员外郎裴德融除殿中侍御史卢颖除监察御史等制》："敕。仲尼见负版者，则必式之，此言为国根本，不敢不敬。况其官属，岂可轻用。汉家授署御史，多于立秋，盖以风霜始严，鹰隼初击，古人垂旨，可以知之。朝议郎行殿中侍御史韦退之等，皆章甫高危，逢掖褒博，表里文行，师法典常。退之尝历宪台，久居官次，性既安静，事皆达练。德融典校延阁，服膺群书，美价广誉，旁溢远畅。颖佐贤侯，名声藉甚，留滞在外，而非所宜。地官为郎，南台持斧，皆有职业，伫见风彩，各思率励，以副甄升。并可依前件。"

（宋）李昉等《太平广记》卷一八一《贡举四·裴德融》引《卢氏杂说》："裴德融讳皋，值高锴知举，入试，主司曰：'伊讳皋，某某下就试，与及第，困一生事。'后除屯田员外郎，时卢简求为右丞，裴与除郎官一人同参，到宅。"

《新唐书》卷五九《艺文三》："《续会要》四十卷。杨绍复、裴德融、崔瑑、薛逢、郑言、周肤敏、薛廷望、于珪、于球等撰,崔弦监修。"

《登科记考》卷二一开成元年(836)进士科条将裴德融附在是年。

制科

【何扶】大和九年(835)登进士科,开成元年(836)捷三篇。小传见大和九年进士科何扶条。

(宋)计有功《唐诗纪事》卷四九《何扶》:"扶,大和九年及第,明年捷三篇。"

开成二年丁巳(837)

知贡举:礼部侍郎高锴

进士科

【李肱】宗室,京兆人。开成二年(837)进士科状元及第。官至岳、齐刺史。

(唐)李冗《独异志》卷上《古制兴》:"文宗元年……主司先进五人诗,最佳者则李肱乎……乃以榜元及第。"

(宋)李昉等《太平广记》卷一八一《贡举四·李肱》引《云溪友议》:"开成元年秋,高锴复司贡籍……其最佳者李肱,次则王收……况肱宗室,德行素明,人才俱美,敢不公心,以辜圣教,乃以榜元及第。"

(宋)计有功《唐诗纪事》卷五二《李肱》:"(李肱)开成二年试《霓裳羽衣曲》诗也……主司先进五人诗,其最佳者李肱,次则王收,乃以榜元及第……高锴奏曰:'……就中进士李肱……臣与状头第一人,以奖其能。'……范摅云:'肱止于岳、齐二牧。"

(明)徐应秋《玉芝堂谈荟》卷二《历代状元》:"开成元年,状元李肱。"

《登科记考》卷二一开成二年(837)进士科条云李肱及第。

【王收】一作"王牧",京兆杜陵人,父行古。开成二年(837)登进士科。

(唐)李冗《独异志》卷上《古制兴》:"文宗元年……主司先进五人诗,最佳者则李肱乎……次王收《日斜见赋》……"

《旧唐书》卷一七八《王徽传》:"王徽字昭文,京兆杜陵人……曾祖择从兄易从,天后朝登进士第。从弟明从、言从,睿宗朝并以进士擢第。昆仲四人,开元中三至凤阁舍人,故时号'凤阁王家'。其后,易从子定,定子逢,逢弟仲周,定兄密,密子行古,行古子收,收子超,皆以进士登第。"

(宋)计有功《唐诗纪事》卷五二《李肱》:"(李肱)开成二年试《霓裳羽衣曲》诗也……主司先进五人诗,其最佳者李肱,次则王收,乃以榜元及第。"

《登科记考》卷二一开成二年(837)进士科条云王收及第。

【韦潘】开成二年(837)登进士科。

《全唐诗》第十六册卷五四〇李商隐有《十字水期韦潘侍御同年不至时韦寓居水次故

郭汾宁宅》。

《登科记考》卷二一开成二年(837)进士科条云韦潘及第。

【牛蘉】字表龄,郡望陇西,京兆府长安县人,父牛僧孺位至宰相。开成二年(837)登进士科,出佐使府,官至吏部尚书。

《全唐文》卷七五五杜牧《唐故太子少师奇章郡开国公赠太尉牛公墓志铭并序》:"五男六女。长曰蔚,监察御史,次曰蘉,浙南府协律郎,皆以文行登进士第,不藉公势。"

《旧唐书》卷一七二《牛僧孺传》:"牛僧孺……以本官同平章事……洛都筑第于归仁里……僧孺二子:蔚、蘉……蘉字表龄,开成二年登进士第,出佐使府,历践台省。乾符中,位至剑南西川节度使。黄巢之乱,从幸西川,拜太常卿。以病求为巴州刺史,不许。驾还,拜吏部尚书。襄王之乱,避地太原,卒。"

《新唐书》卷一七四《牛僧孺传》:"牛僧孺……下杜樊乡有赐田数顷……诸子蔚、蘉最显。蔚……归樊川。卒,赠吏部尚书。蘉,字表龄,第进士,由藩帅幕府任补阙……咸通末,拜剑南西川节度使……授太常卿。以病求为巴州刺史,不许。还京,为吏部尚书。"

《登科记考》卷二一开成二年(837)进士科条云牛蘉及第。

【李定言】开成二年(837)登进士科。历殿院、员外郎、右史。

《全唐诗》第十六册卷五四〇李商隐《与同年李定言曲水闲话戏作》:"海燕参差沟水流,同君身世属离忧。相携花下非秦赘,对泣春天类楚囚。碧草暗侵穿苑路,珠帘不卷枕江楼。莫惊五胜埋香骨,地下伤春亦白头。"

《全唐诗》第十六册卷五三五有许浑《李定言自殿院衔命归阙拜员外郎迁右史因寄》。

《登科记考》卷二一开成二年(837)进士科条云李定言及第。

【李商隐】字义山,旧贯怀州河内,新籍郑州荥阳,祖俌终邢州录事参军,父嗣。开成二年(837)进士科,释褐秘书省校书郎,会昌二年(842)登拔萃科。历河阳节度使掌书记、桂管观察使判官、武宁节度使掌书记、东川节度使判官、泾原节度使掌书记,官至太学博士。

《全唐文》卷七八〇李商隐《请卢尚书撰曾祖妣志文状(故相州安阳县姑臧李公夫人范阳卢氏北祖大房)》:"夫人姓卢氏,曾祖讳某,某官。父讳某,兵部侍郎东都留守。夫人兵部第三女,年十七,归于安阳君,讳某,字叔洪。姑臧李成宪、荥阳郑钦说等十人,皆僚婿也。安阳君年十九,一举中进士第,与彭城刘长卿、中山刘眘虚、清河张楚金齐名。始命于安阳,年二十九弃代,袝葬于怀州雍店之东原先大夫故美原令之左次……曾孙商隐,以会昌二年由进士第判入等,授秘书省正字。"

《樊南文集》卷六《祭侄女寄寄文》:"荥水之上,坛山之侧,乃曾乃祖。"由此可见其旧贯为怀州河内,新贯为郑州荥阳。

(唐)裴庭裕《东观奏记》卷下:"商隐字义山,文章宏博,笺表尤著于人闻,自开成二年升进士,至上十二年竟不升于王庭。"

《旧唐书》卷一九〇下《文苑下·李商隐传》:"李商隐字义山,怀州河内人。曾祖叔恒,年十九登进士第,位终安阳令。祖俌,位终邢州录事参军。父嗣。商隐幼能为文。令狐楚镇河阳,以所业文干之,年才及弱冠。楚以其少俊,深礼之,令与诸子游。楚镇天平、汴州,从为巡官,岁给资装,令随计上都。开成二年,方登进士第,释褐秘书省校书郎,调补弘农尉。会昌二年,又以书判拔萃。王茂元镇河阳,辟为掌书记,得待御史……商隐既为茂元从事……会给事中郑亚廉察桂州,请为观察判官、检校水部员外郎。大中初……弘正镇徐州,又从为掌书记。府罢入朝,复以文章干绚,乃补太学博士。会河南尹柳仲郢镇东蜀,辟为节度判官、检校工部郎中。大中末,仲郢坐专杀左迁,商隐废罢,还郑州,未几病卒。"

《新唐书》卷二〇三《文艺下·李商隐传》:"李商隐字义山,怀州河内人……开成二年,高锴知贡举,令狐绹雅善锴,奖誉甚力,故擢进士第。调弘农尉……又试拔萃,中选。"

(宋)计有功《唐诗纪事》卷五三《李商隐》:"商隐,字义山,怀州人,英国公世勣裔孙……卒于工部郎中。"

(元)辛文房撰,傅璇琮主编《唐才子传校笺》(册三)卷七《李商隐》:"商隐,字义山,怀州人也……开成二年,高锴知贡举,楚善于锴,奖誉甚力,遂擢进士。"按:《樊南文集》卷六《祭裴氏姐文》:"坛山荥水,实为我家。"

《登科记考》卷二一开成二年(837)进士科录载李商隐。

【杨鸿】袁州宜春人。开成二年(837)登进士科。

(宋)计有功《唐诗纪事》卷五二《杨鸿》:"鸿,登开成二年进士第。"

《登科记考》卷二一开成二年(837)进士科杨鸿条云《永乐大典》引《宜春志》:"开成二年,杨鸿登进士第。"

四库本《江西通志》卷四九《选举·唐》开成中进士:"杨鸿,袁州人。"

【杨戴】一作"杨载",郡望弘农,籍贯江西道,祖凌终侍御史,父敬之官至太常少卿。开成二年(837)登进士科。历刑部侍郎。

(唐)高彦休《唐阙史》卷上《杨江西及第》:"祭酒杨尚书敬之子,江西观察使载。江西应科时,成均长年,天性尤切……之夏首将关,送于天官氏。时相有言:前辈重族望,轻官职,今则不然……是岁慈恩寺榜因以望题。题毕,杨公闲步塔下仰视之,则曰'弘农杨载,濮阳吴当',恍然如梦中所睹。"按:杨载其父为江西观察使,杨载从江西取解,则其籍贯当为江西,弘农为其郡望。

(五代)王定保《唐摭言》卷八《及第与长行拜官相次》:"杨敬之拜国子司业。次子戴,进士及第。长子三史登科,时号杨三喜。"

《旧唐书》卷一九上《懿宗》:"(咸通十年十二月)司封员外郎卢荛、刑部侍郎杨戴考试宏词选人。"

(宋)李昉等《太平广记》卷二七八《梦三·杨敬之》引《唐阙史》:"杨敬之生江西观察使戴。江西应举时,敬之年长,天性尤切。时已秋暮,忽梦新榜四十进士,历历可数,寓目及半,其子在焉。其邻则姓濮阳,而名不可别。即寤大喜,访于词场,则云有濮阳愿者,为文甚高,且有声誉。时搜访草泽方急,雅在选中。遂寻其居,则曰闽人,未至京国。"

《新唐书》卷一六〇《杨凭传附杨敬之传》:"杨凭字虚受,一字嗣仁,虢州弘农人……

与弟凝、凌皆有名……凌,字恭履,最善文,终侍御史。子敬之。敬之,字茂孝。元和初,擢进士第……文宗尚儒术,以宰相郑覃兼国子祭酒,俄以敬之代。未几,兼太常少卿。是日,二子戎、戴登科,时号'杨家三喜'。转大理卿,检校工部尚书,兼祭酒,卒。"按:《旧唐书》卷一七三《郑覃传》:"(大和)九年六月……复以覃为刑部尚书。十月,迁尚书右仆射,兼判国子祭酒。训、注伏诛,召覃入禁中草制敕,明日以本官同平章事。"杨敬之兼太常少卿之时间,约在开成初,《登科记考》卷二一开成二年(837)进士科杨戴条云:"据石经末所列诸臣姓名,开成二年十月有国子司业杨敬之……其起为司业,当在开成二年之春。从《摭言》为是。"

【吴当】濮州濮阳人。开成二年(837)登进士科。

(唐)高彦休《唐阙史》卷上《杨江西及第》:"祭酒杨尚书敬之子,江西观察使戴。江西应科时,成均长年,天性尤切……之夏首将关,送于天官氏。时相有言:前辈重族望,轻官职,今则不然……是岁慈恩寺榜因以望题。题毕,杨公闲步塔下仰视之,则曰'弘农杨戴,濮阳吴当',恍然如梦中所睹。"《云溪友议》卷中略同。

《登科记考》卷二一开成二年(837)进士科条云吴当及第。

【沈中黄】郡望吴兴武康,贯河南府河南县。开成二年(837)登进士科,授江陵参军。历山阳从事,官至大理司直。

《唐代墓志汇编》大中〇八四《唐故监察御史河南府登封县令吴兴沈公墓志》:"公讳师黄,字希徒,吴兴武康人也……归葬河南府河南县平乐乡。"按:《全唐诗》第十七册卷五六八李群玉有《将离澧浦置酒野屿奉怀沈正字昆弟三人联登高第》诗,其"沈正字"即沈师黄。沈氏昆弟三人,指中黄、师黄、佐黄。考见《全唐诗人名考证》(六五八〇),谓师黄"当此年(开成元年)或大和九年进士"。沈中黄于开成二年登进士第,与李群玉诗云"联登高第"之言相佐,孟二冬先生将其定在开成二年。此说不妥。按:《旧唐书》卷一七七《卢钧传》:"卢钧……开成元年,出为华州刺史、潼关防御、镇国军等使。其年冬,代李从易为广州刺史、御史大夫、岭南节度使。南海有蛮舶之利,珍货辐凑。"

《唐代墓志汇编》大中一四〇沈佐黄撰大中十二年(858)四月十五日《唐故承奉郎守大理司直沈府君(中黄)墓志铭》:"公即庶子府君第三子也。讳中黄,字中美,本吴兴人……弱冠已后……贡于有司,登甲科。宗伯高公锴疏青蒲曰:沈某所试琴瑟合奏赋,有似文选、雪赋、月赋。臣与第三人……初以家寄荆楚,求授江陵参军事,后补右广掾。散骑郑公祗德出刺山阳,持檄就门,辟为从事,奏授廷评。才及期岁,丁先夫人忧,既除丧,复补大理司直……享年六十有七。时大中十二年……归葬河南府河南县平乐乡张杨里祔先茔。之后礼也。佐黄手足惊断……刻书铭之。""季弟充海节度判官登仕郎侍御史内供奉佐黄撰。"按:山阳为楚州,出刺山阳,当指出使淮南节度使。

(宋)计有功《唐诗纪事》卷五二《李肱》:"(李肱)开成二年试《霓裳羽衣曲》诗也……高锴奏曰:'……其次沈黄中《琴瑟合奏赋》,又似《文选》中《雪月赋》体格,臣与第三人。'"按:《唐诗纪事》误。(唐)李冗《独异志》卷中作"沈黄中",误。

《登科记考》卷二一开成二年(837)进士科录载沈中黄。

【张棠】一作"张裳"。开成二年(837)登进士科。历陕虢幕。

《全唐诗》第十七册卷五五三姚鹄《和陕州参军李通微首夏书怀呈同僚张裳段群二先辈》:"公门何事更相牵,邵伯优贤任养闲。满院落花从覆地,半檐初日未开关。寻仙郑谷烟霞里,避暑柯亭树石间。独为高怀谁和继,掾曹同处桂同攀。"按:此张裳即张棠,与姚鹄同时入幕陕虢。

(唐)李冗《独异志》卷上《古制兴》:"文宗元年……主司先进五人诗,最佳者则李肱乎……乃以榜元及第。"

(宋)李昉等《太平广记》卷一五五《定数十·郭八郎》引《野史》:"开成二年,高锴再司文柄,右辖私异事,明年果登上第。[第]二人姓张名棠,同年郭八郎名植。"

(宋)计有功《唐诗纪事》卷五二《李肱》:"(李肱)开成二年试《霓裳羽衣曲》诗也……主司先进五人诗……高锴奏曰:'……次张棠诗一首,亦绝好,亚次李肱,臣与第二人。'"

(明)徐应秋《玉芝堂谈荟》卷五《数有前定》:"开成二年,高锴再司文柄,果登第,第二人张棠。"

《登科记考》卷二一开成二年(837)进士科条云张棠及第。

【郑茂休】原名茂谌,避国讳改茂休,郡望荥阳,京兆人。开成二年(837)登进士科。终秘书监。

《旧唐书》卷一五八《郑余庆传》:"郑余庆字居业,荥阳人……余庆子瀚……瀚四子:允谟、茂谌、处诲、从谠……茂谌,避国讳改茂休,开成二年登进士第,四迁太常博士、兵部员外郎、吏部郎中、绛州刺史,位终秘书监。"陈尚君《〈登科记考〉正补》认为郑茂谌避敬宗讳改名,榜名应改为茂休,兹从之。

《登科记考》卷二一开成二年(837)进士科作"郑茂谌"。

【郑宪】开成二年(837)登进士科。历江西观察使,官至尚书右丞。

(唐)高彦休《唐阙史》卷下《郑少尹及第》:"长安鼎甲之族,有荥阳郑氏,尝为愚言:其先相故河中少尹,讳复礼,应进士举十,不中所司选,困厄且甚……直至改元开成之二年……(郑宪)明年果登上第。第二人姓张名棠,同年郭八郎名植。"

(唐)裴庭裕《东观奏记》卷下:"自大中十二年后,藩镇继有叛乱……江西都将毛鹤逐出观察使郑宪。"

(宋)王谠撰,周勋初校证《唐语林校证》卷二《政事下》:"大中十二年后,藩镇继有叛乱,宣州都将康全泰逐观察使郑薰,湖南都将石再顺逐观察使韩琮,广州都将王令寰逐节度使杨发,江西都将毛鹤逐观察使郑宪。"

(明)徐应秋《玉芝堂谈荟》卷五《数有前定》:"次至故尚书右丞(郑)宪应举。开成二年高锴再司文柄,果登第,第二人张棠。"

《登科记考》卷二一开成二年(837)进士科条云郑宪及第。

【郑愚】广州人。开成二年(837)登进士科,释褐秘书省校书郎。历西川节度使判官、桂管观察使、岭南西道节度使,官至尚书。

(五代)孙光宪《北梦琐言》卷三《郑愚尚书锦半臂》:"唐郑愚尚书,广州人,雄才奥学,擢进士第,扬历清显,声称烜然。而性本好华,以锦为半臂。"

（宋）李昉等《太平广记》卷二〇二《儒行·崔铉》引《北梦琐言》:"郑愚尚书,广州人,擢进士第,扬历清显,声甚高而性好华,以锦为半臂。"

《新唐书》卷五九《艺文三》:"《楼贤法隽》一卷。僧惠明与西川节度判官郑愚、汉州刺史赵璘论佛书。"

《资治通鉴》卷二五〇懿宗咸通三年八月条:"以桂管观察使郑愚为岭南西道节度使。"

（宋）王谠撰,周勋初校证《唐语林校证》卷三《赏誉》略同。同治《广东通志》卷二六八引《广州人物传》:"郑愚,番禺人……文宗开成二年进士擢第,释褐秘书省校书郎。"

《登科记考》卷二七《附考·进士科》条云郑愚及第。

【柳棠】东川人。开成二年(837)登进士科。官至节度使参军。

（唐）李冗《独异志》卷中《弘农怨》:"东川处士柳全节……有子棠,应进士……开成二年上第后归东川……干忤杨公（杨汝士）……东川益怒,未书让其座主高锴侍郎……柳生虽登科第,始参越嶲军事。而夭丧。"

（唐）范摅《云溪友议》卷中《弘农忿》:"东川处士柳全节,习百家之言……有子棠应进士举,才思优赡,见者奇之……开成二年,上第。后归东川,历旬,但于狭斜旧游之处,不谒府主杨尚书汝士……柳生虽登科第,始参越嶲军事,而夭丧。且渤海高公,三榜一百二十人,多平人得路。若柳棠者,诚累恩门举主。善乎裴公曰:'人不易知乎?'"

（宋）计有功《唐诗纪事》卷五二《李肱》:李肱"开成二年试《霓裳羽衣曲》诗也……主司先进五人诗,其最佳者李肱……其次柳棠诗、赋,兴思敏速,日中便成,臣与第五人。"

（宋）计有功《唐诗纪事》卷五八《柳棠》:"东川柳棠,应进士举……其后参越嶲军事而卒。"

《登科记考》卷二一开成二年(837)进士科条柳棠及第。

【独孤云】开成二年(837)登进士科。历吏部侍郎、江西观察使、太子少傅。

《全唐诗》第十六册卷五四〇李商隐有《妓席暗记送同年独孤云之武昌》。《登科记考》卷二一开成二年(837)进士科条云独孤云及第。

《旧唐书》卷一九上《懿宗》:"（咸通十三年）三月,以吏部尚书萧邺、吏部侍郎独孤云考官,职方郎中赵蒙、驾部员外郎李超考试宏词选人。"

《旧唐书》卷一九下《僖宗》:"（乾符三年）五月,以江西观察使独孤云为太子少傅。"

【曹确】字刚中,河南府河南县人,父景伯进士科及第。开成二年(837)登进士科。累辟使府,官至懿宗同平章事（宰相）。

《旧唐书》卷一七七《曹确传》:"曹确字刚中,河南人。父景伯,贞元十九年进士擢第,又登制科。确,开成二年登进士第,历聘藩府。入朝为侍御史,以工部员外郎知制诰,转郎中,入内署为学士,正拜中书舍人,赐金紫,权知河南尹事。入为兵部侍郎。咸通五年,以本官同平章事,加中书侍郎、监修国史……僖宗即位……确累加右仆射,判度支事。在相位六年。九年罢相,检校司徒、平章事、润州刺史、镇海军节度观察等使……加太子太师。"

《新唐书》卷一八一《曹确传》:"曹确字刚中,河南河南人。擢进士第,历践中外官,累拜兵部侍郎。懿宗咸通中,以本官同中书门下平章事,俄进中书侍郎……确居位六年,进尚书右仆射,以同平章事出为镇海节度使,徙河中,卒。"

《登科记考》卷二一开成二年(837)进士科条云曹确及第。

【郭植】开成二年(837)登进士科。

(唐)高彦休《唐阙史》卷下《郑少尹及第》:"长安鼎甲之族,有荥阳郑氏,尝为愚言:其先相故河中少尹,讳复礼,应进士举十,不中所司选,困厄且甚……直至改元开成之二年……(郑宪)明年果登上第。第二人姓张名棠,同年郭八郎名植。"

(宋)李昉等《太平广记》卷一五五《定数十·郭八郎》引《野史》:"开成二年,高锴再司文柄,右辖私异事,明年果登上第。[第]二人姓张名棠,同年郭八郎名植。"

(明)徐应秋《玉芝堂谈荟》卷五《数有前定》:"次至故尚书右丞(郑)宪应举。开成二年高锴再司文柄,果登第,[第二人]张棠,同年郭八郎名植。"

《登科记考》卷二一开成二年(837)进士科条云郭植及第。

【韩瞻】京兆府万年县人。开成二年(837)登进士科。历虞部郎中、凤州刺史。

《全唐文》卷七七七李商隐《为韩同年瞻上河阳李大夫启》。

《全唐诗》第十六册卷五四〇李商隐有《韩同年新居饯韩西迎室戏赠》。

(宋)王谠撰,周勋初校证《唐语林校证》卷三《方正》:"李景让、夏侯孜立朝有风采。景让为御史大夫,视事之日,以侍御史孙玉汝、监察御史卢柏、王觌不称职,请移他官。孜为右丞,以职方郎中裴诚、虞部郎中韩瞻无声绩,诙谐取容,诚改太子中允,瞻为凤州刺史。"参考广明元年(880)进士科韩偓条小传。

(宋)计有功《唐诗纪事》卷六五《韩偓》:"偓父瞻,开成六年李义山同年也。义山有《饯韩同年西迎家室戏赠》:'籍籍征西万户侯,新缘贵婿起朱楼。……'"按:《登科记考》卷二一开成二年(837)云韩瞻进士及第,李商隐是年进士及第。

(宋)钱易《南部新书·乙》:"韩偓,即瞻之子也。兄仪。瞻与李义山同年。"

【谢观】字梦锡,旧贯寿州。开成二年(837)登进士科,释褐曹州冤句县尉。历黔中招讨判官、魏博节度使判官,官至朝请大夫。

《唐代墓志汇编》咸通〇六四谢观自撰咸通八年(867)八月二十四日《唐故朝请大夫慈州刺史柱国赐绯鱼袋谢观墓志铭并序》:"观字梦锡,其先陈郡阳夏人……五代祖偃,仕隋为记室参军;曾祖元宾,国朝江州长史;祖讳景宣,皇任光州定城县令;父讳登,皇试太常寺协律郎,充泾原节度掌书记。自曾祖茔于寿春,因家于寿……开成二年举进士,中第,释褐曹州冤句县尉……充黔中招讨判官……充魏博节度使判官……诏授慈州刺史,岁周,就加朝请大夫……以咸通八年八月廿四日窆于洛阳县清风乡郭村邙山之南原……"

明经科

【卢当】字让之,郡望范阳,河南府洛阳县人。开成二年(837)登明经科。历汝州汝县尉、夏州节度使从事、国子监助教。

《唐代墓志汇编》大中〇八八郑勃撰大中九年(855)二月十一日《唐故国子助教范阳卢公(当)墓志铭并序》："君讳当,字让之,范阳人也。高祖讳寰,临汝郡长史;曾祖讳政,太子中允;祖讳瑾,尚书屯田员外郎河中少尹;考讳寓,试大理评事、岭南节度推官。君廷评公之幼子也……君……早习文史,年十六,经明擢第,调补汝州临汝尉……补国学助教……大中八年十月十三日终于京兆府万年县……春秋卅有三……归葬于河南府洛阳县平阴乡附于先茔礼也。"按:以其大中八年三十三岁,其登第当在开成二年。

诸科

【杨戎】郡望弘农,籍贯江西道,祖凌终侍御史,父敬之官至太常少卿。开成二年(837)登三史科。

(五代)王定保《唐摭言》卷八《及第与长行拜官相次》："杨敬之拜国子司业。次子戴,进士及第。长子三史登科,时号杨三喜。"

《新唐书》卷一六〇《杨凭传附杨敬之传》："杨凭字虚受,一字嗣仁,虢州弘农人……与弟凝、凌皆有名……凌,字恭履,最善文,终侍御史。子敬之。敬之,字茂孝。元和初,擢进士第……文宗尚儒术,以宰相郑覃兼国子祭酒,俄以敬之代。未几,兼太常少卿。是日,二子戎、戴登科,时号'杨家三喜'。转大理卿,检校工部尚书,兼祭酒,卒。"按:《旧唐书》卷一七三《郑覃传》："(大和)九年六月……复以覃为刑部尚书。十月,迁尚书右仆射,兼判国子祭酒。训、注伏诛,召覃入禁中草制敕,明日以本官同平章事。"

(宋)潘自牧《记纂渊海》卷三七《科举部·及第》："杨敬之兼太常少卿,是日二子戎、载登科,时号杨家三喜。"参考同年杨戴条。

开成三年戊午(838)

知贡举：礼部侍郎高锴

进士科

【裴思谦】开成三年(838)进士科状元及第。历卫尉卿。

(五代)王定保《唐摭言》卷九《恶得及第》："高锴侍郎第一榜,裴思谦以仇中尉关节取状头,锴庭谴之,思谦回顾历声曰:'明年打脊取状头。'明年,锴戒门下不得受书题,思谦自怀士良一缄入贡院;既而易以紫衣,趋至阶下白锴曰:'军容有状,荐裴思谦秀才。'锴不得已,遂接之。书中与思谦求巍峨,锴曰:'状元已有人,此外可副军容意旨。'思谦曰:'卑吏面奉军容处分,裴秀才非状元请侍郎不放。'锴俛首良久曰:'然则略要见裴学士。'思谦曰:"卑吏便是。'思谦词貌堂堂,锴见之改容,不得已遂礼之矣。"按:《登科记考》卷二一开成三年(838)进士科条云《唐摭言》载裴思谦第二榜及第,误,当为第三榜。

(五代)王定保《唐摭言》卷三《慈恩寺题名游赏赋咏杂纪》："裴思谦状元及第后,作红笺名纸十数,诣平康里,因宿于里中,诘旦,赋诗曰:'银钉斜背解明珰,小语偷声贺玉郎。

从此不知兰麝贵,夜来新惹桂枝香。'"(唐)孙棨《北里志附录》裴思谦状元条同。

《旧唐书》卷一九下《僖宗》:"(乾符三年六月)以凉王傅分司裴思谦为卫尉卿。"

(宋)计有功《唐诗纪事》卷四九《裴思谦》:"思谦状元及第后,作红牋名纸十数,诣平康里,因宿于里中,诘旦赋诗曰:'银钛斜背解明珰,小语偷声贺玉郎……'思谦,开成三年登上第。"

(明)徐应秋《玉芝堂谈荟》卷二《历代状元》:"(开成)三年,进士四十人,状元裴思谦。"开成五年五月前登进士科。《雁塔题名残卷拓本》:"前进士胡□、前进士褚承裕、前进士张卫□、前进士陈碬、前进士□复、前进士裴思,开成五年五月廿日同登。"按:裴思即裴思谦。

【归仁晦】字韬之,苏州长洲人,祖登官至工部尚书,父融官至吏部侍郎。开成三年(838)登进士科。历吏部尚书。

《秦晋豫新出墓志蒐佚续编》九四一,归仁绍撰乾符三年(876)十一月二十三日《唐故光禄大夫吏部尚书长洲开国公食邑二千户赠左仆射归公墓志铭并序》:"公讳仁晦,字韬之。其先舜后阏父之子曰胡公封国于陈,复归于胡,因以为氏。自汝南徙家于姑苏,今为吴郡人也。皇祖赠司空公讳崇敬,以巨儒达礼自天宝迄贞元数十年间,大礼疑义得以专决,由内廷累官至兵部尚书致仕。王父赠太保公讳登,以直言对策为左拾遗,累拜兵部侍郎、工部尚书,履正蹈仁,坐镇哗嚣,时议以识局弘雅比之陆兖公。烈考赠太师公讳融,进士及第,历御史、补阙,替否鲠切,不为偷避,拜起居礼部员外郎。问望伟晔,后进争出门下,自中书舍人入掌内命,转工部侍郎,承旨发挥,帝谟焕有丕绩。出拜御史中丞……公即太师公第三子也,年未冠,袖文谒名公大人,翕然驰声,年廿三,擢第进士,调补弘文馆校书郎,应辟左冯翊为长春宫巡官,奏试秘省校书,又从事湖南试大理评事。罢以书判入等授渭南县尉、华州奏试评事……有子七人,女四人。长曰延矩,先公数岁卒。次曰传范,以文行举进士,择交慎履声华藉甚。次曰虔范,次曰遵范,次曰保范,次曰承范,次曰彦范……长女适前进士陆肱,终虔州刺史。次适进士庾朴。"按:据墓志,仁晦卒于乾符三年(876),享年六十有二,则其二十三岁当在开成二年(837)。考虑墓志生卒年记载或有虚实岁讹误,今仍按《永乐大典》引《苏州府志》录载为开成三年登第,俟考。

《旧唐书》卷一九下《僖宗》:"(乾符三年)三月,以吏部尚书归仁晦、吏部侍郎孔晦、吏部侍郎崔荛试宏词选人……"

《旧唐书》卷一四九《归崇敬传附归融传》:"归崇敬字正礼,苏州吴郡人也。曾祖奥,以崇敬故,追赠秘书监。祖乐,赠房州刺史。父待聘,亦赠秘书监。崇敬少勤学,以经业擢第……充皇太子侍读……子登嗣。登,字冲之……迁工部尚书……子融嗣。融,进士擢第,自监察拾遗入省……以融权知兵部侍郎。一年内拜吏部。三年检校礼部尚书、兴元尹、兼御史大夫,充山南西道节度使。融子仁晦、仁翰、仁宪、仁召、仁泽,皆登进士第。咸通中并至达官。"

《登科记考》卷二一开成三年(838)进士科条:"《永乐大典》引《苏州府志》:'开成三年,归仁晦登第。'"

正德《姑苏志》卷四七《人物五·名臣》:"(归融)子仁晦、仁翰、仁宪、仁绍、仁泽皆登第,咸通中至达官。"

【冯涯】开成三年(838)登进士科。

《全唐诗》第十六册卷五四二作者小传:"冯涯,开成中进士第。诗一首。"其诗《太学创置石经》,题下注云:"《卢氏杂说》:'开成中,高锴知举,内出《霓裳羽衣曲赋》及此诗题。'"

(唐)范摅《云溪友议》卷下《去山泰》:"宋言端公,近十举,而名未播。大中十一年,将取府解。言本名嶽,因昼寝,似有人报云:'宋二郎秀才,若头上戴山,无因成名。但去其山,自当通泰。'觉来便思去之,不可名'狱',遂去二'犬',乃改为'言'。及就府试,冯涯侍郎作掾而为试官,以解首送言也。时京兆尹张大夫毅夫,以冯参军解送举人有私,奏遣澧州司户。再试,退解头宋言为第六十五人。知闻来唁,宋曰:'来春之事,甘已参差。'李藩舍人放榜,以言为第四人及第。言感恩最深,而为望外也。乃冯涯知人,寻亦获雪。"

(五代)王定保《唐摭言》卷一五《杂记》云开成三年试《太学石经》诗。《登科记考》卷二一开成三年进士科试《霓裳羽衣曲赋》,则冯涯当是年进士及第。朱玉麒《〈登科记考〉补遗、订正》补入。

(宋)李昉等《文苑英华》卷一八○《诗三十·省试一》收其《太学创置石经》诗,为本年试。明刻本失署名,中华书局影印本新补目录作冯涯。

【李稠】泉州晋江县人。开成三年(838)登进士第,为御史。历工部尚书,鄜坊、灵武、易定三镇节度使。

(明)何乔远《闽书》卷八一《英旧志·泉州府·晋江县·唐进士》:"开成三年:李稠。"又传云:"李稠以明经及第,擢进士。为御史……历工部尚书,鄜坊、灵武、易定三镇节度使。"

乾隆《晋江县志》卷八《选举志·历代科目姓氏·唐进士》:"开成戊午年裴思谦榜:李稠。"同书卷九《人物志一·列传》:"李稠,开成三年进士,为御史……后历工部尚书,鄜坊、灵武、易定三镇节度使。"

乾隆《福建通志》卷三三《选举志一·唐科目》:"开成三年戊午年裴思谦榜:闽县李滂……侯官县……长乐县林鸥,传见《孝义》;晋江县李稠,工部尚书,陈岵,传见《文苑英华》;欧阳秬,詹从子,传见《人物》。"

【李滂】字注善,福州闽县人。开成三年(838)登进士科。终大理平事。

《登科记考》卷二一开成三年(838)进士科条云《永乐大典》引《闽中记》:"萧膺字次元,侯官人,与滂同年。是岁,闽中四人登科。"

淳熙《三山志》卷二六《人物类一科名》唐进士:"滂,字注善,闽县人,终大理评事。"

乾隆《福建通志》卷三三《选举》,进士开成三年裴思谦榜:"闽县:李滂,大理评事。侯官县:萧膺,传见文苑。长乐县:林鸥,传见孝义。晋江县:李稠,工部尚书;陈岵,传见文苑;欧阳秬,詹从子,传见人物。"

【沈朗】开成三年(838)登进士科。历毛诗博士。

《全唐文》卷七四一沈朗小传云:"朗,开成三年进士。"同卷沈朗有《霓裳羽衣曲赋》,为开成三年进士科省试诗。

(唐)丘光庭《兼明书》卷二《沈朗新添》:"大中年中《毛诗》博士沈朗《进新添〈毛诗〉四篇表》。"

《登科记考》卷二一开成三年(838)进士科沈朗条云见《文苑英华》。

【陈嘏】字君锡,泉州莆田人。开成三年(838)登进士科。历右补阙,官至刑部郎中。

《全唐文》卷七六〇陈嘏小传云:"嘏字君锡,莆田人,开成三年进士,累官刑部郎中。"

(宋)王溥《唐会要》卷五〇《杂记》:"(大中)八年八月……右补阙陈嘏抗论,立罢修营,遂改为文思院。"

《登科记考》卷二七《附考·进士科》条又载陈嘏,引赵嘏《送陈嘏登第作尉归觐》(《全唐诗》卷五四九)。此陈嘏与开成三年登进士第陈嘏为同一人,《徐松〈登科记考〉续补(下)》认为《附考》中陈嘏当删除。《全唐诗》第十七册卷五四九赵嘏《送陈嘏登第作尉归觐》:"千峰归去旧林塘,溪县门前即故乡。曾把桂夸春里巷,重怜身称锦衣裳。洲迷翠羽云遮槛,露湿红蕉月满廊。就养举朝人共羡,清资让却校书郎。"

嘉靖《惠安县志》卷一三《人物》:"陈嘏……唐开成三年及第。"《雁塔题名残卷拓本》:"前进士胡□、前进士褚承裕、前进士张卫□、前进士陈嘏、前进士□复、前进士裴思,开成五年五月廿日同登。"按:《登科记考》卷二一开成三年(838)进士科条云陈嘏及第。

【欧阳秬】泉州晋江县人。开成三年(838)登进士科。官至泽潞节度使从事,赐死。

《新唐书》卷二〇三《文艺下·欧阳詹传》:"欧阳詹字行周,泉州晋江人……从子秬,字降之……开成中,擢进士第……会泽潞刘从谏表秬在幕府……诏流崖州,赐死。"

乾隆《福建通志》卷三三《选举》:"开成三年戊午年裴思谦榜:闽县李滂……侯官县……长乐县林鸥,传见《孝义》;晋江县李稠,工部尚书陈嘏,传见《文苑英华》;欧阳秬,詹从子,传见《人物》。"

【林鸥】字祥凤,福州长乐县人。开成三年(838)登进士第,为仓曹参军。

胡可先《〈登科记考〉匡补三编》补入。

乾隆《福建通志》卷三三《选举》:"开成三年戊午年裴思谦榜:闽县李滂……侯官县……长乐县林鸥,传见《孝义》;晋江县李稠,工部尚书陈嘏,传见《文苑英华》;欧阳秬,詹从子,传见《人物》。"同书卷四九:"唐林鸥,字祥凤,长乐人。开成进士,为仓曹参军。"《闽书》卷七七《福州府长乐县·唐·选举》下记"开成三年戊午,林鸥"。《福建通志》卷四九《孝义一》:"唐林鸥,字祥凤,长乐人,开成进士,为仓曹参军。"

【赵璜】郡望天水,洛阳河南县人,祖涉官至朝散大夫,父伉进士擢第。开成三年(838)登进士科。

《唐代墓志汇编》咸通〇二一赵璘撰咸通三年(862)十月十四日《唐故处州刺史赵府君(璜)墓志铭》:"君讳璜,字祥牙,其先自秦灭同姓,降居天水……五代祖讳仁泰,邢州南和令;高王父讳慎己,相州内黄主簿;曾王父讳骊,大明帝时制举,自同州韩城令,擢拜京兆府士曹,转河阴令,再迁扶风郡长史。王父讳涉,进士擢第,累佐藩府,至朝散大夫、检校著作郎、兼侍御史;先君讳伉,自建中至元和,伯仲五人,登进士第,时号卓绝……开成三年,礼部侍郎高公锴将拔孤进,君与再从兄琏同时登进士第,余是时亦以前进士吏部考判高等……咸通三年四月十一日,遭大病于郡廨,享年五十九。"按墓志署"兄中大夫守衢州刺史璘撰",归葬之地为河南府河南县。

【赵璜】字祥牙,郡望天水,洛阳河南县人,祖涉官至朝散大夫,父伉进士擢第。开成三年(838)登进士科,选授秘书省校书郎。历节度使掌书记,阶至朝散大夫。

《唐代墓志汇编》大中○一一赵璜撰大中元年(847)九月十四日《唐故进士赵君(珪)墓志铭》:"进士赵珪,字子达,天水人也……曾祖府君讳驷,制策登科朝散大夫魏郡司马;司马生皇祖府君讳涉,进士及第朝散大夫侍御史;侍御史府君生皇考府君讳伉,进士及第监察御史。秀才监察府君第三子也……长兄江西观察判官监察御史里行璘,寄财毕葬事;次兄京兆府鄠县尉璜,乞假护丧东归……世以进士相贵重,自吾皇祖皇考伯俭、叔伸、叔佶、叔儹及吾昆仲,爰暨中外,咸以科名光显记册。"

《唐代墓志汇编》开成○四五《大唐王屋山上清大洞三景女道士柳尊师真宫志铭》:"(夫人)有男三人……长曰璘,以前进士赴调,判入高第,为秘书省校书郎;次曰璜,进士及第。"

《唐代墓志汇编》咸通○二一赵璘撰咸通三年(862)十月十四日《唐故处州刺史赵府君(璜)墓志铭》:"君讳璜,字祥牙,其先自秦灭同姓,降居天水……五代祖讳仁泰,邢州南和令;高王父讳慎己,相州内黄主簿;曾王父讳驷,大明帝时制举,自同州韩城令,擢拜京兆府士曹,转河阴令,再迁扶风郡长史。王父讳涉,进士擢第,累佐藩府,至朝散大夫检校著作郎兼侍御史;先君讳伉,自建中至元和,伯仲五人,登进士第,时号卓绝……咸通三年四月十一日,遭大病于郡廨,享年五十九。"按墓志署"兄中大夫守衢州刺史璘撰",其归葬之地为河南府河南县。

《唐代墓志汇编》咸通一一八《唐故处州刺史赵府君妻上邽县君苏氏夫人墓志铭》:"赵府君讳璜,以雄文令誉登进士高第。"

(宋)计有功《唐诗纪事》卷五二《赵璜》:"璜,开成三年登第。"

【萧膺】字次元,闽中侯官人。开成三年(838)登进士科。终大理司直。

《登科记考》卷二一开成三年(838)进士科条云《永乐大典》引《闽中记》:"萧膺字次元,侯官人,与滂同年。是岁,闽中四人登科。"

淳熙《三山志》卷二六:"开成三年戊午裴思谦榜,萧膺,字次元,侯官人,终大理司直。"

乾隆《福建通志》卷三三《选举》:进士开成三年裴思谦榜:"闽县:李滂,大理评事。侯官县:萧膺,传见文苑。长乐县:林鹗,传见孝义。晋江县:李稠,工部尚书;陈嘏,传见文苑;欧阳秬,詹从子,传见人物。"

制科

【孙谷】河南人。开成三年(838)登宏辞科。历翰林学士、起居郎、兵部员外郎。

(唐)赵璘《因话录》卷三《商部下》:"开成三年,余忝列第。考官刑部员外郎纥干公……是年科目八人,六人继升朝序……敕头孙河南谷,先于雁门公为丞。"

《旧唐书》卷一八上《武宗》:"(会昌六年二月)壬辰,以翰林学士、起居郎孙谷为兵部员外郎充职。"

(宋)王谠撰,周勋初校证《唐语林校证》卷四《企羡》:"开成三年,书判考官刑部员外郎纥干公,崔相群门生也。纥干及第时,于崔相新昌宅小厅中集见座主;及为考官之前,假居崔相故第,亦于此厅见门生焉。是年科目八人,敕头孙河南谷,先于雁门公为丞。纥干封雁门公。"

《登科记考》卷二一开成三年(838)博学宏词科条云宋谷及第。

【赵璠】郡望天水,贯河南府河南县。大和八年(834)进士科及第,开成三年(838)考判高等。小传见大和八年进士科赵璠条。

《唐代墓志汇编》咸通〇二一《唐故处州刺史赵府君墓志铭》:"君讳璜,字祥牙,其先自秦灭同姓,降居天水,曾王父讳驹,大明帝时制举……王父讳涉,进士擢第,累佐藩府,至朝散大夫检校著作郎兼侍御史;先君讳伉,自建中至元和,伯仲五人,登进士第,时号卓绝……开成三年,礼部侍郎高公锴将拔孤进,君与再从兄琏同时登进士第,余是时亦以前进士吏部考判高等,士族荣之……会昌末,始选授秘书省校书郎……尚书韦公损节度武昌,奏监察、殿中二御史,皆掌书记……阶至朝散大夫……自祠部郎守信安……咸通三年……享年五十九……以君归葬河南县平乐乡伯乐原。""兄中大夫守衢州刺史璠撰。"按其归葬之地,其籍贯当为洛阳河南县人。

《唐代墓志汇编》开成〇四五《大唐王屋山上清大洞三景女道士柳尊师真官志铭》:"(夫人)有男三人……长曰璠,以前进士赴调,判入高第,为秘书省校书郎。"

(唐)赵璘《因话录》卷三《商部下》:"开成三年,余忝列第。考官刑部员外郎纥干公。"

开成四年己未(839)

知贡举:中书舍人崔蠡

进士科

【崔□】开成四年(839)进士科状元及第。

(唐)阙名《玉泉子》:"崔蠡知制诰,丁太夫人忧,居东都里第……一日,宗门士人请谒于蠡……蠡见其慷慨,深奇之,但嘉纳其意,终却不受。此人调举久不第,亦颇有屈声。蠡未几服阕,拜尚书左丞,知举礼部。此人就试,蠡第之为状元。"

《登科记考》卷二一开成四年(839)进士科条云崔某状元及第,所引《芝田录》略同。

【于汝锡】字符福。开成四年(839)进士及第。

《大唐西市博物馆藏墓志》四〇八,开成五年(840)正月二十五日《唐故琅邪颜夫人墓志铭并叙》:"鲁公太师之季子、殿中御史硕,娶卢氏,生三男二女。男之长曰淙,终同州韩城令。次曰知权,进士擢第,终秘书省正字。次曰遄,终金吾卫佐。女之长适博陵崔钧,而夫人归于我。"按:墓志署"夫前乡贡进士于汝锡撰"。

《大唐西市博物馆藏墓志》四一七,于德旧撰大中元年(847)九月乙酉《唐故浙江东道观察支使试太常寺协律郎云骑尉河南于公墓志铭并序》:"季父讳汝锡,字符福……年二十余,试艺春官,始一战。丞相韦公将拔与之,嫌其世家子且甚少,故不就。其后余二十年,至开成四年,今左辖崔公主贡事,方上第。"按:开成四年中书舍人崔蠡权知礼部贡举。

【田章】开成四年(839)登进士科。

(宋)计有功《唐诗纪事》卷五三《田章》:"章,登开成四年进士第。"

《登科记考》卷二一开成四年(839)进士科条云田章及第。

【曹汾】字道谦,河南府河南人,父景伯,兄官至宰相。开成四年(839)登进士科。历官尚书郎、知制诰,正拜中书舍人,终户部侍郎。

《旧唐书》卷一七七《曹确传》:"曹确字刚中,河南人。父景伯,贞元十九年进士擢第,又登制科。确,开成二年登进士第……咸通五年,以本官同平章事……弟汾,亦进士登第,累官尚书郎、知制诰,正拜中书舍人。出为河南尹,迁检校工部尚书、许州刺史、忠武军节度观察等使。入为户部侍郎,判度支。"

《新唐书》卷一八一《曹确传》:"曹确字刚中,河南河南人……弟汾,以忠武军节度使入为户部侍郎,判度支,卒。"

(宋)计有功《唐诗纪事》卷五二《曹汾》:"汾,字道谦,开成四年登第……汾终户部侍郎。"

《登科记考》卷二一开成四年(839)进士科条云曹汾及第。

制科

【张不疑】郡望南阳。进士登科,开成四年(839)登宏辞科,授秘书郎。历淮南从事,终协律郎。

(宋)李昉等《太平广记》卷三七二《精怪五·张不疑》引《博异记》:"南阳张不疑,开成四年宏词登科,授秘书。"

(宋)王谠撰,周勋初校证《唐语林校证》卷四《企羡》:"张不疑进士擢第,宏词登科。当年四府交辟,江西李中丞凝、东川李相回、淮南李相绅、兴元归仆射融,皆当时盛府。不疑赴淮南命,到府未几,以协律郎卒。"

(宋)钱易《南部新书·己》:"张不疑登科后,江西李凝、东川李回、淮南李融交辟,而不疑就淮南之命。"

《登科记考》卷二七《附考·进士科》录载张不疑。

征辟

【郭昭文】开成四年(839)以贤良征,为殿中侍御史。

万历《黄岩县志》卷五《人物志》:"郭昭文,郭岙人,文宗开成四年以贤良征为殿中侍御史。"

开成五年庚申(840)

知贡举：礼部侍郎李景让

进士科

【李从实】开成五年(840)进士科状元及第。

(元)辛文房撰，傅璇琮主编《唐才子传校笺》(册三)卷七《喻凫》："凫，毗陵人，开成五年李从实榜进士。"

《登科记考》卷二一(782)开成五年(840)进士科条李从实状元及第。

【石贲】吴兴人，开成五年(840)登进士第。

《全唐诗》第十六册卷五四三喻凫《送石贲归吴兴》："同志幸同年，高堂君独还。"陈冠明《〈登科记考〉补名摭遗》据此补入。

【李蔚】字茂休，陇西人，祖上公位司农卿，父景素，大和中进士。开成五年(840)登进士科，释褐襄阳从事，又会昌登拔萃科。历山南东道节度使从事，官至宰相。

《旧唐书》卷一七八《李蔚传》："李蔚字茂休，陇西人。祖上公，位司农卿，元和初为陕虢观察使。父景素，大和中进士。蔚，开成末进士擢第，释褐襄阳从事。会昌末调选，又以书判拔萃，拜监察御史，转殿中监。大中七年，以员外郎知台杂，寻知制诰，转郎中，正拜中书舍人。咸通五年，权知礼部贡举。六年，拜礼部侍郎，转尚书右丞……寻拜京兆尹、太常卿。寻以本官同平章事，加中书侍郎，与卢携、郑畋同辅政……弟绾，从兄绘，累官至刺史。"

《旧唐书》卷一八七下《忠义下·李景让传》："(开成)四年，入为礼部侍郎。五年，选贡士李蔚，后至宰相；杨知退为尚书。"

《新唐书》卷一八一《李蔚传》："李蔚字茂休，系本陇西。举进士、书判拔萃，皆中。拜监察御史，擢累尚书右丞……俄拜京兆尹、太常卿。出为宣武节度使，徙淮南……僖宗乾符初，以吏部尚书同中书门下平章事。罢为东都留守……拜河东节度使，同平章事。至镇三日，卒。"

《登科记考》卷二一开成五年(840)进士科条云李蔚及第。

【杨知退】郡望虢州弘农，贯京兆府长安县，祖宁终国子祭酒，父虞卿官至京兆尹。开成五年(840)登进士科。历户部郎中，官至尚书。

《旧唐书》卷一七六《杨虞卿传附杨汝士传》："杨虞卿字师皋，虢州弘农人。祖燕客。父宁，贞元中为长安尉……子知进、知退、堪，弟汉公，皆登进士第。知退历都官、户部二郎中；堪库部、吏部二员外郎。汉公，大和八年擢进士第，又书判拔萃，释褐为李绛兴元从事。绛遇害，汉公遁而获免。累迁户部郎中、史馆修撰。"

《旧唐书》卷一八七下《忠义下·李景让传》："(开成)四年，入为礼部侍郎。五年，选贡士李蔚，后至宰相；杨知退为尚书。"

《新唐书》卷一七五《杨虞卿传》(5247)云："杨虞卿字师皋，虢州弘农人。父宁……终国子祭酒。虞卿第进士……迁京兆尹……子知退、知权、壇、堪、汉公,皆擢进士第,汉公最显。"

《登科记考》卷二一开成五年(840)进士科条云杨知退及第。

【杨假】字仁之,旧贯同州冯翊,新贯苏州。开成五年(840)登进士科。历华州从事,终常州刺史。

《旧唐书》卷一七七《杨收传》:"杨收字藏之,同州冯翊人……父遗直……客于苏州,讲学为事,因家于吴。遗直生四子:发、假、收、严……假,字仁之,进士擢第。故相郑覃刺华州,署为从事。从覃镇京口,得大理评事。入为监察,转侍御史。由司封郎中知杂事,转太常少卿。出为常州刺史,卒官。"

《新唐书》卷一八四《杨收传》:"杨收……世居冯翊。父遗直……客死姑苏……假,字仁之,仕终常州刺史。"

(宋)孙光宪《北梦琐言》卷一二《杨收不学仙》:"唐相国杨收,江州人祖为本州都押衙,父遗直,为兰溪县主簿。生四子,发、假、收、严,皆登进士第。"

《登科记考》卷二一开成五年(840)进士科条云杨假及第。

【沈枢】字仁伟,苏州人,祖既济终礼部员外郎,父传师官至吏部侍郎。开成五年(840)登进士科。历谏议大夫、商州防御使。

(唐)林宝《元和姓纂》卷七《吴兴沈氏》:"枢,进士,谏议大夫,商州防御使。"

《旧唐书》卷一四九《沈传师传》:"沈传师……父既济……既济坐贬处州司户。后复入朝,位终礼部员外郎。传师擢进士……入为吏部侍郎……有子枢、询,皆登进士第。"

《登科记考》卷二一开成五年(840)进士科云沈枢及第。

正德《姑苏志》卷五《科第表上·进士》:沈枢"字仁伟"。

【班图源】开成五年(840)登进士第。

(五代)王定保《唐摭言》卷八《已落重收》:"或曰:李景让以太夫人有疾,报堂请暂省侍,路逢杨虞卿,恳称班图源之屈,因而得之也。"按:李景让知贡举在开成五年。

【喻凫】常州晋陵县人。开成五年(840)登进士科,释褐校书郎。终乌程令。

《新唐书》卷六〇《艺文四》:"《喻凫诗》一卷。开成进士第,乌程令。"喻凫登第后释褐校书郎,《全唐诗》第十五册卷四九六姚合《送喻凫校书归毗陵》:"主人庭叶黑,诗稿更谁书。阙下科名出,乡中赋籍除。山春烟树众,江远晚帆疏。吾亦家吴者,无因到弊庐。"

(宋)计有功《唐诗纪事》卷五一《喻凫》:"姚合有《送喻凫归毗陵》诗云:'阙下科名出,乡中赋籍除。'又曰:'吾亦家吴者,无因到弊庐。'……凫,毗陵人,开成进士也。卒乌程令。"

(宋)陈振孙《直斋书录解题》卷一九录载《喻凫集》一卷,注云:"唐乌程尉喻凫撰。开成五年进士。"《登科记考》卷二一云喻凫开成五年进士科及第。《全唐诗》第十六册卷五四三又喻凫《书怀》:"家山太湖渌,归去复何如?"晋陵县旁为太湖。《全唐诗》第二十三册卷八一三无可《送喻凫及第归阳羡》:"姓字载科名,无过子最荣。宗中初及第,江上觐难兄。月向波涛没,茶连洞壑生。石桥高思在,且为看东坑。"

（元）辛文房撰，傅璇琮主编《唐才子传校笺》（册三）卷七《喻凫》："凫，毗陵人，开成五年李从实榜进士。仕为乌程县令。"

《登科记考》卷二一开成五年（840）进士科录载喻凫。

【崔元藻】开成五年登进士科。

《全唐文》卷七七六李商隐《为荥阳公与三司使大理卢卿启》："蒙恩左迁，不任感惧。某顷以疏拙，谬副纪纲，不能辨军府之献囚，折王庭之坐狱，将逾五载，终辱三司，过实已招，咎将谁执？故府李相公知旧之分，与道为徒。戎幕宾筵，虽则深蒙奖拔；事踪画迹，实非曲有指挥。逝者难诬，言之罔愧。且崔监察元藻是湖南李相公首科门生，是其所荐御史。将赴淮海，私间尚不嘱求；及还京师，公共岂能遏塞？昨蒙辨引，稍近加诬，座主既不免于款中，杂端固无逃于笔下。乘时幸远，背惠加诬，既置对之莫由，岂自明之有望？若据其证逮，按彼词连，则处以严科，无所逃责。犹赖九天知其乖运伏念，非欲固用深文，不从锻炼之科，得在平反之数。揣心知幸，感分增荣，拜谢末由，惶恋无极。"按：《樊南文集》卷七《樊南甲集序》："大中元年，被奏入岭，当表记。"又《旧唐书》卷一九〇下《文苑下·李商隐传》云大中初郑亚"坐德裕党，亦贬循州刺史。商隐随亚在岭表累载。三年入朝，京兆尹卢弘正奏署掾曹"，则李商隐写此启的时间大约在大中一、二年，而此前知贡举的李姓宰相只有李宗闵和李景让二人。又据《全唐文》卷七七六李商隐《为湖南座主陇西公贺马相公登庸启》，则李商隐所说"湖南李相公"当指陇西李景让，崔元藻应该在开成五年进士及第。

【薛祓】开成五年（840）登进士科。

《登科记考》卷二一开成五年（840）进士科薛祓条引《卓异记》："载座主见门生知举，有李景让、薛祓。则祓为景让门生，于此年登第。"

《旧唐书》卷一九上《懿宗》：咸通元年十一月丁未"以中书舍人薛耽权知贡举。"

《卓异记·座主见门生知举》："萧昕、杜黄裳、杨嗣复、柳璟、李景让、薛祓，按故事考功员外知贡举。"

附考（文宗朝）

附考进士（文宗朝进士）

【□图】郑州长史卢士巩夫人荥阳郑氏外孙。进士及第。官秘书省校书郎。

《全唐文补遗》第八辑，卢仲权撰大和三年（829）十月二十六日《唐故朝散大夫守郑州长史范阳卢府君（士巩）夫人荥阳郑氏合祔墓志铭并叙》："郑氏外孙曰图，进士及第，见任秘书省□书郎。"

【卫洙】字从周，河东人。登进士科。尚宪宗女临真公主。累官至给事中、驸马都尉、工部侍郎。

《旧唐书》卷一五九《卫次公传》："卫次公字从周，河东人……子洙，登进士第，尚宪宗女临真公主。累官至给事中、驸马都尉、工部侍郎。"

《新唐书》卷一六四《卫次公传》："卫次公字从周，河中河东人……子洙，举进士，尚临真公主,检校秘书少监、驸马都尉。文宗曰:'洙起名家,以文进,宜谏官宠之。'乃为左拾遗,历义成节度使。咸通中卒。"

《新唐书》卷一七二《杜兼传》:"(杜兼)子中立,字无为,以门荫历太子通事舍人。开成初,文宗欲以真源、临真二公主降士族……中立及校书郎卫洙得召见禁中,拜著作郎。"按:卫洙在开成初方为校书郎,其登第当在大和初。

【王广】洛阳人。开成元年前登进士科。

(唐)杜牧《樊川文集》卷九《唐故平卢军节度巡官陇西李府君(戡)墓志铭》:"居江南,秀人张知实、萧寘、韩乂、崔寿、宋邢、杨发、王广皆趋君交之,后皆得进士第,有名声官职,君尚为布衣,然于君不敢稍息。"按:墓主李戡开成元年卒,诸生进士及第当在开成元年前登第。

《登科记考》卷二七《附考·进士科》录载王广。

【王轩】太原人。大和中进士科及第。历南海从事、度支推官、监察御史。

《全唐文》卷七六八卢肇《浑天法》:"右。肇始学浑天法于度支推官监察御史太原王轩,轩以王蕃之术授焉。"

(宋)李昉等《太平广记》卷四六一《禽鸟二·王轩》引《纪闻》:"卢肇住在京南海,见从事王轩有孔雀。一日奴告曰:'蛇盘孔雀,且毒死矣。'轩令救之,其走卒笑而不救,轩怒,卒云:'蛇与孔雀偶。'"

(宋)计有功《唐诗纪事》卷五〇《王轩》:"轩,登大和进士第。"《登科记考》卷二七《附考·进士科》条云王轩及第。

【王哲】一作"王晢",河南人,父仲舒,官至御史中丞。大和初登进士科。历宣武掌书记。

《全唐文》卷五六三韩愈《江南西道观察使赠左散骑常侍太原王公墓志铭》:"公讳仲舒,字宏中,少孤奉母居江南游学有名。贞元十年以贤良方正拜左拾遗……有子男七人,初、哲、贞、宏、泰、复、泂,初进士及第,哲文学具善,其余幼也。"按:太原为其郡望,河南为籍贯。

(宋)李昉等《太平广记》卷二六一《嗤鄙四·王初昆弟》引《独异志》:"唐长庆太和中,王初、王哲,俱中科名。其父仲舒显于时,二子初宦,不为秘书省官……又为宣武军掌书记。"

《登科记考》卷二七《附考·进士科》录载王晢。

【韦博】字大业,京兆府万年县人,祖黄裳,浙西节度观察使。大和六年前登进士科。历河东节度使判官、武宁节度使副使,官至京兆尹,赠兵部尚书。

《秦晋豫新出墓志蒐佚续编》八一七。大和六年(832)正月十二日《唐故侍御史内供奉知盐铁埇桥院赵府君墓志铭》,署"摄河中府节度巡官前乡贡进士韦博撰"。

《新唐书》卷一七七《韦博传》:"韦博字大业,京兆万年人。祖黄裳,浙西节度观察使。博取进士第,寖迁殿中侍御史。开成中……回鹘入寇,以符澈为河东节度使,拜博为判官。久之,进主客郎中……以何清朝为灵武节度使,诏博副之,擢右谏议大夫,召对,赐金紫。

因行西北边,商房强弱,还奏有旨,进左大夫,为京兆尹。与御史中丞嚣竞不平,皆得罪,下除博卫尉卿。出为平卢节度使、检校礼部尚书,徙昭义。卒,年六十二,赠兵部尚书。"按:按其开成中为河东节度使判官,韦博当在大和六年前登进士第。

《登科记考》卷二七《附考·进士科》录载韦博。

【韦澄】京兆府人,父贯之官至宰相。约在文宗朝登进士科,无位而卒。

《旧唐书》卷一五八《韦贯之传》云:"韦贯之……以本官同中书门下平章事……贯之子澳、澄。澳,字子斐,大和六年擢进士第,又以弘词登科……周墀镇郑滑,辟为从事。墀辅政,以澳为考功员外郎……寻召充翰林学士,累迁户部、兵部侍郎、学士承旨……出为京兆尹……入为户部侍郎,转吏部……求归樊川别业,许之。逾年,复授户部侍郎。以疾不拜而卒。赠户部尚书,谥曰贞……澄亦登进士第,无位而卒。"按:澳,大和六年及第,澄及第应在大和六年至开成末。

《登科记考》卷二七《附考·进士科》云韦澄及第。

【邓充】大和初登进士科。

《全唐文》卷七五七邓充小传云:"充,大和初进士。"

【卢告】字子有,幽州范阳人,父弘宣官至工部尚书。约在开成前后登进士科。终给事中。

《全唐文》卷七四八杜牧《卢告除左拾遗制》:"敕。承奉郎行京兆府长安县尉直史馆卢告。朕观不理之代无他道也,取唯诺之士,为耳目之官。是以太宗皇帝之理天下也。德为圣人,尊为圣帝,三日不谏,必责侍臣。况予寡昧,固多遗阙,不官才彦,安能知之。告是吾贤卿老之令子弟也。以甲科成名,以家行著称,取自史阁,拔居谏坦。夫朕之不德,吏之不平,政之失中,人之不宁,四者之阙,悉陈其志,此乃汉文帝开谏净之诏也。忠告不倦,尔当奉职,自用则小,予不吝过。勉思有犯,无事逊言。可依前件。"

《新唐书》卷一九七《循吏·卢弘宣传》:"卢弘宣字子章。元和中,擢进士第。郑权帅襄阳,辟署幕府……裴度留守东都,表为判官,迁累给事中。(开成中)……还,迁京兆尹、刑部侍郎……历工部尚书、秘书监,以太子少傅致仕。卒,年七十七,赠尚书右仆射……子告,字子有,及进士第,终给事中。"

《登科记考》卷二七《附考·进士科》录载卢告。

光绪《畿辅通志》卷三四《选举·唐·进士·附录》:"卢告,范阳人,给事中。"

【卢近】范阳人。大和三年(829)前乡贡进士及第。

《全唐文补遗》千唐志斋新藏专辑,崔玙撰大和三年(829)十月二十六日《唐故昭州平乐县尉卢府君(侠)墓志铭并序》:"府君讳侠,字毅夫,范阳人……大和三年,君之犹子、前乡贡进士近,思缄积岁遐方寓殡之痛,始与二李妹谋,闲关修阻,协卜襄事。"

【卢韶】范阳人,处约子。大和九年(835)前举进士。

《全唐文补遗》第八辑,李林宗撰大和九年(835)四月十日《唐故楚州营田巡官将仕郎徐州彭城县主簿范阳卢府君(处约)墓志铭并序》:"君讳处约,字得之,范阳人……有子七人,长曰继,前洋州参军。次子韶,举进士……"

【卢锐】范阳人,处约子。大和九年(835)前举进士。

《全唐文补遗》第八辑,李林宗撰大和九年(835)四月十日《唐故楚州营田巡官将仕郎徐州彭城县主簿范阳卢府君(处约)墓志铭并序》:"君讳处约,字得之,范阳人……有子七人,长曰继,前洋州参军。次子铭、锐,举进士。"

【卢缄】京兆府长安县人。约开成初进士科及第,补官麟阁。历商州防御使戎佐、许昌荆南从事、剑南西川节度判官、检校尚书驾部郎中。

《全唐文补遗》千唐志斋新藏专辑,李蔚撰咸通二年(861)十一月三日《唐故朝议郎守京兆少尹柱国赐绯鱼袋范阳卢府君(缄)夫人清河崔氏合祔墓志铭并序》:"有唐咸通二年夏六月甲子,京兆少尹卢公捐馆于亲仁里之私第,享年五十八……公讳缄,字子晦,范阳人也。"

《唐代墓志汇编》大中一二八《有唐卢氏故崔夫人墓志铭并序》:"当大和甲寅之除日,获亲迎于长安长兴里夫人之私第。明晨拜亲宾于上日,时缄随计有司……后数岁,缄登进士第,补官麟阁,佐戎商州防御使,授泾阳尉,为版图巡职,奏许昌荆南记室从事官……升朝拜殿中侍御史,转侍御史,尚书都官外郎。""剑南西川节度判官朝议郎检校尚书驾部郎中兼侍御史柱国赐绯鱼袋卢缄撰。"按:甲寅年即大和八年,卢缄登第应在开成初。

罗继祖《登科记考补》补入。

【卢复】开成五年五月前登进士科。

《雁塔题名残卷拓本》:"前进士胡□、前进士褚承裕、前进士张卫□、前进士陈嘏、前进士□复、前进士裴思,开成五年五月廿日同登。"

《登科记考补正》卷二七《附考·进士科》将"前进士卢□"补名卢复。

【卢耽】字子严,又字子重。穆文间登进士第。历给事中、西川节度使,官至使相。

(五代)尉迟偓《中朝故事》:"卢耽自进士登科后,出将入相四十九年,不曾称前衔,皆从此任受于彼。"《资治通鉴》卷二五二懿宗咸通十一年正月条:"节度使卢耽召彭州刺史吴行鲁使摄参谋。"按:若以卢耽咸通十一年为西川节度使来算,往前推四十九年应该是长庆元年,考虑到卢耽可能以后还任官,所以其登第应当在穆文间。

《新唐书》卷五八《艺文二》:"《文宗实录》四十卷。卢耽、蒋偕、王沨、卢告、牛蔚撰,魏暮监修。耽,字子严,一字子重,历西川节度使、同中书门下平章事。"

《新唐书》卷一三二《蒋乂传》:"(蒋伸)大中八年,与卢耽、牛蔚、王沨、卢告撰次《文宗实录》。"

《登科记考补正》卷二七《附考·进士科》增补卢耽。

【史宏】开成中登进士科。

《全唐文》卷七一六史宏小传云:"宏,开成中擢进士第。"

【令狐纬】贯京兆。大和九年前登进士科。

《旧唐书》卷一七二《令狐楚传》:"令狐楚,字壳士,自言国初十八学士德棻之裔。祖崇亮,绵州昌明县令。父承简,太原府功曹。家世儒素。楚儿童时已学属文,弱冠应进士,贞元七年登第……(元和十四年七月)自朝议郎授朝议大夫、中书侍郎、同平章事……(开成元年)二年十一月,卒于镇,年七十二,册赠司空,谥曰文……(子)绚字子直。大和四年登进士第,释褐弘文馆校书郎。"则令狐纬及第在大和九年前。

《登科记考》卷二七《附考·进士科》云:"柳珹摹雁塔题名残拓本有大和九年前进士令狐纬题名,同题者有令狐绪、令狐绚。后又言后十六年与缄、绚同登,则纬当是绚之昆弟行。"

【兰承】一作"兰承庆"。大和中登进士科。

(宋)郑樵《通志》卷二八《氏族略第四·以名为氏》"兰氏"载:"唐太和登第有兰承。"

(元)洪景《新编古今姓氏遥华韵》丙集卷十:"兰承庆,唐大和登进士第。"

(明)凌迪知《万姓统谱》卷二五《上平声》:"唐兰承,大和登第。"

《登科记考》卷二七《附考·进士科》进士科录载,《登科记考补正》卷二七《附考·进士科》录载兰承(兰承庆)及第。

【伍康羽】郡望武陵,祖籍润州丹徒,户籍历阳,祖武珪试太子通事舍人,父皓试大理评事。进士及第。官太常寺协律郎。

《全唐文补遗》第四辑,周繟撰会昌二年(842)三月十六日《唐故武陵郡武府君(钧)墓志铭并序》:"伍氏之先郡武陵也,吴相国员之后。员廿四代孙,晋朝通直郎散骑常侍诱,因随晋过江,累代居润州丹徒县,至子伍珪。珪,试太子通事舍人,后因丧乱而至历阳,有子皓。皓,试大理评事,自历阳至于南巢□□□之秀而家焉……是生公。公讳钧,试左率武卫兵曹参军……季子曰康羽,报考□经,修文立志,应乡贡进士,试太常寺协律郎,仍赐骑都尉。"

《登科记考补正》卷二七《附考·进士科》录载伍康羽。

【庄充】大和二年前登进士科。

(唐)杜牧《樊川文集》卷一三《答庄充书》:"某白庄先辈足下……"按:杜牧称庄充为先辈,其当在杜牧登第之前进士擢第,杜牧大和二年进士及第。施子愉《登科记考补正》补入。

【刘三复】润州句容人。大和中登进士科。历义成节度使掌书记、浙西从事、谏议、给事拜刑部侍郎、弘文馆学士判馆事。

《全唐诗》第十六册卷五三五许浑《和浙西从事刘三复送僧南归》:"楚客送僧归故乡,海门帆势极潇湘。碧云千里暮愁合,白雪一声春思长。满院草花平讲席,绕龛藤叶盖禅床。怜师不得随师去,已戴儒冠事素王。"

(五代)孙光宪《北梦琐言》卷一《刘三复记三生事》:"唐大和中,李德裕镇浙西,有刘三复者,少贫苦,学有才思……德裕嘉之,因遣诣阙求试。果登第,历任台阁。"

《旧唐书》卷一七七《刘邺传》:"刘邺字汉藩,润州句容人也。父三复,聪敏绝人……自谏议、给事拜刑部侍郎、弘文馆学士判馆事。"

《新唐书》卷一八三《刘邺传》:"刘邺字汉藩,润州句容人。父三复……擢三复刑部侍郎、弘文馆学士。"

(宋)王谠撰,周勋初校证《唐语林校证》卷二《文学》:"李德裕镇浙西,有刘三复者,少贫苦,学有才思……德裕尤喜之,遣诣京师,果登第。"

《登科记考》卷二七《附考·进士科》云刘三复及第。

【刘顼】彭城人,祖璠,父煟,兄琢官至宰相。约在开成中登进士科。

《旧唐书》卷一七七《刘琢传》:"刘琢者,彭城人。祖璠,父煟。琢,开成初进士擢第。会昌末,累迁尚书郎、知制诰,正拜中书舍人。大中初,转刑部侍郎……寻以本官同平章事,领使如故。十二年,累加集贤殿大学士。罢相,又历方镇,卒。弟顼,亦登进士第。"

《登科记考》卷二七《附考·进士科》条云刘顼及第。按:刘顼及第应在其兄刘琢开成初及第之后,约在开成中。

【刘潼】字子固,曹州南华人,祖宴官至宰相,父遥官至汾州刺史。约大和中擢进士第。历度支使巡官,官至左散骑常侍,赠司空。

《新唐书》卷一四九《刘晏传》:"刘晏字士安,曹州南华人……晏兄遥,为汾州刺史……遥孙潼,字子固。擢进士第,杜悰判度支,表为巡官,累迁祠部郎中。大中初,讨党项羌,军食乏,宰相欲以潼为使……历京兆少尹……擢右谏议大夫。出为朔方、灵武节度使。坐累贬郑州刺史,改湖南观察使。召为左散骑常侍。拜昭义节度使,徙河东,又徙西川……以功加检校尚书右仆射。卒,赠司空。"按:《旧唐书》卷一七下《文宗下》云"(开成二年十二月)壬寅,以前忠武军节度使杜悰为工部尚书、判度支",则潼登第应在大和中。

《登科记考》卷二七《附考·进士科》云刘潼及第。

【刘濛】一作"刘蒙",字仁泽,曹州南华人,祖宴官至宰相,父谈经官至潮州刺史。文宗朝登进士科。官至大理卿。

《全唐文补遗》千唐志斋新藏专辑,刘伉撰开成元年(836)十一月七日《故彭城刘府君(谈经)博陵崔夫人(达)墓志铭并序》:"唐开成景辰岁,博陵崔夫人享年七十八……有子四人,女四人:长男曰濛,进士及第,殿中侍御史,山南西道节度判官。"按《登科记考》卷二七《附考·进士科》录有刘濛,考云:"《新书·刘晏传》:'晏少子宗经。宗经子濛,字仁泽,举进士。'"同卷录有刘潼,考云:"《新书·刘晏传》:'晏兄遥。遥孙潼,字子固,擢进士第。'"据《崔达墓志》,濛乃谈经之子,谈经乃潮州刺史讳遥之长子。

《新唐书》卷一四九《刘晏传附刘濛传》:"刘晏字士安,曹州南华人……拜吏部尚书、同中书门下平章事……建中元年七月,诏中人赐晏死,年六十五……家属徙岭表……晏殁二十年,而韩洄、元琇、裴腆、李衡、包佶、卢征、李若初继掌财利,皆晏所辟用,有名于时……(晏子)宗经终给事中、华州刺史。子濛,字仁泽。举进士,累官度支郎中。会昌初,擢给事中。以材为宰相李德裕所知。时回鹘衰,朝廷经略河、湟,建遣濛按边,调兵械粮饷,为宣慰灵夏以北党项使。始议造木牛运。宣宗立,德裕得罪,濛贬朗州刺史,终大理卿。"

(明)凌迪知《万姓统谱》卷五八《下平声》:"字仁泽,晏曾孙,举进士,累官度支郎中。会昌初,擢给事中,为宰相李德裕所知,时欲建经略河湟,蒙按边调兵械粮饷。宣宗立德裕得罪,蒙贬朗州刺史,终大理卿。"按:以其会昌初擢给事中,则刘濛登第约在文宗朝。

《登科记考》卷二七《附考·进士科》云刘濛及第。

【许琄】约在大和中登进士科。

（宋）计有功《唐诗纪事》卷四五《许玫》："玫，大和元年登第。其兄弟琄、瓘皆高第。"

《登科记考》卷二七《附考·进士科》云许琄及第。

【许筹】文宣朝登进士第。历观察使。

《全唐文》卷七九〇许筹《嵩岳珪禅师影堂记》："筹仅童知佛，业儒杂老严，德慕元空靡极，营儒身及进士第。"

《全唐文》卷七九〇许筹《晋东莱太守刘将军庙记》："将军晋永嘉初守莱，种德艺政，莱人恩之。既殁，诸刘将西扶葬洛……大中十一年四月癸巳，太守辛公胘去，太守姚公琯未临，筹以当道观察支使奏承空阙。到郡之三日，军吏疏拜历祠群望。即日将军祠在郡署之东端，简肃入而见，庙寝卑狭，画像雕暗，既违有德，岂谓祭恭。乃命押衙兼修造使李公霸度木戒工，新此殿构，想像塑绘，居月而成。心非贸福者，将使有德者垂昆无穷，无德者警改操行。莱人受裕，当稔于兹。大中十一年五月二十三日记。"按同卷许筹小传云"筹，宣宗朝官观察使"，则其登第年大致在文宣朝。

【许瓘】约在大和中登进士科。

（宋）计有功《唐诗纪事》卷四五《许玫》："玫，大和元年登第。其兄弟琄、瓘皆高第。"

《登科记考》卷二七《附考·进士科》云许瓘及第。

【孙绮】约开成、会昌间登进士第。

《全唐诗》第十六册卷五四〇李商隐《赠孙绮新及第》。

《登科记考》卷二七《附考·进士科》云孙绮及第。按：李商隐开成二年进士及第，大中末卒，则孙绮约开成、会昌间登进士第。

【杜宣猷】郡望京兆府杜陵，贯襄阳。约在大和初登进士科。历将仕郎、宏文馆校书郎，官至宣歙观察使。

《唐代墓志汇编》大和〇五一《唐朝请大夫试绛州长史上柱国赵郡李君故夫人京兆杜氏墓志铭并序》："夫人讳琼，字琼，本京兆杜陵人，后因家邢州，遂为邢之尧山人焉。曾祖知慎，皇将仕将守冀州南宫县尉；祖昌运，皇守忻州定襄府左果毅上柱国；父栖岩，皇朝散大夫试左武卫长史。夫人长史之叔女也……宣猷与夫人别业连接，得叙宗族……始予随进士贡，路出汉滨，时寓夫人里第……"此碑，由"从弟将仕郎守宏文馆校书郎宣猷撰"。按：宣猷曾被乡里贡送参加进士科考试，后有出任宏文馆校书郎等多由进士科出身者尚可担任的官职，则其应该在大和初进士及第。

《新唐书》卷二〇七《宦者上·吐突承璀传》："咸通中，杜宣猷为观察使，每岁时遣吏致祭其先，时号'敕使墓户'。宣猷卒用群宦力徙宣歙观察使。"

《资治通鉴》卷二五〇咸通六年正月条："丁巳，始以懿安皇后配飨宪宗室。时王皞复为礼院检讨官，更申前议，朝廷竟从之。诸道进私白者，闽中为多，故宦官多闽人。福建观察使杜宣猷每寒食遣吏分祭其先垅，宦官德之，庚申，以宣猷为宣歙观察使，时人谓之'敕使墓户'。"

【李□】开成末登进士第。

《全唐诗》第十六册卷五四八薛逢《李先辈擢第东归有赠送》。按:薛逢会昌元年登第,文中称李先辈,则其登第当在会昌元年前不远。

【李恬】贝州人。约文武朝登进士及第。官至洺州刺史。

《全唐诗》第十九册卷六四九方干《送李恬及第后还贝州》。

《资治通鉴》卷二四七会昌三年十一月条:"洺州刺史李恬,石之从兄也。石至太原,刘稹遣军将贾群诣石,以恬书与石云:'稹愿举族归命相公,奉从谏丧归葬东都。'"按:其及第后还贝州,当指回家,其登第约在文武朝。

《登科记考》卷二七《附考·进士科》录载李恬。

【李俊素】字明中,其先陇西人。大和年间进士及第。官至监察御史。

《全唐文补遗》千唐志斋新藏专辑,韦琮撰大中二年(848)三月二十二日《唐故监察御史陇西李公(俊素)墓志铭并序》:"公讳俊素,字明中,其先陇西人,后魏姑臧公之裔也……大和□年,擢进士第,以词赋知名……三女:长适前进士郑迈。次许嫁外甥前进士窦戎。"

【李景庄】郡望太原,贯东都洛阳,祖彭官至县令,父宏官卑。大和二年后登进士第。官至刑部侍郎。

《全唐文补遗》第八辑,咸通十五年(874)九月三十日《唐常州无锡裴长官(谣)陇西李夫人墓志铭并序》:"唐常州无锡裴长官夫人陇西李氏,景庄之第二女,第卅七女……父景庄,进士第,累历相府、名卿府。自武昌殿中除监察,历台省,守毗陵,赐紫金鱼袋。"按:墓志署名"父、朝散大夫、守左谏议大夫、柱国、赐紫金鱼袋景庄撰"。

(五代)刘崇远《金华子杂编》卷上:"李景让尚书,少孤贫。夫人某氏,性严重明断,近代贵族母氏之贤,无及之也。孀居东洛,诸子尚幼……其后诸子景让、景温、景庄皆进士擢第,并有重名,位至方岳。"

《旧唐书》卷一八七下《忠义下·李憕传》:"李憕,太原文水人。父希倩,中宗神龙初,右台监察御史。憕……二子彭、源,存焉……彭,以一子官累历州县令长……子宏,仕官愈卑。生三子:景让、景庄、景温,自元和后,相继以进士登第……景温,登第后践历台阁。咸通中,自工部侍郎出为华州刺史、潼关防御、镇国军使。景庄,亦至达官。"

(宋)王溥《唐会要》卷四一《左降官及流人》:"(乾符)五年五月二十六日,刑部侍郎李景庄奏……"

《新唐书》卷一七七《李景让传》:"李景让字后己,赠太尉憕孙也。性方毅有守。宝历初,迁右拾遗……沈传师观察江西,表以自副。历中书舍人、礼部侍郎、商华虢三州刺史……元和后,大臣有德望者,以居里显,景让宅东都乐和里,世称清德者,号'乐和李公'云。弟景温,字德己,历谏议大夫、福建观察使,徙华州刺史,以美政闻。累迁尚书右丞……弟景庄,亦至显官。"按:其籍贯见元和十年(815)进士科李景让小传。

《登科记考》卷二七《附考·进士科》条云李景庄及第。按:沈传师在元和二年至四年为江西观察使,则景庄进士及第当在大和二年后。

【李庚】京兆府人,宰相李石之从子。约在开成间登进士科,累拜监察御史。历湖南观察使。

《旧唐书》卷一七二《李石传》:"李石字中玉,陇西人。祖坚,父明。石……(大和)九年七月,权知京兆尹事。十月,迁户部侍郎……石自朝议郎加朝议大夫,以本官同平章事……武宗即位,就加检校尚书右仆射。会昌三年十月,加检校司空、平章事、陇西郡开国伯、食邑七百户、太原尹、北都留守、河东节度观察等使……以太子少保分司卒。"按:庾登第是得李石之力,应在李石当宰相期间,故其登第应该在文宗开成间。

(宋)李昉等《太平广记》卷二七五《童仆·却要》引《三水小牍》:"湖南观察使李庾之女奴,曰却要。"

(宋)王谠撰,周勋初校证《唐语林校证》卷三《方正》:"李石从子庾,少擢进士第,石之力也。累拜监察御史,分司东都。"

《登科记考》卷二七《附考·进士科》条云李庾及第。

【杨介之】大和四年(830)前登进士第。

《洛阳出土历代墓志辑绳》大和四年杨介之《成璘墓志》:"前进士杨介之撰。"王其祎、周晓薇《〈登科记考〉补续》补入。

【杨攷之】大和四年前进士及第。

《登科记考补正》卷二七《附考·进士科》录载杨攷之,考云:《补遗》册四,录"杨敬之"撰大和四年(830)十一月二十日《唐故将仕郎试恒王府兵曹参军兼充大内上阳宫医博士城阳郡公(璘)墓志铭并序》,署"前进士"。按杨敬之登元和二年(807)进士第,且历官已久,故与之时代未合。王补据《辑绳》大和四年《成璘墓志》录作"杨介之"。今检《隋唐五代墓志汇编·洛阳卷》第十三册,影印《成璘墓志》拓本,著录撰者"杨考之",按"考"之字型左侧微泐,似"攷"或"啟"。今以"杨攷之"著录。从之。

【杨范】郡望虢州弘农,贯京兆府长安县,祖宁终国子祭酒,父汉公官至工部尚书。约在文宗朝登进士科。累历使府,历监察御史。

《全唐文补遗》第六辑,郑熏撰咸通二年(861)十一月二十日《唐故银青光禄大夫检校户部尚书使持节郓州诸军事守郓州刺史充天平军节度郓曹濮等州观察处置等使御史大夫上柱国弘农郡开国公食邑二千户弘农杨(汉公)墓志铭并序》:"公讳汉公,字用乂,弘农华阴人也……生二子,曰筹,曰范。皆登进士第,有令名于当时。筹长安尉,范今襄州节度蒋公系从事、试大理评事。"

《旧唐书》卷一七六《杨虞卿传附杨汝士传》:"杨虞卿字师皋,虢州。弘农人。祖燕客。父宁,贞元中为长安尉……子知进、知退、堪,弟汉公,皆登进士第。知退历都官、户部二郎中;堪库部、吏部二员外郎。汉公,大和八年擢进士第,又书判拔萃,释褐为李绛兴元从事。绛遇害,汉公遁而获免。累迁户部郎中、史馆修撰。大和七年,迁司封郎中。汉公子范、筹,皆登进士第,累辟使府……初汝士中第,有时名,遂历清贯。其年诸子皆至正卿,郁为昌族。所居静恭里,知温兄弟,并列门戟。咸通中,昆仲子孙,在朝行方镇者十余人。"

《新唐书》卷一七五《杨虞卿传》:"杨虞卿字师皋,虢州弘农人。父宁……终国子祭酒。虞卿第进士……迁京兆尹……子知退、知权、壇、堪、汉公,皆擢进士第……召为工部尚书……汉公自同州更宣武、天平两节度使,卒。子筹、范,仕亦显。"按:汉公在大和七年官至司封郎中,杨范之从兄知退在开成五年登第,则范登第应在文宗朝。

《资治通鉴》卷二一一文宗开成四年二月条:"上命监察御史杨范臣与胡人偕往求之。"

《登科记考》卷二七《附考·进士科》录载杨范。

【杨知权】郡望虢州弘农,贯京兆府长安县,祖宁官至国子祭酒,父汝士官至尚书。大和年间登进士科。

《旧唐书》卷一七六《杨虞卿传附杨汝士传》:"杨虞卿字师皋,虢州弘农人。祖燕客。父宁,贞元中为长安尉……九年四月,(杨虞卿)拜京兆尹……诏虞卿归私第(长安)。翌日,贬虔州司马,再贬虔州司户,卒于贬所……从兄汝士。汝士……大和三年七月……开成元年七月,转兵部侍郎……四年九月,入为吏部侍郎,位至尚书,卒。子知温、知远、知权,皆登进士第……"《新唐书》卷一七五《杨虞卿传》云:"杨虞卿字师皋,虢州弘农人。父宁……汝子……子知温、知至,悉以进士第入官。知温终荆南节使。"按:杨虞卿大和九年六月卒,杨知退开成五年进士及第,则杨知权及第当在此前,应在大和年间。杨虞卿、汝士、汉公、鲁士宅在长安县敬功坊,见杨鸿年《隋唐两京坊里谱》。

《登科记考》卷二七《附考·进士科》录载杨知权。

【杨知进】郡望虢州弘农,贯京兆府长安县,祖宁终国子祭酒,父虞卿官至京兆尹。约在大和间登进士科。

《旧唐书》卷一七六《杨虞卿传附杨汝士传》:"杨虞卿字师皋,虢州弘农人。祖燕客。父宁,贞元中为长安尉……九年四月,拜京兆尹……诏虞卿归私第……子知进、知退、堪,弟汉公,皆登进士第。知退历都官、户部二郎中;堪库部、吏部二员外郎……九年四月,(杨虞卿)拜京兆尹……诏虞卿归私第。翌日,贬虔州司马,再贬虔州司户,卒于贬所。"

《新唐书》卷一七五《杨虞卿传》云:"杨虞卿字师皋,虢州弘农人。父宁……终国子祭酒。虞卿第进士……迁京兆尹……子知退、知权、壇、堪、汉公,皆擢进士第,汉公最显。"按:杨虞卿大和九年六月卒,杨知退开成五年进士及第,则杨知进及第当在此前,应在大和年间。杨虞卿、汝士、汉公、鲁士宅在长安县敬功坊,见杨鸿年《隋唐两京坊里谱》。

《登科记考》卷二七《附考·进士科》录载杨知进。

【杨知远】郡望虢州弘农,贯京兆府长安县,祖宁官至国子祭酒,父汝士官至尚书。大和年间登进士科。

《旧唐书》卷一七六《杨虞卿传附杨汝士传》:"杨虞卿字师皋,虢州弘农人。祖燕客。父宁,贞元中为长安尉……九年四月,(杨虞卿)拜京兆尹……诏虞卿归私第。翌日,贬虔州司马,再贬虔州司户,卒于贬所……从兄汝士。汝士……大和三年七月……开成元年七月,转兵部侍郎……四年九月,入为吏部侍郎,位至尚书,卒。子知温、知远、知权,皆登进士第。"

《新唐书》卷一七五《杨虞卿传》云:"杨虞卿字师皋,虢州弘农人。父宁……汝子……子知温、知至,悉以进士第入官。"按:杨虞卿大和九年六月卒,杨知退开成五年进士及第,则杨知远及第当在此前,应在大和年间。杨虞卿、汝士、汉公、鲁士宅在长安县敬功坊,见杨鸿年《隋唐两京坊里谱》。

《登科记考》卷二七《附考·进士科》录载杨知远。

【杨知温】郡望虢州弘农,京兆府长安县,祖宁官至国子祭酒,父汝士官至吏部尚书。开成年间登进士科。终荆南节度使。

《旧唐书》卷一七六《杨虞卿传附杨汝士传》:"杨虞卿字师皋,虢州弘农人。祖燕客。父宁,贞元中为长安尉……九年四月,(杨虞卿)拜京兆尹……诏虞卿归私第。翌日,贬虔州司马,再贬虔州司户,卒于贬所……从兄汝士。汝士……大和三年七月……开成元年七月,转兵部侍郎……四年九月,入为吏部侍郎,位至尚书,卒。子知温、知远、知权,皆登进士第……"

《新唐书》卷一七五《杨虞卿传》云:"杨虞卿字师皋,虢州弘农人。父宁……汝子……子知温、知至,悉以进士第入官。知温终荆南节[度]使。"

(唐)孙棨《北里志附录·杨汝士尚书》:"杨汝士尚书镇东川,其子知温及第,汝士开家宴相贺,营妓咸集,汝士命人与红绫一匹,诗曰:'郎君得意及青春,蜀国将军又不贫。一曲高歌红一匹,两头娘子谢夫人。'"

岑仲勉《〈登科记考〉订补》云,据所引《摭言》应为开成间进士。

《登科记考》卷二二会昌四年进士科云杨知温及第。按:杨虞卿大和九年六月卒,则杨知进及第当在此前,应在大和年间。杨虞卿、汝士、汉公、鲁士宅在长安县敬功坊,见杨鸿年《隋唐两京坊里谱》。

【杨绍复】郡望弘农,贯京兆,祖太清宋州单父尉,父於陵官至户部尚书。约在大和四年前登进士科,又登宏词科。官至中书舍人。

《全唐文》卷六三九李翱《唐故金紫光禄大夫尚书右仆射致仕上柱国弘农郡开国公食邑二千户赠司空杨公(於陵)墓志铭》:"公讳於陵,字达夫。年十八举进士第,选补润州句容主簿……大和四年十二月癸亥,以疾薨于新昌第,享年七十有八。天子为之废朝,凡朝廷之贤,设位而哭者,不知几人,册赠司空。明年四月庚午,归葬郑州荥泽县先太保之兆,祔于颍川韩氏赠华阴郡太夫人之茔……子景复,卫尉卿;曰嗣复,户部侍郎;曰绍复,举进士登宏词科。"按:其父於陵卒新昌里,则其贯当在京兆。绍复约在大和四年前进士及第,又登宏词科。

《旧唐书》卷一六四《杨於陵传》:"杨於陵字达夫,弘农人……父太清,宋州单父尉。於陵……客于江南……迁户部尚书……大和四年十月卒……子四人:……绍复进士擢第,宏词登科,位终中书舍人。师复位终大理卿。"

《新唐书》卷一六三《杨於陵传》:"杨於陵字达夫,本汉太尉震之裔。父太清,倦宦,客河朔,死安禄山之乱。於陵始六岁……穆宗立,迁户部尚书……四子:景复仕至同州刺史,绍复中书舍人,师复大理卿,中子嗣复位宰相,自有传。"

【杨堪】郡望虢州弘农,贯京兆府长安尉,祖宁终国子祭酒,父虞卿官至京兆尹。文宗朝登进士科。官至库部员外郎。

《旧唐书》卷一七六《杨虞卿传附杨汝士传》:"杨虞卿字师皋,虢州弘农人。祖燕客。父宁,贞元中为长安尉……子知进、知退、堪,弟汉公,皆登进士第。知退历都官、户部二郎中;堪库部、吏部二员外郎……初汝士中第,有时名,遂历清贯。其年诸子皆至正卿,郁为昌族。所居静恭里,知温兄弟,并列门戟。咸通中,昆仲子孙,在朝行方镇者十余人。"

《新唐书》卷一七五《杨虞卿传》云:"杨虞卿字师皋,虢州弘农人。父宁……终国子祭酒。虞卿第进士……迁京兆尹……子知退、知权、壇、堪、汉公,皆擢进士第,汉公最显。"

《登科记考》卷二七《附考·进士科》录载杨堪。

【杨壇】郡望虢州弘农,贯京兆府长安县,祖宁终国子祭酒,父虞卿官至京兆尹。约在大和间登进士科。

《旧唐书》卷一七六《杨虞卿传附杨汝士传》:"杨虞卿字师皋,虢州弘农人。祖燕客。父宁,贞元中为长安尉……子知进、知退、堪,弟汉公,皆登进士第。知退历都官、户部二郎中;堪库部、吏部二员外郎。汉公,大和八年擢进士第,又书判拔萃,释褐为李绛兴元从事。绛遇害,汉公遁而获免。累迁户部郎中、史馆修撰。"

《新唐书》卷一七五《杨虞卿传》云:"杨虞卿字师皋,虢州弘农人。父宁……终国子祭酒。虞卿第进士……迁京兆尹……子知退、知权、壇、堪、汉公,皆擢进士第,汉公最显。"按:杨虞卿大和九年六月卒,杨知退开成五年进士及第,则杨壇及第当在此前,应在大和年间。杨虞卿、汝士、汉公、鲁士宅在长安县敬功坊,见杨鸿年《隋唐两京坊里谱》。

《登科记考》卷二七《附考·进士科》录载杨壇。

【吴汝纳】澧州人。约开成末登进士科。历河南尉,至显官。

《旧唐书》卷一七三《吴汝纳传》:"吴汝纳者,澧州人,故韶州刺史武陵兄之子。武陵进士登第……为忠州刺史,改韶州……汝纳亦进士擢第,以季父赃罪,久之不调。会昌中,为河南府永宁县尉……吴汝纳、崔元藻为崔、白、令狐所奖,数年并至显官。"

《登科记考》卷二七《附考·进士科》录载吴汝纳。

【何拱】大和四年(830)前乡贡进士及第。

《河洛墓刻拾零》,大和四年(830)九月一日《唐故京兆府法曹参军何公夫人博陵崔氏墓志铭并序》,署"第五弟前乡贡进士何拱撰"。

【宋邢】江南人。开成元年前登进士科。

(唐)杜牧《樊川文集》卷九《唐故平卢军节度巡官陇西李府君(戡)墓志铭》:"居江南,秀人张知实、萧寊、韩乂、崔寿、宋邢、杨发、王广皆趋君交之,后皆得进士第,有名声官职,君尚为布衣,然于君不敢稍息。"按:墓主李戡开成元年卒,诸生进士及第当在开成元年前登第。

《登科记考》卷二七《附考·进士科》录载宋邢。

【宋管】大和六年(832)前乡贡进士及第。

《全唐文补遗》千唐志斋新藏专辑,李仍叔撰大和六年(832)五月四日《唐故河南县丞安定皇甫君(弘)墓志铭并序》,署"前乡贡进士宋管书"。

【沈佐黄】郡望吴兴武康,贯河南府河南县。文宗朝登进士科。历究海节度判官、登仕郎、侍御史、内供奉佐。

《唐代墓志汇编》大中一四〇沈佐黄撰大中十二年(858)四月十五日《唐故承奉郎守大理司直沈府君(中黄)墓志铭》:"公即庶子府君第三子也。讳中黄,字中美,本吴兴人……享年六十有七。时大中十二年……归葬河南府河南县平乐乡张杨里祔先茔之后礼也。佐黄手足惊断……刻书铭之。""季弟兖海节度判官登仕郎侍御史内供奉佐黄撰。"《全唐诗》第十七册卷五六八李群玉有《将离澧浦置酒野屿奉怀沈正字昆弟三人联登高第》诗,其"沈正字"即沈师黄。沈氏昆弟三人,指中黄、师黄、佐黄。考见《全唐诗人名考证》(六五八〇),谓师黄"当此年(开成元年)或大和九年进士"。按:沈中黄于大和九年进士及第,则佐黄也应在文宗朝登进士第。

【张卫□】一作"张卫一",开成五年五月前登进士科。

《雁塔题名残卷拓本》:"前进士胡□、前进士褚承裕、前进士张卫□、前进士陈碬、前进士□复、前进士裴思,开成五年五月廿日同登。"

《登科记考补正》卷二七《附考·进士科》录作张卫一。

【张不疑】郡望南阳。进士登科,开成四年登宏辞科,授秘书郎。历淮南从事,终协律郎。

(宋)李昉等《太平广记》卷三七二《精怪五·张不疑》引《博异记》:"南阳张不疑,开成四年宏词登科,授秘书。"

(宋)王谠撰,周勋初校证《唐语林校证》卷四《企羡》:"张不疑进士擢第,宏词登科。当年四府交辟,江西李中丞凝、东川李相回、淮南李相绅、兴元归仆射融,皆当时盛府。不疑赴淮南命,到府未几,以协律郎卒。"

(宋)钱易《南部新书·己》:"张不疑登科后,江西李凝、东川李回、淮南李融交辟,而不疑就淮南之命。"

【张仁颖】常州义兴县人,祖涉官至金州刺史,父爽官至普州刺史。开成前后登进士科。历岭南观察使从事。

《唐代墓志汇编》乾符〇三一《唐故宣义郎侍御史供奉知盐铁嘉兴监事张府君墓志铭并序》:"府君以乾符六年二月卅日,终于常州义兴县之私第……君讳中立,字□□,其先范阳人……高祖绍宗,皇邠州武冈令,赠宜春郡太守……宜春生盛王府司马翰林集贤两院侍书侍读学士讳怀瑰,学士生池州长史赠金州刺史讳涉,尝以文学登制策科。金州生普州刺史讳爽,进士及第,登朝为殿中侍御史……君即普州第二子也……(君兄)大中初,再调授武进尉……(中立)享年五十有五……季弟仁颖,登进士第,有时名,从知广南幕下。"(收入《唐文拾遗》卷五二)按:以中立大中初享年五十五岁,仁颖已经入幕广南,则仁颖及第约在开成前后。

《登科记考》卷二七《附考·进士科》条云张仁颖及第。

【张仲周】字君美。登大和丙寅合天统进士第。拜监察御史。

正德《临漳县志》卷八《人物·历代名贤》:"张仲周……唯励志经史,登大和丙寅合天统榜进士第,拜官监察御史。"按:此件文书的年号有问题,待考。

【张杰夫】南阳人，祖泚官至苏州司马，父式，从父正甫官至工部尚书。约在大和前登进士科。历襄州从事。

（唐）赵璘《因话录》卷三《商部下》："张杰夫前自襄州从事至京，先到台中。三院多张之亲友，为求马价，同列有或怒或嗤而不署文字者。权独先署，谓众曰：'某向不与张君熟，且闻其在穷丧马，正当求禄求知之际，不可使徒行。且一缗何足为轻重，若使小生荐所不知之人，实不从众署状。'"

《旧唐书》卷一六二《张正甫传》："张正甫字践方，南阳人……父泚，苏州司马。正甫登进士第……转工部尚书……大和八年九月卒，年八十三，累赠太师。子毅夫。毅夫，登进士第。初正甫兄式，大历中进士登第，继之以正甫，式子元夫、杰夫、征夫又相次登科。大和中，文章之盛，世共称之。"

（宋）王谠撰，周勋初校证《唐语林校证》卷一《政事上》："张杰夫前自襄州从事至京，失马，台中三院多亲友，为求马价。同列或有邰，不肯署字，权范独先署，谓众曰：'某向不与张熟，但闻其在穷丧马，正当求禄求知之际，不可使徒行。且一千何足为轻重？'"

《登科记考》卷二七《附考·进士科》条云张杰夫及第。

【张复鲁】南阳人。文宗朝登进士科。历鄂岳观察支使。

（唐）杜牧《樊川文集》卷八《唐故宣州观察使御史大夫韦公墓志铭并序》：韦公会昌五年卒，"公讳温字弘育……四男：长碻，前国子监四门助教；次曰璆，前明经；次曰瓖；次未免乳。女四人：长嫁南阳张复鲁，复鲁得进士第，有名于时，为试太常协律郎、鄂岳观察支使"。按：其会昌五年时已经为"鄂岳观察支使"，则其登第时间大概在文宗朝。

《登科记考》卷二七《附考·进士科》录载张复鲁。

【张简修】大和八年（834）前乡贡进士及第。

《全唐文补遗》千唐志斋新藏专辑，大和八年（834）八月二十二日《唐河南府济源县尉陆君（炭）妻吴郡张氏夫人墓志铭并序》，署"弟、前乡贡进士简修撰"。

【苗季鳞】郡望上党，贯洛阳。大和五年前后登进士科，授华州别驾。

《唐代墓志汇编》咸通一〇〇苗义符撰咸通十二年（871）十二月十三日《唐故上党苗君（景符）墓中哀词并序》："君讳景符，字祯运，上党人也……唐扬州录事参军讳颖，即君曾大父也；太原参军赠礼部尚书讳蕃，即君大父也；先大夫讳恽，与伯季鳞射进士策，著大名于世。先大夫以疾碍步武，优诏授华州别驾……君比无恙，忽病热旬余，竟以咸通辛卯岁九月四日不起于靖安里第。吾与仲弟廷义同经营，粗备窆穸之用，以其年十二月十三日，吾护葬于洛阳县平阴乡陶村北原，从先大夫之右，礼也。"按：苗恽大和五年及第，则苗季鳞及第当在此前后。

罗继祖《登科记考补》："苗恽《补注》上党苗景符墓中哀词，先大夫讳恽，与伯季鳞射进士策，著大名于世，以疾碍步武，优诏授华州别驾。"罗继祖补入大和五年。按：苗季鳞登进士科应在大和五年前后。

《登科记考补正》卷二七《附考·进士科》录载苗季鳞。

【罗劭权】字昭衡，贯京兆，祖珦京兆尹，父咏，从父让江西观察使。约在大和九年前登进士科。历清贯。

《旧唐书》卷一八八《孝友·罗让传》："罗让字景宣。祖怀操。父珦,官至京兆尹。让……除江西都团练观察使、兼御史大夫。年七十一卒。赠礼部尚书。子劭京,字子峻,进士擢第,又登科。让再从弟咏。咏子劭权,字昭衡,进士擢第。劭京、劭权知名于时,并历清贯。"《资治通鉴》卷二四九大和九年十一月条:"(两军)入左常侍罗让、詹事浑鏱、翰林学士黎埴等家,掠其赀财,扫地无遗。"按:罗让已经贯京兆。

《登科记考》卷二七《附考·进士科》录载罗劭权。

【周杰】开成中登进士科,释褐嘉尉。历校书郎、湖南观察使从事,官至司农少卿,终南唐知司天监事、宋太常少卿。

《宋史》卷四六一《方伎·周克明传》:"子昭文……祖杰,开成中进士,解褐获嘉尉,历弘文馆校书郎……三迁司农少卿。"

(清)吴任臣《十国春秋》卷六二《南汉五·周杰传》:"周杰精于历筭,唐开成中登进士,起家弘文馆校书郎,擢水部员外郎,迁司农少卿……天复中,杰携家来南……高祖即帝位,强起之,令知司天监事……逮后主降宋,适得五十五年……迁太常少卿,卒年九十余。"按:解褐以《宋史》为确。

《登科记考》卷二七《附考·进士科》云周杰及第。

【周鲁儒】延唐人。文宗时进士。

日本藏康熙《永州府志》卷十《选举志上·进士年表》录唐"周鲁儒",注云:"文宗朝,宁远人。"同书卷十六《人物志中·宁远名贤》:"周鲁儒,延唐人,文宗时进士。学问博洽,识见高远,刘宾客禹锡尝赠以诗。"按:刘禹锡有《送周鲁儒赴举》诗,见《刘禹锡全集》外集卷八。

《登科记考补正》卷二七《附考·进士科》录载周鲁儒。

【郑□】大和三年前登进士第。

《雁塔题名残卷拓本》:"前盩厔县尉裴彦章、进士裴茂章、进士裴虞章、进士裴含、前进士郑□,大和三年四月廿五日。"

《登科记考补正》卷二七《附考·进士科》录有郑□。

【郑广】洛阳人,祖晙洺州肥乡令,父惟则试大理评事。开成初前后登进士第。历虢州弘农尉。

《唐代墓志汇编》开成〇三九韦□撰开成五年(840)三月二十一日《唐故桂州员外司户荥阳郑府君(当)墓志铭并叙》:"府君讳当,世为荥阳人……四代祖皇朝吏部郎中讳元敬,曾王父皇任宋州宋城尉讳慎微,王父皇任洺州肥乡令讳晙,显考试大理评事讳惟则,□皆□德不耀,沦于下位,清范可准,门风□高,庆善积归,是崇令嗣。府君即先评事第二子也……亲兄一人名广,登进士第,历虢州弘农尉。"

《洛阳出土历代墓志辑绳》开成五年韦发《郑当墓志》:"亲兄一人名广,登进士第,今任虢州弘农尉。"按:此碑写于开成五年,则郑广登第应在开成初前后。

《登科记考补正》卷二七《附考·进士科》录载郑广。

【房鲁】字咏归,河南人。约文宣朝登进士科。

《全唐文》卷九〇二房鲁小传云:"鲁登进士第。"按:鲁字咏归,见《新唐书》卷七十一下《宰相世系表》一下房氏。

(宋)李昉等《文苑英华》卷七〇七《序九·文集九》录载《樊南乙集序》:"时同僚有京兆韦观文、河南房鲁(《宰相世系表》:鲁,字咏归)、乐安孙朴、京兆韦峤、天水赵璜、长乐冯颢、彭城刘允章,是数辈者皆能文字。"按:赵璜开成三年进士科及第,孙朴武宗朝进士及第,见其各自小传,则房鲁大概文宣朝进士及第。

《登科记考补正》卷二七《附考·进士科》补入。

【胡□】开成五年五月前登进士科。

《雁塔题名残卷拓本》:"前进士胡□、前进士褚承裕、前进士张卫□、前进士陈煆、前进士□复、前进士裴思,开成五年五月廿日同登。"

【胡璩】开成四年(839)前乡贡进士及第。

民国《华阳县志》卷三十一,开成四年(839)十月二十二日《博陵崔公墓志铭》,署"前乡贡进士胡璩撰"。

【段庚】字甚夷,祖祐官至泾源节度使,父少真任淄王府长史。进士及第。

《唐代墓志汇编续集》咸通〇八一,段廓撰咸通十二年(871)十月一日《唐故乡贡进士段府君(庚)墓志铭并序》:"公讳庚,字甚夷。曾祖培,皇庆州刺史;祖祐,皇泾源节度使;考少真,皇淄王府长史……年十四举孝廉,两试春闱不中选,退而谓伯仲曰:'时之高重者文华,所贵者爵位。吾观今之高贵,未有不游艺俊造而致身于霄汉也。'遂博览九经,讽诵六艺,得相如之遗格,有子建之余风。十战文场,一登策试。"按墓志题云"乡贡进士",志文云"十战文场,一登策试",疑段氏已进士擢第。以咸通十二年卒,享年五十六推之,时间约在开成至会昌年间。

《登科记考补正》卷二七《附考·进士科》录载段庚。

【袁德文】沧州东光人。文宗朝进士及第。历官秘书省校书郎。

《旧唐书》卷九一《袁恕己传》:"袁恕己,沧州东光人也……曾孙德文,举进士。开成三年,授秘书省校书郎。"

《登科记考》卷二七《附考·进士科》录载袁德文。

光绪《畿辅通志》卷三四《选举·唐·进士》:"文宗年,袁德文,东光人。"

【柴虁】大和中登进士第。

(宋)计有功《唐诗纪事》卷五二《柴虁》:"虁,登大和中进士第。"

《登科记考》卷二七《附考·进士科》云柴虁及第。

【曹绍思】开成三年(838)前进士及第。

《全唐文补遗》千唐志斋新藏专辑,开成三年(838)十一月十八日《大唐故谯郡夏侯府君(虁)墓志铭》,署"前进士曹绍思文署书"。

【曹唐】字尧宾,桂州人。初为道士,大和间举进士及第。官使府从事。

(金)元好问《唐诗鼓吹》卷四:"曹唐,字尧宾,桂州人。为道士,大和中举进士及第,累为诸府从事,因暴病卒于家。"按:《唐诗品汇》卷首、蒋冕《曹祠部集序》等皆云曹唐大和年间进士及第。

(元)辛文房撰,傅璇琮主编《唐才子传校笺》(册三)卷八《曹唐》:"唐,字尧宾,桂州人。初为道士,工文赋诗。大中间举进士,咸通中为诸府从事。"按:曹唐当为大和年间进士及第。

《登科记考补正》卷二七《附考·进士科》录载曹唐。

【夏鸿】开成中登进士科。

(宋)计有功《唐诗纪事》卷五二《夏鸿》:"鸿,登开成进士第。"

《登科记考》卷二七《附考·进士科》录载夏鸿。

【钱可及】郡望吴兴,贯长安,祖起,父徽。约在文宗朝登进士科。

《旧唐书》卷一六八《钱徽传》:"钱徽字蔚章,吴郡人。父起……起位终尚书郎。徽,贞元初进士擢第……文宗即位,征拜尚书左丞。大和元年十二月,复授华州刺史。二年秋,以疾辞位,授吏部尚书致仕。三年三月卒,时年七十五。子可复、可及,皆登进士第。"按:《长安志》云"吏部尚书钱徽宅"在常乐坊,则钱可及贯当在长安。

《登科记考》卷二七《附考·进士科》录载钱可及。

【钱可复】郡望吴兴,贯长安,祖起,父徽。约在大和九年前登进士科。官至凤翔节度使副使,礼部郎中。

《旧唐书》卷一六八《钱徽传》:"钱徽字蔚章,吴郡人。父起……起位终尚书郎。徽,贞元初进士擢第……文宗即位,征拜尚书左丞。大和元年十二月,复授华州刺史。二年秋,以疾辞位,授吏部尚书致仕。三年三月卒,时年七十五。子可复、可及,皆登进士第。可复累官至礼部郎中。大和九年,郑注出镇凤翔,李训选名家子以为宾佐,授可复检校兵部郎中、兼御史中丞,充凤翔节度副使。其年十一月,李训败,郑注诛,可复为凤翔监军使所害。"按:《长安志》云"吏部尚书钱徽宅"在常乐坊,则钱可复贯当在长安。

《登科记考》卷二七《附考·进士科》录载钱可复。

【高绰】进士及第。官尚书祠部员外郎。

《大唐西市博物馆藏墓志》四四八,崔坦撰咸通六年(865)八月二十四日《唐故尚书祠部员外渤海高绰长男墓志铭并序》:"祠部讳绰,有子二人,长曰璠,次曰瓒,皆出于侧室……祠部进士上第,累佐名藩,洎升台阁,雅望鬱然。"

【萧邺】字启之,蓝陵萧氏。约在文宗朝登进士科。累进监察御史、翰林学士、中书舍人,迁户部侍郎,官至宰相。

《全唐文》卷七二六崔嘏《授萧邺李元监察御史制》:"敕。御史府居朝廷之中,杰出他署。盖以圭表百吏,纠绳四方。故选其属者,必在坚明劲峭,临事而不挠,不独取谨厚温文,修整咨度而已。尔等皆以词华升于俊秀,从事贤侯之府,驰声馆阁之中,筹画居多,操持甚固。是宜持此霜简,峻其风标。使避马之谣,不独美于桓典;埋轮之志,无所愧于张纲。勉服宠荣,无忘职业。可依前件。"

《新唐书》卷一八二《萧邺传》:"萧邺字启之,梁长沙宣王懿九世孙。及进士第,累进监察御史、翰林学士,出为衡州刺史。大中中,召还翰林,拜中书舍人,迁户部侍郎,判本司,以工部尚书同中书门下平章事。懿宗初,罢为荆南节度使,仍平章事,进检校尚书左仆射,徙剑南西川。南诏内寇,不能制,下迁检校右仆射、山南西道观察使。历户部、吏部二尚书,拜右仆射。还,以平章事节度河东。在官无足称道,卒。"

《登科记考》卷二七《附考·进士科》录载萧邺。

【萧寘】京兆人,祖复,父湛。开成元年前登第。历宣歙观察使从事、朝议郎、尚书兵部员外郎、翰林学士,官至懿宗宰相。

《全唐文》卷七五七崔瑶《授萧寘充翰林学士制》:"敕:挥翰金门,谅属词华之妙;论思玉署,尤资周慎之才。选署推精,肇授斯重。朝议郎行尚书兵部员外郎萧寘,内蕴沉识,外扬清和。群居不流,雅尚归厚,文摛锦绣,学富缣缃。早命中于射宫,遂从知于壶奥。静无违心,动有余裕。用虽系于通塞,道自保于岁寒。蔼然休声,布在公议。是宜擢居密地,掌我命书。励凤夜之讲求,备朝夕之视听。副兹宠荣,仁有宏益。可守本官充翰林学士。"

(唐)杜牧《樊川文集》卷九《唐故平卢军节度巡官陇西李府君(戡)墓志铭》:"居江南,秀人张知实、萧寘、韩义、崔寿、宋邢、杨发、王广皆趋君交之,后皆得进士第,有名声官职,君尚为布衣,然于君不敢稍息。"按:墓主李戡开成元年卒,诸生进士及第当在开成元年前登第。

《旧唐书》卷一九上《懿宗》:"(咸通五年)十一月……乙未,以兵部侍郎萧寘本官同中书门下平章事。"

《旧唐书》卷一七九《萧遘传》:"萧遘,兰陵人。开元朝宰相太师徐国公嵩之四代孙。嵩生衡。衡生复,德宗朝宰相。复生湛。湛生寘,咸通中宰相。寘生遘,以咸通五年登进士第,释褐秘书省校书郎、太原从事。"

《新唐书》卷一三二《沈传师传》:"宝历二年,入拜尚书右丞。复出江西观察使,徙宣州。传师于吏治明,吏不敢罔……传师性夷粹无竞,更二镇十年,无书赂入权家。初拜官,宰相欲以姻私托幕府者,传师固拒曰:'诚尔,愿罢所授。'故其僚佐如李景让、萧寘、杜牧,极当时选云。"

《登科记考》卷二七《附考·进士科》录载萧寘。

【崔元伯】开成五年前登进士科。

《唐代墓志汇编》开成〇三四《大唐周氏夫人墓志铭》:开成五年:"前进士崔元伯撰。"

刘汉忠《〈登科记考〉摭遗》补入。

【崔刍言】郡望磁州昭义,贯洛阳,父玄亮官至虢州刺史。大和七年前登进士科。历昭义节度使判官。

《白居易集》卷七〇《唐故虢州刺史赠礼部尚书崔公墓志铭并序》:"公讳元亮……薨于虢州刺史……大和七年七月十一日,遇疾薨……有子九人:……次曰刍言、罕言,举进士……归窆于磁州昭义县。"

《新唐书》卷七二下《宰相世系表》二下:"刍言,字询之,昭义节度使判官。"

《新唐书》卷一六四《崔玄亮传》:"崔玄亮字晦叔,磁州昭义人。贞元初,擢进士第,累署诸镇幕府……拜右散骑常侍……顷之,移疾归东都,召为虢州刺史。卒,年六十六,赠礼部尚书……遗言:'山东士人利便近,皆葬两都,吾族未尝迁,当归葬滏阳,正首丘之义。'诸子如命。"

(宋)计有功《唐诗纪事》卷三九《崔玄亮》:"诸子中刍言、罕言登进士第。"

【崔寿】江南人。开成元年前登进士科。

《全唐诗》第十六册卷五二八许浑《晓发鄞江北渡寄崔韩二先辈》(一作《晓发鄞江寄崔寿韩》):"南北信多岐,生涯半别离。地穷山尽处,江泛水寒时。露晓兼葭重,霜晴橘柚垂。无劳促回楫,千里有心期。"

(唐)杜牧《樊川文集》卷九《唐故平卢军节度巡官陇西李府君(戡)墓志铭》:"居江南,秀人张知实、萧寘、韩乂、崔寿、宋邢、杨发、王广皆趋君交之,后皆得进士第,有名声官职,君尚为布衣,然于君不敢稍息。"按:墓主李戡开成元年卒,诸生进士及第当在开成元年前登第。

《登科记考》卷二七《附考·进士科》录载崔寿。

【崔罕言】郡望磁州昭义,贯洛阳,父玄亮官至虢州刺史。大和七年前登进士科。

《白居易集》卷七〇《唐故虢州刺史赠礼部尚书崔公墓志铭并序》:"公讳元亮……薨于虢州刺史……大和七年七月十一日,遇疾薨……有子九人:……次曰刍言、罕言,举进士……归窆于磁州昭义县。"

《新唐书》卷七二下《宰相世系》二下录有玄亮子罕言。

《新唐书》卷一六四《崔玄亮传》:"崔玄亮字晦叔,磁州昭义人。贞元初,擢进士第,累署诸镇幕府……拜右散骑常侍……顷之,移疾归东都,召为虢州刺史。卒,年六十六,赠礼部尚书……遗言:'山东士人利便近,皆葬两都,吾族未尝迁,当归葬滏阳,正首丘之义。'诸子如命。"

(宋)计有功《唐诗纪事》卷三九《崔玄亮》:"诸子中刍言、罕言登进士第。"

【崔重】开成三年十月前登进士科。

《唐代墓志汇编》开成〇一七开成三年(838)十月十三日《唐前左金吾卫录事参军崔公慎经夫人陇西李氏墓志铭并序》:开成三年"前乡贡进士崔重撰"。

《登科记考补正》卷二七《附考·进士科》录载崔重。

【崔能】清河东武城人,曾祖融唐国子司业,祖翘以礼部尚书东都留守。进士及第。官岭南节度使御史大夫。

《洛阳新获七朝墓志》三六七,崔安潜撰咸通五年(864)八月十八日《唐立山郡司马权知军州事清河崔公墓志铭并序》:"公讳师蒙,字养正,清河东武城人。高祖讳融,唐国子司业,以德行文学冠当时,薨谥文。公曾祖翘,以礼部尚书东都留守,薨赠太子太傅。王父讳异,以水部员外郎渠州刺史,薨赠太子太保。显考讳能,进士上第,德行文学,克光于先。以岭南节度使御史大夫,薨赠尚书右仆射。"

【崔碣】字东栋,深州安平县人,祖纵官至御史大夫。约在文宗朝登进士科。迁右拾遗、转商州刺史,官至右散骑常侍。

《新唐书》卷一二〇《崔玄暐传》："崔玄暐,博陵安平人,本名晔,武后时,有所避,改焉。少以学行称,叔父秘书少监行功器之,举明经,为高陵主簿……(长安)三年,授鸾台侍郎、同凤阁鸾台平章事,兼太子左庶子……子璩,亦有文……终礼部侍郎。璩子涣。涣……即日拜门下侍郎、同中书门下平章事……子纵。纵……授御史大夫……入为太常卿,封常山县公。卒年六十二,赠吏部尚书,谥曰忠……(纵)孙碣。碣字东标,及进士第,迁右拾遗。武宗方讨泽潞,碣建请纳刘稹降,忤旨,贬邓城令。稍转商州刺史。擢河南尹、右散骑常侍……徙陕虢观察使。军乱,贬怀州司马,卒。"

《登科记考》卷二七《附考·进士科》云崔碣及第。

光绪《畿辅通志》卷三四《选举·唐·进士》:"崔碣,博陵人,右拾遗。"按:其武宗前已为右拾遗,则其登第大概在文宗朝。

【崔确】字岳卿,卫州人。约在文宗朝登进士科。官尚书郎。

《旧唐书》卷一一七《崔宁传》:"崔宁,卫州人,本名旰……大历十四年入朝,迁司空、平章事,兼山陵使……宁季弟密,密子绘,父子皆以文雅称,历使府从事。绘生四子:蠡、黯、确、颜,皆以进士擢第……确字岳卿,颜字希卿,位皆至尚书郎。"

《柳宗元集》卷三四《报崔黯秀才论为文书》,韩注:"崔黯,《新史》有传,宁季弟密之孙也,后擢进士第。"按:崔黯,字直卿,大和二年进士擢第,则颜、确约在大和二年前后登第。

《登科记考》卷二七《附考·进士科》录载崔确。

【崔颜】字希卿,卫州人。约在文宗朝登进士科,官尚书郎。

《柳宗元集》卷三四《报崔黯秀才论为文书》,韩注:"崔黯,《新史》有传,宁季弟密之孙也,后擢进士第。"按:崔黯,字直卿,大和二年进士擢第,则颜、确约在大和二年前后登第。

《旧唐书》卷一一七《崔宁传》:"崔宁,卫州人,本名旰……大历十四年入朝,迁司空、平章事,兼山陵使……宁季弟密,密子绘,父子皆以文雅称,历使府从事。绘生四子:蠡、黯、确、颜,皆以进士擢第……确字岳卿,颜字希卿,位皆至尚书郎。"

《登科记考》卷二七《附考·进士科》录载崔颜。

【敬旷】河中河东人,祖括官至御史大夫。约在文宗前后登进士科。

《新唐书》卷一七七《敬晦传》:"敬晦字日彰,河中河东人。祖括,字叔弓,进士及第,迁殿中侍御史……拜御史大夫。隐然持重,弗以私害公。大历中卒。晦进士及第,辟山南东道节度府,与马曙联舍……擢累谏议大夫。武宗时,赵归真以诈营罔天子,御史平吴湘狱,得罪宰相。晦上疏极道非是,不少回纵。大中中,历御史中丞、刑部侍郎、诸道盐铁转运使、浙西观察使……徙兖州节度使,以太子宾客分司。卒,赠兵部尚书,谥曰肃。晦兄昕、暤,弟旷、煦,俱第进士籍。昕为河阳节度使,暤右散骑常侍,世宠其家。"按:晦在武宗前已经累擢谏议大夫,则旷登第应在文宗朝。

《登科记考》卷二七《附考·进士科》云敬旷及第。

【敬晦】字日彰,河中河东人,祖括官至御史大夫。约在文宗前后登进士科,辟山南东道节度府。历御史中丞、刑部侍郎、诸道盐铁转运使、浙西观察使,赠兵部尚书,谥曰肃。

《新唐书》卷一七七《敬晦传》:"敬晦字日彰,河中河东人。祖括,字叔弓,进士及第,迁殿中侍御史……拜御史大夫。隐然持重,弗以私害公。大历中卒。晦进士及第,辟山南东道节度府,与马曙联舍……擢累谏议大夫。武宗时,赵归真以诈营罔天子,御史平吴湘狱,得罪宰相。晦上疏极道非是,不少回纵。大中中,历御史中丞、刑部侍郎、诸道盐铁转运使、浙西观察使……徙兖州节度使,以太子宾客分司。卒,赠兵部尚书,谥曰肃。晦兄昕、暉,弟旷、煦,俱第进士籍。"按:其在武宗前已经累擢谏议大夫,则其登第应在文宗朝。

《登科记考》卷二七《附考·进士科》云敬晦及第。

【敬煦】 河中河东人,祖括官至御史大夫。约在文宗前后登进士科。

《新唐书》卷一七七《敬晦传》:"敬晦字日彰,河中河东人。祖括,字叔弓,进士及第,迁殿中侍御史……拜御史大夫。隐然持重,弗以私害公。大历中卒。晦进士及第,辟山南东道节度府,与马曙联舍……擢累谏议大夫。武宗时,赵归真以诈营罔天子,御史平吴湘狱,得罪宰相。晦上疏极道非是,不少回纵。大中中,历御史中丞、刑部侍郎、诸道盐铁转运使、浙西观察使……徙兖州节度使,以太子宾客分司。卒,赠兵部尚书,谥曰肃。晦兄昕、暉,弟旷、煦,俱第进士籍。昕为河阳节度使,暉右散骑常侍,世宠其家。"按:晦在武宗前已经累擢谏议大夫,则煦登第应在文宗朝。

《登科记考》卷二七《附考·进士科》云敬煦及第。

【韩乂】 越中闽人。约开成元年前登第。历江西观察使从事、宣歙观察使从事。

《全唐文》卷七五二杜牧《荐韩乂启》:"昨日所启言韩拾遗事,非与韩求衣食救饥寒也,御史亦岂为救饥寒之官乎？中丞必曰:大梁奏取韩,以救饥寒,何不去？夫幕吏乃古之陪臣,以人为北面,虽布衣无耻之士,亦宜访其乐与不乐,况有耻之君子乎？韩以旅寓洛中,非不乐汴也,不甘不告之请耳。韩及第后归越中,佐沈公江西宣城。府罢,唐扶中丞辟于闽中,罢府归,路由建州。妻与元晦同高祖,扶恶晦为人,不省之。及晦得越,乃弃产避之居常州。殷俨者,仰韩之道,自闽寄百缣遗之,及门,不开书函而斥去之。某比两府同院,但见其廉慎高洁,亦未知其道。大和八年,自淮南有事至越,见韩居于境上,三亩宅两顷田,树蔬钓鱼,唯召名僧为侣,余力究易,嬉嬉然无日不自得也。未尝及身名出处之语,未尝入公府造请与幕吏宴游,因此不为搢绅所相见礼。萧、高二连帅至,即日造其庐,询其政事,称先人梓材有文学高名,没于越之府幕,故不愿复为越宾。及高至许下,厚礼辟之。其为人也,贞洁芳茂,非其人不与游,非其食不敢食。萧舍人考功崔员外是趋于韩交者,某复趋于萧崔二君子者,即韩之去某,其间不啻容数十人矣,某安得知其贤而言之复不借乎？伏恐中丞谓韩求官,以衣食干交友者。中丞初在宪府,固宜慎选御史,御史固非救饥寒之官。某久承恩知,但欲荐贤于盛时,虽至浅陋,亦知不可以交友饥寒,求清秩以干大君子者。伏恐未审诚恳,故此具陈本末,伏惟照察。谨启。"按:唐扶曾为福建观察使,则韩乂为其从事。

(唐)杜牧《樊川文集》卷九《唐故平卢军节度巡官陇西李府君(戡)墓志铭》:"居江南,秀人张知实、萧寘、韩乂、崔寿、宋邢、杨发、王广皆趋君交之,后皆得进士第,有名声官职,君尚为布衣,然于君不敢稍息。"按:墓主李戡开成元年卒,诸生进士及第当在开成元年前登第。

《登科记考》卷二七《附考·进士科》录载韩乂。

【景炎】疑大和中登进士科。

《全唐文》卷七五七景炎小传云："炎,大和时进士。"按:疑景炎在大和中及第。

【褚承裕】开成五年五月前登进士科。

《雁塔题名残卷拓本》:"前进士胡□、前进士褚承裕、前进士张卫□、前进士陈椵、前进士□复、前进士裴思,开成五年五月廿日同登。"

【裴思】开成五年五月前登进士科。

《雁塔题名残卷拓本》:"前进士胡□、前进士褚承裕、前进士张卫□、前进士陈椵、前进士□复、前进士裴思,开成五年五月廿日同登。"

《登科记考补正》卷二七《附考·进士科》录载裴思。

【裴望】大和元年前进士及第。曾官守漳州司户参军员外置同正员外郎。

(宋)王钦若等《册府元龟》卷一五三《帝王部(一百五十三)·明罚第二》:"大和元年三年,勅'前乡贡进士裴望……可守漳州司户参军员外置同正员,仍即所在驰驿发遣。'"

《登科记考补正》卷二七《附考·进士科》录载裴望。

【颜知权】颜鲁公孙,颜硕次子。进士及第。终秘书省正字。

《大唐西市博物馆藏墓志》四〇八,开成五年(840)正月二十五日《唐故琅邪颜夫人墓志铭并叙》:"鲁公太师之季子、殿中御史硕,娶卢氏,生三男二女。男之长曰淙,终同州韩城令。次曰知权,进士擢第,终秘书省正字。次曰遏,终金吾卫佐。女之长适博陵崔钧,而夫人归于我。"按:墓志署"夫前乡贡进士于汝锡撰"。

【薛保逊】河东人,祖薛存诚官至御史中丞,父廷老官至给事中。约在文宗朝登进士科。历起居舍人,官至给事中。

(五代)王定保《唐摭言》卷一二《自负》:"薛保逊好行巨编,自号'金刚杵'。太和中,贡士不下千余人,公卿之门,卷轴填委,率为阍媪脂烛之费,因之平易者曰:'若薛保逊卷,即所得倍于常也。'"

(五代)孙光宪《北梦琐言》卷九《李涪尚书改切韵》:"大中年,薛保逊为举场头角,人皆体效,方作门状。"

《旧唐书》卷一五三《薛存诚传》:"薛存诚字资明,河东人。父胜,能文……存诚进士擢第……擢拜御史中丞……子廷老。廷老……迁给事中。开成三年卒。廷老当官举职,不求虚誉,侃侃于公卿之间,甚有正人风望。赠刑部侍郎。子保逊,登进士第,位亦至给事中。"

(宋)李昉等《太平广记》卷二五六《嘲诮四·薛昭纬》引《摭言》:"唐薛保逊,大中朝,尤肆轻佻,因之侵侮诸叔,故自起居舍人贬澧州司马。"按:薛保逊大概大和中登进士科。

《新唐书》卷一六二《薛存诚传》:"薛存诚字资明,河中宝鼎人。中进士第。擢累监察御史……开成三年,迁给事中。在公卿间,侃侃不干虚誉,推为正人。卒,赠刑部侍郎。子保逊,第进士,擢累给事中。"

《登科记考》卷二七《附考·进士科》录载薛保逊。

【薛蒙】字中明。开成中登进士科。历陈许观察判官、监察御史。

《全唐文》卷七二六崔嘏《授蔡京赵滂等御史等制》:"敕。监察御史蔡京、忠武军节度副使赵滂、桂管副使郑鲁泊、陈许观察判官薛蒙等:朝廷之选御史,虽委其长吏得以专举,然亦详求物议,然后取舍无私。宪丞上言,滂与鲁泊、蒙,皆业于儒术,传以吏道。其刚明劲果,可委以击断;其温敏庄肃,可资其检绳。而皆久滞藩方,未升朝序。吾且循其声迹,颇契符言。是用擢自宾筵,置于宪席。而京再覆大狱,吏不敢欺,满岁当迁,吾何所惜。京可殿中,滂可殿中,鲁泊、蒙并可监察。"

《新唐书》卷五八《艺文二》:"薛蒙妻韦氏《续曹大家女训》十二章。韦温女。蒙,字中明,开成中进士第。"

《登科记考》卷二七《附考·进士科》云薛蒙开成中及第。

附考明经（文宗朝明经）

【王存夫】河南人,祖汶殿中少监致仕,父兖官至吏部郎中。大和六年前登明经科。

《唐代墓志汇编》大和〇五四、李珏撰大和元年（832）七月《唐故朝散大夫守尚书吏部郎中兼侍御史知杂事上柱国王府君（兖）墓志铭并序》:"惟大和六年夏六月哉生明,吏部郎中兼侍御史知杂事王公年五十二年卒……郎中生汶,殿中少监致仕……公讳兖,字景山,本名高……元和初,以拔萃登科,授秘书省正字,调补伊阙主簿……转吏部郎中……子男三人,长曰存夫,光陵挽郎;次曰绚,幼曰绚,皆前明经。"按:其大和六年前明经,王其祎、周晓薇《〈登科记考〉补续》补入。

【王绚】河南人,祖汶殿中少监致仕,父兖官至吏部郎中。大和六年前登明经科。

《唐代墓志汇编》大和〇五四李珏撰大和六年（832）七月《唐故朝散大夫守尚书吏部郎中兼侍御史知杂事上柱国王府君（兖）墓志铭并序》:"惟大和六年夏六月哉生明,吏部郎中兼侍御史知杂事王公年五十二年卒……郎中生汶,殿中少监致仕……公讳兖,字景山,本名高……元和初,以拔萃登科,授秘书省正字,调补伊阙主簿……转吏部郎中……子男三人,长曰存夫,光陵挽郎;次曰绚,幼曰绚,皆前明经……其年十月廿六日,葬于河南县平乐乡杜翟原,祔工部公之墓。"按:其大和六年前明经,王其祎、周晓薇《〈登科记考〉补续》补入。

【王绚】河南人,祖汶殿中少监致仕,父兖官至吏部郎中。大和六年前登明经科。

《唐代墓志汇编》大和〇五四李珏撰大和六年（832）七月《唐故朝散大夫守尚书吏部郎中兼侍御史知杂事上柱国王府君（兖）墓志铭并序》:"惟大和六年夏六月哉生明,吏部郎中兼侍御史知杂事王公年五十二年卒……郎中生汶,殿中少监致仕……公讳兖,字景山,本名高……元和初,以拔萃登科,授秘书省正字,调补伊阙主簿……转吏部郎中……子男三人,长曰存夫,光陵挽郎;次曰绚,幼曰绚,皆前明经。"按:其大和六年前明经,王其祎、周晓薇《〈登科记考〉补续》补入。

【韦承诲】京兆府人,旧贯河南府河南县,父坝官至明州刺史。约在开成末明经科登第,授汝州临汝县尉。

《唐代墓志汇编》会昌〇〇八陆涍撰会昌元年（841）十月二十四日《唐故朝议郎使持节明州诸军事守明州刺史上柱国赐绯鱼袋韦府君（埧）墓志铭并序》："府君讳埧，字道和，京兆人也……会昌元年五月五日卒于明州郡署……男长曰承海，次曰承裕，皆明经及第。"

《唐代墓志汇编》会昌〇四八会昌六年（846）五月七日《大唐故明州刺史御史中丞韦公（埧）夫人太原温氏之墓志》："公讳埧，字道和……有子八人：长曰承海，登董仲舒孝廉科，授汝州临汝尉；次曰承裕，亦登孝廉科……归祔于河南府河南县平康乡……会昌六年五月七日孝弟前进士瑄泣血于庭，志铭其墓。"

罗继祖《登科记考补》补入。

【韦承裕】京兆府人，旧贯河南府河南县，父埧官至明州刺史。约在开成末明经科登第。

《唐代墓志汇编》会昌〇〇八陆涍撰会昌元年（841）十月二十四日《唐故朝议郎使持节明州诸军事守明州刺史上柱国赐绯鱼袋韦府君（埧）墓志铭并序》："府君讳埧，字道和，京兆人也……会昌元年五月五日卒于明州郡署……男长曰承海，次曰承裕，皆明经及第。"

《唐代墓志汇编》会昌〇四八会昌六年（846）五月七日《大唐故明州刺史御史中丞韦公（埧）夫人太原温氏之墓志》："公讳埧，字道和……有子八人：长曰承海，登董仲舒孝廉科，授汝州临汝尉；次曰承裕，亦登孝廉科……归祔于河南府河南县平康乡……会昌六年五月七日孝弟前进士瑄泣血于庭，志铭其墓。"

罗继祖《登科记考补》补入。

【卢士珩】范阳人，祖脁官终深州司马，父瀜官尚书祠部郎中。约在文宗年间明经及第。

《全唐文补遗》千唐志斋新藏专辑，卢士玫撰长庆二年（822）十一月四日《唐故苏州长洲县尉范阳卢府君（士珩）墓志铭并序》："公讳士珩，字景瑜，其先范阳人也……唐故朝散大夫、深州司马府君讳脁，公之大父也……唐故朝议大夫、尚书祠部郎中、赠兵部尚书府君讳瀜，公之皇考也……公即尚书府君之第六子也。始以孝廉登科，调补蜀州新津尉。"按：以元和十五年（820）卒，享年六十二推之，士珩明经及第约在文宗年间。

【卢方回】约在文宗、武宗年间明经及第。官殿中侍御史知陕州院。

《全唐文补遗》第八辑，崔铉撰大中四年（850）十一月十日《唐故陕州平陆县尉卢府君（殷）荥阳郑夫人合祔墓志铭并序》："（夫人）训抚孤貌，既慈且严。不数年，果累膺羔雁之招，继以经业上第……长子方回，殿中侍御史知陕州院。次子敬回，监察御史，邠宁从事。幼子望回，京兆府兵曹。"按：卢氏三兄弟"继以经业上第"，当是明经及第。

【卢知退】郡望范阳，河南府济源县人，父伯卿官至侍御史。大和三年十月前登明经第。

《唐代墓志汇编》大和〇二二《唐故滑州司法参军范阳卢君墓志铭并序》："孙前乡贡明经知退。"碑立于大和三年十月。《唐代墓志汇编》开成〇四九《唐故知盐铁转运盐城监殿中侍御史内供奉范阳卢府君墓志铭并序》："维开成五年……公即黄门四代孙也。黄门生鄂州刺史讳翊，鄂州生殿中省进马讳晏，进马生滑州司法参军讳初，皆克保家声，藏器不曜,位卑道屈,世人无能知者。公即司法之长子也……殿中侍御史内供奉范阳卢公享年六十七,终于河南府济源县之私室……公讳伯卿……有子二人:长曰知退,前郑州荥阳尉;次曰知晦,前乡贡明经。"

【卢知晦】郡望范阳,河南府济源县人,父伯卿官至侍御史。开成五年(840)十一月前明经及第。

《唐代墓志汇编》开成○四九《唐故知盐铁转运盐城监殿中侍御史内供奉范阳卢府君墓志铭并序》:"维开成五年……殿中侍御史内供奉范阳卢公享年六十七,终于河南府济源县之私室……公讳伯卿……有子二人:长曰知退,前郑州荥阳尉;次曰知晦,前乡贡明经。"按:碑立于开成五年十一月。王其祎、周晓薇《〈登科记考〉补续》补入。

【卢重】涿郡范阳人,字子威。约在文宗年间明经及第。

《洛阳新出土墓志释录》,李敞撰大中十四年(860)八月二十五日《唐故范阳卢君(重)墓志铭并序》:"唐故孝廉卢君讳重,字子威。其先涿郡范阳人也。高叔祖从愿,皇朝吏部尚书、东都留守、西川采访使。高祖巨源,皇朝朝散大夫、泉州司马。曾祖珩,岳州昌江令。大父舒,太子校书。显考,皇朝凤州刺史。太夫人陇西李氏,县君夫人。其先利州刺史讳玄成。祖洁,扬州兵曹掾。曾祖讳众,京兆尹、湖南观察使。太夫人以列郡二千石之贵,封陇西县君。君则凤州第二子,娶检校左仆射、太子少保李公景让之女。生二女……君八岁入小学,十五讽诵诗书,卓然合成人之礼。其年以明经升名主司。"按志载卢重为李景让女婿,则其明经及第约在文宗年间。

【卢获】开成末登明经科。

《唐代墓志汇编》会昌○○九崔玙撰会昌元年(841)十一月二十四日《唐故河南府司录参军赵郡李府君(璆)墓志铭并序》:"赵郡李君讳璆,字子韫……六女:长适宋州砀山尉崔铦,次适前明经卢获,其下尚幼。"

王其祎、周晓薇《〈登科记考〉补续》补入。

【卢望回】约在文宗、武宗年间明经及第。官京兆府兵曹。

《全唐文补遗》第八辑,崔铉撰大中四年(850)十一月十日《唐故陕州平陆县尉卢府君(殷)荥阳郑夫人合祔墓志铭并序》:"(夫人)训抚孤藐,既慈且严。不数年,果累膺羔雁之招,继以经业上第……长子方回,殿中侍御史知陕州院。次子敬回,监察御史,邠宁从事。幼子望回,京兆府兵曹。"按卢氏三兄弟"继以经业上第",当是明经及第。

【卢敬回】约在文宗、武宗年间明经及第。官监察御史。

《全唐文补遗》第八辑,崔铉撰大中四年(850)十一月十日《唐故陕州平陆县尉卢府君(殷)荥阳郑夫人合祔墓志铭并序》:"(夫人)训抚孤藐,既慈且严。不数年,果累膺羔雁之招,继以经业上第……长子方回,殿中侍御史知陕州院。次子敬回,监察御史,邠宁从事。幼子望回,京兆府兵曹。"按:卢氏三兄弟"继以经业上第",当是明经及第。

【卢颎】开成五年前明经及第。

《全唐文补遗》千唐志斋新藏专辑,李善伯撰开成五年(840)二月二日《唐故儒林郎守太府寺主簿卢府君夫人陇西李氏(真)墓志铭并序》:"夫人讳真,号洞景,陇西姑臧人也……长子瑶,嗣子前乡贡明经颎,幼曰颢等。”按:据志文,卢颎明经及第当在开成五年之前。

【艾居晦】开成三年(838)前登明经科。

《全唐文补遗》第七辑,《国子监开成石经碑尾题名》:“书石学生前四门馆明经臣艾居晦、书石学生前四门馆明经臣陈珍……”按:此碑有郑覃题名,时署“国子祭酒同中书门下平章事”。据《旧唐书》卷一七三、《新唐书》卷一六五郑覃本传,覃开成三年始罢相,是则艾、陈二人明经擢第当于开成三年(838)以前。又,此题名尚有一前国子馆明经,惜名姓俱泐,只好暂付阙如。

《登科记考》卷二七《附考·明经科》条云艾居晦及第。

【牛蔚】登明经科,大和九年(835)登进士科。官至刑部尚书,以尚书左仆射致仕,赠太尉。小传见大和九年进士科牛蔚条。

《旧唐书》卷一七二《牛僧孺传》:“牛僧孺……以本官同平章事……洛都筑第于归仁里……僧孺二子:蔚、蘽。蔚字大章,十五应两经举。大和九年,复登进士第。三府辟署为从事,入朝为监察御史。大中初,为右补阙……寻改司门员外郎,出为金州刺史,入拜礼、吏二郎中……左授国子博士,分司东都。逾月,权臣罢免,复征为吏部郎中,兼史馆修撰,迁左谏议大夫。咸通中,为给事中……袭封奇章侯,以公事免。岁中复本官,历工、礼、刑三尚书。咸通末,检校兵部尚书、兴元尹、山南西道节度使……以尚书左仆射致仕。卒,累赠太尉。”

《新唐书》卷一七四《牛僧孺传》:“牛僧孺字思黯,隋仆射奇章公弘之裔。幼孤,下杜樊乡有赐田数顷……部侍郎同中书门下平章事……诸子蔚、蘽最显。蔚,字大章,少擢两经,又第进士,縻监察御史为右补阙……咸通中,进至户部侍郎,袭奇章侯……尚书右仆射致仕,卒。子徽。”

《登科记考》卷二七《附考·明经科》录载牛蔚。

【包恭】洛阳人。大和初登明经科。

《千唐志斋藏志》一〇三三大和二年《国子祭酒致仕包府君墓志铭并序》:“君讳陈,字□□。大父融,蕴江山之秀,以文藻知名。开元末,相国曲江公将所赏异,引为集贤殿学士、大理司直,赠秘书监。考讳佶,天宝中,以弱冠之年,升进士甲科……雅州刺史、本州经略使,福王府长史,□王传,国子祭酒,致仕。年五十七,终于西京昇平里第……以大和二年二月十六日葬于东都河南县平乐乡杜翟村之北原。一子恭,年未弱冠,明经登第,号泣孺慕,礼无违者。”

【刘干】字知退,彭城人。开成二年(837)前五经及第,授官华州参军。官至太子司仪郎。

《河洛墓刻拾零》,刘干撰大中十一年(857)十一月二十日《唐故太原王夫人墓铭》:夫人“年二十媵于我,我以五经第,为华州参军事”。按王夫人大中十一年卒,行年四十一,据此推算,夫人年二十出嫁时在开成二年(837),是知刘干五经及第在开成二年之前。

《河洛墓刻拾零》,刘彦若撰咸通三年(862)十一月八日《唐故太子司仪郎刘府君(干)

墓志铭并序》："府君讳干,字知退,其先彭城人也……冠年,蕴聪明之余,讨讽佛书;精研声英,考核象数;纂群微于大素,索众妙于重玄。常好著述,孜孜论评。撰《浑议》五篇,采希夷之奥域,得浑沦之精粹。最依天爵,符于孔氏。抉圣之旨,执圣之权。以五经登科,起家华州参军。"按:刘干以咸通三年(862)四月二十二日终于东都崇政里第,享年五十八。

【李颍】陇西人,祖遂同州录事参军,父卞卫尉卿。明经出身。官至陕州安邑县令。

《全唐文补遗》第六辑,崔郢撰咸通八年(867)二月二十日《唐故陕州安邑县令陇西李府君(颍)墓志铭并序》："公讳颍,其先陇西人也。世为清族,著于图谍。曾祖从偃,皇郊社署令。祖遂,同州录事参军。父卞,卫尉卿致仕。公明经出身,调补绛州大平尉,转华州郑县尉、右骁卫仓曹参军、京兆府富平县尉、陕州安邑县令。"按李颍卒于咸通七年(866),享年五十二,则其明经及第约在文宗时。

【李搏】陇西人,父良仅,官至特进。大和二年(828)八月前明经及第。

《全唐文补遗》第五辑,卢谏卿撰大和二年(828)八月十三日《唐故特进检校工部尚书使持节都督延州诸军事行延州刺史充本州防御左神策行营先锋安塞军等使兼御史大夫上柱国陇西李府君(良仅)志铭并序》："陇西郡夫人生二子:……次曰搏,前崇文馆明经。"按:唐大历、乾符间有进士李搏,与此同姓名而非一人。

【李德元】襄州人。约在大和初登明经科,释褐隋县尉。

《唐代墓志汇编》大和〇五一《唐朝请大夫试绛州长史上柱国赵郡李君故夫人京兆杜氏墓志铭并序》："夫人讳琼,字琼,本京兆杜陵人……后因家邢州……大和五年……薨于襄州旌孝里之私第,春秋六十五……长男德元……明经擢第,释褐隋县尉。"(参见《全唐文》卷七六五《唐朝请大夫试绛州长史上柱国赵郡李君故夫人京兆杜氏墓志铭》)

《登科记考》卷二七《附考·明经科》条云李德元及第。

【杨行方】弘农人。大和八年前乡贡明经及第。

《全唐文补遗》第八辑,裴度撰大和八年(834)二月三日《唐故光禄大夫太子太保赠司徒弘农杨公(元卿)墓志铭》："公讳元卿,字正臣,弘农人……以(大和七年)七月廿八日,薨于河南恭安里第,春秋五十七……嗣子延宗,赞善大夫……次曰行方,前乡贡明经。"

【余从周】郡望会稽,贯洛阳,祖庭饶州司户参军,父凭苏州吴县尉。约在大和开成前后登明经科,后登拔萃科,授秘书省校书郎。

《唐代墓志汇编续集》录《洛阳出土历代墓志辑绳》之《余凭夫人洪氏墓志》:"有子二人,长曰从周……从周幼而明敏,与众殊,专经擢第,复鸣金甲科,授鄠县尉。遂乞乎东归,迎养以就禄。"上引志为从周母洪氏墓志,洪氏会昌元年卒,则从周此前及第。《唐代墓志汇编》大中〇六〇《唐故尚书员外郎会稽余公夫人河南方氏合祔墓志铭》:"大中五年秋八月癸卯尚书刑部员外郎余君卒……或曰同为秘书官,或曰尝同为贡士……同为贡士者曰:君始少时,从东海徐先生学。君家贫亲老,常五日一归,归必负薪米以资其养。养固无怠而学亦不息。居数年,尽得徐先生业。徐先生特善草隶书,故君亦传其能。忽一日束揭书囊,徒行来京师,以明经为乡里所举。再举登上第,既而益嗜学,其探赜渊奥,性得悬解,诸生皆不如君。君既归江上,遂取前人之善为词判者,习其言,循其矩,无几而所为过出前人。复持所志诣有司请试,有司考其言,拔萃居四等,因授秘书省正字⋯⋯历数年,又从吏部选。其试不求高于人,而下笔自入高等,遂授鄠县尉,因乞假迎其亲。至洛而丁亲丧⋯⋯且曰:君讳从周,字广鲁,其先会稽人⋯⋯祖讳庭,仕为饶州司户参军;父讳凭,仕为苏州吴县尉⋯⋯独享年四十有六⋯⋯生南子五人,曰珣⋯⋯已升明经第⋯⋯今将以冬十一月庚午同葬于河南之平乐乡北邙原,祔君先姓之兆,礼也。"此条墓志铭收入《洛阳出土历代墓志辑绳》大中五年权寔《余从周夫人方氏墓志》。按:从周享年四十六,其登第约在二十几岁,则其登第时间约在大和年间。罗继祖《登科记考补》补入。王其祎《〈登科记考〉补续》已据《洛阳出土历代墓志辑绳》之《余从周夫人方氏墓志》补余从周入年份未详之明经。

【狄元封】狄仁杰曾孙。明经及第。官怀州修武县尉。

(宋)王钦若等《册府元龟》卷一三一《帝王部(一百三十一)·延赏第二》:"(文宗大和二年)六月,以故中书令褚遂良五代孙虔为汝州临汝县尉、内史狄仁杰曾孙前乡贡明经元封为怀州修武县尉。"

《登科记考补正》卷二七《附考·明经科》以朱补为据增入。

【陈珍】开成三年前明经科及第。

《全唐文补遗》第七辑,《国子监开成石经碑尾题名》:"书石学生前四门馆明经臣艾居晦、书石学生前四门馆明经臣陈珍⋯⋯"按:此碑有郑覃题名,时署"国子祭酒同中书门下平章事"。据《旧唐书》卷一七三、《新唐书》卷一六五郑覃本传,覃开成三年始罢相,是则艾、陈二人明经擢第当于开成三年(838)以前。又,此题名尚有一前国子馆明经,惜名姓俱泐,只好暂付阙如。

《登科记考》卷二七《附考·明经科》条云陈珍及第。

【张智周】郡望韶州始兴,贯河南,祖抗赠右仆射,父仲方官至右散骑常侍。约在大和中登明经科。

《白居易集》卷七〇《唐故银青光禄大夫秘书监曲江县开国伯赠礼部尚书范阳张公墓志铭并序》:"公讳仲方,字靖之。其先范阳人⋯⋯右清道率府曹胄景宜、进士茂玄、明经智周,公之子也⋯⋯公即仆射府君第五子。贞元中进士举及第,博学选登科。初补集贤殿校书郎,开成二年四月某日,薨于上都新昌里第。诏赠礼部尚书。以某年八月某日,归葬于河南府某县某乡某原,祔仆射府君之封域焉。"

《旧唐书》卷一七一《张仲方传》:"张仲方,韶州始兴人。祖九皋,广州刺史、殿中监、岭南节度使。父抗,赠右仆射。仲方伯祖始兴文献公九龄,开元朝名相。仲方,贞元中进士擢第,宏辞登科,释褐集贤校理,丁母忧免。服阕,补秘书省正字,调授咸阳尉。出为邠州从事,入朝历侍御史、仓部员外郎⋯⋯及敬宗即位,李程作相,与仲方同年登进士第,召仲方为右谏议大夫⋯⋯大和初,出为福州刺史、兼御史中丞、福建观察使。三年,入为太子宾客。五年四月,转右散骑常侍。七年,李德裕辅政,出为太子宾客分司。八年,德裕罢相,李守闵复召仲方为常侍。九年十一月⋯⋯出仲方为华州刺史。开成元年五月,入为秘书监⋯⋯累加银青光禄大夫、上柱国、曲江县开国伯,食邑七百户。二年四月卒。"

《登科记考》卷二七《附考·明经科》条云张智周及第。

【郑缦】大和八年（833）前登明经第。未禄而逝。

《唐代墓志汇编》大和〇八九郑纪撰大和九年（834）四月十日《唐故荥阳郑氏女（党五）墓志铭并序》："郑氏女小字党五，第廿八。北齐尚书谥平简公讳述祖八代孙；大王父讳游，太常少卿；王父讳宠，尚书库部郎中；列考直，河南县主簿，即郎中第三子，代居长安修行里，家风礼乐，为世所重，亦备刻于主簿府君先志。元和末，府君得任，携赴河南。长庆初，府君罢秩，逾旬暴终。府君娶范阳卢氏，有一子一女，偕出于范阳夫人，其兄缦，经明登第，未禄而逝。"按：郑缦登第当在大和八年前。罗继祖《登科记考补》补入。王其祎、周晓薇《〈登科记考〉补续》补入制科。

【独孤骧】字希龙，京兆府万年县人，父独孤寔官至员外郎。约在文宗前后登明经科。补鄂州文学，再调授同州冯翊县尉。

《唐代墓志汇编续集》咸通〇〇二史霖撰咸通二年（861）二月二十八日《唐故兖海观察支使朝散大夫检校秘书省著作郎兼侍御史河南独孤府君（骧）墓志铭并序》："君讳骧，字希龙，临川八世孙也。曾祖讳道济，蔡州长史，赠秘书少监；王父讳恬，尚书右司郎中赠工部尚书；皇考讳寔，尚书膳部员外郎国子博士；夫人博陵崔氏。尚书天宝末制策登□员外，贞元初进士擢第。文学之美，世济家传。君即员外之次子也。举明经，初补鄂州文学。再调授同州冯翊县尉，除司农寺主簿，充右街使判官，又授光禄寺丞，知兵部甲库。久之去职，迁太子舍人，充海辟观察支使，拜检校秘书省著作郎兼侍御史。无几奏加章服，授五品阶。府罢，赴荐未朝拜。咸通元年闰十月二十三日暴疾，一夕而终，年五十七。明年二月二十八日祔葬于万年县铜人原。娶赵郡李氏，河中府虞乡县尉李翼之女。三子，长曰献，前乡贡明经。"按骧卒于咸通元年，二年祔葬万年县，则其长子献明经及第均在此前，其本人及第应在文宗前后。

【萧绶】兰陵人。大和三年（829）前明经出身。

《全唐文补遗》千唐志斋新藏专辑，萧籍撰大和三年（829）十月二日《唐故河南府兵曹参军赐绯鱼袋兰陵萧公（放）墓志铭并序》："公讳放，字□，其先南兰陵人……（子）季曰绶，明经出身。"

【崔镆】字节卿，博陵安平人。约在文宗时期明经及第。官至宋州刺史。

《全唐文补遗》千唐志斋新藏专辑，崔沆撰咸通三年（862）四月二十三日《唐故朝请大夫使持节宋州诸军事守宋州刺史兼御史中丞充本州团练镇遏使上柱国博陵县开国男食邑三百户赠左散骑常侍崔府君（镆）墓志铭并叙》："府君讳镆，字节卿，其先博陵安平人也……俾用弘文馆明经，调补京兆府文学。"按崔镆卒于咸通三年，享年四十七，则其明经及第约在文宗时期。

【舒守谦】江州人，从父元舆。约在大和初中登明经科。历秘书郎。

（宋）李昉等《太平广记》卷一五六引（唐）苏鹗《杜阳杂编》误作"舒元谦"。按：其登第当在大和初前后。

（宋）王谠撰，周勋初校证《唐语林校证》卷六《补遗·起德宗至文宗》："舒守谦即元舆之宗,十年居元舆舍,未尝一日有间。至于车服饮馔,亦无异等。元舆谓之从子。取明经及第,历秘书郎。"《资治通鉴》卷二四五文宗大和九年云:"舒元舆有族子守谦。"

《登科记考》卷二七《附考·明经科》条云舒守谦及第。

【裴柠】约在文宗至武宗年间明经及第。

《全唐文补遗》千唐志斋新藏专辑,郑居中撰长庆二年(822)十二月二十三日《唐故右金吾卫录事参军荣阳郑府君夫人陇西李氏墓志铭并序》,载有墓主外孙裴柠于咸通十一年(870)十一月十八日所记附言:"外婆陇西李夫人,以长庆二年岁次壬寅,年月不便,合祔不得于大莹,权殡及今,已四十九年。当长庆二年,柠生身才四岁,尔后虽壮,经明入仕,历官已八九任。"按:裴柠以"经明入仕",当是明经出身。据志文,裴柠长庆二年时方四岁,则其壮年当在文宗至武宗年间。

【蔡京】邕州人,开成元年(836)登进士科,开成中又登学究科,为畿辅尉。历宣武节度使从事、抚州刺史,官至广西节度。小传见开成元年进士科蔡京条。

《全唐诗》第十一册卷三五九刘禹锡有《送前进士蔡京赴学究科》。

(唐)李冗《独异志》卷中《买山谶》:"(蔡京)后以进士举上第……寻又学究登科,而作尉畿服。"

(五代)王定保《唐摭言》卷九《好及第恶登科》:"许孟容进士及第、学究登科,时号锦袄子上着莎衣。蔡京与孟容同。"

(宋)王谠撰,周勋初校证《唐语林校证》卷七《补遗·起武宗至昭宗》:"邕州蔡大夫京者……后以进士举上第,寻又学究登科,而作尉畿服。既为御史,覆狱淮南,李相绅忧悸而已,颇得绣衣之称。谪居澧州,为厉员外立所辱。稍迁抚州刺史……及假节邕交,道经湖口,零陵郑太守史与京同年,远以酒乐相迟。"

(宋)计有功《唐诗纪事》卷四九《蔡京》:"邕州蔡大夫京者,故令狐文公楚镇滑台日,于僧中见……后以进士举上第,寻又学究登科,作尉畿服。既为御史,覆狱淮南……稍迁抚州刺史,以辞气自负……既而殂于邕南……咸通中为广西节度。"

【黎埋】祖幹官京兆尹、兵部侍郎,父烛隐居未仕。大和初明经及第。

《全唐文补遗》第八辑,黎埴撰大和三年(829)八月二十五日《唐故黎处士(烛)墓志铭并序》:"处士讳烛,字几明,皇京兆尹、兵部侍郎、封寿春公讳幹之第七子……有子前国子监明经曰埋,髫年而孤,逮今越二纪也。"

附考科目选(文宗朝科目选)

【韦澳】字子斐,京兆人,父韦贯之官至宰相。大和六年(832)登进士科,又登宏辞科。小传见大和六年进士科韦澳条。

《旧唐书》卷一五八《韦贯之传》:"韦贯之本名纯,以宪宗庙讳,遂以字称……以本官同中书门下平章事……贯之子澳、潾。澳,字子斐,大和六年擢进士第,又以弘词登科……周墀镇郑滑,辟为从事。墀辅政,以澳为考功员外郎……寻召充翰林学士,累迁户部、兵部侍郎、学士承旨……出为京兆尹……入为户部侍郎,转吏部……求归樊川别业,许之。逾年,复授户部侍郎。以疾不拜而卒。赠户部尚书,谥曰贞。"

《新唐书》卷一六九《韦贯之传》:"韦贯之……改尚书右丞,俄同中书门下平章事……子澳,字子裴,第进士,复擢宏辞……周墀节度郑滑,表署幕府……擢考功员外郎、史馆修撰。岁中知制诰,召为翰林学士。累迁兵部侍郎,进学士承旨……授河阳节度使……懿宗立,徙平卢军,入为吏部侍郎,复出为邠宁节度使……丐归樊川。逾年,以吏部侍郎召,不起。卒,赠户部尚书,谥曰贞。"

(宋)计有功《唐诗纪事》卷五〇《韦澳》同。《登科记考》卷二一大和六年进士科条云韦澳及第。

【杨绍复】郡望弘农,贯京兆,祖太清宋州单父尉,父於陵官至户部尚书。约在大和四年(830)登进士科,又登宏词科。官至中书舍人。

《全唐文》卷六三九李翱《唐故金紫光禄大夫尚书右仆射致仕上柱国宏农郡开国公食邑二千户赠司空杨公(於陵)墓志铭》:"公讳於陵,字达夫。年十八举进士第,选补润州句容主簿……大和四年十二月癸亥,以疾薨于新昌第,享年七十有八。天子为之废朝,凡朝廷之贤,设位而哭者,不知几人,册赠司空。明年四月庚午,归葬郑州荥泽县先太保之兆,祔于颍川韩氏赠华阴郡太夫人之茔……子景复,卫尉卿;曰嗣复,户部侍郎;曰绍复,举进士登宏词科。"按:其父於陵卒新昌里,则其贯当在京兆。绍复约在大和四年前进士及第,又登宏词科。

《旧唐书》卷一六四《杨於陵传》:"杨於陵字达夫,弘农人……父太清,宋州单父尉。於陵……客于江南……迁户部尚书……大和四年十月卒……子四人:……绍复进士擢第,宏词登科,位终中书舍人。师复位终大理卿。"

《新唐书》卷一六三《杨於陵传》:"杨於陵字达夫,本汉太尉震之裔。父太清,倦宦,客河朔,死安禄山之乱。於陵始六岁……穆宗立,迁户部尚书……四子:景复仕至同州刺史,绍复中书舍人,师复大理卿,中子嗣复位宰相,自有传。"

【余从周】郡望会稽,贯洛阳,祖庭饶州司户参军,父凭苏州吴县尉。约在大和开成前后登明经科,后登拔萃科,授秘书省校书郎,判入高等,授县尉。官至刑部员外郎。

《唐代墓志汇编续集》录《洛阳出土历代墓志辑绳》之《余凭夫人洪氏墓志》:"有子二人,长曰从周……从周幼而明敏,与众殊,专经擢第,复鸣金甲科,授鄠县尉。遂乞乎东归,迎养以就禄。"上引志为从周母洪氏墓志,洪氏会昌元年卒,则从周此前及第。《唐代墓志汇编》大中〇六〇《唐故尚书员外郎会稽余公夫人河南方氏合祔墓志铭》:"大中五年秋八月癸卯尚书刑部员外郎余君卒……或曰同为秘书官,或曰尝同为贡士……同为贡士者曰:君始少时,从东海徐先生学。君家贫亲老,常五日一归,归必负薪米以资其养。养固无怠而学亦不息。居数年,尽得徐先生业。徐先生特善草隶书,故君亦传其能。忽一日束揭书囊,徒行来京师,以明经为乡里所举。再举登上第……有司考其言,拔萃居四等,因授秘书省正字……历数年,又从吏部选。其试不求高于人,而下笔自入高等,遂授鄠县尉,因乞假迎其亲。至洛而丁亲丧……浙东观察使李公时掌贡士,闻君之抗直,乃奏君考试诸生之业经者。君杜柱迳,塞滥源,诸生皆歌诵之……且曰:君讳从周,字广鲁,其先会稽人……祖讳庭,仕为饶州司户参军;父讳凭,仕为苏州吴县尉……独享年四十有六……生南子五人,曰珣……已升明经第。"此条墓志铭收入《洛阳出土历代墓志辑绳》大中五年权寔《余从周夫人方氏墓志》)。按从周享年四十六,其登第约在二十几岁。罗继祖《登科记考补》补入。王其祎《〈登科记考〉补续》已据《洛阳出土历代墓志辑绳》之《余从周夫人方氏墓志》补余从周入年份未详之明经。

【郑当】字膺吉,郡望荥阳,贯苏州,祖晙洺州肥乡令,父惟则试大理评事。宝历二年(826)登进士科,同年登宏词科,约开成三年(838)登判入高等科。历宣武军节度参谋。小传详见宝历二年进士科郑当条。

《唐代墓志汇编》开成〇三九韦□撰开成五年(840)三月廿一日《唐故桂州员外司户荥阳郑府君(当)墓志铭并叙》:"府君讳当,字膺吉,世为荥阳人……四代祖皇朝吏部郎中讳元敬,曾王父皇任宋州宋城尉讳慎微,王父皇任洺州肥乡令讳晙,显考试大理评事讳惟则,□皆□德不耀,沦于下位,清范可准,门风□高,庆善积归,是崇令嗣。府君即先评事第二子也……贞元岁,既失所祜,侨寄吴中,与兄邻孺相依,学无师傅,经史究于专习,文字得于天成,骋翰苑而谁敢争先,探词源而我得其奥。年未弱冠,誉洽公卿,及践名场,道宾流辈。故得送超会府,荐首重藩。宝历二年,于今相国杨公下进士升第。人以为名修词策名则止,我乃异是。业志弥精,所以一选宏词,□微极谏,尽风雅于藻韵,识经邦之旨归,恃才将致于自媒,人情遂乖于百胜……是岁参调有司,判入高第,授万年尉……不幸为旧亲所累,贬桂州司户。"按:郑当宝历二年进士及第后登宏词科,汴州节度使杨元卿辟为营田判官,据《旧唐书》卷一七上《敬宗 文宗上》记载杨元卿在宝历二年五月为河阳三城怀州节度使,则郑当登宏词科当在宝历二年。

《唐代墓志汇编》大和〇六七前宣武军节度参谋试太常寺协律郎郑当撰并书《大唐故太原王氏夫人墓志铭并序》:"大和七年十二月十六日,夫人王氏殁于洛阳县绥福里私第之寝,享年廿七。"

卷十三

唐武宗（李炎）朝（841—846）

会昌元年(841)

正月辛巳,有事南郊,大赦,改元。

知贡举:礼部侍郎柳璟

进士科

【崔岏】清河人,会昌元年(841)进士科状元及第,调万年尉,官终刑部郎中。

《全唐文补遗》第八辑,李内恭撰中和二年(882)十二月二十二日《唐故陇西李公(杼)范阳卢氏夫人合葬墓铭并序》:别弟岳"娶故刑部郎中清河崔岏之女"。

(元)辛文房撰,傅璇琮主编《唐才子传校笺》(册三)卷七《薛逢》:"逢字陶臣,蒲州人。会昌元年,崔岏榜第三人进士,调万年尉。"

《登科记考》卷二二会昌元年(841)进士科条云崔岏及第。

【王铎】字归范,一作"字昭范",京兆府长安县人,祖起,父龟。会昌元年(841)登进士科。西川节度使从事,官至宰相,封晋国公,超拜司徒。

(唐)阙名《玉泉子》:"李蠙与王铎进士同年。"(宋)王谠《唐语林》卷七《补遗》略同。

《旧唐书》卷一六四《王铎传》:"王播……播子式,弟炎、起……起……子龟嗣。龟,字大年……京城光福里第……以弟铎在中书,不欲在禁掖,改太常少卿……铎,字归范。会昌初进士第,两辟使府。大中初,入为监察御史。咸通初,由驾部郎中知制诰,拜中书舍人。五年,转礼部侍郎,典贡士两岁,时称得人。七年,以户部侍郎、判度支,迁礼部尚书。十二年,以本官同平章事。时宰相韦保衡以拔擢之恩,事铎尤谨,累兼刑部、吏部尚书。僖宗即位,加右仆射……拜右仆射、门下侍郎、同平章事……五年,以铎守司徒、门下侍郎、同平章事,兼江陵尹、荆南节度使,充诸道行营兵马都统……皆遇害。时光启四年十二月也。"

《新唐书》卷一八五《王铎传》:"王铎字昭范。宰相播昆弟子也。会昌初,擢进士第,累迁右补阙、集贤殿直学士。白敏中辟署西川幕府。咸通后,仕寖显,历中书舍人、礼部侍郎……十二年,繇礼部尚书进同中书门下平章事,加门下侍郎、尚书左仆射,超拜司徒……僖宗初,以左仆射召……复拜门下侍郎、平章事……封晋国公……未几,召拜太子少师,从天子入蜀,拜司徒、门下侍郎、平章事,加侍中。复以太子太保平章事。"

《登科记考》卷二二会昌元年(841)进士科条云王铎及第。

【王鄂】当涂人。会昌元年(841)登进士科。历宣节校尉。

(宋)孙光宪《北梦琐言》卷二〇:"唐四方馆主王鄂尚书自西京乱离,挈家入蜀,沿嘉陵江下,至利州百堂寺前。其弟年七岁,忽云:'我曾有经一卷,藏在此寺石龛内。'因令家人相随访获之,木梳亦存。寺僧曰:'此我童子也。较其所夭之年与王氏之子所生之岁果验也。其前生父母尚存。'及长,仕蜀,官至令录数任,即王鄂。"

光绪《安徽通志》卷一五二《选举志四·进士》："会昌辛酉榜：王鄂，当涂人。宣节校尉。"又见乾隆《江南通志》卷一一九。胡可先《〈登科记考〉匡补三编》补入。

【李蠙】会昌元年（841）登进士科。历右司郎中、户部侍郎、京兆尹、昭义节度使。

（唐）阙名《玉泉子》："李蠙与王铎进士同年。"（宋）王谠《唐语林》卷七《补遗》略同。

（唐）赵璘《因话录》卷六《羽部》（874）云："大中九年……同年有起居者之会，仓部李郎中蠙时在座，因戏诸进士曰：'今日极盛，蠙与贤座主同年。'时右司李郎中从晦，又在座戏蠙曰：'殊未耳。小生与贤座主同年，如何？'谓邠州柳侍郎也。"（宋）王谠《唐语林》卷四《企羡》略同。

《旧唐书》卷一九上《懿宗》："（咸通四年）三月，以兵部侍郎、判度支杨收本官同平章事；以刑部侍郎曹汾为河南尹；以户部侍郎李蠙检校礼部尚书、潞州大都督府长史，充昭义节度、观察处置等使。四月，敕徐州罢防御使，为支郡，隶兖州。"

（宋）李昉等《太平广记》卷一三八《徵应四·李蠙》引《南楚新闻》："李蠙司空初名虬，将赴举，梦名上添一画，成'虱'字。及寤，曰：'虱者，蠙也。'乃改名，果登科。"

《资治通鉴》卷二五〇咸通五年春正月条："以京兆尹李蠙为昭义节度使，取归秦心肝以祭沈询。"

《登科记考》卷二二会昌元年（841）进士科条云李蠙及第。

【杨收】旧贯同州冯翊人，新贯苏州，祖藏器邠州三水丞，父遗直位终濠州录事参军。会昌元年（841）登进士科，释褐校书郎。历淮南观察使推官、西川节度使从事，官至宰相。

《秦晋豫新出墓志蒐佚》八二七，裴坦撰咸通十四年（873）二月二十五日《唐故特进门下侍郎兼尚书右仆射同中书门下平章事弘文馆大学士太清太微宫使晋阳县开国男食邑三百户冯翊杨公墓志铭并序》："公讳收，字成之……以伯仲未捷，誓不议乡赋，尚积廿年涵泳，霪渍于文学百家之说。洎伯氏、仲氏各登高科后，公乃跃而喜曰：吾今而后知不免矣！亦犹谢文靖在江东之旨，时人莫可量也。将随计吏以乡先生，书至，有司阅公名且喜。未至京师，群公卿士交口称赞，荐章叠委，唯恐后时。至有北省谏官，始三日以补衮，举公自代，时未之有也。由是，一上而登甲科。"

《旧唐书》卷一七七《杨收传》："杨收字藏之，同州冯翊人。自言隋越公素之后。高祖悟虚，应贤良制科擢第，位终朔州司马。曾祖幼烈，位终宁州司马。祖藏器，邠州三水丞。父遗直，位终濠州录事参军。家世为儒，遗直客于苏州，讲学为事，因家于吴。遗直生四子：发、假、收、严……收长六尺二寸……家寄浔阳，甚贫。收七岁丧父，居丧有如成人……开成末，假擢第；是冬，收之长安，明年，一举登第，年才二十六。时发为润州从事，因家金陵。收得第东归，路由淮右，故相司徒杜悰镇扬州，延收署节度推官，奏授校书郎。悰领度支，以收为巡官。悰罢相镇东蜀，奏授掌书记，得协律郎。悰移镇西川，复管记室。宰相马植奏授渭南尉，充集贤校理，改监察御史……宰相令狐绹用收为翰林学士，以库部郎中知制诰，正拜中书舍人，赐金紫，转兵部侍郎、学士承旨。左军中尉杨玄价以收宗姓，深左右之，乃加银青光禄大夫、中书侍郎、同平章事，累迁门下侍郎、刑部尚书……"

《新唐书》卷一八四《杨收传》："杨收字藏之，自言隋越国公素之裔，世居冯翊。父遗直,德宗时,以上书阙下,仕为濠州录事参军,客死姑苏。收七岁而孤,处丧若成人。母长孙亲授经,十三通大义。善属文,所赋辄就,吴人号神童……以兄假未仕,不肯举进士。既假襦褐,乃入京师。明年,擢进士,杜悰表署淮南推官。悰领度支,又节度剑南东西川,辄随府三迁。宰相马植表为渭南尉、集贤校理,议补监察御史……懿宗时,擢累中书舍人、翰林学士承旨,以中书侍郎同中书门下平章事。"

(宋)孙光宪《北梦琐言》卷一二《杨收不学仙》:"唐相国杨收,江州人祖为本州都押衙,父直,为兰溪县主簿。生四子,发、假、收、严,皆登进士第。"参考(元)辛文房《唐才子传》卷七《杨发》。

《登科记考》卷二二会昌元年(841)进士科杨收条云:《永乐大典》引《苏州府志》:"杨收,会昌元年登第。"

【沈询】字诚之,苏州吴人,祖既济,父传师吏部侍郎。会昌元年(841)登进士科,补渭南尉。历潞州长史、户部侍郎、昭义节度使。

《旧唐书》卷一四九《沈传师传》:"沈传师字子言,吴人。父既济……有子枢、询,皆登进士第。询历清显,中书舍人、翰林学士、礼部侍郎。咸通中,检校户部尚书、潞州长史、昭义节度使。"

《新唐书》卷一三二《沈既济传》:"沈既济,苏州吴人……子传师。传师字子言……(传师)子询,字诚之,亦能文辞,会昌初第进士,补渭南尉。累迁中书舍人,出为浙东观察使,除户部侍郎,判度支。咸通四年,为昭义节度使……赠兵部尚书、左散骑常侍。"

《登科记考》卷二二会昌元年(841)进士科录载沈询。

【苗绅】字纪之,上党壶关人,贯河南府洛阳县。会昌元年(841)登进士第,会昌二年登宏词科,释褐秘书省校书郎,从事襄汉。历朝散大夫京兆少尹御史中丞。

《全唐文补遗》第六辑,《唐故朝散大夫京兆少尹御史中丞苗府君(绅)墓志铭并序》:"君讳绅,字纪之,上党壶关人。会昌初,登进士第。明年,得宏词上第,授秘书省校书郎。""畋与君联年登第,同出河东公门下。"郑畋会昌二年登进士第。"河东公"当指柳璟,其曾在会昌元年、二年联知贡举,则苗绅当在会昌元年登进士第,会昌二年登宏词科。据傅璇琮《李德裕年谱》会昌元年条下引北京图书馆拓本《上党苗府君墓志铭并序》,苗缜(镇、缩、祯)会昌四年三月卒于长安。绅为其弟,缜卒时,为将仕郎,守秘书省校书郎分司东都。按一般常识,进士及第后大多做些少府、校书郎之类的官职,守校书郎,说明他分司前在长安为校书郎。按唐之考绩之法,除侍御史之类官职往往一年或年半、二十五月一调换,一般均是三年左右。

《全唐诗》第十七册卷五七八温庭筠《春日将欲东归寄新及第苗绅先辈》。

《唐代墓志汇编》咸通〇三四庾道蔚《唐朝散大夫苗绅妻故新野县君庾氏夫人墓志铭并序》:"咸通癸未岁冬季月既望,夫人遇疾殁于上都昭国里第,享年四十八。以明年六月癸酉归葬于河南府洛阳县平阴乡陶村之北原,从祔于先茔,礼也……夫人幼挺淑姿……亦既及笄,归于名士,宜家治内,率礼无违。会昌中,苗君从事襄汉,其季妹孤侄言归他门,姻戚之会,车舆接轸,集其门者咸名人右族,迎迓接见,承颜顺适,设醴馔,陈帷帟,丰约之宜,动中于礼。”

（宋）陈舜俞《庐山记》卷二：“咸通八年刺史苗绅。”

《登科记考》卷二七《附考·进士科》条云：苗绅及第。

【康僚】一作“康璙”，郡望会稽，贯宣州。会昌元年（841）登进士科，后登宏辞科，授秘书正字。官至仓部郎中。

《全唐文》卷七九五孙樵《唐故仓部郎中康公墓志铭》：“唐尚书仓部郎中姓康氏，以咸通十三年月日，薨于郑州官舍。其年月日，前左拾遗陈昼寓书孙樵曰：‘与子俱受恩康公门，今兆还有期，其孤征志于子，子其无让。’樵哭之恸，已而挥涕叙平生。公讳某，字某，会稽人。曾祖讳某，赠某官。祖讳某，赠某官。父讳某，赠某官。公幼嗜书，及冠，能属辞。尤攻四六文章，援毫立成，清媚新峭，学者无能如。自宣城来长安，三举进士登上第，是岁会昌元年也。其年冬得博学宏词，授秘书省正字。明年，临桂元公以观风支使来辟，换试秘书郎。五年调，再授秘书省校书郎。大中二年复调授京兆府参军。其年冬为进士试官，峭独不顾，虽权势莫能挠。其与选者，不逾年继踵升第。故中书侍郎高公璩、尚书仓部郎中杨嵩、太常博士杜敏求、今春官贰卿崔公殷梦、尚书屯田郎中崔亚、前左拾遗陈昼及樵十辈，皆出其等列也。明年授大理评事兼监察御史户部巡官。明年改盐铁巡官。天付介直，不能诡言。故丞相河东公休使盐铁转运，公或请计事，将入门，裴公谓谒者曰：‘必康君也。’裴公始以直知，终以直废。明年去盐铁，诏授大理司直。或有所谳，宰相莫能回其笔。明年授试大理司议郎兼侍御史度支巡官。明年改授检校户部员外郎兼侍御史转运推官。明年换判官。今华州刺史李公讷拜盐铁转运使，将莅事，且召群吏曰：‘二十年以前推官判官，谁为廉平，可以助吾治者？’群吏皆以公塞问。李公曰：‘吾得之矣。’公由是不去职。咸通元年改检校礼部郎中兼侍御史，充转运判官。李公始以廉平知，终以章奏加厚。常称于班行间曰：‘康公宜掌帝制。’或与宰相言，必慰荐之。明年诏授海州刺史。廉而不刻，明而不抉。案牍符檄，公一以口授之，群胥辈徒搦管捉纸，字字书出。蓄缩汗慄，何暇为奸犯耶！以故老吏猾胥，畏之如神明。秩罢，退居淮阴。咸通八年诏拜大理少卿，明年迁尚书仓部郎中，充西川宣谕制置盐铁法使兼西川供军使，赐紫金鱼袋。公驰驿至西川，不浃旬而盐无二价，蜀甿至今赖之。会西川节度使刘公以疾薨，戍兵日至，军储不给。糇无常价，而度支有定估。遂乘传诣阙，且请与度支计事。无何，诏以窦滂代公。公遂守仓部郎中，会窦滂逗遛不以时之任，朝廷欲以警之。其年十一月遂贬公为澧州刺史，明年移郑州长史。朝廷或有繁难之任，议莫不以公为言，宰相且将用之。呜呼！天殀正人，诚疲民之不幸，非公之不幸也。公娶长乐冯氏，故给事中累赠太尉讳审第三女也。公十二男八女，长曰齐，乡贡进士。次曰颜，乡贡进士。次曰言，明经及第。”咸通九年后任仓部郎中。陈尚君《〈登科记考〉正补》：“按郎官柱仓中题名有康僚，约咸通间任，当即其人。”《郎官石柱题名考》卷一七作“璙”，兹从岑仲勉《郎官石柱题名新著录》及《文苑英华》卷四、卷六，《全唐文》卷七五七。

《登科记考》卷二二会昌元年（841）进士科条作“康□”。

【谢防】宜春人。会昌元年（841）登进士科。

《登科记考》卷二二会昌元年(841)进士科条云谢防云:《永乐大典》引《宜春志》:"会昌元年,谢防登进士第。"

四库本《江西通志》卷四九《选举·唐》会昌三年进士:"宋震,高安人,一作万载人。谢防,袁州人。"

【谭铢】一作"谈铢",吴人。会昌元年(841)登进士科。历盐院官。

(唐)范摅《云溪友议》卷中《谭生刺》:"真娘者,吴国之佳人也。时人比于苏小小,死葬吴宫之侧。行客感其华丽,竞为诗题于墓树,栉比鳞臻。有举子谭铢者,吴门秀逸之士也,因书绝句以贻后之来者。睹其题处,经游之者稍息笔矣。诗曰:'武丘山下冢累累,松柏萧条尽可悲。何事世人偏重色,真娘墓上独题诗。'"

(宋)钱易《南部新书·己》:"咸通末,郑浑之为苏州督邮,谭铢为蹉院官,钟福为院巡,俱广文。时湖州牧李超、赵蒙相次,俱状元。"

(宋)计有功《唐诗纪事》卷五六《谭铢》略同,并云:"铢,吴人。登会昌进士第。"

《登科记考》卷二二会昌元年(841)进士科谈铢条云:"《永乐大典》引《苏州府志》:'谈铢,会昌元年登第。'"

【薛逢】字陶臣,河东蒲州人。会昌元年(841)登进士科,释褐秘校书郎。历河中幕,官至秘书监。

《旧唐书》卷一九〇下《文苑下·薛逢传》:"薛逢字陶臣,河东人。父倚。逢会昌初进士擢第,释褐秘书省校书郎。崔铉罢相镇河中,辟为从事。铉复辅政,奏授万年尉,直弘文馆,累迁侍御史、尚书郎……又出为蓬州刺史。收罢相,入为太常少卿……迁秘书监,卒。"

(宋)李昉等《太平广记》卷五四《神仙五十四·薛逢》引《神仙感遇传》:"河东薛逢,咸通中为绵州刺史,岁余,梦入洞府,看馔甚多而不睹人物,亦不敢飧之,乃出门。"

《新唐书》卷二〇三《文艺下·薛逢传》:"薛逢字陶臣,蒲州河东人。会昌初,擢进士第。崔铉镇河中,表在幕府。铉复宰相,引为万年尉。直弘文馆。历侍御史、尚书郎。持论鲠切,以谋略高自标显。初,与彭城刘瑑交,瑑文辞出逢数人下,常易之。瑑稍亲近,逢不得意,遂相忿恨。会瑑当国,有荐逢知制诰者,瑑狠言:'先朝以两省官给事、舍人先治州县,乃得除,逢未试州。'执不可。乃出为巴州刺史。而杨收、王铎同牒署第,收辅政,逢有诗微辞讥讪,收衔之,复斥蓬、绵二州刺史。收罢,以太常少卿召还,历给事中。铎为宰相,逢又以诗訾铎,铎怒,中外亦鄙逢褊懒,故不见齿。迁秘书监,卒。"

(宋)晁公武《郡斋读书志校证》卷一八《别集类中》录《薛逢歌诗》二卷,注云:"右唐薛逢陶臣也。河东人。会昌元年进士。终秘书监。"按:《新唐书》卷三九《地理三》:"河中府河东郡,赤。本蒲州,上辅。"以《新唐书》为确。

(元)辛文房撰,傅璇琮主编《唐才子传校笺》(册三)卷七《薛逢》:"逢字陶臣,蒲州人。会昌元年,崔岘榜第三人进士,调万年尉。未几,佐河中幕府……迁秘书监,卒。"

《登科记考》卷二二会昌元年(841)进士科条云薛逢及第。

明经科

【张勋】字子刚,祖行恪官至皇左威卫仓曹参军,父闽之官至太常奉礼郎。会昌元年(841)登学究一经科,调授洪州建昌县尉。终摄新郑县尉。

《唐代墓志汇编》会昌〇三五《唐故彭城刘夫人墓志铭并序》:"笄年适南阳张公讳闽,有子一人曰勋……未及,府君先世……南阳之嗣,卒以积善庆钟,年甫弱冠,悍然有游艺仕之志……举学究一经科,会昌元年,擢登上第……(夫人葬于)河南县平乐乡……"

《唐代墓志汇编》咸通〇〇七咸通二年(861)八月七日《唐故郑州阳武县尉张府君(勋)墓志铭并序》:"公讳勋,字子刚,南阳人也。咸通二年五月廿四日暴终于新郑县官舍,春秋五十有五……祖讳行恪,皇左威卫仓曹参军,父讳闽之,皇太常奉礼郎。公即奉礼府君之长子也。会昌元年,学究出身,调授洪州建昌县尉……摄新郑县尉……葬于河南府洛阳县平阴乡。"

会昌二年壬戌(842)

知贡举:礼部侍郎柳璟

进士科

【郑颢】洛阳人,祖郑细官至宰相,父祗德。会昌二年(842)进士科状元及第,释褐弘文馆校书。官至吏部侍郎,宣宗驸马。

(唐)裴庭裕《东观奏记》卷上:"郑颢,相门子,首科及第。"

(唐)高彦休《唐阙史》卷下《郑少尹及第》:"次至故驸马都尉讳颢应举,时誉转洽,至改元会昌二年,礼部柳侍郎再司文柄,都尉以状头及第。"此事,徐应秋《玉芝堂谈荟》卷五《数有前定》略同。

《旧唐书》卷一五九《郑细传》:"郑细……宪宗……俄拜中书侍郎、平章事……子祗德。祗德子颢,登进士第,始授弘文馆校书。迁右拾遗、内供奉,诏授银青光禄大夫,迁起居郎。尚宣宗女万寿公主,拜驸马都尉。历尚书郎、给事中、礼部侍郎。典贡士二年,振拔滞才,至今称之。迁刑部、吏部侍郎。大中十三年,检校礼部尚书、河南尹。颢居戚里,有器度……尝为诗序曰:'去年寿昌节,赴麟德殿上寿,回憩于长兴里……'未几,颢亦卒。"

《登科记考》卷二二会昌二年(842)进士科云郑颢状元及第。

【韦滂】广东南海人。会昌二年(842)进士及第。官终象州刺史。

《登科记考补正》卷二二会昌二年(842)进士科补入韦滂。

日本藏康熙《南海县志》卷五《选举志·唐进士》:"会昌:韦滂,象州刺史。"

乾隆《广东通志》卷三一《选举志·唐》:"会昌中,韦滂,南海人,象州刺史。"

同治《广东通志》卷六六《选举表四·进士·唐》:"会昌二年:韦滂,南海人,象州刺史。"

【李毗】字佑臣,姑臧人。会昌二年(842)登第甲科。官至朝散大夫、尚书兵部郎中。

《秦晋豫新出墓志蒐佚续编》八九六,卫增撰咸通三年(862)正月二十八日《唐故朝散大夫尚书兵部郎中柱国李公墓志铭并序》:"公讳毗,字佑臣,其先姑臧人也⋯⋯会昌二年登第甲科,为楚州团练使卢公弘止辟为团练巡官,后调补秘书正字。"按李氏登第甲科,疑为进士及第。附此俟考。

【宋震】洪州高安人。会昌二年(842)登进士科。历虞部郎中。

《全唐诗》第十八册卷五八八李频《秋宿慈恩寺遂上人院(一作送宋震先辈赴青州)》:"满阁终南色,清宵独倚栏。风高斜汉动,叶下曲江寒。帝里求名老,空门见性难。吾师无一事,不似在长安。"

《旧唐书》卷一九上《懿宗》:"(咸通十年十二月)以虞部郎中宋震、前昭应主簿胡德融考科目举人。"

《永乐大典》引《瑞阳志》:"高安怀旧乡萱村里人。会昌二年柳璟下进士。"又引《袁州府图志》:"宋震,齐邱之祖,登会昌二年进士第。"

《登科记考》卷二二会昌二年(842)进士科云宋震及第。

嘉靖《瑞州府志》卷八《选举志科第》:"(宋震)会昌二年柳璟榜进士。"

正德《袁州府志》卷八《人物志》:"(宋齐立)祖震会昌初进士。"

四库本《江西通志》卷四九《选举·唐》会昌三年进士:"宋震,高安人,一作万载人。谢防,袁州人。"

【张潜】会昌二年(842)进士科及第。

(唐)高彦休《唐阙史》卷下《郑少尹及第》:"次至故驸马都尉讳颢应举,时誉转洽,至改元会昌二年,礼部柳侍郎再司文柄,都尉以状头及第。第二人姓张名潜,同年郭八郎名京。"

(明)徐应秋《玉芝堂谈荟》卷五《数有前定》:"次至故驸马都尉讳颢应举,会昌二年,礼部侍郎柳璟再主文柄,都尉以状头及第,第二人张潜,同年郭八郎名京。"按:潜即潜之异体字。

《登科记考》卷二二会昌二年(842)进士科条云张潜第二人及第。

【郑从谠】字正求,郡望荥阳,贯京兆府,祖郑余庆官至宰相,父瀚官至户部尚书。会昌二年(842)登进士科,释褐秘书省校书郎。官至宰相,勋至上柱国,封荥阳郡开国公,谥文忠。

《旧唐书》卷一五八《郑余庆传》:"郑余庆字居业,荥阳人⋯⋯十四年,拜中书侍郎、平章事⋯⋯余庆子瀚。瀚本名涵,以文宗藩邸时名同,改名瀚。贞元十年举进士⋯⋯开成四年闰正月,以户部尚书征⋯⋯四子:允谟、茂谌、处海、从谠⋯⋯从谠,字正求,会昌二年登进士第,释褐秘书省校书郎,历拾遗、补阙、尚书郎、知制诰。故相令狐、魏扶,皆父贡举门生,为之延誉,寻迁中书舍人。咸通三年,知贡举,拜礼部侍郎,转刑部,改吏部侍郎⋯⋯僖宗征还,用为刑部尚书。寻以本官同平章事⋯⋯诏曰:'开府仪同三司、门下侍郎、兼兵部尚书、充太清宫使、弘文馆大学士、延资库使、上柱国、荥阳郡开国公、食邑二千户郑从谠⋯⋯'⋯⋯历司空、司徒,正拜侍中⋯⋯卒。有司谥曰文忠。"

《新唐书》卷一六五《郑余庆传附郑从谠传》："郑余庆字居业,郑州荥阳人……与从父细家昭国坊,细第在南,余庆第在北,世谓'南郑相'、'北郑相'云……四子,处海、从谠尤知名……从谠,字正求。及进士第,补校书郎,迁累左补阙。令狐绹、魏扶皆瀚门生,数进誉之,迁中书舍人。咸通中,为吏部侍郎,铨次明允。出为河东节度使,徙宣武,以善最闻……僖宗立,召为刑部尚书。久之,擢同中书门下平章事,进门下侍郎……召拜司空,复秉政,进太傅兼侍中……拜太子太保,还第,卒。谥文忠。"按:郑余庆已在长安安居,郑从谠当为京兆人。

《登科记考》卷二二会昌二年(842)进士科条云郑从谠及第。

【郑诚】福州闽县人。会昌二年(842)登进士科。历郢、安、邓三州刺史。

《登科记考》卷二二会昌二年进士科条云:"《永乐大典》引《闽中记》作'诚'按乃郑谷从叔,当以淳熙《三山志》为正。"

《登科记考》卷二二会昌二年(842)进士科条云郑诚及第。

淳熙《三山志》卷二六:"会昌二年,郑颢榜进士郑诚,字申虞,闽县人。历刑部郎中,郢、安、邓三州刺史。"

【郑畋】字台文,荥阳人,祖穆,父亚。会昌二年(842)进士,释汴宋节度使推官,会昌六年书判入等,调渭南尉。历宣武节度使推官、北门从事,官至宰相,勋位上柱国,封荥阳郡开国公,诏赠司徒,谥曰文昭。

《旧唐书》卷一七八《郑畋传》:"郑畋字台文,荥阳人也。曾祖邻,祖穆,父亚,并登进士第……畋年十八,登进士第,释褐汴宋节度推官,得秘书省校书郎。二十二,吏部调选,又以书判拔萃授渭南尉、直史馆事。未行,亚出桂州,畋随侍左右……咸通中,令狐绹出镇,刘瞻镇北门,辟为从事。入朝为虞部员外郎。右丞郑熏,令狐之党也,摭畋旧事覆奏,不放入省,畋复出为从事。五年,入为刑部员外郎,转万年令。九年,刘瞻作相,荐为翰林学士,转户部郎中……僖宗即位,召还。授右散骑常侍,改兵部侍郎。乾符四年,迁吏部侍郎……僖宗上尊号礼毕,进加中书侍郎,进阶特进,转门下侍郎,兼礼部尚书、集贤殿大学士……凤翔陇右节度使、检校尚书左仆射、同中书门下平章事、充京西诸道行营都统、上柱国、荥阳郡开国公、食邑二千户郑畋……寻进位检校司空……昭宗嘉之,诏赠司徒,谥曰文昭。"据《旧唐书》卷一九上《懿宗》:"(咸通元年二月)以门下侍郎、守司徒、同平章事令狐绹检校司徒、同平章事,出镇河中。"则"令狐绹出镇"指出镇河中。

《新唐书》卷一八五《郑畋传》:"郑畋字台文,系出荥阳。父亚……畋举进士……为宣武推官,以书判拔萃擢渭南尉。"

(宋)晁公武《郡斋读书志校证》卷一八《别集类中》录《郑畋集》五卷,注云:"右唐郑畋台文也。荥阳人。会昌二年进士,书判入等,授校书郎,调渭南尉,知制诰,中书舍人。乾符四年,以本官同中书门下平章事。"

《登科记考》卷二二会昌二年(842)进士科条云郑畋及第。

【郭京】会昌二年(842)登进士科。

(唐)高彦休《唐阙史》卷下《郑少尹及第》:"次至故驸马都尉讳颢应举,时誉转洽,至改元会昌二年,礼部柳侍郎再司文柄,都尉以状头及第。第二人姓张名潜,同年郭八郎名京。"

（明）徐应秋《玉芝堂谈荟》卷五《数有前定》:"次至故驸马都尉讳颢应举,会昌二年,礼部侍郎柳璟再主文柄,都尉以状头及第,第二人张潜,同年郭八郎名京。"

《登科记考》卷二二会昌二年(842)进士科条云郭京及第。

诸科

【贾洮】字德川,襄陵人,祖嵘,秘书丞,父位,金州司马。约在会昌二年(842)登三史科,释褐阌乡县主簿,调为太学博士,又调为河南府户曹参军。

《唐代墓志汇编》咸通一○五贾涉撰咸通十四年(873)八月二十八日《唐故朝议郎河南府户曹参军柱国长乐贾府君(洮)墓志铭并序》:"维咸通十四年夏五月六日,前河南府户曹参军贾公遘疾于上都长安县丰乐里癈开业寺,享年五十一……始自洛阳迁于襄陵,故贾氏复归晋也。曾祖惠元,皇朝崖州刺史;祖嵘,秘书丞;父位,金州司马……公讳洮,字德川……弱冠诣太学,入举登三史第……解褐为阌乡县主簿,秩满,吏部奏为经学考试官,除广文助教,受代,调为太学博士,又调为河南府户曹参军。"按:以卒于咸通十四年(873),享年五十一推之,贾洮弱冠年在会昌二年(842)。

王其祎、周晓薇《〈登科记考〉补续》补入。

制科

【李商隐】字义山,旧贯怀州河内人,开成二年(837)登进士科,释褐秘校书郎,会昌二年(842)登拔萃科。历河阳节度使掌书记、桂管观察使判官、武宁节度使掌书记东川节度使判官、泾原节度使掌书记,官至检校工部郎中。参考开成二年进士科条李商隐小传。

《旧唐书》卷一九○下《文苑下·李商隐传》:"李商隐字义山,怀州河内人。曾祖叔恒,年十九登进士第,位终安阳令。祖俌,位终邢州录事参军。父嗣。商隐幼能为文……开成二年,方登进士第,释褐秘书省校书郎,调补弘农尉。会昌二年,又以书判拔萃。王茂元镇河阳,辟为掌书记,得侍御史。"

施子愉《登科记考补正》补入。

【苗绅】字纪之,上党壶关人。会昌元年(841)登进士第,会昌二年(842)登宏词科,释褐秘书省校书郎。历朝散大夫京兆少尹御史中丞。小传见会昌元年进士科苗绅条。

《全唐诗》第十七册卷五七八温庭筠《春日将欲东归寄新及第苗绅先辈》。

《全唐文补遗》第六辑,《唐故朝散大夫京兆少尹御史中丞苗府君(绅)墓志铭并序》:"君讳绅,字纪之,上党壶关人。会昌初,登进士第。明年,得宏词上第,授秘书省校书郎。""畋与君联年登第,同出河东公门下。"郑畋会昌二年登进士第。"河东公"当指柳璟,其曾在会昌元年、二年联知贡举,则苗绅当在会昌元年登进士第,会昌二年登宏词科。

《登科记考》卷二七《附考·进士科》条云苗绅及第。

会昌三年癸亥(843)

知贡举：吏部尚书王起

进士科

【卢肇】字子发，袁州宜春人。会昌三年(843)进士科状元及第。历朝散大夫，歙州刺史。

《全唐文》卷七六八卢肇《进海潮赋状》："臣于会昌三年应进士举，故山南节度使同中书门下平章事王起擢臣为进士状头。筮仕之初，故鄂岳节度使卢商自中书出镇，辟臣为从事。自后故江陵节度使赠太尉裴休，故太原节度使赠左仆射卢简求，皆将相重臣，知臣苦心，谓臣有立。全无亲党，不能吹嘘。悉赏微才，奏署门吏。臣前年二月，蒙恩自潼关防御判官除秘书省著作郎。其年八月，又蒙恩除仓部员外郎充集贤院直学士。去年五月，又蒙恩除歙州刺史。臣谨行陛下法令，常惧愆违。理郡周星，未有政绩。潜被百姓诣阙，以臣粗能缉理，求欲留臣。奉七月二十二日敕，又蒙圣恩赐臣金紫。"

(唐)阙名《玉泉子》："会昌三年，王起知举，问德裕所欲，答：'安问所欲？如卢肇、丁稜、姚鹄，岂可不与及第耶？'起于是依其次而放。"

(五代)王定保《唐摭言》卷三《慈恩寺题名游赏赋咏杂纪》："卢肇，袁州宜春人；与同郡黄颇齐名……明年，肇状元及第而归。"

(五代)孙光宪《北梦琐言》卷三《卢肇为进士状元》："唐相国李太尉德裕，抑退浮薄，奖拔孤寒。于时朝贵朋党，掌武破之，由是怨结。而绝于附会，门无宾客，唯进士卢肇，宜春人，有奇才，每谒见，许脱衫从容。旧例，礼部放榜，先禀朝廷，恐有亲属言荐。会昌三年，王相国起知举……其年卢肇为状头及第。"

《新唐书》卷六〇《艺文四》："卢肇《海潮赋》一卷；又《通屈赋》一卷；注林绚《大统赋》二卷。字子发，袁州人。咸通歙州刺史。"

(元)辛文房撰，傅璇琮主编《唐才子传校笺》(册三)卷七《李宣古》："宣古，字垂后，澧阳人。会昌三年卢肇榜进士。又试中宏辞。"

《登科记考》卷二二会昌三年(843)进士科条云卢肇及第。

《宋元地方志丛书·新安志》卷九："卢肇，字子发，袁州人，状元登第，咸通中朝散大夫，持节歙州诸军事。"

【丁稜】字子威。会昌三年(843)登进士科。

(唐)阙名《玉泉子》："会昌三年，王起知举，问德裕所欲，答：'安问所欲？如卢肇、丁稜、姚鹄，岂可不与及第耶？'起于是依其次而放。"此事，(宋)王谠《唐语林》卷七《补遗》、(宋)计有功《唐诗纪事》卷五五《丁稜》略同。

(五代)王定保《唐摭言》卷三《慈恩寺题名游赏赋咏杂纪》：会昌三年及第进士："丁稜，字子威。"

《登科记考》卷二二会昌三年(843)进士科条云丁稜及第。

【王甚夷】字无党,会昌三年(843)登进士科。

《全唐诗》第十七册卷五五二有王甚夷《和主司王起》诗。

(五代)王定保《唐摭言》卷三《慈恩寺题名游赏赋咏杂纪》:会昌三年及第进士:"王甚夷,字无党。"

(宋)计有功《唐诗纪事》卷五五《王甚夷》:"甚夷,字无党。"

《登科记考》卷二二会昌三年(843)进士科条云王甚夷及第。

【左牢】一作"弋牢""尤牢",字德胶。会昌三年(843)登进士科。

《全唐诗》第十七册卷五五二有弋牢《和主司王起》诗,注云:一作"左牢"。

(五代)王定保《唐摭言》卷三《慈恩寺题名游赏赋咏杂纪》:会昌三年及第进士:"左牢,字德胶。"

(宋)李昉等《文苑英华》卷一八三《诗三十三·省试四》之《风不鸣条六首》下有左牢诗。

(宋)计有功《唐诗纪事》卷五五《左牢》:"牢,字德胶。"

《登科记考》卷二二会昌三年(843)进士科条作"尤牢"。

【石贯】字总之,湖州人。会昌三年(843)登进士科。历国子博士。

《全唐文》卷八五二石光赞《请修万石君庙疏》:"唐大中十三年,郑州司马石贯称裔孙,刊石庙廷,备纪其事。"

《全唐诗》第十七册卷五五二有石贯《和主司王起》诗。

《全唐诗》第十七册卷五五三姚鹄《送石贯归湖州》:"同志幸同年,高堂君独还。齐荣恩未报,共隐事应闲。访寺临湖岸,开楼见海山。洛中推二陆,莫久恋乡关。"

(五代)王定保《唐摭言》卷三《慈恩寺题名游赏赋咏杂纪》:会昌三年及第进士:"石贯,字总之。"

(宋)李昉等《太平广记》卷三五一《鬼三十六·王坤》引《宣室志》:"太原王坤,大中四年春为国子博士……坤素与太学博士石贯善,又同里居,坤因与偕行。"

《登科记考》卷二二会昌三年(843)进士科条云石贯及第。

【刘耕】字遵益,舒州人。会昌三年(843)登进士科。

《全唐诗》第十七册卷五五二有刘耕《和主司王起》诗。

《全唐诗》第十七册卷五五三姚鹄《送刘耕归舒州》:"四座莫纷纷,须臾岐路分。自从同得意,谁不惜离群。旧国连青海,归程在白云。弃繻当日路,应竞看终军。"

(五代)王定保《唐摭言》卷三《慈恩寺题名游赏赋咏杂纪》:会昌三年及第进士:"刘耕,字遵益。"

(宋)计有功《唐诗纪事》卷五五《刘耕》:"孔门频建铸颜功,紫绶青衿感激同。一篑勤劳成太华,三年恩德重维嵩。杨随前辈穿皆中,桂许平人折欲空。惭和周郎应见顾,感知大造竟无穷。耕,字遵益。"

《登科记考》卷二二会昌三年(843)进士科条云刘耕及第。

【李宣古】一作"李仙古",字垂后,澧州澧阳县人。会昌三年(843)登进士科,后登宏辞科。

（唐）李冗《独异志》卷中《澧阳谶》：“宏词李宣古者，李生，会昌三年王起侍郎下上第。”

（五代）王定保《唐摭言》卷三《慈恩寺题名游赏赋咏杂纪》：会昌三年及第进士：“李仙古，字垂后。”按：仙古，各本均作“宣古”。

（宋）计有功《唐诗纪事》卷五五《李宣古》：“宣古，字垂后。”

（元）辛文房撰，傅璇琮主编《唐才子传校笺》（册三）卷七《李宣古》：“宣古，字垂后，澧阳人。会昌三年卢肇榜进士。又试中宏辞。工文，极俊，有诗名。性谐浪，多所讥诮。时杜悰尚主，出守澧阳，宣古在馆下，数陪宴赏，谐慢既深，悰不能忍，忿其戏己，辱之使卧于泥中，衣冠颠倒。”按：《元和郡县图志》逸文卷一云：澧州下属澧阳县。

《登科记考》卷二二会昌三年（843）进士科条云李宣古及第。

【李潜】字德隐，河南府河南县人。会昌三年（843）登进士科。历岭南西道观察支使、侍御史。

《全唐文》卷八三二钱珝《授摄淮南观察支使田光嗣检校郎中充职李潜岭南西道观察支使长芦县令房殷兼侍御史等制》：“敕。具官田光嗣等：从事之任，卒以策谋文翰，往参诸政。能则政举，否则政堕。故有惨舒，系乎能否。安得以一谈一笑，媚于所从？维扬控淮海之会，邕南杂夷獠之居。各引良材，往佐其理。而光嗣潜殷之善，必有以称其授聘者。咸来被宠，无忝尔知。可依前件。”

《全唐诗》第十七册卷五五二有李潜《和主司王起》诗。

《全唐诗》第十七册卷五五三姚鹄《送李潜归绵州觐省》：“朱楼对翠微，红旆出重扉。此地千人望，寥天一鹤归。雪封山崦白，鸟拂栈梁飞。谁比趋庭恋，骊珠耀彩衣。”

《唐代墓志汇编》会昌〇四〇李褒撰会昌四年（844）十二月十九日《唐故绵州刺史江夏李公墓志铭并序》：“今为江夏李氏。曾祖善，贯通坟史，注文选六十卷，用经籍引证，研精而该，博学者开卷自得，如授师说，官至秘书郎弘文馆学士沛王侍读；祖邕，文学优宏，以风棃然诸自任，落落有大节，为一时伟人，官至北海太守赠秘书监；考翘，履道葆光，绰有余裕，皇任大理评事赠太常少卿。公讳正卿，字肱生……（公妻）生潜，有词艺声华，登进士上第……（公）窆合祔于河南县。”

（五代）王定保《唐摭言》卷三《慈恩寺题名游赏赋咏杂纪》：会昌三年及第进士：“李潜，字德隐。”

《登科记考》卷二二会昌三年（843）进士科条云李潜及第。

【邱上卿】一作“丘上卿”，字陪之。会昌三年（843）登进士科。

《全唐诗》第十七册卷五五二有丘上卿《和主司王起》诗。

（五代）王定保《唐摭言》卷三《慈恩寺题名游赏赋咏杂纪》：会昌三年及第进士：“邱上卿，字陪之。”

（宋）释赞宁《宋高僧传》卷十七：“至十一年户部员外郎丘上卿为碑纪德焉。”

《登科记考》卷二二会昌三年（843）进士科条云邱上卿及第。

【张道符】字梦锡,会昌三年(843)登进士科。

《全唐诗》第十七册卷五五二有张道符《和主司王起》诗。

(五代)王定保《唐摭言》卷三《慈恩寺题名游赏赋咏杂纪》:会昌三年及第进士:"张道符,字梦锡。"

《登科记考》卷二二会昌三年(843)进士科条云张道符及第。

【林滋】字后象,福州闽县人。会昌三年(843)登进士科。历王铎宣武判官,官至金部郎中。

《全唐诗》第十七册卷五五二有林滋《和主司王起》诗。

(五代)王定保《唐摭言》卷三《慈恩寺题名游赏赋咏杂纪》:会昌三年及第进士:"林滋,字后象。"

《登科记考》卷二二会昌三年(843)进士科条云林滋及第。

淳熙《三山志》卷二六:"(会昌)三年癸亥卢肇榜,林藻,字后象,闽县人,历金部郎中,后王铎辟为判官。"

【金厚载】字化光。会昌三年(843)登进士科。

《全唐诗》第十七册卷五五二有金厚载《和主司王起》诗。

(五代)王定保《唐摭言》卷三《慈恩寺题名游赏赋咏杂纪》:会昌三年及第进士:"金厚载,字化光。"

(宋)计有功《唐诗纪事》卷五五《金厚载》:"厚载,字化光。"

《登科记考》卷二二会昌三年(843)进士科条云金厚载及第。

【孟宁】一作"孟守",字处中。会昌三年(843)登进士科。

《全唐诗》第十七册卷五五二有孟守(一作宁)《和主司王起》诗。

(五代)王定保《唐摭言》卷三《慈恩寺题名游赏赋咏杂纪》:会昌三年及第进士:"孟宁,字处中。"

(宋)钱易《南部新书·己》:"孟宁,长庆三年王起放及第,至中书,为时相所退。其年,大和公主和戎。至会昌三年,起至左揆,再知贡。宁以龙钟就试而成名。是岁,石雄入塞,公主自西蕃还京。"

《登科记考》卷二二会昌三年(843)进士科条云孟宁及第。

【孟球】字廷玉,兄琯、璹、珏等皆为进士及第。会昌三年(843)登进士科。历晋州刺史、检校工部尚书、徐州刺史、徐州节度使。

《全唐文补遗》第八辑,孟球撰大中十四年(860)四月十四日《唐故朝请大夫守京兆少尹上柱国孟公(璹)墓志铭》:"公讳璹,字虞颂,平昌安丘人……公策名于大和初。其后开成、会昌中,季弟珏、球继升进士科。至大中末皆银艾,同为尚书郎、列郡刺史,时人荣之。"

《全唐诗》第十七册卷五五二有孟球《和主司王起》诗。

《洛阳新获七朝墓志》孟球撰咸通七年(866)十一月二十九日《唐故朝散大夫使持节都督寿州诸军事守寿州刺史充本州团练使兼御史中丞柱国赐紫金鱼袋孟公墓志铭》:"公讳珏,字廷硕,德州平昌人……公昆弟九人,四人登进士科,由台阁清选皆再领郡符,伯琯,度支、职方二员外,朗、随二州刺史。仲兄璙,司门员外,工部职方郎中,唐、邓二州刺史、京兆少尹。弟珹,见任襄州参军。球,见为右谏议大夫。四人皆以文学由进士科。"

（五代）王定保《唐摭言》卷三《慈恩寺题名游赏赋咏杂纪》:会昌三年及第进士:"孟球,字廷玉。"

《旧唐书》卷一七七《崔慎由传》:"诏徐州节度使孟球召募二千人赴援,分八百人戍桂州。"

《旧唐书》卷一九上《懿宗》:"(咸通五年四月)以晋州刺史孟球检校工部尚书,兼徐州刺史。"

《登科记考》卷二二会昌三年(843)进士科条云孟球及第。

【姚鹄】字居云,蜀人。会昌三年(843)登进士科。

（唐）阙名《玉泉子》:"会昌三年,王起知举,问德裕所欲,答:'安问所欲? 如卢肇、丁稜、姚鹄,岂可不与及第耶?'起于是依其次而放。"此事,(宋)王谠《唐语林》卷七《补遗》误作"姚颉"。

《全唐文》卷九三三杜光庭《历代崇道记》:"(咸通)十三年三月,台州刺史姚鹄。"

《全唐诗》第十七册卷五五三有姚鹄《将归蜀留献恩地仆射二首》:"……明日还家盈眼血,定应回首即霑襟。"《唐才子传校笺》册三页三二五据此推定为蜀人,疑为巴州人。

（五代）王定保《唐摭言》卷三《慈恩寺题名游赏赋咏杂纪》:会昌三年及第进士:"姚鹄,字居云。"

《新唐书》卷六〇《艺文四》:"《姚鹄诗》一卷。字居云,会昌进士第。"

（宋）计有功《唐诗纪事》卷五五《姚鹄》:"鹄,字居云。"

（元）辛文房撰,傅璇琮主编《唐才子传校笺》(册三)卷七《姚鹄》:"鹄,字居云,会昌三年礼部尚书王起下进士。"

《登科记考》卷二二会昌三年(843)进士科条云姚鹄及第。

【徐熏】会昌三年(843)登进士科。

《全唐诗》第十七册卷五五三姚鹄有《和徐先辈秋日游泾州南亭呈二三同年》:"多此欢情泛鷁舟,桂枝同折塞同游。声喧岛上巢松鹤,影落杯中过水鸥。送日暮钟交戍岭,叫云寒角动城楼。酒酣笑语秋风里,谁道槐花更起愁。"《文苑英华》卷三一六《诗一百六十六·居处六》录此诗题作《和徐熏先辈秋日游泾州南亭呈二三同年》。

《登科记考补正》卷二二会昌三年(843)进士科补入徐熏。

【高退之】字遵圣。会昌三年(843)登进士科。

《全唐诗》第十七册卷五五二有高退之《和主司王起》诗。

（五代）王定保《唐摭言》卷三《慈恩寺题名游赏赋咏杂纪》:会昌三年及第进士:"高退之,字遵圣。"

（宋）计有功《唐诗纪事》卷五五《高退之》:"昔年桃李已滋荣,今日兰荪又发生。葑菲采时皆有道,权衡分处且无情。叨陪鸳鹭朝天客,共作门阑出谷莺。何事感恩偏觉重,忽闻金榜扣柴。(注云:退之自顾微劣,始不敢有叨窃之望,策试之后,遂归鳌屋山居,不期一旦进士团遣人赍榜扣閤相报,方知忝幸矣。)退之,字遵圣。"

《登科记考》卷二二会昌三年(843)进士科条云高退之及第。

【唐思言】字子文。会昌三年(843)登进士科。

《全唐诗》第十七册卷五五二有唐思言《和主司王起》诗。

(五代)王定保《唐摭言》卷三《慈恩寺题名游赏赋咏杂纪》:会昌三年及第进士:"唐思言,字子文。"

《登科记考》卷二二会昌三年(843)进士科条云唐思言及第。

【黄颇】字无颇,宜春人。会昌三年(843)登进士科。历御史。

《全唐诗》第十七册卷五五二有黄颇《和主司王起》诗。

(五代)王定保《唐摭言》卷三《慈恩寺题名游赏赋咏杂纪》:会昌三年及第进士:"黄颇,字无颇。"

(宋)王谠撰,周勋初校证《唐语林校证》卷三《品藻》:"卢肇、黄颇,同游李卫公门下,王起再知贡举,访二人之能。或曰:'卢有文学,黄能诗。'起遂以卢为状头,黄第三人。"

《登科记考》卷二二会昌三年(843)进士科条云黄颇及第。

正德《袁州府志》卷八《人物志》:"(黄颇)会昌间登进士,历官御史。"

四库本《江西通志》卷四九《选举·唐》会昌三年进士:"卢肇,宜春人,状元。官集贤学士、柱国。黄颇,宜春人,官御史。"

【崔轩】字鸣冈。会昌三年(843)登进士科。

《全唐诗》第十七册卷五五二有崔轩《和主司王起》诗。

(五代)王定保《唐摭言》卷三《慈恩寺题名游赏赋咏杂纪》:会昌三年及第进士:"崔轩,字鸣冈。"

《登科记考》卷二二会昌三年(843)进士科崔轩及第。

【蒯希逸】字大隐,会昌三年(843)登进士科。

《全唐诗》第十六册卷五二二有杜牧《池州春送前进士蒯希逸》:"芳草复芳草,断肠还断肠。自然堪下泪,何必更残阳。楚岸千万里,燕鸿三两行。有家归不得,况举别君觞。"

《全唐诗》第十六册卷五五二有蒯希逸《和主司王起》诗。

(五代)王定保《唐摭言》卷三《慈恩寺题名游赏赋咏杂纪》:会昌三年及第进士:"蒯希遗,字大隐。"

(五代)王定保《唐摭言》卷一五《贤仆夫》:"武公干常事蒯希逸十余岁,异常勤干。洎希逸擢第,干辞以亲在乞归就养,公坚留不住。"(宋)李昉等《太平广记》卷二七五略同。

《登科记考》卷二二会昌三年(843)进士科条云蒯希逸及第。

【裴翻】字云章。会昌三年(843)登进士科。

《全唐诗》第十七册卷五五二有裴翻《和主司王起》诗。

(五代)王定保《唐摭言》卷三《慈恩寺题名游赏赋咏杂纪》:会昌三年及第进士:"裴翻,字云章。"

《登科记考》卷二二会昌三年(843)进士科条云裴翻及第。

【樊骧】字彦龙,河南府南阳人。会昌三年(843)登进士科。终仓部郎中。

《全唐诗》第十七册卷五五二有樊骧《和主司王起》诗。

《河洛墓刻拾零》,庾崇撰咸通十一年(870)十一月二十四日《有唐朝散大夫尚书仓部郎中柱国赐绯鱼袋樊公(骧)墓志铭并序》:"公讳骧,字彦龙,河南人也……王公起为时文之袖,尤工体物,复拜礼闱。公曰幸值,明时文人主柄,吾道谐也。及春榜阅名,果居甲选。"按:王起先后主持长庆二年(822)、长庆三年(823)、会昌三年(843)、会昌四年(844)等四年贡举。樊骧卒于咸通十一年(870)二月二十一日,享年六十。据志文,樊骧中第前一年曾遭主司黜落,王起主柄获居甲选,则当为会昌三年(843)进士及第。

《唐代墓志汇编》咸通〇九七《唐故南阳樊府君墓志》:"府君讳骊……其先河南人也……咸通辛卯岁中秋十九日,殁于甘水别墅,享年四十二。曾祖恭,耿志仕时,终广州长史;大父良,明绰有裕,终鄂州江夏县令;父志远,纯道处朴,养素不仕。礼也,以其年十一月十二日葬河南府河南县平洛乡杜翟村仓部坟之侧……昆伯五人:骧,进士登第,终仓部郎中。"

(五代)王定保《唐摭言》卷三《慈恩寺题名游赏赋咏杂纪》:会昌三年及第进士:"樊骧,字彦龙。"

《登科记考》卷二二会昌三年(843)进士科条云樊骧及第。

会昌四年甲子(844)

知贡举:左仆射王起

进士科

【郑言】会昌四年(844)进士科状元及第。历浙西观察使王式从事、翰林学士、户部侍郎。

《新唐书》卷五八《艺文二》:"郑言《平剡录》一卷。裴甫事。言,字垂之,浙西观察使王式从事,咸通翰林学士、户部侍郎。"

(元)辛文房撰,傅璇琮主编《唐才子传校笺》(册三)卷七《赵嘏》:"嘏字承祐,山阳人。会昌二年郑言榜进士。"

(明)徐应秋《玉芝堂谈荟》卷二《历代状元》:"(会昌)四年,进士二十五人,状元郑言。"

《登科记考》卷二二会昌四年(844)进士科条云郑言是年状元及第。

【马戴】字虞臣,华州人。会昌四年(844)登进士科。历大同军幕府、河东节度使掌书记。

(五代)刘崇远《金华子杂编》卷下:"以恩地为恩府,始于唐马戴。戴,大中初为掌书记于太原李司空幕,以正言被斥,贬龙阳尉。"

(宋)王谠撰,周勋初校证《唐语林校证》卷二《文学》:"马博士戴,大中初为太原李司空掌记,以正直被斥,贬朗州龙阳尉。"

（元）辛文房撰,傅璇琮主编《唐才子传校笺》(册三)卷七《马戴》:"戴,字虞臣,华州人。会昌四年左仆射王起下进士,与项斯、赵嘏同榜,俱有盛名。初应辟佐大同军幕府,与贾导、许棠唱答。"《全唐诗》第十五册卷五〇九顾非熊有《送马戴入山》。按:《唐才子传校笺》册三页三三六云兖海人。

《登科记考》卷二二会昌四年(844)进士科条云马戴及第。

【孙玉汝】会昌四年(844)登进士科。历侍御史,官至衢州刺史。

（宋）王谠撰,周勋初校证《唐语林校证》卷三《方正》:"李景让、夏侯孜立朝有风采。景让为御史大夫,视事之日,以侍御史孙玉汝、监察御史卢柏王觌不称职,请移他官。孜为右丞,以职方郎中裴诚、虞部郎中韩瞻无声绩,诙谐取容,诚改太子中允,瞻为凤州刺史。"

（宋）洪迈《容斋续笔》卷一一《孙玉汝》:"《唐登科记》,会昌四年及第进士有孙玉汝。李景让为御史大夫,劾罢侍御史孙玉汝。《会稽大庆寺碑》,咸通十一年所立,云衢州刺史孙玉汝记。"

（明）彭大翼《山堂肆考》卷六二《臣职·景让辱台》:"唐大中间,李景让进御史大夫,甫视事即劾免。侍御史孙玉汝等,威肃当朝。"

《登科记考》卷二二会昌四年(844)进士科条云孙玉汝及第。

弘治《衢州府》卷八《官迹》:"孙玉汝,唐登科记会昌四年进士。"《东观奏记》卷下:"李景让、夏侯孜偘偘立朝,俱励风操。景让为御史大夫,视事之日,以侍御史孙玉汝、监察御史卢猾、王觌不称职,请移他官。"

【杨严】字凛之,旧贯苏州,祖藏器邠州三水丞,父遗直位终濠州录事参军。会昌四年(844)登进士科,释褐诸侯府。官至兵部侍郎。

（唐）裴庭裕《东观奏记》卷下:大中九年"初裴谂兼上铨,主试宏、拔两科。其年争名者众,应宏词选,前进士苗台符、杨严、薛诉、李询古、敬翔一十五人就试。谂宽豫仁厚,有赋题不密之说。前进士柳翰、京兆尹柳憙之子也。故事,宏词科只三人,翰在选中。不中选者言翰于谂处先得赋题,托词人温庭筠为之。翰既中选,其声甚不止,事彻宸听。杜德公时为中书舍人,言于执政曰:'某两为考官,未试宏词,先镌考官,然后考文书。若自先得赋题者必佳,糊名考文书得佳者,考官乃公。当罪止,考官不合坐。'宏词赵柜,丞相令狐绚故人子也,同列将以此事嫁患于令狐丞相,丞相逐之,尽覆去。"据此,苗台符、杨严、薛诉、李询古、敬翔、柳翰等人皆进士及第。

（五代）王定保《唐摭言》卷八《别头及第》:"杨严等,会昌四年王起奏五人:杨知至、源重、郑朴、杨严、窦缄,恩旨令送所试杂文会翰林重考覆,续奉进。止杨严一人,宜与及第;源重四人落下。"

《旧唐书》卷一七七《杨收传》:"杨收字藏之,同州冯翊人……父遗直,位终濠州录事参军。家世为儒,遗直客于苏州,讲学为事,因家于吴。遗直生四子:发、假、收、严……严,字凛之,会昌四年进士擢第。是岁仆射王起典贡部,选士三十人,严与杨知至、窦缄、源重、郑朴五人试文合格,物议以子弟非之,起覆奏。武宗敕曰:'杨严一人可及第,余四人落下。'严释褐诸侯府。咸通中,累迁吏部员外,转郎中,拜给事中、工部侍郎,寻以本官充翰林学士。兄收作相,封章请外职,拜越州刺史、御史中丞、浙东团练观察使。收罢相贬官,严坐贬邵州刺史。收得雪,严量移吉王傅。乾符四年,累迁兵部侍郎。五年,判度支。其年病卒。"

《新唐书》卷一八四《杨收传》:"杨收……世居冯翊。父遗直……客死姑苏……严,字凛之,举进士。时王起选士三十人,而杨知至、窦缄、源重、郑朴及严五人皆世胄,起以闻,诏独收严。累迁至工部侍郎、翰林学士。收知政,请补外,拜浙东观察使。收贬,严亦斥为邵州刺史,徙吉王傅。乾符中,以兵部侍郎判度支,卒。"

(宋)孙光宪《北梦琐言》卷一二《杨收不学仙》:"唐相国杨收,江州人祖为本州都押衙,父直,为兰溪县主簿。生四子,发、假、收、严,皆登进士第。"

《登科记考》卷二二会昌四年(844)进士科条云杨严及第。

【陈纳】字广裕,闽人,父诩。会昌四年(844)登进士科,终大同军副使。

《全唐文》卷八二三黄滔《刑部郑郎中第二启》:"赋集谨诣宅起居陈纳。"

《登科记考》卷二二会昌四年(844)进士科条《永乐大典》引《闽中记》:"陈纳字广裕,诩之子。会昌四年及第,占籍闽县。"

淳熙《三山志》卷二六:"(会昌)四年甲子郑言榜,陈纳,诩之子,字广裕,终大同军副使。"

【张裼】字公表,河间人,父君卿累历郡守。会昌四年(844)登进士科,释褐寿州防御判官。历河东节度使掌书记、京兆尹,官至尚书。

《旧唐书》卷一七八《张裼传》:"张裼字公表,河间人。父君卿,元和中举进士,词学知名,累历郡守。裼,会昌四年进士擢第,释褐寿州防御判官……裼累辟太原掌书记。大中朝,琮为翰林学士,俄登宰辅,判度支。琮召裼为司勋员外郎、判度支。寻用为翰林学士,转郎中、知制诰,拜中书舍人、户部侍郎、学士承旨。咸通末,琮为韦保衡所构谴逐,裼坐贬封州司马。保衡诛,琮得雪。裼量移入朝,为太子宾客,迁吏部侍郎、京兆尹。乾符三年,出为华州刺史。其年冬,检校吏部尚书、郓州刺史、天平军节度观察等使。四年,卒于镇。"

(宋)孙光宪《北梦琐言》卷八《张裼尚书无忌讳》:"唐张裼尚书,恃才直道外,仍有至性。及第后归东都。"

《登科记考》卷二二会昌四年(844)进士科条云张裼及第。

光绪《畿辅通志》卷三四《选举唐进士》:"武宗年,张裼,河间人,君卿子,会昌四年第。"

【郑祥】汉南人,会昌四年(844)登进士科。历扬州左司马、山南西道节度使从事、澧州刺史。

《全唐诗》第十六册卷五四八薛逢《送同年郑祥先辈归汉南》(时恩门相公镇山南):"年来惊喜两心知,高处同攀次第枝。人倚绣屏闲赏夜,马嘶花径醉归时。声名本自文章得,藩溷曾劳笔砚随。家去恩门四千里,只应从此梦旌旗。"

《全唐诗》第十七册卷五四九赵嘏有《送同年郑祥先辈归汉南》(时恩门相公镇山南):

"年来惊喜两心知,高处同攀次第枝。人倚绣屏闲赏夜,马嘶花径醉归时。声名本是文章得,藩阃曾劳笔砚随。家去恩门四千里,只应从此梦旌旗。"

《旧唐书》卷一九下《僖宗》:"(乾符三年十一月)扬州左司马郑祥为澧州刺史。"

《登科记考》卷二二会昌四年(844)进士科郑祥条云:"按王起以会昌四年秋出为兴元尹、兼同平章事,充山南西道节度使。"

【项斯】字子迁,台州临海县人。登会昌四年(844)登进士科,授丹徒尉。

《全唐文补遗》第八辑,卢钰撰会昌四年(844)四月十四日《唐故王氏夫人(流谦)墓铭并序》,墓志署名"前进士项斯篆额"。

《唐文拾遗》卷四七张泊《项斯诗集序》:"项斯,字子迁,江东人也,会昌四年左仆射王起下进士及第。始命润州丹徒县尉,卒于任所。"

《全唐诗》第十七册卷五五四《项斯》:"会昌四年擢第。"《唐才子传校笺》册三页三二九考证项斯为台州临海县人。

(宋)乐史《太平寰宇记》卷九八《台州·人物》:"唐,项斯,临海人,为人清雅工诗,杨敬之有句云:'平生不解藏人善,到处逢人说项斯。'"

《新唐书》卷六〇《艺文四》:"《项斯诗》一卷。字子迁,江东人,会昌丹阳尉。"按:上文皆言项斯为江东人,斯在诗中多次自称"越人",有思乡之诗云:"梦尽吴越人","经年无越信"(详见《全唐诗》卷五五四)。

(宋)钱易《南部新书·甲》:"项斯始未为闻人,因以卷谒江西杨敬之。杨甚爱之……未几,诗达长安,斯明年登上第。"

(宋)计有功《唐诗纪事》卷四九《项斯》:"斯,字子迁,江东人。始未为闻人,因以卷谒杨敬之,杨苦爱之,赠诗云:'几度见诗诗尽好,及观标格过于诗。平生不解藏人善,到处逢人说项斯。'未几诗达长安,明年擢上第。"

(元)辛文房撰,傅璇琮主编《唐才子传校笺》(册三)卷七《项斯》:"斯,字子迁,江东人也。会昌四年王起下第二人进士。始命润州丹徒县尉,卒于任所。"

《登科记考》卷二二会昌四年(844)进士科条云项斯及第。

【赵嘏】字承祐,楚州郭下县山阳人。会昌四年(844)进士科登第。历渭南尉。

(五代)王定保《唐摭言》卷一五《杂记》:"赵渭南嘏尝有诗曰:'早晚粗酬身事了,水边归去一闲人。'果渭南一尉耳。嘏尝家于浙西,有美姬、嘏甚溺惑。洎计偕,以其母所阻,遂不携去。会中元为鹤林之游,浙帅窥之,遂为其人奄有。明年嘏及第,因以一绝箴之曰:'寂寞堂前日又曛,阳台去作不归云。当时闻说沙吒利,今日青娥属使君。'浙帅不自安,遣一介归之于嘏。嘏时方出关,途次横水驿,见兜舁人马甚盛,偶讯其左右,对曰:'浙西尚书差送新及第赵先辈娘子入京。'姬在舁中亦认嘏,嘏下马揭帘视之,姬抱嘏恸哭而卒。遂葬于横水之阳。"

《新唐书》卷四一《地理志五》云淮南道有楚州郭下县山阳。

《新唐书》卷六〇《艺文四》:"赵嘏《渭南集》三卷;又《编年诗》二卷。字承祐,大中渭南尉。"

（宋）钱易《南部新书·甲》：“施肩吾与赵嘏同年，不睦。嘏旧失一目，以假珠代其精（睛），故施嘲之曰：‘二十九人同及第，五十七只眼看花。’元和十五年也。”

（宋）晁公武《郡斋读书志校证》卷一八《别集类中》录《赵嘏渭南诗》三卷，注云：“右唐赵嘏承祐也。会昌四年进士。终渭南尉。”

（元）辛文房撰，傅璇琮主编《唐才子传校笺》（册三）卷七《赵嘏》：“嘏字承祐，山阳人。会昌二年郑言榜进士……大中中，仕渭南尉。”

（明）胡震亨《唐音癸签·赵嘏小传》云赵嘏会昌四年登进士第。《全唐诗》第十七册卷五四九赵嘏《成名年献座主仆射兼呈同年》。按：唐代以左仆射知贡举者为王起，其知贡举在会昌四年。赵嘏进士及第当在会昌四年。

《登科记考》卷二二会昌四年（844）进士科条云赵嘏及第。

【顾陶】杭州钱塘人。会昌四年（844）登进士科。官至校书郎。

《全唐诗》第十八册卷五九四储嗣宗《送顾陶校书归钱塘》：“清苦月偏知，南归瘦马迟。囊轻缘换酒，发白为吟诗。水色西陵渡，松声伍相祠。圣朝思直谏，不是挂冠时。”

《新唐书》卷六〇《艺文四》：“顾陶《唐诗类选》二十卷。大中校书郎。”

（宋）陈振孙《直斋书录解题》卷一五录载《唐诗类选》二十卷，注云：“唐太子校书郎顾陶集。凡一千二百三十二首。自为序，大中丙子岁也。陶，会昌四年进士。”

《登科记考》卷二二会昌四年（844）进士科条云顾陶及第。

【崔隋】洛阳人。会昌四年（844）登进士科，释褐从事。历校书郎，官至绛慈观察支使。

《唐代墓志汇编》会昌〇五三会昌六年（846）十一月十六日《唐清河崔隋妻赵氏夫人墓志铭》：“唐会昌六年岁次景寅五月五日戊□河中晋、绛、慈、隰等州观察支使、试秘书省校书郎，清河崔隋妻赵氏夫人终于上都常乐里之第，享年卅有五……其椟归于东都……从崔氏之先茔礼也……夫人开成元年年廿五适予，至于终，凡十一载……妇于崔九载，予始获春官第，十载，予始从汝坟辟……十一载，予乃为陕州服宗相署从事……”按：其娶妻九载获第时间会昌四年。

《登科记考补正》卷二二会昌四年（844）据岑仲勉考证补入。

会昌五年乙丑（845）

知贡举：左谏议大夫陈商

进士科

【易重】字鼎臣，袁州宜春人。会昌五年（845）进士科状元及第。

（宋）计有功《唐诗纪事》卷五二《易重》：“会昌五年陈商下进士，张渎第一，重次之。后诏白敏中重考，复落渎等七人，而居榜首。”

（元）辛文房撰，傅璇琮主编《唐才子传校笺》（册三）卷七《孟迟》：“迟，字迟之，平昌人。会昌五年易重榜进士。”

《登科记考》卷二二会昌五年(845)进士科易重条记:《永乐大典》引《瑞州府图志》:"易重字鼎臣,上高人,延庆之祖。"又载《宜春志》引《登科记》:"会昌五年,张渎作状元,易重第二。其年,翰林重考,张渎黜落,以重为状元。"

嘉靖《瑞州府志》卷九《人物志·侍从》:"易重字鼎臣,上高人……会昌五年进士第。"

四库本《江西通志》卷四九《选举·唐》会昌五年进士:"易重,宜春人状元,官大理评事。鲁受,宜春人。"

【卢嗣立】字敏绍,池州秋浦县。会昌五年(845)登进士科。

(宋)计有功《唐诗纪事》卷六六《卢嗣立》:"嗣立,登会昌进士第。"

(明)李贤等《明一统志》卷一六《池州府》:"卢嗣立,秋浦人,登第后,吏部侍郎高元裕以诗与。"

《登科记考》卷二二会昌五年(845)进士科条云卢嗣立及第。同条云《永乐大典》引《池州府志》:"孟迟字须仲,青阳人。卢嗣立字敏绍,秋浦人。杜牧守池州,同举于朝,同登进士第。"同条又引《秋浦新志》:"会昌五年,高元裕以诗简知举陈商云:'中丞为国拔秀才,寒畯欣逢藻鉴开。九朵莲花秋浦隔,两枝丹桂一时开。'"

嘉靖《池州府志》卷七《人物篇·贤哲》:"卢嗣立,登咸通十三年进士。"

【孟迟】字迟之,又作"叔之",德州平昌人,贯池州。会昌五年(845)登进士科,调晋城尉。历浙西观察使掌书记。

《全唐诗》第十六册卷五二○有杜牧《池州送孟迟先辈》。

《新唐书》卷六○《艺文四》:"《孟迟诗》一卷。字迟之,会昌进士第。"

(宋)计有功《唐诗纪事》卷五四《孟迟》:"迟,字迟之,登会昌五年进士第……《金华子》:迟,陈商门生,为浙西掌书记。"

(宋)晁公武《郡斋读书志校证》卷一八《别集类中》录《孟迟诗》一卷,注云:"右唐孟迟字叔之,平昌人。会昌五年,陈商下及第。"

(元)辛文房撰,傅璇琮主编《唐才子传校笺》(册三)卷七《孟迟》:"迟,字迟之,平昌人。会昌五年易重榜进士。"

《登科记考》卷二二会昌五年(845)进士科孟迟及第。

嘉靖《池州府志》卷七《人物篇·甲科》:孟迟,字须中,"杜牧守池,迟以文谒杜,牧称赏,送入京,登第,调晋城尉。"按:孟迟字当以"迟之"为是。杜牧为池州刺史时,解送孟迟,则其贯以池州为是。

【顾非熊】苏州人,父顾况。会昌五年(845)登进士科,调盱眙尉。累佐使府。

《全唐诗》第十七册卷五五四项斯《送顾非熊及第归茅山》:"吟诗三十载,成此一名难。"

(五代)王定保《唐摭言》卷八《已落重收》:"顾非熊,况之子,滑稽好辩,陵轹气焰子弟,为众所怒……长庆中,陈商放榜,上怪无非熊名,诏有司追榜放及第。"

(五代)孙光宪《北梦琐言》卷八《顾非熊再生》:"唐著作郎顾况,字逋翁,好轻侮朝士……暮年有一子,即非熊前身也……长成应举,擢进士第,或有朝士问,即垂泣而言之。"

此事,(宋)计有功《唐诗纪事》卷六三《顾非熊》略同。按《北梦琐言》《唐诗纪事》所言均本自《唐摭言》,文中"长庆",当作"会昌"。

《旧唐书》卷一三○《顾况传》:"顾况者,苏州人……子非熊,登进士第,累佐使府,亦有诗名于时。"

(元)辛文房撰,傅璇琮主编《唐才子传校笺》(册三)卷七《顾非熊》:"非熊,姑苏人,况之子也……会昌五年,谏议大夫陈商放榜。初,上洽闻非熊诗价,至是怪其不第,敕有司进所试文章,追榜放令及第……授盱眙主簿……因弃官归隐。"

《登科记考》卷二二会昌五年(845)进士科条云顾非熊及第。

【鲁受】袁州宜春人。会昌五年(845)登进士科。

《登科记考》卷二二会昌五年(845)进士科条云《永乐大典》引《宜春志》:"鲁受,会昌五年登进士第。"

正德《袁州府志》卷七《科第》:"鲁受,会昌五年进士。"

四库本《江西通志》卷四九《选举·唐》:会昌五年进士:"易重,宜春人,状元,官大理评事。鲁受,宜春人。"

会昌六年丙寅(846)

知贡举:礼部侍郎陈商

进士科

【狄慎思】会昌六年(846)进士科状元及第。

(宋)李昉等《太平广记》卷一三三《报应三十二·李詹》引《玉泉子》:"唐李詹,大中七年崔瑶下擢进士第……詹一日,方巾首,失力仆地而卒,顷之,詹膳夫亦卒。一夕,膳夫复苏曰:'某见詹,为地下责其过害物命,詹对以某所为,某即以詹命不可违。答之,詹又曰:某素不知,皆狄慎所传。故得以回。'无何,慎思复卒。慎思亦登进士第,时为小谏。"

(元)辛文房撰,傅璇琮主编《唐才子传校笺》(册三)卷七《薛能》:"能字太拙,汾州人。会昌六年,狄慎思榜登第。"徐应秋《玉芝堂谈荟》卷二《历代状元》作"狄思慎。"

《登科记考》卷二二会昌六年(846)进士科条狄慎思状元及第。

【李昼】字贞曜,郡望陇西,贯京兆府,祖李程位至宰相,父廓官至刺史。大和四年(830)登明经科,会昌六年(846)登进士科,大中元年(847)登博学宏词科,授秘书省校书郎。历山南西道节度从事、大梁节度掌书记,官至万年尉直弘文馆。

《唐代墓志汇编》大中一一五《唐故万年县尉直弘文馆李君墓志铭》:"……昼……才年十二三,通两经疏忽,就试春官,帖义如格,遂擢第焉……年廿九,登上第。其明年冬,以博学宏词科为敕头,又明年春,授秘书省校书郎,今中山郑公涯为山南西道节度,时以君座主孙熟闻其理行愿……奏章请试本官充职……三年服除,大梁率刘公八座为掌书记……大中八年,擢授万年尉直弘文馆……九年冬……竟殒芳年……皇考廓,徐州节度使……君乃长子也……君字贞曜,享年卅八。"按:其大中九年三十八岁,其二十九岁登进士科为会昌六年,若按其十三岁登童子科,及第当在大和四年,博学宏词科当在大中元年。

《旧唐书》卷一六七《李程传》:"李程字表臣,陇西人。父鹓伯。程,贞元十二年进士擢第,又登宏辞科……敬宗即位之五月,以本官同平章事……子廓。廓进士登第……大中末,累官至颍州刺史,再为观察使。廓子昼,亦登进士第。"

【张黯】苏州吴县人。会昌六年(846)登进士科。历桂林从事。

《全唐文》卷七七九李商隐《樊南乙集序》:"余为桂林从事日,尝使南郡……十月,得见吴郡张黯见代,改判上军。时公始陈兵新作教场,阅数军实。"

《登科记考》卷二二会昌六年(846)进士科张黯条云:《永乐大典》引《苏州府志》:"张黯,会昌六年登第。"

正德《姑苏志》卷五《科第表上·进士》:载张黯进士及第。

乾隆《江南通志》卷一一九《选举志·唐》:"会昌:……张黯,吴县人。"

【傅荀】泉州晋江县人。会昌六年(846)登进士科。

乾隆《福建通志》卷三三《选举》:"会昌六年丙寅李景让榜,晋江县傅荀,第二人。"《闽书》卷八八《泉州府南安县》唐选举下记"会昌六年丙寅:傅荀。"《八闽通志》卷五〇科第泉州府下记"会昌六年丙寅□□榜:傅荀(晋江人),第二人"。按:乾隆《泉州府志·选举》此处作"李景谦榜",而乾隆《福建通志》卷三之记"会昌六年丙寅李景让榜:晋江县傅荀,第二人"。李景谦即李景让,然据《登科记考》卷二二引《唐才子传》所记,会昌六年状元乃狄慎思,故此处谓"李景谦(让)榜"有误。

【颜□】会昌六年(846)登进士科。

《登科记考》卷二二会昌六年(846)进士科颜□条云:"按颜荛作《颜上人集序》:'荛同年丈人故许州节度使、尚书薛公字大拙。'是荛之父为此年进士。"

【薛能】字大拙,一作"太拙",汾州人。会昌六年(846)登进士科,大中八年书判科及第,补盩厔尉。历太原、陕虢、河阳从事、滑州观察判官、西川节度使从事,官至工部尚书。

《全唐文》卷八二九颜荛《颜上人集序》:"颜公姓薛氏,字茂圣。少工为五言诗,天赋其才,迥超名辈。荛同年文人故许州节度使尚书薛公字大拙,以文人不言其名,擅诗名于天下,无所与让。唯于颜公,许待优异。每吟其警句,常曰:吾不喜颜为僧,嘉有诗僧为吾枝派,以增薛氏之荣耳。性端静寡合,而价誉自彰。"

(五代)王定保《唐摭言》卷一三《惜名》:"李建州,尝游明州磁溪县西湖题诗;后黎卿为明州牧,李时为都官员外,托与打诗板,附行纲军将入京。蜀路有飞泉亭,亭中诗板百余,然非作者所为。后薛能佐李福于蜀,道过此,题云:'贾掾曾空去,题诗岂易哉!'悉打去诸板,惟留李端《巫山高》一篇而已。"

(宋)王谠撰,周勋初校证《唐语林校证》卷七《补遗·起武宗至昭宗》:"许棠初试进士,与薛能、陆肱齐名。薛擢第,尉盩厔;肱下第,游太原;棠并以诗送之。棠登第,薛已自京尹出镇徐州,陆亦出守南康,招棠为倅。"

(宋)计有功《唐诗纪事》卷六〇《薛能》:"能,字大拙,汾州人。会昌六年进士。大中八年,书判入等,补盩厔尉。"

（宋）晁公武《郡斋读书志校证》卷一八《别集类中》录《薛能集》十卷,注云:"右唐薛能字大拙,汾州人。会昌六年登进士第。大中末,书判中选,补盩厔尉……入授工部尚书。"

（元）辛文房撰,傅璇琮主编《唐才子传校笺》（册三）卷七《薛能》:"能字太拙,汾州人。会昌六年,狄慎思榜登第。大中末,书判入等中选,补盩厔尉。辟太原、陕虢、河阳从事。李福镇滑台,表置观察判官。历御史、都官、刑部员外郎。福徒帅西蜀,奏以自副。咸通中,摄嘉州刺史。造朝,迁主客、度支、刑部郎中,俄为同州刺史、京兆大尹。出帅咸化,入授工部尚书。复节度徐州,徙镇忠武。广明元年,徐军戍溵水,经许,能以军多怀旧,惠馆待于城中。许军惧见袭,大将周岌乘众疑怒,因为乱,逐能据城,自称留后。数日,杀能并屠其家。"

《登科记考》卷二二会昌六年（846）进士科录载薛能。

明经科

【支谟】字子玄。会昌六年（846）明经及第。官至大同军都防御营田供军等使、朝请大夫、检校右散骑常侍、云州刺史、御史中丞、柱国。卒赠工部尚书。

《洛阳新获七朝墓志》房凝撰广明元年（880）七月十五日《唐故大同军都防御营田供军等使朝请大夫检校右散骑常侍使持节都督云州诸军事云州刺史御史中丞柱国赐紫金鱼袋赠工部尚书瑯耶支公墓志铭并序》:"讳谟,字子玄……年十八,举明经,一试而捷。"按:据墓志,支谟终于乾符六年（879）十二月一日,享年五十一,则其十八岁明经及第时在会昌六年（846）。

科目选

【李蔚】字茂休,陇西人,祖上公,位司农卿,父景素,大和中进士。开成五年（840）登进士科,释褐襄阳从事,会昌末登拔萃科。历山南东道节度使从事,官至宰相。

《旧唐书》卷一七八《李蔚传》:"李蔚字茂休,陇西人。祖上公,位司农卿,元和初为陕虢观察使。父景素,大和中进士。蔚,开成末进士擢第,释褐襄阳从事。会昌末调选,又以书判拔萃,拜监察御史,转殿中监。大中七年,以员外郎知台杂,寻知制诰,转郎中,正拜中书舍人。咸通五年,权知礼部贡举。六年,拜礼部侍郎,转尚书右丞……寻拜京兆尹、太常卿。寻以本官同平章事,加中书侍郎,与卢携、郑畋同辅政。弟绾,从兄绘,累官至刺史。"

《旧唐书》卷一八七下《忠义下·李景让传》:开成"四年,入为礼部侍郎。五年,选贡士李蔚,后至宰相;杨知退为尚书。"

《新唐书》卷一八一《李蔚传》:"李蔚字茂休,系本陇西。举进士、书判拔萃,皆中。拜监察御史,擢累尚书右丞……俄拜京兆尹、太常卿。出为宣武节度使,徙淮南……僖宗乾符初,以吏部尚书同中书门下平章事。罢为东都留守……拜河东节度使,同平章事。至镇三日,卒。"

《登科记考补正》卷二二会昌六年(846)拔萃科云李蔚及第。

【郑畋】字台文,会昌六年(846)登拔萃,授渭南尉、直史馆事,小传见会昌二年进士科郑畋条。

《旧唐书》卷一七八《郑畋传》:"郑畋字台文,荥阳人也。曾祖邻,祖穆,父亚,并登进士第……授亚正议大夫,出为桂州刺史、御史中丞、桂管都防御经略使……畋年十八,登进士第,释褐汴宋节度推官,得秘书省校书郎。二十二,吏部调选,又以书判拔萃授渭南尉、直史馆事。未行,亚出桂州,畋随侍左右……咸通中,令狐绹出镇,刘瞻镇北门,辟为从事。入朝为虞部员外郎。右丞郑熏,令狐之党也,摭畋旧事覆奏,不放入省,畋复出为从事。五年,入为刑部员外郎,转万年令。九年,刘瞻作相,荐为翰林学士,转户部郎中……寻迁户部侍郎……僖宗即位,召还。授右散骑常侍,改兵部侍郎。乾符四年,迁吏部侍郎……僖宗上尊号礼毕,进加中书侍郎,进阶特进,转门下侍郎,兼礼部尚书、集贤殿大学士……凤翔陇右节度使、检校尚书左仆射、同中书门下平章事、充京西诸道行营都统、上柱国、荥阳郡开国公、食邑二千户郑畋……寻进位检校司空……昭宗嘉之,诏赠司徒,谥曰文昭。"

《新唐书》卷一八五《郑畋传》:"郑畋字台文,系出荥阳。父亚……畋举进士……奏为宣武推官,以书判拔萃擢渭南尉……久乃入为刑部员外郎……以兵部侍郎进同中书门下平章事……卒,年六十三,赠太尉。后帝思畋忠力,又赠太傅……表为请谥曰文昭。"

(宋)晁公武《郡斋读书志校证》卷一八《别集类中》录《郑畋集》五卷,注云:"右唐郑畋台文也。荥阳人。会昌二年进士,书判入等,授校书郎,调渭南尉,知制诰,中书舍人。乾符四年,以本官同中书门下平章事。"

《登科记考》卷二二会昌六年(846)云郑畋书判入等及第。

附考(武宗朝)

附考进士(武宗朝进士)

【王展】会昌四年(844)前登进士科。

《全唐诗》第十七册卷五五四项斯《病中怀王展先辈在天台》:"枕上用心静,唯应改旧诗。强行休去早,暂卧起还迟。因说来归处,却愁初病时。赤城山下寺,无计得相随。"按:项斯会昌四年擢第,见前文项斯小传。

嘉定《赤城志》卷三二:"王展,前进士,寓天台。"按:项斯会昌四年登第,则王展在会昌四年前登第。施子愉《登科记考补正》补入。

【朱可名】越州人。会昌中登进士科。历长安令。

《全唐文》卷八二五黄滔《莆山灵岩寺碑铭》:"元和才子章孝标、邵楚苌,朱可名寄诗以题。"章、邵二人均进士,合《全唐诗》小传观之,朱亦曾于会昌中进士及第。施子愉《登科记考补正》补入。

《全唐诗》第十七册卷五五七作者小传云:"朱可名,越州人,会昌进士及第,终长安令。诗一首。"

（宋）计有功《唐诗纪事》卷五六《朱可名》："可名，越州人，进士及第，终长安令。"

【刘刺夫】彭城人。会昌中进士第，授鄂县尉卒。

（唐）皇甫枚《三水小牍》卷下《刘刺夫家怪异》："彭城刘刺夫，会昌中进士上第。大中年授鄂县尉。卒。"

（宋）李昉等《太平广记》卷三六六《妖怪八·秄儿》引《三水小牍》："彭城刘刺夫，会昌中，进士上第。大中年，授鄂县尉卒。妻王氏，归其家，居洛阳敦化里第。"

《登科记考》卷二七《附考·进士科》录载刘刺夫。

【孙朴】会昌中登进士科，大中初登宏辞科。历剑南西川节度使掌书记、徐商掌书记。

《全唐文》卷七七九李商隐《樊南乙集序》："余为桂林从事日，尝使南郡……时同寮有京兆韦观文河南房鲁、乐安孙朴、京兆韦峤、天水赵璜、长乐冯颢、彭城刘允章，是数辈者，皆能文字，每著一篇，则取本去。"

（宋）苏颂《苏魏公文集》卷六三《孙抃行状》："抃七世祖朴，唐武宣世举进士、宏词，连取甲第。大中五年，从辟剑南节度使府，为掌书记。"

（明）朱鹤龄《李义山诗集注》卷一《和孙朴韦蟾孔雀咏》："《唐诗纪事》：韦蟾字隐珪，下杜人，表微之子，大中七年进士，为徐商掌书记……与孙朴韦蟾同官诗，当作于是时。"按：朴盖会昌中进士，大中初宏词科及第。

《登科记考》卷二七《附考·进士科》录载孙朴。

【杜审权】字殷衡，京兆府杜陵人，祖佐位终大理正，父元绛终太子宾客。会昌中登进士科，又登拔萃科。历江西观察使判官、陕州大都督府长史，懿同平章事，封襄阳郡开国公，以太子太傅致仕，赠太师，谥曰德。

《旧唐书》卷一七七《杜审权》："杜审权字殷衡，京兆人也……祖佐，位终大理正。佐生二子：元颖、元绛。元颖，穆宗朝宰相。绛位终太子宾客。绛生二子：审权、蔚，并登进士第。审权，释褐江西观察判官，又以书判拔萃，拜右拾遗，转左补阙。大中初，迁司勋员外郎，转郎中知杂。又以本官知制诰，正拜中书舍人。十年，权知礼部贡举。十一年，选士三十人，后多至达官。正拜礼部侍郎……懿宗即位，召拜吏部尚书。三年，以本官同平章事，累加门下侍郎、右仆射。九年罢相，检校司空，兼润州刺史、镇海军节度使、苏杭常等州观察使……十一年，制曰：开府仪同三司、检校司空、守尚书左仆射、上柱国、襄阳郡开国公、食邑二千户杜审权……入为太子太傅，分司东都。卒，赠太师，谥曰德。"

《新唐书》卷九六《杜如晦传》："杜如晦字克明，京兆杜陵人……元绛子审权。审权字殷衡，第进士，辟浙西幕府。举拔萃中，为右拾遗。宣宗时，入翰林为学士，累迁兵部侍郎、学士承旨。懿宗立，进同中书门下平章事，再迁门下侍郎，出为镇海军节度使、同平章事……卒，赠太子太师，谥曰德。"

《登科记考》卷二七《附考·进士科》条云杜审权及第。

【杜蔚】京兆府杜陵人，祖佐位终大理正，父元绛终太子宾客。会昌中登进士科。历左拾遗、太常博士。

《旧唐书》卷一七七《杜审权》："杜审权字殷衡，京兆人也……祖佐，位终大理正。佐生二子:元颖、元绛。元颖,穆宗朝宰相。绛位终太子宾客。绛生二子:审权、蔚,并登进士第。"《登科记考》卷二二《附考》进士科条云杜蔚及第。《东观奏记》卷下:"至大中十一年,崔慎由自户部侍郎秉政,复以左拾遗杜蔚为太常博士。"

【李枳】会昌三年(843)三月前进士及第。

《全唐文补遗》第四辑,乐天撰会昌三年(843)《能禅师石室铭》,题:"三月廿三日前进士李枳书。"

【李景章】一作"李景华"。会昌中登进士第。

《全唐诗》第十七册卷五五六马戴《酬李景章先辈》:"平生诗句忝多同,不得陪君奉至公。金镝自宜先中鹄,铅刀甘且学雕虫。莺啼细柳临关路,燕接飞花绕汉宫。九陌芳菲人竞赏,此时心在别离中。"

《唐诗类苑》卷一四六马戴《酬李景华先辈》:"平生诗句忝多同,不得陪君奉至公。金镝自宜先中鹄,铅刀甘且学雕虫。莺啼细柳临关路,燕接飞花绕汉宫。九陌芳菲人竞赏,此时心在别离中。"

《唐音戊签·统签》:马戴有《酬李景章先辈》诗。

施子愉《登科记考补正》补入。按:马戴会昌四年进士及第,则李景章登第当在此之前。

【杨之梁】会昌四年(844)前登进士科。

《全唐诗》第十七册卷五五六马戴《赠杨先辈》(一作《送杨之梁先辈》):"平生闲放久,野鹿许为群。居止邻西岳,轩窗度白云。斋心饭松子,话道接茅君。汉主思清净,休书谏猎文。"按:中晚唐先辈有进士登第之意,马戴会昌四年进士及第,则杨之梁登第当在此之前。黄震云《〈登科记考〉甄补》补入。施子愉《登科记考补正》补入。

《唐音戊签·统签》之六一九马戴诗有《赠杨先辈》,题下注云:"一作《送杨之梁先辈》"。按:马戴会昌四年登第,则杨之梁在会昌四年前登第。

【张良器】会昌中登进士第。

《全唐文》卷七六二张良器小传云:"良器,会昌中擢进士第。"

《全唐诗》第十七册卷五五七作者小传:"张良器,会昌进士第。诗一首。"

(宋)李昉等《文苑英华》卷一八三《诗三十三·省试四》之《河出荣光二首》下有张良器。

《登科记考补正》卷二七《附考·进士科》录载张良器。

【孟珏】兄琯、璲、弟球等均为进士出身。进士及第,曾官右谏议大夫。

《全唐文补遗》第八辑,孟球撰大中十四年(860)四月十四日《唐故朝请大夫守京兆少尹上柱国孟公(璲)墓志铭》:"公讳璲,字虞颂,平昌安丘人……公策名于大和初。其后开成、会昌中,季弟珏、球继升进士科。"按:孟球为会昌三年(843)年进士。

《洛阳新获七朝墓志》孟球撰咸通七年(866)十一月二十九日《唐故朝散大夫使持节都督寿州诸军事守寿州刺史充本州团练使兼御史中丞柱国赐紫金鱼袋孟公墓志铭》:"公讳珏,字廷硕,德州平昌人……公昆弟九人,四人登进士科,由台阁清选皆再领郡符,伯琯,度支、职方二员外,朗、随二州刺史。仲兄璲,司门员外,工部职方郎中,唐、邓二州刺史、京兆少尹。弟瑊,见任襄州参军。球,见为右谏议大夫。四人皆以文学由进士科。"

【胡悦】润州句容人。会昌间登进士科。历国子监助教。

弘治《句容县志》卷六《人物类》:"胡悦……会昌间登进士第,任国子监助教。"

乾隆《江南通志》卷一一九《选举志·进士》:"会昌,胡悦,句容人。"

【侯温】会昌六年(846)前登进士科。

(唐)阙名《玉泉子》:"白敏中为相,尝欲以前进士侯温为子婿。"

(宋)李昉等《太平广记》卷一八四《贡举七·白敏中》引《玉泉子》:"白敏中为相,尝欲以前进士侯温为子婿。"按:白敏中在会昌六年四月为宰相,则侯温当在会昌六年前登第。

(宋)王谠撰,周勋初校证《唐语林校证》卷七《补遗·起武宗至昭宗》:"白相敏中欲取前进士侯温为婿。"

《登科记考》卷二七《附考·进士科》录载侯温。

【徐薰】会昌三年登进士第。

《全唐诗》第十七册卷五五三有姚鹄《和徐先辈秋日游泾州南亭呈三二同年》。按:《文苑英华》卷三一六《诗一百六十六·居处六》录载《和徐薰先辈秋日游泾州南亭呈三二同年》:"多少欢情泛鹢舟,桂枝同折塞同游。"姚鹄会昌三年及第,则徐薰登第应在会昌三年前。

【啖鳞】改名"澹"。会昌中登进士科。

(唐)林宝《元和姓纂》卷七《河东啖氏》:"会昌中进士啖鳞,避武帝庙讳改澹。"此书成于元和年间,此条当系后人增补。(宋)章定《名贤氏族言行类稿》卷四一:"会昌中进士,啖鳞,避武宗讳改为澹。"

《登科记考》卷二七《附考·进士科》录载啖鳞。

【蒋伸】字大直,郡望常州义兴,贯河南府。会昌中登进士第。历佐使府、邠宁节度副使,大中初入朝,右补阙、史馆修撰,转中书舍人,召入翰林为学士,转兵部侍郎,官至宰相,以太子太傅致仕,赠太尉。

《旧唐书》卷一四九《蒋乂传》:"蒋乂字德源,常州义兴人也。祖瑰,太子洗马,开元中弘文馆学士。父将明,累迁至左司郎中、国子司业、集贤殿学士、副知院事,代为名儒。而乂……久之,迁秘书监……子係、伸、偕、仙、佶。係,大和初授昭应尉……入为兵部尚书……伸,登进士第,历佐使府。大中初入朝,右补阙、史馆修撰,转中书舍人,召入翰林为学士。自员外郎中,至户部侍郎、学士承旨,转兵部侍郎。大中末,中书侍郎、平章事。仙、佶,皆至刺史……蒋氏世以儒史称,不以文藻为事,唯伸及係子兆有文才,登进士第,然不为文士所誉。与柳氏、沈氏父子相继修国史实录,时推良史,京师云《蒋氏日历》,士族靡不家藏焉。"

《新唐书》卷一三二《蒋乂传》:"蒋乂字德源,常州义兴人,徙家河南……父将明……擢左司郎中、国子司业、集贤殿学士。乂性锐敏……迁秘书监,累封义兴县公……五子:

係、伸、偕知名,仙、佶皆位刺史……伸,字大直,第进士。大中二年,以右补阙为史馆修撰,转驾部郎中,知制诰。白敏中领邠宁节度,表伸自副,加右庶子。入知户部侍郎。九年,为翰林学士,进承旨。十年,改兵部侍郎,判户部……咸通二年,出为河中节度使、同中书门下平章事,徙宣武……再迁太子太傅,表乞骸骨,以本官致仕。卒,赠太尉。"《资治通鉴》卷二四九宣宗大中五年四月条:"以左谏议大夫孙景商为左庶子,充邠宁行军司马;知制诰蒋伸为右庶子,充节度副使。"

《登科记考》卷二七《附考·进士科》云蒋伸及第。按:蒋伸大中初入朝,其登第应在会昌中。

【温琯】会昌六年(846)前登进士第。

《唐代墓志汇编》会昌〇四八《大唐故明州刺史御史中丞韦公夫人太原温氏之墓志》:"公讳垍,字道和……有子八人:长曰承讳,登董仲舒孝廉科,授汝州临汝尉;次曰承裕,亦登孝廉科……归祔于河南府河南县平康乡……会昌六年五月七日孝弟前进士琯泣血于庭,志铭其墓。"参考《洛阳出土历代墓志辑绳》会昌六年《韦垍夫人温瑗墓志》。按:温琯应在会昌六年前登第。

罗继祖《登科记考补》补入。

附考明经(武宗朝明经)

【韦璆】父温,官至御史大夫。约在会昌初登明经科。

(唐)杜牧《樊川文集》卷八《唐故宣州观察使御史大夫韦公墓志铭并序》:韦公会昌五年卒,"公讳温,字弘育……四男:长礶,前国子监四门助教;次曰璆,前明经;次曰瓖;次未免乳。女四人:长嫁南阳张复鲁,复鲁得进士第,有名于时,为试太常协律郎、鄂岳观察支使。"

《登科记考》卷二七《附考·明经科》条云韦璆及第。

【尹宗经】会昌三年(843)前登明经科。

《全唐文补遗》第四辑,孙事问撰会昌三年(843)二月十二日《唐故朝散大夫□成都府录事参军上柱国徐公墓志铭并序》:"公讳□□,字□□……京兆府万年县□□乡胄贵里之人也……长女归尹宗经,明经登第。"按:墓主会昌三年入葬,尹氏及第在是前。

【赵璠】会昌五年(845)前登明经科,授宁陵令。

《全唐文补遗》第二辑,姚汝能撰会昌六年(846)二月十三日《唐故试右内率府长史军器使推官天水郡赵府君(文信)墓志铭并序》:"公讳文信,字不约,天水郡人也,今家长安焉……令孙曰璠,以明经擢第,授□兴宁陵令,学穷经奥,义切于仁,加以温良,出于流辈。"按:会昌五年立志,璠当此前及第。

附考诸科(武宗朝诸科)

【史实】会昌四年(844)前登开元礼科。历御史大夫,吴王检校太师守中书令。

《全唐文》卷九〇昭宗《赐御史大夫史实制》:"古置御史,绳愆纠察,为朕耳目,董正朝纲,厥任非轻,必惟其人。尔御史大夫史实,风裁严毅,学识渊源。劲正之气,足以配昔人之贤,明敏之才。足以周当世之务。今朕丕承鸿绪,值造多艰。外有侵侮之虞,内赖修攘之略,特简命尔,尔宜益励初心,毋荒朕命。"

《全唐文》卷一二八吴王杨行密《举史实牒》:"敕:淮南观察使东南诸道行营都统牒左押衙充右弩队都指挥使溧阳洛桥镇遏使知茶盐榷麹务银青光禄大夫检校刑部尚书兼御史大夫上柱国史实,牒奉处分,前件官誉驰乡里,才达变通,御边徵以多能,缉兵戎而有术,加以洞详稼穑,善抚蒸黎,赋舆深见其否臧,案簿穷知其利病。以久无宰字,尤藉招携,俾分兼领之荣,庶养新归之俗。觊闻报政,别议酬劳。事须差兼知溧阳县事准状牒举者,故牒。天复三年十一月九日牒。使检校太师守中书令吴王押。"

《唐代墓志汇编》会昌〇三五会昌四年(844)九月四日《唐故彭城刘夫人墓志铭并序》,题下署:"前乡贡开元礼史□撰。"按《千唐志斋藏志》一〇九一载有该墓志撰拓片,作者署名为:"前乡贡开元礼史实撰。"

附考制科(武宗朝制科)

【李宣古】一作"李仙古",字垂后,澧州澧阳县人。会昌三年(843)登进士科,后登宏辞科。

(唐)李冗《独异志》卷中《澧阳谶》:"宏词李宣古者,李生,会昌三年王起侍郎下上第。"

(五代)王定保《唐摭言》卷三《慈恩寺题名游赏赋咏杂纪》:"李仙古,字垂后。"按:仙古,各本均作"宣古"。

(宋)计有功《唐诗纪事》卷五五《李宣古》(俄1497)云:"宣古,字垂后。"

(元)辛文房撰,傅璇琮主编《唐才子传校笺》(册三)卷七《李宣古》:"宣古,字垂后,澧阳人。会昌三年卢肇榜进士。又试中宏辞。工文,极俊,有诗名。性谑浪,多所讥诮。时杜悰尚主,出守澧阳,宣古在馆下,数陪宴赏,谐慢既深,悰不能忍,忿其戏己,辱之,使卧于泥中,衣冠颠倒。"按:《元和郡县图志》逸文卷一云:澧州下属澧阳县。

《登科记考》卷二二会昌三年(843)进士科条云李宣古及第。

卷十四

唐宣宗（李忱）朝（847—860）

大中元年丁卯（847）

正月甲寅，赦天下，改元。

知贡举：礼部侍郎魏扶

进士科

【卢深】大中元年（847）进士科状元及第。

（明）徐应秋《玉芝堂谈荟》卷二《历代状元》："宣宗大中元年，进士二十二人，状元卢深。"

《登科记考》卷二二，大中二年（848）进士科条："卢深，状元。见《玉芝堂谈荟》。"按：《登科记考》因徐应秋撰《玉芝堂谈荟》卷二《历代状元》中有会昌七年顾标状元，但无会昌七年，故将顾标移至大中元年，卢深移至二年。实际上"顾标"为"颜标"之误。

淳熙《三山志》卷二六："大中元年丁卯卢深榜，侯官县陈镛。"

乾隆《福建通志》卷三三《选举》："大中元年卢深榜。"

【王凝】字成庶，一作"致平"。大和九年（835）两经科，大中元年（847）登进士科。小传见大和九年明经科条王凝小传。

《全唐文》卷八一〇，司空图《故宣州观察使检校礼部王公（凝）行状》："曾祖翊皇任御史大夫赠户部尚书谥忠惠公，祖重皇任河东县令赠潞州都督，父众仲皇任衡州刺史赠司空。公讳凝，字成庶，太原人。礼法冠昏，著于雅族。国朝忠惠公，克振农烈。而河东衡州，皆德优位下，宜其集祉于当世也。公幼孤，英发有神检。整襟受业，瑞气郁然，群辈莫敢轻狎。相公郑公肃，实公舅也，一见耸异，命子约为师友。孝爱识度，宜其大成。年十五举孝廉上第。其为文根六经，必先劝试，著《都邑六冈铭》，益振时誉。魏相国扶主贡籍，选中甲科。"

《洛阳新获七朝墓志》，崔彦昭撰乾符四年（877）四月二日《唐故秦国太夫人赠晋国太夫人郑夫人合祔墓志》："太夫人号太素，不字不名，所以厚流俗也……次女嫁太原王凝。凝名士也，擢词科，历清级。入则掌纶綍，司贡籍；出则分符竹，惣藩翰。"

（五代）尉迟偓《中朝故事》："（王）凝，大中元年进士及第。"

《旧唐书》卷一六五《王正雅传》："王正雅字光谦，其先太原人。东都留守翊之子。伯父翊，代宗朝御史大夫，以贞亮鲠直名于当代，卒谥曰忠惠。……正雅从弟重，翊之子也，位止河东令。重子众仲，登进士第，累官衡州刺史。众仲子凝。凝字致平，少孤，宰相郑肃之甥，少依舅氏。年十五，两经擢第。尝著《京城六岗铭》，为文士所称。再登进士甲科。崔璪领盐铁，辟为巡官。历佐梓潼、宣歙使幕。宰相崔龟从奏为鄠县尉、集贤校理，迁监察御史，转殿中。宰相崔铉出镇扬州，奏为节度副使。入为起居郎，历礼部、兵部、考功三员外。迁司封郎中、长安令。中丞郑处诲奏知台杂,换考功郎中,迁中书舍人。时政不协,出为同州刺史,赐金紫……入为兵部侍郎,领盐铁转运使。又以不奉权倖,改秘书监。出为河南尹、检校礼部尚书、宣州刺史、宣歙观察使……(乾符五年)八月卒于郡,时年五十八。无子,以弟子镳为嗣。镳兄钜,位终兵部侍郎。"

《新唐书》卷一四三《王翃传》:"王翃,字宏肱,并州晋阳人……加金紫光禄大夫,赐第京师……入拜京兆尹……子正雅……擢累汝州刺史……翃兄翊,性谦柔,历山南东道节度使……翊曾孙凝,字成庶,少孤,依其舅宰相郑肃。举明经、进士,皆中。历台省,浸知名,擢累礼部侍郎……迁宣歙池观察使……赠吏部尚书,谥曰贞。"按:王凝的曾祖已迁居京师,王凝的新贯当为京兆府。

陈尚君《〈登科记考〉正补》认为大中元年王凝是进士及第。按:《登科记考》卷二二,大中元年(847)诸科条有王凝,是年王凝当进士科登第。施子愉《登科记考补正》已补正。

【韦□】河南府洛阳县人。大中元年(847)登进士科。历河南府洛阳县。

《唐代墓志汇编》乾符〇〇一《唐故陇西李氏墓志文并序》:"……夫人……适故河南府洛阳县丞韦府君……遂使闺门雍穆,亲昵协和,内外相称,他门为镜。呜呼!韦府君姿性劲峻,神用恬□,自三世文行德业,冠绝一时……(府君)大中初进士及第,再擢高科……咸通十四年……终于洛阳县殖业里之私第……葬于北邙山……"

【刘瞻】字几之,郡望彭城,连州桂阳人,祖升,父景。大中元年(847)登进士科,大中四年(850)登宏词科。累辟使府,历中书舍人、户部侍郎、太原尹、河东节度使、京兆尹,两拜宰相。

(五代)孙光宪《北梦琐言》卷三《河中饯刘相瞻》:"唐相国刘公瞻,其先人讳景,本连州人,少为汉南郑司徒掌笺……擢进士第,历台省。"

《旧唐书》卷一七七《刘瞻传》:"刘瞻字几之,彭城人。祖升,父景。瞻,大中初进士擢第。四年,又登博学宏词科,历佐使府。咸通初升朝,累迁太常博士。刘瑑作相,以宗人遇之,荐为翰林学士。转员外郎中,正拜中书舍人、户部侍郎,承旨。出为太原尹、河东节度使。入拜京兆尹,复为户部侍郎、翰林学士。十年,以本官同平章事,加中书侍郎,兼刑部尚书、集贤殿大学士……罢瞻相位,检校刑部尚书、同平章事、江陵尹,充荆南节度等使。再贬康州刺史,量移虢州刺史。入朝为太子宾客分司。"

《新唐书》卷一八一《刘瞻传》:"刘瞻字几之,其先出彭城,后徙桂阳。举进士、博学宏词,皆中。徐商辟署盐铁府,累迁太常博士……咸通十一年,以中书侍郎同中书门下平章事……僖宗立,徙康、虢二州刺史,以刑部尚书召,复以中书侍郎平章事,居位三月卒。"

(宋)王谠撰,周勋初校证《唐语林校证》卷三《赏誉》:"(刘瞻)孤贫有艺,虽登科第,不预急流。"

《登科记考》卷二二,大中元年(847)进士科条云刘瞻及第。

【李羲叟】怀州河内人,祖俌位终邢州录事参军,父嗣。大中元年(847)登进士科。历秘书省校书郎、河南府参军。

《李义山集》,《为弟作谢座主魏公启》:"羲叟启。伏奉前月二十八日敕旨,授秘书省校书郎……改授河南府参军。"

《旧唐书》卷一九〇下《文苑下·李商隐传》："李商隐字义山,怀州河内人。曾祖叔恒,年十九登进士第,位终安阳令。祖俌,位终邢州录事参军。父嗣。商隐幼能为文……弟羲叟,亦以进士擢第,累为宾佐。商隐有表状集四十卷。"

(宋)计有功《唐诗纪事》卷五一《魏扶》："扶,登大和四年进士第。大中初,知礼闱……李羲叟,义山弟也,是岁登第。"

《登科记考》卷二二,大中元年(847)进士科条云李羲叟及第。

【杨乘】郡望苏州,贯京兆府长安县,祖遗直位终濠州录事参军,父发官至岭南节度使。大中元年(847)登进士科。终殿中侍御史。

(五代)孙光宪《北梦琐言》卷一二《杨收不学仙》："唐相国杨收,江州人,祖为本州都押衙,父直,为兰溪县主簿。生四子,发、假、收、严,皆登进士第……(杨发)以春为义,其房子以枆,以乘为名……尽有文学,登高第,号曰'修竹杨家',与静恭诸杨,比于华盛。"

《旧唐书》卷一七七《杨收传附杨发传》："杨收字藏之,同州冯翊人……父遗直,位终濠州录事参军。家世为儒,遗直客于苏州,讲学为事,因家于吴。遗直生四子:发、假、收、严。发,字至之……移授广州刺史、岭南节度使……坐贬婺州刺史,卒于治所。子乘,亦登进士第,有俊才,尤能为歌诗,历显职。"

(宋)计有功《唐诗纪事》卷四七《杨乘》："乘,宣宗大中初登第,官终殿中侍御史。"

《登科记考》卷二二,大中元年(847)进士科条云杨乘及第。按:《隋唐两京坊里谱》云长安县修行坊有杨收宅,则杨乘籍贯应在京兆府长安县。

【陈镛】字希声,闽中侯官人。大中元年(847)登进士科。终鄂州刺史。

《登科记考》卷二二大中元年(847)进士科陈镛条:"《永乐大典》引《闽中记》:'陈镛字希声,侯官人。大中元年及第。'"

淳熙《三山志》卷二六:"大中元年丁卯卢深榜:陈镛,字希声,侯官人,复应史科,终鄂州刺史。"

【郑延休】河南人,父涯御史大夫。大中元年(847)登进士科。官至山南西道节度使、河阳节度使。

《旧唐书》卷一八下《宣宗》:"(大中元年)二月丁酉,礼部侍郎魏扶奏:'臣今年所放进士三十三人,其封彦卿、崔琢、郑延休等三人,实有词艺,为时所称,皆以父兄见居重位,不令中选。'诏令翰林学士承旨、户部侍郎韦琮重考覆,敕曰:'彦卿等所试文字,并合度程,可放及第。有司考试,只在至公,如涉请托,自有朝典。今后但依常例放榜,不得别有奏闻。"

(宋)王溥《唐会要》卷七六《贡举中·进士》:"大中元年正月,礼部侍郎魏扶放及第二十三人,续奏堪放及第三人,封彦卿、崔璩、郑延休等,皆以文艺为众所知……其月二十五日,奉进止,并付所司放及第。"按:《册府元龟》卷六四四《贡举部·考试二》、《玉海》卷一一五《选举·唐复试》略同。

《新唐书》卷七五上《宰相世系表》五上云延休官山南西道节度使,当是涯之子。

《新唐书》卷二二五下《逆臣下·黄巢传》:"会左神武大将军刘景仁以兵五千援东都,

河阳节度使郑延休兵三千壁河阴。"

《登科记考》卷二二,大中元年(847)进士科条云郑延休及第。

【封彦卿】渤海蓨人,祖谅官卑,父敖官至户部尚书。大中元年(847)登进士科。历浙东观察判官,官至中书舍人。

《秦晋豫新出墓志蒐佚续编》八六七,大中二年(848)四月五日《唐故岭南节度使赠工部尚书陇西李府君夫人彭城刘氏墓志铭并序》,署"前乡贡进士封彦卿撰"。

《旧唐书》卷一九上《懿宗》:"(咸通十三年五月)前中书舍人封彦卿贬潮州司户。"

《旧唐书》卷一六八《封敖传》:"封敖字硕夫,其先渤海蓨人。祖希奭。父谅,官卑。敖……入为户部尚书,卒。子彦卿、望卿,从子特卿,皆进士及第,咸通后,历位清显。"

(宋)王溥《唐会要》卷七六《贡举中·进士》:"大中元年正月,礼部侍郎魏扶放及第二十三人,续奏堪放及第三人,封彦卿、崔璪、郑延休等,皆以文艺为众所知……其月二十五日,奉进止,并付所司放及第。"

《新唐书》卷一七七《封敖传》:"封敖字硕夫,其先盖冀州蓨人。元和中,署进士第,江西裴堪辟置其府,转右拾遗……复为工部侍郎……复拜太常,进尚书右仆射……卒。子彦卿、望卿,从子特卿,皆第进士。"

(宋)计有功《唐诗纪事》卷五九《封彦卿》:"彦卿,大中进士第,为浙东观察判官,户部尚书敖之子。"

《登科记考》卷二二,大中元年(847)进士科条云封彦卿及第。

【崔滔】深州安平人,祖颋官至少府监,父璪官至刑部尚书。大中元年(847)登进士科。历栎阳县尉、集贤校书。

《全唐文》卷七四九,杜牧《萧孜除著作佐郎裴祐之陕府巡官崔滔栎阳县尉集贤校书等制》:"敕。在春秋时,晋为诸侯国也,尚立公族大夫,教育诸卿之子,富有贤哲,不假搜聘,召同列而会者三百余年。况今天覆尽得,而禹画无遗,名卿贤相之家,清风素范之族,子孙森罗,髦俊并作,次第叙用,岂叹乏才。瓯使判官将仕郎守国子监太学博士萧孜等,或以秀异得举,文学决科,或以行实立身,遭逢知己,皆后生可畏之士,为当时有才之人。东观著述,殿阁典校,参画幕府,开导献纳,清秩美职,二者兼之。不由阶级,安至堂奥,勉于修慎,以候超升。可依前件。"

《旧唐书》卷一七七《崔珙传》:"崔珙,博陵安平人。祖懿。父颋,贞元初进士登第。元和初累官至少府监。四年,出为同州刺史,卒。颋有子八人,皆至达官,时人比汉之荀氏,号曰'八龙'。……珙弟瑨、璪、玙、球、珦。璪,开成初为吏部郎中,转给事中……七年,入为左丞,再迁刑部尚书。子滔,大中初登进士第。"

《新唐书》卷一八二《崔珙传》:"崔珙,其先博陵人。父颋,官同州刺史,生八子,皆有才,世以拟汉荀氏'八龙'。珙为人有威重……俄同中书门下平章事……弟璪、玙尤显,璪位刑部尚书,玙河中节度使。"

《登科记考》卷二二,大中元年(847)进士科条云崔滔及第。

光绪《畿辅通志》卷三四《选举唐进士》:"宣宗年,崔滔,博陵人。"

【**崔琢**】一作"崔璪",字子文,郡望贝州武城,贯京兆,祖俚官卑,父鄯左金吾大将军。大中元年(847)登进士科。

《旧唐书》卷一八下《宣宗》:"(大中元年)二月丁酉,礼部侍郎魏扶奏:'臣今年所放进士三十三人,其封彦卿、崔琢、郑延休等三人,实有词艺,为时所称,皆以父兄见居重位,不令中选。'诏令翰林学士承旨、户部侍郎韦琮重考覆,敕曰:'彦卿等所试文字,并合度程,可放及第。有司考试,只在至公,如涉请托,自有朝典。今后但依常例放榜,不别有奏闻。'"

(宋)王溥《唐会要》卷七六《贡举中·进士》:"大中元年正月,礼部侍郎魏扶放及第二十三人,续奏堪放及第三人,封彦卿、崔琢、郑延休等,皆以文艺为众所知……其月二十五日,奉进止,并付所司放及第。"按:《册府元龟》卷六四四《贡举部(六)·考试第二》、《玉海》卷一一五均作"崔璪"。《唐尚书省郎官题名考》载有"崔璪"。

《新唐书》卷九《僖宗》:"(乾符五年九月)黄巢陷越州,执观察使崔璪。"

《新唐书》卷七二下《宰相世系表》二下:"清河小房崔氏云琢字子文,鄯之子。"

《登科记考》卷二二,大中元年(847)进士科条云崔琢及第。

制科

【**李昼**】字贞曜,郡望陇西,祖程位至宰相,父廓官至刺史。大和四年(830)登明经科,会昌六年(846)登进士科,大中元年(847)登博学宏词科。初授秘书省校书郎,历山南西道节度从事、大梁节度掌书记,官至万年尉,直弘文馆。小传见大和四年童子科李昼小传。

《唐代墓志汇编》大中一一五《唐故万年县尉直弘文馆李君墓志铭》:"……昼……才年十二三,通两经书,就试春官,帖义如格,遂擢第焉……年廿九,登上第。其明年冬,以博学宏词科为敕头,又明年春,授秘书省校书郎,今中山郑公涯为山南西道节度,时以君座主孙熟闻其理行愿……奏章请试本官充职……三年服除,大梁率刘公八座辟为掌书记……大中八年,擢授万年尉,直弘文馆……九年冬……竟殒芳年……皇考廓,徐州节度使……君乃长子也……君字贞曜,享年卅八。"

《旧唐书》卷一六七《李程传》:"李程字表臣,陇西人……以本官同平章事……子廓。廓进士登第……大中末,累官至颍州刺史,再为观察使。廓子昼,亦登进士第。"

大中二年戊辰(848)

知贡举:礼部侍郎封敖

进士科

【**邓敞**】福建人,封敖之门生。大中二年(848)登进士科。历秘书少监分司、河阳节度使副使。

(唐)阙名《玉泉子》:"邓敞,封敖之门生,初随计,以孤寒不中第……牛蔚兄弟,僧孺之子,有势力,且富于财,谓敞曰:'吾有女弟未出门,子能婚乎? 当为君展力,宁斳一第乎?'……(敞)许之。既登第,就牛氏亲。不日挈牛氏而归。"

(宋)李昉等《太平广记》卷四九八《杂录六·邓敞》引《玉泉子》:"邓敞,封敖之门生。初比随计,以孤寒不中第。牛蔚兄弟,僧孺之子,有气力,且富于财,谓敞曰:'吾有女弟未出门,子能婚乎?当为君展力,宁一第耶?'时敞已婿李氏矣,其父常为福建从事,官至评事,有女二人皆善书,敞之所行卷,多二女笔迹。敞顾己寒贱,必不能致腾踔,私利其言,许之。既登第,就牛氏亲。不日,敞挈牛氏而归。将及家,敞绐牛氏曰:'吾久不到家,请先往俟卿,可乎?'牛氏许之。洎到家,不敢泄其事。明日,牛氏奴驱其辎橐直入,即出牛氏居常所玩好幙帐杂物,列于庭庑间。李氏惊曰:'此何为者?'奴曰:'夫人将到,令某陈之。'李氏曰:'吾即妻也,又何夫人焉?'即抚膺大哭顿地。牛氏至,知其卖己也,请见李氏曰:'吾父为宰相,兄弟皆在郎省,纵嫌不能富贵,岂无一嫁处耶?其不幸,岂唯夫人乎?今愿一与夫人同之。夫人纵憾于邓郎,宁忍不为二女计耶?'时李氏将列于官,二女共牵挽其袖而止。后敞以秘书少监分司,悭啬尤甚。黄巢入洛,避乱于河阳,节度使罗元杲请为副使。后巢寇又来,与元杲窜焉,其金帛悉藏于地中,并为群盗所得。"

《登科记考》卷二二,大中二年(848)进士科条云邓敞及第。按:封敖大中二年知贡举。

【朱革】苏州姑苏人。大中二年(848)登进士科。

胡光钊《祁门县志》(民国十三年刊印本)引《氏族志》:"朱溪朱氏:……唐有讳革者,于宣宗大中二年举进士第,居姑苏之长乔。"按:胡可先《〈登科记考〉匡补三编》补入。

【李彦昇】大食国人,宾贡。大中二年(848)登进士科。

(宋)李昉等《文苑英华》卷三六四《杂文十四·辩论二》载陈黯《华心》:"大中初年,大梁连帅范阳公得大食国人李彦昇,荐于阙下。天子诏春司考其才,二年以进士第名显。然常所宾贡者不得拟,或曰梁大都也,帅硕贤也,受命于华君,仰禄于华民,其荐人也,则求于夷,岂华不足称也耶!夷人独可用也耶?吾终有惑于帅也!"

《登科记考》卷二二,大中二年(848)进士科李彦昇条:"陈黯《华心篇》:'大中初年,大梁连帅范阳公得大食国人李彦昇,荐于阙下。天子诏春司考其才,二年以进士第名显,然当所宾贡者不得拟。'"

【李璋】字重礼,郡望赵郡,贯河南府洛阳县,父绛官至宰相。大中二年(848)登进士科。历河东节度使从事,官至尚书右丞。

《唐代墓志汇编》咸通〇一四《唐范阳卢夫人墓志铭》:"夫人……归葬于河南府洛阳县……祔于李氏之先茔……夫人年十九,归今起居郎李璋。璋,赵郡赞皇人,元和中相国、累检校司空、兴元节度、赠太傅讳绛谥贞公之季子。璋时应进士,未第,文钝时蹇,八上十年,方登一第,绵历年岁,若涩寒馁。"按:李璋夫人卢氏卒于咸通二年,年四十一岁,其十九岁为开成四年,再过十年正好为大中二年。这与《新唐书》所记"大中初"相一致,则李璋当在大中二年进士及第。王其祎、周晓薇《〈登科记考〉补续》定作大中三年。

《旧唐书》卷一六四《李绛传》:"李绛字深之,赵郡赞皇人也……(宪宗)降制,以绛为中书侍郎、同中书门下平章事……子璋、顼。璋,登进士第。卢钧镇太原,辟为从事。大中末,入朝为监察,转侍御史。出刺两郡,终宣歙观察使。"

《新唐书》卷一五二《李绛传》:"李绛字深之,系本赞皇……子璋,字重礼。大中初擢进士第,辟卢钧太原幕府。迁监察御史,奏太庙祫享复用宰相摄事。进起居郎。旧制,设次郊丘,太仆盘车载乐,召群臣临观,璋奏罢之。咸通中,累官尚书右丞、湖南宣歙观察使。"

《登科记考》卷二七《附考·进士科》云李璋及第。

【郑溥】大中二年(848)进士及第。

(唐)赵璘《因话录》卷六《羽部》:"进士郑滂……大和元年秋,移举洛中……前宣州观察大夫郑常说此事,大夫,即滂之再从弟也。子溥又自说应举时,曾梦看及第榜,榜上但见大书'凤'字。大中元年冬,求解凤翔……明年,果登第焉。"

(唐)钟辂《续前定录》郑滂条:"进士郑滂,在名场岁久。辈流多已荣达,常有后时之叹。一夕忽梦及第,而与韦周方同年。当时韦氏举人无名周方者,益闷之。大和元年秋移举洛中,时韦宏景尚书廉察陕邦,族弟景方赴举,过陕。尚书诘曰:'我名宏景,汝兄宏方,汝弟景方,兄弟各分吾名一字!'诚无意也,遂更名周方。滂闻之,喜曰:'吾及第有望矣!'四年周方升名,而果同年焉。滂子溥又自说:'应举时,曾梦看及第榜上,但见凤字。'大中元年求解凤翔,偶看本府乡试首便是凤字,至东都,试《猴山月夜闻王子晋吹笙》诗,生侧诸诗悉有凤字,明年果登第焉。"

【皇甫炜】字重光,郡望安定朝那,贯洛阳河南县,祖彻蜀州刺史,父曙汝州刺史。大中二年(848)登进士科。历陕虢都防御判官、华州镇国军等使判官,官至抚州刺史。

《全唐文补遗》第四辑,刘玄章撰咸通六年(865)《唐故朝议郎使持节抚州诸军事守抚州刺史柱国皇甫公(炜)墓志铭并序》:"公姓皇甫氏,安定朝那人……皇朝齐州刺史讳胤,公之曾大父也。齐州生蜀州刺史讳彻……蜀州刺史生汝州刺史赠尚书右丞晦讳曙……公即右丞第三子也,讳炜,字重光……大中二年,故仆射封公敖之主春闱也,负至公之鉴,擢居上第。三年,故尚书敬公晦之绾铜盐也,求刘楚之才,辟为从事,奏授秘书省校书郎。又明年,故相国裴公休继领重务,藉公声猷,复留为转运巡官……六年……故尚书高公少逸廉问陕虢,熟公德行,奏授大理评事,充都防御判官。俄而,府移华州,又请为上介……宣宗皇帝历精理道,渴仵谠言。聆公忠直,遂擢为右拾遗。……改仓部员外郎……出为抚州刺史。……以咸通六年十月二十二日,捐馆于抚州官舍,享年五十三。两娶太原白氏,并故中书令敏中之息女。……归窆于河南县……之先茔。"按:封敖大中二年知贡举。

【崔莪】字野夫,卫州人,祖绘历使府从事,父蠡官至户部侍郎。大中二年(848)登进士科。历尚书郎、知制诰、中书舍人、户部侍郎,官至左散骑常侍。

《旧唐书》卷一一七《崔宁传》:"崔宁,卫州人……宁季弟密,密子绘,父子皆以文雅称,历使府从事。绘生四子:蠡、黯、确、颜,皆以进士擢第。蠡字越卿,元和五年擢第,累辟使府。宝历中,入朝监察御史。大和初,为侍御史,三迁户部郎中,出为汝州刺史。开成初,以司勋郎中征,寻以本官知制诰。明年,正拜舍人。三年,权知礼部贡举。四年,拜礼部侍郎,转户部……子莪。莪字野夫。大中二年,擢进士第,累官至尚书郎、知制诰。正拜中书舍人、户部侍郎。乾符中,自尚书右丞迁吏部侍郎……复入为左散骑常侍,卒。"

《登科记考》卷二二,大中二年(848)进士科条云崔荛及第。

【崔瑄】大中二年(848)登进士科。历谏议大夫、宛陵使。

(五代)刘崇远《金华子杂编》卷上:"韩藩端公,大中二年封仆射敖门生也,与崔瑄大夫同年而相善。瑄廉问宛陵,请藩为副使。"

《新唐书》卷一六六《令狐楚传》:"令狐楚字殻士,德棻之裔也……子绪、绹,显于时……(绹)子滈、涣、沨。滈避嫌不举进士。绹辅政,而滈与郑颢为姻家,怙势骄偃,通宾客,招权,以射取四方货财,皆侧目无敢言。懿宗嗣位,数为人白发其事,故绹去宰相。因丐滈与群进士试有司,诏可,是岁及第。谏议大夫崔瑄劾奏绹以十二月去位,而有司解牒尽十月,屈朝廷取士法为滈家事,请委御史按实其罪。不听。"按:崔瑄大夫指谏议大夫。

《登科记考》卷二二,大中二年(848)进士科条云崔瑄及第。

【韩藩】大中二年(848)登进士科。历宛陵副使。

(五代)刘崇远《金华子杂编》卷上:"韩藩端公,大中二年封仆射敖门生也,与崔瑄大夫同年而相善。瑄廉问宛陵,请藩为副使。"按:(宋)钱易《南部新书》卷六略同。

《登科记考》卷二二,大中二年(848)进士科条云韩藩及第。

【裴晔】大中二年(848)登进士科。历兴元府从事。

《全唐文》卷七七七,李商隐《为兴元裴从事贺封尚书加官启(裴即封之门生)》:"伏承天恩,荣加宠秩,伏惟感慰……某早忝生徒,复叨参佐。汉祖以萧何为人杰,晏子以仲尼为圣相,当今昌运,系我师门。鸡树凤池,不胜心祷,无任抃贺之至。"

《全唐文补遗》千唐志斋新藏专辑,裴虔余撰大中十二年(858)八月二日《唐故秀才河东裴府君(岩)墓志铭并序》:"君讳岩,字梦得,河东闻喜人……君亲弟晔,今前进士、陕州从事,当时侍焉。"按:据志文,裴岩卒于会昌六年(846),归祔先茔于大中十二年(858),则裴晔进士及第当在大中十二年之前。疑裴晔即封之门生裴□,录此俟考。

《登科记考》卷二二,大中二年(848)进士科裴□条:"李商隐《为兴元裴从事贺封尚书加官启》注云'裴即封之门生',盖是年及第也。"

大中三年己巳(849)

知贡举:礼部侍郎李褎

进士科

【于珪】河南府河南县人,祖肃官至给事中,父敖迁刑部侍郎。大中三年(849)进士科状元及第。历东川节度使从事,直弘文馆。

《唐代墓志汇编》咸通〇四〇《于氏墓志铭》:"咸通六年……其妻葬于河南府河南县……祔大茔……夫人于氏,河南人也……父讳珪……首擢第春官,赴东蜀周丞相辟,入蓝簿,直弘文馆……今崔冢卿故贤相,金陵幕中监察御史里行。"

《旧唐书》卷一四九《于休烈传》:"于休烈,河南人也……正拜工部尚书……嗣子益,次子肃……肃官至给事中。肃子敖。敖字蹈中,以家世文史盛名。少为时彦所称,志行修谨。登进士第,释褐秘书省校书郎……工部侍郎,迁刑部……四子:球、珪、瑰、琮,皆登进士第。……珪、球皆至清显。"

(宋)乐史《广卓异记》卷一九《兄弟二人状元及第》:"右按《登科记》:于珪,大中三年状元及第。珪之弟玓,大中七年状元及第。"

《登科记考》卷二二,大中三年(849)进士科条云于珪状元及第。

【王传】大中三年(849)登进士科。历襄阳观察判官、将仕郎、监察御史。

(宋)计有功《唐诗纪事》卷四八《徐商》:"商镇襄阳,有副使节判同加章绶……观察判官将仕郎监察御史王传……传,登大中三年进士第。"

《登科记考》卷二二,大中三年(849)进士科条云王传及第。

【孙瑝】郡望乐安,贯河南洛阳,祖会常州刺史,父公义大理卿。大中三年(849)登进士科。释褐校书郎,历浙西观察使从事,官至汀州刺史。

《全唐文补遗》第五辑,李都撰咸通十二年(871)十二月五日《唐故御史中丞汀州刺史孙公(瑝)墓志铭并序》:"亡友孙子泽以咸通十二年六月三日殁于临汀刺史之位……公讳瑝,乐安人……自冠岁笃于孝悌……繇是一贡第进士于李公褒,议者不以为速。"按:《北京图书馆石刻拓本汇编》册三三《孙瑝墓志铭》同。

《唐代墓志汇编》大中〇五四,冯牢撰大中五年(851)七月三日《唐故银青光禄大夫工部尚书致仕上柱国乐安县开国男食邑五百户孙府君(公义)墓志铭》:"公讳公义,字□。其先魏之乐安人。曾祖嘉之,徙河南,因而贯焉。嘉之,皇宋州司马、赠秘书监;祖通,皇左羽林军兵曹、赠秘书少监;父会,皇彬、温、庐、宣、常五州刺史,赠工部尚书……(公)年十四,初通两经,随乡荐上第,未及弱冠……第四子瑝,登进士第,以校书郎为浙右从事。"

《唐代墓志汇编》大中〇五四《唐故孙府君墓志铭》:"公讳公义……曾祖嘉之,徙河南,因而贯焉……祖通,皇左羽林军兵曹、赠秘书少监;父会……常五州刺史……(公)年十四,初通两经,随乡荐上第,未及弱冠……遂即以前明经调补扬州天长县尉……时元和末载,相国萧公俛始持国政……(会昌)六年五月,征入拜大理卿……愿假以秩归洛……当大中三年秋,以工部尚书致仕……(五年)享年八十。有子……第四子瑝,登进士第,以校书郎为浙右从事。"按:《登科记考》卷二二,大中三年(849)条云李褒知贡举,则孙瑝在是年进士及第。王其祎、周晓薇《〈登科记考〉补续》补入。

【何鼎】韶阳曲江人。大中三年(849)登进士科。释褐著作郎,历容管经略使。

(宋)计有功《唐诗纪事》卷六六《崔安潜》:"何泽,韶阳曲江人也。父鼎,容管经略,有文称。泽乾宁中随计至三峰行在,永乐崔公安潜,即泽之同年丈人也。闻泽来,乃以一绝振之曰:四十九年前及第,同年唯有老夫存。"

《登科记考》卷二二,大中三年(849)进士科条云何鼎及第。

嘉靖《德庆州志》卷一四《名宦传》:"何鼎,大中初进士,释仕著作郎。"

【赵隐】字大隐,京兆奉天人,祖植官至尚书工部侍郎,父存约为兴元从事。大中三年(849)登进士科。累迁郡守、尚书郎、给事中、河南尹,历户、兵二侍郎,官至宰相。

《旧唐书》卷一七八《赵隐传》:"赵隐字大隐,京兆奉天人也。祖植……三迁尚书工部侍郎……子存约、滂。存约,大和三年为兴元从事……(隐)会昌中,父友当权要,敦勉仕进,方应弓招,累为从事。大中三年,应进士登第,累迁郡守、尚书郎、给事中、河南尹,历户、兵二侍郎,领盐铁转运等使。咸通末,以本官同平章事,加中书侍郎,兼礼部尚书,进阶特进、天水伯、食邑七百户……乾符中罢相,检校兵部尚书、润州刺史、浙西观察等使。入为太常卿,转吏部尚书,累加尚书左仆射。广明中卒。"

《旧五代史》卷五八《赵光逢传》:"赵光逢,字延吉。曾祖植,岭南节度使。祖存约,兴元府推官。父隐,右仆射。"

《新唐书》卷一八二《赵隐传》:"赵隐字大隐,京兆奉天人……会昌中,擢进士第,历州刺史、河南尹。以兵部侍郎领盐铁转运使。咸通末,进同中书门下平章事,迁中书侍郎,封天水县伯……广明初,为吏部尚书。居母丧,卒。"按:《新唐书》云赵隐会昌中进士及第,误。

《登科记考》卷二二,大中三年(849)进士科条云赵隐及第。

【高璩】字莹之,渤海人,祖集官卑,父元裕官至工部尚书。大中三年(849)登进士科。历剑南东川节度使、中书侍郎,官至宰相,赠司空。

《全唐文》卷七九五,孙樵《唐故仓部郎中康公墓志铭》:"唐尚书仓部郎中姓康氏,以咸通十三年月日,薨于郑州官舍。其年月日,前左拾遗陈昼寓书孙樵曰……(公)大中二年复调授京兆府参军。其年冬,为进士试官,峭独不顾,虽权势莫能挠。其与选者,不逾年继踵升第。故中书侍郎高公璩、尚书仓部郎中杨嵩、太常博士杜敏求,今春官贰卿崔公殷梦、尚书屯田郎中崔亚、前左拾遗陈昼及樵十辈,皆出其等列也。"

《全唐诗》第十五册卷五一一,张祜《孟才人叹》序:"进士高璩登第年宴,传于禁伶。明年秋,贡士文多以为之目。大中三年,遇高于由拳,哀话于余,聊为兴叹。"《登科记考》卷二二大中三年进士科条:"按此,璩似于元年登第。"

《旧唐书》卷一七一《高元裕传》:"高元裕字景圭,渤海人。祖崛。父集,官卑。元裕登进士第……入为左散骑常侍、工部尚书,卒。元裕子璩,登进士第。大中朝,由内外制历丞郎,判度支。咸通中,守中书侍郎、平章事。"

《新唐书》卷一七七《高元裕传》:"高元裕字景圭,其先盖渤海人……元裕子璩,字莹之。第进士,累佐使府。以左拾遗为翰林学士,擢谏议大夫。近世学士超省郎进官者,惟郑颢以尚主,而璩以宠升云。懿宗时,拜剑南东川节度使。召拜中书侍郎、同中书门下平章事。阅月卒,赠司空。"

(宋)计有功《唐诗纪事》卷五三《高璩》:"白敏中自剑南节度移荆南……(高)璩时为书记。……璩,字莹之,第进士,翰林学士,擢谏议大夫……懿宗时为宰相。"

《登科记考》卷二二,大中三年(849)进士科高璩条:"璩盖于大中二年入等,三年登第也。"

【崔安潜】字进之,一作"延之",郡望清河武城,籍贯太原,父从官淮南节度使、检校尚书右仆射。大中三年(849)登进士科。累历清显,官至太子太傅,赠开府仪同三司太尉,谥曰贞孝。

《洛阳新获七朝墓志》,崔安潜撰咸通五年(864)八月十八日《唐立山郡司马权知军州事清河崔公墓志铭并序》,署"堂弟荆南节度判官将仕郎试太常寺协律郎"。

《全唐文补遗》第六辑,崔就撰乾宁五年(898)八月六日《唐故□□□□□□太子太师上柱国清河郡开国公食邑两千户赠开府仪同三司太尉清河崔公(安潜)墓志铭并序》:"□讳安潜,字延之,其先东武城人也。曾王父讳翘,礼部尚书、东西二京留守,谥曰成。大王父讳异,尚书水部员外郎(下缺)考讳从,淮南节度使、检校尚书右仆射,赠太师,谥曰贞……(安潜)甲科擢进士第,释褐试秘校。"按:墓志撰者署"亲侄男朝散大夫守太子詹事上柱国赐紫金鱼袋"。

《旧唐书》卷一七七《崔慎由传》:"崔慎由字敬止,清河武城人……父从,少孤贫。寓居太原……慎由……子胤。弟安潜。安潜,字进之,大中三年登进士第。咸通中,累历清显,出为许州刺史、忠武军节度观察等使。乾符中,迁成都尹、剑南西川节度等使。黄巢之乱,从僖宗幸蜀。王铎为诸道行营都统,奏安潜为副。收复两京,以功累加至检校侍中。龙纪初,青州王敬武卒,以安潜代。敬武子师范拒命,安潜赴镇。至棣州,刺史张蟾出州兵攻青州,为师范所败,朝廷竟授之节钺。安潜还京师,累加太子太傅。卒,赠太师,谥曰贞孝。"

《新唐书》卷一一四《崔融传》:"崔融字安成,齐州全节人……曾孙从。从字子义,少孤贫,与兄能偕隐太原山中……从子慎由、安潜……安潜,字进之。进士擢第。咸通中,历江西观察、忠武节度使……罢为太子宾客,分司东都……后迁太子太傅。卒,赠太子太师,谥贞孝。"

(宋)计有功《唐诗纪事》卷六六《崔安潜》:"何泽,韶阳曲江人也。父鼎,容管经略,有文称。泽乾宁中随计至三峰行在,永乐崔公安潜,即泽之同年丈人也。闻泽来,乃以一绝振之曰:四十九年前及第,同年唯有老夫存。"

《登科记考》卷二二,大中三年(849)进士科条云崔安潜及第。

【崔彦昭】字思文,清河人。大中三年(849)登进士科。释褐诸侯府,官至宰相,阶至尚书右仆射。

《洛阳新获七朝墓志》,崔彦昭撰乾符四年(877)四月二日《唐故秦国太夫人赠晋国太夫人郑夫人合祔墓志》:"太夫人号太素,不字不名,所以厚流俗也……生子男四人,长曰元范,清规茂行,推重搢绅,由拔萃科聘诸侯府,升宪台为监察御史,不幸短折,士林痛之。有胤曰兢,今春中太常第。咸谓其善人之报也。次子彦回,举进士,历拾遗、补阙、工部员外郎、金刑考功郎中,佐丞相令狐凤翔府幕职,居副倅,累授检校左庶子兼御史中丞,赐紫金鱼袋……次女嫁太原王凝。凝,名士也,擢词科,历清级。入则掌纶綍,司贡籍;出则分符竹,惣藩翰。"按:墓志署"孤子彦昭撰"。

《旧唐书》卷一七八《崔彦昭传》:"崔彦昭字思文,清河人。父岂。彦昭,大中三年进士擢第,释褐诸侯府。咸通初,累迁兵部员外郎,转郎中、知制诰,拜中书舍人,再迁户部侍郎,判本司事……十年,检校礼部尚书、孟州刺史、河阳怀节度使,进阶金紫。十二年正月,加检校刑部尚书、太原尹、北都留守、河东节度管内观察等使……僖宗即位,就加检校吏部尚书。时赵隐、高璩知政事,与彦昭同年进士,荐彦昭长于治财赋。十五年三月,召为吏部侍郎,充诸道盐铁转运使。乾符初,以本官同平章事、判度支……累迁门下侍郎,兼刑部尚书,充太清宫使、弘文馆大学士……进阶特进,累兼尚书右仆射。罢相,历方镇,以太子太保分司卒。"

(五代)尉迟偓《中朝故事》:"咸通中,辅相崔彦昭,兵部侍郎王凝,乃外表兄弟也。凝大中元年进士及第……彦昭忿怒而出。三年乃登第。"

《登科记考》卷二二,大中三年(849)进士科条云崔彦昭及第。

大中四年庚午(850)

知贡举:礼部侍郎裴休

进士科

【张温琪】大中四年(850)进士科状元及第。

(元)辛文房撰,傅璇琮主编《唐才子传校笺》(册三)卷七《曹邺》:"邺,字邺之,桂林人……大中四年张温琪榜中第。"

《登科记考》卷二二,大中四年(850)进士科条云张温琪状元及第。

【卢邺】大中四年(850)登进士科。历浙东观察使。

(唐)范摅《云溪友议》卷上《钱歌序》:"李尚书讷夜登越城楼,闻歌曰:'雁门山上雁初飞。'其声激切。召至,曰:'去籍之妓盛小蕘也。'……观察支使卢邺:'何郎戴笏别贤侯,更吐歌珠宴庾楼。莫道江南不同醉,即陪舟楫上京游。'"

(宋)计有功《唐诗纪事》卷五九《卢邺》:"邺,大中四年登第,为浙东观察支使。"按:出自《云溪友议》。

《登科记考》卷二二,大中四年(850)进士科条云卢邺及第。

【刘蜕】字复愚,荆州人。大中四年(850)登进士科。初授校书郎,历寿州巡官、集贤校理,官至中书舍人。

《全唐文》卷七四九杜牧《白从道除东渭桥巡官陶祥除福建支使刘蜕除寿州巡官等制》:"敕。度支东渭桥给纳使巡官将仕郎试大理评事兼监察御史白从道等:朕以国计出入,委于表臣,尚书郎当战伐之余,财谷殚蹶,断长补短,以无为有。今者上言三吏,皆曰国才,校其智能,足应事役。暨守臣贻孙等,亦曰祥蜕文学温慎,可在宾阶。才者得失之端,士者功名之本。勉自自励,无负乃知。可依前件。"按:石表立于大中十一年二月。

《唐代墓志汇编》大中一三〇,刘蜕撰大中十一年(857)五月庚申《先姚姚夫人权葬石表》:"……太夫人归刘氏,生一子……蜕不天,进士及第,初从寿州宾币。遇其守乱庆无足倚,未五月,自引去。其后选补校书郎,未得视朝夕,未逾月,又罢去。自从宦与丐游,未尝逾三时……悔者受禄未尝得半年,月费未尝满二万……今者助教于大学,校理于集贤,又蹶于寒饥,故仪卫不周,衣廒俭薄,欲终大事,所未成……大中十一年二月甲午,弃其孤于长安宣平里之寓舍,五月庚申,权奉于城南毕原,春秋七十二。"

(五代)王定保《唐摭言》卷二《海述解送》:"荆南解比号天荒。大中四年,刘蜕舍人以是府解及第。"

(五代)孙光宪《北梦琐言》卷四《破天荒解》:"唐荆州衣冠薮泽,每岁解送举人,多不成名,号曰'天荒解'。刘蜕舍人以荆解及第,号曰'破天荒'。"

(宋)王溥《唐会要》卷五六《左右补阙拾遗》:"咸通四年十一月,以长安县尉令狐滈为左拾遗。左拾遗刘蜕、起居郎张云上疏,论滈父绹秉权之日,广纳赂遗,取李琢财物,除安南,致蛮寇侵扰,不当居谏官之列。时绹镇淮南,上表论诉。乃贬云兴元少尹,蜕华阴令。"

《新唐书》卷六〇《艺文四》:"刘蜕《文泉子》十卷。字复愚,咸通中书舍人。"

《登科记考》卷二二,大中四年(850)进士科条云刘蜕及第。

【李备】宣州南陵县人。大中四年(850)登进士科。

光绪《安徽通志》卷一五四《选举表四·进士》:"大中庚午裴休榜:李备,南陵人。"

徐乃昌《南陵县志》卷一九《选举志·进士》:"大中庚午裴林(休)榜:李备。"又乾隆《江南通志》卷一一九《选举志》:"大中进士:李备,南陵人。"

【曹邺】字邺之,桂林人。大中四年(850)登进士科。历天平节度使掌书记、太常博士,官至洋州刺史。

《全唐诗》第十八册卷五九二曹邺有《成名后献恩门》诗。

《新唐书》卷六〇《艺文四》:"《曹邺诗》三卷。字邺之,大中进士第,洋州刺史。"

(宋)陈振孙《直斋书录解题》卷一九录载《曹邺集》一卷,注:"唐洋州刺史曹邺撰。大中四年进士。"

(宋)计有功《唐诗纪事》卷六〇《曹邺》:"邺能文,有特操,为太常博士……邺,字邺之,大中进士也,唐末,以祠部郎中知洋州。"

(元)辛文房撰,傅璇琮主编《唐才子传校笺》(册三)卷七《曹邺》:"邺,字邺之,桂林人。累举不第,为《四怨三愁五情诗》,雅道甚古。时为舍人韦悫所知,力荐于礼部侍郎裴休,大中四年张温琪榜中第……仕至洋州刺史。"

《登科记考》卷二二,大中四年(850)进士科条云曹邺及第。

【崔涓】郡望博陵安平,籍贯太原,祖颀官至同州刺史,父珙官至宰相。大中四年(850)登进士科。历东川节度使判官、前蜀高祖判官、眉州刺史,终御史大夫。

《全唐文》卷七四九杜牧《石贺除义武军书记崔涓除东川推官等制》:"敕。朝议郎行秘书省著作佐郎石贺等:朕寄诸侯之事重矣,大者教化风俗,小者惠养黎庶,环千里之疆,绾三军之众,讲求倚用,不五六人。守臣公度仲郢所请贺等,各以文学决科,恺悌干禄,观其褒举,皆是才名。能报所知,能用可用,在尔宾主,予不与焉。暨镶与钧,亦称智敏,神州作掾,五库掌财,足展干能,无惰官守。可依前件。"

《全唐文新编》卷七九一《王讽崔涓》:"涓,宰相珙子,大中四年登第,历杭州刺史,终御史大夫。"

《旧唐书》卷一七七《崔珙传》:"崔珙,博陵安平人。祖懿。父颋,贞元初进士登第。元和初累官至少府监。四年,出为同州刺史,卒。颋有子八人,皆至达官……长曰琯,贞元十八年擢第。……珙,琯之母弟也。以书判拔萃高等,累佐使府。性威重,尤精史术……寻以本官同中书门下平章事……卒。子涓,大中四年进士擢第。"

《新唐书》卷一八二《崔珙传》:"崔珙,其先博陵人。父颋,官同州刺史,生八子,皆有才,世以拟汉荀氏'八龙'。珙为人有威重……俄同中书门下平章事……子涓,性开敏。为杭州刺史,受署,未尽识卒史,乃以纸各署姓名傅襟上,过前一阅,后数百人呼指无误。终御史大夫。"

《登科记考》卷二二,大中四年(850)进士科条云崔涓及第。

【程旭】字昭晋,广平人。大中四年(850)进士及第。

《大唐西市博物馆藏墓志》四三一,大中十年(856)正月二十九日《唐故广平程府君墓志铭并序》:"公讳旭,字昭晋,广平人也……公幼好学,业文攻诗,举进士十上,两败策试。凡所知己,皆朝之大贤,姓字故不备书。大中四年及第,遇旧知陇西公贻孙,询以行止,特荐于寿春浑公偘之宾幕,守职三祀。"

诸科

【林杰】字智周。大中四年(850)登童子科。

《全唐诗》第十四册卷四七二,郑立之《哭林杰》:"才高未及贾生年,何事孤魂逐逝川。萤聚帐中人已去,鹤离台上月空圆。"

(清)吴廷燮《唐方镇年表》卷六引《闽书》:"林杰,大中四年举童子科,观察使崔于礼异之。"又引(宋)李昉等《太平广记》:"林杰字智周,幼而聪明秀异。"

胡可先《〈登科记考〉匡补续编》补入。

科目选

【刘瞻】字几之,彭城人。大中元年(847)登进士科,大中四年(850)登博学宏词科。累辟使府,官至宰相。小传见大中元年进士科条刘瞻小传。

(五代)孙光宪《北梦琐言》卷三《河中钱刘相瞻》:"唐相国刘公瞻,其先人讳景,本连州人,少为汉南郑司徒掌笺札……擢进士第,历台省。瞻相孤贫有艺,虽登科第,不预急流。"

《登科记考》卷二二,大中四年(850)博学宏词科条云刘瞻及第。

大中五年辛未（851）

知贡举：礼部侍郎韦悫

进士科

【李郜】大中五年（851）进士科状元及第。

（元）辛文房撰，傅璇琮主编《唐才子传校笺》（册三）卷七《郑嵎》："嵎，字宾光，大中五年李郜榜进士。"

（明）徐应秋《玉芝堂谈荟》卷二《历代状元》："（大中）五年，进士二十七人，状元李郜。"

《登科记考》卷二二，大中五年（851）进士科条云李郜状元及第。

【杨筹】字本胜，郡望虢州弘农，贯京兆府长安县，祖宁终国子祭酒，父汉公官至工部尚书。大中五年（851）进士及第。官至监察御史。

《全唐文补遗》第六辑，郑熏撰咸通二年（861）十一月廿日《唐故银青光禄大夫检校户部尚书使持节郓州诸军事守郓州刺史充天平军节度郓曹濮等州观察处置等使御史大夫上柱国弘农郡开国公食邑二千户弘农杨公（汉公）墓志铭并序》："公讳汉公，字用乂，弘农华阴人也……生二子，曰筹，曰范，皆登进士第，有令名于当时。筹长安尉，范今襄州节度蒋公系从事、试大理评事。"

《旧唐书》卷一七六《杨虞卿传附杨汝士传》："杨虞卿字师皋，虢州弘农人。祖燕客。父宁，贞元中为长安尉……子知进、知退、堪，弟汉公，皆登进士第。知退历都官、户部二郎中；堪库部、吏部二员外郎。汉公，大和八年擢进士第，又书判拔萃，释褐为李绛兴元从事。绛遇害，汉公遁而获免。累迁户部郎中、史馆修撰。大和七年，迁司封郎中。汉公子范、筹，皆登进士第，累辟使府……初汝士中第，有时名，遂历清贯。其年诸子皆至正卿，郁为昌族。所居静恭里，知温兄弟，并列门戟。咸通中，昆仲子孙，在朝行方镇者十余人。"按：书证云汉公大和八年擢进士第，误，当为元和八年。

《新唐书》卷一七五《杨虞卿传》："杨虞卿字师皋，虢州弘农人。父宁……终国子祭酒。虞卿第进士……迁京兆尹……子知退、知权、坛、堪、汉公，皆擢进士第……召为工部尚书……汉公自同州更宣武、天平两节度使，卒。子筹、范，仕亦显。"按：汉公在大和七年官至司封郎中，杨范之从兄知退在开成五年登第，则筹登第应在文宗朝。

《登科记考》卷二七《附考·进士科》录载杨筹。

《文物》2016 年第 7 期载李都撰《唐故监察御史弘农杨君墓志铭并叙》："君讳筹，字本胜……故五试方籍于春官氏，时大中五年也。"

【宋寿】大中五年（851）登进士科。

《全唐诗》第十七册卷五七八，温庭筠《春暮宴罢寄宋寿先辈》："斜掩朱门花外钟，晓莺时节好相逢。窗间桃蕊宿妆在，雨后牡丹春睡浓。苏小风姿迷下蔡，马卿才调似临邛。谁怜芳草生三径，参佐桥西陆士龙。"

（清）毛凤枝《关中金石文字存佚考》卷九录华岳题名有《薛谔宋寿送座主尚书赴滑台题名》："正书,大中五年十月。"跋："右二刻,《关中金石记》云在华阴县华岳庙,今均未详所在矣。"按:韦悫于大中五年知贡举,见《登科记考》。同年末韦悫任郑滑节度使,详《唐方镇年表》卷二、《年表考证》卷上。

（清）吴廷燮《唐方镇年表》卷二引《华阳志·题名》："薛谔、宋寿送坐主尚书赴滑台,大中五年十月二十七日。"

陈尚君《〈登科记考〉正补》附在大中五年条。

【郑峵】字宾光,郡望河南,贯虔州。大中五年(851)登进士科。历扬州府参军。

《唐代墓志汇编》大中○九一《唐故颍州颍上县令李府君夫人荥阳郑氏合祔玄堂志》："……荥阳郑氏……(夫人)烈考杭州唐山县令府君讳弘敏……(夫人)有弟曰峵……举进士高第,历名使幕扬州大都府参军。"按:此碑立于大中九年。

（宋）晁公武《郡斋读书志校证》卷一八《别集类中》录《郑峵津阳门诗》一卷,注："右唐郑峵字宾光,大中五年进士。"

（元）辛文房撰,傅璇琮主编《唐才子传校笺》(册三)卷七《郑峵》:"峵,字宾光,大中五年李部榜进士。"按:其籍贯不详,《唐才子传校笺》册三推定为虔州。

《登科记考》卷二二大中五年(851)进士科条云郑峵及第。

【柳珪】字镇方,一作"交玄",京兆华原人。大中五年(851)登进士科。历剑南西川巡官、蓝田尉,直弘文馆,迁右拾遗,终卫尉少卿。

《旧唐书》卷一六五《柳公绰传附柳仲郢传》:"柳公绰字起之,京兆华原人也……子仲郢,弟公权、公谅。仲郢……守刑部尚书。咸通初,转兵部,加金紫光禄大夫、河东男、食邑三百户……子珪、璧、玭。珪字镇方,大中五年登进士第,累辟使府,早卒。"

《新唐书》卷一六三《柳公绰传》:"柳公绰字宽,京兆华原人……子仲郢……子璞、珪、璧、玭……珪,字交玄。大中中,与璧继擢进士,皆秀整而文,杜牧、李商隐称之。杜悰镇西川,表在幕府,久乃至。会悰徙淮南,归其积俸,珪不纳,悰举故事为言,卒辞之。以蓝田尉直弘文馆,迁右拾遗,而给事中萧仿、郑裔绰谓珪不能事父,封还其诏……终卫尉少卿。"

（宋）钱易《南部新书》丁卷:"柳珪是韦悫门生,悫尝:'三十人惟柳先辈便进灯烛下本。'"

（宋）王谠撰,周勋初校证《唐语林校证》卷六《补遗·起德宗至文宗》:"蓝田县尉直宏文馆柳珪,擢为右拾遗、弘文直学士,给事中萧仿、郑裔绰驳还制,曰:'陛下悬爵位,本待贤良;今命浇浮,恐非惩劝。柳珪居家不禀义方,奉国岂尽忠节?'刑部尚书柳仲郢诣东上阁门进表,称'子珪才器庸劣,不当玷居谏垣;若诬以不孝,即非其实。'太子少师柳公权亦讼侵毁之枉。上令免珪官,家居修省。"

《登科记考》卷二二大中五年(851)进士科条云柳珪及第。

嘉靖《耀州志》卷三下《选举志七》:"柳珪,字交玄,大中末与璧继举进士,皆秀整而文。"

【黄惟坚】端州高要人。大中五年(851)登进士科。历朝议郎。

陈尚君《〈登科记考〉正补》补入。

乾隆《广州通志》卷三一《选举志一·唐进士》："大中五年辛未,黄惟坚,高要人,朝议郎;莫宣卿,封川人,状元。"

【薛谔】字匡臣。大中五年(851)登进士科。历大理评事、度支巡官。

《新唐书》卷七三下《宰相世系表》三下："谔字匡臣,大理评事、度支巡官。"

(清)毛凤枝《关中金石文字存佚考》卷九录华岳题名有《薛谔宋寿送座主尚书赴滑台题名》："正书,大中五年十月。"跋："右二刻,《关中金石记》云在华阴县华岳庙,今均未详所在矣。"按:韦悫于大中五年知贡举,见《登科记考》。

(清)吴廷燮《唐方镇年表》卷二引《华阳志·题名》："薛谔、宋寿送座主尚书赴滑台,大中五年十月二十七日。"

明经科

【刘铨】字秘之。大中五年(851)明经及第,大中十年(856)登进士第。官至妫州刺史。

《全唐文补遗》第四辑,郑隼撰文德元年(888)五月《唐故妫州刺史充清夷军营田等使朝散大夫检校尚书司封郎中摄御史中丞上柱国赐紫金鱼袋彭城刘公(铨)墓志铭并序》："公讳铨,字秘之,汉中山靖王之后也……十五察孝廉,二十举茂才……文德元年春三月甲子,以疾辞印绶。夏四月戊辰,捐馆舍于幽州蓟县燕都坊之第,春秋之齿五十有二。"按:以其卒于文德元年(888)、春秋五十二推之,刘铨十五岁时在大中五年(851)。

《登科记考补正》卷二二,大中五年(851)明经科增补。

诸科

【林勖】字公懋,福州闽县人。大中五年(851)登开元礼科。终吉州刺史。

《登科记考》卷二二,大中五年(851)诸科条云林勖开元礼及第。

淳熙《三山志》卷二六："(大中)五年辛未李郜榜:林勖字公懋,闽县人,大中五年开元礼登科,终吉州刺史。"

制科

【莫宣卿】字仲节,广南封州人。大中五年(851)登制科。历台州别驾。

《全唐文》卷八一六,白鸿儒《莫孝肃公诗集序》："唐宣宗大中五年,龙集辛未,设科求贤。合天下士对策于大廷,胪传以莫公宣卿为第一。公字仲节,广南封州人也。所产之乡曰文德,所居之里曰长乐。厥考讳曰让仁,虽不仕,亦有隐德。畬年不禄,公母梁氏,恐公孤立无倚,改适。继父亦莫氏,讳及芝,乃开建籍也。公随母往,并而为昆仲者三。长曰莫俦,次曰莫群。公年最少,乃其季也。继父亦乐善好施,岁歉则出粟以周邻里……咸通九年,封州刺史李邦昌上其事于朝,钦奉上敕为唐正奏状元莫孝肃公,祀以庙食,表其里居曰文德。蠲其赋税,以充烝尝之需,永为常典。公自幼以至登第,所撰词赋诗歌,皆操笔立成。诵而咏之,如真金美玉,不落形迹;如化工生物,不事妆点,而生气宛然如在也。及今公族子姓言动气象,犹有公之遗风。虽乡曲五尺童子与夫田野愚夫愚妇,皆重公名,莫不喜谈乐道之。凡游于庠序者,罔不贤其贤。守其宗祀者,莫不亲其亲。得非状元公神化之所感也耶?是请也,公之嫡孙莫立之,郡之庠生也。述公行实以告,且请予为记,以垂悠久。余无似,叨治公郡,恨弗获睹公而徒慕公也,因以为记云。时有唐乾符五年,岁在甲午秋仲望日。"

《全唐诗》第十七册卷五六六,柳珪《送莫仲节状元归省》:"青骢聚送谪仙人,南国荣亲不及君。椰子味从今日近,鹧鸪声向旧山闻。孤猿夜叫三湘月,匹马时侵五岭云。想到故乡应腊过,药栏犹有异花薰。"

《登科记考》卷二二,大中五年制科莫宣卿条:"按是年设科无考,制科第一,据此亦得称状元。"

嘉靖《德庆州志》卷十五《人物传》:"(莫宣卿),大中五年状元及第,除台州别驾。"

乾隆《广州通志》卷三一《选举志一·唐进士》:"大中五年辛未,黄惟坚,高要人,朝议郎;莫宣卿,封川人,状元。"

大中六年壬申(852)

知贡举:礼部侍郎崔峣

进士科

【冯镈】字子真,长乐信都人。大中六年(852)登进士第。官秘书郎。

《大唐西市博物馆藏墓志》四五八,冯锴撰咸通十年(869)七月二十八日《秘书郎冯府君墓志铭》:"第廿三弟朝请郎行邢州南和县令府君讳镈,字子真,长乐信都人也……府君大中六年以进士登第。"

【刘驾】字司南,江西都昌或洵阳人。大中六年(852)进士科及第。历太学博士。

《全唐诗》第二十一册卷七二三,李洞《和刘驾博士赠庄严律禅师》:"人言紫绶有光辉,不二心观似草衣。尘劫自营还自坏,禅门无住亦无归。松根穴蚁通山远,塔顶巢禽见海微。每话南游偏起念,五峰波上入船扉。"

(五代)王定保《唐摭言》卷四《师友》:"刘驾与曹邺为友,俱攻古风诗。邺既擢第,而不即出京,俟驾成名同去,果谐所志。"

(宋)陈振孙《直斋书录解题》卷一九录载《刘驾集》一卷,注:"唐刘驾司南撰,大中六年进士。"

(元)辛文房撰,傅璇琮主编《唐才子传校笺》(册三)卷七《刘驾》:"驾,字司南,大中六年礼部侍郎崔峣下进士……累历达官。"按:《全唐诗》第十九册卷六三六有聂夷中《哭刘驾博士》。诸书未载刘驾的籍贯,《唐才子传校笺》册三推定为江西都昌或洵阳人。

《登科记考》卷二二,大中六年(852)进士科条云刘驾及第。

【许道敏】祖审,父尧佐官至谏议大夫。大中六年(852)登进士科。小传参考贞元中进士科许尧佐条。

(唐)高彦休《唐阙史》卷上《许道敏同年》:"贡士许道敏,随乡荐之初,获知于时相。是冬主文者将莅事于贡院,谒于相门。丞相大称其文学精臻,宜在公选……垂二十载,至柘国小兵部知贡举,方擢于上科。时有同年张侍郎读,一举成事,年才十九。"

《旧唐书》卷一八九下《儒学下·许康佐传》:"许康佐,父审。康佐登进士第,又登宏词科……弟尧佐、元佐,尧佐子道敏,并登进士第,历官清显。"

(宋)李昉等《太平广记》卷一八二《贡举五·许道敏》引《唐阙史》:"许道敏随乡荐之初,获知于时相。是冬,主文者将莅事于贡院,谒于相门。相大称其卓苦艺学,宜在公选。主文受命而去。许潜知其旨,则磨砺以须,屈指试期,大挂人口。俄有张希复员外结婚于丞相奇章公之门。亲迎之夕,辟道敏为傧。道敏乘其喜气,纵酒飞章,摇佩高谭,极欢而罢。无何,时相敷奏不称旨,移秩他郡。人情恐异,主文不敢第于甲乙。自此晦昧壈坎,不复振举。继丁家故,乖二十载。至大中六年崔玙知举,方擢于上科。时有同年张读一举成事,年十有九,乃道敏败于垂成之冬,傧导张希复之子,牛夫人所生也。"

《登科记考》卷二二,大中六年(852)许道敏条:"按许道敏,尧佐之子,登进士第,见《旧唐书儒学传》。"

【张读】字圣用,深州陆泽人,祖荐官至御史大夫,父又新左司郎中。大中六年(852)登进士科。累迁礼部侍郎,后兼弘文馆,判院事,位至正卿。

(唐)高彦休《唐阙史》卷上《许道敏同年》:"贡士许道敏,随乡荐之初,获知于时相。是冬主文者将莅事于贡院,谒于相门。丞相大称其文学精臻,宜在公选……垂二十载,至柘国小兵部知贡举,方擢于上科。时有同年张侍郎读,一举成事,年才十九。"按:(宋)李昉等《太平广记》卷一八二《贡举五·许道敏》引《唐阙史》略同。

(五代)王定保《唐摭言》卷三《慈恩寺题名游赏赋咏杂纪》:"苗台符六岁能属文,聪悟无比;十余岁博览群籍,著《皇心》三十卷,年十六及第。张读亦幼擅词赋,年十八及第。同年进士,同佐郑薰少师宣州幕……台符,十七,不禄;读,位至正卿。"

《旧唐书》卷一四九《张荐传》:"张荐字孝举,深州陆泽人……始兼侍御史、中丞,后大夫……子又新,别有传……孙读,字圣用,幼颖解。大中时第进士,郑薰辟署宣州幕府。累迁礼部侍郎。中和初为吏部,选牒精允。调官丐留二年,诏可,榜其事曹门。后兼弘文馆学士,判院事,卒。"

《新唐书》卷一七五《张又新传》:"张又新字孔昭,工部侍郎荐之子。元和中,及进士高第,历左右补阙……及逢吉罢,领山南东道节度,表又新为行军司马。坐田伾事,贬汀州刺史。李训有宠,又新复见用,迁刑部郎中,为申州刺史。训死,复坐贬。终左司郎中。"

《登科记考》卷二二,大中六年(852)进士科条云张读及第。

【苗台符】大中六年(852)登进士科。历佐郑薰宣州幕。

(唐)裴庭裕《东观奏记》卷下:"(大中九年)初,裴谂兼上铨,主试宏、拔两科。其年争名者众,应宏词选,前进士苗台符、杨严、薛诉、李询古、敬翊一十五人就试。谂宽豫仁厚,有赋题不密之说。前进士柳翰,京兆尹柳憙之子也。故事,宏词科只三人,翰在选中。不中选者言翰于谂处先得赋题,讬词人温庭筠为之。翰既中选,其声聒不止,事彻宸听。杜德公时为中书舍人,言于执政曰:'某两为考官,未试宏词,先镌考官,然后考文书。若自先得赋题者必佳,糊名考文书得佳者,考官乃公。当罪止,考官不合坐。'宏词赵柜,丞相令狐绹故人子也,同列将以此事嫁患于令狐丞相,丞相逐之,尽覆去。"按:据此,苗台符、杨严、薛诉、李询古、敬翊、柳翰等人皆进士及第。

(五代)王定保《唐摭言》卷三《慈恩寺题名游赏赋咏杂纪》:"苗台符六岁能属文,聪悟无比;十余岁博览群集,著《皇心》三十卷,年十六及第。张读亦幼擅词赋,年十八及第。同年进士,同佐郑薰少师宣州幕……台符,十七,不禄;读,位至正卿。"按:《记纂渊海》卷三七略同。

《新唐书》卷五八《艺文二》:"苗台符《古今通要》四卷。宣懿时人。"

(宋)魏仲举《五百家注释韩昌黎全集》卷二五《唐故太原府参军苗君墓志铭》樊注:"按登科记,苗台符,蕃之曾孙,愔之子,大中八年进士第。"《登科记考》卷二二,大中六年(852)进士科苗台符条:"疑'八'为'六'之讹。"

【赵骘】京兆府人,祖植官至尚书工部侍郎,父存约为兴元从事,兄隐官至宰相。大中间登进士科。历郎中、中书舍人,拜礼部侍郎、御史中丞,累迁华州刺史。

《旧唐书》卷一七八《赵隐传》:"赵隐字大隐,京兆奉天人也。祖植……三迁尚书工部侍郎……子存约、溯。存约,大和三年为兴元从事……(隐)会昌中,父友当权要,敦勉仕进,方应弓招,累为从事。……隐性仁孝,与弟骘尤称友悌……乾符中罢相,检校兵部尚书、润州刺史、浙西观察等使。入为太常卿,转吏部尚书,累加尚书左仆射。广明中卒。子光逢、光裔、光胤。弟骘,亦以进士登第。……咸通初,以兵部员外郎知制诰,转郎中,正拜中书舍人。六年,权知贡举。七年,选士,多得名流,拜礼部侍郎、御史中丞,累迁华州刺史、潼关防御、镇国军等使,卒。"

(宋)乐史《广卓异记》卷一九《门生引门生谒座主》:"右按《唐书》:礼部侍郎崔峄,大中六年知举,放骘及第。至咸通七年,骘自翰林学士出拜礼部侍郎知举,玙为礼部尚书。骘放榜后,携门生诣相国里谒玙,集于崇南街龙兴观前。"

《登科记考》卷二二,大中六年(852)进士科条云赵骘及第。

大中七年癸酉(853)

知贡举: 中书舍人崔瑶

进士科

【于瑰】字匡德,河南府人,祖肃官至给事中,父敖官至刑部侍郎。大中七年(853)进士科状元及第。历校书郎。

(唐)裴庭裕《东观奏记》卷上:"贬前乡贡进士杨仁赡为康州参军,弛驿发遣。仁赡女弟出嫁前进士于瑰。"

《旧唐书》卷一四九《于休烈传》:"于休烈,河南人也……正拜工部尚书……嗣子益,次子肃……肃官至给事中。肃子敖。敖字踏中,以家世文史盛名。少为时彦所称,志行修谨。登进士第,释褐秘书省校书郎……工部侍郎,迁刑部……四子:球、珪、瑰、琮,皆登进士第。"

(宋)乐史《广卓异记》卷一九《兄弟二人状元及第》:"右按《登科记》:于珪,大中三年状元及第。珪之弟玙,大中七年状元及第。"按:文中"珪之弟玙",当作"珪之弟瑰",详见施子愉《〈登科记考〉补正》。

《新唐书》卷七二下《宰相世系表》二下:"瑰,字匡德。"

(宋)计有功《唐诗纪事》卷五三《于瑰》:"瑰,字匡德,敖之子也。大中七年进士第一人。时为校书郎。"

《登科记考》卷二二,大中七年(853)进士科条作"于玙"。

【韦蟾】字隐珪,京兆府下杜人,父表微官至户部侍郎。大中七年(853)登进士科。历徐商掌书记,终尚书左丞。

《旧唐书》卷一八九下《儒学下·韦表微传》:"韦表微,始举进士登第,累佐藩府。元和十五年,拜监察御史。逾年,以本官充翰林学士。迁左补阙、库部员外郎、知制诰。满岁,擢迁中书舍人。俄拜户部侍郎,职并如故……子蟾,进士登第,咸通末,为尚书左丞。"

(宋)计有功《唐诗纪事》卷五八《韦蟾》:"蟾,字隐珪,下杜人。大中七年进士登第,初为徐商掌书记,终尚书左丞。"

《登科记考》卷二二,大中七年(853)韦蟾条:"按蟾,表微之子,见《旧书·儒学传》。"

【李詹】大中七年(853)登进士科。

(宋)钱易《南部新书·己》:"李詹,大中七年崔瑶下进士。"按:(宋)李昉等《太平广记》卷一三三《报应三十二·李詹》引《玉泉子》略同。

《登科记考》卷二二,大中七年(853)进士科条李詹及第。

【陈毅】睦州桐庐人,大中七年(853)登进士第,任知县。

陈尚君《〈登科记考〉正补》补入。

万历《严州府志》卷三一《选举》:"大中七年,陈毅,桐庐人。任知县。"

【崔瑰】字殷梦,郡望清河武城,京兆府长安县人,祖俚官至吏部侍郎,父郾官至礼部侍郎。大中七年(853)登进士科。历司勋员外郎、礼部侍郎。

《全唐文新编》卷七九五,孙樵《唐故仓部郎中康公墓志铭并序》载大中二年康僚主京兆解:"大中二年复调授京兆府参军。其年冬为进士试官,峭独不顾,虽权势莫能挠。其与选者,不逾年继踵升第。故中书侍郎高公璩、尚书仓部郎中杨嵩、太常博士杜敏求、今春官贰卿崔公殷梦、尚书屯田郎中崔亚、前左拾遗陈昼及樵十辈,皆出其等列也。"按:此条记载时间为咸通十三年,胡可先《〈登科记考〉匡补》据此补入大中三年,不妥,当以大中七年为是。又按:据"今春官贰卿崔公殷梦"一句,则崔公应当担任礼部侍郎。

(唐)阙名《玉泉子》:"崔殷梦瑰,宗人瑶门生也,夷门节度使龟从之子。同年首冠于瑰,瑰白瑶曰:‘夫一名男子,饬身世以为美也,不可以等埒也。近岁关试内多以假为名,求适他处,甚无谓也。今乞侍郎不可循其旧辙。’瑶大以为然。一日,瑰等率集同年诣瑶起居。既坐,瑶笑谓瑰等曰:‘昨得大梁相公书,且欲先辈一到,骏马健仆,往复当不至稽滞,幸诸先辈留意。’瑰以坐主之命,无如之何!”按:徐氏所据本作“崔殷梦瑰,宗人瑶门生也”,因录崔瑰为大中七年进士,盖认为瑰为名,以殷梦为字。

《旧唐书》卷一九上《懿宗》:“(咸通八年,十月)司勋员外郎崔殷梦考吏部宏词选人。”

《旧唐书》卷一五五《崔邠传》:“崔邠字处仁,清河武城人。祖结,父倕,官卑。邠少举进士,又登贤良方正科。……弟鄯、郾、郸等六人。子璀、瓒,璀子彦融,皆登进士第,历位台阁……(郾)子瑶、瑰、瑾、珮、璆……瑰、珮、璆官至郎署给谏。”

《新唐书》卷一六三《崔邠传》:“崔邠字处仁,贝州武城人。父倕……位吏部侍郎。邠第进士……再迁吏部侍郎……弟酆、郾、郇、鄯、郸。郾……迁礼部侍郎……五子:瑶、瑰、瑾、珮、璆。瑶任礼部侍郎、浙西鄂岳观察使……崔氏四世缌麻同爨,兄弟六人至三品,邠、郾、郸凡为礼部五,吏部再,唐兴无有也。居光德里,构便斋,宣宗闻而叹曰:‘郸一门孝友,可为士族法。’因题曰‘德星堂’。后京兆民即其里为‘德星社’。”按:《旧唐书》卷一五五《崔邠传》,邠弟郾子瑶、瑰、瑾、珮,瑰为瑶弟,非龟从子。劳格《郎官石柱题名考》卷四、卷五所录(唐)阙名《玉泉子》无“瑰”字。参考(宋)计有功《唐诗纪事》卷五三《于瑰》。

(宋)王谠《唐语林校证·辑佚》:“崔殷梦知举,吏部尚书归仁晦托弟仁泽,殷梦唯唯而已。无何,仁晦复诣托之,至于三四。殷梦敛色端笏,曰:‘某见进表让此官矣。’仁晦始悟己姓,殷梦讳也。”

(宋)洪迈《容斋续笔》卷一一《唐人避讳》:“《语林》载崔殷梦知举,吏部尚书归仁晦托弟仁泽,殷梦唯唯而已。无何,仁晦复诣托之,至于三四。殷梦敛色端笏,曰:‘某见进表让此官矣。’仁晦始悟已姓,殷梦讳也。按,《宰相世系表》,其父名龟从,此又与高相类,且父名晋肃,子不得举进士,父名皋,子不得于主司姓高下登科,父名龟从,子不列姓归人于科籍,揆之礼律,果安在哉?后唐天成初,卢文纪为工部尚书,新除郎中于邺公参,文纪以父名嗣业,与同音,竟不见。邺忧畏太过,一夕雉经于室。文纪坐谪石州司马,此又可怪也。”

大中八年甲戌(854)

知贡举:礼部侍郎郑薰

进士科

【**颜标**】大中八年(854)进士科状元及第。官至饶州刺史。

《洛阳新获七朝墓志》,颜标撰咸通十年(869)十月十日《唐琅邪颜夫人阳平路氏墓铭并序》:“夫人姓路氏,以嗜佛号曰自在心,其先阳平人也……堂兄故晋州刺史赠礼部侍郎岳,今门下侍郎岩,皆以才望进。以大中十年十一月归于颜氏。”

（五代）王定保《唐摭言》卷八《误放》："郑侍郎薰主文,误谓颜标乃鲁公之后。时徐方未宁,志在激劝忠烈,即以标为状元。"此事,（宋）李昉等《太平广记》卷一八二《贡举五·颜标》略同。

（宋）李昉等《太平广记》卷二五六《嘲诮四·郑薰》引《摭言》："唐颜标,咸通中,郑薰下状元及第。"

《新唐书》卷九《僖宗》："乾符五年二月,王仙芝伏诛,其将王重隐陷饶州,刺史颜标死之。"

（宋）潘自牧《记纂渊海》卷三七《科举部·主文》："郑薰主文,举人颜标者,薰误谓是颜鲁公之后,以为状元。"

（元）辛文房撰,傅璇琮主编《唐才子传校笺》（册三）卷七《李频》："频,字德新,睦州寿昌人……大中八年,颜标榜擢进士。"

《登科记考》卷二二,大中八年（854）进士科条云颜标及第。

【冯铤】河南济源人。大中八年（854）登进士第。

乾隆《河南通志》卷四五《选举志二·进士·唐》："冯铤,济源人,大中八年登第。"

【毕绍颜】郓州须昌人,祖勾官至协律郎,父诚官至宰相。大中八年（854）登进士科,历显官。

《旧唐书》卷一九下《僖宗》："（乾符二年三月）刑部员外郎毕绍颜为左司员外郎。"

《旧唐书》卷一七七《毕诚传》："毕诚者,字存之,郓州须昌人也。伯祖构,高宗时吏部尚书。构弟栩,酆王府司马,生凌。凌为汾州长史,生勾,为协律郎。勾生诚……（咸通二年）改礼部尚书,同平章事……子绍颜、知颜,登进士第,累历显官。"

《新唐书》卷一八三《毕诚传》："毕诚字存之,黄门监构从孙。构弟栩,生凌,凌生勾,世失官,为盐估。勾生诚……礼部尚书同中书门下平章事。"

（明）凌迪知《万姓统谱》卷一一五："毕绍颜,大中二年进士。知颜,天祐二年进士。"按:登第年份误。

《登科记考》卷二二,大中八年（854）进士科条云毕绍颜及第。

【刘沧】字蕴灵,青州临朐人。大中八年（854）登进士科。初授华原尉,历龙门令。

（宋）计有功《唐诗纪事》卷五八《刘沧》："沧,字蕴灵,大中进士也。"

（宋）晁公武《郡斋读书志校证》卷一八《别集类中》录《刘沧诗》一卷,注:"右唐刘沧字蕴灵。大中八年进士。"

（元）辛文房撰,傅璇琮主编《唐才子传校笺》（册三）卷八《刘沧》："沧,字蕴灵,鲁国人也……大中八年礼部侍郎郑薰下进士榜后……调叶原尉。"按:刘沧有《罢华原尉上座主尚书》,"叶原"当作"华原"。刘沧罢华原尉后曾任龙门县令,《全唐诗》第十九册卷六三八有张乔《送龙门令刘沧》。其籍贯,《唐才子传校笺》考证为青州临朐人。

《登科记考》卷二二,大中八年（854）进士科条云刘沧及第。

嘉靖《耀州志》卷三下《官师志五》："刘沧,大中八年进士,调华原尉。"

【许□】大中八年（854）登进士科。

《全唐诗》第十八册卷五八八有李频《春日南游寄浙东许同年》,许某,佚名待考。

《登科记考》卷二二,大中八年(854)进士科条有许□登第。

【李频】字德新,睦州寿昌县人。大中八年(854)登进士科。初授秘书郎,历南陵主簿、都官员外郎,官至建州刺史。

(五代)王定保《唐摭言》卷四《师友》:"李频师方干,后频及第。诗僧清越赠干诗:'弟子已得桂,先生犹灌园。'"

《旧唐书》卷一九下《僖宗》:乾符二年正月己丑"都官员外郎李频为建州刺史"。

《新唐书》卷二〇三《文艺下·李频传》:"李频字德新,睦州寿昌人。少秀悟,逮长,庐西山,多所记览。其属辞,于诗尤长。与里人方干善。给事中姚合名为诗,土多归重,频走千里丐其品,合大加奖挹,以女妻之。大中八年,擢进士第,调秘书郎,为南陵主簿。判入等,再迁武功令。于是畿民多籍神策军,吏以其横,类假借,不敢绳以法。频至,有神策士尚君庆,通赋六年不送,睥然出入闾里。频密摘比伍与竞,君庆叩县廷质,频即械送狱,尽条宿恶,请于尹杀之,督所负无少贷。豪猾大惊,屏息奉法,县大治。有六门堰者,废百五十年,方岁饥,频发官廥庸民浚渠,按故道斸水溉田,谷以大稔。懿宗嘉之,赐绯衣、银鱼。俄擢侍御史,守法不阿徇,迁累都官员外郎。表丐建州刺史。既至,以礼法治下,更布条教。时朝政乱,盗兴,相椎夺,而建赖频以安。卒官下,丧归,父老相与扶柩,葬永乐州,为立庙梨山,岁祠之。天下乱,盗发其冢,寿昌人随加封掩。"

(宋)陈振孙《直斋书录解题》卷一九录载《李频集》一卷,注:"唐建州刺史新定李频德新撰。大中八年进士。姚合之婿也。"

(元)辛文房撰,傅璇琮主编《唐才子传校笺》(册三)卷七《李频》:"频,字德新,睦州寿昌人……大中八年,颜标榜擢进士。调秘书郎,为南陵主簿,试判入等,迁武功令……迁都官员外郎。"

《登科记考》卷二二,大中八年(854)进士科条云李频及第。

【李循】郡望陇右,京兆人。大中八年(854)登进士科。

《秦晋豫新出墓志蒐佚续编》八八〇,大中八年(854)九月二日《唐朝议郎太子洗马清河崔公故夫人范阳卢氏墓志铭》,署"前乡贡进士陇西李循撰"。

《旧唐书》卷一九〇下《文苑下·李巨川传》:"李巨川字下己,陇右人。国初十八学士道玄之后,故相逢吉之侄曾孙。父循,大中八年登进士第。"

《登科记考》卷二二,大中八年(854)进士科条云李循及第。

【李瓒】宗室,京兆府人,父宗闵官至宰相。大中八年(854)登进士科。历员外郎、知制诰、中书舍人、翰林学士、桂管观察使。

《旧唐书》卷一七六《李宗闵传》:"李宗闵字损之,宗室郑王元懿之后。祖自仙,楚州别驾。父,宗正卿……兄夷简,元和中宰相。宗闵……大和二年,起为吏部侍郎,赐金紫之服。三年八月,以本官同平章事……子琯、瓒,大中朝皆进士擢第……瓒自员外郎知制诰,历中书舍人、翰林学士。绚罢相,出为桂管观察使。御军无政,为卒所逐,贬死。"

《新唐书》卷一七四《李宗闵传》:"李宗闵字损之,郑王元懿四世孙……子琯、瓒,皆擢进士。令狐绹作相,而瓒以知制诰历翰林学士。绹罢,亦为桂管观察使。不善御军,为士卒所逐,贬死。"

（宋）王谠撰,周勋初校证《唐语林校证》卷四《容止》:"薛调、季瓒,同年进士,调美姿貌……调为翰林学士,郭妃悦其貌,谓懿宗曰:'驸马盍若薛调乎？'顷之暴卒,时以为中鸩。卒年四十三。"按:(清)劳格《读书杂识》卷七《李瓒》引《语林》四此文云"季"当作"李",大中八年进士及第。陈冠明《〈登科记考〉补名摭遗》考订《登科记考》卷二七《附考·进士科》中的李瓒当删除,即大中八年之李□。

【崔□】大中八年(854)登进士科。

《全唐诗》第十八册卷五八七,李频《汉上逢同年崔八》:"去岁曾游帝里春,杏花开过各离秦。偶先托质逢知己,独未还家作旅人。世上路岐何缭绕,空中光景自逡巡。一回相见一回别,能得几时年少身。"

《登科记考》卷二二,大中八年(854)进士科崔□条引李频《汉上逢同年崔八》诗:"去岁曾游帝里春,杏花开过各离秦。"

《登科记考补正》卷二二,大中八年(854)进士科疑"崔某"为"崔橹"或"崔鲁",兹存疑。

【崔珏】字梦之,西川人。大中八年(854)登进士科。历淇县令、校书郎,官至侍御史。

《全唐诗》第十八册卷五九一载:"崔珏,字梦之,尝寄家荆州。登大中进士第,由幕府拜秘书郎,为淇县令,有惠政,官至侍御。诗一卷。"

（五代）王定保《唐摭言》卷二《海述解送》:"荆南解比号天荒。大中四年,刘蜕舍人以是府解及第。时崔魏公作镇,以破天荒钱七十万资蜕。"

（五代）王定保《唐摭言》卷一一《怨怒懑直附》:"崔珏佐大魏公幕,与副车袁充常侍不叶,公俱荐之于朝。崔拜芸阁雠校,纵舟江浒。会有客以丝桐诣公,公善之,而欲振其名;命以乘马迎珏,共赏绝艺。珏应召而至,公众容为客请一篇,珏方怀怫郁。因此发泄所蓄。诗曰:'七条弦上五音寒,此艺知音自古难,惟有河南房次律,始终留得董亭兰。'公大惭恚。"按:"大魏公"当指荆州魏公铉,在咸通六至八年镇荆南。

《新唐书》卷六〇《艺文四》:"《崔珏诗》一卷。字梦之,并大中进士第。"

（宋）计有功《唐诗纪事》卷五八《崔珏》:"珏佐大魏公幕……公俱荐之于朝。珏拜云阁雠校……珏,字梦之。登大中进士第……李义山《送珏往西川》云:'年少因何有旅愁？欲为东下更西游。一条雪浪吼巫峡,千里火云烧益州。……浣花笺纸桃红色,好好题诗咏玉钩。'"按:其籍贯当为西川。李频有《汉上逢同年崔八》诗,岑仲勉《唐人行第录》认为此人可能是崔珏。陈尚君《〈登科记考〉正补》疑崔珏大中八年登进士科。

《登科记考》卷二七《附考·进士科》录载崔珏。

【薛调】大中八年(854)登进士科。历右拾遗内供奉,官至翰林学士。

《资治通鉴》卷二五〇,懿宗咸通元年条:"壬申,右拾遗内供奉薛调上言……"

（宋）王谠撰,周勋初校证《唐语林校证》卷四《容止》:"薛调、季瓒,同年进士,调美姿貌……调为翰林学士,郭妃悦其貌,谓懿宗曰:'驸马盍若薛调乎？'顷之暴卒,时以为中鸩。

卒年四十三。"按：（清）劳格《读书杂识》卷七《李瓚》引《语林》四此文云"季"当作"李"，大中八年进士及第。则薛调亦大中八年进士及第。《登科记考》卷二七《附考·进士科》云薛调及第，该条当删除。

科目选

【薛能】字大拙，一作"太拙"，汾州人。会昌六年（846）登进士科，大中八年（854）书判科及第，补盩厔尉。辟太原、陕虢、河阳从事，历滑州观察判官、西川节度使从事、河中节度使从事，官至工部尚书。小传见会昌六年进士科薛能条。

（宋）王谠撰，周勋初校证《唐语林校证》卷七《补遗·起武宗至昭宗》："许棠初试进士，与薛能、陆肱齐名。薛擢第，尉盩厔；肱下第，游太原；棠并以诗送之。棠登第，薛已自京尹出镇徐州，陆亦出守南康，招棠为倅。"按：薛能书判入等条，《〈登科记考〉补遗、订正》补入。

（宋）计有功《唐诗纪事》卷六〇《薛能》："能，字大拙，汾州人。会昌六年进士。大中八年，书判入等，补盩厔尉。"

（宋）晁公武《郡斋读书志校证》卷一八《别集类中》录《薛能集》十卷，注："右唐薛能字大拙，汾州人。会昌六年登进士第。大中末，书判中选，补盩厔尉……入授工部尚书。"

（元）辛文房撰，傅璇琮主编《唐才子传校笺》（册三）卷七《薛能》："能字太拙，汾州人。会昌六年，狄慎思榜登第。大中末，书判入等中选，补盩厔尉。辟太原、陕虢、河阳从事。李福镇滑台，表置观察判官。历御史、都官、刑部员外郎。福徙帅西蜀，奏以自副。咸通中，摄嘉州刺史。造朝，迁主客、度支、刑部郎中，俄为同州刺史、京兆大尹。出帅咸化，入授工部尚书。复节度徐州，徙镇忠武。广明元年，徐军戍溵水，经许，能以军多怀旧惠，馆待于城中。许军惧见袭，大将周岌乘众疑怒，因为乱，逐能，据城自称留后。数日，杀能并屠其家。"

上书拜官

【李群玉】字文山，澧州人。大中八年（854）上书拜官，授弘文馆校书。

《新唐书》卷六〇《艺文四》："《李群玉诗》三卷、《后集》五卷。字文山，澧州人。裴休观察湖南，厚延致之，及为相，以诗论荐，授校书郎。"

（元）辛文房撰，傅璇琮主编《唐才子传校笺》（册三）卷七《李群玉》："群玉，字文山，澧州人也……大中八年，以草泽臣来京，诣阙上表，自进诗三百篇。休适入相，复论荐。上悦之，敕授弘文馆校书。"

《登科记考》卷二二，大中八年（854）上书拜官条云李群玉及第。

大中九年乙亥(855)

知贡举：中书舍人沈询

进士科

【卢携】字子升，范阳人，祖损，父求位终郡守。大中九年(855)登进士科。初授集贤校理，历浙东从事、右拾遗、户部侍郎、中书侍郎、刑部尚书，官至宰相。

(五代)孙光宪《北梦琐言》卷五《韦尚书鉴卢相》："唐大中初，卢携举进士，风貌不扬……韦氏昆弟皆轻侮之，独韦岫尚书加钦……尔后卢果策名，竟登廊庙。"

《旧唐书》卷一七八《卢携传》："卢携字子升，范阳人。祖损。父求，宝历初登进士第，应诸府辟召，位终郡守。携，大中九年进士擢第，授集贤校理，出佐使府。咸通中，入朝为右拾遗、殿中侍御史，累转员外郎中……乾符末，加户部侍郎、学士承旨。四年，以本官同中书门下平章事，累加门下侍郎，兼兵部尚书、弘文馆大学士……为太子宾客，是夜仰药而死。"

《新唐书》卷一八四《卢携传》："卢携字子升，其先本范阳，世居郑。擢进士第，被辟浙东府。入朝为右拾遗，历台省，累进户部侍郎、翰林学士承旨。乾符五年，进同中书门下平章事。俄拜中书侍郎、刑部尚书、弘文馆大学士……为太子宾客，分司东都。俄为兵部尚书。会骁将张璘破贼，帝复召携以门下侍郎同平章事……以太子宾客罢，分司东都，是夜仰药死。"

《登科记考》卷二二，大中九年(855)进士科条云卢携及第。

【孙樵】字可之，一作"隐之"，关东人。大中九年(855)进士科及第。历邠州幕，授职方员外郎。

《全唐文》卷七九四，孙樵《自序》："樵家本关东，代袭簪缨。藏书五千卷，常以探讨。幼而工文，得之真诀。提笔入贡士列，于时以文学见称。大中九年，叨登上第。从军邠国，忝历华资，久居兰省。广明元年，狂寇犯阙，驾避岐陇，诏赴行在，迁职方郎中。朝廷以省方蜀国，文物攸兴，品藻朝伦，旌其才行。"

《全唐文》卷七九四，孙樵《大明宫赋》："孙樵齿贡士名，旅见大明宫前庭，仰贻俯骇，阴意灵怪。"

《新唐书》卷六〇《艺文四》："孙樵《经纬集》三卷。字可之，大中进士第。"

(宋)晁公武《郡斋读书志校证》卷一八《别集类中》录《孙樵经纬集》三卷，注："右唐孙樵字隐之。大中九年进士。广明初，黄巢犯阙，赴岐陇，授职方员外。"

(宋)陈振孙《直斋书录解题》卷一六录载《孙樵集》十卷，注："唐职方郎中孙樵可之撰……樵，大中九年进士。"

《登科记考》卷二二，大中九年(855)进士科条云孙樵及第。

【李彬】父丛历万年令。大中九年(855)进士科及第。

(唐)赵璘《因话录》卷六《羽部》："大中九年，沈询侍郎以中书舍人知举。其登第门生李彬父丛为万年令。同年有起居者之会,仓部李郎中蟾时在座,因戏诸进士曰:'今日极盛,蟾与贤座主同年。'时右司李郎中从晦,又在座戏蟾曰:'殊未耳。小生与贤座主同年,如何?'谓郴州柳侍郎也。"按:此条史料《登科记考》卷二二,大中九年(855)进士科李彬条误作"(唐)阙名《玉泉子》",《玉泉子》中无此条史料。

(宋)王谠撰,周勋初校证《唐语林校证》卷四《企羡》:"大中九年,沈侍郎询以中书舍人知举。其门生李彬父丛为万年令。同年有起居之会。仓部李郎中蟾时在座,因戏诸进士曰:'今日极盛,某与贤座主同年。'谓郴州李侍郎也。"按:"李侍郎"当为"柳侍郎"。

【杨授】字得符,建昌人,祖於陵户部尚书,父嗣复官至宰相。大中九年(855)登进士科。释褐从事诸府,历鄂县尉、集贤校理、监察御史、兵部员外郎,官至刑部尚书,赠左仆射。

《全唐文》卷八三七,薛廷珪《授前左散骑常侍杨授国子祭酒制》:"敕。具官扬授:乃眷胶庠,文学所聚。聿求临长,必在通儒。以授洛下高才,关西冠籍。台庭袭庆,士族扬芳。守欹器之不盈,蹈黄裳之元吉。策名筮仕,垂四十年。流落栖迟,失骞骞势。所嗟暮齿,久困穷途。勉当文理之朝,莅乃成均之职。我惟求旧,尔往崇儒。载推尚齿之恩,仍假纳言之任。噫!隶名之籍,今无闻焉。邱园之秀,为我属意。敬承休命,以振斯文。可依前件。"

《旧唐书》卷一六四《杨於陵传》:"杨於陵字达夫,弘农人。汉太尉震之第五子奉之后。曾祖珪,为辰州椽曹。祖冠俗,奉先尉。父太清,宋州单父尉。於陵……子四人:景复、嗣复、绍复、师复。嗣复自有传。景复位终同州刺史。绍复进士擢第,弘辞登科,位终中书舍人。师复位终大理卿。大中后,杨氏诸子登进士第者十人:嗣复子授、技、拭、拗;绍复子擢、拯、据、揆;师复子拙、振等。擢终给事中。拯司封员外郎。据右补阙。揆左谏议大夫。拙左庶子。振左拾遗。"

《旧唐书》卷一七六《杨嗣复传》:"杨嗣复字继之,仆射於陵子也……子损、授、技、拭、拗,而授最贤。授,字得符,大中九年进士擢第,释褐从事诸侯府,入为鄂县尉、集贤校理。历监察御史、殿中,分务东台。再迁司勋员外郎、洛阳令、兵部员外郎。李福为东都留守,奏充判官,改兵部郎中,由吏部拜左谏议大夫、给事中,出为河南尹。卢携作相,召拜工部侍郎。黄巢犯京师,僖宗幸蜀,征拜户部侍郎。以母病,求散秩,改秘书监分司。车驾还,拜兵部侍郎。宰相有报怨者,改左散骑常侍、国子祭酒,又转太子宾客。从昭宗在华下,改刑部尚书、太子少保。卒,赠左仆射。"

《新唐书》卷一七四《杨嗣复传》:"杨嗣复字继之。父於陵……俄与李珏并拜同中书门下平章事……赠尚书左仆射,谥曰孝穆……嗣复五子,其显者:授、损。授,字得符,于昆弟最贤。由进士第迁累户部侍郎,以母病求为秘书监。后以刑部尚书从昭宗幸华,徙太子少保。卒,赠尚书左仆射。"

《登科记考》卷二二,大中九年(855)进士科条云杨授及第。

四库本《江西通志》卷四九《选举·唐》元和中进士条:"杨授,建昌人,嗣复子。"

【沈儋】苏州吴兴人。大中九年(855)登进士科。

（唐）李冗《独异志》卷下《沈母议》：“潞州沈尚书询，宣宗九载，主春闱。将欲放榜，其母郡君夫人曰：‘……汝叨此事，家门之庆也。于诸叶中拟放谁耶？’太夫人曰：‘沈光早有声价，沈擢次之……吾以沈儋孤单……孰能见哀？’询不敢违慈母之命，随放儋第也。光后果升上第，擢奏芸阁，从事三湘。”

《登科记考》卷二二，大中九年（855）进士科条云沈儋及第。按：沈儋苏州吴兴人，见咸通七年进士科条沈光小传。

【陆肱】苏州吴兴人。大中九年（855）登进士科。释褐江夏尉，历振武军从事、牧南康郡。

《全唐诗》第十八册卷五八七，李频《送陆肱尉江夏》：“如何执简去，便作挂帆期。泽国三春早，江天落日迟。县人齐候处，洲鸟欲飞时。免褐方三十，青云岂白髭。”按：从“免褐方三十”一句来看，其释褐官为江夏尉。

《全唐诗》第十八册卷五八九李频有《送陆肱归吴兴》诗。按：陆肱应为吴兴人。

（唐）郑谷《云台编》有《南康郡牧陆肱郎中辟许棠先辈为郡从事因有寄赠》一首。

（宋）计有功《唐诗纪事》卷五三《陆肱》：“肱，大中九年登进士第。咸通六年，自前振武从事试评判入等。后牧南康郡，辟许棠为郡从事，郑谷寄诗：‘江山多胜境，宾主是贫交。’”

《登科记考》卷二二，大中九年（855）进士科条云陆肱及第。

【韩洙】误作“罗洙”。大中九年（855）登进士科。

（宋）钱易《南部新书·戊》：“韩洙与沈询尚书中表，询怜洙，许与成事。如是历四五年，太夫人又念之，复累付于询。询知举，大中九年也，自第二人逦迤改为第七人，方定。及放榜，误为罗洙。后询见韩洙，未尝不深嗟其命。”

《登科记考》卷二二，大中九年（855）进士科条云罗洙及第。

【柳璧】字宾玉，京兆华原人，祖公绰官至兵部尚书，父仲郢官至刑部尚书。大中九年（855）登进士科。历忠武节度使马植掌书记、桂管观察使判官，授翰林学士，累迁右谏议大夫。

《旧唐书》卷一六五《柳公绰传附柳仲郢传》：“柳公绰字起之，京兆华原人也。……三月，授兵部尚书，征还京师。四月卒……子仲郢，弟公权、公谅。仲郢……守刑部尚书。咸通初，转兵部，加金紫光禄大夫、河东男、食邑三百户……子珪、璧、玭。……璧，大中九年登进士第……马植镇陈许，辟为掌书记，又从植汴州。李瓒镇桂管，奏为观察判官。军政不惬，璧极言不纳，拂衣而去。桂府寻乱，入为右补阙。僖宗幸蜀，召充翰林学士，累迁谏议大夫，充职。”

《新唐书》卷一六三《柳公绰传》：“柳公绰字宽，京兆华原人……子仲郢……子璞、珪、璧、玭……珪，字交玄。大中中，与璧继擢进士……终卫尉少卿。璧，字宾玉。马植镇汴州，辟管书记。又从李瓒桂州，规止其不法，瓒不听，乃拂衣去。未几，军乱。擢右补阙，再转屯田员外郎。僖宗幸蜀，授翰林学士，累迁右谏议大夫。”

（宋）王钦若等《册府元龟》卷七二九《幕府部（十四）·辟署第四》：“柳璧，进士第，文格高雅,马植镇陈许,辟为掌书记,又从植汴州,李瓒镇桂州,奏为观察判官。"

《登科记考》卷二二,大中九年(855)进士科条柳璧及第。

嘉靖《耀州志》卷三下《选举志七》:"柳珪,字交玄,大中末与璧继举进士,皆秀整而文。"

【崔□】大中九年(855)进士科及第。历官侍御史。

《全唐诗》第十八册卷五八九,李频《送崔侍御书记赴山北座主尚书招辟》:"记向丘门,旌幢夹谷尊。从来游幕意,此去并酬恩。雁叫嫌冰合,骢嘶喜雪繁。同为入室士,不觉别销魂。"据陶敏《全唐诗人名考证》:"《送崔侍御书记赴山北座主尚书招辟》。座主,沈询,乃崔之座主。北山,唐人指泽潞。(唐)范摅《云溪友议》卷下《沈母议》:'潞州沈尚书询,宣宗九载,主春闱。'"

(五代)王定保《唐摭言》卷一三《敏捷》:"北山沈侍郎主文年,特召温飞卿于廉前试之。"按:《旧唐书》卷一四九《沈传师传附沈询传》:"沈传师字子言,吴人……有子枢、询,皆登进士第。询历清显,中书舍人、翰林学士、礼部侍郎。咸通中,检校户部尚书、潞州长史、昭义节度使。"因知"崔侍御"尝为本年沈询知贡举时登进士第。

大中十年丙子(856)

知贡举:礼部侍郎郑颢

进士科

【崔铏】郡望博陵,祖儆官至尚书左丞,父元受历官直史馆。大中十年(856)进士科状元及第。累辟诸府。

《旧唐书》卷一六三《崔元略传》:"崔元略,博陵人。祖浑之。父儆,贞元中官至尚书左丞。元略举进士,历佐使府。元和八年,拜殿中侍御史……大和三年,转户部尚书。四年,判度支。五年……卒……(弟)元受登进士第,高陵尉,直史馆。元和初,于皋谟为河北行营粮料使。元受与韦岵、薛巽、王湘等皆为皋谟判官,分督供馈。既罢兵,或以皋谟隐没赃罪,除名赐死。元受从坐,皆逐岭表,竟坎壈不达而卒。子钧、铏、铢相继登进士第,辟诸侯府。"

《新唐书》卷一六〇《崔元略传》:"崔元略,博州人。父敬,贞元时终尚书左丞。元略第进士……宣宗初,以刑部尚书判度支,拜门下侍郎、同中书门下平章事,进兼户部尚书。"

(元)辛文房撰,傅璇琮主编《唐才子传校笺》(册三)卷八《李郢》:"郢,字楚望,大中十年崔铏榜进士及第。"

(明)徐应秋《玉芝堂谈荟》卷二《历代状元》:"(大中)十一年,进士三十人,状元崔铏。"按:"十一年"当为"十年"。

《登科记考》卷二二,大中十年(856)进士科录载崔铏为是年状元。

【伍愿】后改名正己,字公谨,汀州宁化人。大中十年(856)登进士科。调临川尉,累迁御史中丞。

《登科记考》卷二二,大中十年(856)进士科伍愿条:"《永乐大典》引《临汀志》:'伍愿,大中十年进士及第。愿又改名正己,字公谨,宁化人。调临川尉。'"

嘉靖《汀州府志》卷十四《名宦》:"(伍正己)旧名愿,擢甲科,调临川尉,改名正己,累迁御史中丞。"

乾隆《福建通志》卷三三《选举》:"大中十年崔铏榜:宁化县伍愿,改名正己。"

【刘铨】字秘之。大中五年(851)明经及第,大中十年(856)登进士第。官至妫州刺史。

《全唐文补遗》第四辑,郑隼撰文德元年(888)五月《唐故妫州刺史充清夷军营田等使朝散大夫检校尚书司封郎中摄御史中丞上柱国赐紫金鱼袋彭城刘公(铨)墓志铭并序》:"公讳铨,字秘之,汉中山靖王之后也……十五察孝廉,二十举茂才。……文德元年春三月甲子,以疾辞印绶。夏四月戊辰,捐馆舍于幽州蓟县燕都坊之第,春秋之齿五十有二。"按:以其卒于文德元年(888)、春秋五十二推之,刘铨二十岁时,即大中十年(856)登第。

《登科记考补正》卷二二,大中十年(856)进士科增补。

【李郢】字楚望,余杭人。大中十年(856)登进士科。历藩镇从事、侍御史,终员外郎。

(五代)刘崇远《金华子杂编》卷下:"李郢诗调美丽,亦有子弟标格,郑尚书颢门生也。居于杭州,疏于驰竞,终于员外郎。初将赴举,闻邻氏女有容德,求娶之。遇同人争娶之,女家无以为辞,乃曰:'备一千缗,先到即许之。'两家具钱,同日皆往。复曰:'请各赋一篇,以定胜负。'负者乃甘退,女竟适郢。"此事,(宋)王谠撰《唐语林》卷二《文学》略同。

《新唐书》卷六〇《艺文志》:"《李郢诗》一卷。字楚望,大中进士第,侍御史。"

(宋)计有功《唐诗纪事》卷五八《李郢》:"字楚望,大中进士,终于侍御史。"

(宋)晁公武《郡斋读书志校证》卷一八《别集类中》录《李郢端公诗》一卷,注:"右唐李郢楚望也。大中十年进士。诗调清丽……为藩镇从事,兼侍御史。"

(元)辛文房撰,傅璇琮主编《唐才子传校笺》(册三)卷八《李郢》:"郢,字楚望,大中十年崔铏榜进士及第。"

《登科记考》卷二二,大中十年(856)条云李郢进士及第,《登科记考》卷二七《附考·进士科》中有李郢,所引资料基本相同,则《附考》中李郢当删除。

【徐涣】一作"徐焕",袁州人。大中十年(856)登进士科。历大理少卿、弋阳郡。

《全唐诗》第二十册卷六七四,郑谷《送徐涣端公南归》:"青衿离白社,朱绶始言归。此去应多羡,初心尽不违。江帆和日落,越鸟近乡飞。一路春风里,杨花雪满衣。"

(宋)李昉等《太平广记》卷三一二《神二十二·徐焕》引《三水小牍》:"乾符戊戌岁,大理少卿徐焕,以决狱平允,授弋阳郡。秋七月出京,时方霖霪,东道泥泞。"

《登科记考》卷二二,大中十年(856)进士科徐涣条:"《永乐大典》引《宜春志》:'徐涣,大中十年登进士第。'"

四库本《江西通志》卷四九《选举·唐》大中十年进士:"徐焕,袁州人。"

【崔瑾】郡望清河武城,京兆府长安县,祖偓官卑,父郾历中书舍人。大中十年(856)

登进士科。累居使府,历尚书郎、知制诰、礼部侍郎,官至湖南观察使。

《旧唐书》卷一五五《崔郾传》:"崔郾,字处仁,清河武城人。祖结,父偓,官卑……弟鄯、郾、郸等六人。……郾,字广略。举进士……转中书舍人……子瑶、瑰、瑾、珮、璆。……瑾,大中十年登进士第,累居使府,历尚书郎、知制诰。咸通十三年,知贡举,选拔颇为得人。寻拜礼部侍郎,出为湖南观察使。"

《新唐书》卷一六三《崔邠传》:"崔邠字处仁,贝州武城人。父偓……位吏部侍郎。邠第进士……再迁吏部侍郎……弟鄯、郾、郇、鄯、郸。郾……迁礼部侍郎……五子:瑶、瑰、瑾、珮、璆。瑶任礼部侍郎、浙西鄂岳观察使……崔氏四世缌麻同爨,兄弟六人至三品,邠、郾、郸凡为礼部五,吏部再,唐兴无有也。居光德里,构便斋,宣宗闻而叹曰:'郸一门孝友,可为士族法。'因题曰'德星堂'。后京兆民即其里为'德星社'。"

《登科记考》卷二二,大中十年(856)进士科录载崔瑾。

大中十一年丁丑(857)

知贡举:中书舍人杜审权

进士科

【王缄】字固言,京兆府人。大中十一年(857)登进士第,后为僧。

(宋)释赞宁《宋高僧传》卷二二《周伪蜀净众寺僧缄传》:"释僧缄者,俗名缄也,姓王氏,京兆人……大中十一年,杜审权下对策成事,秘书监冯涓即同年也。"又《新编分门古今类事》卷四引《名贤小说》:"王处厚……见一僧老而癯,揖与语,曰:'吾本大中时人,姓王名缄,字固言,及进士第。'"

【王徽】字昭文,京兆杜陵人;祖察,至德二年登进士第,位终连州刺史;父自立,位终緱氏令。大中十一年(857)登进士科。释褐秘书省校书郎,历官户部侍郎度支巡官、盐铁使参佐,宣武、淮南节度使掌书记,官至户部侍郎、同中书门下平章事、右仆射。赠司空(太尉),谥曰贞。

《旧唐书》卷一七八《王徽传》:"王徽字昭文,京兆杜陵人,其先出于梁魏。魏为秦灭,始皇徙关东豪族实关中,魏诸公子徙于霸陵。以其故王族,遂为王氏。后周同州刺史熊,徽之十代祖,葬咸阳之凤岐原,子孙因家焉。曾祖择从以易从,天后朝登进士第。……祖察,至德二年登进士第,位终连州刺史。父自立,位终緱氏令。徽大中十一年进士擢第,释褐秘书省校书郎。户部侍郎沈询判度支,辟为巡官。宰相徐商领盐铁,又奏为参佐……乾封初,迁司封郎中、长安县令。学士阙人,俶用徽为翰林学士,改职方郎中、知制诰,正拜中书舍人。延英中谢,面赐金紫,迁户部侍郎、学士承旨。改兵部侍郎、尚书左丞,学士承旨如故。广明元年十二月三日,改户部侍郎、同平章事……诏授光禄大夫,守兵部尚书……进位检校司空,守尚书右仆射。大顺元年十二月卒,赠太尉,谥曰贞。"

《新唐书》卷一八五《王徽传》:"王徽字昭文,京兆人。第进士,授校书郎。沈询判度支,徐商领盐铁,皆辟署使府……从令狐绹署宣武、淮南掌书记,召授右拾遗……广明元年,卢携罢宰相,以徽为户部侍郎、同中书门下平章事……进右仆射。大顺元年卒,赠司空,谥曰贞。"

《登科记考》卷二二,大中十一年(857)进士科条云王徽及第。

【卢处权】大中十一年(857)登进士科。

(宋)钱易《南部新书·戊》:"杜审权,大中十二年知举,放卢处权。有戏之曰:'座主审权,门生处权,可谓权不失权。'"此事,《类说》卷四一《南部新书·座主门生沆瀣一气》略同。按:杜审权知贡举在大中十一年,书证中"十二年"当为"十一年"。

《登科记考》卷二二,云卢处权大中十一年(857)进士科及第。

【归仁翰】苏州长洲人,祖登工部尚书,父融官至御史大夫。大中十一年(857)登进士科。至达官。

《旧唐书》卷一四九《归崇敬传附归融传》:"归崇敬字正礼,苏州吴郡人也。曾祖奥,以崇敬故,追赠秘书监。祖乐,赠房州刺史。父待聘,亦赠秘书监。崇敬少勤学,以经业擢第……充皇太子侍读……子登嗣。登,字冲之……迁工部尚书……子融嗣。融,进士擢第,自监察拾遗入省……以融权知兵部侍郎。一年内拜吏部。三年检校礼部尚书、兴元尹兼御史大夫,充山南西道节度使。融子仁晦、仁翰、仁宪、仁召、仁泽,皆登进士第。咸通中并至达官。"

《登科记考》卷二二,大中十一年(857)进士科归仁翰条云《永乐大典》引《苏州府志》:"杜审权知贡举,归仁翰登第。"

乾隆《江南通志》卷一一九《选举志》:"大中:归仁翰,长洲人。"

【冯涓】字信之,婺州东阳人。大中十一年(857)登进士科,后登宏词科。初授京兆府参军,历工部郎中、眉州刺史,官至御史大夫。

(五代)孙光宪《北梦琐言》卷五《符载侯翮归隐》:"唐光启中,成都人侯翮,风仪端秀,有若冰壶,以拔萃出身,为邠宁从事。僖皇播迁,擢拜中书舍人、翰林学士。内试数题目,其词立就,旧族朝士,潜推服之。僖宗归阙,除郡不赴。归隐导江别墅,号'卧龙馆'。王蜀先主图霸,屈致幕府。先俾节度判官冯涓候其可否。冯有文章大名,除眉州刺史,田令孜拒朝命,不放之任,羁寓成都,为侯公轸恤,甚德之。其辟书,即冯涓极笔也。侯有谢书上王先主,其自负:'可以行修笺表,坐了檄书。'"

(宋)释赞宁《宋高僧传》卷二二《周伪蜀净众寺僧缄传》:"释僧缄者,俗名缄也,姓王氏,京兆人……大中十一年,杜审权下对策成事,秘书监冯涓即同年也。"

(宋)王谠撰,周勋初校证《唐语林校证》卷七《补遗·起武宗至昭宗》:"大中四年,进士冯涓登第,榜中文誉最高……初官京兆参军……官工部郎中、眉州刺史。仕蜀,至御史大夫。"按:(宋)计有功《唐诗纪事》卷六六《冯涓》亦记此事。又按:冯涓及第当在大中十一年。

(宋)王象之《舆地纪胜》卷一五五《潼川府路·遂宁府·人物》:"冯涓,其先信都人。连中进士、宏词科。昭宗时为眉州刺史。子群玉,天祐中应明于吏事科,为山阳令。"

（清）吴任臣《十国春秋》卷四〇《前蜀六·冯涓传》："冯涓字信之，先世为婺州东阳人，唐吏部尚书宿之孙也。登唐大中四年宏辞科进士。起家京兆府参军。会宰相杜审权有江西之拜，制未出……数年，昭宗时官祠部郎中、擢眉州刺史，时田、陈拒朝命，不令之任，涓于成都墨池灌园自给……高祖分藩西川，表涓节度判官。"按：登第年误。

（清）李调元《全五代诗》卷四〇《冯涓》："涓，字信之，东阳人。举进士，登大中四年宏词科，为京兆府参军。"按：以上诸说本自《北梦琐言》，其书卷三《杜审权斥冯涓》："大中四年，进士冯涓登第，榜中文誉最高……除京兆府参军，恩地即杜相审权也……（杜审权）廉车发日，自霸桥乘肩舆，门生咸在，长乐拜别，京兆公长揖冯……"又按："恩地"即指座主，同文中"门生咸在"即可佐证，杜审权大中十一年知贡举，则冯涓登第当在大中十一年。

《登科记考》卷二二，大中四年（850）进士科条云冯涓及第，误。

光绪《畿辅通志》卷三四《选举唐进士》："宣宗年，冯涓，信都人，大中初年第，见制科。"按："大中初年"误。

【姚潜】字居明。大中十一年（857）进士及第。历官大理评事、河东节度推官。

《全唐文补遗》第八辑，常鏶撰咸通六年（865）四月五日《唐故摄河东节度推官前试大理评事吴兴姚公（潜）墓志铭并序》："公讳潜，字居明……公出于庆门，聪敏淑茂，辩数好学，未冠有文。举进士，大中丁丑岁，登上第……（去世）是乙酉之正月十九日也。寿止四十五。"按：大中丁丑岁，即大中十一年（857）。志文云姚潜"泊擢第逮辞世，一尉五府才九载"，咸通六年乙酉（865）辞世时四十五岁，则其进士及第时三十七岁。

【盛均】字之材，一作"之才"，永春人。大中十一年（857）登科第。终韶州刺史。

盛均，两《唐书》无传，事迹见《新唐书》卷五九《艺文三》，著录其《十三家帖》，注："均，字之材，泉州南安人，终昭州刺史。以《白氏六帖》未备而广之，卷亡。"《八闽通志》卷六七《人物》云："（盛均）字之才，永春人。博物强记，尝病《白氏六帖》疏略，广为《盛氏十二帖》，囊括经史，贯穿百家，颇资时贤所好。舍人皇甫燠以辩博自处，每宾客及门，必延饮为证事令，屈者多自引去，惟均终席，时谓劲敌。大中十一年第进士，终台州刺史。"按：《闽书》卷九一其小传略同《八闽通志》，惟记舍人名皇甫燠，并谓盛均"仕终昭州刺史令"，"昭州刺史令"当是"昭州刺史"之误。

（明）何乔远《闽书》卷九一《泉州府永春县·唐·进士》下记："大中十一年□□：盛均。"

陈尚君《〈登科记考〉正补》补入。

弘治《八闽通志》卷五〇科第泉州府下记："大中十一年丁丑□□榜：盛均（永春人）。"

乾隆《福建通志》卷三三《选举志一·唐科目》："大中十一年丁丑，永春县盛均。"同书卷五一："盛均，字之材，永春人。大中进士……仕终韶州刺史。"

大中十二年戊寅(858)

知贡举：中书舍人李藩

进士科

【李亿】大中十二年(858)进士科状元及第。历补阙。

(元)辛文房撰，傅璇琮主编《唐才子传校笺》(册三)卷八《鱼玄机》："玄机，长安人，女道士也。性聪慧，好读书，尤工韵调，情致繁缛。咸通中及笄，为李亿补阙侍宠。"

(明)徐应秋《玉芝堂谈荟》卷二《历代状元》："(大中)十二年，进士三十人，状元李亿。"

《登科记考》卷二二，大中十二年(858)进士科条云李亿状元及第。

【于琮】河南府人，祖肃官至给事中，父敖官至刑部侍郎。大中十二年(858)登进士科。释褐秘书省校书郎，历光禄大夫、右拾遗，官至宰相。

(唐)裴庭裕《东观奏记》卷下："始选前进士于琮为婿。"

《旧唐书》卷一八下《宣宗》：大中十二年正月："以前乡贡进士于琮为秘书省校书郎，寻尚皇女广德公主，改银青光禄大夫，守右拾遗，驸马都尉。"

《旧唐书》卷一四九《于休烈传》："于休烈，河南人也……正拜工部尚书……嗣子益，次子肃……肃官至给事中。肃子敖。敖字蹈中，以家世文史盛名。少为时彦所称，志行修谨。登进士第，释褐秘书省校书郎……工部侍郎，迁刑部……四子：球、珪、瑰、琮，皆登进士第。琮，落拓有大志，虽以门资为吏，久不见用。大中朝，驸马都尉郑颢以琮世故，独以器度奇之。会有诏于士族中选人才尚公主，衣冠多避之。颢谓琮曰：'子人才甚佳，但不护细行，为世誉所抑，久而不调，能应此命乎？'琮然之。会李藩知贡举，颢托之登第；其年遂升谏列，尚广德公主，拜驸马都尉。累践台阁，扬历藩府。乾符中同平章事。"

《登科记考》卷二二，大中十二年(858)进士科条云于琮及第。

【卢彖】洛下人。大中十二年(858)登进士科。历长安令。

(五代)王定保《唐摭言》卷三《慈恩寺题名游赏赋咏杂纪》："崔沆及第年未主罚录事。同年卢彖俯近关宴，坚请假往洛下拜庆，既而淹缓久之。"

(宋)王谠撰，周勋初校证《唐语林校证》卷七《补遗·起武宗至昭宗》："大中十二年，李藩侍郎下崔相沆，长安令卢彖同年。"

《登科记考》卷二二，大中十二年(858)进士科条云卢彖及第。

【李质】字公幹，襄阳人。大中十二年(858)登进士科。历廉察豫章。

(宋)计有功《唐诗纪事》卷六六《李质》："质，字公幹，襄阳人。""质登第后二十年，廉察豫章，时大中十二年也。出《科名分定录》。"

《登科记考》卷二二，大中十二年(858)进士科条云李质及第。

嘉靖《宁州志》卷一五《流寓》："(李质)后果登第。"

【宋言】本名岳(嶽)，字表文。大中十二年(858)登进士科。历侍御史。

（唐）李冗《独异志》卷下《去山泰》："宋言端公，近十举，而名未播。大中十一年，将取府解。言本名岳，因昼寝，似有人报：'宋二郎秀才，若头上戴山，无因成名。但去其山，自当通泰。'觉来便思去之，不可名'狱'，遂去二'犬'，乃改为'言'。及就府试，冯涯侍郎作掾而为试官，以解首送言也……李潘舍人放榜，以言为第四人及第。"按：（宋）李昉等《太平广记》卷二七八《梦三·宋言》引《云溪友议》略同。

（唐）范摅《云溪友议》卷下《去山泰》："宋言端公，近十举，而名未播。大中十一年，将取府解。言本名岳，因昼寝，似有人报：'宋二郎秀才，若头上戴山，无因成名。但去其山，自当通泰。'觉来便思去之，不可名'狱'，遂去二'犬'，乃改为'言'。及就府试，冯涯侍郎作掾而为试官，以解首送言也。时京兆尹张大夫毅夫，以冯参军解送举人有私，奏谴澧州司户。再试，退解头宋言为第六十五人。知闻来唁，宋曰：'来春之事，甘已参差。'李潘舍人放榜，以言为第四人及第。言感恩最深，而为望外也。乃冯涯知人，寻亦获雪。"按：端公，即侍御史。

《新唐书》卷六〇《艺文四》："《宋言赋》一卷。字表文。"

《登科记考》卷二二，大中十二年（858）进士科条云宋言及第。

【侯岳】字公祝，福州闽中人。大中十二年（858）登进士科。

《登科记考》卷二二，大中十二年（858）进士科侯岳条："《永乐大典》引《闽中记》：'侯岳，固之侄，大中十二年登进士第。'"

淳熙《三山志》卷二六："（大中）十二年戊寅李亿榜：侯岳，固之侄，字公祝，未仕终。"

【徐彦若】祖陶，父商官至宰相。大中十二年（858）登进士科。以尚书郎知制诰，正拜中书舍人，历御史中丞、吏部侍郎、兵部侍郎，官至宰相，守司空，进封齐国公。

《旧唐书》卷一七九《徐彦若传》："徐彦若，天后朝大理卿有功之裔。曾祖宰，祖陶，父商，三世继登进士科。商……（咸通）四年，以本官同平章事……彦若，咸通十二年进士擢第。乾符末，以尚书郎知制诰，正拜中书舍人。昭宗即位，迁御史中丞，转吏部侍郎，检校户部尚书，代李茂贞为凤翔陇节度使。茂贞不受代，复拜中丞，改兵部侍郎、同平章事，进加中书侍郎，累兼左仆射、监修国史。扈昭宗石门还宫，加开府仪同三司、守司空，进封齐国公，太清宫、修奉太庙等使，加弘文馆大学士，赐'扶危匡国致理功臣'名。昭宗自华还宫，进位太保、门下侍郎。时崔胤专权，以彦若在己上，欲事权萃于其门。二年九月，以彦若检校太尉、同平章事、广州刺史、清海军节度、岭南东道节度等使。卒于镇。"

（宋）乐史《广卓异记》卷七《与子弟同年同在相位》："右按《唐书》：大中十二年，徐商为襄州节度使。长子彦若，与（于）琮同年及第。至咸通六年，商自御史大夫拜相，七年，琮自兵部侍郎拜相，同年丈人之礼。"按：《登科记考》卷二二，大中十二年（858）进士科条云徐彦若："'咸通'即'大中'之讹，兹从之。"按：徐彦若的籍贯为新郑，见大和五年（831）进士科条徐商小传。

【崔沆】字内融，郡望博陵，祖元略，父铉官至宰相。大中十二年（858）登进士科。累迁中书舍人，乾符五年，以户部侍郎同中书门下平章事，阶至工部尚书。

（五代）王定保《唐摭言》卷三《慈恩寺题名游赏赋咏杂纪》："崔沆及第年未主罚录事。

同年卢象俯近关宴,坚请假往洛下拜庆,既而淹缓久之。"

《旧唐书》卷一六三《崔元略传》:"崔元略,博陵人……子铉。铉……子沆、汀、潭、沂。沆,登进士第,官至员外郎,知制诰,拜中书舍人。坐事贬循州司户。乾符初,复拜舍人,寻迁礼部侍郎,典贡举。选名士十数人,多至卿相。乾符末,本官同平章事。遇京国盗据,从驾不及而卒。"

《新唐书》卷一六○《崔元略传》:"崔元略,博州人。父敬,贞元时终尚书左丞。元略第进士……以户部尚书判度支……子铉。铉……会昌三年,拜中书侍郎、同中书门下平章事……子沆,字内融,累迁中书舍人……僖宗立,召为永州刺史,复拜舍人,进礼部、吏部二侍郎。乾符五年,以户部侍郎同中书门下平章事……俄改中书侍郎,兼工部尚书。"

(宋)王谠撰,周勋初校证《唐语林校证》卷七《补遗·起武宗至昭宗》:"大中十二年,李藩侍郎下崔相沆,长安令卢象同年。"

《登科记考》卷二二,大中十二年(858)进士科条云崔沆及第。

明经科

【过讷】字含章,泽州高平人。大中十二年(858)登明经科。历棣州蒲台县尉。

《全唐文》卷八○二,杜去疾《过少府(讷)墓志铭》:"以大中十二年明经擢第。"

《唐代墓志汇编》咸通○五○《大唐故过少府墓志铭并序》:"公讳讷,字含章,泽州高平人也。曾祖讳庭,大父讳迁,先考讳冥。公志坚松竹,气禀山河。践□□□踪差颜闵之行。十年闭户,命果从人,以大中十二年明经擢第。当守选时,潜修拔萃,虚窗弄笔,研几自愧于雕虫。予夺在心,可否讵由乎甲乙。于咸通四年授棣州蒲台县尉……(咸通六年十一月)归窆于青州永固原就先茔。"

《登科记考》卷二二,大中十二年(858)明经科条云过讷及第。

制科

【冯涓】字信之,婺州东阳人。大中十一年(857)登进士科,大中十二年(858)登宏词科。初授京兆府参军,历工部郎中、眉州刺史,官至御史大夫。小传参考大中十一年进士科冯涓条。

(宋)释赞宁《宋高僧传》卷二二《周伪蜀净众寺僧缄传》:"释僧缄者,俗名缄也,姓王氏,京兆人……大中十一年,杜审权下对策成事,秘书监冯涓即同年也。"

(宋)王谠撰,周勋初校证《唐语林校证》卷七《补遗·起武宗至昭宗》:"大中四年,进士冯涓登第,榜中文誉最高……初官京兆参军……官工部郎中、眉州刺史。仕蜀,至御史大夫。"按:(宋)计有功《唐诗纪事》卷六六《冯涓》亦记此事。又按:冯涓及第当在大中十一年。

(宋)王象之《舆地纪胜》卷一五五《潼川府路·遂宁府·人物》:"冯涓,其先信都人。连中进士、宏词科。昭宗时为眉州刺史。子群玉,天祐中应明于吏事科,为山阳令。"按:《登科记考》卷二二大中四年进士科条云冯涓及第,误。《登科记考》未云冯涓宏词科登第。冯涓大中十一年登进士科,后其连登科第,当在大中十二年。

（清）吴任臣《十国春秋》卷四〇《前蜀六·冯涓传》:"登唐大中四年宏辞科进士。"（清）李调元《全五代诗》卷四〇《冯涓》:"涓,字信之,东阳人。举进士,登大中四年宏词科,为京兆府参军。"光绪《畿辅通志》卷三四《选举唐进士》:"宣宗年,冯涓,信都人,大中初年第,见制科。"按:以上诸说本自《北梦琐言》。其书卷三《杜审权斥冯涓》:"大中四年,进士冯涓登第,榜中文誉最高……除京兆府参军,恩地即杜相神权也……（杜审权）廉车发日,自霸桥乘肩舆,门生咸在,长乐拜别,京兆公长揖冯……""恩地"即指座主,同文中"门生咸在"即可佐证。

【陈玩】大中十一年或稍前登进士科,大中十二年(858)登博学宏词科。

（唐）李冗《独异志》卷中《贤君鉴》:"唐宣宗十二年,前进士陈玩等三人应博学宏词选。所司考定名第,及诗、赋、论进呈讫,上于延英殿,诏中书舍人李潘等对。上曰:'凡考试之中,重用字如何?'中书对曰:'赋即偏枯丛杂,论即褒贬是非,诗即缘题落韵。'"

（宋）李昉等《太平广记》卷一九九《文章二·唐宣宗》引《云溪友议》:"唐宣宗朝,前进士陈玩等三人应博士宏词,所司考定名第及诗赋论。"按:"博士宏词",当为"博学宏词"。

大中十三年己卯(859)

知贡举：兵部侍郎郑颢

进士科

【孔纬】字化文,曲阜人,祖戣官至尚书左丞,父遵孺官至天平节度使。大中十三年(859)进士科状元及第。释褐校书郎,历东川节度使从事、淮南节度使支使、潼关防御使从事、河中节度使判官,官至宰相,加司徒,封鲁国公,赠太尉。

《旧唐书》卷一五四《孔巢父传附孔戣传》:"戣字君严。登进士第,郑滑节度使卢群辟为从事……入为侍御史,累转尚书郎。元和初,改谏议大夫……俄兼太子侍读,迁吏部侍郎,转左丞。九年……寻出为华州刺史、潼关防御等使。入为大理卿,改国子祭酒。十二年……穆宗即位,召为吏部侍郎。长庆中……改右散骑常侍。二年,转尚书左丞。累请老,诏以礼部尚书致仕……长庆四年正月卒,时年七十三。"

《旧唐书》卷一七九《孔纬传》:"孔纬字化文,鲁曲阜人……大中十三年,进士擢第,释褐秘书省校书郎。崔慎由镇梓州,辟为从事。又从崔铉为扬州支使,得协律郎。崔慎由镇华州、河中,纬皆从之,历观察判官。宰相杨收奏授长安尉,直弘文馆。御史中丞王铎奏为监察御史,转礼部员外郎。宰相徐商奏兼集贤直学士,改考功员外郎……累迁户部侍郎。谢日,面赐金紫之服。乾符中,罢学士,出为御史中丞……历户部、兵部、吏部三侍郎……改刑部尚书,判户部事……改兵部侍郎、同中书门下平章事,寻改中书侍郎、集贤殿大学士……进阶开府仪同三司,进位司徒,封鲁国公……进位兼太保……先还京城。九月,卒于光德里第,赠太尉。"

（宋）乐史《广卓异记》卷一九《兄弟三人俱状元及第》："右按《登科记》：孔纬，大中二年状元及第。弟缄，咸通十四年状元及第。缄，乾符三年状元及第。"按：此云孔纬"大中二年状元及第"，误，当从本传。

《新唐书》卷一六三《孔巢父传》："孔巢父字弱翁，孔子三十七世孙……从子戡、戢、戣……（戣）子遵孺，温裕，仕为天平节度使。遵孺子纬。纬，字化文……擢进士第，东川崔慎由表置幕府。从崔铉淮南，复从慎由守河中，再迁观察判官。宰相杨收荐以长安尉直弘文馆。迁监察御史，进礼部员外郎兼集贤直学士……改太常卿。从僖宗西到蜀，以刑部尚书判户部……改太子少保……进拜兵部侍郎、同中书门下平章事。玫平，从帝还，领诸道盐铁转运使，累迁尚书左仆射……昭宗即位，进司空……加司徒，封鲁国公……卒，赠太尉。"

《登科记考》卷二二，大中十三年（859）进士科条云孔纬状元及第。

【刘汾】大中十三年（859）登进士科。历兵部侍郎、京城四面行营招讨使，转信州军押衙团练讨击使银青光禄大夫检校国子祭酒兼御史大夫上柱国尚书右仆射、□南节度使银青光禄大夫检校尚书右散骑常侍右千牛卫上将军兼御史大夫上柱国右仆射。

《全唐文》卷七九三，刘汾《大赦庵记》："汾自大中己卯登科以来，官至兵部员外郎。咸通三年迁本部侍郎，出□河南招讨使。乾符二年，黄巢起兵应王仙芝。四年，巢寇河南。汾屡战，斩其前锋诸将，贼遂败衄。五年，会元裕斩王仙芝于黄梅。巢方攻亳州，汾帅众直抵城下，贼遂引退。会尚让帅仙芝余众归巢，号冲天大将军，引兵南寇福建。汾剿追之，巢又自岭南趋襄阳……广明元年十一月，巢陷京师，车驾幸蜀。中和元年三月，汾转京城四面行营招讨使。巢遣其将尚让王播帅众五万寇凤翔，汾与都统郑畋唐宏英等勒兵待之，大破其众于龙尾陂，斩首二万级，伏尸数百里。中和二年八月，汾转信州军押衙团练讨击使银青光禄大夫检校国子祭酒兼御史大夫上柱国尚书右仆射。时饶信经巢兵火余，民不聊生。汾一意抚恤，亲加劳问，简徭役，宽赋税，民赖以全活者甚众……景福元年，佛殿观音堂坐禅亭并东西廊房俱克完焉。已经奏达，朝廷念汾忠孝，诏曰：'汾战阵能勇，思祖能敬，其山寺税粮，俱沐优免。'故寺曰南山七诏寺，庵曰大赦庵。二年，汾又进□南节度使银青光禄大夫检校尚书右散骑常侍右千牛卫上将军兼御史大夫上柱国右仆射。"

《登科记考》卷二二大中十三年（859）进士科条云刘汾及第。

《登科记考补正》卷二二大中十三年进士科条据陈尚君、方积六等人考证，认为刘汾《大赦庵记》系伪文，刘汾当删除。

【李磎】字景望，江夏人，一作"江都人"，贯洛中，祖鄘官至宰相，父柱（拭）官至浙东观察使。大中十三年（859）登进士科。释褐宣武节度使从事、河阳节度使从事，官至宰相，赠司徒，谥曰文。

《全唐文补遗》千唐志斋新藏专辑，郑枢撰咸通三年（862）十二月二十一日《大唐郑氏（枢）故赵郡东祖李氏夫人墓志铭并序》："至开成初年四月九日，吏部李公薨谢于长安永崇里……次女事李家进士及第名磎，即故秘书监尚书公拭之第二男也，今为崇文校书。"

《旧唐书》卷一五七《李鄘传》："李鄘字建侯，江夏人……（鄘）子柱，官至浙东观察使。柱子磎，字景望，博学多通，文章秀绝。大中十三年，一举登进士第。归仁晦镇大梁，穆仁裕镇河阳,自监察、殿中相次奏为从事。入为尚书水部员外郎,累迁吏部郎中,兼史馆修撰,拜翰林学士、中书舍人……昭宗雅重之,复召入翰林为学士,拜户部侍郎,迁礼部尚书。景福二年十月,与韦昭度并命中书门下平章事……为王行瑜等所杀……赠司徒,谥曰文。"

《新唐书》卷一四六《李廙传》:"李廙字建侯,北海太守邕之从孙。第进士,又以书判高等补秘书省正字……召拜门下侍郎、同中书门下平章事……子拭,仕历宗正卿、京兆尹、河东凤翔节度使,以秘书监卒。拭子磎,字景望。大中末,擢进士,累迁户部郎中,分司东都……乾宁元年,进礼部尚书、同中书门下平章事……赠司徒,谥曰文。"

《宣和书谱》卷四作"江都人",《书史会要》卷五亦作"江都人"。

《登科记考》卷二二,大中十三年(859)进士科条云李磎及第。按:李磎,江夏人,贯洛中。

【豆卢瑑】字希真,河南人,一作"河东人",祖愿、父籍,皆以进士擢第。大中十三年(859)登进士科。历翰林学士、户部侍郎,官至宰相。

《旧唐书》卷一七七《豆卢瑑传》:"豆卢瑑者,河东人。祖愿,父籍,皆以进士擢第。瑑,大中十三年亦登进士科。咸通末,累迁兵部员外郎,转户部郎中知制诰,召充翰林学士,正拜中书舍人。乾符中,累迁户部郎、学士承旨。六年,与吏部侍郎崔沆同日拜平章事。"

《新唐书》卷一八三《豆卢瑑传》:"豆卢瑑者,字希真,河南人。仕历翰林学士、户部侍郎,与崔沆皆拜同中书门下平章事。"

《登科记考》卷二二,大中十三年(859)进士科条云豆卢瑑及第。

【吴畦】安固人。大中十三年(859)登进士科。温州刺史。

(宋)王谠撰,周勋初校证《唐语林校证》卷三《赏誉》:"令狐滈以父为丞相,未得进。滈出访郑侍郎,道遇大尹,投国学避之。遇广文生吴畦,从容久之。畦袖卷呈滈,由是出入滈家。滈荐畦于郑公,遂先滈一年及第,后至郡守。"

《登科记考》卷二二,大中十二年(858)进士科吴畦条:"按滈于大中十三年及第,则畦及第在此年。惟此知举为李潘,言郑侍郎,误。"按:《登科记考》卷二二,大中十四年(860)进士科条云令狐滈及第,则前一年郑颢知贡举,吴畦当是年及第,徐松考证有误。

弘治《温州府志》卷一三《人物四科第》:"吴畦,安固人,大中十三年登科,终谏议大夫,温州刺史。"乾隆《温州府志》卷一九《选举》作"大中己卯"科,"家安固库村"。

【张台】大中十三年(859)登进士科。

《登科记考》卷二二,大中十三年(859)进士科条:"宋张礼《游城南记》引《唐登科记》,进士中有大中十三年及第之张台,而无《嘉话录》所载慈恩题名之张莒。"《碑林集刊》第四辑大中十年《韦挺夫人柏氏墓志》,署"外甥前乡贡进士张台撰"。参见《唐代墓志汇编续集》大中〇五四《唐故青州司户参军韦君夫人柏氏墓铭并序》。按:大中十年进士张台,与此显非同一人。王其祎、周晓薇《〈登科记考〉补续》补入。

【崔澹】郡望深州博陵,贯洛阳,祖颋官同州刺史,父玙河中节度使。大中十三年(859)登进士科。历河中从事、淮南从事、礼部员外郎,位终吏部侍郎。

《旧唐书》卷一七七《崔珙传》：“崔珙，博陵安平人。祖懿。父颋，贞元初进士登第……出为同州刺史，卒。颋有子八人，皆至达官……（子）玙，字朗士……'……可太子少师，分司东都。'未几，卒。（玙）子澹。澹，大中十三年登进士第，累迁礼部员外郎，位终吏部侍郎。”

《新唐书》卷一八二《崔珙传》：“崔珙，其先博陵人。父颋，官同州刺史，生八子，皆有才，世以拟汉荀氏'八龙'。珙为人有威重……俄同中书门下平章事……玙河中节度使。玙子澹，举止秀岇，时谓玉而冠者。擢进士第，累进礼部员外郎。当时士大夫以流品相尚，推名德者为之首。咸通中，世推李都为大龙甲，涓豪放不得预，虽自抑下，犹不许，而澹与焉。终吏部侍郎。”

（宋）王谠撰，周勋初校证《唐语林校证》卷四《夙慧》：“崔大夫涓，玙之子，礼部侍郎澹之兄。”

（宋）王谠撰，周勋初校证《唐语林校证》卷四《企羡》：“崔澹容貌清瘦明白，擢第升朝，崔铉辟入幕。”此事，（五代）刘崇远《金华子杂编》卷上略同，崔铉会昌六年至大中三年为河中节度使，大中九年至咸通三年为淮南节度使。

《登科记考》卷二二，大中十三年（859）进士科条云崔澹及第。

【储嗣宗】庐州人。大中十三年（859）登进士科。

（宋）陈振孙《直斋书录解题》卷一九录载《储嗣宗集》一卷，注：“唐储嗣宗撰。大中十三年进士。”

（元）辛文房撰，傅璇琮主编《唐才子传校笺》（册三）卷八《储嗣宗》：“嗣宗，大中十三年孔纬榜及第。”按：光绪《庐州府志》卷三〇、光绪《庐江县志》卷七、光绪重修《安徽通志》卷一五四，均说储嗣宗为庐州人。

《登科记考》卷二二，大中十三年（859）进士科条云储嗣宗及第。

明经科

【徐□】江山人。大中十三年（859）登明经第。

嘉庆《浙江通志》卷一八一引旧志：“江山人。大中十三年父举明经，携珏诣阙，召试思政殿，赐衣绢。明年童子科及第，父亦策名。”

大中十四年庚辰（860）

十二月丁未，大赦，改元咸通。《旧唐书》本纪。

知贡举：中书舍人裴坦

进士科

【刘蒙】大中十四年（860）进士科状元及第。

（明）徐应秋《玉芝堂谈荟》卷二《历代状元》："又状元刘蒙,年份无考。"

《登科记考》卷二二,大中十四年（860）进士科条云刘蒙为是年状元。

【令狐滈】京兆府人,祖楚官至宰相,父绹官至宰相。滈大中十四年（860）登进士科。释褐长安尉,历集贤校理、右拾遗、史馆修撰,官至詹事府司直。

（五代）孙光宪《北梦琐言》卷一《令狐滈预拔文解》："唐大中末,相国令狐绹罢相。其子滈应进士举,在父未罢相前,预拔文解及第。"

《旧唐书》卷一七二《令狐楚传》："令狐楚,字殻士,自言国初十八学士德棻之裔。祖崇亮,绵州昌明县令。父承简,太原府功曹。家世儒素。楚儿童时已学属文,弱冠应进士,贞元七年登第……（元和十四年七月）自朝议郎授朝议大夫、中书侍郎、同平章事……（开成元年）二年十一月,卒于镇,年七十二,册赠司空,谥曰文……（楚子）绹字子直。大和四年登进士第,释褐弘文馆校书郎。开成初为左拾遗……（大中）四年,转户部侍郎,判本司事。其年,改兵部侍郎、同中书门下平章事……（绹）子滈、涣、沨。滈少举进士,以父在内职而止……故绹罢权轴。既至河中,上言曰:'臣男滈……伏缘已逼礼部试期,便令就试。至于与夺,出自主司,臣固不敢挠其衡柄。臣初离机务,合具上闻……'诏令就试。是岁,中书舍人裴坦权知贡举,登第者三十人……谏议大夫崔瑄上疏论之曰:'令狐滈昨以父居相位,权在一门。求请者诡党风趋,妄动者群邪云集。每岁贡闱登第,在朝清列除官,事望虽出于绹,取舍全由于滈……'奏疏不下。滈既及第,释褐长安尉、集贤校理。咸通二年,迁右拾遗、史馆修撰……改滈詹事府司直。滈为众所非,宦名不达。涣、沨俱登进士第。涣位至中书舍人。定子缄,缄子澄、湘。澄亦以进士登第,累辟使府。"

《新唐书》卷一六六《令狐楚传》："令狐楚……子绪、绹,显于时……（绹）子滈、涣、沨。滈避嫌不举进士……懿宗嗣位,数为人白发其事,故绹去宰相。因丐滈与群进士试有司,诏可,是岁及第……滈乃以长安尉为集贤校理。稍迁右拾遗、史馆修撰……改詹事府司直……滈亦湮厄不振死。"

（宋）王谠撰,周勋初校证《唐语林校证》卷三《赏誉》："令狐滈以父为丞相,未得进。滈出访郑侍郎,道遇大尹,投国学避之。遇广文生吴畦,从容久之。畦袖卷呈滈,由是出入滈家。滈荐畦于郑公,遂先滈一年及第,后至郡守。"

《登科记考》卷二二,大中十四年（860）进士科条云令狐滈及第。

【刘邺】字汉藩,润州句容人,父三复官至刑部侍郎。大中十四年（860）赐进士科及第。释褐秘书省校书郎,历陕虢团练推官、翰林学士,官至宰相。

（五代）王定保《唐摭言》卷九《敕赐及第》："永宁刘相邺,字汉藩,咸通中自长春宫判官,召入内庭,特敕赐及第。"

《旧唐书》卷一七七《刘邺传》："刘邺字汉藩,润州句容人也。父三复,聪敏绝人……自谏议、给事拜刑部侍郎、弘文馆学士判馆事……邺六七岁能赋诗……高元裕廉察陕虢,署为团练推官,得秘书省校书郎。咸通初,刘瞻、高璩居要职,以故人子荐为左拾遗,召充翰林学士,转尚书郎中知制诰,正拜中书舍人、户部侍郎、学士承旨……其年同平章事,判度支,转中书侍郎,兼吏部尚书,累加太清宫使、弘文馆大学士。"

《新唐书》卷一八三《刘邺传》："刘邺字汉藩,润州句容人。父三复……擢三复刑部侍郎、弘文馆学士……邺六七岁能属辞……咸通初,擢左拾遗,召为翰林学士,赐进士第。历中书舍人,迁承旨……以礼部尚书同中书门下平章事,判度支。"

《新唐书》卷七一上《宰相世系表》一上"丹阳刘氏":"邺字汉藩,相懿宗、僖宗。按丹阳刘氏,世居句容。"

至顺《镇江志》卷一九《节义·唐刘邺》:"刘邺,字汉藩,润州人,咸通初召为翰林学士,赐进士第。"按:《登科记考订补》考定刘邺为大中十四年进士科及第。

【刘虚白】大中十四年(860)登进士科。

(五代)王定保《唐摭言》卷四《与恩地旧交》:"刘虚白与太平裴公早同砚席。及公主文,虚白犹是举子。试杂文日,帘前献一绝句曰:'二十年前此夜中,一般灯烛一般风。不知岁月能多少,犹着麻衣待至公。'"此事,(宋)王谠撰《唐语林》卷六《补遗》略同。

(五代)孙光宪《北梦琐言》卷六《陆相公劝酒事》:"竟陵人刘虚白擢进士第,嗜酒,有诗:'知道醉乡无户税,任他荒却下丹田。'"

《登科记考》卷二二,大中十四年(860)进士科条云刘虚白登第。

【李梲】字卿材,陇西成纪人。大中十四年(860)登进士科。初授秘书省校书郎,历陕虢观察推官、江西观察使支使、徐宿濠泗观察判官,官至监察侍御史。

《唐代墓志汇编续集》咸通〇六二,王愭撰《唐故徐宿濠泗观察判官试大理评事兼监察侍御史李府君(梲)墓志铭》:"君讳梲,字卿材,陇西成纪人。元魏荥阳太守姑臧穆侯讳承九世孙,皇成都时司录参军践曾之曾孙,汾州司田参军悦之孙,河南府温县令赠尚书工部郎中丰之季子。君少孤,奉先夫人训教……果登进士籍,以试秘书省校书郎、观察推官,从裴大夫寅于陕虢府。裴公移帅江西,又以君为支使,转太常寺协律郎。府罢,调授同州朝邑县主簿。郑太后之山陵也,礼仪使奏君守本官充修撰……崔大夫彦曾廉问徐方,精择寮佐以自贰,及受命,捧诏书,从骑吏,拜赴君于里舍,遂以观察判官辟。奏授试大理评事兼监察御史……除州失守。崔公与幕客监军使皆束缚就拘。朝廷为之旰食,征诸镇兵环其境以讨,屡折凶威。会勋之党谋将就而败,由是群盗自相疑。故崔公幕客监军使同殒于寇手,时咸通十年四月五日也,君享年五十七。前是崔公期奉中旨,人人恂惧。左右劝公□□□自免,冀脱祸乱。君曰:'男子之志,志四方也;男子之行,行五常也。焉有利其禄而避难乎? 若天将助乱,群凶把顺,则吾死所也。矧轩裳隆贵,甘腴嗜欲。吾可不死哉。使吾死于轩裳甘腴,宁死于名节欤!'自始乱至遭祸,凡八月。仰见云天,傍触兵刃,语其危,亦危矣。而君仰扬感励,略无屈挠。去就端特,古人所难。君之配范阳卢氏,故泽州刺史子俊之女,嫔于君二十四年矣。奉祭祀,供宾客,敬长抚下,尽心合礼。君既不幸,即日,夫人辄哭自髡,期在乱不辱。贼平致丧,忠节贞风,夫夫妇妇。君一子,乡贡进士延龟,谨卓肖似,在家有闻,亦同遇害。延龟之子摩醢,年未成童,零丁独免。君之仲兄前魏王傅以疾以贫,卧于东洛,自□君围逼,日号泣以望,凡亲友之来者语及徐字,辄咽绝良久。及君凶问至,诸子聚谋,只以病不起闻。粤其年九月,贼平,傅命诸子奔护丧事,而卢夫人将摩醢以缞经从卜,用其年十二月七日葬于偃师县之土娄,祔先茔,礼也。"按:罗继祖《登科记考补》引据《能禅师石室铭》中所署"前进士李梲",列梲于附考。今检《唐方镇年表》卷四,大中十一、十二、十三年陕虢观察为杜审权,同书卷五系裴寅观察江西于咸通二年,由此可知寅从事于陕虢府当在大中十四年(咸通元年),次年(咸通二年)其即移镇江西。依上述推理,则李梲进士及第当在大中末年,姑列此年。

【余初扬】歙州婺源人。大中十四年(860)登进士科。历比部郎中。

光绪《安徽通志》卷一五四《选举志四·举士》:"咸通庚辰郑从谠榜:胡学,婺源人。余初扬,婺源人,比部郎中。"按:咸通庚辰年即咸通元年,大中十四年十二月丁未改元咸通,则余初扬登第当在大中十四年。胡可先《〈登科记考〉匡补三编》误作咸通元年。

【陈河】一作"陈汀",字用济。大中十四年(860)登进士科。

《千唐志斋藏志》一一五四,陈汀《南阳张府君夫人河南巩氏墓志》:"长子晔,进士举,有名节,功古律诗,颇为时贤之所推重。"按:碑立于咸通二年十一月二日。陈尚君《〈登科记考〉正补》作"陈汀"。

(宋)王钦若等《册府元龟》卷六五一《贡举部(十三)·谬滥》大中十四年:"然中第者皆衣冠士子……惟陈河一人,孤贫负艺,第于榜末。"

《新唐书》卷六〇《艺文四》:"《宋言赋》一卷,字表文。《陈汀赋》一卷,字用济。并大中进士第。"

《登科记考》卷二二,大中十四年(860)进士科条云陈河及第。

【郑羲】一作"郑义",京兆府人,祖浣户部尚书。大中十四年(860)登进士科。

《旧唐书》卷一七二《令狐楚传》:"令狐楚……滈,少举进士,以父在内职而止……故绹罢权轴。既至河中,上言曰:'臣男滈……伏缘已逼礼部试期,便令就试。至于与夺,出自主司,臣固不敢挠其衡柄。臣初离机务,合具上闻……'诏令就试。是岁,中书舍人裴坦权知贡举,登第者三十人。有郑羲者,故户部尚书浣之孙;裴弘馀,故相休之子;魏绹,故相扶之子;及滈,皆名臣子弟,言无实才。"

《登科记考》卷二二,大中十四年(860)进士科条云郑义及第。

【翁彦枢】苏州人。大中十四年(860)登进士科。

(唐)阙名《玉泉子》:"翁彦枢,苏州人也,应进士举。有僧与彦枢同乡,出入故相国裴公坦门下,以年老优恤之……坦主文柄入贡院,子勋、质日议榜于私室……僧问彦枢将来得失之耗,彦枢具对以无有成遂状。僧曰:'公成名须第几人?'彦枢谓僧戏己,答曰:'第八人足矣。'……彦枢其年及第,竟如其言,一无差忒。"此事,(宋)李昉等《太平广记》卷一八二略同。

《登科记考》卷二二,大中十四年(860)进士科翁彦枢条:"《永乐大典》引《苏州府志》:侍郎裴坦知举,翁彦枢登第。"

【陶史】祖乔进士及第。大中十四年(860)登第。

四库本《浙江通志》卷二四〇《陵墓》:"唐进士陶乔墓,《泰顺县志》:在西隅陶家埠,乔字迁于,婺州人,长庆辛丑进士。孙史,登咸通庚辰第。"

光绪《金华县志》卷六:"咸通元年,陶史,乔孙。"

【崔渎】博陵人，祖颋同州刺史，父球官至尚书郎。大中十四年（860）登进士科。

《旧唐书》卷一七七《崔珙传附崔球传》："崔珙，博陵安平人。祖懿。父颋……出为同州刺史，卒。颋有子八人，皆至达官……球，字叔休，宝历二年登进士第。会昌中，为凤翔节度判官，入朝为尚书郎。子渎。渎，大中末亦进士登第。"

《登科记考》卷二二，大中十四年（860）进士科条云崔渎及第。

光绪《畿辅通志》卷三四《选举唐进士》："宣宗年，崔渎，博陵人，大中末第。"

【裴弘馀】一作"裴弘"，京兆府人，父休官至宰相。大中十四年（860）登进士科。

（唐）裴庭裕《东观奏记》卷中："……以楚州刺史裴坦为知制诰，坦罢任赴阙。宰臣令狐绹擢用，宰臣裴休以坦非才，不称是选，建议拒之，力不胜坦……至坦主贡举，擢休子弘上第。"

《旧唐书》卷一七二《令狐楚传》："令狐楚……（子）绹字子直。……（绹）子滈，少举进士，以父在内职而止……故绹罢权轴。既至河中，上言曰：'臣男滈……伏缘已逼礼部试期，便令就试。至于与夺，出自主司，臣固不敢挠其衡柄。臣初离机务，合具上闻……'诏令就试。是岁，中书舍人裴坦权知贡举，登第者三十人。有郑羲者，故户部尚书浣之孙；裴弘馀，故相休之子；魏绹，故相扶之子；及滈，皆名臣子弟，言无实才。"

（宋）王谠撰，周勋初校证《唐语林校证》卷六《补遗·起德宗至文宗》："至（裴）坦知贡举，擢休子宏上第，时人称欲盖而彰。"按：《新唐书·宰相世系表》作"弘字欲志"；《唐尚书省郎官石柱题名考》卷一二作"裴弘"。

《登科记考》卷二二，大中十四年（860）进士科条作"裴弘馀"。

【魏筜】京兆府人，父扶官至宰相。大中十四年（860）登进士科。历春州司马、右谏议大夫，官至中书舍人。

《旧唐书》卷一九上《懿宗》："（咸通十一年九月）将仕郎、守礼部郎中魏筜为春州司马。"

《旧唐书》卷一九下《僖宗》："（乾符三年七月）以右谏议大夫、知制诰魏筜为中书舍人。"

《旧唐书》卷一七二《令狐楚传》："令狐楚……（子）绹字子直。……（绹）子滈，少举进士，以父在内职而止……故绹罢权轴。既至河中，上言曰：'臣男滈……伏缘已逼礼部试期，便令就试。至于与夺，出自主司，臣固不敢挠其衡柄。臣初离机务，合具上闻……'诏令就试。是岁，中书舍人裴坦权知贡举，登第者三十人。有郑羲者，故户部尚书浣之孙；裴弘馀，故相休之子；魏筜，故相扶之子；及滈，皆名臣子弟，言无实才。"

《登科记考》卷二二，大中十四年（860）进士科条云魏筜及第。

诸科

【徐珏】衢州人。大中十四年（860）登童子科。

嘉庆《浙江通志》卷一八一引旧志："江山人。大中十三年父举明经，携珏谊阙，召试思政殿，赐衣绢。明年童子科及第，父亦策名。"陈尚君《〈登科记考〉正补》考订其大中十四年登科。按:唐代江山属衢州。

附考(宣宗朝)

附考进士(宣宗朝进士)

【韦□】洛阳人。大中初登进士科,又登制科。官至洛阳县丞。

《唐代墓志汇编》咸通一一一《唐故陇西李氏墓志文并序》:"……夫人……适故河南洛阳县丞韦府君……大中初,进士及第,再擢高科,而极翔宦路,风波前后,三十余载……(夫人)终于洛阳县。"按:"再擢高科",应指制科。

【韦光】大中年间登进士科。

(宋)李昉等《太平广记》卷四六二《禽鸟三·韦颛》引《剧谈录》:"大中岁,韦颛举进士……有韦光者,待以宗党,缀所居外舍馆之。放榜之夕,风雪凝冻,报光成事者,络绎而至,颛略无登第之耗。"

【韦辂】字德舆,父中立历官长安县令、洋州刺史。约大中年间登进士第。官至平卢军节度副使、侍御史内供奉。

《大唐西市博物馆藏墓志》四四二,韦慎枢撰大中十三年(859)十二月十九日《唐故平卢军节度副使侍御史内供奉赐绯鱼袋韦府君墓铭并叙》:"府君讳辂,字德舆,大中十三年九月廿四日,终于青州官舍……皇考讳中立,皇洋州刺史,元和中进士擢第,周历柏台,一转兰省,自长安令出守洋牧。贵显未臻,遽弃养于洋地。府君弱冠登太常第。"

【韦颛】大中中登进士科。

(唐)康骈《剧谈录》卷下《韦颛枭鸣》:"大中年韦颛举进士……俄而禁鼓忽鸣,榜到,颛已登第。"

(宋)李昉等《太平广记》卷四六二《禽鸟三·韦颛》引《剧谈录》:"大中岁,韦颛举进士……俄而禁鼓忽鸣,榜放,颛已登第。"

《登科记考》卷二七《附考·进士科》云韦颛登第。

【邓叔】大中二年(848)前登进士科。

《全唐文》卷七五五,杜牧《唐故太子少师奇章郡开国公赠太尉牛公墓志铭并序》:"大中二年十月二十七日(牛僧孺)薨于东都城南别墅,年六十九……册赠太尉……五男六女……次女嫁前进士邓叔。"

【卢玄禧】东都洛阳人,祖纶超拜户部郎中,父简求官至太子太师。约在大中末登进士科。终国子博士。

《旧唐书》卷一六三《卢简辞传》:"卢简辞字子策,范阳人,后徙家于蒲。祖翰。父纶……超拜户部郎中……文宗好文,尤重纶诗,尝问侍臣曰:'《卢纶集》几卷? 有子弟否?'李德裕对曰:'纶有四男,皆登进士第,今员外郎简能、侍御史简辞是也。'……简辞弟弘正、简求。……简求……代表休为太原尹、北都留守,充河东节度观察等使。……制以太子太师致仕,还于东都。都城有园林别墅……赠尚书左仆射……简辞无子,以简求子贻殷、玄禧入继。贻殷终光禄少卿。玄禧登进士第,终国子博士。"按:简求致仕还东都,其子籍贯当为东都洛阳。玄禧登第应在大中末,参考宣宗朝附考进士卢知猷条。

《登科记考》卷二七《附考·进士科》录载卢玄禧。

【卢知猷】字子蕡,东都洛阳人,祖纶户部郎中,父简能官至检校司封郎中。大中末登进士科,释褐秘书省正字,又登宏词科。历萧邺镇荆南节度使、西川节度使掌书记,官至户部尚书,位至太子少师。

《全唐文》卷八三七,薛廷珪《授卢知猷兵部侍郎制》:"敕。参断时政,允属公卿。镇重周行,式资旧老。而叔世抡选,率尚英华。俾我洪儒硕生,轧轧不进。汲长孺于焉兴叹,烛之武是以有词。思求其人,夕惕若厉。爰有良辅,协吾此心。且言尔前尚书右丞卢知猷,在和武光孝皇帝朝,以文学词赋擢进士第,登宏词科。旧相列藩,羔雁交辟。雅有淑问,郁为名儒。及我懿考践阼,历谏省郎署官,常兼史职,蔼然直声,著在笔削。先皇帝尝辍自朝右,再委方州。饶阳上洛之人,于今怀尔之德。旋掌诰命,亟服宠荣。逮子冲人,历事四帝,出入华显,谙练故实。子云之笔札有名,周昌之厚重无党。镇吾风俗,系尔秉持。遂用委以五兵,赞子九法。服我休命,称兹简求。往惟钦哉,无坠成绩。可兵部侍郎。"

《旧唐书》卷一六三《卢简辞传》:"卢简辞字子策,范阳人,后徙家于蒲。祖翰。父纶……超拜户部郎中……文宗好文,尤重纶诗,尝问侍臣曰:'《卢纶集》几卷? 有子弟否?'李德裕对曰:'纶有四男,皆登进士第,今员外郎简能、侍御史简辞是也。'……简求……还于东都。都城有园林别墅……赠尚书左仆射。简能子知猷。知猷登进士第,释褐秘书省正字。宰臣萧邺镇江陵、成都,辟为两府记室。入拜左拾遗,改右补阙、史馆修撰,转员外郎。出为饶州刺史。入拜兵部郎中,赐绯鱼,改吏部郎中、太常少卿。出为商州刺史。征拜给事中,转中书舍人。僖宗幸山南,襄王伪署,乃避地金州。驾还,征拜工部侍郎,转户部,判史馆,迁尚书右丞、兵部侍郎。历太常卿,工部、户部尚书,复领太常卿。昭宗在华下,加检校右仆射,守太子少师。进位太子太师,检校司空,卒于华下。"

《新唐书》卷一七七《卢简能传》:"(简能)子知猷,字子蕡,中进士第,登宏辞,补秘书省正字。"

《宣和书谱》卷十:"卢知猷,字子蕡,失其世次,以进士登第,复中宏辞,官至太子太师。"

《书史会要》卷五:"卢知猷,字子蕡,及其世次,以进士第,官至太子太师。"

《登科记考》卷二七《附考·进士科》录载卢知猷。

【卢甚】大中中登进士科。官至京兆府参军,赐死。

(唐)阙名《玉泉子》:"崔铉,元略之子。京兆参军卢甚之死,铉之致也,时议冤之。铉子沆,乾符中亦为丞相,黄巢赤其族,物议以为卢甚之报焉。初,崔铉虽谏官,婚姻假回,私事也;甚虽府职,乃公事也。相与争驿厅。甚既下狱,与宰相书,则以己比孟轲。而方瑄、钱凤既朋党宏大,莫不为之尽力。"

(唐)裴庭裕《东观奏记》卷中:"京兆府参军卢甚,升进士第入官。京兆尹遣巡馆驿,左补阙崔瑄婚姻回,与甚长亭相遇,争亭……赐死。"

（五代）孙光宪《北梦琐言》卷一《令狐滈预拔文解》："唐大中末,相国令狐绹罢相。其子滈应进士举,在父未罢相前,预拔文解及第。谏议大夫崔瑄上疏,述滈弄父权,势倾天下。以举人文卷须十月前送纳,岂可父身尚居于枢务,男私拔其解名,干挠主司,侮弄文法,恐奸欺得路,孤直杜门云云。"按:崔瑄大中末位至谏议大夫,而二人争亭之时,崔瑄尚为左补阙,则卢甚应在大中中进士及第。

《登科记考》卷二七《附考·进士科》录载卢甚。

【卢渥】字子章,范阳人。大中间登进士科。累辟诸侯府,迁侍御史征起居,转司封员外知杂事,迁司勋郎中,迁拜万年令,拜陕虢观察使兼御史中丞,历礼部侍郎、国子祭酒、御史左丞、户部尚书、兴元留事知节度使事,官至保傅。

《全唐文》卷八〇九,司空图《故太子太师致仕卢公(渥)神道碑》："公讳渥,字子章,范阳人……公植德秉仁,而识致远大。济之强学,发为文章。故未就乡学举,则时辈后生皆以为杰出。虽文场迁滞,然时者亦历指要显,不敢徒以负地待之。会府方重首荐,公为主试者所强。举子未效其业于主师,则踵门投贽者已数百辈。时宣宗锐意文治,白衣稍出,流类亦往往上门。故公中选甲科,籍则待制。名臣亦以得人为贺,皆为儒风隆替,当系于公。累辟诸侯府,亦以公去就为轻重。御史丞将选僚属,递相告约。才及升班之限,台命已行。太夫人在洛,乞以散秩就养,拜国子博士分务殆十年。公议所迫,迁侍御史,专领东台之务。征起居,转司封员外知杂事。正色谠言,举劲不挠,迁司勋郎中。时宰所忌,出倅宣武军以缓之。未更岁入为某曹郎,迁拜万年令。大京兆每引见必优礼,言则规禀,诸曹请事,若奉严师,其政可知也。诰命极选所以内训百辟,外训四方。元和中,若韩李二文公裴晋公令狐相国元白李淮南联处内外之制,任征伐约束,欣助大朝。其后取人,多以时望。望胜则人以地优,用轻则才以势轧。兼而不怍,乃属于公。拜某官知制诰,每涉委廉,则堂列耸眙。宰相详议大政,亦俟入直乃行。前后六年,编录盈笥,实一时之典则也……拜陕虢观察使兼御史中丞……冬十月,拜礼部侍郎。群辈之躁聚势门,欲以浮论笼驾主司者,迎自咎其牙角,洎入贡署,才引明经,则美称已哗于外议。遇大驾南幸,乃中辍,人至今惜之。明年春,自都潜出,二月至中条,舍于幕吏司空图,被疾浃旬方至洛。由汉阴诣蜀,舟行迁滞,尚以后至授国子祭酒。公论逾郁,拜御史丞兼左丞。柬拔端良,风威益振。驾回未几,又徒步扈从于宝鸡。至褒中,歧蜀阻,兵食俱困,主相深念,计无所施,乃拜公户部尚书领兴元留事知节度使事……累授保傅,寻以检校司徒致仕,从坚请也。大驾移幸,公自华至洛。天祐二年九月十日,寝疾于长寿佛宇,享年八十六。嗣王辍朝,赠某官,谥曰某……公以其年十月某日,附葬于缑氏某乡某里,礼也。"

（宋）计有功《唐诗纪事》卷五九《卢渥》："渥,字子章,轩冕之盛,近代无比,伯仲四人,咸居显列。乾符初,母忧服阕,渥自前中书舍人拜陕府观察使;弟绍,前长安令除给事中;弟沆,自前集贤校理除左拾遗;弟沼,自畿尉迁监察御史,诏书叠至,士族荣之。及赴任陕郊,洛城自居守分司朝臣已下,互设祖筵,洛城为之一空,都人耸观,亘数十里……渥在举场,甚有时称。曾于浐水逆旅,遇宣宗微行,意其贵人,敛身避之。帝呼与相见,乃自称进士卢渥。帝请诗卷袖之而去。它日对宰臣语及卢渥,令主司擢第。宰臣问渥与主上有何阶缘,渥具陈其由。时亦不以为忝……唐末,渥自陕府廉察入朝知举,遇巢寇犯阙,不及终场……渥终检校司徒。"按:此事,(五代)孙光宪《北梦琐言》卷八《卢沆遇宣宗私行》作"卢沆",误。

《登科记考》卷二七《附考·进士科》云卢渥及第。

光绪《畿辅通志》卷三四《选举唐进士》:"宣宗年,卢渥,范阳人,大中年第,官检校司徒。"

【厉图南】荆州人。约在大中中登进士科。历校书郎、凤翔从事、西川副使。

《全唐诗》第十八册卷五八七有李频《喜友人厉图南及第》,同册卷五八八有《送厉图南往荆州觐伯》二诗,知厉图南进士及第。《登科记考》卷二七《附考·进士科》云厉图南及第。按:(元)辛文房《唐才子传》卷七《李频》云"(李频)大中八年,颜标榜擢进士",则厉图南应在大中中及第。《全唐诗》卷六〇四许棠有《送校书从事凤翔》《春夜同厉文学先辈会宿》,卷六〇五有《宿同州厉评事旧业寄华下》诗,均指厉图南。《送厉校书从事凤翔》诗:"赴辟依宰相,超荣岂事同。城池当陇右,山水是关中。日有来巴使,秋高出塞鸿。旬休随大旆,应到九成宫。"由上述可知,厉图南曾以校书部身份从事凤翔。考新书《宰相表》下:"咸通四年闰六月,杜悰检校司徒、同平章事,凤翔节度使。"裴休咸通元年镇凤翔,但当时不带宰相衔,故赴辟所依之宰相为杜悰。因此,厉图南当是咸通四年前进士及第。《北梦琐言》卷三《吴行鲁温溲器》:"唐吴行鲁尚书,彭州人……厉图南为西川副使,随府罢职,行鲁欲延辟之,图南素薄行鲁,闻之大笑曰:'不能剪头刺面,而趋侍健儿乎!'自使院乘马,不归私第,直出北郭。家人遽结束而追之。张云起居为成都少尹,常出轻言,为行鲁杀之。"据《通鉴》,咸通十一年吴行鲁为西川留后,是则十年不到,厉图南已升为西川副使了。

《登科记考》卷二七《附考·进士科》录载厉图南。

【归仁宪】苏州长洲人,祖登工部尚书,父融官至吏部侍郎。约在大中末登进士科。达显宦。

《旧唐书》卷一四九《归崇敬传附归融传》:"归崇敬字正礼,苏州吴郡人也。曾祖奥,以崇敬故,追赠秘书监。祖乐,赠房州刺史。父待聘,亦赠秘书监。崇敬少勤学,以经业擢第……充皇太子侍读……子登嗣。登,字冲之……迁工部尚书……子融嗣。融,进士擢第,自监察拾遗入省……以融权知兵部侍郎。一年内拜吏部。三年检校礼部尚书、兴元尹兼御史大夫,充山南西道节度使。融子仁晦、仁翰、仁宪、仁召、仁泽,皆登进士第。咸通中并至达官。"参考《永乐大典》卷二三六八引《苏州府志》。按:其咸通中为达官,其登第应在宣宗朝前后,其兄仁翰大中十一年登进士科,其弟仁召咸通十年进士科状元及第,则其登第应当在大中末,参考进士科归仁翰、归仁召小传。

乾隆《江南通志》卷一一九《选举志》唐进士条:"归仁宪,长洲人。"

【司马札】一作"司马扎"。大中间进士及第。

《全唐诗》第十七册卷五七八录有温庭筠《春日将欲东归寄新及第苗绅先辈》诗,题下注:"一作《下第寄司马札》。"同书第十八册卷五九六作"司马扎"。

(宋)陈振孙《直斋书录解题》卷一九录载《司马先辈集》一卷,注:"唐司马札撰,与储嗣宗同时。"按:储嗣宗登大中十三年(859)进士第。

《登科记考补正》卷二七《附考·进士科》录载司马札(司马扎)。

【吕煚】郡望东平,贯洛阳,祖渭礼部侍郎,父让官至秘书监。大中五年前登进士科。

《唐代墓志汇编》大中一〇七《唐故中散大夫秘书监致仕上柱国赐紫金鱼袋赠左散骑常侍东平吕府君墓志铭并序》:"先府君讳让,字逊叔……皇考讳渭,礼部侍郎湖南观察使……(君)二十三,进士上第,解褐秘书省校书郎,以支使佐故相国彭原李公程于鄂岳。邠率高公霞寓以勋业临边,欲重府幕,强公为书记……以留守判官佐相国彭原公于北都……除善部郎中……右庶子……改秘书监致仕,大中九年……享年六十三,辍朝一日,赠左散骑常侍……归祔于洛阳芒山清风原大茔礼……次曰煚前乡贡进士。"按其归祔地点,其贯当为洛阳。

《旧唐书》卷一三七《吕渭传》:"吕渭字君载,河中人。父延之,越州刺史、浙江东道节度使……礼部侍郎……赠陕州大都督。子温、恭、俭、让……让至太子右庶子,皆有美才。"

【朱贺】大中十年(856)前登进士第。

《唐代墓志汇编》大中一〇九,大中十年(856)五月十八日《唐故江州寻阳县丞支公(光)墓志铭并序》;同书大中一一〇,大中十年(856)五月十八日《唐故赠随州刺史太子少詹事殿中监支公(成)墓志铭并序》,两方墓志题下皆署名"前乡贡进士朱贺撰"。按:墓主葬于大中十年(856)五月十八日,则朱贺登第当在大中十年(856)前。王其祎、周晓薇《〈登科记考〉补续》补入。

【刘允章】字蕴中,洺州广平县人,贯京兆,祖伯刍官至刑部侍郎,父宽夫官至左补阙。约在大中间登进士科。官至礼部侍郎。

《全唐文》八〇四《刘允章小传》:"允章,字蕴中,赠礼部尚书。乃曾孙,举进士。累官翰林学士承旨礼部侍郎,咸通中出为鄂州观察使检校工部尚书东都留守。黄巢犯洛阳,污伪命,废于家。"

《旧唐书》卷一五三《刘乃传》:"刘乃字永夷,洺州广平人……其冬,泾师作乱,驾幸奉天。乃卧疾在私第,贼沘遣使以甘言诱之,乃称疾笃。又令其伪宰相蒋镇自来招诱,乃托暗疾,灸灼遍身……追赠礼部尚书。子伯刍。伯刍……刑部侍郎……子宽夫……左补阙……宽夫子允章、焕章。允章登进士第,累官至翰林学士承旨、礼部侍郎。咸通九年,知贡举,出为鄂州观察使、检校工部尚书,后迁东都留守。"

《新唐书》卷一六〇《刘伯刍传》:"刘伯刍字素芝,兵部侍郎乃之子……子宽夫……(宽夫)子允章,字蕴中,咸通中为礼部侍郎。请诸生及进士第并谒先师,衣青衿,介帻,以还古制。改国子祭酒……后为东都留守。黄巢至,分司李磎挈尚书印走河阳,允章寄治河清。巢借号,辄受伪官,文书尽用金统。遣取印磎所,磎不与,更悔愧,移檄近镇起兵扞贼,磎持印还之。后废于家。"

《登科记考》卷二七《附考·进士科》云刘允章及第。按:其高祖已经第长安,则允章贯京兆。

【宇文临】祖滔官卑,父籍官至谏议大夫。大中初登进士第。官至舍人。

（唐）杜牧《樊川文集》卷四《寄珉笛与宇文舍人》，"宇文舍人"即宇文临。陈尚君《〈登科记考〉正补》云宇文临大中元年进士科登第，胡可先《匡补》疑作大和初，存疑。

《旧唐书》卷一六〇《宇文籍传》："宇文籍字夏龟。父滔，官卑。少好学……登进士第。宰相武元衡出镇西蜀，奏为从事……大和中，迁谏议大夫，专掌史笔，罢知制诰……大和二年正月卒，时年五十九，赠工部侍郎。子临，大中初登进士第。"

【孙絿】大中十一年（857）前进士及第。

《唐代墓志汇编》大中〇九五《唐前试大理评事兼监察御史孙公亡妻陇西李氏墓志铭并序》尾题："再从侄孙乡贡进士絿书并篆。"

《唐代墓志汇编续集》咸通〇九九，令狐绹撰《唐故银青光禄大夫检校司空兼太子少师分司东都上柱国乐安县开国侯食邑一千户赠太师孙公（简）墓志铭并序》："有子九人……次曰絿，前进士。"

【苏冲】大中十年（856）或大中十三年（859）登科第。官至信阳守。

（宋）王谠撰，周勋初校证《唐语林校证》卷四《企慕》："苏员外粹与母弟冲俱郑都尉颢门生。后粹为东阳守，冲为信阳守，欲相见境上，本府许之。两郡之守，携宾客同府主出省，俱自外郎，兄弟之荣少比。"按：郑颢先后在大中十年和大中十三年知贡举，中晚唐及第举人多称其及第年知贡举主司为座主，自称门生。苏氏兄弟理应登科第。

【苏粹】大中十年（856）或大中十三年（859）登科第。官至东阳守。

（宋）王谠撰，周勋初校证《唐语林校证》卷四《企慕》："苏员外粹与母弟冲俱郑都尉颢门生。后粹为东阳守，冲为信阳守，欲相见境上，本府许之。两郡之守，携宾客同府主出省，俱自外郎，兄弟之荣少比。"按：郑颢先后在大中十年和大中十三年知贡举，中晚唐及第举人多称其及第年知贡举主司为座主，自称门生。苏氏兄弟理应登科第。

【李大谏】大中年间进士登第，与封特卿同年。

（宋）阮阅《增修诗话总龟》卷二十三引江邻几《杂志》："封特卿为湖州军倅，与同年李大谏诗酒唱和。"

《登科记考补正》卷二七《附考·进士科》录载李大谏。

【李为】大中间登进士科。

《全唐文》卷七九三李为小传："为大中时进士。"同卷李为有《握中有元璧赋》。

（唐）赵璘《因话录》卷三《商部下》："进士李为作《泪赋》，及轻、薄、暗、小四赋。"

【李节】湖南人。大中八年（854）前登进士科。历泾阳尉、河东节度使巡官、户部郎中，官至驾部郎中。

《全唐文》卷七八八李节小传："节，大中时进士，尝为河东节度使卢均巡官，后官户部郎中。"

《旧唐书》卷一九下《僖宗》："（乾符三年七月）以户部郎中李节为驾部郎中。"

（宋）王溥《唐会要》卷六四《史馆下·史馆杂录下》："（大中）八年七月，监修国史郑朗奏：'……其旧馆万年尉张范、泾阳尉李节，勒守本官。'"

（宋）计有功《唐诗纪事》卷六〇《李节》："……我第往求购释氏遗文，以惠湘川之人……节,登大中进士第。"

《登科记考》卷二七《附考·进士科》录载李节。

【李询古】大中八年(854)前进士及第。

(唐)裴庭裕《东观奏记》卷下:"(大中九年)初裴谂兼上铨,主试宏拔两科,其年争名者众,应宏词选,前进士苗台符、杨岩、薛诉、李询古、敬翊已下,一十五人就试。"《全唐文补遗》第七辑《韦洞墓志》末署"表弟前乡贡进士李询古书"。按:韦洞大中八年卒,当年归葬万年县,则李询古进士及第在此前。

《登科记考补正》卷二七《附考》进士科已补入。

【李垣】洛州嵩山人。大中六年(852)前登进士科。

《全唐诗》第十七册卷五八五,刘驾有《送李垣先辈归嵩少旧居》:"高秋灞浐路,游子多惨戚。君于此地行,独似寻春色。文章满人口,高第非苟得。要路在长安,归山却为客。"按:(元)辛文房《唐才子传》卷七《刘驾》云刘驾大中六年登第,则李垣在此前后登第。

施子愉《登科记考补正》补入。

【李祝】贯洛阳,祖钧殿中侍御史,父渤太子宾客。会昌中登进士科。累辟诸府。

《旧唐书》卷一七一《李渤传》:"李渤字濬之,后魏横野将军申国公发之后。祖玄珪,卫尉寺主簿。父钧,殿中侍御史,以母丧不时举,流于施州……(渤)大和五年以太子宾客征至京师。月余卒,时年五十九,赠礼部尚书……子祝,会昌中登进士第,辟诸侯府。"按:据本传,李渤曾"罢归洛阳",则李祝的籍贯当在洛阳。

《登科记考》卷二七《附考·进士科》录载李祝。

【李晔】一作"李烨",郡望赵郡,京兆府人,祖吉甫官至宰相,父德裕官至太子少保。大中二年(848)前登进士第。历检校祠部员外郎、汴宋亳观察判官。

《旧唐书》卷一七四《李德裕传》:"李德裕,字文饶,赵郡人。祖栖筠,御史大夫。父吉甫,赵国忠懿公,元和初宰相……初,吉甫在相位时,牛僧孺、李宗闵应制举直言极谏科……德裕特承武宗恩顾,委以枢衡。……乃罢德裕留守,以太子少保分司东都,时大中元年秋。……德裕三子。烨,检校祠部员外郎、汴宋亳观察判官。大中二年,坐父贬象州立山尉。"按:其登第当在大中二年之前,文武宗时期。

光绪《畿辅通志》卷三四《选举·唐·进士·附录》:"李晔,赞皇人,德裕子,柳州尉。"

【李琨】宗室,京兆府人,祖宗正卿官至华州刺史,父宗闵官至宰相。大中中登进士科。

《旧唐书》卷一七六《李宗闵传》:"李宗闵,字损之,宗室郑王元懿之后。祖自仙,楚州别驾。父,宗正卿出为华州刺史、镇国军潼关防御等使。兄夷简,元和中宰相。宗闵……以本官同平章事……子琨、瓒,大中朝皆进士擢第。令狐绹作相,特加奖拔。"

《新唐书》卷一七四《李宗闵传》:"李宗闵字损之,郑王元懿四世孙……子琨、瓒,皆擢进士。"

《登科记考》卷二七《附考·进士科》录载李琨。

【杨仁赡】大中七年(853)前后登进士科,为康州参军。

(唐)裴庭裕《东观奏记》卷上:"贬前乡贡进士杨仁赡为康州参军,弛驿发遣。仁赡女弟出嫁前进士于瑰。"按:于瑰大中七年进士科状元及第,则仁赡约在此前后登第。

《登科记考》卷二七《附考·进士科》云杨仁赡及第。

【杨知至】字几之,郡望虢州弘农,京兆府长安县人,祖宁官至长安尉,父汝士官至吏部尚书。会昌四年(844)登进士科后覆落,后又登进士科。历团练判官,官至户部侍郎。

(唐)范摅《云溪友议》卷上《钱歌序》:"团练判官杨知至:'燕赵能歌有几人,落花回雪似含嚬。声随御史西归去,谁伴文翁怨九春。'"按:杨虞卿、汝士、汉公、鲁士宅在长安县敬功坊,见杨鸿年《隋唐两京坊里谱》。

(五代)王定保《唐摭言》卷八《别头及第》:"杨严等,会昌四年王起奏五人:杨知至、源重、郑朴、杨严、窦缄,恩旨令送所试杂文会翰林重考覆,续奉进。止杨严一人,宜与及第;源重四人落下。"按:杨知至登进士第在会昌四年以后,大中间可能性较大。

《旧唐书》卷一七六《杨虞卿传附杨汝士传》:"杨虞卿字师皋,虢州弘农人。祖燕客。父宁,贞元中为长安尉……虞卿从兄汝士。……入为户部侍郎,位至尚书,卒。子知温、知远、知权,皆登进士第……知温弟知至,累官至比部郎中、知制诰。坐故府刘瞻罢相,贬官。知至亦贬琼州司马。入为谏议大夫,累迁京兆尹、工部侍郎。知温、知至皆位至列曹尚书。"

《新唐书》卷一七五《杨虞卿传》:"杨虞卿字师皋,虢州弘农人。父宁……汝士子……子知温、知至,悉以进士第入官。知温终荆南节使。知至为宰相刘瞻所善,以比部郎中知制诰。瞻得罪,亦贬琼州司马,擢累户部侍郎。"

(宋)计有功《唐诗纪事》卷五九《杨知至》:"会昌四年,王起奏五人:杨知至……杨严一人,宜与及第,源重等四人落下……知至,字几之,登进士第,为宰相刘瞻所善,累擢户部侍郎。"

《登科记考补正》卷二七《附考·进士科》录载杨知至。

【杨岩】大中九年(855)前进士及第。

(唐)裴庭裕《东观奏记》卷下:大中九年,"初裴谂兼上铨,主试宏拔两科,其年争名者众,应宏词选,前进士苗台符、杨岩、薛询、李询古、敬翊已下,一十五人就试"。

【杨技】京兆府人,祖於陵官至左仆射,父嗣复官至宰相。约在大中后登进士科。

《旧唐书》卷一六四《杨於陵传》:"杨於陵字达夫,弘农人。汉太尉震之第五子奉之后。曾祖珪,为辰州掾曹。祖冠俗,奉先尉。父太清,宋州单父尉。於陵……累官至侍御史。……再迁户部侍郎。……五年,入为吏部侍郎。……穆宗即位,迁户部尚书。长庆初,拜太常卿,充东都留守,拜章辞位。宝历二年,授检校右仆射兼太子太傅。旋以左仆射致仕。……子四人:景复、嗣复、绍复、师复。嗣复自有传。景复位终同州刺史。绍复进士擢第,弘辞登科,位终中书舍人。师复位终大理卿。大中后,杨氏诸子登进士第者十人:嗣复子授、技、拭、扐;绍复子擢、拯、据、揆;师复子拙、振等。擢终给事中。拯司封员外郎。据右补阙。揆左谏议大夫。拙左庶子。振左拾遗。"

《旧唐书》卷一七六《杨嗣复传》:"杨嗣复字继之,仆射於陵子也……子损、授、技、拭、扐,而授最贤。……技,进士及第,位至中书舍人。"

《新唐书》卷一七四《杨嗣复传》:"杨嗣复字继之。……俄与李珏并拜同中书门下平章事……赠尚书左仆射,谥曰孝穆……嗣复五子,其显者:授、损。"

《登科记考》卷二七《附考·进士科》云杨技及第。按:参考大中九年进士科杨授条。

【杨拭】京兆府人,祖於陵官至左仆射,父嗣复官至宰相。约在大中后登进士科。

《旧唐书》卷一六四《杨於陵传》:"杨於陵字达夫,弘农人。汉太尉震之第五子奉之后。曾祖珪,为辰州掾曹。祖冠俗,奉先尉。父太清,宋州单父尉。於陵……子四人:景复、嗣复、绍复、师复。嗣复自有传。景复位终同州刺史。绍复进士擢第,弘辞登科,位终中书舍人。师复位终大理卿。大中后,杨氏诸子登进士第者十人:嗣复子授、技、拭、挝;绍复子擢、拯、据、摸;师复子拙、振等。擢终给事中。拯司封员外郎。据右补阙。摸左谏议大夫。拙左庶子。振左拾遗。"

《新唐书》卷一七四《杨嗣复传》:"杨嗣复字继之。……俄与李珏并拜同中书门下平章事……宣宗立,起为江州刺史。以吏部尚书召,道岳州卒,年六十六。赠尚书左仆射,谥曰孝穆。"

《登科记考》卷二七《附考·进士科》云杨拭及第。按:参考大中九年进士科杨授条。

【杨拯】京兆府人,祖於陵官至左仆射,父绍复官至中书舍人。约在大中后登进士科。历司封员外郎。

《旧唐书》卷一六四《杨於陵传》:"杨於陵字达夫,弘农人。汉太尉震之第五子奉之后。曾祖珪,为辰州掾曹。祖冠俗,奉先尉。父太清,宋州单父尉。於陵……子四人:景复、嗣复、绍复、师复。嗣复自有传。景复位终同州刺史。绍复进士擢第,弘辞登科,位终中书舍人。师复位终大理卿。大中后,杨氏诸子登进士第者十人:嗣复子授、技、拭、挝;绍复子擢、拯、据、摸;师复子拙、振等。擢终给事中。拯司封员外郎。据右补阙。摸左谏议大夫。拙左庶子。振左拾遗。"

《登科记考》卷二七《附考·进士科》云杨拯及第。按:参考大中九年进士科杨授条。

【杨拙】京兆府人,祖於陵官至左仆射,父师复官至大理卿。约在大中后登进士科。历聘侯藩、库部郎中、左庶子。

《全唐文》卷八三七,薛廷珪《授杜致美太常少卿杨拙库部郎中制》:"敕。朕以至公抡才,时致用义,周行进秩,公论为人。如闻右司郎中杜致美,以吾上台,实尔犹子。深自抑损,不求闻达。隐几端居,不言时事。闭关却扫,深味道腴。夫何山涛魏舒,校尔优劣。而户部员外杨拙,始以籍甚之称,洽于名场。历聘侯藩,亟践台省。强学务本,履正居中。夫何颜驷扬雄,侔尔专静。奉常典乐,建礼含香。询尔清闲,明我搜选。克敬乃事,交修厥官。各谓当才,无忝并命。可依前件。"

《旧唐书》卷一六四《杨於陵传》:"杨於陵字达夫,弘农人。汉太尉震之第五子奉之后。曾祖珪,为辰州掾曹。祖冠俗,奉先尉。父太清,宋州单父尉。於陵……累官至侍御史。……再迁户部侍郎。……五年,入为吏部侍郎。……穆宗即位,迁户部尚书。长应初,拜太常卿,充东都留守,拜章辞位。宝历二年,授检校右仆射兼太子太傅。旋以左仆射致仕……子四人:景复、嗣复、绍复、师复。嗣复自有传。景复位终同州刺史。绍复进士擢第,弘辞登科,位终中书舍人。师复位终大理卿。大中后,杨氏诸子登进士第者十人:嗣复子授、技、拭、扔;绍复子擢、拯、据、揆;师复子拙、振等。擢终给事中。拯司封员外郎。据右补阙。揆左谏议大夫。拙左庶子。振左拾遗。"

《新唐书》卷一六三《杨於陵传》:"杨於陵字达夫……乃入为膳部员外郎。以吏部判南曹,选者恃与宰相亲,文书不如式,於陵驳其违,宰相怒,以南曹郎出使吊宣武军。未几,迁右司郎中,换吏部,出为绛州刺史。德宗雅闻其名,留拜中书舍人。……穆宗立,迁户部尚书,为东都留守。授太子少傅……俄以尚书左仆射致仕……大和四年卒,年七十八。册赠司空,谥曰贞孝。"

《登科记考》卷二七《附考·进士科》云杨拙及第。按:参考大中九年进士科杨授条。

【杨振】京兆府人,祖於陵官至左仆射,父师复官至大理卿。约在大中后登进士科。官至左拾遗。

《旧唐书》卷一六四《杨於陵传》:"杨於陵字达夫,弘农人。汉太尉震之第五子奉之后。曾祖珪,为辰州掾曹。祖冠俗,奉先尉。父太清,宋州单父尉。於陵……累官至侍御史。……再迁户部侍郎。……五年,入为吏部侍郎。……穆宗即位,迁户部尚书。长应初,拜太常卿,充东都留守,拜章辞位。宝历二年,授检校右仆射兼太子太傅。旋以左仆射致仕……子四人:景复、嗣复、绍复、师复。嗣复自有传。景复位终同州刺史。绍复进士擢第,弘辞登科,位终中书舍人。师复位终大理卿。大中后,杨氏诸子登进士第者十人:嗣复子授、技、拭、扔;绍复子擢、拯、据、揆;师复子拙、振等。擢终给事中。拯司封员外郎。据右补阙。揆左谏议大夫。拙左庶子。振左拾遗。"

《登科记考》卷二七《附考·进士科》云杨振及第。按:参考大中九年进士科杨授条。

【杨据】京兆府人,祖於陵官至左仆射,父绍复官至中书舍人。约在大中后登进士科。历右补阙。

《旧唐书》卷一六四《杨於陵传》:"杨於陵字达夫,弘农人。汉太尉震之第五子奉之后。曾祖珪,为辰州掾曹。祖冠俗,奉先尉。父太清,宋州单父尉。於陵……子四人:景复、嗣复、绍复、师复。嗣复自有传。景复位终同州刺史。绍复进士擢第,弘辞登科,位终中书舍人。师复位终大理卿。大中后,杨氏诸子登进士第者十人:嗣复子授、技、拭、扔;绍复子擢、拯、据、揆;师复子拙、振等。擢终给事中。拯司封员外郎。据右补阙。揆左谏议大夫。拙左庶子。振左拾遗。"

《登科记考》卷二七《附考·进士科》云杨据及第。按:参考大中九年进士科杨授条。

【杨揆】京兆府人,祖於陵官至左仆射,父绍复官至中书舍人。约在大中后登进士科,官至谏议大夫。

《旧唐书》卷一六四《杨於陵传》:"杨於陵字达夫,弘农人。汉太尉震之第五子奉之后。曾祖珪,为辰州掾曹。祖冠俗,奉先尉。父太清,宋州单父尉。於陵……子四人:景复、嗣复、绍复、师复。嗣复自有传。景复位终同州刺史。绍复进士擢第,弘辞登科,位终中书舍人。师复位终大理卿。大中后,杨氏诸子登进士第者十人:嗣复子授、技、拭、扔;绍复子擢、拯、据、揆;师复子拙、振等。擢终给事中。拯司封员外郎。据右补阙。揆左谏议大夫。拙左庶子。振左拾遗。"

《登科记考》卷二七《附考·进士科》云扬搩及第。按：参考大中九年进士科杨授条。

【杨抃】京兆府人，祖於陵官至左仆射，父嗣复官至宰相。抃约在大中后登进士科。

《旧唐书》卷一六四《杨於陵传》："杨於陵字达夫，弘农人。汉太尉震之第五子奉之后。曾祖珪，为辰州掾曹。祖冠俗，奉先尉。父太清，宋州单父尉。於陵……子四人：景复、嗣复、绍复、师复。嗣复自有传。景复位终同州刺史。绍复进士擢第，弘辞登科，位终中书舍人。师复位终大理卿。大中后，杨氏诸子登进士第者十人：嗣复子授、技、拭、抃；绍复子擢、拯、据、搩；师复子拙、振等。擢终给事中。拯司封员外郎。据右补阙。搩左谏议大夫。拙左庶子。振左拾遗。"

《新唐书》卷一七四《杨嗣复传》："杨嗣复字继之。……俄与李珏并拜同中书门下平章事……宣宗立，起为江州刺史。以吏部尚书召，道岳州卒，年六十六。赠尚书左仆射，谥曰孝穆。"

《登科记考》卷二七《附考·进士科》云杨抃及第。按：参考大中九年进士科杨授条。

【杨擢】京兆府人，祖於陵官至左仆射，父绍复官至中书舍人。约在大中后登进士科，官至给事中。

《旧唐书》卷一六四《杨於陵传》："杨於陵字达夫，弘农人。汉太尉震之第五子奉之后。曾祖珪，为辰州掾曹。祖冠俗，奉先尉。父太清，宋州单父尉。於陵……子四人：景复、嗣复、绍复、师复。嗣复自有传。景复位终同州刺史。绍复进士擢第，弘辞登科，位终中书舍人。师复位终大理卿。大中后，杨氏诸子登进士第者十人：嗣复子授、技、拭、抃；绍复子擢、拯、据、搩；师复子拙、振等。擢终给事中。拯司封员外郎。据右补阙。搩左谏议大夫。拙左庶子。振左拾遗。"

《登科记考》卷二七《附考·进士科》云杨擢及第。按：参考大中九年进士科杨授条。

【吴康仁】江南人。约在大中中登进士科。

《全唐诗》第十八册卷五八九，李频《送太学吴康仁及第南归》："因为太学选，志业彻春闱。首领诸生出，先登上第归。"《登科记考》卷二七《附考·进士科》云吴康仁及第。按：（元）辛文房《唐才子传》卷七《李频》云"（李频）大中八年，颜标榜擢进士"，则吴康仁应在大中中及第。黄震云《〈登科记考〉甄补》将吴康仁补在咸通五年下，不确。

【陈玩】一作"陈琬"。大中十一年（857）或稍前登进士科，大中十二年（858）登博学宏词科。

（唐）李冗《独异志》卷中《贤君鉴》："唐宣宗十二年，前进士陈玩等三人应博学宏词选。所司考定名第，及诗、赋、论进呈讫，上于延英殿，诏中书舍人李潘等对。上曰：'凡考试之中，重用字如何？'中书对曰：'赋即偏枯丛杂，论即褒贬是非，诗即缘题落韵。'"按：《云溪友议》卷中记载略同。

（宋）李昉等《太平广记》卷一九九《文章二·唐宣宗》引《云溪友议》："唐宣宗朝，前进士陈玩等三人应博士宏词，所司考定名第及诗赋论。"按："博士宏词"，当为"博学宏词"。

《登科记考补正》卷二七《附考·进士科》录载陈琬(陈玩)。

【陈昼】大中十年(856)前登进士第。历左拾遗。

《全唐文》卷七九五,孙樵《唐故仓部郎中康公墓志铭》:"唐尚书仓部郎中姓康氏,以咸通十三年月日,薨于郑州官舍。其年月日,前左拾遗陈昼寓书孙樵曰……(公)大中二年复调授京兆府参军。其年冬,为进士试官,峭独不顾,虽权势莫能挠。其与选者,不逾年继踵升第,故中书侍郎高公璩、尚书仓部郎中杨嵒、太常博士杜敏求、今春官贰卿崔公殷梦、尚书屯田郎中崔亚、前左拾遗陈昼及樵十辈,皆出其等列也。"

《唐代墓志汇编》大中一一三,大中十年(856)五月十八日《唐故鸿胪卿致仕支公小娘子墓志铭》,题下署名"从表生前乡贡进士陈昼撰"。按:此碑立于大中十年五月十八日后。

【陈锴】大中五年(851)后登进士科。

(唐)裴庭裕《东观奏记》卷上:大中五年白敏中免相,"暇日与前进士陈锴销忧阁静话"。

《登科记考》卷二七《附考·进士科》录载陈锴。

【张云】南阳人。大中十年(856)前登进士科。历集贤校理。

《唐代墓志汇编》大中一二〇,蒋伸撰大中十年(856)十月二十七日《唐故天平军节度郓曹濮等州观察处置等使朝请大夫检校礼部尚书使持节郓州诸军事兼郓州刺史御史大夫上柱国赐紫金鱼袋赠兵部尚书孙府君(景商)墓志铭并序》:"公讳景商,字安诗,乐安人也……王父讳遘,年未弱冠,两登制策殊等,至左补阙。父讳起,有才不展,终滑州白马县令。大和二年,清河崔公郾下擢进士甲科,赴诸侯之辟于蜀西川、于荆,于越……征拜给事中,半岁,为京兆尹……迁刑部侍郎……出拜天平军节度……大中十年(卒)……赠兵部尚书……祔先茔,葬于河南府也……长嫁南阳张云,云文敏之士,第进士,今为集贤校理。"

刘汉忠《〈登科记考〉摭遗》补入。

【张贲】字润卿,南阳人。大中中登进士科。历侍御史,官至广文馆博士。

(宋)计有功《唐诗纪事》卷六四《张贲》:"贲,字润卿,南阳人。登大中进士第,唐末为广文博士。"

(明)王鏊《姑苏志》卷三八《宦迹二》:"(咸通中)南阳张贲侍御,陇西李毂皆有词。"

《登科记考》卷二七《附考·进士科》录载张贲。

【郑迈】大中二年(848)前进士及第。监察御史李俊素女婿。

《全唐文补遗》千唐志斋新藏专辑,韦琮撰大中二年(848)三月二十二日《唐故监察御史陇西李公(俊素)墓志铭并序》:"公讳俊素,字明中,其先陇西人,后魏姑臧公之裔也……三女:长适前进士郑迈。次许嫁外甥前进士窦戎。"

【郑项】范阳人。进士及第。

《全唐文补遗》第六辑,卢韶撰大中十二年(858)五月十二日《唐故范阳卢氏(韶)荥阳郑夫人墓志铭》:"夫人之兄五人……次兄曰颐,前进士,未及诸侯之命,以疾殁于招国私第。次曰项,后五年继踵于春官。其人文之美,无以加焉。次曰就,常以二昆未立,不愿偕进。每自养勇,尤精于八韵,同志者伏其能。驱车西来,果一战而捷,人不以为忝。"

【郑就】范阳人。进士及第。

《全唐文补遗》第六辑,卢轺撰大中十二年(858)五月十二日《唐故范阳卢氏(轺)荥阳郑夫人墓志铭》:"夫人之兄五人……次兄曰颙,前进士,未及诸侯之命,以疾殁于招国私第。次曰项,后五年继踵于春官。其人文之美,无以加焉。次曰就,常以二昆未立,不愿偕进。每自养勇,尤精于八韵,同志者伏其能。驱车西来,果一战而捷,人不以为忝。"

【郑颀】字廷美,范阳人;祖绲,官至太子太傅;父宪官尚书右丞。进士及第。历官秘书省校书、山南西道掌书记、鄠县尉、监察御史里行。

《全唐文补遗》第六辑,郑颀撰咸通九年(868)十一月八日《唐故(郑颀妻)范阳卢夫人墓志铭并序》:"夫人姓卢氏,范阳涿郡人也……行年十六,适于荥阳郑颀。颀即相国、太子太傅致仕、赠太师绲之孙,尚书右丞宪之子。太傅公以殊庸盛烈,光佐六朝;右辖公以重德全才,扬名四海。颀登进士第,由试秘书省校书、山南西道掌书记,历鄠县尉。盐铁使王公奏授监察御史里行,充巡官。"按:《新唐书》卷七五上《宰相世系表》五上载郑颀世系为:祖绲,职方郎中;父宪,字均持。颀字廷美。据墓志,颀之祖父当为郑绲。

【郑颙】范阳人。进士及第。

《全唐文补遗》第六辑,卢轺撰大中十二年(858)五月十二日《唐故范阳卢氏(轺)荥阳郑夫人墓志铭》:"夫人之兄五人……次兄曰颙,前进士,未及诸侯之命,以疾殁于招国私第。次曰项,后五年继踵于春官。其人文之美,无以加焉。次曰就,常以二昆未立,不愿偕进。每自养勇,尤精于八韵,同志者伏其能。驱车西来,果一战而捷,人不以为忝。"

【封特卿】冀州蓨人,祖谅官卑,从父敖官至户部尚书。约在大中中登进士科。历位清显。

《旧唐书》卷一六八《封敖传》:"封敖字硕夫,其先渤海蓨人。祖希奭。父谅,官卑。敖……入为户部尚书,卒。子彦卿、望卿,从子特卿,皆进士及第,咸通后,历位清显。"

《新唐书》卷一七七《封敖传》:"封敖字硕夫,其先盖冀州蓨人。元和中,署进士第,江西裴堪辟置其府,转右拾遗……复为工部侍郎……复拜太常,进尚书右仆射……卒。子彦卿、望卿,从子特卿,皆第进士。"按:封氏兄弟在咸通后历清显,其兄彦卿大中元年进士及第,则特卿登第应在大中年间。

《登科记考》卷二七《附考·进士科》录载封特卿。

【封望卿】冀州蓨人,祖谅官卑,父敖官至户部尚书。约在大中中登进士科。历位清显。

《旧唐书》卷一六八《封敖传》:"封敖字硕夫,其先渤海蓨人。祖希奭。父谅,官卑。敖……入为户部尚书,卒。子彦卿、望卿,从子特卿,皆进士及第,咸通后,历位清显。"

《新唐书》卷一七七《封敖传》:"封敖字硕夫,其先盖冀州蓨人。元和中,署进士第,江西裴堪辟置其府,转右拾遗……复为工部侍郎……复拜太常,进尚书右仆射……卒。子彦卿、望卿,从子特卿,皆第进士。"按:封氏兄弟在咸通后历清显,其兄彦卿大中元年进士及第,则望卿登第应在大中年间。

《登科记考》卷二七《附考·进士科》录载封望卿。

【柳翰】大中九年(855)前登进士第。

(唐)裴庭裕《东观奏记》卷下:"大中九年正月十九日……吏部侍郎、兼判尚书铨事裴杨谂……主试宏、拔两科。其年,争名者众,应宏词选……前进士柳翰,京兆尹柳熹处先得赋题,讬词人温庭筠为之。"按:柳翰在大中九年前登进士第。

【郭龚】江南人。大中年间进士。

(宋)计有功《唐诗纪事》卷五六《郭龚》:"龚,大中时江南进士也。"

【崔亚】大中年间登进士第。历尚书屯田郎中、眉州刺史。

《全唐文》卷七九五,孙樵《唐故仓部郎中康公墓志铭》:"唐尚书仓部郎中姓康氏,以咸通十三年月日,薨于郑州官舍。其年月日,前左拾遗陈昼寓书孙樵曰……(公)大中二年复调授京兆府参军。其年冬为进士试官,峭独不顾,虽权势莫能挠。其与选者,不逾年继踵升第。故中书侍郎高公璩、尚书仓部郎中杨嵓、太常博士杜敏求、今春官贰卿崔公殷梦、尚书屯田郎中崔亚、前左拾遗陈昼及樵十辈,皆出其等列也。"按:《唐代墓志汇编》大中一一三,大中十年(856)五月十八日《唐故鸿胪卿致仕支公小娘子墓志铭》,题下署名"从表生前乡贡进士陈昼撰",可知陈昼于大中十年前登进士第,则崔亚亦当于大中年间及第。

(五代)孙光宪《北梦琐言》卷一一《程贺为崔亚持服》:"唐崔亚郎中典眉州,程贺以乡役差充厅子……崔公见贺风味有似儒生,因诘之曰:'尔读书乎?'贺降阶对曰:'薄涉艺文。'崔公指一物,俾其赋咏,雅有意思。处分令归。选日装写所业执贽,甚称奖之……凡二十五举及第。"此事另见(宋)李昉等《太平广记》卷一八三《贡举六·程贺》,所记略同。

(宋)计有功《唐诗纪事》卷六七《程贺》:"崔亚典眉州,贺为厅仆,崔见其风味不常,问曰:'尔读书乎?'曰:'薄涉艺文。'崔指一物令咏之,雅有意旨。因令归,选日装写所业执贽,称奖于诸公间,凡二十五举及第。时中和二年也。"

【崔沂】字德润,郡望博陵,贯长安,父铉官至宰相。约在宣宗大中年间登进士科。历监察、补阙、谏议大夫,后梁官至礼部尚书,后唐官至尚书左丞,赠太子少傅。

《旧五代史》卷六八《崔沂传》:"崔沂,(案《新唐书·宰相世系表》:沂,字德润。)大中时宰相魏公铉之幼子也。兄沆,广明初亦为宰辅。沂举进士第,历监察、补阙。昭宗时,累迁至员外郎、知制诰……移为谏议大夫。入梁,为御史司宪,纠缪绳违,不避豪右。开平中,金吾街使寇彦卿入朝……迁左司侍郎,改太常卿,转礼部尚书……庄宗兴复唐室,复用为左丞,判吏部尚书铨选司,坐累谪石州司马。明宗即位,召还,复为左丞。以衰疾告老,授太子少保致仕。卒于龙门之别墅,时年七十余。赠太子少傅。"

《登科记考》卷二二,大中五年进士科条云崔沆及第,则其弟沂登第当距大中五年不远。参考大和元年进士科崔铉条。

乾隆甲辰校刊《长安志》卷九:"荆南节度使同中书门下平章事魏国公崔铉宅。"按:崔沂籍贯当在京兆长安。

【崔垂休】博陵人,名彻,以字行。大中末登进士第。官至侍中。

(唐)孙棨《北里志》之《王团儿》:"王团儿……长曰小润……小天崔垂休(注:名彻,本字似之,及第时年二十),变化年溺惑之,所费甚广。尝题记于小润髀上,为山所见,赠诗曰:'慈恩塔下亲泥壁,滑腻光华玉不如。何事博陵崔四十,金陵腿上逞欧书?'(垂休本第四十,后改为四十一,即崔四十崔相也。)"按:《北里志》多记大中间事,则垂休登第应在此前后。(宋)宋敏求《长安志》卷七《唐皇城·次南开化坊》:"前司徒兼侍中崔垂休宅。"

【敬翊】大中九年(855)前进士及第。

(唐)裴庭裕《东观奏记》卷下:"(大中九年)初裴谂兼上铨,主试宏拔两科,其年争名者众,应宏词选,前进士苗台符、杨岩、薛诉、李询古、敬翊已下,一十五人就试。"

【路岩】字鲁瞻,魏州阳平冠氏人,祖季登官至左谏议大夫,父群官至中书舍人。大中间登进士第。历从事,官至宰相,封魏国公。

《洛阳新获七朝墓志》,颜标撰咸通十年(869)十月十日《唐琅邪颜夫人阳平路氏墓铭并序》:"夫人姓路氏,以嗜佛号曰自在心,其先阳平人也……堂兄故晋州刺史赠礼部侍郎岳,今门下侍郎岩,皆以才望进。以大中十年十一月归于颜氏。"按:墓志撰者颜标为大中八年(854)进士科状元,据志,颜标状元及第后两年娶路氏。

《旧唐书》卷一九上《懿宗》:"(咸通七年十一月十日)以翰林学士承旨、户部侍郎路岩为兵部侍郎、同中书门下平章事。"按:是年路岩三十六岁,则其登第当在大中年间。

《旧唐书》卷一七七《路岩传》:"路岩者,字鲁瞻,阳平冠氏人也。祖季登,大历六年登进士第,累辟诸侯府。升朝为尚书郎,迁左谏议大夫,卒。生三子,群、庠、单,皆登进士第。群,字正夫,既擢进士,又书判拔萃,累佐使府。入朝为监察御史。穆宗初即位,遣使西北边犒宴军士,称旨,累加兵部郎中。大和二年,迁谏议大夫,以本官充侍讲学士。四年,罢侍讲为翰林学士。五年,正拜中书舍人……(群)二子:岳、岩,大中中相次进士登第。岩,幼聪敏过人,父友践方镇,书币交辟,久之方就。数年之间,出入禁署。累迁中书舍人、户部侍郎。咸通三年,以本官同平章事,年始三十六。在相位八年,累兼左仆射。"

《新唐书》卷一八四《路岩传》:"路岩字鲁瞻,魏州冠氏人……岩幼惠敏过人,及进士第,父时故人在方镇者交辟之,久乃答。懿宗咸通初,自屯田员外郎入翰林为学士,以兵部侍郎同中书门下平章事,年三十六。居位八岁,进至尚书左仆射……以劳迁兼中书令,封魏国公……诏赐死。"

(宋)王谠撰,周勋初校证《唐语林校证》卷三《识鉴》:"懿宗晚年政出群下。路岩年少固位,一旦失势,当路皆仇隙,中外沸腾,所指未必实也。初,岩为淮南崔铉度支使,除监察,十年不出京师,致位宰相。铉谓岩必贵,尝曰:'路十终须与他那一官!'自监察入翰林,铉犹在淮南,闻曰:'路十如今便入翰林,何能至老?'皆如言。"

《登科记考》卷二七《附考·进士科》录载路岩。

【路岳】魏州阳平冠氏人,祖季登官至左谏议大夫,父群官至中书舍人。大中登进士第。历两郡刺史,入为给事中。

《洛阳新获七朝墓志》,颜标撰咸通十年(869)十月十日《唐琅邪颜夫人阳平路氏墓铭并序》:"夫人姓路氏,以嗜佛号曰自在心,其先阳平人也……堂兄故晋州刺史赠礼部侍郎岳,今门下侍郎岩,皆以才望进。以大中十年十一月归于颜氏。"按:墓志撰者颜标为大中八年(854)进士科状元,据志,颜标状元及第后两年娶路氏。

《旧唐书》卷一七七《路岩传》:"路岩者,字鲁瞻,阳平寇氏人也。祖季登,大历六年登进士第,累辟诸侯府。升朝为尚书郎,迁左谏议大夫,卒。生三子,群、庠、单,皆登进士第。群,字正夫,既擢进士,又书判拔萃,累佐使府。入朝为监察御史。穆宗初即位,遣使西北边犒宴军士,称旨,累加兵部郎中。大和二年,迁谏议大夫,以本官充侍讲学士。四年,罢侍讲为翰林学士。五年,正拜中书舍人……(群)二子:岳、岩,大中中相次进士登第……岳,历两郡刺史,入为给事中。"

《登科记考》卷二七《附考·进士科》录载路岳。

【窦戎】大中二年(848)前进士及第。监察御史李俊素女婿。

《全唐文补遗》千唐志斋新藏专辑,韦琮撰大中二年(848)三月二十二日《唐故监察御史陇西李公(俊素)墓志铭并序》:"公讳俊素,字明中,其先陇西人,后魏姑臧公之裔也……三女:长适前进士郑迈。次许嫁外甥前进士窦戎。"

【濮阳宁】大中中登进士科。曾为馆驿巡官。

《宝刻丛编》引《集古录目》:"《唐闽迁新社记》,摄馆驿巡官、前进士濮阳宁撰。或疑'宁'为'守'之讹。"按:濮阳守为大历进士,此记立于大中十年,知其非误。

《登科记考》卷二七《附考·进士科》云濮阳宁登第。

附考明经（宣宗朝明经）

【韦宪】十四岁升明经第,大中十三年(859)前进士及第。

《全唐文补遗》千唐志斋新藏专辑,韦宪撰大中十三年(859)九月二日《唐故(韦君妻)天水郡赵夫人(真源)玄堂志》:"夫人法讳真源……有子曰宪,幼习诗礼。虽年从外傅,而诱开必先,实赖慈训。生十四年,升孝廉第……洎子登秀才科,夫人泣曰:乃亲之荣,谅无易此!"按:据志文,韦宪明经及第后又考中进士。

【韦思道】大中初明经及第。历任汝州参军、陕州灵宝尉。

《唐代墓志汇编》咸通〇二三,张之美撰咸通三年(862)十二月二十六日《渤海李氏一娘子墓志铭并序》:"一娘子姓李氏,京兆鄠县人。元和中,以柔顺著于乡里,故从于我陕州士曹韦公。公宰相家,门大族盛,中功期功逾百人……三子,长曰思道,明经及第,初任汝州参军,再任汝州参军,再任陕州灵宝尉。次崇,亦明经入仕,释褐参河南府军事……咸通初,以崇守官获俸,故自灵宝迁居洛中。至三年十一月廿三日,以微疾告谢于东都尊贤里之私第。春秋六十六。韦氏家世俭约,思道等不敢隳紊,即以其年十二月廿六日祔葬于大茔河南府洛阳县清风乡郭村礼也。"按:此碑写于咸通三年,则墓主人诸子登科应在大中初前后。

罗继祖《登科记考补》补入,王其祎、周晓薇《〈登科记考〉补续》又误补入。

【韦崇】大中初明经及第。释褐参河南府军事。

《唐代墓志汇编》咸通〇二三,张之美撰咸通三年(862)十二月二十六日《渤海李氏一娘子墓志铭并序》:"一娘子姓李氏,京兆鄠县人。元和中,以柔顺著于乡里,故从于我陕州士曹韦公。公宰相家,门大族盛,中功期功逾百人……三子,长曰思道,明经及第,初任汝州参军,再任汝州参军,再任陕州灵宝尉。次崇,亦明经入仕,释褐参河南府军事……咸通初,以崇守官获俸,故自灵宝迁居洛中。至三年十一月廿三日,以微疾告谢于东都尊贤里之私第。春秋六十六。韦氏家世俭约,思道等不敢隳紊,即以其年十二月廿六日祔葬于大茔河南府洛阳县清风乡郭村礼也。"按:此碑写于咸通三年,则墓主人诸子登科应在大中初前后。

罗继祖《登科记考补》补入,王其祎、周晓薇《〈登科记考〉补续》又误补入。

【支让】河南府河南县人,祖成官至随州刺史,父竦官至鸿胪卿。约在大中中登明经科,复举超绝科。

《唐代墓志汇编》大中一一〇,朱贺撰大中十年(856)五月十八日《唐故赠随州刺史太子詹事殿中监支公(成)墓志铭并序》:"公讳成,字良器,世家江左间……累赠随州刺史……享年六十二,元和十三年六月二日卒……太君生子三人:……次子竦,皇任云……五州刺史……鸿胪卿致仕……公之孙见存十二人……鸿胪公子……让、讬,通经得第,让应超绝科,讬暨诩谦文学奇赡,举进士……初鸿胪公(卒)……以大中十年……葬于河南府河南县……遵先旨也。"

罗继祖《登科记考补》补入。

【支讬】河南府河南县人,祖成官至随州刺史,父竦官至鸿胪卿。约在大中中登明经科,复举进士科。

《唐代墓志汇编》大中一一〇,朱贺撰大中十年(856)五月十八日《唐故赠随州刺史太子詹事殿中监支公(成)墓志铭并序》:"公讳成,字良器,世家江左间……累赠随州刺史……享年六十二,元和十三年六月二日卒……太君生子三人:……次子竦,皇任云……五州刺史……鸿胪卿致仕……公之孙见存十二人……鸿胪公子……让、讬,通经得第,让应超绝科,讬暨诩谦文学奇赡,举进士……初鸿胪公(卒)……以大中十年……葬于河南府河南县……遵先旨也。"

罗继祖《登科记考补》补入。

【卢巡儿】大中初明经及第。

《全唐文补遗》第八辑,卢嘏撰大中八年(854)八月八日《唐知盐铁陈许院事朝议郎侍御史上柱国范阳卢方回妻陇西李夫人墓志铭并序》:"夫人姓李氏,其先陇西成纪人也……有子男子三人:曰巡儿、曰小巡、曰小匠。巡儿能通两经,得孝廉第。"按:据志文,巡儿当在大中初年明经及第。

【卢谔】范阳涿郡人,父韬,均州刺史。得明经第。为陕州文学。

《全唐文补遗》第六辑,卢韬撰大中十二年(858)五月十二日《唐故范阳卢氏(韬)荥阳郑夫人墓志铭》:"韬未婚前有两男一女,皆以成人。男曰诇,举进士。次曰谔,以经业出身。"同书卢震撰咸通十二年(871)十月七日《唐故朝议郎使持节均州诸军事守均州刺史范阳卢府君(韬)墓志铭》:"公讳韬,字子致,范阳涿郡人……公未娶之前有二男二女,今惟少子谔存焉。得明经第,为陕州文学。"

【田行源】字汪之,京兆府人。大中初登明经科。解褐荣州纠曹掾,调补犀蒲令。

《全唐文补遗》第二辑,万俟镕撰大中十三年(859)十二月九日《唐故朝议郎成都府犀浦县令京兆田府君(行源)墓志铭并序)》:"田氏本于妫,滋于齐,今为京兆人。人物衣冠载于史,系于谍,此不书。公讳行源,字汪之,以明二经擢第,释褐衣授荣州纠曹掾,次授成都府新繁尉,魏成、什邡二县令。大中十一年调补犀浦令。十三年七月十五日殁于犀浦县官舍,七十九。曾王父澈,皇邓州司马;大父于珍,皇银青光禄大夫、太子家令;考沔,皇成都府双流县尉;姚昌黎韩氏,外祖荣,皇猴氏县令。夫人陇西李氏,门族具前志,先于公六年而殁,归葬于长安县永寿乡,其里号中大韦村。"按:大中十一年前田氏已为官四任,其及第当在大中初。

【皮行修】襄阳竟陵人。约在宣宗前后登明经科。官至项城令。

《全唐文》卷七九九,皮日休《皮子世录》:"从翁讳行修,明经及第,累官至项城令,以盗不发贬州掾卒。时日休之世,以远祖襄阳太守子孙因家襄阳之竟陵,世世为襄阳人。自有唐以来,或农竟陵,或隐鹿门,皆不拘冠冕,以至皮子。"

《登科记考》卷二七《附考·明经科》云皮行修及第,皮日休撰《皮子世录》:"从翁讳行修,明经及第,官至项城令。"

【孙俐】字可器,河南巩人,父向官至监察御史。大中间明经及第。

《唐代墓志汇编》大中〇九二,孙向撰大中九年(855)闰四月二十四日《唐故乡贡进士孙府君(俐)墓志》:"府君讳俐,字可器,河南巩人也……泪曾祖讳嘉之,为秘书监;曾王父讳遭,历左补阙内供奉;大王父讳起,滑州白马县令赠尚书工部侍郎;祖妣夫人陇西李氏,封陇西郡君,生姑适崔氏,生景商;祖妣夫人河东裴氏,封河东郡君,生向,即府君之父焉……虽始与举明经第,实冀策进士。"按:志主大中九年(855)四月廿四日卒,春秋十九,则其明经及第当在大中年间。又墓志撰者署"父前试大理评事兼监察御史孙向撰"。

《唐代墓志汇编》大中〇九五,孙纾撰大中九年(855)七月廿五日《唐前试大理评事兼监察御史孙公(向)亡妻陇西李氏墓志铭并序》:"祖母夫人姓李氏,其先陇西人也……男□,前乡贡明经,先夫人数月而卒。"按:李氏卒于大中九年(855)六月十六日。

【杨询】父官至翰林待诏。大中九年(855)前应学究举。

《全唐文补遗》第八辑,大中九年(855)五月十三日《大唐朝议大夫守衢王傅兼翰林待诏上柱国赐紫金鱼袋杨公故夫人谯县君曹氏墓志铭并序》:"夫人曹氏,京兆人也……夫人有子四人:……次曰询,应学究举。"按:杨询应学究举应在大中九年之前。

【杨诨】弘农华阴人,贯洛阳河南县,父汉公官至户部尚书。约在大中中登礼科及第。历著作佐郎。

《全唐文补遗》第六辑,郑熏撰咸通二年(861)十一月二十七日《唐故银青光禄大夫检校户部尚书使持节郓州诸军事守郓州刺史充天平军节度郓曹濮等州观察处置等使御史大夫上柱国弘农郡开国公食邑二千户弘农杨公(汉公)墓志铭并序》:"公讳汉公,字用乂,弘农华阴人也……继夫人韦氏,开元宰相安石之玄孙,歙州刺史同则之女也……一女适前进士周慎辞……别七子曰诨,以志学取礼科,今为著作佐郎;曰郡,曰同,曰艮,曰巽,曰涣,曰升……道病归于东都。以咸通二年七月十日,薨于宣教坊之私第……归葬于河南县金谷乡尹村北邙山之南木麓。"按:墓志立于咸通二年,礼科之具体内容待考。参考元和八年进士科条杨汉公小传。

【余珦】郡望会稽,贯河南府洛阳,祖凭苏州吴县尉,父从周官至刑部员外郎。大中五年(851)前明经科登第。

《唐代墓志汇编》大中〇六〇《唐故尚书员外郎会稽余公夫人河南方氏合祔墓志铭》:"大中五年秋八月癸卯尚书刑部员外郎余君卒……或曰同为秘书官,或曰尝同为贡士……以明经为乡里所举。再举登上第……有司考其言,拔萃居四等,因授秘书省正字……历数年,又从吏部选。其试不求高于人,而下笔自入高等,遂授鄂县尉,因乞假迎其亲。至洛而丁亲丧……且曰:君讳从周,字广鲁,其先会稽人……祖讳庭,仕为饶州司户参军;父讳凭,仕为苏州吴县尉……享年四十有六……生男子五人,曰珦……已升明经第。"按:此条墓志铭收入《洛阳出土历代墓志辑绳》大中五年权寔撰《余从周夫人方氏墓志》。以从周大中五年享年四十六推断,则珦登第应在大中五年前。

《唐朝墓志汇编续集》录《洛阳出土历代墓志辑绳》之《余凭夫人洪氏墓志》:"有子二人,长曰从周……从周幼而明敏,与众殊,专经擢第,复鸣金甲科,授鄂县尉。遂乞乎东归,迎养以就禄。"按:上引志为从周母洪氏墓志,洪氏会昌元年卒,则从周于此前及第。

罗继祖《登科记考补》补入。

【郑迪】河南府洛阳县人,祖修官至辰州录事参军,父质官至殿中侍御史。大中十四年(860)九月前登明经科。

《唐代墓志汇编》大中一六五,大中十四年(860)十月二十一日《唐故乡贡进士荥阳郑府君(垒)墓志并叙》:"公讳垒,字子固,其先荥阳人也。曾祖之秀,皇昇州司功参军;祖修,皇辰州录事参军;父质,皇殿中侍御史知福先院。公即福先之幼公子也。公性惠敏,幼好诗书,至于时事,皆自生知。噫!天不福善,遽罹祸罚,以大中十四年九月廿七日寝疾,终于东都德懋里之私第,享年廿五。公无嗣,以犹子小温继绍于后,以其年十月廿一日权窆于河南府洛阳县平阴乡成村礼也。"按:墓志署"仲兄前乡贡明经迪撰",郑迪登第当在大中十四年九月之前。

王其祎、周晓薇《〈登科记考〉补续》补入。

【郑特】郡望荥阳,贯河南府河南县。大中间登明经科。历许州堰城主簿。

《唐代墓志汇编》咸通〇〇六,崔居晦撰咸通二年(861)五月二十三日《唐故宋州砀山县令荥阳郑府君(纪)故范阳卢氏夫人墓志铭并序》:"府君讳纪,字龟年,官至宋州砀山县令。会昌元年十一月廿一日,薨于河南府长水县之故居。府君先代官冕名讳德风之事,已备形于前志,此不复叙述……夫人有二子……次曰特,经明登第,选授许州郾城主簿。"按:此碑立于咸通二年,则郑特登第当在大中间。

罗继祖《登科记考补》补入。王其祎、周晓薇《〈登科记考〉补续》补入制科。

【孟蔚】平昌安丘人,父璏官至朝请大夫守京兆少尹。大中十四年(860)前明经及第。

《全唐文补遗》第八辑,孟球撰大中十四年(860)四月十四日《唐故朝请大夫守京兆少尹上柱国孟公(璏)墓志铭》:"公讳璏,字虞颂,平昌安丘人……凡五子……曰蔚,明经及第。"按:孟蔚当在大中十四年前明经及第。

【柳孝让】河东人。大中十四年(860)前登明经第。授并州文学。

《全唐文补遗》第八辑,崔格撰大中十四年(860)二月二十一日《故东都安国观大洞王炼师(虚明)墓铭并序》:"炼师讳虚明,太原祁人也……及笄,归于大理评事河东柳君汶实,生二男二女……长男孝让,登明经第,调补并州文学。"按:志云长男孝让登明经第,则当在大中十四年之前。

【柳批】京兆府人,父仲郢官至刑部尚书。大中中登明经科,释褐秘书正字,又登拔萃科。历昭义军节度使度支推官、泽潞节度使副使、山南东道节度使掌书记,官至御史大夫。

《旧唐书》卷一六五《柳公绰传附柳仲郢传》:"柳公绰字起之,京兆华原人也……子仲郢,弟公权、公谅。仲郢……守刑部尚书。咸通初,转兵部,加金紫光禄大夫、河东男、食邑三百户……子珪、璧、批……批应两经举,释褐秘书正字。又书判拔萃,高湜辟为度支推官。逾年,拜右补阙。湜出镇泽潞,奏为节度副使。入为殿中侍御史。李蔚镇襄阳,辟为掌书记。湜再镇泽潞,复为副使。入为刑部员外。湜为乱将所逐,贬高要尉,批三上疏申理。湜见疏本叹曰:'我自辨析,亦不及此。'寻出广州节度副使。明年,黄巢陷广州,郡人邓承勋以小舟载批脱祸。召为起居郎。贼陷长安,为刃所伤,出奔行在,历谏议给事中,位至御史大夫。"

《新唐书》卷一六三《柳公绰传》:"柳公绰字宽,京兆华原人……子仲郢……子璞、珪、璧、批……批以明经补秘书正字,由书判拔萃,累转左补阙。高湜再镇昭义,皆表为副,擢刑部员外郎。湜贬高要尉,批三疏申理。湜后得稿嗟叹,以为其言虽自辨不加也。出为岭南节度副使……再迁中书舍人、御史中丞。文德元年,以吏部侍郎修国史,拜御史大夫。直清有父风,昭宗欲倚以相,中官潜批烦碎,非廊庙器,乃止。坐事贬泸州刺史,卒。"

《登科记考》卷二七《附考·明经科》云柳批及第。

【独孤献】京兆府万年县人,祖寔官至员外郎,父骧官至著作郎兼侍御史。大中末登明经科。

《唐代墓志汇编续集》咸通○○二,独孤霖撰咸通二年(861)二月二十八日《唐故兖海观察支使朝散大夫检校秘书省著作郎兼侍御史河南独孤府君(骧)墓志铭并序》:"君讳骧,字希龙,临川八世孙也。曾祖讳道济,蔡州长史,赠秘书少监;王父讳愐,尚书右司郎中赠工部尚书;皇考讳寔,尚书膳部员外郎国子博士;夫人博陵崔氏。尚书天宝末制策登□员外,贞元初进士擢第。文学之美,世济家传。君即员外之次子也。举明经,初补鄂州文学。再调授同州冯翊县尉,除司农寺主簿,充右街使判官,又授光禄寺丞,知兵部甲库。久之去职,迁太子舍人,充海辟观察支使,拜检校秘书省著作郎兼侍御史。无几奏加章服,授五品阶。府罢,赴荐未朝拜。咸通元年闰十月二十三日暴疾,一夕而终,年五十七。明年二月二十八日祔葬于万年县铜人原。娶赵郡李氏,河中府虞乡县尉李翼之女。三子,长曰献,前乡贡明经。"按:骧卒于咸通元年,二年祔葬万年县,则其长子献明经及第均在此前,其本人及第应在文宗前后。

【崔特】大中年间明经及第。官至左千牛卫胄曹参军。

《全唐文补遗》第九辑,崔特撰咸通十三年(872)二月十四日《唐登仕郎前守左千牛卫胄曹参军崔特自铭(夫人于氏墓志铭)》:"夫人姓于氏,代为河南洛阳人……大中九年,特客于蜀。时湖南常侍□事于丞相白公,□特□□□□□得阶于门下。虽慎言之道,有愧南容;而坦腹之知,叨名东榻。其年,特以明经调选。明年,授同州参军事。"按:据志文,崔特当在大中年间明经及第。又:墓主崔特夫人于氏为大中三年(849)进士科状元于珪之女。

【裴宏】字文伟,河东人。约在大中初年明经及第。初授汴州参军,官至京兆府美原县令。

《全唐文补遗》第六辑,柳芘撰咸通十四年(873)二月二十四日《唐故京兆府美原县令河东裴府君(宏)墓志铭并序》:"府君讳宏,字文伟。早以伯父基荫补弘文生,升明经第,调授汴州参军。"按:以其卒于咸通十三年(872)四月,享年五十五推之,裴宏明经及第约在大中初年。

附考诸科(宣宗朝诸科)

【王庥】大中六年(852)前考习三史进身。

《全唐文补遗》第八辑,陶范撰大中六年(852)十一月十七日《唐琅邪王公(宝)故夫人上谷侯氏(罗娘)墓志铭并序》:"夫人字罗娘,其先上谷人也……有子四人:长曰庥,少蕴裂缡之志,考习三史进身。"按:据墓志,王庥考习三史进身当在大中六年前。

【姚安之】吴兴人。约大中中登童子科,咸通中登学究科。历东宫舍人。

《唐代墓志汇编》咸通一〇九,咸通十四年(873)十一月二十四日《唐故朝散郎贝州宗城县令顾府君(谦)墓志铭》:"公讳谦,字自修,其先吴郡人季历丞相肃公之后也……女二人:长适吴郡张聿之,明经出身,解褐苏州华亭县尉;次许嫁吴兴姚安之,登童子学究二科,再命为东宫舍人。"按:此碑立于咸通十四年,则姚安之童子科约在大中中。

《登科记考》卷二七《附考·明经科》云其童子、学究及第。

附考科目选(宣宗科目选)

【韦辂】字德舆。约大中年间登进士第,又应吏部科目选,首冠甲乙。官至平卢军节度副使侍御史内供奉。

《大唐西市博物馆藏墓志》四四二,韦慎枢撰大中十三年(859)十二月十九日《唐故平卢军节度副使侍御史内供奉赐绯鱼袋韦府君墓铭并叙》:"府君讳辂,字德舆,大中十三年九月廿四日,终于青州官舍……府君弱冠登太常第。乃曰:'古人所重乎经明,吾诚无让,然岂徒止一第而已耶。'闻天官有取士科,甄较书判,且雅好之。因复下帷,琢磨覃思。而天与机格,才调高逸,剖析是非,叩击清越,虽老于是者,咸称伏焉。一战而名动搢绅,再试而首冠甲乙。授京兆府参军。"按:据墓志,韦辂进士及第后,又应吏部科目选,首冠甲乙。

【孙朴】光州乐安人。会昌中登进士科,大中初登宏词科。历剑南西川节度使掌书记、徐商掌书记。

《全唐文》卷七七九,李商隐《樊南乙集序》:"余为桂林从事日,尝使南郡……时同寮有京兆韦观文、河南房鲁、乐安孙朴、京兆韦峤、天水赵璜、长乐冯颛、彭城刘允章,是数辈者,皆能文字,每著一篇,则取本去。"

（宋）苏颂《苏魏公文集》卷六三《孙抃行状》:"抃七世祖朴,唐武宣世举进士、宏词,连取甲第。大中五年,从辟剑南节度使府,为掌书记。"

（清）朱鹤龄《李义山诗集注》卷一《和孙朴韦蟾孔雀咏》:"《唐诗纪事》:韦蟾字隐珪,下杜人,表微之子,大中七年进士,为徐商掌书记……与孙朴、韦蟾同官诗,当作于是时。"

《登科记考》卷二七《附考·进士科》云孙朴及第。按:朴盖会昌中进士,大中初宏词科及第,光州安乐人。

卷十五

唐懿宗（李漼）朝（861—874）

咸通二年辛巳(861)

知贡举: 中书舍人薛玿

进士科

【裴延鲁】咸通二年(861)进士科状元及第。历中书舍人、浙东观察使、左散骑常侍。

(宋)孔延之《会稽掇英总集》卷十八《唐太守题名记》:"裴延鲁,咸通十五年六月,自中书舍人授,乾符二年十月二十一日加左散骑常侍授。"

(宋)施宿等《会稽志》卷二《追赴阙》:"裴延鲁,咸通十五年六月自中书舍人授。"按:四库本《浙江通志》卷一一三《职官二》浙江东道诸使条下有裴延鲁。

(元)辛文房撰,傅璇琮主编《唐才子传校笺》(册三)卷八《于濆》:"濆,字子漪,咸通二年裴延鲁榜进士。"

《登科记考》卷二三,咸通二年(861)云裴延鲁进士科状元及第。

【于濆】字子漪,邢州尧山人。咸通二年(861)登进士科。终官泗州判官。

《新唐书》卷六〇《艺文四》:"《于濆诗》一卷。字子漪。"

(宋)计有功《唐诗纪事》卷六一《于濆》:"濆,字子漪,咸通进士,终泗州判官。"

(宋)陈振孙《直斋书录解题》卷一九录载《于濆集》一卷,注:"唐于濆子漪撰。咸通二年进士。"

(元)辛文房撰,傅璇琮主编《唐才子传校笺》(册三)卷八《于濆》:"濆,字子漪,咸通二年裴延鲁榜进士。"

《登科记考》卷二三,咸通二年(861)进士科条云于濆及第。

光绪《畿辅通志》卷三四《选举唐进士附录》:"于濆,尧山人。"

【王季文】字宗素,池州青阳人。咸通二年(861)登进士科。授秘书省校书郎。

(宋)王象之《舆地纪胜》卷二二《江南东路·池州·人物》:"王季文,及第,归隐。"

(宋)计有功《唐诗纪事》卷二九《王季文》:"季文,字宗素,池阳人……登咸通中进士第,授秘书郎。"

《登科记考》卷二七《附考·进士科》云王季文及第。按:此条当删除。胡可先《〈登科记考〉匡补三编》补入。

万历《池州府志》卷五《选举》:"咸通二年,王季文,青阳人。"

光绪《安徽通志》卷一五四《选举志四·进士》:"咸通辛巳榜:王季文,秋浦人。"

【孔绚】曲阜人。咸通二年(861)登进士科。官至县令。

《登科记考》卷二三,咸通二年进士科孔纶条:"《阙里文献考》咸通二年进士有孔绚、孔纶,未知所据,附此俟考。"

乾隆《山东通志》卷十五《选举志·唐》:"孔绚,曲阜人,县令。孔纶,曲阜人,侍郎。"

【孔纶】曲阜人。咸通二年(861)登进士科。历户部员外郎。

《旧唐书》卷一九下《僖宗》："（乾符二年）十一月，以起居郎刘崇龟为礼部员外郎，殿中侍御史孔纶为户部员外郎。"

《登科记考》卷二三，咸通二年（861）进士科条云孔纶及第。

【叶京】字垂孙，建州人。咸通二年（861）登进士科。官至太常博士。

（五代）王定保《唐摭言》卷九《误掇恶名》："华京，建州人也，极有赋名。向游大梁，尝预公宴，因与监军使面熟。及至京师，时已登科，与同年连镳而行，逢其人于通衢，马上相揖，因之谤议喧然。后颇至沉弃，终太学博士。"

（宋）李昉等《太平广记》卷一八三《贡举六·叶京》引《摭言》略同。《通鉴》卷二九〇咸通二年二月条作"叶京"。按：诸本"华京"当为叶京之讹。

《登科记考》卷二七《附考·进士科》云华京及第。按：当删除。

嘉靖《建宁府志》卷一五《选举上·进士》："唐咸通二年辛巳：叶京，见《文学志》，建安人。"同书卷一八《人物文学》："唐：叶京，字垂孙，建安人。工词赋，咸通中登进士第，为太常博士。"

乾隆《福建通志》卷三三《选举》："咸通二年壬午薛迈榜：建安县叶京，传见《文苑英华》。"按：咸通二年为辛巳年。

【牛徵】京兆府人，祖僧孺官至宰相，父丛。咸通二年（861）登进士科。

（宋）计有功《唐诗纪事》卷五三《牛徵》："徵，登咸通二年进士第，丛之子也。"

《登科记考》卷二三，咸通二年（861）进士科条有牛徵及第。按：丛为宰相牛僧孺之子，则徵应为京兆府人。

【李蔼】咸通二年（861）登进士科。

（宋）李昉等《太平广记》卷一八三《贡举六·李蔼》引《卢氏杂说》："李蔼应举功勤，敏妙绝伦，人谓之'束翅鹞子'，咸通二年及第。"

《登科记考》卷二三，咸通二年（861）进士科条云李蔼及第。

【周慎辞】字若讷。咸通二年（861）进士登第。

《全唐文补遗》第六辑，郑熏撰咸通二年（861）十一月二十七日《唐故银青光禄大夫检校户部尚书使持节郓州诸军事守郓州刺史充天平军节度郓曹濮等州观察处置等使御史大夫上柱国弘农郡开国公食邑二千户弘农杨公（汉公）墓志铭并序》："公讳汉公，字用乂，弘农华阴人也……继夫人韦氏，开元宰相安石之玄孙，歙州刺史同则之女也……以咸通二年七月十日，薨于宣教坊之私第……一女适前进士周慎辞。"按：杨汉公咸通二年七月卒，十一月归葬北邙山南麓，是时慎辞已及第。《登科记考》卷二七列周慎辞于《附考·进士科》中。据《旧唐书·懿宗本纪》，大中十四年十二月丁未，改元咸通，次年即咸通二年。综上观之，周慎辞进士及第必在咸通二年无疑。

《新唐书》卷六〇《艺文四》："周慎辞《宁苏集》五卷。字若讷，咸通进士第。"

明经科

【张佶】京兆府长安人。咸通二年（861）登明经科。历宣州节度使从事、湖南观察使行军司马,官至宰相。

《旧五代史》卷一七《张佶传》:"张佶,不知何郡人也。(案《九国志》:佶,京兆长安人。乾宁初,以明经中第,累迁宣州从事,复为秦宗权行军司马。)……开平初,(马)殷表佶为朗州永顺军节度使,累加检校太傅、同平章事。乾化元年夏四月,卒于位。(案《九国志》:乾化初,移镇桂林,卒于治所。)诏赠侍中。(《永乐大典》卷六千三百五十)"按:《旧唐书》卷二○上《昭宗》云秦宗权死于龙纪元年二月己丑,则张佶当在咸通初登第,胡可先《续编》列张佶于咸通元年进士科。按大中十四年十二月丁未改元咸通,则咸通初者,当为咸通二年。

(清)伍崇曜《粤雅堂丛书》本《九国志》卷一一《楚·列传》:"佶,京兆长安人,少通经史,咸通初以明经中第。"

《登科记考》卷二四,乾宁元年(894)明经科引《九国志》:"张佶,京兆长安人。乾宁初以明经中第。"

《登科记考补正》卷二二,咸通二年(861)云张佶明经及第。

咸通三年壬午(862)

知贡举:中书舍人郑从谠

进士科

【薛迈】咸通三年(862)进士科状元及第。历摄观察巡官、司勋员外郎、兵部郎中。

《旧唐书》卷一九下《僖宗》:"(乾符二年)六月,以司勋员外郎薛迈为兵部郎中。"

(明)徐应秋《玉芝堂谈荟》卷二《历代状元》:"懿宗咸通二年,进士三十人,状元薛迈。"

《登科记考》卷二三,咸通三年(862)进士科条云薛迈进士科状元及第。同书卷二七《附考·进士科》薛迈条:"《古刻丛钞》载咸通四年九月三日有摄观察巡官、前进士薛迈。"

乾隆《福建通志》卷三三《选举》:"咸通二年壬午薛迈榜:建安县叶京,传见《文苑英华》。"按:咸通二年为辛巳年。

【王棨】字辅之,福州福唐县人。咸通三年(862)登进士科。历福建团练巡官、江西观察团练判官、大理司直、太常博士、水部郎中。

《全唐文》卷七六七,陈黯《送王棨序》:"黯去岁自褒中还辇下,辅文出新试相示。其间有《江南春赋》,篇末:'今日并为天下春,无江南兮江北。'某即贺其登选于时矣。何者?以辅文家于江南,其词意有是,非前朕耶!今春果擢上第。夏六月,告归省于闽,命序送行。某辞以未第,言不为时重。辅文曰:'吾所知者,惟道与义。岂以已第未第为重轻哉!'愚繇是不得让。鳞群之众也,必圣其龙;羽族之多也,必瑞其凤。凤非四翼,龙非二首,所以异于鳞羽者,惟其稀出耳。向使日百时千,盈川溢陆,则蛇虺鸠雀,无非龙凤矣。其谁曰圣且瑞哉!进士科由汉迄唐,为擢贤之首也。寰瀛之大,亿兆之众,岁贡其籍者,数才于千,有司升其名者,复止于三十。其不为贵而且稀乎!辅文早岁业儒,而深于词赋,其体物讽调,与相如扬雄之流,异代而同工也。故角于文阵,而声光振起。今之中选,是荣其归。想宁庆之晨,为乡里改观。孰不谓人之龙凤乎!懿哉辅文,是行也,足以自重。"按:黄璞《王郎中传》云王棨字辅之。

《全唐文》卷八一七,黄璞《王郎中传》:"王棨字辅之,福唐人也。咸通三年郑侍郎说下进士及第,试《倒载干戈赋》《天骥呈材诗》……成名归觐,廉使杜公宣猷请署团练巡官,景幕意深,将有瑶席之选。公辞以旧与同年陈郎中翬有要约,就陈氏婚好,时益以诚信奇之。初就府荐,冯涓为试官,三箭定天山赋当意,为涓所知。欲显滞遗,明设科第。以宋言为解头,公为第二。时毅夫中丞尹京兆,怒涓不取旨,执命收榜,扳破名第申省。其年等第虽破,公道益彰。凡曾受品题,数年之间,及第殆尽。前今舆论,莫不美冯公之善得其材。荣公之获在其选,从事本府。乞假入关,寻又首捷。玉不去身,赋《春水绿波》诗、《古公去邠论》。李公蔚时擅盛名,自内翰林出为江西观察使,辟为团练判官。自使下监察赴调,复平判入等,授大理司直。未几,除太常博士,入省为水部郎中。公初上第,乡人李颜累举进士,郁有声芳,赠公歌诗:'蓬瀛上客颜如玉,手探月窟如夜烛。笑顾姮娥玉兔言,谓折一枝情未足。'时谓颜状得共美,若有前知。公十九年内三捷,其于盛美,盖七闽未之有也。不幸黄巢窃据京阙,朝士或殍或戮者,不可胜计。公既遇离乱,不知所之。或云归终于乡里焉。"

《登科记考》卷二三,咸通三年(862)进士科条云王棨及第。

淳熙《三山志》卷二六:"咸通二年壬午薛迈榜:王棨,字辅之,福清人,历水部郎中。"

【卢征】咸通三年(862)登进士科。

(宋)李昉等《文苑英华》卷一八五《诗三十五·省试六》之《天骥呈材三首》下有徐仁嗣、卢征、郑賨三人诗。

《登科记考》卷二三,咸通三年(862)进士科条云卢征及第,见《文苑英华》。

【陈翬】咸通三年(862)登进士科。历郎中。

《全唐文》卷八一七黄璞《王郎中传》:"王棨字辅之,福唐人也。咸通三年郑侍郎说下进士及第,试《倒载干戈赋》《天骥呈材诗》……成名归觐,廉使杜公宣猷请署团练巡官,景幕意深,将有瑶席之选。公辞以旧与同年陈郎中翬有要约,就陈氏婚好,时益以诚信奇之。"

《登科记考》卷二三,咸通三年(862)进士科条云陈翬及第。

【郑賨】高邮人。咸通三年(862)登进士科。

(宋)李昉等《文苑英华》卷一八五《诗三十五·省试六》之《天骥呈材三首》下有徐仁嗣、卢征、郑賨三人诗。

《新唐书》卷七五上《宰相世系表》五上载郑鲁子賨,其弟"堯,字尧臣"。

(清)劳格、(清)赵钺《唐尚书省郎官石柱题名考》卷二六云郑堯为咸通中人,则郑賨当为咸通三年进士及第。

《登科记考》卷二三,咸通三年(862)进士科条云郑賨及第,见《文苑英华》。《登科记考》卷一四,贞元十二年(796)亦载郑賨进士科及第,当为湛贲之误,当删除。

【徐仁嗣】咸通三年(862)登进士科。历翰林学士、司封郎中。

《旧唐书》卷一九下《僖宗》:"(乾符二年)二月……翰林学士徐仁嗣为司封郎中,学士如故。"

(宋)李昉等《文苑英华》卷一八五《诗三十五·省试六》之《天骥呈材三首》下有徐仁嗣、卢征、郑賨三人诗。

《登科记考》卷二三,咸通三年(862)进士科条云徐仁嗣及第,见《文苑英华》。

【萧廪】字富侯,京兆府人,祖悟官至大理司直,父做(仿)官至宰相。咸通三年(862)登进士第。历尚书郎、中书舍人,官至京兆尹。

《旧唐书》卷一七二《萧俛传》:"萧俛字思谦。曾祖太师徐国公嵩,开元中宰相。祖华,袭徐国公,肃宗朝宰相。父恒,赠吏部尚书。皆自有传……做,父悟,恒之弟也。悟,仕至大理司直。做,大和元年登进士第……寻以本官同平章事,累迁中书、门下二侍郎……不至京师而卒。子廪,咸通三年进士擢第,累迁尚书郎。乾符中,以父出镇南海,免官侍行。中和中,征为中书舍人,再迁京兆尹。僖宗再幸山南,廪以疾不能从。襄王僭窃,廪宗人遭受伪署;廪惧,自洛避地河朔,镇冀节度使王镕馆之于深州。光化三年卒。乱之际,克保令名。子颀,亦登进士第,后官位显达。"

《新唐书》卷一〇一《萧瑀传附萧仿传》:"仿字思道,悟子。大和中,擢进士第。除累给事中……以兵部尚书再判度支,进中书侍郎、同中书门下平章事。再迁司空、兰陵县侯。时天下盗起,宦人持兵柄,仿以鲠正为权近所忌。卒年八十。子廪,字富侯。第进士,迁尚书郎。仿领南海,解官往侍。为人退约少合。南海多谷纸,仿敕诸子缮补残书。廪谏曰:'州距京师且万里,书成不可露赍,必贮以囊笥,贪者伺望,得无薏苡嫌乎?'仿曰:'善,吾思不及此。'乃止。广明初,以谏议大夫知制诰,请厉止夜行以备贼谍,出太仓粟贱估以济贫民。俄迁京兆尹。田令孜养子有罪亡,击捕吏,系狱,请救踵门,廪不纳,杖杀之,内外畏詟。令孜拒黄巢,以廪为粮料使,辞疾,贬贺州司户参军事。会襄王窃据,挈族逃河朔,镇冀节度使王镕厚礼之。光化中,以给事中召,不至,卒。"

《登科记考》卷二三,咸通三年(862)进士科条云萧廪及第。

【崔镇】字重威,其先博陵人。咸通三年(862)进士及第。官至比部郎中。

《全唐文补遗》千唐志斋新藏专辑,崔巨撰乾符三年(876)二月二十四日《唐故比部郎中博陵崔府君(镇)墓志铭并序》:"府君讳镇,字重威,其先博陵人也……少习诗礼,天付明敏。幼时立身慎行,修德著文。才及志学之年,攻业悉就。为性和茂,处事精详。词华吏术,超于流辈,常为时人叹伏,称其尽善尽美。及志业盈笥,以诸兄在词场,谦让未随乡荐。兵部尚书郑公从谠,名重当时,非贤哲莫敢投刺,唯府君尝得知仰。及郑公主贡举,府君擢甲科第。"按:志云崔镇为郑从谠知贡举时"擢甲科第",从谠知贡举年在咸通三年(862),则崔镇及第当在是年。

【薛承裕】字饶中,福州闽县人。咸通三年(862)登进士科。终国子四门博士。

《登科记考》卷二三,咸通三年(862)进士科薛承裕条:"《永乐大典》引《闽中记》:薛承裕字饶中,闽县人,与王棨同年。"

淳熙《三山志》卷二六:"咸通二年壬午薛迈榜:薛承裕,字饶中,闽县人,终国子四门博士。"

明经科

【石宜隆】兴国人。咸通三年(862)登明经科。官主簿,迁剡县主簿。

民国《湖北通志》卷一二三:"石宜隆,兴国人,咸通壬午以经义举,官主簿,迁剡。"按:咸通壬午年为咸通三年。

【刘朴】彭城人,父刘干,官太子司议郎。咸通三年(862)五经登科。

《河洛墓刻拾零》,刘彦若撰咸通三年(862)十一月八日《唐故太子司议郎刘府君(干)墓志铭并序》:"府君讳干,字知退,其先彭城人也……有孤五人,长曰朴……以五经登科,旋踵不造,柴毁骨立。"按:刘干卒于咸通三年(862),则其子五经登科亦当在是年。

咸通四年癸未(863)

知贡举:左散骑常侍萧倣

进士科

【孔振】咸通四年(863)登进士科。历宣歙观察使判官。

《全唐文》卷七四七萧倣《与浙东郑商绰大夫雪门生薛扶状》:"顷年赴广州日,外生薛廷望荐一李仲将外生薛扶秀才,云负文业,穷寄岭峤。到镇日相见之后,果有辞藻。久与宴处,端厚日新。成名后,人传是蕃夷外亲,岭南巨富,发身财赂,委质科名。扶即薛谓近从兄弟,班行内外,亲族绝多。岭表之时,寒苦可悯,曾以月给,虚说蕃商。据此谤言,岂粗相近。况孔振是宣父胄绪,韩绾即文公令孙。苏鲔故奉常之后,雁序双高,而风埃久处;柳告是柳州之子,凤毛殊有,而名字陆沈。"

(五代)王定保《唐摭言》卷一四《主司失意》:"咸通四年,萧倣杂文榜中,数人有故,放榜后发觉,责授蕲州刺史主司……倣与浙东郑商绰大夫雪门生薛扶状:'某昨者,出官之由……况孔振是宣父胄绪,绾即文公令孙,苏鲔故奉常之后,雁序双高,而风埃久处,柳告是柳州之子,凤毛殊有,而名字陆沈。其余四面搜罗,皆有久居艺行之士。'"

(五代)刘崇远《金华子杂编》卷上:"韩藩端公,大中二年封仆射敥门生也。与崔瑄大夫同年而相善。瑄廉问宛陵,请藩为副使……从初端揖竦听,俄而判官孔振衮攘袂厉声曰:'韩三十五老大汉,向同年觅得一副使,而更学斗唇合舌。'瑄掀髯而起,馔席遂散。"

《登科记考》卷二三,咸通四年(863)进士科条云孔振及第。

【伊璠】一作"伊播",袁州人。咸通四年(863)登进士科。历泾阳令。

《全唐诗》第十八册卷六〇〇,伊璠《及第后寄梁烛处士》:"绣毂寻芳许史家,独将羁事达江沙。十年辛苦一枝桂,二月艳阳千树花。鹏化四溟归碧落,鹤栖三岛接青霞。同袍不得同游玩,今对春风日又斜。"

（宋）计有功《唐诗纪事》卷七〇《伊璠》："璠,登咸通四年进士第,曾为泾阳令,至黄巢乱,璠陷寇,屡脱命于刃下。其后逃避,与其家相失,夜至兰关,猛兽抟而食之。"

《登科记考》卷二三,咸通四年(863)进士科条作"伊播"。

四库本《江西通志》卷四九《选举·唐》咸通四年进士："程勋,德兴人,官至紫金光禄大夫。伊播,袁州人。"

【苏莸】咸通四年(863)登进士科。

（五代）王定保《唐摭言》卷一四《主司失意》："咸通四年,萧倣杂文榜中,数人有故,放榜后发觉,责授蕲州刺史主司……倣与浙东郑商绰大夫雪门生薛扶状:'某昨者,出官之由……况孔振是宣父胄绪,绾即文公令孙,苏莸故奉常之后,雁序双高,而风埃久处,柳告是柳州之子,凤毛殊有,而名字陆沈。其余四面搜罗,皆有久居艺行之士。'"

《登科记考》卷二三,咸通四年(863)进士科条云苏莸及第。

【武瓘】池州人。咸通四年(863)登进士科。历益阳县令。

《全唐诗》第二十册卷六九一,杜荀鹤《寄益阳武灌明府》："县称诗人理,无嫌日寂寥。溪山入城郭,户口半渔樵。月满弹琴夜,花香漉酒朝。相思不相见,烟水路迢迢。"按:"武灌"疑为"武瓘"之误。

（宋）计有功《唐诗纪事》卷六三《武瓘》："瓘,登咸通进士第,唐末宰益阳……《感事》:'开花蝶满枝,花谢蝶还稀。唯有旧巢燕,主人贫亦归。'瓘初投卷于知举萧倣,见是诗,赏其有存故之志,遂放及第。"

《登科记考》卷二三,咸通四年(863)进士科载武瓘。

《登科记考》卷二七《附考·进士科》云武瓘及第,注:"以上《永乐大典》引《宜春志》。"

【柳告】字用益,河东人,祖镇官至侍御史,父宗元官至柳州刺史。咸通四年(863)登进士科。

（五代）王定保《唐摭言》卷一四《主司失意》："咸通四年,萧倣杂文榜中,数人有故,放榜后发觉,责授蕲州刺史主司……倣与浙东郑商绰大夫雪门生薛扶状:'某昨者,出官之由……况孔振是宣父胄绪,绾即文公令孙,苏莸故奉常之后,雁序双高,而风埃久处,柳告是柳州之子,凤毛殊有,而名字陆沈。其余四面搜罗,皆有久居艺行之士。'"

《旧唐书》卷一六〇《柳宗元传》："柳宗元字子厚,其先盖河东人……父镇,天宝末遇乱,奉母隐王屋山,常间行求养,后徙于吴……还,终侍御史。宗元少精敏绝伦……为监察御史里行。善王叔文……元和十年,徙柳州刺史。"

《登科记考》卷二三,咸通四年(863)进士科条云柳告及第,告字用益,子厚之子。

【梁烛】咸通四年(863)登进士科。

《全唐诗》第十八册卷六〇〇,伊璠《及第后寄梁烛处士》："绣毂寻芳许史家,独将羁事达江沙。十年辛苦一枝桂,二月艳阳千树花。鹏化四溟归碧落,鹤栖三岛接青霞。同袍不得同游玩,今对春风日又斜。"按:伊璠称梁烛与其为"同袍",应当指同年关系,则梁烛应该在咸通四年进士及第。

《登科记考》卷二七《附考·进士科》云梁烛及第,见《永乐大典》引《宜春志》。

【韩绲】郡望邓州昌黎,贯孟州,祖愈官至吏部侍郎,父昶官至检校户部郎中。咸通四年(863)登进士科。

《唐代墓志汇编》大中一○二《唐故朝议郎检校尚书户部郎中兼襄州别驾上柱国韩昶自为墓志铭并序》:"昌黎韩昶……检校户部郎中。大中九年……终于任,年五十七……葬孟州河阳县尹村……有男五人:曰纬,前复州参军;次曰绲、曰绲、曰绮、曰统,举进士……祖仲卿,秘书省秘书郎,赠尚书左仆射。父愈,吏部侍郎。"

(五代)王定保《唐摭言》卷一四《主司失意》:"咸通四年,萧倣杂文榜中,数人有故,放榜后发觉,责授蕲州刺史主司……倣与浙东郑商绰大夫雪门生薛扶状:'某昨者,出官之由……况孔振是宣父胄绪,绲即文公令孙,苏莬故奉常之后,雁序双高,而风埃久处,柳告是柳州之子,凤毛殊有,而名字陆沈。其余四面搜罗,皆有久居艺行之士。'"

《旧唐书》卷一六○《韩愈传》:"韩愈字退之,昌黎人……子昶,亦登进士第。"

《登科记考》卷二三,咸通四年(863)进士科条云韩绲及第。按:其父昶葬孟州,则其兄弟贯当在孟州。

【程勋】德兴人。咸通四年(863)登进士科。官至金紫光禄大夫。

胡可先《〈登科记考〉匡补三编》补入。

四库本《江西通志》卷四九《选举·唐》载咸通四年进士:"程勋,德兴人,官至紫金光禄大夫。"

【薛扶】咸通四年(863)登进士科。

《全唐文》卷七四七萧倣《与浙东郑商绰大夫雪门生薛扶状》:"顷年赴广州日,外生薛廷望荐一李仲将外生薛扶秀才,云负文业,穷寄岭峤。到镇日相见之后,果有辞藻。久与宴处,端厚日新。成名后,人传是蕃夷外亲,岭南巨富,发身财赂,委质科名。扶即薛谓近从兄弟,班行内外,亲族绝多。岭表之时,寒苦可悯,曾与月给,虚说蕃商。据此谤言,岂粗相近。况孔振是宣父胄绪,韩绲即文公令孙。苏莬故奉常之后,雁序双高,而风埃久处;柳告是柳州之子,凤毛殊有,而名字陆沈。"

(五代)王定保《唐摭言》卷一四《主司失意》:"咸通四年,萧倣杂文榜中,数人有故,放榜后发觉,责授蕲州刺史主司……倣与浙东郑商绰大夫雪门生薛扶状:'某昨者,出官之由……顷年赴广州日,外生薛廷望,荐一李仲将外生薛扶秀才云,负文业,穷寄岭峤。到镇日,相见之后,果有辞藻;久与宴处,端厚日新。成名后,人传是蕃夷外亲,岭南巨富,发身贿赂,委质科名。'"

《登科记考》卷二三,咸通四年(863)进士科条云薛扶及第。

咸通五年甲申（864）

知贡举：中书舍人王铎

进士科

【萧遘】字得圣，郡望兰陵，贯洛阳，祖湛，父寔官至宰相。咸通五年（864）进士科状元及第。释褐秘书省校书郎，历太原从事、起居舍人、户部侍郎，官至宰相，进封楚国公。

《旧唐书》卷一七九《萧遘传》："萧遘，兰陵人。开元朝宰相太师徐国公嵩之四代孙……湛生寔，咸通中宰相。寔生遘，以咸通五年登进士第，释褐秘书省校书郎、太原从事。入朝为右拾遗，再迁起居舍人。与韦保衡同年登进士第，保衡以幸进无艺，同年门生皆薄之……以礼部员外郎征还，转考功员外郎、知制诰。乾符初，召充翰林学士，正拜中书舍人，累迁户部侍郎、翰林承旨……改兵部侍郎、判度支。中和元年三月，自襄中幸成都，次绵州。以本官同平章事，加中书侍郎，累兼吏部尚书、监修国史……署遘太子太保。乃移疾，满百日，退居河中之永乐县。遘在相位五年，累兼尚书右仆射，进封楚国公……寻赐死于永乐。"

《新唐书》卷一〇一《萧瑀传附萧遘传》："遘字得圣，寔子。咸通中，擢进士第，辟节度府。入朝，拜右拾遗。与韦保衡联第……于是保衡已为相，摭遘罪，繇起居舍人斥播州司马……召为礼部员外郎。乾符中，累擢户部侍郎、翰林学士承旨。僖宗入蜀，以兵部判度支，次绵州，拜同中书门下平章事。始，王铎主贡举而得遘，及是，与铎并位。铎年老，尝入对蹭殿中，遘掖起之。帝喜曰：'遘善事长，大臣和，予之幸也！'遘曰：'不止以长，乃铎门生。'帝笑曰：'铎选士，朕选宰相，卿无负我！'遘顿首谢。从还京师，累拜司空，封楚国公。"

（明）徐应秋《玉芝堂谈荟》卷二《历代状元》："又状元萧遘，年份无考。"

《登科记考》卷二三，咸通五年（864）进士科条云萧遘及第。

【王愔】咸通五年（864）登进士第。官至尚书祠部员外郎，赠礼部郎中。

卢光济《唐故青海军节度掌书记太原王府君墓志铭》："府君讳涣，字文吉……烈考讳愔，皇尚书祠部员外郎，赠礼部郎中……先君子礼部府君实故汝洛中令晋国王公升堂之生也，洎弃代之日，君尚未冠。"按：岑仲勉认为"王公"即指本年知贡举的王铎，知愔为铎所放进士。详岑撰《从王涣墓志解决了晚唐史一两个问题》（收入《金石论丛》）。

【韦保衡】字蕴用，京兆府人，祖元贞，父悫。咸通五年（864）登进士科，累拜起居郎。历翰林学士、郎中、中书舍人、兵部侍郎，官至宰相，阶至特进，封扶风县开国侯。

（唐）阙名《玉泉子》："又保衡初既登第。"

《旧唐书》卷一七七《韦保衡传》："韦保衡者，字蕴用，京兆人。祖元贞，父悫，皆进士登第……保衡，咸通五年登进士第，累拜起居郎。十年正月，尚懿宗女同昌公主……寻以保衡为翰林学士，转郎中，正拜中书舍人、兵部侍郎，承旨。不期年，以本官平章事……阶至特进、扶风县开国侯、食邑二千户、集贤殿大学士……得罪赐死。"

（宋）乐史《广卓异记》卷六《座主与门生同在相位》："右按《唐书》：咸通五年，王铎主文，放韦保衡及第。十一年夏，保衡自内庭命相。其年冬，铎由盐铁使登庸，同居中书。后铎加左仆射，保衡加右仆射，铎拜司徒，保衡拜司空，品位齐尊，少有其比。"

（宋）李昉等《太平广记》卷二七三《妇人四·韦保衢》引《玉泉子》："初保衢既登第，独孤云除东川。"按："保衢"当为"保衡"之误。

《登科记考》卷二三，咸通五年（864）进士科条云韦保衡及第。

【卢隐】幽州人，宰相卢携从弟。咸通五年（864）登进士科。历右司员郎、太常博士、水部员外、尚书右丞。

（唐）阙名《玉泉子》："卢隐、李峭皆滑帅王铎之门生，前后黜辱者数矣。隐、峭物议以为衽席不修。隐以从兄携为相，特除右司员郎，右丞崔沆不听。隐上省，仍即见携于私第。携未知之，欣然而出。沆曰：'员外前日入省，时议未息，今复除纠司员外，省中固不敢辞，他曹惟相公命。'携大怒，驰入曰：'舍弟极屈，即当上陈。'既上，沆乃求假，携即时替沆官，谓人曰：'吾见丞郎出省郎，未见省郎出丞郎。'隐初自太常博士除水部员外为右丞，李景温揖焉；迨右司之命景温之旨也。至是而遂其志矣。是时谏官亦有陈疏者。携曰：'谏官似狗，一个吠辄一时有声。'"

（宋）王谠撰，周勋初校证《唐语林校证》卷七《补遗·起武宗至昭宗》："卢隐、李峭，皆王铎门生。"

《登科记考》卷二三，咸通五年（864）进士科条云卢隐及第。

【李峭】咸通五年（864）登进士科。

（唐）阙名《玉泉子》："卢隐、李峭，皆滑帅王铎之门生。"

（宋）王谠撰，周勋初校证《唐语林校证》卷七《补遗·起武宗至昭宗》："卢隐、李峭，皆王铎门生。"

《登科记考》卷二三，咸通五年（864）进士科条云李峭及第。

【裴偓】咸通五年（864）登进士科。历蕲州刺史。

《资治通鉴》卷二五二条乾符三年十二月条："蕲州刺史裴偓，王铎知举时所擢进士也。"

《登科记考》卷二三，咸通五年（864）进士科条云裴偓及第。

咸通六年乙酉（865）

知贡举：中书舍人李蔚

进士科

【卢文秀】袁州宜春人。咸通六年（865）登进士科。官至弘文馆学士。

胡可先《〈登科记考〉匡补三编》补入。

正德《袁州府志》卷八《人物志》："（卢肇）世子文秀咸通间进士，官至弘文馆学士。"

四库本《江西通志》卷四九《选举·唐》:咸通六年进士:"卢文秀,宜春人,肇子。官弘文馆学士。"

【刘崇龟】郡望代郡,贯洛阳,祖藻(早)赠秘书郎,父符位终蔡州刺史。咸通六年(865)登进士科。历御史中丞、兵部郎中、户部侍郎、广州刺史,终清海军节度使。

《秦晋豫新出墓志蒐佚续编》九四二,刘崇望撰乾符四年(877)四月二日《唐故振武观察支使将仕郎试太常寺协律郎刘府君墓铭并序》:"君讳瑰,字比德,河南人也。绪萌于后魏,业盛于我唐。七代祖政会,以佐命元勋封渝国公,图形凌烟阁。著河山之誓,自渝国轩冕蝉联,至王父讳早,赠秘书郎,历佐郡城,仁及蒸庶。皇考讳符,皇任蔡州刺史兼御史中丞、赐紫金鱼袋,赠左散骑常侍。春官登上第,南宫为刑郎。自刑曹由杭州而理上蔡,功德及于下,清白遗其后。"

《旧唐书》卷一七九《刘崇望传》:"刘崇望字希徒。其先代郡人,随元魏孝文帝徙洛阳,遂为河南人……裘生藻,位终秘书郎。藻生符,进士登第,咸通中位终蔡州刺史,生八子,崇龟、崇望、崇鲁、崇谟最知名。崇龟,咸通六年进士擢第,累迁起居舍人,礼部、兵部二员外。丁母忧免。广明元年春,郑从谠罢相,镇太原,奏崇龟为度支判官、检校吏部郎中、御史中丞,赐金紫。中和三年入朝,为兵部郎中,拜给事中。大顺中,迁左散骑常侍、集贤殿学士、判院事,改户部侍郎,检校户部尚书。出为广州刺史、清海军节度、岭南东道观察处置等使,卒。"

《旧五代史》卷六八《刘岳传》:"刘岳,字昭辅。其先辽东襄平人,元魏平定辽东,徙家于代,随孝文迁洛,遂为洛阳人。八代祖民部尚书渝国公政会,武德时功臣。祖符,蔡州刺史。父珪,洪洞县令。符有子八人,皆登进士第。珪之母弟瑰、玕,异母弟崇夷、崇龟、崇望、崇鲁、崇暮。崇龟,乾宁中广南节度使;崇望,乾宁中宰相;崇鲁、崇暮、崇夷,并历朝省。"

《新唐书》卷九〇《刘政会传》:"刘政会,滑州胙人……七世孙崇望,字希徒,及进士第,宣歙王凝辟转运巡官……兄崇龟,字子长。擢进士,仕累华要,终清海军节度使。"

《登科记考》卷二三,咸通六年(865)进士科条云刘崇龟及第。

【袁皓】袁州宜春人。咸通六年(865)登进士科。历仓部员外郎、集贤殿图书使、抚州刺史。

《全唐文》卷八一一袁皓小传:"皓,宜春人。咸通进士,僖宗幸蜀,擢仓部员外郎,龙纪中迁集贤殿图书使。自称碧池处士。"

《全唐诗》第十八册卷六〇〇有袁皓《及第后作》。

《新唐书》卷六〇《艺文四》:"袁皓《碧池书》三十卷。袁州宜春人。龙纪集贤殿图书使,自称碧池处士。"

《新唐书》卷一五四《李晟传》:"僖宗狩蜀,仓部员外郎袁皓采晟功烈,为《兴元圣功录》。"

(宋)计有功《唐诗纪事》卷六七《袁皓》:"皓,宜春人。咸通进士,龙纪集贤殿图书使,自称'别池处士'。僖宗狩蜀,皓时为仓部员外,采李晟功烈为《兴元圣功录》,遍赐诸将,表励之。"

《登科记考》卷二三,咸通六年(865)进士科条云袁皓及第。

正德《袁州府志》卷八《人物志》:"(袁皓)博学,能文章,咸通间举进士。"

四库本《江西通志》卷四九《选举·唐》咸通六年进士:"袁皓,宜春人。官抚州刺史。卢文秀,宜春人,肇子。官弘文馆学士。"

【翁绶】岳州人。咸通六年(865)登进士科。

《全唐诗》第十八册卷六〇〇据《事文类聚》载绶之残句:"海国瓯乡浙水东,暂烦良守此凭熊。"按:据文义,翁绶应为岳州人,参考《唐才子传校笺》册三。

(宋)计有功《唐诗纪事》卷六六《翁绶》:"绶,登咸通进士第。"

(元)辛文房撰,傅璇琮主编《唐才子传校笺》(册三)卷八《翁绶》:"绶,咸通六年中书舍人李蔚下进士。"

《登科记考》卷二三,咸通六年(865)进士科条云翁绶及第。

【崔凝】字得之,博陵人,祖郇官至监察御史,父寿官至汝州防御使。咸通六年(865)登进士科。历河阳节度推官,官至户部尚书。

《全唐文》卷八一二,刘崇望《授中书舍人崔凝右补阙沈文伟并守本官充翰林学士制》:"敕。具官崔凝等:凡帝王有应制侍从之人,盖思其朝夕匡益也。下诏先视,质疑如流。兹所以润色出言,交修发号。大汉氏设玉堂内署,开金马外门。得人甚多,斯道大振。顾是眇末,敢忘师虞。职思其流,以备左右。俄闻家遗清风,人怀恭德。能济其美者,伊凝有之。三代丝纶,一门冠盖。不坠其业者,伊文伟有之。而皆以墨妙词芬,策名试第,谦无矜物,敏以适时。周旋鸣玉之仪,颉颃攀云之路。访于执事,亦进厥良。真我雍容之列所宜者也。敬承密命,允叶同时。可依前件。"

《唐代墓志汇编续集》乾宁〇〇三《唐故刑部尚书崔公府君(凝)墓志并序》:"允矣哲人,克生茂族。公讳凝,字得之,博陵人也。百氏之中,首推四姓,四姓之内,独冠三宗。曾祖涔,皇任秘书郎。祖讳郇,皇任徐泗等州观察判官、监察御史,赠吏部郎中。皇考寿,皇任汝州防御使、大夫,累赠司徒……公□岳降神,自天生德,丕承峻趾,克绍清风。幼学以孝悌著称,弱冠以器识知名,实为国华,遂从乡荐。咸通六年一上升第于故相国李公蔚之下。故相国崔公延昭镇河阳,署节度推官,授校书郎,转协律郎,领河东支使,改留守判官,俄充巡,移计推,皆赴崔公之嘉招,随府而莅职也。未几故相国刘公邺奏以蓝田县尉置弘文馆,不月除右拾遗、内供奉,迁殿中侍御史,转刑部员外,拜起居舍人,除司勋员外兼侍御史知推事。中谢日,延英面赐朱衣、象版。久之,泊罢铁冠,故相国豆卢公瑑请以本官允史馆修撰,复转吏部员外郎。故相国郑公从谠奏兼延资判官。既而大盗移国,属车蒙尘,俄除洛阳宰,不之任。归昌与公携手崎岖,裹足奔问。建不拔之论,岂以家为;持无隐之识,备闻身许。未达行在,除考功员外郎。故太尉韦公昭度奏充集贤殿直学士。鸣皋之态出群,渐陆之姿难遏。迁祠部郎中,知制诰。未周月,拜中书舍人,面赐金紫,即以本官充翰林学士,仍转户部侍郎,知制诰。前充职时,相国萧庶人悍愎怙权,忍虐多忌,恶公之推诚异己,虑公以守正得君。竟困铄金,遂成抵玉。左迁秘书监。由是物论喧然,人情是属。

遂再升翰苑,复兼版图,将命以释于怀疑,于役凤期于廨监。仗明诚以入不测,但倚神全;保大节而陷危机,甘临死所。触藩罔决,脱辐逾时。及间道高翔,潜身远引,自免虎须几难,靡劳雁足之书,朝廷闻之,慰悦良极,征拜吏部侍郎。公以幸出危途,愿栖幽谷,不时赴阙,且欲闭关。值元帝登遐,今上御历,惟公素履,久置宸襟,复以吏部侍郎征入,迁刑部尚书,判户部事。定三典之轻重,辨九土之耗登,屡改檀榆,弥彰功绪。仍兼判吏部三铨选事,充修奉太庙使,改户部尚书,依前判户部,修奉不移。岁久,迁御史大夫,补已往之勤,实大用之,渐克负岩廊之望,徒怀燮赞之工,复转刑部尚书兼知贡举。公心自任,请谒无阶。致不当之言,上达旒扆;成中覆之事,半斥生徒。公坐是左迁为合州刺史。沉忧内结,美疹潜增。贾谊怀忠,凄凉末路;桓谭失志,已矣乎生。以乾宁二年八月廿五日薨于郡舍,享年五十有八。以来年八月十八日窆于河南府偃师县亳邑乡土娄管姜村,袝于先茔,礼也。"

(五代)王定保《唐摭言》卷一四《主司失意》:"乾宁二年,崔凝榜放,贬合州刺史。先是李洸附于中贵,既愤退黜,百计摧之,上亦深器洸文学,因之蕴怒,密旨令内人于门搜索怀挟,至于巾屦,靡有不至。"

《登科记考》卷二七《附考·进士科》云刘崇望《授崔凝沈文伟守本官充翰林学士制》:"皆以墨妙词芬,策名试第。"

【常修】江陵人。咸通六年(865)登进士科。

(五代)孙光宪《北梦琐言》卷四《破天荒解》:"尔来余知古、关图、常修,皆荆州之居人也。率有高文,连登上科。"

(宋)钱易《南部新书·丁》:"关图有一妹,有文学,善书札……后适常氏,修之母也。修,咸通六年登科。"

(宋)李昉等《太平广记》卷二七一《妇人二·关图妹》引《南楚新闻》:"关图有一妹甚聪惠,文学书札,罔不动人。图常语同僚曰:'某家有一进士,所恨不栉耳。'后寓居江陵。有鹾贾常某者,囊畜千金,三峡人也,亦家于江陵。深结托图,图亦以长者待之。数载,常公殂。有一子,状貌颇有儒雅之风纪,而略晓文墨,图竟以其妹妻之。则常修也。关氏乃与修读书,习二十余年,才学优博,越绝流辈。咸通六年登科,座主司空李公蔚也。"

《登科记考》卷二三,咸通六年(865)进士科条云常修及第。

科目选

【陆肱】苏州吴兴人。大中九年(855)登进士科,咸通六年(865)登平判科入等。小传参考大中九年进士科陆肱小传。

《全唐诗》第十八册卷五八七,李频《送陆肱尉江夏》:"如何执简去,便作挂帆期。泽国三春早,江天落日迟。县人齐候处,洲鸟欲飞时。免褐方三十,青云岂白髭。"按:从"免褐方三十"一句来看,其释褐官为江夏尉。

(宋)计有功《唐诗纪事》卷五三《陆肱》:"肱,大中九年登进士第。咸通六年,自前振武从事试评判入等。后牧南康郡,辟许棠为郡从事,郑谷寄诗:'江山多胜境,宾主是贫交.'"按:郑谷《云台编》有《南康郡牧陆肱郎中辟许棠先辈为郡从事因有寄赠》一首,《全唐诗》第十八册卷五八九李频有《送陆肱归吴兴》诗,故陆肱应为吴兴人。

《登科记考》卷二二,大中九年(855)进士科条云陆肱及第。

咸通七年丙戌(866)

知贡举:礼部侍郎赵骘

进士科

【韩衮】一作"韩绲",邓州人,祖愈官至吏部侍郎,父昶官至检校礼部郎中。咸通七年(866)进士科状元及第。

(五代)王定保《唐摭言》卷一二《酒失》:"韩衮,咸通七年赵骘下状元及第,性好嗜酒。谢恩之际,赵公与之首宴。公屡赏欧阳琳文学,衮睨之曰:'明公何劳再三称一复姓汉！公愕然为之彻席。'"

《韩文考异》:"衮登咸通七年进士第,昶之次子。"

(宋)王应麟《困学纪闻》卷十四《考史》:"韩文公子昶虽有金根车之讥,而昶子绾、衮皆擢第,衮为状元。"

(元)辛文房撰,傅璇琮主编《唐才子传校笺》(册三)卷八《汪遵》:"遵,宣州泾阳人……咸通七年韩衮榜进士。"

(明)徐应秋《玉芝堂谈荟》卷二《历代状元》:"(咸通)七年,进士二十五人,状元韩衮。"按:乾隆《河南通志》卷四五《选举二·进士·唐》:"韩绲,绾弟,咸通七年状元。"

(清)王昶《金石萃编》卷一一四,韩昶《自为墓志铭》:"有男五人,曰纬,前复州参军,次曰绾,曰绲,曰绮,曰纨,举进士。"

《登科记考》卷二三,咸通七年(866)进士科条云韩衮状元及第。

乾隆《杭州府志》卷一〇七《选举志一·唐进士》引《登科记》:"咸通七年丙戌韩衮榜:骆兢,临安人。"

【孔炅】咸通七年(866)登进士科。

《登科记考》卷二三,咸通七年(866)进士科条云孔炅及第,引《阙里文献考》:"咸通七年进士有孔炅,未知所据,附此俟考。"

【杜裔休】荆州人,父悰官至司空。咸通七年(866)登进士科。历拾遗、给事中,贬端州司马。

(唐)李冗《独异志》卷中《澧阳谶》:"故荆州杜司空悰,自忠武节度使出澧阳……后二子裔休、孺林,皆以进士登科。"

(五代)王定保《唐摭言》卷一三《无名子谤议》:"刘允章试《天下为家赋》,为拾遗杜裔休驳奏,允章辞穷,乃谓与裔休对。时允章出江夏,裔休寻亦改官。"

《旧唐书》卷一九上《懿宗》:"(咸通十三年五月乙未)给事中杜裔休贬端州司马。"

（宋）王谠撰,周勋初校证《唐语林校证》卷六《补遗·起德宗至文宗》:"欧阳琳父兖,亦中进士。琳与弟批同在场屋,苦其贫匮。每诣先达,刺辄同幅,时人称之。杜邠公在岐下,以子裔休同年谒之。"

《登科记考》卷二三,咸通七年(866)进士科条云杜裔休及第。

【汪遵】宣州宣城县人。咸通七年(866)登进士科。

（五代）王定保《唐摭言》卷八《为乡人轻视而得者》:"许棠,宣州泾县人,早修举业。乡人汪遵者,幼为小吏,洎棠应二十余举,遵犹在胥徒,然善为歌诗,而深自晦密。一旦辞役就贡……而与棠同砚席,棠甚侮之,后遵成名五年,棠始及第。"

（宋）乐史《太平寰宇记》卷一〇三:"汪遵,宣城人。"按:《唐才子传校笺》据上述材料考定汪遵为宣州宣城县人。

（宋）计有功《唐诗纪事》卷五九《汪遵》:"遵,宣城人,登咸通七年进士第。许棠,其乡人也。"

（元）辛文房撰,傅璇琮主编《唐才子传校笺》(册三)卷八《汪遵》:"遵,宣州人。幼为小吏,昼夜读书良苦,人皆不觉。咸通七年韩兖榜进士。"

《登科记考》卷二三,咸通七年(866)进士科条云汪遵及第。

【沈光】吴兴人。咸通七年(866)登进士科。终侍御史。

《全唐诗》第十九册卷六五五,罗隐《送沈先辈归送上嘉礼》(一作《送沈光及第后东归兼赴嘉礼》):"青青月桂触人香,白苎衫轻称沈郎。好继马卿归故里,况闻山简在襄阳。杯倾别岸应须醉,花傍征车渐欲芳。拟把金钱赠嘉礼,不堪栖屑困名场。"

《全唐诗》第十九册卷六五九,罗隐《送沈光侍御赴职闽中》:"未至应居右,全家出帝乡。礼优逢苑雪,官重带台霜。夜浦吴潮吼,春滩建水狂。延平有风雨,从此是腾骧。"

（唐）李冗《独异志》卷下《沈母议》:"潞州沈尚书询,宣宗九载,主春闱。将欲放榜,其母郡君夫人曰:'……汝叨此事,家门之庆也……'太夫人曰:'沈光早有声价,沈擢次之……'询不敢违慈母之命,随放儋第也。光后果升上第。"

（五代）王定保《唐摭言》卷八《梦》:"沈光始贡于有司,尝梦一海船;自梦后,咸败于垂成,暨登第年亦如是。皆谓失之之梦,而特地不测。无何,谢恩之际升阶,忽尔回飙吹一海图,拂光之面,正当一巨舶,即梦中所睹物。"

（五代）孙光宪《北梦琐言》卷七《来鹏诗》:"前进士沈光有《洞庭乐赋》,韦八座岫谓朝贤曰:'此赋乃一片宫商也。'"

（元）辛文房撰,傅璇琮主编《唐才子传校笺》(册三)卷八《沈光》:"光,吴兴人,咸通七年礼部侍郎赵骘下进士……后仕终侍御史。"

《登科记考》卷二三,咸通七年(866)进士科条云沈光及第。

【欧阳琳】字瑞卿。咸通七年(866)登进士科,咸通八年中宏辞科。历秘书省校书郎,累迁侍御史。

《唐代墓志汇编》咸通〇六五《唐秘书省欧阳正字故夫人陈郡谢氏墓志铭并序》:"……所天名琳,以前年进士高第,去□年宏词再科,今来释褐莅官投迹芸阁……"按:碑立于咸通九年七月,则其进士第登第当在咸通七年。

（宋）王谠撰,周勋初校证《唐语林校证》卷六《补遗·起德宗至文宗》:"欧阳琳父衮,亦中进士。琳与弟玭同在场屋,苦其贫匮。每诣先达,刺辄同幅,时人称之。杜邠公在岐下,以子裔休同年谒之。"

《登科记考》卷二三,咸通七年(866)进士科条云欧阳琳及第。

淳熙《三山志》卷二六:"(咸通)七年丙戌韩兖榜:欧阳琳,兖之子,字瑞卿,再中宏词,授秘书省正字,累迁侍御史。"

【骆兢】临安人。咸通七年(866)登进士科。官至淮南节度使。

胡可先《〈登科记考〉匡补三编》补入。

乾隆《杭州府志》卷一〇七《选举志一·唐进士》引《登科记》:"咸通七年丙戌韩兖榜:骆兢,临安人。"又见《浙江通志》卷一二三《选举志·唐进士》:"懿宗咸通:骆兢,临安人,淮南节度使。"

【崔璐】苏州人,咸通七年(866)登进士科。

《全唐诗》第十八册卷六一八有陆龟蒙《奉和袭美酬前进士崔潞盛制见寄因赠至一百四十言》。按:"潞"当为"璐"之讹。

（宋）计有功《唐诗纪事》卷六四《崔璐》:"璐,登咸通七年进士第。"按:正德《姑苏志》卷五《科第表上·进士》亦作"崔璐"。

《登科记考》卷二三,咸通七年(866)进士科条云崔璐及第。

【蒋泳】字越之,河南府人,父伸官至宰相。咸通七年(866)登进士科。

（五代）王定保《唐摭言》卷三《慈恩寺题名游赏赋咏杂纪》:"咸通中,进士及第过堂后,便以骡从,车服侈靡之极,稍不中式,则重加罚金。蒋泳以故相之子,少年擢第。"

（五代）王定保《唐摭言》卷一二《酒失》:"韩衮,咸通七年赵骘下状元及第,性好嗜酒。谢恩之际,赵公与之首宴……及杏园开宴时,河中蒋相以故相守兵部尚书,其年子泳及第,相国欣然来突,众皆荣之。衮厉声曰:'贤郎在座,两头著子女,相公来此得否?'相公错愕而去。及泳归,公庭责之曰:'席内有颠酒同年,不报我,岂人子耶!'自是同年莫敢与之欢醉矣。"

《新唐书》卷七五下《宰相世系表》五下:"(蒋)伸字大直,相宣宗、懿宗。"伸子"泳字越之"。

《登科记考》卷二三,咸通七年(866)进士科条云蒋泳及第。

诸科

【幸轩】一作"幸轼",瑞阳人。咸通七年(866)登三史科。历太子校书郎。

《登科记考》卷二三,咸通七年(866)诸科条:《永乐大典》引《瑞阳志》:"幸南容之孙名轩,咸通七年中三史科,知举赵骘。"

正德《瑞州府志》卷九:"(幸轼)咸通七年中三史科,中和二年为太子校书郎。"

咸通八年丁亥(867)

知贡举：礼部侍郎郑愚

进士科

【郑洪业】一作"郑弘业"。咸通八年(867)进士科状元及第。

(宋)计有功《唐诗纪事》卷五六《郑洪业》："洪业，咸通八年郑愚下第一人擢第。"

(明)徐应秋《玉芝堂谈荟》卷二《历代状元》："(咸通)八年，进士三十人，状元郑弘业。"

《登科记考》卷二三，咸通八年(867)进士科条云郑洪业状元及第。

【韦昭度】字正纪，京兆人，祖綯，父逢。咸通八年(867)登进士科。历中书舍人、户部侍郎、翰林学士承旨从，官至宰相，阶至太保，封岐国公，以太傅致仕，赠太尉。

《旧唐书》卷一七九《韦昭度传》："韦昭度字正纪，京兆人。祖綯，父逢。昭度，咸通八年进士擢第。乾符中，累迁尚书郎、知制诰，正拜中书舍人。从僖宗幸蜀，拜户部侍郎。中和元年，权知礼部贡举。明年，以本官同平章事，兼吏部尚书。昭宗即位，阆州刺史王建攻陈敬瑄于成都，隔绝贡奉。乃以昭度检校司空、同平章事、成都尹、剑南西川节度招抚宣慰等使……以检校司空充东都留守。召还，为右仆射。"

《新唐书》卷一八五《韦昭度传》："韦昭度字正纪，京兆人。擢进士第，践历华近，累迁中书舍人。僖宗西狩，以兵部侍郎、翰林学士承旨从。未几，同中书门下平章事。还京，授司空……迁太保，兼侍中。昭宗即位，守中书令，封岐国公。罢昭度为东都留守。杜让能既被害，以司徒、门下侍郎复为平章事，进太傅……昭度惧，称疾，罢为太傅，致仕……赠太尉。"

《登科记考》卷二三，咸通八年(867)进士科条云韦昭度及第。

【韦承贻】字贻之。咸通八年(867)登进士科。历校书郎。

(五代)王定保《唐摭言》卷一五《杂记》："韦承贻咸光中策试，夜潜纪长句于都堂西南隅。"

(宋)计有功《唐诗纪事》卷五六《韦承贻》："承贻，字贻之。咸通八年登第。"

《登科记考》卷二三，咸通八年进士科宋□条："皮日休有《江南书情二十韵寄秘阁韦校书贻之商洛宋先辈垂文二同年》诗。"

《登科记考》卷二三，咸通八年(867)进士科条云韦承贻及第。

【牛徽】京兆府人，祖僧孺官至宰相，父蔚官至尚书右仆射。咸通八年(867)登进士科。三辟使府，官至刑部侍郎，封奇章男，以刑部尚书致仕，赠吏部尚书。

《旧唐书》卷一七二《牛僧孺传》："牛僧孺字思黯，隋仆射奇章公弘之后。祖绍。父幼简，官卑。僧孺……以本官同平章事……僧孺二子：蔚、丛。蔚……大和九年……登进士第……以尚书左仆射致仕。卒，累赠太尉。(蔚)子循、徽。徽，咸通八年登进士第，三佐诸侯府，得殿中侍御史，赐绯鱼。入朝为右补阙，再迁吏部员外郎。乾符中，选曹猥滥，吏为奸弊,每岁选人四千余员。徽性贞刚,特为奏请。由是铨叙稍正,能否旌别,物议称之……时僖宗已幸成都,徽至行朝拜章,乞归侍疾。已除谏议大夫,不拜……改给事中。从驾还京,至陈仓,疾甚,经年方间。宰相张浚为招讨使,奏徽为判官,检校左散骑常侍。诏下凤翔,促令赴阙……徽寻改中书舍人。岁中,迁刑部侍郎,封奇章男……天复初……诏以刑部尚书致仕,乃归樊川别墅。病卒,赠吏部尚书。"

《新唐书》卷一七四《牛僧孺传》:"牛僧孺字思黯,隋仆射奇章公弘之裔……诸子蔚、丛最显。蔚字大章,少擢两经,又第进士……以尚书右仆射致仕,卒。(蔚)子徽。徽举进士,累擢吏部员外郎……改给事中,留陈仓。张浚伐太原,引为判官,敕在所敦遣……复召为给事中……俄由中书舍人为刑部侍郎,袭奇章男。崔胤忌徽之正,换左散常侍,徙太子宾客,以刑部尚书致仕,归樊川。卒,赠吏部尚书。"

《登科记考》卷二三,咸通八年(867)进士科条云牛徽及第。

【皮日休】字袭美,一字逸少,襄阳竟陵人。咸通八年(867)进士科。历著作郎,官至太常博士。

《全唐文》卷七九九皮日休《皮子世录》:"时日休之世,以远祖襄阳太守子孙因家襄阳之竟陵,世世为襄阳人。自有唐以来,或农竟陵,或隐鹿门,皆不拘冠冕,以至皮子。"

(唐)阙名《玉泉子》:"皮日休,南海郑愚门生……同年崔昭符,镣之子,因蔑视之,亦醉更衣。见日休谓其素所熟狎者,即固问,且欲戏之。"

(五代)孙光宪《北梦琐言》卷二《皮日休献书》:"(皮)日休先字逸少,一字袭美,襄阳竟陵人也。"

(宋)王谠撰,周勋初校证《唐语林校证》卷七《补遗·起武宗至昭宗》:"皮日休,郑尚书愚门生……同年崔昭符,镣之子,素易日休。"此事,(宋)李昉等《太平广记》卷二六五《轻薄一·崔昭符》所记略同。

(宋)计有功《唐诗纪事》卷六四《皮日休》:"日休,字袭美,襄阳人。咸通中,为太常博士。"

(宋)晁公武《郡斋读书志校证》卷一八《别集类中》录《皮日休文数》十卷,注:"右唐皮日休字袭美,一字逸少,襄阳人……咸通八年,登进士第,为著作佐郎,太常博士。"

《登科记考》卷二三,咸通八年(867)进士科条云皮日休及第。

【宋垂文】商州商洛人。咸通八年(867)登进士科。

《登科记考》卷二三,咸通八年(867)进士科宋□条云皮日休有《江南书情二十韵寄秘阁韦校书贻之商洛宋先辈垂文二同年》诗,又有《全唐诗》卷六一三皮日休《登第后寒食杏园有宴因寄录事宋垂文同年》诗,因此推定宋某及第。据《全唐诗》卷六二三陆龟蒙《和袭美江南书情二十韵寄秘阁韦校书贻之商洛宋先辈垂文二同年次韵》:"我志如鱼乐,君词称凤衔。暂来从露冕,何事买云岩。水石应容病,松篁未听谗。"《全唐诗》卷六一三皮日休《登第后寒食杏园有宴,因寄录事宋垂文同年》:"雨洗清明万象鲜,满城车马簇红筵。恩荣虽得陪高会,科禁惟忧犯列仙。当醉不知开火日,正贫那似看花年。纵来恐被青娥笑,未纳春风一宴钱。"《全唐诗》卷六一二皮日休《江南书情二十韵寄秘阁韦校书贻之商洛宋先辈垂文二同年》："四载加前字,今来未改衔。君批凤尾诏,我住虎头岩。季氏唯谋逐,臧仓只拟谗。时讹轻五羖,俗浅重三缄。瘦去形如鹤,忧来态似獑。才非师赵壹,直欲效陈咸。孤竹宁收笛,黄琮未作珹。作羊宁兔狠,为兔即须毚。枕户槐从亚,侵阶草懒芟。瓮泉教咽咽,垒石放巉巉。"按:《登科记考》考云宋□即宋垂文。

【范元超】字仲达。咸通八年(867)进士科及第。官至御史中丞。

《登科记考补正》卷二三,咸通八年(867)进士科录载范元超。

乾隆《延平府志》卷三十一《寓贤·唐》："范元超,字仲达,唐朔方灵盐节度使希朝之子,咸通八年登进士第。"

四库本《福建通志》卷五三《流寓·延平府·唐》："范元超,字仲达,节度使范希朝之子,咸通八年进士,官至御史中丞。天复中避朱全忠乱寓剑州,子子高天祐间典尤溪县,遂即丰城小田定居焉。"

【崔昭符】清河人,祖庇历官滑州酸枣县尉,父巘官至鄂州观察使。咸通八年(867)登进士科。官至礼部尚书。

(唐)阙名《玉泉子》："皮日休,南海郑愚门生……同年崔昭符,镣之子,因蔑视之,亦醉更衣。见日休谓其素所熟狎者,即固问,且欲戏之。"

《旧唐书》卷一七九《崔昭纬传》："崔昭纬,清河人也。祖庇,滑州酸枣县尉。父巘,鄂州观察使……兄昭符,仕至礼部尚书。昭愿,太子少保。昭矩,给事中。昭远,考功员外郎。"

(宋)王谠撰,周勋初校证《唐语林校证》卷七《补遗·起武宗至昭宗》："皮日休,郑尚书愚门生……同年崔昭符,镣之子,素易日休。"此事,(宋)李昉等《太平广记》卷二六五《轻薄一·崔昭符》略同。按:崔昭纬之父,应为巘,非镣,疑《玉泉子》《唐语林》误。

《登科记考》卷二三,咸通八年(867)进士科条云崔昭符及第。

明经科

【李同】京兆府长安县人,父郴官至秘书郎。约在咸通八年(867)登明经科。

《唐文拾遗》卷三二,李郴撰《唐秘书省秘书郎李君(郴)夫人宇文氏墓志铭并序》："……常侍公每贤之,为人曰:'是女当宜配科名人。'咸通甲申岁,因丞相今宛陵杨公媒,适陇西李郴,任以内事。夫人姓郾华饬而安俭薄,时郴守官京兆府参军也…………有子四人……幼曰同,前明经。郴执笔追悼,因志于石。"按:据志文,宇文氏卒于丁亥(大中八年)夏四月,则其幼子明经及第,约在是年。

《登科记考》卷二七《附考·明经科》云李同及第。

【裴恭孙】河东人。咸通八年(867)明经及第。

《全唐文补遗》千唐志斋新藏专辑,裴宪孙撰乾符七年(880)正月七日《唐故孝廉河东裴君(恭孙)墓志铭》："君讳恭孙,河东人也……君幼习经业,故郑仆射愚掌贡年登第。"按:郑愚咸通八年(867)以礼部侍郎知贡举,则恭孙及明经第在是年。

【孙纬】咸通八年(867)登宏辞科。

(宋)计有功《唐诗纪事》卷六〇《孙纬》:"纬,咸通八年宏词登科。"

《登科记考》卷二三,咸通八年(867)博学宏词科条云孙纬及第。

【欧阳琳】字瑞卿,父兖。咸通七年(866)登进士科,咸通八年(867)中宏词科。秘书省校书郎,累迁侍御史。

《唐代墓志汇编》咸通〇六五《唐秘书省欧阳正字故夫人陈郡谢氏墓志铭并序》:"……所天名琳,以前年进士高第,去□宏词再科,今来释褐莅官投迹芸阁……"按:碑立于咸通九年七月,则其进士第登第当在咸通七年。

(宋)王谠撰,周勋初校证《唐语林校证》卷六《补遗·起德宗至文宗》:"欧阳琳父兖,亦中进士。琳与弟批同在场屋,苦其贫匮。每诣先达,刺辄同幅,时人称之。杜邠公在岐下,以子裔休同年谒之。"

《登科记考》卷二三,咸通七年(866)进士科条云欧阳琳及第。

淳熙《三山志》卷二六:"(咸通)七年丙戌韩兖榜:欧阳琳,兖之子,字瑞卿,再中宏词,授秘书省正字,累迁侍御史。"

咸通九年戊子(868)

知贡举:礼部侍郎刘允章

进士科

【赵峻】咸通九年(868)进士科状元及第。

《登科记考》卷二三,咸通九年(868)进士科云赵峻状元及第。

淳熙《三山志》卷二六《人物类一·科名》:"(咸通)九年戊子赵峻榜:连总,字会川,闽县人,终峄阳尉。"

【孔纾】字持卿,郡望曲阜,贯洛阳,祖戣官至礼部尚书,父温裕官至太常卿。咸通九年(868)登进士科。历河中节度使判官,官至左拾遗。

《唐代墓志汇编》咸通一一五《唐故左拾遗鲁国孔府君墓志铭并序》:"咸通十五年三月,侍讲学士右仆射太常孔公以疾辞内署职,其元子左拾遗养疾……仁表与拾遗同岁,为东府乡荐,策第不中等,再罢去。偕宴于东堂,宴之日……表为支使,校芸阁书,拾遗始及第,乞假拜庆。新进士得意归去……为渭南尉,直弘文馆……今许昌太傅相国襄阳公为河中,奏署观察判官监察御史……俄拜左拾遗内供奉……忆于洛阳里第,始相定交……公讳纾,字持卿,鲁司寇四十代孙……祖戣,皇任礼部尚书致仕,赠司徒;父温裕,皇任检校右仆射兼太常卿……"按:见《全唐文》卷八一二郑仁表《左拾遗鲁国孔府君墓志铭并序》。

《登科记考》卷二三,咸通九年(868)进士科条云孔纾及第。

【连总】字会川,闽县人。咸通九年(868)登进士科。终峄阳尉。

《登科记考》卷二三,咸通九年(868)进士科条:《永乐大典》引《闽中记》:"连总字会川,闽县人。咸通九年及第。"

淳熙《三山志》卷二六《人物类一·科名》:"(咸通)九年戊子赵峻榜:连总,字会川,闽县人,终峄阳尉。"

乾隆《福建通志》卷三三《选举》:"咸通九年戊子赵峻榜,闽县,连总,传见《文苑》。"

【羊昭业】字振文,苏州吴县人。咸通九年(868)登进士科。

(五代)王定保《唐摭言》卷一二《轻佻戏谑嘲咏附》:"顾:大顺中制同羊昭业等十人修史。云在江淮,遇高逢休谏议。时刘子长仆射,清名雅誉,充塞缙绅。其弟崇望,复在中书。云以逢休与子长旧交,将造门希致先容,逢休许之久矣。云临岐请书,逢休授之一函甚草创,云微有惑,因潜启阅之,凡一幅,并不言云。"

《登科记考》卷二三,咸通九年(868)进士科羊昭业条:《永乐大典》引《苏州府志》:"侍郎刘允章知举,羊昭业登第,昭业字振文。"按:正德《姑苏志》卷五《科第表上·进士》有羊昭业。

【郑仁表】荥阳人,祖肃官至宰相,父洎官至刺史。咸通九年(868)登进士科。历华州、河中府掌书记,入起居郎。

《唐代墓志汇编》咸通一一五《唐故左拾遗鲁国孔府君墓志铭并序》:"……仁表与拾遗同岁,为东府乡荐,策第不中等,再罢去。偕宴于东堂,宴之日……表为支使,校芸阁书,拾遗始及第,乞假拜庆。新进士得意归去……"按:见《全唐文》卷八一二郑仁表《唐故左拾遗鲁国孔府君墓志铭并序》。

《旧唐书》卷一七六《郑肃传》:"郑肃,荥阳人。祖烈,父阅,世儒家。肃苦心力学。元和三年,擢进士第……累迁户部、兵部尚书。五年,以本官同平章事,加中书、门下二侍郎,监修国史……子洎,咸通中累官尚书郎,出为刺史。洎子仁规、仁表,俱有俊才,文翰高逸……仁表擢第后,从杜审权、赵骘为华州、河中掌书记,入为起居郎。仁表文章尤称俊拔,然恃才傲物,人士薄之。自谓门地、人物、文章具美,尝曰:'天瑞有五色云,人瑞有郑仁表。'刘邺少时,投文于洎,仁表兄弟嗤鄙之。咸通末,邺为宰相,仁表竟贬死南荒。"

(宋)王谠撰,周勋初校证《唐语林校证》卷三《赏誉》:"刘仁表,刘允章门生。"按:"刘仁表"当作"郑仁表"。

《登科记考》卷二三,咸通九年(868)进士科条云郑仁表及第。

【胡学】字真,歙州婺源人。咸通九年(868)登进士科。历官抚州司户、舒城令。

《登科记考补正》卷二三,咸通九年(868)进士科录载胡学。

嘉靖《徽州府志》卷十七《宦业列传》:"胡学,字真,瞳之子,由祁门迁居婺源清华。登咸通九年进士,累官抚州司户。上书言事,忤田令孜,贬窜福州,寻授舒城令。"

乾隆《江南通志》卷一一九《选举志》:"咸通进士:胡学,婺源人。"按:又见同书卷一四七《人物志》。

道光《安徽通志》卷一四四《人物志·宦第五·徽州府·唐》据《新安名族志》录:"胡学,婺源人,父瞳,以御黄巢功授宣歙节度讨击使。学,咸通进士,任抚州司户。上书忤田令孜,窜福州,寻授舒城令。"

【颜□】咸通九年(868)登进士科。

《登科记考》卷二三,咸通九年(868)进士科条引颜萱《送羊振文归觐桂阳》诗注:"先辈拾遗是叔父同年。"

明经科

【石宜昌】苏州人。咸通九年(868)登明经科。历县令、判官、巡营都统。

民国《湖北通志》卷一二三:"石宜昌,兴国人,咸通戊子以经义举,任县令,迁判官,复迁巡营都统。"按:咸通戊子年即咸通九年(868)。

咸通十年己丑(869)

知贡举:礼部侍王凝

进士科

【归仁绍】一作"归仁召",苏州吴郡人,祖登官至工部尚书,父融官至吏部侍郎。咸通十年(869)进士科状元及第。达显宦。

《旧唐书》卷一四九《归崇敬传附归融传》:"归崇敬字正礼,苏州吴郡人也。曾祖奥,以崇敬故,追赠秘书监。祖乐,赠房州刺史。父待聘,亦赠秘书监。崇敬少勤学,以经业擢第……充皇太子侍读……子登嗣。登,字冲之……迁工部尚书……子融嗣。融,进士擢第,自监察拾遗入省……以融权知兵部侍郎。一年内拜吏部。三年检校礼部尚书、兴元尹兼御史大夫,充山南西道节度使。融子仁晦、仁翰、仁宪、仁召、仁泽,皆登进士第。咸通中并至达官。"

(宋)乐史《广卓异记》卷一九《父子状元及第》:"右按《登科记》:归仁绍,咸通十年状元及第。仁绍子□□□年亦状元及第。"

(元)辛文房撰,傅璇琮主编《唐才子传校笺》(册三)卷八《司空图》:"图,咸通十年归仁绍榜进士。"

(明)徐应秋《玉芝堂谈荟》卷二《历代状元》:"(咸通)九年,进士三十人,状元归仁绍。"

《登科记考》卷二三,咸通十年(869)进士科条:《永乐大典》引《苏州府志》:"咸通十年,侍郎王凝知举,归仁绍等第。"

【司空图】字表圣,旧籍泗州,新贯河中府虞乡县,祖象官至水部郎中,父舆官至户部郎中。咸通十年(869)登进士科。历宣歙观察使从事,官至中书舍人。

《全唐文》卷八〇七《中条王官谷序》云"泗水司空图",同卷《书屏记》云"泗水司空氏"。按:泗水为旧传所云临淮,即泗州。盖泗州为其祖籍,河中虞乡为其籍贯。

《旧唐书》卷一九〇下《文苑下·司空图》:"司空图字表圣,本临淄人。曾祖遂,密令。

祖象,水部郎中。父舆……迁户部郎中,卒。图,咸通十年登进士第,主司王凝于进士中尤奇之。凝左授商州刺史,图请从之。凝加器重,洎廉问宣歙,辟为上客。召拜殿中侍御史,以赴阙迟留,责授光禄寺主簿,分司东都。乾符六年……迁本司郎中……僖宗自蜀还,次凤翔,召图知制诰,寻正拜中书舍人……龙纪初,复召拜舍人……景福中,又以谏议大夫征……昭宗在华,征拜兵部侍郎,称足疾不任趋拜……图有先人别墅在中条山之王官谷,泉石林亭,颇称幽栖之趣。"

《新唐书》卷一九四《卓行·司空图》:"司空图字表圣,河中虞乡人……图,咸通末擢进士,礼部侍郎王凝所奖待,俄而凝坐法贬商州,图感知己,往从之。凝起拜宣歙观察使,乃辟置幕府。召为殿中侍御史……僖宗次凤翔,即行在拜知制诰,迁中书舍人。"

(宋)计有功《唐诗纪事》卷六三《司空图》:"图,河中虞乡人。"按:《旧唐书》云司空图"本临淮人",与诸书异。《五代史缺文》:"图,字表圣,自言泗州人。"

(宋)晁公武《郡斋读书志校证》卷一八《别集类中》录《司空图一鸣集》三十卷,注:"右唐司空图表圣也。河中人。咸通十一年,王凝下及第。"

(元)辛文房撰,傅璇琮主编《唐才子传校笺》(册三)卷八《司空图》:"图,字表圣,河中人也。父舆,大中时为商州刺史。图,咸通十年归仁绍榜进士。"

《登科记考》卷二三,咸通十年(869)进士科条云司空图及第。

【余镐】字周京,建州建阳县人。咸通十年(869)登进士第。授校书郎。

四库本《江西通志》卷四九:"咸通十二年进士己丑归仁绍榜:建阳县余镐,传见兴化人物。"

乾隆《福建通志》卷三三《选举志一·唐科目》:"咸通十年己丑归仁绍榜:建阳县余镐。"同书卷四四《人物志》:"唐余镐,字周京,其先家建阳。咸通十年与闽县欧阳玭、长乐县林慎思同第进士,除校书郎。"

【林慎思】字虔中,福州长乐人。咸通十年(869)登进士科。授校书郎,终水部郎中、万年县令。

《钦定四库全书总目》卷九一:"唐林慎思撰,慎思,字虔中,长乐人,咸通十年进士,十一年又中宏词拔萃魁,授秘书省校书郎,兴平尉,寻除尚书水部郎中,守万年县令,黄巢之乱抗节不屈死。"

《登科记考》卷二三,咸通十年(869)进士科林慎思条云林永撰《唐水部伸蒙子家传》:"伸蒙子姓林氏,讳慎思,字虔中,福州长乐人……咸通五年,首荐礼部,不第,退居槐里。咸通十年,王凝侍郎归绍榜中进士第。"

淳熙《三山志》卷二六《人物类一·科名》:咸通"十年己丑归仁绍榜:林□(避讳"慎"字)思,字虔中,长乐人,终水部郎中、万年令"。

【欧阳玭】字□中,父充。咸通十年(869)登进士科。终掌书记。

《登科记考》卷二三,咸通十年(869)进士科欧阳玭条:"按玭为琳之弟。"参考欧阳琳小传。

淳熙《三山志》卷二六《人物类一·科名》:"(咸通)十年己丑归仁绍榜:欧阳玭,充之子,字□中,终书记。"

【虞鼎】字少微,越州会稽人,祖敏官至宜春令,父汀官至东鲁别驾。咸通十年(869)登进士科。历校书郎,官至御史。

《全唐文》卷八一九杨钜《唐御史里行虞鼎墓志铭》:"公虞姓,讳鼎,字少微。本会稽人,秘书监兼宏文馆学士赠礼部尚书银青光禄大夫永兴郡公谥文懿讳世南八世孙。曾祖玟,江州刺史。祖敏,宜春令。父汀,东鲁别驾。公性敏,好问学。月开日益,卓然老成。登咸通十年进士,为校书郎,累迁至御史里行。举弹无所避,謇然有声于时。寻陟饶州刺史,视事严且明,人吏敛手,莫敢为非。乾符二年,黄巢寇饶州,公出御之,战甚力。贼益至,势不能支,城遂陷。公及刘郑二马衙出奔,夜宿芝山祠……至锦田早禾源,与梦适符,遂家焉。公遭时艰,不克居其乡。因见山水清秀,泊田宅为休老计。闻人道国事升降消息,即喟然长叹,不食竟日。无事与山翁野老相往返,历历谈桑麻事,意泊如也。公生会昌元年九月九日,卒同光元年十月十六日,春秋八十三。即以其年十月十八日,葬于安仁崇义乡善政里饶山之阳。"

《登科记考》卷二三,咸通十年(869)进士科条云虞鼎及第。

制科

【林慎思】字虔中,福州长乐人。咸通十年(869)登进士科,同年登宏词科。授校书郎,终水部郎中、万年县令。小传见咸通十年进士科条林慎思小传。

《钦定四库全书总目》卷九一:"唐林慎思撰,慎思,字虔中,长乐人,咸通十年进士,十一年又中宏词拔萃魁,授秘书省校书郎,兴平尉,寻除尚书水部郎中,守万年县令,黄巢之乱抗节不屈死。"

《登科记考》卷二三,咸通十年登进士科林慎思条云林永撰《唐水部郎中伸蒙子家传》:"伸蒙子姓林氏,讳慎思,字虔中,福州长乐人……咸通五年,首荐礼部,不第,退居槐里。咸通十年,王凝侍郎归绍榜中进士第。"同卷宏词科林慎思条云《永乐大典》引《长乐县志》:"林慎思,咸通十年以宏词科登第。"

淳熙《三山志》卷二六:咸通"十年己丑归仁绍榜:林□(避讳"慎"字)字虔中,长乐人,终水部郎中、万年令"。

咸通十一年庚寅(870)

停举。

咸通十二年辛卯（871）

知贡举：中书舍人高湜

进士科

【李筠】咸通十二年（871）进士科状元及第。

（元）辛文房撰，傅璇琮主编《唐才子传校笺》（册四）卷九《许棠》：“棠字文化，宣州泾人也……咸通十二年李筠榜进士及第。”

《登科记考》卷二三，咸通十二年（871）进士科条云李筠状元及第。

【韦保乂】京兆府人，祖元贞，父悫官至礼部侍郎。咸通十二年（871）登进士科。历尚书郎、知制诰、翰林学士，官至学士承旨。

（五代）王定保《唐摭言》卷九《敕赐及第》：“韦保乂，咸通中以兄在相位，应举不得，特敕赐及第，擢入内廷。”

《旧唐书》卷一七七《韦保衡传》：“韦保衡者，字蕴用，京兆人。祖元贞，父悫，皆进士登第。大和初登第，后累佐使府，入朝亟历台阁。大中四年，拜礼部侍郎。五年选士，颇得名人，载领方镇节度，卒……弟保乂，进士登第，尚书郎、知制诰，召充翰林学士，历礼、户、兵三侍郎、学士承旨。坐保衡免官。”

《登科记考》卷二三，咸通十二年（871）进士科条云韦保乂及第。

【公乘亿】字寿山，一作“寿仙”，魏州人。咸通十二年（871）登进士科。历魏博节度使从事，加授侍郎。

（五代）王定保《唐摭言》卷八《忧中有喜》：“公乘亿，魏人也，以辞赋著名。咸通十三年，垂三十举矣。尝大病，乡人误传已死，其妻自河北来迎丧。会亿送客至坡下，遇其妻……后旬日，登第矣。”

（五代）孙光宪《北梦琐言》卷二《放孤寒三人及第》：“咸通中，礼部侍郎高湜知举。榜内孤贫者公乘亿……最奇者有聂夷中，河南中都人。”

《新唐书》卷一七七《高钎传》：“子湜，字澄之，第进士，累官右谏议大夫。咸通末，为礼部侍郎……乃取公乘亿、许棠、聂夷中等。以兵部侍郎判度支出为昭义节度使，为下所逐，贬连州司马。以太子宾客分司东都，卒。亿字寿仙，棠字文化，夷中字坦之，皆有名当时。”按：据此，可知公乘亿又作“寿仙”。

（宋）计有功《唐诗纪事》卷六八《公乘亿》、《全唐诗》卷六〇〇等条均谓公乘亿字寿仙。山和仙孰是，尚难定论。其籍贯《唐摭言》云为魏人，即河北道魏州。

（元）辛文房撰，傅璇琮主编《唐才子传校笺》（册四）卷九《公乘亿》：“亿字寿山。咸通十二年进士。”

（明）徐应秋《玉芝堂谈荟》卷二《历代状元》：“（咸通）十二年，状元公乘亿。”

（清）李调元《全五代诗》卷五云公乘亿，魏博节度使从事，加授侍郎。

《登科记考》卷二三，咸通十二年（871）进士科云公乘亿及第。

【**许棠**】字文化,宣州泾县人。咸通十二年(871)登进士科。初授淮南馆驿官,历泾县尉。

(五代)王定保《唐摭言》卷八《为乡人轻视而得者》:"许棠,宣州泾县人,早修举业。乡人汪遵者,幼为小吏,洎棠应二十余举,遵犹在胥徒,然善为歌诗,而深自晦密。一旦辞役就贡……而与棠同砚席,棠甚侮之,后遵成名五年,棠始及第。"

(五代)孙光宪《北梦琐言》卷二《放孤寒三人及第》:"咸通中礼部侍郎高湜知举。榜内孤贫者公乘亿……许棠有《洞庭》诗,尤工,诗人谓之'许洞庭'。"

《新唐书》卷一七七《高钛传》:"子湜字翘之,第进士,累官右谏议大夫。咸通末,为礼部侍郎……乃取公乘亿、许棠、聂夷中等。以兵部侍郎判度支出为昭义节度使,为下所逐,贬连州司马。以太子宾客分司东都,卒。亿字寿仙,棠字文化,夷中字坦之,皆有名当时。"

(宋)王谠撰,周勋初校证《唐语林校证》卷七《补遗·起武宗至昭宗》:"许棠初试进士,与薛能、陆肱齐名。薛擢第,尉盩厔;肱下第,游太原;棠并以诗送之。棠登第,薛已自京尹出镇徐州,陆亦出守南康,招棠为倅。初,高侍郎湜知举,棠纳卷,览其诗:'退鹢已经三十载,登龙仅见一千人。'乃曰:'世复有屈于许棠者乎?'永临刘相,以其子希同年,留为淮南馆驿官,令和韵,棠嗜诗不通;南海仆射时为副使知府事,笑谓人曰:'相公令许棠和韵,可谓虐人也!'"

(宋)计有功《唐诗纪事》卷七〇《许棠》:"棠,字文化,宣州泾县人。登咸通十二年进士第。"

(元)辛文房撰,傅璇琮主编《唐才子传校笺》(册四)卷九《许棠》:"棠字文化,宣州泾人也……咸通十二年李筠榜进士及第……调泾县尉。"

《登科记考》卷二三,咸通十二年(871)进士科云许棠及第。

【**刘希**】字至颜,润州句容人,祖三复刑部侍郎,父邺宰相。咸通十二年(871)登进士科。

《全唐文新编》卷七四六《刘三复 李蓬》:"三复,润州句容人,大和中为员外郎,累迁御史中丞,会昌中拜刑部侍郎,宏文馆学士,卒。"

《旧唐书》卷一七七《刘邺传》:"刘邺,字汉藩,润州句容人也。父三复,聪敏绝人……自谏议、给事,拜刑部侍郎、弘文馆学士判馆事……邺六七岁能赋诗……其年同平章事,判度支,转中书侍郎,兼吏部尚书,累加太清宫使、弘文馆大学士。"

《新唐书》卷一八三《刘邺传》:"刘邺字汉藩,润州句容人。父三复……擢三复刑部侍郎、弘文馆学士……邺六七岁能属辞……咸通初,擢左拾遗,召为翰林学士,赐进士第。历中书舍人,迁承旨……以礼部尚书同中书门下平章事,判度支。"

《新唐书》卷七一上《宰相世系表》一上丹阳刘氏:希字至颜,邺之子。按丹阳刘氏,世居句容。

(宋)王谠撰,周勋初校证《唐语林校证》卷七《补遗·起武宗至昭宗》:"许棠初试进士,与薛能、陆肱齐名。薛擢第,尉盩厔;肱下第,游太原;棠并以诗送之。棠登第,薛已自京尹出镇徐州,陆亦出守南康,招棠为倅。初,高侍郎湜知举,棠纳卷,览其诗:'退鹢已经三十载,登龙仅见一千人。'乃曰:'世复有屈于许棠者乎?'永临刘相,以其子希同年,留为淮南馆驿官,令和韵,棠嗜诗不通;南海仆射时为副使知府事,笑谓人曰:'相公令许棠和韵,可谓虐人也!'"参见本书刘邺小传。

《登科记考》卷二三,咸通十二年(871)进士科云刘希及第。

【李拯】字昌时,陇西人。咸通十二年(871)登进士第。累佐府幕,官至考功郎中,知制诰。

《秦晋豫新出墓志蒐佚续编》九四〇,李当撰、李藻书乾符三年(876)五月二十二日《唐故范阳郡夫人卢氏墓志铭并序》:"夫人讳钣,字子颖,其先涿郡人也……长男曰藻,擢进士上第,以秘省校书由书府升谏垣,历拾遗、补阙,今从汉南相府辟命除检校礼部员外郎、充观察判官,锡朱绂印。幼曰拯,一举得进士第。"

《旧唐书》卷一九〇下《文苑下·李拯传》:"李拯字昌时,陇西人。咸通十二年登进士第。乾符中,累佐府幕。黄巢之乱,避地平阳。僖宗还京,召拜尚书郎,转考功郎中,知制诰。僖宗再幸宝鸡,拯扈从不及,在凤翔。襄王僭号,逼为翰林学士。拯既污伪署,心不自安。后朱玫秉政,百揆无叙,典章浊乱,拯尝朝退,驻马国门,望南山而吟曰:'紫宸朝罢缀鸳鸾,丹凤楼前驻马看。唯有终南山色在,晴明依旧满长安。'吟已涕下。及王行瑜杀朱玫,襄王出奔,京城乱,拯为乱兵所杀。"

(宋)计有功《唐诗纪事》卷七一《李拯》:"拯,字昌时,陇西人。登咸通十二年进士第。"

《登科记考》卷二三,咸通十二年(871)进士科云李拯及第。

【聂夷中】字坦之,河南中都人。咸通十二年(871)登进士科。官至华阴尉。

(五代)孙光宪《北梦琐言》卷二《放孤寒三人及第》:"咸通中,礼部侍郎高湜知举。榜内孤贫者公乘亿……最奇者有聂夷中,河南中都人。"

《新唐书》卷六〇《艺文四》:"《聂夷中诗》二卷。字坦之,咸通华阴尉。"

《新唐书》卷一七七《高钚传》:"子湜,字澄之,第进士,累官右谏议大夫。咸通末,为礼部侍郎……乃取公乘亿、许棠、聂夷中等。以兵部侍郎判度支出为昭义节度使,为下所逐,贬连州司马。以太子宾客分司东都,卒。亿字寿仙,棠字文化,夷中字坦之,皆有名当时。"

(宋)陈振孙《直斋书录解题》卷一九录载《聂夷中集》一卷,注:"唐华阴尉聂夷中撰。咸通十二年进士。"

(元)辛文房撰,傅璇琮主编《唐才子传校笺》(册四)卷九《聂夷中》:"夷中字坦之,河南人也。咸通十二年礼部侍郎高湜下进士,与许棠、公乘亿同袍。"

《登科记考》卷二三,咸通十二年(871)进士科聂夷中及第。

【曾緐】袁州宜春人。咸通十二年(871)登进士科。

《登科记考》卷二三,咸通十二年(871)进士科曾緐条:《永乐大典》引《宜春志》:"咸通十二年登进士第。"

【裴枢】字纪圣,京兆府人,祖向官至吏部尚书,父寅官至御史大夫。咸通十二年

(871)登进士科。释褐河中从事,历淮南节度使从事、西川从事、郑滑掌书记,官至宰相。

《旧唐书》卷一一三《裴遵庆传》:"裴遵庆,绛州闻喜人也。代袭冠冕,为河东著族……迁黄门侍郎、同中书门下平章事……子向……乃以吏部尚书致仕于新昌里第……(向)子寅,登进士第,累官至御史大夫卒……(寅)子枢,字纪圣,咸通十二年登进士第。宰相杜审权出镇河中,辟为从事,得秘书省校书郎,再迁蓝田尉。直弘文馆……从僖宗幸蜀,中丞李焕奏为殿中侍御史,迁起居郎。中和初,王铎复见用,以旧恩徙为郑滑掌书记、检校司封郎中,赐金紫,入朝历兵、吏二员外郎。龙纪初,擢拜给事中,改京兆尹……乾宁初,入为右散骑常侍,从昭宗幸华州……改枢吏部侍郎。未几,换户部侍郎、同平章事。其年冬,昭宗幸华州,崔胤贬官,枢亦为工部尚书。天子自岐下还宫,以枢检校右仆射、同平章事,出为广南节度使……寻复拜门下侍郎,监修国史,累兼吏部尚书,判度支……进右仆射、弘文馆大学士、太清宫使,充诸道盐铁转运使……拜尚书左仆射……全忠遣人杀之于白马驿,投尸于河,时年六十五。"

《新唐书》卷一四〇《裴遵庆传》:"裴遵庆字少良,绛州闻喜人……子向……(向)子寅,官累御史大夫。寅子枢。枢字纪圣,咸通中,第进士。杜审权镇河中,奏署幕府,再迁蓝田尉。宰相王铎知之,遂直弘文馆。铎罢,枢久不调。从僖宗入蜀,擢殿中侍御史。中和初,铎为都统,表署郑滑掌书记。龙纪初,进给事中,改京兆尹。与孔纬厚善,纬以罪贬,故枢改右庶子,出为歙州刺史。迁右散骑常侍,为汴州宣谕使……俄以户部侍郎同中书门下平章事。帝在凤翔,贬胤官,枢亦罢为工部尚书。已还宫,拜检校尚书右仆射、同平章事。出为清海节度使。全忠言枢有经世才,不宜弃外,复拜门下侍郎平章事,监修国史。累进右仆射、诸道盐铁转运使……拜左仆射……全忠遣人杀之白马驿,投尸于河,年六十五。"

《登科记考》卷二三,咸通十二年(871)进士科条云裴枢及第。

咸通十三年壬辰(872)

知贡举:礼部侍郎崔殷梦

进士科

【郑昌图】一作"郑昌符",字光业,京兆府人。咸通十三(872)进士科状元及第。官至宰相。

《全唐诗》第二十五册卷八七〇郑光业《纪中表试案》:"新糊案子,其白如银。入试出试,千春万春。"(宋)李昉等《太平广记》卷二五一《诙谐七·郑光业》引《摭言》略同。

(唐)孙棨《北里志》附录"郑光业补衮"条:"郑光业新及第,年宴次,有子女卒患心痛而死,同年皆惶骇。光业撤筵中器物,悉授其母,别征酒器,尽欢而散。"

(五代)王定保《唐摭言》卷一二《轻佻》:"郑光业中表间有同入试者,于时举子率皆以白纸糊案子面。昌图潜纪之曰:'新糊案子,其白如银,入试出试,千春万春。'光业弟兄共有一巨皮箱,凡同人投献,辞有可嗤者,即投其中,号曰'苦海'……居二日,光业状元及第。"

(五代)王仁裕《玉堂闲话》:"广明年中,凤翔副使郑侍郎昌图未及第前尝自任以广度宏襟……昌图其年状头及第,榜尾邹希回也。"

(宋)李昉等《太平广记》卷一八三《贡举六·郑昌图》引《玉堂闲话》:"昌图其年状头及第,榜尾邹希回也。"

(宋)乐史《广卓异记》卷七《礼部同年四相:郑昌图 赵崇 裴贽 郑延昌》:"咸通十三年礼部侍郎崔殷梦下二十人及第。其后郑昌图等四人,相次拜相。"

(宋)朱胜非《绀珠集》卷四《进士乘驴》:"咸通末,执政病举人车马太盛,奏请进士并乘驴。郑光业躯干伟大,或嘲之曰:'今年敕下尽骑驴,短辔长秋满九衢。清瘦儿郎犹自可,就中愁杀郑昌图。'"《登科记考》卷二七《附考·进士科》云郑光业及第。按:《新唐书》卷七五上《宰相世系表》五上载郑昌图出郑氏北祖房,字光业,户部侍郎;祖具瞻,泾阳尉。父涓,字道一,太原节度使。是知郑昌图与郑光业为同一人,盖光业为字。《附考》中郑光业当删。

(元)辛文房撰,傅璇琮主编《唐才子传校笺》(册三)卷八《周繇》:"繇,江南人,咸通十三年郑昌图榜进士。"

(明)徐应秋《玉芝堂谈荟》卷二《历代状元》:"(咸通)十三年,进士三十人,状元郑昌符。"

《登科记考》卷二三,咸通十三年(872)进士科条云郑昌图及第。

【韦庠】咸通十三年(872)登进士科。

(宋)乐史《广卓异记》卷一九《七榜院:崔邠》:"右按《登科记》:元和二年,崔邠为礼部侍郎,连放二榜。又元和六年,邠之弟郾为礼部侍郎,连放二榜。元和十四年,郾之弟郓,为礼部侍郎,放一榜。大中七年,郾之子瑶,自中书舍人为礼部侍郎,又放一榜。崔氏六榜,皆刻石于常乐街泰宁寺,时人谓之'榜院'……咸通十四年,郾之三子瑾,自中书舍人拜礼部侍郎,又放一榜,乃命门生韦庠刻石,将饰七榜。"

《登科记考》卷二三,咸通十三年(872)进士科条云韦庠及第。

【邹希回】咸通十三年(872)登进士科。

(五代)王定保《唐摭言》卷三《慈恩寺题名游赏赋咏杂纪》:"咸通十三年三月,新进士集于月灯阁尉蹙鞠之会……邹希回者,年七十余,榜末及第。"

(五代)王仁裕《玉堂闲话》:"广明年中,凤翔副使郑侍郎昌图未及第前尝自任以广度宏襟……昌图其年状头及第,榜尾邹希回也。"

(宋)李昉等《太平广记》卷一八三《贡举六·郑昌图》引《玉堂闲话》:"昌图其年状头及第,榜尾邹希回也。"

《登科记考》卷二三,咸通十三年(872)进士科云邹希回及第。

【张演】初名球,韶州曲江人。咸通十三年(872)登进士科。

(元)释圆至《笺注唐贤绝句三体诗法》:"张演,咸通十三年郑昌符榜及第。"

（元）辛文房撰，傅璇琮主编《唐才子传校笺》（册三）卷八《周繇》："繇，江南人，咸通十三年郑昌图榜进士……同登第有张演者。"按：《登科记考》未收张演，据此，张演当为咸通十三年进士科及第。

《新唐书》卷七二下《宰相世系表》二下始兴张氏有"张演，初名球"，《唐才子传校笺》册三云张演系度支郎中张复鲁之子，则张演为韶州曲江人。

【周繇】字为宪，一作"允元"，池州至德县人。咸通十三年（872）登进士科，调福昌尉。历御史中丞。

（五代）王定保《唐摭言》卷一〇《海叙不遇》："周繁，池州青阳人也。兄繇，以诗篇中第。"

（宋）计有功《唐诗纪事》卷五四《周繇》："繇，字为宪，池州人。及咸通进士第……后以御史中丞与段成式、韦蟾、温庭皓同游襄阳徐商幕府。"

（宋）陈振孙《直斋书录解题》卷一九录载《周繇集》一卷，注："唐周繇撰。咸通十三年进士。"

（元）辛文房撰，傅璇琮主编《唐才子传校笺》（册三）卷八《周繇》："繇，江南人，咸通十三年郑昌图榜进士。调福昌县尉。"按：其籍贯，清《一统志》卷一一八《池州府·陵墓》："周繇墓，在建德县境内。"建德县即唐代之池州至德县。

《登科记考》卷二三，咸通十三年（872）进士科周繇条：《永乐大典》引《池州府志》云"周繇字允元"。

【郑延昌】字光远。咸通十三年（872）登进士科。历监察御史、凤翔从事，官至宰相，位至尚书左仆射。

（宋）乐史《广卓异记》卷七《礼部同年四相：郑昌图 赵崇 裴贽 郑延昌》："咸通十三年礼部侍郎崔殷梦下二十人及第。其后郑昌图等四人，相次拜相。"

《新唐书》卷一八二《郑延昌传》："郑延昌字光远，咸通末得进士第，迁监察御史。郑畋镇凤翔，表在其府。黄巢乱京师，畋倚延昌调兵食，且谕慰诸军。畋再秉政，擢司勋员外郎、翰林学士。进累兵部侍郎，兼京兆尹判度支。拜户部尚书，以中书侍郎同中书门下平章事，兼刑部尚书。无它功，以病罢，拜尚书左仆射，卒。"

《登科记考》卷二三，咸通十三年（872）进士科条云郑延昌及第。

【赵崇】咸通十三年（872）登进士科。历司勋员外郎、史馆修撰、河东节度使判官，官至宰相。

《旧唐书》卷一五八《郑从谠传》：僖宗以郑从谠为"北都留守、河东节度"。"制下，许自择参佐。乃奏长安令王调为副使，兵部员外郎、史馆修撰刘崇龟为节度判官，前司勋员外郎、史馆修撰赵崇为观察判官，前进士刘崇鲁充推官，前左拾遗李渥充掌书记，前长安尉崔泽充支使。"

（宋）乐史《广卓异记》卷七《礼部同年四相：郑昌图 赵崇 裴贽 郑延昌》："咸通十三年礼部侍郎崔殷梦下二十人及第。其后郑昌图等四人，相次拜相。"

《登科记考》卷二三，咸通十三年（872）进士科条云赵崇及第。

【裴贽】字敬臣,贯长安,祖义官至福建观察使,父坦官至宰相。咸通十三年(872)登进士第。历右补阙、御史中丞、刑部尚书,官至宰相,以司空致仕。

(宋)乐史《广卓异记》卷七《礼部同年四相:郑昌图 赵崇 裴贽 郑延昌》:"咸通十三年礼部侍郎崔殷梦下二十人及第。其后郑昌图等四人,相次拜相。"

《新唐书》卷一八二《裴坦传附裴贽传》:"裴坦字知进,隋营州都督世节裔孙。父义,福建观察使。坦及进士第……召为中书侍郎、同中书门下平章事,不数月卒……从子贽。贽字敬臣,及进士第,擢累右补阙、御史中丞、刑部尚书。昭宗引拜中书侍郎兼本官、同中书门下平章事,寻兼户部尚书……俄进尚书左仆射,以司空致仕。"按:《长安志》:"中书侍郎同中书门下裴垣宅。"则裴贽的新贯在长安。

《登科记考》卷二三,咸通十三年(872)进士科云裴贽及第。

咸通十四年癸巳(873)

知贡举:中书舍人崔瑾李昭

进士科

【孔缵】曲阜人。咸通十四年(873)进士科状元及第。

(宋)乐史《广卓异记》卷一九《兄弟三人俱状元及第》:"右按《登科记》:孔纬,大中二年状元及第。弟缵,咸通十四年状元及第。缄,乾符三年状元及第。"

《登科记考》卷二三,咸通十四年(873)进士科条云孔缵及第。

乾隆《山东通志》卷十五《选举志一·唐》:"孔缵,曲阜人,明经科状元。"

【韦昭范】咸通十四年(873)登进士科。

(五代)王定保《唐摭言》卷三《慈恩寺题名游赏赋咏杂纪》:"咸通十四年,韦昭范先辈登第,昭范乃度支侍郎杨严懿亲。"

《登科记考》卷二三,咸通十四年(873)进士科条云韦昭范及第。

【杜让能】字群懿,京兆府杜陵人,祖元绛终太子宾客,父审权官至宰相。咸通十四年(873)登进士科。释褐咸阳尉,历宣武节度使推官、淮南节度使掌书记、山南西道节度使判官,官至宰相,封晋国公,赐铁券,累进太尉。

《旧唐书》卷一七七《杜审权传附杜让能传》:"杜审权字殷衡,京兆人也……三子:让能、彦林、弘徽。让能,咸通十四年登进士第,释褐咸阳尉。宰相王铎镇汴,奏为推官。入为长安尉、集贤校理。丁母忧,以孝闻。服阕,淮南节度使刘邺辟掌记室,得殿中,赐绯。入为监察。牛蔚镇兴元,奏为节度判官。入为右补阙,历侍御史、起居郎、礼部、兵部员外郎。萧遘领度支,以本官判度支案。黄巢犯京师,奔赴行在,拜礼部郎中、史馆修撰。寻以本官知制诰,正拜中书舍人。谢日,面赐金紫之服,寻召充翰林学士……累迁户部侍郎。从驾还京,加礼部尚书,进阶银青光禄大夫,封建平县开国子,食邑五百户。转兵部尚书、学士承旨……至襃中,加金紫光禄大夫,改兵部侍郎,同平章事……京师平,拜特进、中书侍郎,兼兵部尚书、集贤殿大学士,进封襄阳郡开国公,食邑二千户……加开府仪同三司、尚书左仆射,封晋国公,增邑千户,仍赐铁券。诛秦宗权,许、蔡平定,加司空、门下侍郎、监修国史。昭宗郊礼毕,进位司徒、太清宫使、弘文馆大学士、延资库使、诸道盐铁转运等使,加食邑一千户。明年,册拜太尉,加食邑一千户……寻赐死,时年五十三。"

《新唐书》卷九六《杜如晦传附杜让能传》:"杜如晦字克明,京兆杜陵人……如晦五世孙元颖……弟元绛,终太子宾客。元绛子审权。审权……子让能,字群懿,擢进士第,从宣武王铎府为推官,以长安尉为集贤校理……稍进兵部员外郎……三迁中书舍人,召为翰林学士。方……再迁兵部尚书,封建平县子……擢兵部侍郎、同中书门下平章事……昭宗立,进尚书左仆射,晋国公,赐铁券,累进太尉……乃赐死,年五十三。"

(宋)王谠撰,周勋初校证《唐语林校证》卷七《补遗·起武宗至昭宗》:"杜让能,丞相审权之子;韦相保衡,审权之甥。保衡少不为让能所礼。保衡为相,让能久不中第。及登科第,审权愤其沉厄,以一子出身奏监察御史。"

《登科记考》卷二三,咸通十四年(873)进士科条云杜让能及第。

【李昌符】字岩梦。咸通十四年(873)登进士科。仕终膳部员外郎。

(五代)王定保《唐摭言》卷一〇《海叙不遇》:"张乔,池州九华人也,诗句清雅,复无与伦。咸通末,京兆府解,李建州时为京兆参军主试,同时有许棠与乔,及俞坦之、剧燕、任涛、吴罕、张蟾、周繇、郑谷、李栖远、温宪、李昌符,谓之十哲。"按:京兆府参军李频主试在咸通十一年(参考《唐才子传校笺》册三卷七),其年李昌符尚在府试之列。又(五代)孙光宪《北梦琐言》卷一〇《李昌符咏婢仆》:"唐咸通中,前进士李昌符又诗名,久不登第。"又《唐才子传校笺》册三:"'十哲'中登第最早者为首荐之许棠,咸通十二年,其后为周繇,咸通十三年。"并推之,李昌符当在咸通十四年进士登第。

《新唐书》卷七〇上《宗室世系表》:"大郑王房:昌符字岩梦。"

(宋)计有功《唐诗纪事》卷七〇《李昌符》:"昌符,字岩梦,登咸通四年进士第,历尚书郎。"按:"咸通四年"误。

(宋)陈振孙《直斋书录解题》卷一九录载《李昌符集》一卷,注:"唐膳部员外郎李昌符撰。咸通四年进士。"按:"咸通四年"误。

(元)辛文房撰,傅璇琮主编《唐才子传校笺》(册三)卷八《李昌符》:"昌符,字若梦,咸通四年礼部侍郎萧倣下进士,工诗,在长安与郑谷酬赠,仕终膳部员外郎。"《登科记考》卷二三,咸通四年(863)进士科条云李昌符及第。按:辛传"若梦"盖为"岩梦"之误;"咸通四年"亦误。

【李渥】陇西人,祖景素大和中进士,父蔚官至宰相。咸通十四年(873)登进士科。释褐太原从事,历中书舍人,官至礼部侍郎。

《旧唐书》卷一七八《李蔚传》:"李蔚字茂休,陇西人。祖上公,位司农卿,元和初为陕虢观察使。父景素,大和中进士。蔚……寻以本官同平章事,加中书侍郎,与卢携、郑畋同辅政……蔚三子:渥、洵、泽。渥,咸通末进士及第,释褐太原从事,累拜中书舍人、礼部侍郎。光化三年,选贡士。洵至福建观察使。"

（宋）计有功《唐诗纪事》卷五三《李渥》："李渥，时为乡贡进士，后登第。"

《登科记考》卷二三，咸通十四年（873）进士科条云李渥及第。

【曹希幹】父汾官至户部侍郎，从父确官至宰相。咸通十四年（873）登进士科。

（五代）王定保《唐摭言》卷三《慈恩寺题名游赏赋咏杂纪》："曹汾尚书镇许下，其子希幹及第，用钱二十万。"

（宋）计有功《唐诗纪事》卷五二《曹汾》："汾，字道谦，开成四年进士登第。希幹，咸通十四年登第。汾终户部侍郎。汾，懿宗宰相确之弟。"

《登科记考》卷二三，咸通十四年（873）进士科条云曹希幹及第。

【唐彦谦】字茂业，并州晋阳人，士族，祖次官至礼部员外郎，父持官至昭义节度。咸通十四年（873）进士及第。历河中节度使从事、副使，官至阆、壁二州刺史。

《唐文拾遗》卷三三，郑贻《鹿门诗集叙》："君讳彦谦，字茂业。咸通二年进士，以文章入仕。"待考。

《旧唐书》卷一九〇下《文苑下·唐次传》："唐次，并州晋阳人也，国初功臣礼部尚书俭之后。建中初进士擢第，累辟使府。贞元初，历侍御史。窦参深重之，转礼部员外郎……次子扶、持……持……进位检校户部尚书、潞州大都督府长史、昭义节度、泽潞邢洺磁观察处置等使，卒。（持）子彦谦，字茂业。咸通末应进士……十余年不第。乾符末，河南盗起，两都覆没，以其家避地汉南。中和中，王重荣镇河中，辟为从事。累奏至河中节度副使，历晋、绛二州刺史。……光启末，王重荣为部下所害，朝议责参佐。彦谦与书记李巨川俱贬汉中掾曹。……累官至副使，阆、壁二州刺史。"

《新唐书》卷八九《唐俭传》："唐俭字茂约，并州晋阳人……裔孙次……扶弟持……子彦谦字茂业……乾符末，避乱汉南。王重荣镇河中，辟幕府，累表为副，历晋、绛二州刺史。重荣军乱，彦谦贬兴元参军事。节度使杨守亮表为判官，迁副使，终阆、壁二州刺史。"

（宋）计有功《唐诗纪事》卷六八《唐彦谦》："彦谦，字茂业，历晋、绛、阆、壁四州刺史。自号鹿门先生。"

（宋）晁公武《郡斋读书志校证》卷一八《别集类中》录唐彦谦《鹿门诗》一卷，注："右唐唐彦谦茂业也。并州人。咸通末举进士第。"

（元）辛文房撰，傅璇琮主编《唐才子传校笺》（册四）卷九《唐彦谦》："彦谦字茂业，并州人也。咸通末举进士及第。中和，王重荣表为河中从事，历节度副使，晋、绛二州刺史……为阆州刺史，卒。"

《登科记考》卷二三，咸通十四年（873）进士科条云唐彦谦及第。

咸通十五年甲午（874）

十一月庚寅，大赦，改元为乾符。

知贡举：礼部侍郎裴瓒

【归仁泽】苏州吴郡人,祖登官至工部尚书,父融官至吏部侍郎。咸通十五年(874)进士科状元及第。官至观察使。

《旧唐书》卷一四九《归崇敬传附归融传》:"归崇敬字正礼,苏州吴郡人也。曾祖奥,以崇敬故,追赠秘书监。祖乐,赠房州刺史。父待聘,亦赠秘书监。崇敬少勤学,以经业擢第……充皇太子侍读……子登嗣。登,字冲之……迁工部尚书……子融嗣。融,进士擢第,自监察拾遗入省……以融权知兵部侍郎。一年内拜吏部。三年检校礼部尚书、兴元尹兼御史大夫,充山南西道节度使。融子仁晦、仁翰、仁宪、仁召、仁泽,皆登进士第。咸通中并至达官。"

(宋)乐史《广卓异记》卷一九《父子状元及第》:"右按《登科记》:归仁泽,乾符元年状元及第。子黯,大顺三年状元及第。"

《登科记考》卷二三,咸通十五年(874)进士科条云归仁泽及第。

正德《姑苏志》卷四七《人物五·名臣》:"(归融)子仁晦……仁泽皆登第,咸通中至达官,仁泽列曹尚书观察使。"参考《永乐大典》卷二三六八引《苏州府志》。

【刘崇望】字希徒,郡望代郡,贯洛阳,祖藻(早)赠秘书郎,父符位终蔡州刺史。咸通十五年(874)登进士科。历宣歙观察使巡官、盐铁使参佐、忠武节度使、西川节度使从事,官至宰相,阶至左仆射,赠司空。

《秦晋豫新出墓志蒐佚续编》九四二,刘崇望撰乾符四年(877)四月二日《唐故振武观察支使将仕郎试太常寺协律郎刘府君墓铭并序》:"君讳瑰,字比德,河南人也。绪萌于后魏,业盛于我唐。七代祖政会,以佐命元勋封渝国公,图形凌烟阁。著河山之誓,自渝国轩冕蝉联,至王父讳早,赠秘书郎,历佐郡城,仁及蒸庶。皇考讳符,皇任蔡州刺史兼御史中丞、赐紫金鱼袋,赠左散骑常侍。春官登上第,南宫为刑郎。自刑曹由杭州而理上蔡,功德及于下,清白遗其后。"

(五代)刘崇远《金华子杂编》卷下:"光德相国崇望举进士,因朔望起居郑太师从谠,阍者已呈刺,适遇裴侍郎后至……郑公乃降而揖焉。亟乃趋出,郑公仡立于阶所目之。候其掩映门屏,方回步言曰:'大好及第举人。'裴公亦赞叹。明年列于门生矣。"

《旧唐书》卷一七九《刘崇望传》:"刘崇望字希徒。其先代郡人,随元魏孝文帝徙洛阳,遂为河南人……裒生藻,位终秘书郎。藻生符,进士登第,咸通中位终蔡州刺史,生八子,崇龟、崇望、崇鲁、崇谟最知名……崇望,咸通十五年登进士科。王凝廉问宣歙,辟为转运巡官。户部侍郎裴坦领盐铁,辟为参佐。崔安潜镇许昌、成都,崇望昆仲四人,皆在安潜幕下。入为长安尉,直弘文馆,迁监察御史、右补阙、起居郎、弘文馆学士,转司勋、吏部二员外郎……昭宗即位,拜中书侍郎、同平章事,累兼兵部、吏部尚书……寻加左仆射……光化二年卒,时年六十二,册赠司空。"

《新唐书》卷九〇《刘政会传》:"刘政会,滑州胙人……七世孙崇望,字希徒,及进士第,宣歙王凝辟转运巡官。崔安潜帅许及剑南,崇望昆弟四人同幕府……崇望又以员外郎主南曹,选事清办……称旨,擢翰林学士。昭宗即位,进中书侍郎、同中书门下平章事……

王建欲并东川,诏崇望为剑南东川节度使、同中书门下平章事。未至,建已使王宗涤知留后,崇望乃还为兵部尚书。卒,赠司空。"

《登科记考》卷二三,咸通十五年(874)进士科条云刘崇望及第。

【杨环】南海人。咸通十五年(874)登进士科。

嘉靖《惠州府志》卷一二《流寓》:"杨环,南海人,力学工诗,隐居罗浮,咸通末登进士第。"《广州人物传》卷三:"杨环,南海人,力学工诗,隐居罗浮。咸通末登进士第。"注:"用《南海集》《续前定录》参修。"按:(明)欧大任《百越先贤志》卷四同。陈尚君《〈登科记考〉正补》定作咸通十五年登第。

【夏侯泽】字表中,硖州人,祖审封,父孜官至宰相。咸通十五年(874)登进士科。

(唐)孙棨《北里志》之《牙娘》:"故硖州夏侯表中,泽。相国少子,及第中甲科,皆流品知闻者,宴集尤盛。而表中性疏猛,不拘言语,为牙娘批颊,伤其面颇甚。翌日期集于师门……裴公偾首而哂。"注:"裴公瓒,其年主司。"

《旧唐书》卷一七七《夏侯孜传》:"夏侯孜字好学,本谯人。父审封。孜,宝历二年登进士第……懿宗即位,以本官同平章事……子潭、泽,皆登进士第。"

《登科记考》卷二三,咸通十五年(874)进士科条云夏侯泽及第。

【顾云】字垂象,池州人。咸通十五年(874)登进士科。历淮南从事、虞部郎中。

《新唐书》卷六〇《艺文四》:"《集遗具录》十卷。顾云,字垂象,池州人。虞部郎中,高骈淮南从事。"

(宋)王谠撰,周勋初校证《唐语林校证》卷七《补遗·起武宗至昭宗》:"罗给事隐、顾博士云,俱受知于相国令狐公。顾虽醝商子,而风韵详整。罗,钱塘人,乡音乖剌。相国子弟每有宴会,顾独预之,丰韵谈谐,不辨寒素之子也。顾赋为时所称,而切于成名。尝有启事,陈于所知,只望丙科尽处,竟列名于尾科之前也。罗既频不得意,未免怨望,意为贵子弟所排,契阔东归。黄寇事平,朝贤意欲召之。韦贻范沮之,曰:'某与之同舟而载,虽未相识,舟人告:"此有朝官。"罗曰:"是何朝官!我脚夹笔,可以敌得数辈。"必若登科通籍,吾徒为秕糠也。'由是不果召。"按:此条原出自(五代)孙光宪《北梦琐言》卷六《罗顾升降》。

《登科记考》卷二三,咸通十五年(874)进士科条云顾云及第。

嘉靖《池州府志》卷七《人物篇·贤哲》:"顾云……登景福二年进士。"

【崔致远】咸通十五年(874)登进士科。历淮南观察使从事。

《全唐文》卷九二二纯白《新罗国石南山故国师碑铭后记》:"仁浣者,辰韩茂竦人也。人所谓一代三鹤、金榜题廻:曰崔致远、曰崔仁浣、曰崔承祐,□中中人也。学围海岳,加二车于五车;才包风云,除三步于七步。实君子国之君子,亦大人乡之大人。"

《唐文拾遗》卷四三,崔致远《进诗赋表状等集状》:"……观光六年,金名榜尾。"

《新唐书》卷六〇《艺文四》:"崔致远《四六》一卷,又《桂苑笔耕》二十卷。高丽人,宾贡及第,高骈淮南从事。"

《登科记考》卷二三,咸通十五年(874)进士科崔致远条引《东国通鉴》:"崔致远,少梁部人,十八登第。"

【蒋曙】字耀之，郡望常州，贯河南，祖乂官至秘书监，父係官至兵部尚书。咸通十五年（874）登进士科。署鄂岳团练使判官，官至起居郎。

《旧唐书》卷一四九《蒋乂传》："蒋乂字德源，常州义兴人也……父将明，累迁至左司郎中、国子司业、集贤殿学士、副知院事，代为名儒。而乂……迁秘书监……子係、伸、偕、仙、佶。"

《新唐书》卷一三二《蒋乂传》："蒋乂字德源，常州义兴人，徙家河南……父将明……擢左司郎中、国子司业、集贤殿学士。乂性锐敏……迁秘书监，累封义兴县公……五子：係、伸、偕知名，仙、佶皆位刺史。係善属文……拜兵部尚书……卒。子曙，字耀之。咸通末，由进士第，署鄂岳团练判官，除虞、工二部员外，改起居郎。黄巢之难，曙阖门无噍类，以是绝意仕进，隐居沉痛。中和二年，表请为道士，许之。"

《登科记考》卷二三，咸通十五年（874）进士科条云蒋曙及第。

成化《重修毗陵志》卷二二《人物·文学》："淮阳郡公子曙，字耀之，第进士，历起居郎。"

附考（懿宗朝）

附考进士（懿宗朝进士）

【王虔徽】咸通七年（866）前登进士第。以荫官入仕，释褐代州雁门县主簿，历江县尉。

《唐代墓志汇编》咸通〇五六《唐故滑州匡城县令王公墓志并序》："公讳虔畅，字承休，其先琅耶人……二子：长曰虔徽……以荫官入仕，释褐代州雁门县主簿……江县尉……乃由贡籍举进士……公即寿州之少子也……（公卒）咸通七年……窆于洛阳县杜郭村大茔礼也。"按：王虔徽之弟卒于咸通七年，则其登第当在此之前。

【王镣】京兆府长安县人。祖恕官至扬府参军，从父播官至宰相，父炎。咸通中登进士科。累官汝州刺史，终太子宾客。

《旧唐书》卷一六四《王播传附王铎传》："王播……播子式，弟炎、起……起……子龟嗣。龟，字大年……京城光福里第……以弟铎在中书，不欲在禁掖，改太常少卿……铎字昭范。"按：王镣当为京兆府长安县人。

（宋）李昉等《太平广记》卷二〇二《儒行·卢肇》引《抒情诗》："王镣富有才情，数举未捷，门生卢肇等，公荐于春官……果擢上第。"

（宋）计有功《唐诗纪事》卷六六《王镣》："镣，登咸通进士第。宰相王播之弟炎，生二子，铎、镣。铎相僖宗，镣累官至汝州刺史。王仙之陷郡城，镣贬韶州司马，终太子宾客。"

《登科记考》卷二七《附考·进士科》云王镣及第。参考贞元十年进士科王播小传。

【韦思明】龙川人。咸通中登进士第。历显官。

（宋）计有功《唐诗纪事》卷五六《李汇征》："汇征客游闽越，至循州冒雨求宿。或指韦氏庄居，韦氏杖屡迎宾，年八十余，自称曰野人韦思明。每与李生谈论，或诗或史，淹留累夕，汇征善谈而不能屈也……乾符己丑岁（咸通十年），值汇征，细述其事。"按：韦思明当为咸通间人。(唐)李冗《独异志》卷下《江客仁》略同。

嘉靖《惠州府志》卷一三《人物传》:"韦思明,龙川人,举进士,历显官,名著朝野。"

【卢秀文】咸通中登进士科。

正德《袁州府志》卷七:"卢秀文,肇子,咸通间进士。"张忱石《徐松〈登科记考〉续补(上)》补入。

【卢骈】咸通中登进士科。历员外郎。

(唐)高彦休《唐阙史》卷下《卢员外题青龙寺》:"卢骈员外,才俊之士。"

(宋)计有功《唐诗纪事》卷六六《卢骈》:"卢骈员外一日休于青龙僧舍……骈,咸通进士也。"

【卢峻】字子翰,范阳人,祖赏官至襄阳节度判官,父弘宗官至夔州刺史。约在咸通初登进士科。解褐参京兆军事,入曲台为博士。

《唐代墓志汇编》乾宁○○一,乾宁元年(894)《卢峻墓志铭》:"唐故尚书外膳部郎范阳卢君讳峻,字子翰……工五言诗,一举擢进士第,解褐参京兆军事,历尉泾阳、万年,入曲台为博士……祖讳赏,襄阳节度判官,赠兵部郎中,父讳弘宗,夔州刺史。"按:卢峻乾宁元年五十二岁,其登第应在咸通初。

【令狐沨】京兆府人,祖楚、父绹,皆官至宰相。咸通年间登进士科。

《旧唐书》卷一七二《令狐楚传》:"令狐楚,字壳士,自言国初十八学士德棻之裔。祖崇亮,绵州昌明县令。父承简,太原府功曹。家世儒素。楚……自朝议郎授朝议大夫、中书侍郎、同平章事……(开成)二年十一月,卒于镇,年七十二,册赠司空,谥曰文……楚弟定,字履常。元和十一年进士及第,累辟使府。大和九年,累迁至职方员外郎、弘文馆直学士、检校右散骑常侍、桂州刺史、桂管都防御观察等使。卒,赠礼部尚书……(楚子)绹字子直。大和四年登进士第……(大中四年)改兵部侍郎、同中书门下平章事……(咸通十三年)卒。(绹)子滈、涣、沨。滈,少举进士……涣、沨俱登进士第。涣位至中书舍人。定子缄,缄子澄、湘。澄亦以进士登第,累辟使府。"

《新唐书》卷一六六《令狐楚传》:"令狐楚……子绪、绹,显于时……(绹)子滈、涣、沨。滈避嫌不举进士……懿宗嗣位,数为人白发其事,故绹去宰相……涣、沨皆举进士,涣终中书舍人。"按:懿宗初即位,令狐滈方举进士,其诸弟举进士当在咸通年间。参考贞元七年进士科令狐楚条。

《登科记考》卷二七《附考·进士科》录载令狐沨。

【令狐涣】京兆府人,祖楚、父绹,皆官至宰相。咸通年间登进士科。官至中书舍人。

《旧唐书》卷一七二《令狐楚传》:"令狐楚,字壳士,自言国初十八学士德棻之裔。祖崇亮,绵州昌明县令。父承简,太原府功曹。家世儒素。楚……自朝议郎授朝议大夫、中书侍郎、同平章事……(开成)二年十一月,卒于镇,年七十二,册赠司空,谥曰文……楚弟定,字履常。元和十一年进士及第,累辟使府。大和九年,累迁至职方员外郎、弘文馆直学士、检校右散骑常侍、桂州刺史、桂管都防御观察等使。卒,赠礼部尚书……(楚子)绹字子直。大和四年登进士第……(大中四年)改兵部侍郎、同中书门下平章事……(咸通十三年)卒。(绚)子滈、涣、沨。滈,少举进士……涣、沨俱登进士第。涣位至中书舍人。定子缄,缄子澄、湘。澄亦以进士登第,累辟使府。"

《新唐书》卷一六六《令狐楚传》:"令狐楚……子绪、绚,显于时……(绚)子滈、涣、沨。滈避嫌不举进士……懿宗嗣位,数为人白发其事,故绚去宰相……涣、沨皆举进士,涣终中书舍人。"按:懿宗初即位令狐滈方举进士,其诸弟举进士当在咸通年间。参考贞元七年进士科令狐楚条。

《登科记考》卷二七《附考·进士科》录载令狐涣。

【令狐澄】京兆人,祖定官至桂管都防御观察等使,父缄。咸通中登进士科,累辟使府。

《旧唐书》卷一七二《令狐楚传》:"令狐楚,字殻士,自言国初十八学士德棻之裔。祖崇亮,绵州昌明县令。父承简,太原府功曹。家世儒素。楚……自朝议郎授朝议大夫、中书侍郎、同平章事……(开成)二年十一月,卒于镇,年七十二,册赠司空,谥曰文……楚弟定,字履常。元和十一年进士及第,累辟使府。大和九年,累迁至职方员外郎、弘文馆直学士、检校右散骑常侍、桂州刺史、桂管都防御观察等使。卒,赠礼部尚书。……(楚子)绚字子直。大和四年登进士第……(大中四年)改兵部侍郎、同中书门下平章事……(咸通十三年)卒。(绚)子滈、涣、沨。滈,少举进士……涣、沨俱登进士第。涣位至中书舍人。定子缄,缄子澄、湘。澄亦以进士登第,累辟使府。"按:懿宗初即位令狐滈方举进士,其诸弟举进士当在咸通年间。参考进士科条令狐楚条。

《登科记考》卷二七《附考·进士科》录载令狐澄。

【吕岩】京兆人,礼部侍郎吕渭之孙。咸通初中进士第。拜浔阳令,两调县令。

(元)辛文房撰,傅璇琮主编《唐才子传校笺》(册四)卷十《吕岩》:"岩字洞宾,京兆人,礼部侍郎吕渭之孙也。咸通初中第,两调县令。"

嘉靖《九江府志》卷七《职官志·名宦》:"吕岩……咸通进士,拜浔阳令。"

【朱玑】字仲齐,本中原人。擢咸通进士。历福建观察使之团练使,迁古田令。

(明)何乔远《闽书》卷五一《文莅志》福州府古田县县令有朱玑,谓"字仲齐,本中原人。擢咸通进士,闽帅郑镒辟为团练使,黄巢寇福州,玑招集知勇,分屯要害,寇莫敢近,迁古田令。徙居莆田,子孙因家焉"。

【刘玕】一作"刘玗",洛阳人,祖藻(早)赠秘书郎,父符位终蔡州刺史。约在咸通中登进士科。

《秦晋豫新出墓志蒐佚续编》九四二,刘崇望撰乾符四年(877)四月二日《唐故振武观察支使将仕郎试太常寺协律郎刘府君墓铭并序》:"君讳瑰,字比德,河南人也。绪萌于后魏,业盛于我唐。七代祖政会,以佐命元勋封渝国公,图形凌烟阁。著河山之誓,自渝国轩冕蝉联,至王父讳早,赠秘书郎,历佐郡城,仁及蒸庶。皇考讳符,皇任蔡州刺史兼御史中丞、赐紫金鱼袋,赠左散骑常侍。春官登上第,南宫为刑郎。自刑曹由杭州而理上蔡,功德及于下,清白遗其后。"

《旧唐书》卷一七九《刘崇望传》:"刘崇望字希徒。其先代郡人,随元魏孝文帝徙洛阳,遂为河南人……裴生藻,位终秘书郎。藻生符,进士登第,咸通中位终蔡州刺史,生八子,崇龟、崇望、崇鲁、崇谟最知名。"

《旧五代史》卷六八《刘岳传》:"刘岳,字昭辅。其先辽东襄平人,元魏平定辽东,徙家于代,随孝文迁洛,遂为洛阳人。八代祖民部尚书渝国公政会,武德时功臣。祖符,蔡州刺史。父珪,洪洞县令。符有子八人,皆登进士第。珪之母弟瑰、玗,异母弟崇夷、崇龟、崇望、崇鲁、崇蓦。崇龟,乾宁中广南节度使;崇望,乾宁中宰相;崇鲁、崇蓦、崇夷,并历朝省。"

《登科记考》卷二七《附考·进士科》云刘玗及第,引《古今姓氏书辨证》:"刘符八子,皆登进士第。"

【刘珪】字宝臣,洛阳人,祖藻(早)赠秘书郎,父符位终蔡州刺史。珪约在咸通中登进士科。

《秦晋豫新出墓志蒐佚续编》九四二,刘崇望撰乾符四年(877)四月二日《唐故振武观察支使将仕郎试太常寺协律郎刘府君墓铭并序》:"君讳瑰,字比德,河南人也。绪萌于后魏,业盛于我唐。七代祖政会,以佐命元勋封渝国公,图形凌烟阁。著河山之誓,自渝国轩冕蝉联,至王父讳早,赠秘书郎,历佐郡城,仁及蒸庶。皇考讳符,皇任蔡州刺史兼御史中丞、赐紫金鱼袋,赠左散骑常侍。春官登上第,南宫为刑郎。自刑曹由杭州而理上蔡,功德及于下,清白遗其后。"

《旧唐书》卷一七九《刘崇望传》:"刘崇望字希徒。其先代郡人,随元魏孝文帝徙洛阳,遂为河南人……裴生藻,位终秘书郎。藻生符,进士登第,咸通中位终蔡州刺史,生八子,崇龟、崇望、崇鲁、崇谟最知名。"

《旧五代史》卷六八《刘岳传》:"刘岳,字昭辅。其先辽东襄平人,元魏平定辽东,徙家于代,随孝文迁洛,遂为洛阳人。八代祖民部尚书渝国公政会,武德时功臣。祖符,蔡州刺史。父珪,洪洞县令。符有子八人,皆登进士第。珪之母弟瑰、玗,异母弟崇夷、崇龟、崇望、崇鲁、崇蓦。崇龟,乾宁中广南节度使;崇望,乾宁中宰相;崇鲁、崇蓦、崇夷,并历朝省。"

《登科记考》卷二七《附考·进士科》云刘珪及第,字宝臣,引《古今姓氏书辨证》:"刘符八子,皆登进士第。"

【刘崇夷】一作"刘崇彝",字子宪,洛阳人,祖藻(早)赠秘书郎,父符位终蔡州刺史。约在咸通中登进士科。

《秦晋豫新出墓志蒐佚续编》九四二,刘崇望撰乾符四年(877)四月二日《唐故振武观察支使将仕郎试太常寺协律郎刘府君墓铭并序》:"君讳瑰,字比德,河南人也。绪萌于后魏,业盛于我唐。七代祖政会,以佐命元勋封渝国公,图形凌烟阁。著河山之誓,自渝国轩冕蝉联,至王父讳早,赠秘书郎,历佐郡城,仁及蒸庶。皇考讳符,皇任蔡州刺史兼御史中丞、赐紫金鱼袋,赠左散骑常侍。春官登上第,南宫为刑郎。自刑曹由杭州而理上蔡,功德及于下,清白遗其后。"

《旧唐书》卷一七九《刘崇望传》:"刘崇望字希徒。其先代郡人,随元魏孝文帝徙洛阳,遂为河南人……裴生藻,位终秘书郎。藻生符,进士登第,咸通中位终蔡州刺史,生八子,崇龟、崇望、崇鲁、崇谟最知名。"

《旧五代史》卷六八《刘岳传》:"刘岳,字昭辅。其先辽东襄平人,元魏平定辽东,徙家于代,随孝文迁洛,遂为洛阳人。八代祖民部尚书渝国公政会,武德时功臣。祖符,蔡州刺史。父珪,洪洞县令。符有子八人,皆登进士第。珪之母弟瑰、玕,异母弟崇夷、崇龟、崇望、崇鲁、崇蕡。崇龟,乾宁中广南节度使;崇望,乾宁中宰相;崇鲁、崇蕡、崇夷,并历朝省。"

《登科记考》卷二七《附考·进士科》录载刘崇彝,字子宪;引《古今姓氏书辨证》:"刘符八子,皆登进士第。"

【刘瑰】字比德,河南洛阳人。祖藻(早)赠秘书郎,父符位终蔡州刺史。约在咸通中登进士科。历宣州宁国尉、太常寺协律郎。

《秦晋豫新出墓志蒐佚续编》九四二,刘崇望撰乾符四年(877)四月二日《唐故振武观察支使将仕郎试太常寺协律郎刘府君墓铭并序》:"君讳瑰,字比德,河南人也。绪萌于后魏,业盛于我唐。七代祖政会,以佐命元勋封渝国公,图形凌烟阁。著河山之誓,自渝国轩冕蝉联,至王父讳早,赠秘书郎,历佐郡城,仁及蒸庶。皇考讳符,皇任蔡州刺史兼御史中丞、赐紫金鱼袋,赠左散骑常侍。春官登上第,南宫为刑郎。自刑曹由杭州而理上蔡,功德及于下,清白遗其后。虽羊祜襄阳、杨震东莱无以过也。先妣安定胡氏,追封安定县太君。君即蔡州元子,供养服勤闺称其职,尝从其诸季专萤蒲之业,而自干家事,遂不随乡荐而吏于天官。咸通九年调授宣州宁国尉,秩满俟期,恬然不挠,至乾符二年赴集入京,相国卢公携与君有布衣旧,不许选讽,振武元帅奏授观察支使试太常寺协律郎。"

《旧唐书》卷一七九《刘崇望传》:"刘崇望字希徒。其先代郡人,随元魏孝文帝徙洛阳,遂为河南人……裴生藻,位终秘书郎。藻生符,进士登第,咸通中位终蔡州刺史,生八子,崇龟、崇望、崇鲁、崇谟最知名。"

《旧五代史》卷六八《刘岳传》:"刘岳,字昭辅。其先辽东襄平人,元魏平定辽东,徙家于代,随孝文迁洛,遂为洛阳人。八代祖民部尚书渝国公政会,武德时功臣。祖符,蔡州刺史。父珪,洪洞县令。符有子八人,皆登进士第。珪之母弟瑰、玕,异母弟崇夷、崇龟、崇望、崇鲁、崇蕡。崇龟,乾宁中广南节度使;崇望,乾宁中宰相;崇鲁、崇蕡、崇夷,并历朝省。"

《登科记考》卷二七《附考·进士科》云刘瑰及第,引《古今姓氏书辨证》:"刘符八子,皆登进士第。"

【许道敬】咸通八年(867)前乡贡进士及第。

《全唐文补遗》第八辑,咸通八年(867)十一月□日《唐故夏州节度衙厢马步兼四州蕃落都知兵马使银青光禄大夫检校国子祭酒兼殿中侍御史上柱国清河张宁墓志铭有序》,署名"夏州节度掌书记、前乡贡进士许道敬撰"。

【苏循】父特官至陈州刺史。咸通中登进士科。累历礼部尚书,后梁仕册礼副使。

(五代)孙光宪《北梦琐言》卷一七《驳昭宗谥号》:"昭宗先谥圣穆景文孝皇帝,庙号昭宗。起居郎苏楷等驳议,请改为恭灵庄闵皇帝,庙号襄宗。苏楷者,礼部尚书苏循之子,乾宁二年应进士。楷人才寝陋,兼无德行。昭宗恶其滥进,率先黜落,由是怨望,专幸邦国之灾。其父循,奸邪附会,无誉于时,故希旨苟进……河朔人士,目苏楷为衣冠土枭。"

《旧五代史》卷六〇《苏循传》:"苏循,父特,陈州刺史。循,咸通中登进士第,累历台阁。昭宗朝,再至礼部尚书。循性阿谀,善承顺苟容,以希进取。昭宗自迁洛之后,梁祖凶势日滋,唐室旧臣,阴怀主辱之愤,名族之胄,往往有违祸不仕者,唯循希旨附会。及梁祖失律于淮南,西屯于寿春,要少帝欲授九锡。朝臣或议是非,循扬言:'梁王功业显大,历数有归,朝廷速宜揖让。'当时朝士畏梁祖如虎,罔敢违其言者。明年,梁祖逼禅,循为册礼副使。"

【杜孺休】荆州人,父惊官至司空。咸通七年(866)后登进士科。

(唐)李冗《独异志》卷中《澧阳谶》:"故荆州杜司空惊,自忠武节度使出澧阳。后二子裔休、孺休皆以进士登科。"按:杜裔休于咸通七年登进士科,则孺休登第在其之后。

《登科记考》卷二七《附考·进士科》云杜孺休及第。

【李迈】赣县人。咸通年间登进士科。官至尚书检校司徒。

胡可先《〈登科记考〉匡补三编》补入。

嘉靖《赣州府志》卷九《选举·进士》:"李迈……咸通庚辰登第,累官金紫光禄大夫兵部尚书、检校司徒。"

四库本《江西通志》卷四九《选举·唐》:"咸通十二年进士:鲁繇。李迈,赣县人,官尚书、检校司徒。"按:鲁繇,《登科记考》作"曾繇"。

【李守贵】冀州武强人。咸通年间登进士科。

光绪《畿辅通志》卷三四《选举唐进士》:"懿宗年,李守贵,武强人。"

【李汇征】咸通十年(869)后登进士科。

(宋)计有功《唐诗纪事》卷五六《李汇征》:"汇征客游闽越,至循州,冒雨求宿。或指韦氏庄居,韦氏杖屦迎宾,年八十余,自称曰野人韦思明。每与李生谈论,或诗或史,淹留累夕,汇征善谈而不能屈也。论数十家之作,次第至李涉诗,主人酷称善……乾符辛丑岁,范摅客于雪川,值汇征细述其事,云于韦叟之居,观李博士之手翰云。汇征后登进士第。"按:乾符中无"辛丑"年,(唐)范摅《云溪友议》卷下《江客仁》作"己丑",当为咸通十年(869)。

《登科记考》卷二七《附考·进士科》云李汇征及第。

【李夷遇】陇西人。咸通八年(867)前登进士科。历邠宁节度使从事。

《唐代墓志汇编》咸通〇八五《唐故乡贡进士南阳郡张公墓志铭》:"前乡贡进士李夷遇撰。"按:碑立于咸通十一年(870)。

(宋)李昉等《太平广记》卷三六六《妖怪八·李约》引《三水小牍》:"咸通丁亥岁,陇西李夷遇为邠州从事,有仆曰李约,乃李夷遇登第时所使也。"按:咸通丁亥岁即咸通八年(867)。

《登科记考》卷二七《附考·进士科》云李夷遇及第。

【李钜新】一作"李钜"。咸通初登进士科。历凤翔从事。

（唐）阙名《玉泉子》：“韦保衡尝访同人家，方坐，有李钜新及第亦继至。保衡以其后先匿于帷下。既入曰：‘有客乎？’同人曰：‘韦保衡秀才，可以出否？’钜新成事甚自得，徐曰：‘出也何妨？’保衡竟不之出。洎保衡尚主为相，李蟾镇岐下（凤翔节度使），钜新方自山北旧从事辟焉。又保衡初既登第，独孤云除西川辟在幕中。”

（宋）李昉等《太平广记》卷二七三《妇人四·韦保衢》引《玉泉子》：“韦保衢尝访同人，方坐，李钜新及第，亦继至。保衢以其后先，匿于帷下。既入曰：‘有客乎？’同人曰：‘韦保衢秀才，可以出否？’钜新及第，甚自得意，徐曰：‘出也何妨？’保衢竟不之出。洎衢尚公主为相，李蟾镇岐下，钜方自山北旧从事辟焉。初保衢既登第，独孤云除东川，辟在幕下。乐籍间有佐饮者，副史李甲属意也。时以逼于他适，私期，回将纳焉。保衢既至，不之知，祈于独孤，且请降其籍。李至，意殊不平，每在宴席，辄以语侵保衢。保衢不能容，即携其妓人以去。李益怒之，屡言于云。云不得已，命飞牒追之而回。无何，堂牒追保衢赴辇下，乃尚同昌公主也。李固惧之矣。不日，保衢复入翰林，李闻之，登时而卒。”按：韦保衡咸通五年进士科登第，则李钜登第应在咸通初。参考本书咸通五年进士科韦保衡小传。

《登科记考》卷二七《附考·进士科》作“李钜”及第。

【李在蒙】京兆人，祖应规官至卫尉少卿，父推贤官至江州刺史。约咸通末登进士第。历知相府。

《唐代墓志汇编》乾符〇一三《唐故朝散大夫江州刺史赐紫金鱼袋李公墓志铭并序》：“公讳推贤……大父悦府君，皇密州录事参军；烈考应规府君，皇卫尉少卿、累赠太傅。公卫尉府君第三子……终于上都通义里。亲幼子在蒙，登进士第，从知相府……以乾符三年十一月十七日，葬于京兆府万年县义善乡大仵村凤栖原□先茔。”按：碑立于乾符三年，则李在蒙登第当在乾符三年前不久，约在咸通末。刘汉忠《〈登科记考〉摭遗》补入。

【李勋】约咸通中登进士科。历郓州节度使，官至尚书。

（五代）孙光宪《北梦琐言》卷三《李勋尚书发愤》：“薛能尚书镇郓州，见举进士者必加异礼。李勋尚书先德为衙前将校，八座方为客司小子弟，亦负文藻……尔后果策名第，扬历清显，出为郓州节度也。”

（宋）王谠撰，周勋初校证《唐语林校证》卷七《补遗·起武宗至昭宗》：“薛能尚书镇郓州，见举进士者必加异礼。李勋尚书先德为衙前将校，八座方为客司小弟子，亦负文藻，潜慕进修，因舍归田里。未逾岁，服麻衣，执所业于元戎，左右具白其行止，不请引见。元戎曰：‘此子慕善。才与不才，安可拒耶？’命召之入。见其人质清秀；复览其文卷，深器重之。乃出邮巡职牒一通与八座先德，俾罢职司闲居，恐妨令子进修尔。果策名第，扬历清显，出为郓州节度也。”按：薛能镇郓州应在咸通初以后，则李勋及第当在咸通中。

《登科记考》卷二七《附考·进士科》云李勋及第。

【李裕】约咸通中登进士第，授校书郎。历潭州观察使。

《全唐诗》第二十册卷六七三周朴《赠李裕先辈》：“晓擎弓箭入初场，一发曾穿百步杨。仙籍旧题前进士，圣朝新奏校书郎。马疑金马门前马，香认芸香阁上香。闲伴李膺红烛下，慢吟丝竹浅飞觞。”

《新唐书》卷一八六《邓处讷传》:"邓处讷字冲韫,邵州龙潭人。少从江西人闵顼防秋安南。中和元年还,道潭州,逐观察使李裕。"按:李裕登第当在中和元年前,约在咸通中。

【李觳】咸通中登进士科。历河南府参军、集贤校理。

《全唐文》卷八〇三李磎《授李觳河南府参军充集贤校理制》:"敕:李觳:书府皆以丞相为大学士,盖理化之本在焉。而集贤尝鄙仙殿之称,时之论者亦以为尤重。今大学士谓尔觳儒学贤相之后,以进士擢科,今典籍散亡,编简残缺,觳绍儒学之业,实进士之名,傥能讨等质正,请使校群书焉。予嘉而听之,参军府庭,则序官然耳。河南京兆,大何足论。噫!苟能副大学士之委,谏官御史,岂吝汝迁。可依前件。"

《登科记考》卷二七《附考·进士科》云李觳及第。按:李磎大中十三年进士及第,则李觳及第应在咸通中。参考大中十三年进士科李磎小传。

【豆卢瓒】河东人,祖愿、父籍皆进士及第,兄琢官至宰相。咸通年间登进士科。历显官。

《旧唐书》卷一七七《豆卢琢传》:"豆卢琢者,河东人。祖愿,父籍,皆以进士擢第。琢大中十三年亦登进士科。咸通末,累迁兵部员外郎,转户部郎中知制诰,召充翰林学士,正拜中书舍人。乾符中,累迁户部侍郎、学士承旨。六年,与吏部侍郎崔沆同日拜平章事……及巢贼犯京师,从僖宗出开远门,为盗所制,乃匿于张直方之家,遇害。识者以风雷,不令之兆也。弟瓒、璨,皆进士登第,累历清要。"按:豆卢琢大中十三年登进士第,瓒登第当在咸通年间。"

《登科记考》卷二七《附考·进士科》录载豆卢瓒。

【豆卢璨】河东人,祖愿、父籍皆以进士及第,兄琢官至宰相。咸通年间登进士科。历显官。

《旧唐书》卷一七七《豆卢琢传》:"豆卢琢者,河东人。祖愿,父籍,皆以进士擢第。琢大中十三年亦登进士科。咸通末,累迁兵部员外郎,转户部郎中知制诰,召充翰林学士,正拜中书舍人。乾符中,累迁户部侍郎、学士承旨。六年,与吏部侍郎崔沆同日拜平章事……及巢贼犯京师,从僖宗出开远门,为盗所制,乃匿于张直方之家,遇害。识者以风雷,不令之兆也。弟瓒、璨,皆进士登第,累历清要。"按豆卢琢大中十三年登进士第,璨登第当在咸通年间。"

《登科记考》卷二七《附考·进士科》录载豆卢璨。

【吴罕】约咸通中登进士科。

(五代)王定保《唐摭言》卷一〇《海叙不遇》:"张乔,池州九华人也,诗句清雅,复无与伦。咸通末,京兆府解,李建州时为京兆参军主试,同时有许棠与乔,及俞坦之、剧燕、任涛、吴罕、张蠙、周繇、郑谷、李栖远、温宪、李昌符,谓之十哲。"按:京兆府参军李频主试在咸通十一年(参考《唐才子传校笺》册三),其年李昌符尚在府试之列,则咸通四年李昌符应尚未及第。

《登科记考》卷二七《附考·进士科》云吴罕及第,见《永乐大典》引《宜春志》。

【沈文伟】一作"沈仁卫""沈仁伟",询子。约在咸通中登进士科。历右补阙、翰林学士。

《全唐文》卷八一二,刘崇望《授中书舍人崔凝右补阙沈文伟并守本官充翰林学士制》:"敕。具官崔凝等:凡帝王有应制侍从之人,盖思其朝夕匡益也。下诏先视,质疑如流。兹所以润色出言,交修发号。大汉氏设玉堂内署,开金马外门。得人甚多,斯道大振。顾是眇末,敢忘师虞。职思其流,以备左右。俄闻家遗清风,人怀德德。能济其美者,伊凝有之。三代丝纶,一门冠盖。不坠其业者,伊文伟有之。而皆以墨妙词芬,策名试第,谦无矜物,敏以适时。周旋鸣玉之仪,颉颃攀云之路。访于执事,亦进厥良。真我雍容之列所宜者也。敬承密命,允叶同时。可依前件。"

《登科记考》卷二七《附考·进士科》云沈文伟及第,引刘崇望《授崔凝沈文伟守本官充翰林学士制》:"皆以墨妙词芬,策名试第。"《登科记考》卷二七《附考·进士科》云沈仁伟,询之子,进士,见(唐)林宝《元和姓纂》(卷七,"卫"作"伟")。岑仲勉《登科记考订补》云,此与本卷前所著录之沈仁卫实为一人,其名似应作"仁伟"。详见《订补》。

【沈栖远】字子鸾。咸通间进士及第。

《新唐书》卷六〇《艺文四》:"沈栖远《景台编》十卷。字子鸾,咸通进士第。"

《登科记考》卷二七《附考·进士科》云沈栖远及第。

【张册】咸通十五年(874)前进士及第。

《全唐文补遗》第六辑,张册撰咸通十五年(874)二月八日《唐故东防御军巩县镇遏兵马使朝散大夫检校太子詹事毕公(颢)墓志并序》:"册以曾叨进士,夙习知闻,被请志铭。"

【张祎】南阳人,祖正甫官至工部尚书,父毅夫官至户部侍郎。唐末登进士科。历汴州从事、户部判官、蓝田尉、集贤校理、中书舍人,官至兵部尚书,死于黄巢之乱。

《旧唐书》卷一六二《张正甫传》:"张正甫字践方,南阳人……正甫登进士第……转工部尚书……大和八年九月卒,年八十三,累赠太师。子毅夫。毅夫,登进士第。初正甫兄式……毅夫位至户部侍郎……而毅夫子祎最知名。祎,字冠章,释褐汴州从事、户部判官,为蓝田尉、集贤校理。赵隐镇浙西,刘邺镇淮南,皆辟为宾佐。入为监察御史,迁左补阙。乾符中,诏入翰林为学士,累官至中书舍人。黄巢犯京师,从僖宗幸蜀,拜工部侍郎……历刑部、兵部尚书……昭宗还京,征拜礼部尚书、太常卿,充礼仪使,迁兵部尚书。祎苦心为文,老而益壮。为刑部时,刘邺子覃,当巢寇时避祸于金吾将军张直方之第,被害。"按:赵隐乾符元年至乾符三年为浙西观察使,则张祎进士及第当在咸通中。

【陆鸾】字离祥。咸通至进士及第。历博士。

(五代)王定保《唐摭言》卷九《四凶今所记者三》:"刘子振,蒲人也……乾符中官为博士,三年释奠礼毕,令学官讲书,宰臣已下,皆与听焉。时子振讲《礼记》,陆鸾讲《周易》。"

《新唐书》卷六〇《艺文四》:"《陆鸾文》一卷。字离祥,咸通进士第。"

《登科记考》卷二七《附考·进士科》云陆鸾及第。

【苗晦】咸通初登进士第。

《曲石志》九〇,苗晦《通直郎行河中府猗氏县尉苗素墓志》:"君讳素,字绘臣,以兄晦方应进士举,遂以门荫出身调于天官,补河中府参军。"按:素卒于咸通七年,年三十三岁,其兄晦登第当在咸通初。

【郑鸾】荥阳人,父居中官至朝散大夫守中书舍人。咸通五年(864)前进士及第。

《全唐文补遗》第八辑,卢莹撰咸通五年(864)五月十七日《唐故朝散大夫守中书舍人赠礼部侍郎上柱国赐紫金鱼袋荥阳郑府君(居中)及清河崔夫人合祔墓志铭并序》:"公讳居中,字贞位,荥阳人……夫人有一子曰鸾,娶清河崔氏,故侍御史说之女。鸾祗受慈训,夙为成人。洎童年而六籍该识,尔后笔端振玉,词丽凌云。声华四驰,动静一贯。果遇贤德,大开至公。饱鸾徽猷,一举上第。才攀郗桂,旋折俭莲。"按:谓郑鸾"一举上第""才攀郗桂,旋折俭莲",当是指进士及第。

【郑綮】字蕴武。约咸通中登进士科。历监察御史、仓部郎中、庐州刺史、给事中,官至宰相。

《旧唐书》卷一七九《郑綮传》:"郑綮者,以进士登第,历监察、殿中,仓、户二员外,金、刑、右司三郎中。家贫求郡,出为庐州刺史……綮善为诗,多侮剧刺时,故落格调,时号郑五歇后体。初去庐江,与郡人别:'唯有两行公廨泪,一时洒向渡头风。'滑稽皆此类也……奏綮为兵部郎中、知台杂,迁给事中,赐金紫。僖宗自山南还……昭宗见其激讦,谓有蕴蓄,就常奏班簿侧注:'郑綮可礼部侍郎、平章事。'……明日果制下,亲宾来贺,搔首言曰:'歇后郑五作宰相,时事可知矣。'……以太子少保致仕。光化二年卒。"

《新唐书》卷一八三《郑綮传》:"郑綮字蕴武。及进士第,历监察御史,擢累左司郎中。因婞甚,丐补庐州刺史。黄巢掠淮南,綮移檄请无犯州境,巢笑,为敛兵,州独完。僖宗嘉之,赐绯鱼。岁满去,赢钱千缗藏州库。后它盗至,终不犯郑使君钱。及杨行密为刺史,送都还綮。王徽为御史大夫,以兵部郎中表知杂事,迁给事中。杜弘徽任中书舍人,綮以其兄让能辅政,不宜处禁要,上还制书,不报,辄移病去。"

《登科记考》卷二七《附考·进士科》云郑綮及第。

【孟瑊】德州平昌人,兄弟珏、瑄、璲、球等多人皆为进士出身。咸通年间进士及第。官襄州参军。

《洛阳新获七朝墓志》,孟球撰咸通七年(866)十一月二十九日《唐故朝散大夫使持节都督寿州诸军事守寿州刺史充本州团练使兼御史中丞柱国赐紫金鱼袋孟公墓志铭》:"公讳珏,字廷硕,德州平昌人……公昆弟九人,四人登进士科,由台阁清选皆再领郡符,伯瑄、度支、职方二员外,朗、随二州刺史。仲兄璲,司门员外,工部职方郎中,唐、邓二州刺史、京兆少尹。弟瑊,见任襄州参军。球,见为右谏议大夫。四人皆以文学由进士科。"按:据墓志,孟瑊进士及第当在咸通年间。

【胡曾】长沙人。咸通中登进士科。历汉南节度从事。

(元)辛文房撰,傅璇琮主编《唐才子传校笺》(册三)卷八《胡曾》:"曾,长沙人也,咸通中进士。初,再三下第,有诗:'翰苑几时休嫁女?文章早晚罢生儿。上林新桂年年发,不许闲人折一枝。'……尝为汉南节度从事。"按:胡曾咸通中进士及第,施子愉《登科记考补正》补入。

张元济《四部丛刊》三编《新雕注胡曾咏史诗》卷首有米崇吉序:"……近代前进士胡

公名曾,著《咏史》律诗一百五十篇,分为三卷。"

【钟辐】虔州南康人。约咸通初登进士科。历苏州盐院巡官。

(五代)王定保《唐摭言》卷八《梦》:"钟辐,虔州南康人也。始建山斋为习业之所,因手植一松于庭际。俄梦朱衣吏白:'松围三尺,子当及第。'辐恶之。尔来三十余年,辐方策名;使人验之,松围果三尺矣。"《湘山野录》卷中略同。

(宋)王谠撰,周勋初校证《唐语林校证》卷四《企羡》:"咸通末,郑浑之为苏州录事,谈铢为醝院官,钟辐为院巡,俱广文。"

《登科记考》卷二七《附考·进士科》云钟辐及第。

【夏侯潭】硖州人,父孜官至宰相。约在咸通中登进士科。官至礼部侍郎。

(唐)孙棨《北里志》之《牙娘》:"故硖州夏侯表中,泽。相国少子,及第中甲科,皆流品知闻者,宴集尤盛。而表中性疏猛,不拘言语,为牙娘批颊,伤其面颇甚。翌日期集于师门……裴公俛首而哂。"注:"裴公瓒,其年主司。"按:夏侯泽咸通十五年进士及第,则夏侯潭及第当在此前。

《旧唐书》卷一七七《夏侯孜传》:"夏侯孜字好学,本谯人。父审封。孜,宝历二年登进士第……懿宗即位,以本官同平章事……子潭、泽,皆登进士第。潭,累官至礼部侍郎。中和三年选士,多至卿相。子坦。"

《登科记考》卷二七《附考·进士科》录载夏侯潭。

【晏墉】高安人。约咸通前后登进士科。卒官江西。

(宋)陈亮《欧阳文粹》卷十七《晏元献公碑》:"自其高祖讳墉,唐咸通中举进士,卒官江西,始著籍于高安。"

《登科记考》卷二七《附考·进士科》云晏墉及第,见《永乐大典》引《宜春志》。

【徐逊】东海人。进士及第。

《唐文拾遗》卷三二,马郁撰咸通五年(864)二月十三日《维唐故陇西李府君墓志铭并序》:"夫人彭城刘氏……生二女,一人适东海徐逊,千卷书生,一枝晋郄……夫人汝南周氏植德无微,早从风烛,生嗣子……娶东海徐氏,前进士群之爱女也。"

《登科记考补正》卷二七《附考·进士科》录载徐逊。

【徐群】东海人。咸通四年(863)前登进士科。

《唐文拾遗》卷三二,马郁撰咸通五年(864)二月十三日《维唐故陇西李府君墓志铭并序》:"夫人彭城刘氏……生二女,一人适东海徐逊,千卷书生,一枝晋郄……夫人汝南周氏植德无微,早从风烛,生嗣子……娶东海徐氏,前进士群之爱女也。"

《唐代墓志汇编》咸通〇三二《维唐故陇西李府君墓志铭并序》:"嗣子娶东海徐氏,前进士群之爱女也。"按:此墓志写于咸通四年,则其登第应在咸通四年前。刘汉忠《〈登科记考〉摭遗》补入。

《登科记考补正》卷二七《附考·进士科》录载徐群。

【崔序】祖贞固官至太原榆次尉,父戎官至华州刺史。咸通中登进士科。历荆南观察支使,贬衡州司户。

（五代）孙光宪《北梦琐言》卷一一《希慕求进》："唐自大中后，进士尤盛。封定卿、丁茂珪场中头角，举子与其交者，必先登第，而二公各二十举方成名，何进退之相悬也。先是，李都、崔雍、孙瑝、郑嵎四君子，蒙其盼睐者，因是进升。故曰：'欲得命通，问瑝、嵎、都、雍。'"相同记载见（宋）王谠撰《唐语林》卷四《企羡》（郑嵎作瑰值），（宋）李昉等《太平广记》卷一八一《贡举部四·苏景张元夫》引《摭言》。按：崔序登第应在咸通中。

（五代）刘崇远《金华子杂编》卷上："崔起居雍，甲族之子。少高令闻，举进士擢第之后，蔼然清名喧于时，与郑颢同为流品所重。举子公车得游历其门馆者，则登第必然矣。时人相语为'崔郑世界'，虽古之龙门，莫之加也。""崔雍为起居郎，出守和州……雍与兄朗、序、福昆仲八人，皆升籍进士，列甲乙科，尝号为'点头崔家'。"

《旧唐书》卷一九上《懿宗》："（咸通十年八月）敕曰：'当崔雍守郡之日……赐自尽。'……司勋郎中崔厚贬柳州司户，比部员外郎崔福昭州司户，长安县令崔朗澧州司户，左拾遗崔庚连州司户，荆南观察支使崔序衡州司户。皆雍之亲党也。"

《旧唐书》卷一六二《崔戎传》："崔戎字可大。高伯祖玄暐，神龙初有大功，封博陵郡王。祖婴，郓州刺史。父贞固，太原榆次尉……（戎）拜给事中，驳奏为当时所称。改华州刺史。"

《新唐书》卷一五九《崔戎传》："崔戎……还拜给事中。出为华州刺史……子雍，字顺中，由起居郎出为和州刺史。庞勋以兵劫乌江，雍不能抗，遣人持牛酒劳之，密表其状。民不知，诉诸朝，宰相路岩素不平，因是傅其罪，赐死宣州。"

《登科记考》卷二七《附考·进士科》录载崔序。

【崔朗】一作"崔明"，祖贞固官至太原榆次尉，父戎官至华州刺史。咸通中登进士科。历长安县令，贬澧州司户。

（五代）孙光宪《北梦琐言》卷一一《希慕求进》："唐自大中后，进士尤盛。封定卿、丁茂珪场中头角，举子与其交者，必先登第，而二公各二十举方成名，何进退之相悬也。先是，李都、崔雍、孙瑝、郑嵎四君子，蒙其盼睐者，因是进升。故曰：'欲得命通，问瑝、嵎、都、雍。'"相同记载见（宋）王谠撰《唐语林》卷四《企羡》（郑嵎作瑰值），（宋）李昉等《太平广记》卷一八一《贡举部四·苏景张元夫》引《摭言》。按：崔朗登第应在咸通中。

（五代）刘崇远《金华子杂编》卷上："崔起居雍，甲族之子。少高令闻，举进士擢第之后，蔼然清名喧于时，与郑颢同为流品所重。举子公车得游历其门馆者，则登第必然矣。时人相语为'崔郑世界'，虽古之龙门，莫之加也。""崔雍为起居郎，出守和州……雍与兄朗、序、福昆仲八人，皆升籍进士，列甲乙科，尝号为'点头崔家'。"

《旧唐书》卷一九上《懿宗》："（咸通十年八月）敕曰：'当崔雍守郡之日……赐自尽。'……司勋郎中崔厚贬柳州司户，比部员外郎崔福昭州司户，长安县令崔朗澧州司户，左拾遗崔庚连州司户，荆南观察支使崔序衡州司户。皆雍之亲党也。"

《旧唐书》卷一六二《崔戎传》："崔戎字可大。高伯祖玄暐，神龙初有大功，封博陵郡王。祖婴，郓州刺史。父贞固，太原榆次尉……（戎）拜给事中，驳奏为当时所称。改华州刺史。"

《新唐书》卷一五九《崔戎传》："崔戎……还拜给事中。出为华州刺史……子雍,字顺中,由起居郎出为和州刺史。庞勋以兵劫乌江,雍不能抗,遣人持牛酒劳之,密表其状。民不知,诉诸朝,宰相路岩素不平,因是傅其罪,赐死宣州。"

《登科记考》卷二七《附考·进士科》录载崔明。

【崔厚】祖贞固官至太原榆次尉,父戎官至华州刺史。咸通中登进士科。历司勋郎中,贬柳州司户,官至礼部侍郎。

《旧唐书》卷一九上《懿宗》："(咸通十年八月)敕曰:'当崔雍守郡之日……赐自尽。'……司勋郎中崔厚贬柳州司户,比部员外郎崔福昭州司户,长安县令崔朗澧州司户,左拾遗崔庚连州司户,荆南观察支使崔序衡州司户。皆雍之亲党也。"

《旧唐书》卷一六二《崔戎传》："崔戎字可大。高伯祖玄暐,神龙初有大功,封博陵郡王。祖婴,郢州刺史。父贞固,太原榆次尉……(戎)拜给事中,驳奏为当时所称。改华州刺史。"

(宋)王谠撰,周勋初校证《唐语林校证》卷四《企羡》："崔起居雍,少有令名,进士第,与郑颢齐名。"按:《登科记考》已收入崔明、崔序、崔福、崔雍。《新唐书》卷七二下《宰相世系表》二下,崔氏从兄弟有七人:庚、序、雍、福、裕、厚、朗。崔明即崔朗,朗字内明,两《唐书》同。又有崔庚、崔庚、崔原、崔厚,四者中必有二人误。从二人字看,韬德与庚义合,当以庚。致之与厚义合,当以厚为是。以上七人除《登科记考》收入四人外,可补入崔庚、崔裕、崔厚三人,尚少一人。《登科记考》卷二三广明元年进士科条云《永乐大典》引《苏州府志》:"广明元年,侍郎崔厚知举。"陈冠明《〈登科记考〉补名撮遗》已考订为崔厚即崔雍兄弟八人之一。崔厚登第应在咸通中。

【崔庚】祖贞固官至太原榆次尉,父戎官至华州刺史。咸通中登进士科。历左拾遗,贬连州司户、考功郎中。

《旧唐书》卷一九上《懿宗》："(咸通十年八月)敕曰:'当崔雍守郡之日……赐自尽。'……司勋郎中崔厚贬柳州司户,比部员外郎崔福昭州司户,长安县令崔朗澧州司户,左拾遗崔庚连州司户,荆南观察支使崔序衡州司户。皆雍之亲党也。"

《旧唐书》卷一九下《僖宗》："(乾符三年)三月……考功郎中崔庚、考功员外郎周仁举为考官。"

《旧唐书》卷一六二《崔戎传》："崔戎字可大。高伯祖玄暐,神龙初有大功,封博陵郡王。祖婴,郢州刺史。父贞固,太原榆次尉……(戎)拜给事中,驳奏为当时所称。改华州刺史。"

(宋)王谠撰,周勋初校证《唐语林校证》卷四《企羡》："崔起居雍,少有令名,进士第,与郑颢齐名。"按:《登科记考》已收入崔明、崔序、崔福、崔雍。《新唐书》卷七二下《宰相世系表》二下,崔氏从兄弟有七人:庚、序、雍、福、裕、厚、朗。崔明即崔朗,朗字内明,两《唐书》同。又有崔庚、崔庚、崔原、崔厚,四者中必有二人误。从二人字义看,韬德与庚义合,当以庚为是;致之与厚义合,当以厚为是。以上七人除《登科记考》收入四人外,可补入崔庚、崔裕、崔厚三人,尚少一人。崔庚登第应在咸通中。

【崔雍】字顺中,祖贞固官至太原榆次尉,父戎官至华州刺史。咸通初登进士科。历东川节度使从事、起居郎,官至和州刺史。

(五代)孙光宪《北梦琐言》卷一一《希慕求进》:"唐自大中后,进士尤盛。封定卿、丁茂珪场中头角,举子与其交者,必先登第,而二公各二十举方成名,何进退之相悬也。先是,李都、崔雍、孙瑝、郑嵎四君子,蒙其盼睐者,因是进升。故曰:'欲得命通,问瑝、嵎、都、雍。'"相同记载见(宋)王谠撰《唐语林》卷四《企羡》(郑嵎作瑰值),(宋)李昉等《太平广记》卷一八一《贡举部四·苏景张元夫》引《摭言》。按:崔雍登第应在咸通初。

(五代)刘崇远《金华子杂编》卷上:"崔起居雍,甲族之子。少高令闻,举进士擢第之后,蔼然清名喧于时,与郑颢同为流品所重。举子公车得游历其门馆者,则登第必然矣。时人相语为'崔郑世界',虽古之龙门,莫之加也。""崔雍为起居郎,出守和州……雍与兄朗、序、福昆仲八人,皆升籍进士,列甲乙科,尝号为'点头崔家'。"

《旧唐书》卷一九上《懿宗》:"(咸通十年八月)敕曰:'当崔雍守郡之日……赐自尽。'……司勋郎中崔原贬柳州司户,比部员外郎崔福昭州司户,长安县令崔朗澧州司户,左拾遗崔庚连州司户,荆南观察支使崔序衡州司户。皆雍之亲党也。"

《旧唐书》卷一六二《崔戎传》:"崔戎字可大。高伯祖玄暐,神龙初有大功,封博陵郡王。祖婴,郓州刺史。父贞固,太原榆次尉……(戎)拜给事中,驳奏为当时所称。改华州刺史。"

《新唐书》卷一五九《崔戎传》:"崔戎……还拜给事中。出为华州刺史……子雍,字顺中,由起居郎出为和州刺史。庞勋以兵劫乌江,雍不能抗,遣人持牛酒劳之,密表其状。民不知,诉诸朝,宰相路岩素不平,因是傅其罪,赐死宣州。"

(宋)王谠撰,周勋初校证《唐语林校证》卷四《企羡》:"崔起居雍,少有令名,进士第,与郑颢齐名。"

《登科记考》卷二七《附考·进士科》录载崔雍。

【崔福】祖贞固官至太原榆次尉,父戎官至华州刺史。咸通初登进士科。历比部员外郎、贬昭州司户、主客郎中、汾州刺史。

(五代)孙光宪《北梦琐言》卷一一《希慕求进》:"唐自大中后,进士尤盛。封定卿、丁茂珪场中头角,举子与其交者,必先登第,而二公各二十举方成名,何进退之相悬也。先是,李都、崔雍、孙瑝、郑嵎四君子,蒙其盼睐者,因是进升。故曰:'欲得命通,问瑝、嵎、都、雍。'"相同记载见(宋)王谠撰《唐语林》卷四《企羡》(郑嵎作瑰值),(宋)李昉等《太平广记》卷一八一《贡举部四·苏景张元夫》引《摭言》。按:崔福登第应在咸通初。

(五代)刘崇远《金华子杂编》卷上:"崔起居雍,甲族之子。少高令闻,举进士擢第之后,蔼然清名喧于时,与郑颢同为流品所重。举子公车得游历其门馆者,则登第必然矣。时人相语为'崔郑世界',虽古之龙门,莫之加也。""崔雍为起居郎,出守和州……雍与兄朗、序、福昆仲八人,皆升籍进士,列甲乙科,尝号为'点头崔家'。"

《旧唐书》卷一九上《懿宗》:"(咸通十年八月)敕曰:'当崔雍守郡之日……赐自尽。'……司勋郎中崔厚贬柳州司户,比部员外郎崔福昭州司户,长安县令崔朗澧州司户,左拾遗崔庚连州司户，荆南观察支使崔序衡州司户。皆雍之亲党也。”

《旧唐书》卷一九下《僖宗》：“（乾符三年六月）主客郎中崔福为汾州刺史。”

《旧唐书》卷一六二《崔戎传》：“崔戎字可大。高伯祖玄暐，神龙初有大功，封博陵郡王。祖婴，郢州刺史。父贞固，太原榆次尉……（戎）拜给事中，驳奏为当时所称。改华州刺史。”

《登科记考》卷二七《附考·进士科》录载崔福。

【**崔裕**】祖贞固官至太原榆次尉，父戎官至华州刺史。咸通中登进士科。

《旧唐书》卷一六二《崔戎传》：“崔戎字可大。高伯祖玄暐，神龙初有大功，封博陵郡王。祖婴，郢州刺史。父贞固，太原榆次尉……（戎）拜给事中，驳奏为当时所称。改华州刺史。”

（宋）王谠撰，周勋初校证《唐语林校证》卷四《企羡》：“崔起居雍，少有令名，进士第，与郑颢齐名。”按：《登科记考》已收入崔明、崔序、崔福、崔雍。《新唐书》卷七二下《宰相世系表》二下，崔氏从兄弟有七人：庚、序、雍、福、裕、厚、朗。崔明即崔朗，朗字内明，两《唐书》同。又有崔庚、崔庾、崔原、崔厚，四者中必有二人误。从二人字看，韬德与庾义合，当以庾。致之与厚义合，当以厚为是。以上七人除《登科记考》收入四人外，可补入崔庾、崔裕、崔厚三人，尚少一人。陈冠明《〈登科记考〉补名摭遗》已考订为崔裕即崔雍兄弟八人之一。崔裕登第应在咸通中。

【**崔鷟**】博陵崔氏。咸通八年(867)前登进士第。

《曲石志》八九贾当《滑州匡城县令王虔畅墓志》：虔畅“女二长，长适博陵崔鷟，举进士”。按：碑立于咸通八年二月一日，则其登第当在此之前。

【**蒋凝**】江东人，字仲山。咸通进士第。

《全唐文》卷八〇四蒋凝小传：“凝字仲山，咸通中进士。”

（五代）王定保《唐摭言》卷五《以其人不称才试而后惊》：“蒋凝，咸通中词赋绝伦，随计涂次汉南，谒相国徐公。公见其人么麽，不信有其才，因试《岘山怀古》一篇。凝于客位赋成，公大奇之。”

（五代）王定保《唐摭言》卷七《知己》：“蒋凝，江东人，工于八韵，然其形不称名。随计途次襄阳，谒徐相商公，疑其假手，因试《岘山怀古》一篇。凝于客次赋成，尤得意。时温飞卿居幕下，大加称誉。”

《新唐书》卷六〇《艺文四》：“《蒋凝赋》三卷。字仲山，咸通进士第。”

《登科记考》卷二七《附考·进士科》云蒋凝及第。

【**董禹**】咸通中登进士科。历谏议大夫、左补阙。

《全唐文》卷八三七崔延珪《授董禹左谏议大夫制》：“敕。朝廷具位之臣，得直言天子过失，太平之基也。矧司我谏议，列吾轩墀。启乃心而沃我心，盖尔言而攻我过。眷求之道，时惟艰哉。具官董禹，叠中词科，优有文艺。西汉故事，甘泉遗仪。闻其讨论，多所详悉。逮事先帝，颇扬直声。征还周行，历践台阁。靡所附丽，能精典坟。公论推其才术，乡校言乎淹恤。今擢尔为谏议大夫，置朕左右。勉扬厥职，往副旁求。夫立肺石，挹献樽，扶将颠,祛未瘳。在履正直,务去将迎。尔或推公,朕岂惮改。书绅铭座,服我训词。伫称人情,勿孤朝奖。可左谏议大夫。"

《资治通鉴》卷二五二乾符二年:"九月,左补阙董禹谏上游畋、乘驴击球,上赐金帛以褒之。"按:董禹及第约在咸通中。

《登科记考》卷二七《附考·进士科》董禹条:崔延珪《授董禹左谏义大夫制》:"董禹叠中词科,优有文艺。"

【裴澈】咸通中登进士科。历翰林学士、户部侍郎、工部侍郎,官至宰相。

《新唐书》卷九《僖宗本纪》:"(乾符六年)十二月壬午……翰林学士、户部侍郎裴澈为工部侍郎:同中书门下平章事。"

(宋)计有功《唐诗纪事》卷六八《裴澈》:"澈,登咸通进士第,后为相。"

【潘纬】咸通中登进士科。

(五代)王定保《唐摭言》卷一〇《海叙不遇》:"何涓,湘南人也,业辞。尝为《潇湘赋》,天下传写。少游国学,同时潘纬者,以《古镜》诗著名,或曰:'潘纬十年吟古镜,何涓一夜赋潇湘。'"

(宋)计有功《唐诗纪事》卷六三《潘纬》:"纬,登咸通进士第。"

《登科记考》卷二七《附考·进士科》录载潘纬。

【薛昭纬】字纪化,河东人。进士及第,官至礼部侍郎。

陈尚君《唐代文学丛考·"花间"词人事辑》:"薛昭纬,字纪化,河东人……登进士第。"考:"《北梦琐言》卷十'薛侍郎未登第前,就肆卖鞋',知曾登进士第。前引《喜迁莺》即登第后作。按其仕历,当在咸通、乾符间。又逆推其生年,约当在会昌、大中间。"

《登科记考补正》卷二七《附考·进士科》据陈尚君补录薛昭纬。

附考明经（懿宗朝明经）

【王休复】河南人。咸通年间三礼登科。授郑州管城尉。

《河洛墓刻拾零》,庾崇撰咸通十一年(870)十一月二十四日《有唐朝散大夫尚书仓部郎中柱国赐绯鱼袋樊公(襄)墓志铭并序》:"公讳襄,字彦龙,河南人也……妹一人,适琅琊王氏休复,三礼登科。"按:樊襄卒于咸通十一年,则休复登第约在咸通间。

《唐代墓志汇编》咸通〇九七,王钰撰咸通十二年(871)十一月十二日《唐故南阳樊府君(𫘤)墓志》:"府君讳𫘤,字自牧,其先河南人也……妹一人,适琅琊王休复,三礼登科,宰郑州管城尉。"

【刘昌鲁】字安国,相州邺县人。约咸通中登明经科。释褐项城主簿,历尚书郎、高州刺史,官至永顺军节度副使兼行军司马。

(清)吴任臣《十国春秋》卷七三《楚七·刘昌鲁传》:"刘昌鲁,邺人也。唐僖宗时,黄巢寇岭南,昌鲁为高州刺史,帅羣蛮据险拒之,巢众不敢入。唐嘉其功,擢本州岛防御使……昌鲁至长沙,王署为永顺军节度副使,无何,卒于官。"

(清)梁廷枏《南汉书》卷十八《刘昌鲁传》:"刘昌鲁字安国,相州邺县人。唐末明经登第,授项城主簿,累迁尚书郎。乾符中出刺高州。"

（清）伍崇曜《粤雅堂丛书》本《九国志》卷一一《刘昌鲁传》："昌鲁字安国,相州邺县人。唐末明经登第,释褐项城主簿。"

朱玉麟《〈登科记考〉补遗、订正》补入。按:刘昌鲁大概咸通中明经及第。

【杜礼】约在咸通中登明经科。为谏官。

《登科记考》卷二七《附考·明经科》云杜礼及第。按:礼即景福中进士晏之父,举明经,为僖宗谏官。见（宋）查篈《杜莘老行状》。

【张聿之】吴郡人。咸通中明经及第。释褐苏州华亭县尉。

《唐代墓志汇编》咸通一〇九,咸通十四年（873）十一月廿四日《唐故朝散郎贝州宗城县令顾府君（谦）墓志铭》："公讳谦,字自修,其先吴郡人季历丞相肃公之后也……女二人:长适吴郡张聿之,明经出身,解褐苏州华亭县尉;次许嫁吴兴姚安之,登童子学究二科,再命为东官舍人。"按:此碑立于咸通十四年,则张聿之登明经第应在咸通年间。

《登科记考》卷二七《附考·明经科》云张聿之及第。

【姚安之】吴兴人。约大中中登童子科,咸通中登学究科。历东宫舍人。

《唐代墓志汇编》咸通一〇九,咸通十四年（873）十一月二十四日《唐故朝散郎贝州宗城县令顾府君（谦）墓志铭》："公讳谦,字自修,其先吴郡人季历丞相肃公之后也……女二人:长适吴郡张聿之,明经出身,解褐苏州华亭县尉;次许嫁吴兴姚安之,登童子学究二科,再命为东宫舍人。"按:此碑立于咸通十四年,则姚安之登学究科应在咸通年间。

《登科记考》卷二七《附考·明经科》云姚安之童子、学究及第。

【赵珰】天水人,曾祖镐官至登州刺史,祖端官至泗州涟水县尉,父铢官至盐城县尉。咸通年间明经及第。

《盐城师范学院学报》2007年第6期《〈唐天水赵公墓志〉的史料价值》载李乂撰咸通九年（868）三月二十一日《唐天水赵公墓志》："公讳珪,字子玉,天水人也,享年卅有六岁,咸通九年二月廿四日寝疾终于楚州盐城县龙泉乡□□里之私第。曾祖讳镐,登州刺史。祖讳端,泗州涟水县尉。父讳铢,盐城县尉。公,盐城次子也。兄珰,前乡贡明经。"按:据志文,赵珪兄珰明经及第,未署官职,可能未曾入仕。

【皇甫涣】咸通三年（862）前明经及第。

《全唐文补遗》千唐志斋新藏专辑,郑熏撰咸通三年（862）十月七日《唐故中散大夫守给事中柱国赐紫金鱼袋刑部侍郎皇甫公（钰）墓志铭并序》："公讳钰,字昭文……长子曰滋,精经学,以明经入仕,前任国子直讲。次曰澪、曰涣,皆明经及第。"按:据志文,皇甫滋、皇甫澪、皇甫涣兄弟三人皆在咸通三年前明经及第。

【皇甫滋】咸通三年（862）前明经及第。官国子直讲。

《全唐文补遗》千唐志斋新藏专辑,郑熏撰咸通三年（862）十月七日《唐故中散大夫守给事中柱国赐紫金鱼袋赠刑部侍郎皇甫公（钰）墓志铭并序》："公讳钰,字昭文……长子曰滋,精经学,以明经入仕,前任国子直讲。次曰澪、曰涣,皆明经及第。"按:据志文,皇甫滋、皇甫澪、皇甫涣兄弟三人皆在咸通三年前明经及第。

【皇甫澋】咸通三年（862）前明经及第。

《全唐文补遗》千唐志斋新藏专辑，郑熏撰咸通三年（862）十月七日《唐故中散大夫守给事中柱国赐紫金鱼袋赠刑部侍郎皇甫公（钰）墓志铭并序》："公讳钰，字昭文……长子曰滋，精经学，以明经入仕，前任国子直讲。次曰澋、曰涣，皆明经及第。"按：据志文，皇甫滋、皇甫澋、皇甫涣兄弟三人皆在咸通三年前明经及第。

【高续】渤海人，父宗彝官至宣州宣城县令。明经及第。未禄而逝。

《全唐文补遗》第六辑，鲁湘撰咸通十一年（870）二月廿四日《唐故宣州宣城县令渤海高公（宗彝）并夫人京兆韦氏合葬墓志铭并序》："公讳宗彝，字表正，其先得氏于姜姓……长子续，察明经上第，不幸未禄云逝。"

【崔钵】河南府河南县人，祖立官至太常寺协律郎，父璘官至蔚州司马。约在咸通中登明经科。授左监门录事参军。

《唐代墓志汇编》乾符〇〇六，崔阅撰乾符三年（876）二月十八日《唐故通议大夫检校国子祭酒行蔚州司马兼侍御史上柱国博陵崔府君（璘）墓志铭并序》："有乾符乙未岁五月十四日，蔚州司马博陵崔府君公无恙告终于河南县嘉善里之私第，春秋五十有六……公讳璘，字温之……太常寺协律郎讳立，即公之烈考也……有子三人：……次曰钵，通经上第，调授左监门卫录事参军。"按：其乾符乙未岁（二年）已经调授大监门卫录事参军，则其登第时间大致在咸通中。

罗继祖《登科记考补》已补入，王其祎、周晓薇《〈登科记考〉补续》又补入，不妥。

【康言】宣州人，父僚官至仓部郎中。约在咸通十三年前登明经科。

《全唐文》卷七九五，孙樵《唐故仓部郎中康公墓志铭并序》："唐尚书仓部郎中姓康氏，以咸通十三年月日，薨于郑州官舍……（公）自宣州来长安三举进士登上第，是岁会昌元年也。其年冬得博学宏词，授秘书省正字……公十二男八女……次曰言，明经及第。"

《登科记考》卷二七《附考·明经科》云康言及第。按：参考会昌元年进士科条康僚小传。

附考制科（懿宗朝制科）

【薛承裕】字饶中，福州闽县人。咸通三年（862）登进士科，后登评判入等科。终国子四门博士。

《登科记考》卷二三，咸通三年（862）进士科薛承裕条：《永乐大典》引《闽中记》："薛承裕字饶中，闽县人，与王棨同年。"

淳熙《三山志》卷二六："咸通二年壬午薛迈榜：薛承裕，字饶中，闽县人，终国子四门博士。"